제2판

사이버범죄론

Jonathan Clough 저 ｜ 송영진·박다온·정소연 역

PRINCIPLES OF CYBERCRIME

박영사

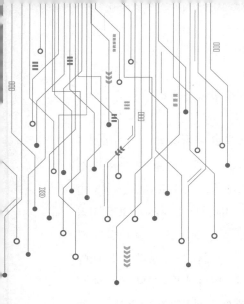

옮긴이의 말

　아침에 일어나면 카카오톡 메시지를 확인하고, 애플워치를 찬 후 직장으로 출발한다. 사무실에서는 이메일과 PC 메신저로 업무를 진행하고, 클라우드 서비스를 이용하여 업무 파일을 공유한다. 퇴근하면서 인터넷 쇼핑몰을 통해 장을 본 뒤 스마트폰으로 집에 있는 에어컨과 공기청정기를 작동시킨다. 이처럼 정보통신기술의 발전에 따라 사이버 공간은 어느새 우리 일상 곳곳에 자리 잡았으며 우리는 그 공간에서 많은 혜택을 얻고 있다. 그러나 물리적 공간에서 각종 범죄가 발생하듯 사이버 공간 또한 사람의 손길이 닿는 이상 범죄가 발생하기 마련이다.

　이 책을 번역한 2020년에는 '텔레그램 n번방 사건'으로 인하여 디지털 성범죄에 대한 사회적 경각심이 고조되었다. 그 결과 이른바 'n번방 방지법'으로 불리는 디지털 성범죄 관련 법률 규정이 대거 개정되었으며, 나아가 디지털 성범죄물 잠입수사의 법적 근거 마련, 온라인 그루밍 처벌 조항 마련 등 입법 논의가 진행되고 있다. 디지털 성범죄는 사이버범죄의 한 범주일 뿐, 이외에도 온라인 사기, 저작권 침해, 해킹, 디도스, 피싱·스미싱, 사이버 스토킹 등 다양한 사이버범죄가 이미 심각한 수준이며, 향후에도 계속 증가할 것으로 보인다. 사이버범죄는 접근성, 익명성, 이동성, 초국경성 등 전통적인 범죄와 매우 다른 특징을 보임에도, 사이버범죄에 적용되는 국내법들은 그에 대한 고려 없이 물리적 공간의 개념을 토대로 한 경우가 많다. 따라서 현 법률들은 진화하는 사이버범죄에 대응하는 데 한계가 있을 수밖에 없다. 다른 선진국들의 사이버범죄 관련 법률들과 그에 따른 쟁점들을 이해하는 것은 우리 법체계의 허점을 파악하고 발전방향을 구상하는 데 큰 도움이 될 것이라 믿는다.

이 책은 사이버범죄란 무엇이고, 어떤 특징이 있는지부터 시작하여 사이버범죄를 유형별로 샅샅이 분해하여 살펴본다. 그리고 미국, 영국, 호주, 캐나다 등 다른 주요 선진국에서는 이러한 각 범죄에 대응하기 위해 어떤 법률 체계를 갖추고 있고, 관련 법률을 적용할 때 쟁점이 된 부분들은 무엇인지 살펴본다. 따라서 이 책은 기술적 지식이 부족하더라도 사이버 범죄에 대해 심도있게 이해하고 싶은 독자들, 사이버범죄 관련 법률의 발전방향을 연구하는 독자들이 참고하는 데 유용하리라고 생각된다. 이에 사이버범죄 관련 업무를 담당하고 있는 경찰대학 국제사이버범죄연구센터 연구진 세 명이 용기를 내어 어설프게나마 번역본을 한국 독자들에게 소개하고자 하였다. 이 책이 국내 사이버범죄 분야의 연구 발전에 기여할 수 있기를 바란다.

2021년 4월
송영진 · 박다온 · 정소연

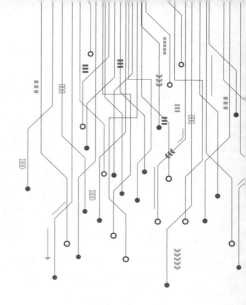

저자 서문

사이버범죄론(Principles of Cybercrime) 제2판의 서문을 작성하게 되어 매우 기쁘게 생각합니다. 사이버범죄는 빠르게 발전하는 분야인 만큼 2010년 이래로 많은 것이 바뀌었습니다. '사이버 폭력(cyber bullying)', '섹스팅(sexting)', '트롤링(trolling)' 같은 용어들이 정립되었으며, p2p 네트워크와 봇넷 같은 기술도 지속적으로 진화하면서 저작권 침해부터 아동 성착취에 이르기까지 다양한 범죄를 용이하게 하고 있습니다. 사법부가 법적 원칙과 기술 변화 사이에서 씨름하는 동안 새로운 범죄들이 입법되었고, 기존의 범죄들은 개정되었습니다. 특히 중요한 것은, 미국에 이어 호주와 영국이 사이버범죄 관련 가장 중요한 국제협약인 유럽평의회 사이버범죄협약에 가입 및 비준했다는 것입니다.

이러한 중요한 변화들이 있었음에도, 여러 측면에서 이는 '개혁'이라기보다는 일반적인 형사법의 '발전'에 가깝습니다. 제2판을 위해 원고를 수정하며 저는 입법부나 사법부에서 새롭고 도전적인 상황에 부딪힐 때마다 사이버범죄 관련법이 보여준 탄력성에 놀랐습니다. 정부 또한 사이버범죄가 야기하는 다양한 위협과 전방위적인 대책이 필요하다는 점에 대한 인식이 높아지고 있습니다. 제1판에서 형사법이 어떻게 사이버 공간에 적용되는지 설명하고자 했다면 이번 개정판에서는 형사법이 얼마나 성장했는지를 보여주고자 했습니다.

이 책은 학자이든, 법조인이든, 법집행기관 종사자이든, 학생이든 사이버범죄에 적용되는 법적 원칙을 더 깊이 이해하고자 하는 독자를 위해 쓰였습니다. 이 책은 관할권 문제를 제외하고는 수사나 형사절차 또는 증거와 관련된 법률을 다루지 않습니다. 이 책의 특징은 다양한 사이버범죄를 불문법(커먼로, common law) 주의를 채택한 대표적인 네 나라(호주, 캐나다, 영국, 미국)를 분석했다는 점입니다. 이 국가들을 선택한 데에는 몇 가지 이유가 있습니다. 첫째, 이들은 공통적으로 불문법주의를 채택한 국가들입니다. 둘째, 사이버범죄의 도전과제들을 광범위하게 다루어본 선진국입니다. 셋째, 앞서 언급한 바와 같이 호주, 영국, 미국은 사이버범죄협약 가입국이며 캐나다는 조인국입니다. 따라서 이 국가들은 사이버범죄의 특성과 대응책에 대해 풍부한 정보를 제공해 줍니다. 이러한 집단적 경험은 이 국가의 독자뿐 아니라 사이버범죄의 도전과제를 이해하고자 하는 다른 국가의 독자들에게도 유용할 것으로 보입니다.

  각 장은 범죄별로 범죄의 배경을 서두로 각 국가의 입법 환경을 개괄합니다. 그리고 나서 각 범죄에서 발견된 주요 요소들을 국가별 법률에 따라 분석합니다. 고유한 접근법이 돋보이는 경우도 있고, 상당히 중복되는 경우도 있습니다. 가능한 한 이러한 유사점과 차이점을 짚고 넘어가려 하였습니다. 이러한 방식으로 독자가 한 국가에 중점을 두고 보되, 다른 국가들과도 비교할 수 있도록 하였습니다. 일부 내용은 원고 제출 직전에 추가하긴 했지만, 최소한 2014년 6월까지의 최신 법률을 명시하고자 노력했습니다. 하지만 어떤 오류가 있다면 물론 제 잘못일 것입니다.

  이번 개정판은 예정보다 늦어졌음에도 인내심 있게 기다려준 캠브릿지 대학 출판사에 감사드립니다. 특히 이 책을 의뢰하고 개정판 출간을 지원해준 Finola O'Sullivan 씨에게 감사의 말씀을 전하고 싶습니다. 더불어 이 책이 결실을 맺을 수 있도록 출간 과정에 기여해준 Marta Walkowiak, Robert Judkins, Richard Woodham 등 캠브릿지 팀에게도 감사드립니다. 그리고 Irene Argeres, Melissa Kennedy, Joshua Teng 등 유능한 연구원의 도움을 받을 수 있어 행운이었다고 생각합니다. 연구와 최종 원고 준비를 보조해준 Helena Kanton과 우호적인 연구 환경을 제공해준 모나시 대학교의 법학교수 동료들께도 감사의 인사를 전합니다. 개인적으로는, 지지와 격려를 아끼지 않는 사랑하는 가족과 친구들에게 깊은 감사를 전합니다. 무엇보다도, 제게 보내준 무한한 사랑과 지지에 대한 작은 답례로서 Natalia에게 이 책을 바칩니다.

2015년 3월 멜버른에서
Jonathan Clough

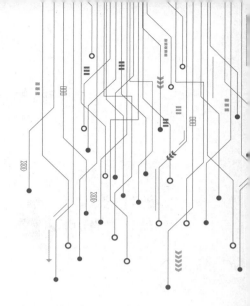

차례

제1부   서론

제1장

3

사이버범죄

1. 사이버범죄의 진화 ·································· 4
2. 사이버범죄의 도전과제 ························· 6
   (1) 규모 ··· 7
   (2) 접근성 ····································· 7
   (3) 익명성 ····································· 8
   (4) 휴대성 및 이동성 ························ 9
   (5) 초국경성 ·································· 9
   (6) 사이버공간 수호자의 부재 ··········· 10
3. 사이버범죄의 정의 ···························· 11
4. 사이버 테러리즘 ······························ 13
5. 문제의 규모 ··································· 17
6. 온라인과 오프라인의 일관성 ············· 19
7. 가상 범죄 ····································· 20
8. 국제적 문제: 사이버범죄협약 ············· 26

제2부 공격대상으로서 컴퓨터

제2장

공격대상으로서
컴퓨터

33

1. 서론 ·· 34
  (1) 컴퓨터 또는 컴퓨터시스템에 대한 권한 없는 접근 ···· 35
    1) 정보에 대한 접근 ································· 36
    2) 데이터의 변경 또는 훼손 ······················ 38
    3) 컴퓨터의 사용 ···································· 39
  (2) 악성 소프트웨어 ··································· 41
    1) 바이러스 및 웜 ·································· 42
    2) 트로이 ·· 44
    3) 봇 ·· 45
    4) 스파이웨어 ······································ 46
  (3) 서비스 거부 공격(DoS 공격) ····················· 47
2. 사이버범죄의 확산 ································· 49
3. 입법 환경 ·· 51
  (1) 호주 ··· 54
  (2) 캐나다 ··· 57
  (3) 영국 ··· 57
  (4) 미국 ··· 58

제3장

권한 없는 접근
범죄

61

1. 서론 ··· 62
  (1) 호주 ··· 62
  (2) 캐나다 ··· 62
  (3) 영국 ··· 63
  (4) 미국 ··· 64
2. '컴퓨터'의 개념 ···································· 65
  (1) 호주, 캐나다, 영국 ····························· 66
  (2) 미국 ··· 71
3. '접근(Access)' ···································· 74

(1) 호주 ·· 76

(2) 영국 ·· 78

(3) 캐나다 ··· 80

(4) 미국 ·· 82

4. '권한 없는(Unauthorised)' ····················· 88

5. 책임 요건(Fault element) ····················· 114

6. 추가적인 구성요건(Additional elements) ······ 116

제4장

데이터의 변경 및 훼손

123

1. 서론 ·· 124

2. 법률 규정 ······································ 125

(1) 호주 ·· 125

(2) 캐나다 ······································ 126

(3) 영국 ·· 127

(4) 미국 ·· 127

3. 변경 또는 훼손을 야기하는 행위 ················· 129

(1) 호주 ·· 129

(2) 캐나다 ······································ 129

(3) 영국 ·· 131

(4) 미국 ·· 132

4. 변경 또는 훼손 ································· 135

(1) 호주 ·· 136

(2) 캐나다 ······································ 138

(3) 영국 ·· 139

(4) 미국 ·· 141

제5장

부정 사용

145

1. 서론 ·· 146

2. 호주 ·· 149

(1) 데이터 보유 또는 통제 ····················· 149

　　(2) 데이터 생산, 공급, 또는 획득 ·················· 150

　3. 캐나다 ·· 151

　4. 영국 ·· 154

　5. 미국 ·· 157

　　(1) 18 USC § 1029 ·· 157

　　(2) 18 USC § 1030(a)(6) ································ 161

제6장

데이터 감청

163

　1. 전기통신 속성의 변화 ····························· 164

　2. 법적 구조 ··· 165

　　(1) 사이버범죄협약(Cybercrime Convention) ····· 165

　　(2) 호주 ··· 167

　　(3) 캐나다 ·· 169

　　(4) 영국 ··· 170

　　(5) 미국 ··· 170

　3. '전기통신(telecommunication)'의 의미 ······· 174

　　(1) 호주 ··· 174

　　(2) 캐나다 ·· 176

　　(3) 영국 ··· 179

　　(4) 미국 ··· 181

　4. 통신이란 무엇인가 (콘텐츠 vs. 메타데이터) ····· 184

　　(1) 호주 ··· 187

　　(2) 캐나다 ·· 188

　　(3) 영국 ··· 192

　　(4) 미국 ··· 195

　5. '감청' (실시간 통신 vs. 저장된 통신) ·········· 200

　　(1) 호주 ··· 202

　　(2) 캐나다 ·· 205

　　(3) 영국 ··· 209

　　(4) 미국 ··· 215

제3부 사기 및 관련 범죄

제7장

사기

227

1. 온라인 사기 ························· 228
   (1) 온라인 사기 매매 ················ 230
   (2) 선불금 사기 ···················· 233
   (3) 클릭 사기 ······················ 234
   (4) 전자 자금 이체 사기·············· 235
   (5) 투자 사기 ······················ 236
   (6) 신원 도용 ······················ 237

2. 문제의 규모 ······················ 248

3. 법적 대응 ························ 252
   (1) 전자 결제 ······················ 253
   (2) 컴퓨터에 대한 기망 ·············· 255
   (3) 컴퓨터가 동의를 할 수 있는가?······ 256
   (4) 컴퓨터 관련 위조 ················ 257

4. 신원정보 절도 ···················· 258
   (1) 신원정보의 정의 ················· 262
   (2) 신원 식별 정보의 소지············ 267
   (3) 신원 식별 정보의 거래············ 269
   (4) 신원 식별 정보의 생산············ 273

277

제8장

저작권 침해 범죄

1. 저작권 침해는 절도인가 ············ 278
2. 법률 규정 ························ 284
   (1) 상업적인 침해 ·················· 287
   (2) 배포 ·························· 288
   (3) 범의 ·························· 294
   (4) 벌칙 조항 ····················· 295

297 　**제9장**
'스팸(Spam)'

1. 스팸(전자적인 형태의 쓰레기) 메일 · · · · · · · · · · · 298
2. 스팸에 대한 규제 · 302
3. 스팸을 방지하기 위한 법률 · · · · · · · · · · · · · · · 305
　　(1) 민사적 또는 형사적 법 집행 · · · · · · · · · · · · 307
　　(2) 전자 메일 · 308
　　(3) 상업적 및 대량의 이메일 · · · · · · · · · · · · · 309
　　(4) 동의 · 310
　　(5) 스팸과 관련된 행위 · · · · · · · · · · · · · · · · · 311
　　(6) 형사처벌 조항 · 311

제4부 　내용 관련 범죄

317 　**제10장**
아동 음란물

1. 온라인 아동 학대 · 318
2. 아동 음란물의 범죄화 · · · · · · · · · · · · · · · · · · 323
3. 아동 음란물의 정의 · 326
　　(1) '미성년자'의 정의 · · · · · · · · · · · · · · · · · · · 327
　　(2) 성적으로 노골적인 행위의 의미 · · · · · · · · · 330
　　(3) 묘사 매개체 · 336
　　(4) '가상의' 아동 음란물 · · · · · · · · · · · · · · · · · 342
4. 아동 음란물 제작 · 352
5. 제안하거나 이용 가능하게 하는 것 · · · · · · · · · · 357
　　(1) 출판하는 것 · 357
　　(2) 이용 가능하게 하는 것 · · · · · · · · · · · · · · · 358
　　(3) 보여주는 것 · 359
　　(4) 광고하는 것 · 360
6. 배포 또는 전송 · 362
　　(1) 배포 · 362
　　(2) 전송 · 364
　　(3) 이송 · 364

　　　(4) 수입 및 수출··································· 365

　7. 아동 음란물 조달 ························· 365
　　　(1) 접근하는 것 ····························· 366
　　　(2) 전송을 일으키는 것 ······················ 367
　　　(3) 수신하는 것 ····························· 368
　　　(4) 요청하는 것 ····························· 370

　8. 아동 음란물 소지 ························· 370
　　　(1) 물리적 소지 ····························· 371
　　　(2) 인지 ·································· 382
　　　(3) 소지의 의도 ····························· 391

　9. 정당방위 ··························· 394
　　　(1) 합법적 목적 ····························· 394
　　　(2) 의도치 않은 소지 ························· 398
　　　(3) 스스로 제작한 아동 음란물 ················· 398

제5부　사람에 대한 범죄

제11장

그루밍

403

　1. 온라인 성범죄자 ························· 404
　2. 법적 대응 ··························· 412
　3. 미성년자에게 외설적이거나
　　　　음란한 자료를 전송하는 것 ·········· 415
　　　(1) 호주 ·································· 416
　　　(2) 영국 ·································· 417
　　　(3) 미국 ·································· 419
　4. 그루밍 ··························· 420
　　　(1) 호주 ·································· 421
　　　(2) 캐나다 ······························· 422
　　　(3) 영국 ·································· 425
　5. 유도 또는 조달 ······················· 427

   (1) 호주 ·· 429

   (2) 영국 ·· 430

   (3) 미국 ·· 430

  6. 의도를 가지고 이동하는 것 ····················· 437

   (1) 영국 ·· 437

   (2) 미국 ·· 439

441   **제12장**

   괴롭힘

  (Harassment)

1. 사이버 공간에서의 괴롭힘 ····················· 442

2. 규모 ··· 445

3. 법적 대응 ·· 448

  (1) 행위 요건 ··· 452

  (2) 책임 요건 ··· 455

  (3) 피해자에 대한 영향 ···························· 456

4. 괴롭힘의 형태 ·· 457

  (1) 피해자와 통신하는 행위 ····················· 457

  (2) 피해자에 대한 정보를 배포하는 것 ········· 463

  (3) 피해자의 컴퓨터를 표적으로 삼는 행위 ········ 470

  (4) 감시 ··· 471

479   **제13장**

   관음행위

  (Voyeurism)

1. 디지털 관음 ·· 480

2. 관음행위의 범죄화 ··································· 481

3. 법적 대응 ··· 485

  (1) 어떤 묘사물에 적용되는가? ··················· 485

  (2) 어디에 적용되는가? ···························· 486

  (3) 어떤 행위에 적용되는가? ····················· 492

  (4) 책임 요건은 무엇인가? ························ 493

  (5) 이미지 유포에까지 확장되는가? ·············· 494

  (6) 어떤 정당방위가 가능한가? ··················· 496

제6부 관할권

제14장
관할권

499

1. 사이버공간에서의 범죄 ······················· 500
2. 입법관할권 ································· 500
3. 재판관할권 ································· 506
4. 집행관할권 ································· 511

참고문헌 ····································· 514

PRINCIPLES OF CYBERCRIME

제1부
서론

제1장 사이버범죄

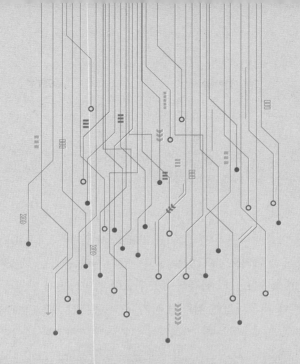

제1장

사이버범죄

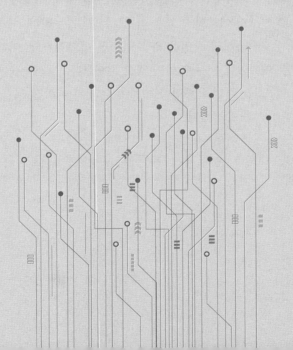

1. 사이버범죄의 진화

> 기술은...기묘한 것이다. 그것은 한편으로는 당신에게 커다란 선물을 가져다주지만, 다른 한편으로는 당신의 등을 찌를 수 있는 무기이다.[1]

2014년 10월, 에스토니아 국민인 Sergei Tšurikov는 미국에서 940만 달러의 손실을 야기한 범죄를 공모한 혐의로 11년형을 선고받았다.[2] 이 범죄는 2008년에 Tšurikov와 다른 공범들이 RBS Worldpay의 컴퓨터 네트워크에 침입하면서 발생하였다. 일부 당국에서는 이를 '기존에 이루어졌던 컴퓨터 사기 공격 중에서 가장 정교하고 조직적으로 이루어진 범죄'라고 묘사하였는데, 범죄자들은 RBS에서 사용한 데이터 암호화를 무력화시키고 '선불카드(payroll debit cards)'의 한도를 상향시켰다.[3] 그런 다음 'cashers' 네트워크에 44개의 위조된 선불카드를 제공하였고, 12시간 이내에 이 카드들은 '전 세계 미국, 러시아, 우크라이나, 에스토니아, 이탈리아, 홍콩, 일본, 캐나다를 포함한 280개 이상의 도시에 있는 2,100대의 자동화기기(Automatic Teller Machines, ATMs)에서 900만 달러 이상의 금액'을 인출하는데 사용되었다.[4] 설상가상으로 Tšurikov와 공범인 해커는 RBS의 컴퓨터 시스템을 이용하여 실시간으로 인출현황을 확인할 수 있었다.[5]

상당히 복잡한 사건을 예로 들긴 했지만, 이 사건은 최근 사이버범죄의 다양한 특징과 도전과제들을 잘 보여준다. 이러한 범죄는 조직적이고, 경제적 동기가 있으며, 기술적으로 복잡하고 초국가적인 특징을 지닌다. 또한 현대 사회에서 어디에나 존재하는 디지털 기술로 인해서 이러한 범죄를 저지르는 게 가능하다. 이러한 기술은 우리가 다른 사람들과 상호작용하고 사업을 하는 방식을 변화시켰다. 이러한 변화는 매우 긍정적이긴 하지만, 여기에는 어두운 이면 역시 존재한다. '범죄는 기회를 따라다닌다(crime follows opportunity)'는 격언을 증명하듯, 대부분의 기술적 진보는 범죄목적으로 악용될 수 있는 허점(niche)을 수반한다.

---

1   C. P. Snow, quoted by A. Lewis, New York Times, 15 March 1971, p. 37.
2   US Department of Justice, 'International hacker sentenced', Press Release (24 October 2014).
3   *Ibid.*
4   *Ibid.*
5   *Ibid.*

디지털 카메라 및 사진공유 기술은 아동음란물 범죄자에 의해 악용되고 있다. 또한 전자 뱅킹 서비스와 온라인 판매의 편리함은 사기 범죄자들에게 좋은 환경을 제공하고 있다. 전자통신 및 소셜 네트워킹 사이트는 스토킹과 괴롭힘에 이용될 수 있다. 디지털 미디어 공유의 용이성은 저작권 침해를 촉진하는 촉매로 작용하였다. 오늘날 컴퓨터와 디지털 네트워크에 대한 의존성은 기술 그 자체를 범죄의 대상으로 만들고 있으며, 이러한 범죄에는 정보 그 자체를 획득하는 것 또는 방해나 손해를 야기하는 수단으로서의 기술의 이용이 포함될 수 있다.

컴퓨터가 대중화됨과 거의 동시에 '컴퓨터 범죄'는 별도의 범죄로 분류되기 시작했다. 1960년대 초반에 컴퓨터 조작, 컴퓨터 방해행위(sabotage), 컴퓨터 간첩행위(espionage) 및 컴퓨터시스템의 불법 사용 등이 발생했다는 보고가 있었다.[6] 또한 기술이 발전하면서, 범죄의 특징 역시 발전하였고 Wall 교수는 사이버범죄를 사기와 같이 전통적 범죄를 촉진하는 사이버범죄부터 해킹과 같은 네트워크를 통한 범죄를 지나, 봇넷과 같이 기술에 의해 '완전히 중개되는(wholly mediated)' 범죄에 이르는 3세대로 분류한 바 있다.[7] 범죄자의 동기 역시 '호기심 및 지위에 기반한 범죄행위에서 최근에는 대부분 경제적인 동기에 의하여 보다 더 조직적이고 체계적인 방식으로 이루어지는 범죄행위에 이르기까지' 진화되어 왔다.[8]

1970년대에는 '컴퓨터 범죄'를 처음으로 심각하게 받아들이기 시작하였고,[9] 당시에는 일상생활에서 컴퓨터가 상대적으로 많이 활용되지 않았기 때문에, 전화통신 서비스의 절도 및 전자 송금 사기 등 범죄가 주로 발생하였다.[10] 이후 수십 년이 지나 컴퓨터 네트워크와 PC의 증가로 인해 컴퓨터 범죄도 변형되어 왔으며, 각 국에서는 컴퓨터 범죄와 관련된 특별법이 도입되기 시작하였다.

---

6   U. Sieber, Legal aspects of computer-related crime in the information society, COMCRIME Study (European Commission, 1998), p. 19.

7   D. S. Wall, Cybercrime: The transformation of crime in the information age (Cambridge: Polity, 2007), pp. 44-8.

8   R. G. Smith, 'The development of cybercrime', in R. Lincoln and S. Robinson (eds.), Crime over time: Temporal perspectives on crime and punishment in Australia (Newcastle upon Tyne: Cambridge Scholars Publishing, 2010), p. 214.

9   G. McKnight, Computer crime (London: Joseph, 1973); D. B. Parker, Crime by computer (New York: Scribner, 1976).

10 M. D. Goodman and S. W. Brenner, 'The emerging consensus on criminal conduct in cyberspace' (2002) UCLA Journal of Law and Technology 3, 12.

그러한 입법의 발전은 컴퓨터의 오남용을 둘러싼 변화되는 우려들을 반영하면서 이루어져왔다.[11] 개인정보에 대한 권한 없는 접근과 관련된 초기의 우려는 컴퓨터가 경제범죄에도 이용될 수 있다는 우려로 확장되었다. 컴퓨터가 점점 더 대중화되면서, 컴퓨터 데이터 그 자체에 대한 권한 없는 접근으로부터의 보호에 관한 우려로 변화되었다. 연결성의 확대는 이러한 우려를 확대시켰을 뿐 아니라 컴퓨터 및 네트워크에 대한 원격 공격과 같은 새로운 문제를 야기하였고 저작권 침해, 아동음란물 유포 및 사기와 같은 전통범죄에 새로운 국면을 제공하였다.

급속한 기술의 발전은 계속해서 새로운 도전과제를 제기하고 있고 앞으로도 그럴 것이다. 브로드밴드 활용이 증가함에 따라, 더 많은 기기들이 인터넷에 연결될 것이고 이로 인해 외부 공격으로 인한 취약성이 더욱 증가할 것이다.[12] P2P(peer to peer) 기술은 불법 콘텐츠를 전송하는 데에도 이용될 수 있고 서비스거부(denial of service, DoS)공격을 실행하거나 악성 소프트웨어를 유포하는 데에도 이용될 수 있다.[13] 전화통신과 컴퓨팅의 결합은 휴대전화를 네트워크에 연결된 작은 컴퓨터로 변형시켰다. 또한 우리는 인터넷 연결이 점점 더 일상생활에서 쓰이는 물건에 적용되는 소위 '사물인터넷(internet of things)' 기술을 목격하고 있다.[14]

2. 사이버범죄의 도전과제

> 우리는 과학기술에 상당부분 의존하며 살아가고 있다. 그러나 대부분의 사람들은 과학기술에 대해서 아무것도 알지 못한다.[15]

---

11   Sieber, Legal aspects of computer-related crime, pp. 25-32, 39.

12   S. Morris, The future of netcrime now: Part 1 - threats and challenges, Home Office Online Report 62/04 (Home Office, 2004), p. 20.

13   Ibid., p. 21.

14   International Telecommunication Union, ITU internet reports 2005: the internet of things, Report (2005).

15   Dr Carl Sagan, cited in In the Matter of the Application of the United States of America for an Order Authorizing the Installation and Use of a Pen Register and a Trap & Trace Device on E-Mail Account, 416 F Supp 2d 13 at 14 (D DC. 2006).

'일상활동 이론(routine activity theory)'에 따르면, 범죄의 실행을 위해서는 다음 3가지 요건이 갖춰져야 한다. 범행동기가 있는 범죄자, 적합한 기회의 이용가능성, 그리고 역량 있는 보호자의 부재이다.[16] 이러한 이론을 온라인 환경에 대입해보면, 우리는 3가지의 요건이 모두 범행에 아주 좋은 환경을 만들어 주고 있음을 알 수 있다. 특정한 영향에 대해서는 각각의 챕터에서 후술하겠지만, 여기에서는 범죄를 촉진하고 법집행을 방해하는 디지털 기술의 주요 특징들을 간단하게 살펴보고자 한다.

(1) 규모

다른 전통적인 형태의 통신과는 달리, 인터넷은 이용자들로 하여금 적은 비용으로 쉽게 다수의 사람들과 통신하는 것을 가능하게 한다. 전 세계 인구수의 약 40%를 차지하는 30억 명의 사람들이 인터넷을 사용하고 있고[17] 이들은 잠재적인 범죄자 또는 피해자가 될 수 있다. 이는 '강화 기제(force multiplier)'로서 작용할 수 있는데, 오프라인 환경에서는 불가능한 규모로 범죄를 저지르는 것이 가능해졌다.[18] 특정 프로세스를 자동화시킬 수 있는 기술은 이러한 효과를 더욱 극대화시킨다. 예를 들어, 'Bredolab' 봇넷은 최대 3,000만대의 컴퓨터를 감염시켰고 하루에 30억 건의 이메일을 생성하였다.[19]

(2) 접근성

불과 수십 년 전만 하더라도, 컴퓨터는 주로 정부나 연구기구, 금융기관 등에 의해 활용되는 크고 다루기 힘든 장비였다. 과거에는 컴퓨터에 대한 접근성과 전문성을 가진 사람들만 컴퓨터 범죄를 저지를 수 있었다. 오늘날 기술은 어디에서나 사용되고 활용이 더욱 용이해졌으며, 범죄자와 피해자 모두가 기술을 사용할 수 있게 되었다.

2012년과 2013년에는 호주, 캐나다, 영국 내 거주하는 성인의 80% 이상이 인터

---

16   L. Cohen and M. Felson, 'Social change and crime rate trends: A routine activity approach' (1979) 44 American Sociological Review 588, 589.

17   International Telecommunications Union, ICT facts and figures: The world in 2014 (2014).

18   Model Criminal Code Officers Committee of the Standing Committee of Attorneys General, Chapter 4: damage and computer offences, Final Report (2001), p. 95.

19   Sophos, Security threat report 2013 (2013), p. 27.

넷을 사용하였고 50% 이상이 휴대폰이나 기타 휴대용 기기를 사용하였다.[20] 미국에서는 인터넷을 사용하는 가정의 비율이 점점 증가하여 1997년 18%에서 2013년에는 74.4%까지 증가하였다.[21] 비록 인터넷 사용비율은 선진국에서 가장 높게 나타나지만, 개발도상국의 실제 인터넷 사용자의 수는 선진국의 인터넷 사용자수를 훨씬 웃돈다.[22]

휴대폰의 활용도는 일부 선진국에서는 이미 포화상태에 다다랐다. 2012년 호주의 경우 성인 인구의 92%가 휴대폰을 사용하였고, 그 중 49%는 스마트폰인 것으로 추정된다.[23] 스마트폰과 태블릿 PC 사용의 증가로 인해 소프트웨어 어플리케이션 또는 앱의 다운로드가 폭발적으로 증가하였다. 애플의 경우 앱 스토어에서 250억건 이상의 다운로드가 이루어진 것으로 보고되었다.[24]

범죄행위는 이미 개인의 역량을 뛰어 넘게 되었고 인터넷은 이러한 범죄행위를 대신 해주거나 어떻게 하는지 알려줄 수 있는 사람에 대한 접근을 더 용이하게 만들었다. 온라인 시장은 해킹 기술 및 봇넷에서부터 개인정보 및 신용정보까지 모든 것을 제공해준다. 범죄자들은 한편으로는 범죄와 분리될 수도 있으며, 세계 어느 곳이든 비슷한 범죄자를 찾아 그들의 범죄를 발전시키기 위한 가상의 커뮤니티를 형성할 수 있게 되었다.[25]

(3) 익명성

익명성은 범죄자에게는 분명히 이점으로 작용하고 디지털 기술은 이러한 익명성을 여러 방면에서 더욱 강화시킨다. 범죄자는 프록시 서버의 사용, 스푸핑된 이메일이나 IP주소, 익명 이메일러 등을 통해서 고의적으로 온라인상에서 그들의 신원을 숨길

---

20 Australian Bureau of Statistics, Household use of information technology, Australia 2012-13, Cat. No. 8146.0 (2014); Statistics Canada, Individual internet use and ecommerce, 2012 (28 October 2013); Office for National Statistics (UK), Statistical bulletin: internet access -households and individuals (2013).

21 T. File and C. Ryan, Computer and internet use in the United States: 2013 (US Census Bureau, November 2014).

22 United Nations Office on Drugs and Crime, Comprehensive study on cybercrime, Report (2013), p. 1.

23 Australian Communications and Media Authority, Communications report 2011-12 series, Report 3 - Smartphones and tablets take-up and use in Australia (2013), p. 22.

24 Apple, Apple press info: Apple's app store downloads top 25 billion, Press Release (5 March 2012), www.apple.com/pr/library/2012/03/05Apples-App-Store-Downloads-Top-25-Billion.html.

25 Morris, The future of netcrime, p. 18.

수 있다. 단순히 이메일 계정을 새로 만드는 것은 별도의 신원확인을 요하지 않기 때문에 가상의 신원을 만들 수 있는 도구가 된다. 기밀성은 이미 가용한 암호기술의 활용을 통해서 보호될 수 있다. 또한 디지털 증거의 흔적은 상용 소프트웨어를 통해서 삭제가 가능하다.

현대의 네트워크 통신 그 자체는 데이터가 일상적으로 여러 국가를 거쳐 최종 목적지까지 전달될 수 있음을 의미한다. 따라서 이는 통신을 추적하는 것을 극도로 어렵게 만들고 긴급성을 요구하게 만든다. 권한 유무를 불문하고 무선 네트워크에 접속하는 것은 비록 해당 위치는 확인될 수 있지만, 실제 이용자의 신원은 감출 수 있게 만든다. 데이터는 의도적으로 규정이나 감시가 느슨한 국가에 저장될 수 있다.

(4) 휴대성 및 이동성

디지털 기술의 핵심적인 파워는 작은 공간에 대량의 데이터를 저장할 수 있는 능력과 데이터의 품질을 저하시키지 않으면서 데이터를 복사할 수 있는 능력이다. 예전에는 방 한 칸을 차지하던 저장 및 처리 장비가 이제는 호주머니 정도의 크기로 작아졌다. 이미지나 음성 사본은 간단하고 저비용으로 다수의 수신자들에게 전달될 수 있다. 컴퓨팅 기술과 통신기술이 융합되면서, 휴대폰으로 디지털 이미지를 촬영하고 수초내로 웹사이트에 업로드하는 것이 가능해졌다.

(5) 초국경성

형사법은 전통적으로 국내적인 특징을 가지며, 범죄가 발생한 영토적 관할 내에서만 적용되는 것으로 인식되어 왔다. 현대의 컴퓨터 네트워크는 이러한 기존의 패러다임에 도전을 제기하고 있다. 오늘날 개인들은 마치 옆집에 있는 사람과 소통하듯 해외에서도 쉽게 통신할 수 있게 되었고, 범죄자들도 인터넷이 연결되어 있다면 어느 곳에나 피해를 야기할 수 있게 되었다. 유엔의 최근 연구에 따르면, 응답 국가의 과반수가 '경찰이 처리하는 사이버범죄의 50-100%가 "초국가적인 요소"를 포함하고 있다'고 보고하였다.[26] 이는 말 그대로 범죄자들에게 전 세계를 대상으로 한 범죄 기회를 제공할 뿐만 아니라 법집행에 있어서 거대한 도전과제를 제시하게 된다.

---

26   United Nations Office on Drugs Crime, Comprehensive study on cybercrime, p. 55.

(6) 사이버공간 수호자의 부재

범죄행위에 영향을 미치는 중요한 요소는 그것이 탐지되거나 기소될 위험성이라고 할 수 있다. 이러한 관점에서 디지털 기술은 법집행기관에 다양한 도전과제를 제기하고 있다. 전자 데이터의 휘발성은 고도의 포렌식 기법을 요구한다. 이는 형사재판 과정에서 활용을 위한 데이터의 확보, 보존 및 증거능력을 보장하기 위해 중요하다. 이용자 수가 많은 것과는 별개로 현대의 네트워크 통신은 감시를 극도로 어렵게 만든다. 대부분의 기반시설이 민간에서 운영되고 있고, 이는 법집행기관이 다수의 서로 다른 주체들과 협업하여야 한다는 것을 의미한다. 또한 통신은 일상적으로 다수의 국가를 거쳐 이루어지고 있고 이로 인해 각국 및 각 지역의 법집행기관의 협조를 필요로 하게 된다. 현지 법집행기관의 협력이 이루어진다고 하더라도, 데이터 보관기간은 제한이 되어있고 필요한 데이터가 존재하지 않는 경우도 있을 수 있다. 만약 피고인이 현재 다른 국가에 있을 경우, 범죄인 인도가 이루어질 것인가? 그러한 범죄수사는 복잡하고 많은 비용이 소요되기 때문에, 결코 가볍게 다루어져서는 안 된다.

온라인에서는 오프라인 환경에서와 같이, 경찰이 실제로 어디에나 있을 수도 없고 있어서도 안 된다. '수호자'의 역할은 커뮤니티의 구성원들과 함께 공유되어야 한다. 부모들은 자녀들의 인터넷 사용을 감독해야 하며, 금융기관에서는 의심스러운 거래내역을 살펴보아야 하고, 시스템 관리자는 네트워크 침입을 탐지하여야 한다. 즉, 산업계 및 정부의 규제기관 등 모두가 수호자의 역할을 수행하여야 한다. 특히 인터넷 서비스 제공자(ISP)는 인터넷 상 데이터의 게이트 키퍼로서 중요한 역할을 수행한다.

효과적인 규제를 위해서는 Lessig 교수가 제시한 법, 구조, 사회규범 및 시장 등 4가지의 규제수단을 통해 광범위한 대응을 해야한다. 이 책은 여러 규제수단 중에서 하나의 요소에 초점을 맞출 것이다. 즉 디지털 환경에 대한 형사법, 특히 실체법의 적용에 초점을 맞추어 서술할 것이다.[27] '제3의 범죄예방'은 범죄 억제와 무력화를 통해서 작동하게 되지만, 온라인 환경에서 어떠한 것이 수용가능한 행위인지 또는 수용가능한 행위가 아닌지와 같은 사회규범에도 영향을 미치게 된다.[28]

---

27 L. Lessig, Code and other laws of cyberspace (New York: Basic Books, 1999), pp. 85-99

28 R. G. Smith, P. Grabosky and G. Urbas, Cyber criminals on trial (Cambridge: Cambridge University Press, 2004), p. 2.

3. 사이버범죄의 정의

> 기술을 이용한 범죄의 범위는 기술의 변화에 그 자체에 따라서 또는 새로운 기술과 사회적 상호작용을 통해서 항상 진화한다.[29]

사이버범죄가 많이 발생하는 만큼, 사이버범죄를 설명하는 용어도 여러 가지이다. 초기에는 '컴퓨터범죄', '컴퓨터 관련 범죄' 또는 '컴퓨터에 의한 범죄' 등과 같은 용어가 사용되었다.[30] 디지털 기술이 점점 일상화되면서, '하이테크' 범죄와 같은 용어가 용례에 추가되었다.[31] 인터넷이 발전하면서 '사이버범죄', '인터넷범죄' 등과 같은 용어가 사용되기 시작하였다.[32] 다른 용례로는 '디지털', '전자(또는 e-)', '가상(virtual)', 'IT', '기술이용' 범죄 등이 있다.

글자 그대로 받아들이게 되면, 각각의 용어는 하나 이상의 결점을 갖게 된다. 컴퓨터에 초점을 맞춘 정의는 네트워크를 포섭하지 못하게 된다. '사이버범죄' 또는 '가상범죄'의 경우에는 인터넷 상에서의 범죄에만 초점을 맞추게 된다. 디지털이나 전자, 하이테크 범죄와 같은 용어는 너무 광범위하여 자칫 무의미해질 수 있다. 예를 들어 하이테크 범죄는 네트워크 정보기술을 넘어서 나노 테크놀로지나 바이오 엔지니어링과 같은 첨단 기술의 발전을 포함할 수 있다.[33]

그러나 그러한 용어는 글자 그대로 접근해서는 안 되고 범죄행위를 함에 있어서 기술의 역할을 강조하는 광범위하게 기술적인(descriptive) 용어로 받아들여야 한다. 비록 많은 용어들이 혼용되고 있고 어느 한 용어가 완전히 대표적으로 사용되지는 않지만, 이 책에서는 여러 가지 이유에서 '사이버범죄(cybercrime)'라는 용어로 통일하여 사용하

---

29 G. Urbas and K. R. Choo, Resource materials on technology-enabled crime, Technical and Background Paper No. 28 (AIC, 2008), p. 5.

30 House of Commons Standing Committee on Justice and Legal Affairs, Computer crime, Final Report (1983), p. 12; Sieber, Legal aspects of computer-related crime; Parker, Crime by computer.

31 S. W. Brenner, 'Cybercrime metrics: Old wine, new bottles?' (2004) 9 Virginia Journal of Law and Technology 1, n. 4

32 Morris, The future of netcrime, p. vi.

33 Morris, The future of netcrime, p. vi.; S. W. Brenner, 'Nanocrime?' (2011) University of Illinois Journal of Law, Technology and Policy 39.

기로 한다. 첫째, 다양한 문헌에서 사이버범죄가 공통적으로 사용되고 있다.[34] 둘째, 사이버범죄는 일반적인 용례로 사용되게 되었다.[35] 셋째, 해당 용어는 네트워크로 연결된 컴퓨터의 중요성을 강조한다. 넷째, 이 용어는 국제적으로 받아들여지고 있고 유엔[36]과 유럽평의회의 사이버범죄협약에 의해 채택되었다.

다양한 용어들에 대해서 이제는 이러한 용어들이 포섭하는 것이 무엇인지에 대한 광범위한 컨센서스가 형성되어 있다. 주된 두 가지 사이버범죄의 유형은 '사이버 의존형(cyber-dependent)' 범죄와 '사이버 이용형(cyber-enabled)' 범죄이다.[37]

사이버 의존형 범죄는 '컴퓨터, 컴퓨터 네트워크 또는 기타 유형의 ICT 기술을 이용하여야만 실행될 수 있는 범죄'를 의미한다.[38] 전형적으로, 이러한 범죄는 해킹, 악성프로그램, 서비스거부(DoS) 공격과 같이 기술이 범죄행위의 대상이 되는 경우에 해당된다.

'사이버 이용형' 범죄는 '컴퓨터, 컴퓨터 네트워크 또는 기타 유형의 ICT 기술을 활용하여 행해진 그 규모나 범위가 광범위한 전통적 범죄'를 의미한다.[39] 예를 들어, 아동음란물, 스토킹, 저작권 침해, 사기 등이 포함된다. 기술의 활용이 관련되기는 하지만, 기술이 없이는 실행되기 어려운 사이버 의존형 범죄와는 차이가 있다.

세 번째 유형, '컴퓨터에 의해 지원을 받는 범죄(computer-supported crimes)'[40]로 컴퓨터의 이용이 범죄행위의 부수적인 측면이지만, 범죄의 증거로 활용될 수 있는 범죄를 의미한다. 예를 들어, 살인 용의자의 컴퓨터에서 발견된 주소 또는 살인 이전에 피의자와 피해자 간에 주고받은 메시지 기록 등이 해당된다. 그러한 경우에 기술은 범죄를 실행함에 있어서 주된 역할을 하지는 않지만, 증거의 보관소로서의 역할을 하게 된다.[41]

---

34   Cybercrime Act 2001 (Cth).
35   Oxford English Dictionary Online, Oxford University Press, December 2014.
36   United Nations Office on Drugs and Crime, Comprehensive study on cybercrime (2013).
37   M. McGuire and S. Dowling, Cyber crime: A review of the evidence, Research Report 75, Summary of key findings and implications (Home Office, October 2013), p. 5.
38   *Ibid.*
39   *Ibid.*
40   M. Kowalski, Cyber-crime: Issues, data sources, and feasibility of collecting police-reported statistics, Cat. No. 85-558 (Canadian Centre for Justice Statistics, 2002), p. 6.
41   Computer Crime and Intellectual Property Section, The National Information Infrastructure Protection Act of 1996, Legislative Analysis (US Department of Justice, 1998).

이러한 분류 방식 또는 이와 유사한 분류 방식은 호주,[42] 캐나다,[43] 영국[44] 및 미국[45]에 의하여 채택된 방식이다. 우리는 앞서 언급한 두 가지 유형의 사이버범죄에 집중할 것이다. 컴퓨터의 지원을 받는 범죄는 절차법적, 증거법적인 쟁점과 관련이 있으나, 이는 이 책의 범위를 넘어서는 부분이다. 이러한 분류방식은 사이버범죄가 완전히 새로운 범죄유형인가 또는 단순히 전통적인 범죄를 새로운 방법으로 저지르는 것에 불과한 것인가에 대한 문제를 제기하기도 한다.[46] 이러한 문제에 대한 답은 '둘 다'이다. 이 책에서 다루어지는 대부분의 사이버범죄는 기존의 범죄를 새로운 방식으로 저지르는 것이다. 진정한 사이버범죄는 컴퓨팅 기술이 없었을 때에는 존재하지 않았던 범죄이고 이는 컴퓨터와 컴퓨터 네트워크 자체를 대상으로 하는 범죄이다.

4. 사이버 테러리즘

국가들은 주요기반시설, 산업, 교육, 금융, 통신 및 사회적 연결 등의 기능을 위해 디지털 서비스에 더욱 의존하고 있으며, 이로 인해 인터넷의 취약성은 국가의 인터넷 보안 역량을 뛰어넘고 있다.[47]

디지털 기술에 대한 의존, 특히 네트워크 통신에 대한 의존은 그것이 주요 기반시설의 일부로 간주될 만큼 만연해졌고 그러한 기반시설에 대한 공격은 국가안보에 대한 중대한 위협으로 간주된다. 결과적으로 컴퓨터 네트워크 공격의 또 다른 동기는 정치적, 종교적, 이데올로기적 원인이 되기도 하며, 그러한 공격은 이른바 '사이버테러리즘'으로 불린다. 사이버테러는 수자원, 에너지, 의료, 금융시스템, 긴급서비스, 항공 및 선박의 통제 등과 같은 주요한 서비스에 지장을 초래하는 심각한 손해를 야기할 수 있다.

---

42 Attorney General's Department (Australia), National plan to combat cybercrime (2013), pp. 4-5.

43 Kowalski, Cyber-crime, p. 6.

44 McGuire and Dowling, Cyber crime: A review of the evidence, Summary, p. 5.

45 Computer Crime and Intellectual Property Section, The National Information Infrastructure Protection Act of 1996.

46 Brenner, 'Cybercrime metrics,' 15.

47 Bipartisan Policy Center, Today's rising terrorist threat and the danger to the United States: Reflections on the tenth anniversary of the 9/11 Commission report (July 2014), p. 18.

현대 네트워크의 구조와 그에 대한 현대 사회의 의존성은 주요 기반시설을 공격에 더욱 취약하게 만든다.[48) 현재까지 그러한 위협은 실제로 발생하기 보다는 잠재적인 것에 가깝지만, 여러 연구결과는 주요 기반시설에 대한 사이버공격이 증가한다고 보고하고 있다.[49) 여기에는 산업제어시스템(Industrial Control Systems, ICS), 감시 제어 및 데이터 취득(Supervisory Control And Data Acquisition, SCADA) 시스템이 포함되고 이러한 시스템은 수자원, 원유나 가스 수송관, 전기 및 운송을 포함한 주요기반시설을 자동적으로 모니터링하고 조정하는 시스템이다.[50) 예를 들어, '스턱스넷' 바이러스는 이란의 우라늄 농축 시설의 컨트롤러 장비를 공격 대상으로 하고, 원심분리기를 제어불능 상태로 만들어 시설을 파괴한다.[51)

긴급 서비스의 대응 능력을 방해함으로써 물리적 공격을 촉발시키기 위해서 네트워크 기반시설에 대한 공격도 이용될 수 있다.[52) 정보통신 기술은 실시간으로 공격을 조정하는데도 사용될 수 있다. 일례로 2008년 뭄바이 테러 당시 건물 밖 공범들이 트위터를 감시해 건물 내 테러범들에게 언론 보도에 대한 정보를 직접 전달한 것으로 알려졌다.[53)

더 복잡한 문제는, 많은 경우 사이버 공격의 주체는 테러리스트 집단이 아니라 전통적인 국가 행위자들이라는 점이다.[54) 예를 들어, 중국 정부의 지원을 받은 해커들은 미국의 최첨단 무기 시스템에 접근할 수 있었다고 한다.[55) 미 법무부는 최근 5명의 중

---

48 K. A. Gable, 'Cyber-apocalypse now: Securing the internet against cyberterrorism and using universal jurisdiction as a deterrent' (2010) 43 Vanderbilt Journal of Transnational Law 57, 76-88.

49 C. Wilson, Computer attack and cyberterrorism: Vulnerabilities and policy issues for Congress, Congressional Research Service Report for Congress (Congressional Research Service, 2005), pp. 8-10.

50 J. C. Clapper, Worldwide threat assessment of the US intelligence community (Senate Select Committee on Intelligence, 2013), p. 2.

51 C. Wilson, 'Cyber threats to critical information infrastructure,' in T. M. Chen, L. Jarvis and S. Macdonald (eds.), Cyberterrorism: Understanding, assessment, and response (New York: Springer, 2014), pp. 123-36, 130.

52 The White House, The national strategy to secure cyberspace (Washington, DC, February 2003) p. 7.

53 P. A. Yannakogeorgos, 'Rethinking the threat of cyberterrorism,' in T. M. Chen, L. Jarvis and S. Macdonald (eds.), Cyberterrorism: Understanding, assessment, and response (New York: Springer, 2014), pp. 43-62, 52.

54 Bipartisan Policy Center, Today's rising terrorist threat, p. 18.

55 Ibid.

국 군사 해커들을 원자력, 금속, 태양열 산업과 관련된 미국 기업의 시스템을 해킹하여 산업 기밀을 유출한 혐의로 기소했다.[56]

'테러리즘'이라는 용어는 '무엇이 테러리즘을 구성하는지에 대한 국제법상 합의된 규범이 없는' 논란이 많은 용어이다.[57] '테러리즘'의 의미에 대한 다양한 견해가 존재하기 때문에, '사이버테러리즘'이라는 용어가 제대로 정의되지 않는다는 사실은 그리 놀랄 일이 아니다.[58] 또한 사이버테러리즘에 대해서는 '핵티비즘(hacktivism)'과 같은 제대로 정의되지 않은 다른 용어들과 혼용되거나 혼동되는 경향이 있다.[59] 예를 들어 '어나니머스(Anonymous)'와 같은 해킹그룹은 기업, 금융기관, 종교단체, 정부 웹사이트에 대한 여러 서비스거부공격(DoS)에 대한 책임이 있는 것으로 알려져 왔다.[60] 그러한 공격은 전형적으로 사회정치적 변화를 달성하기 위한 목적을 가지고 있으나, 테러리스트 공격의 특징이라고 볼 수 있는 정도의 손해를 발생시키지는 않는다.[61]

사이버테러리즘은 크게 두 가지 범주로 나누어 볼 수 있다. 첫째, 광의의 유형은 테러리스트 행위를 용이하게 하기 위해 기술이 이용되는 상황이다.[62] 이 경우에 정보통신기술은 테러리스트 모집, 과격화, 자금 모금, 계획 단계에서부터 실행단계까지 테러리스트 공격의 각각의 단계에 활용될 수 있다.[63] 예를 들어, DoS 공격은 정부 웹사이트나 서버를 대상으로 활용될 수 있다. 익명의 이메일 계정 및 암호화 기술은 테러리스트 간의 통신을 은닉하기 위해 이용될 수 있다. 인터넷은 무기 또는 무기 훈련과 관련된 정보 또는 사용법을 수집하기 위해 활용될 수 있으며,[64] 웹사이트나 소셜 미디어, 비

---

56   US Department of Justice, 'US charges five Chinese military hackers for cyber espionage against US corporations and a labor organization for commercial advantage' Press Release (19 May 2014).

57   R v. Gul [2013] UKSC 64 at [44].

58   I. Awan, 'Debating the term cyber-terrorism: Issues and problems' (2014) Internet Journal of Criminology 1-14.

59   G. Weimann, 'Cyberterrorism: The sum of all fears?' (2005) Studies in Conflict and Terrorism 129, 135.

60   J. T. Biller, 'Cyber-terrorism: Finding a common starting point' (2013) 4 Journal of Law, Technology and the Internet 275, 319-25.

61   Ibid., pp. 316-17. K. Hardy, 'Operation titstorm: Hacktivism or cyberterrorism' (2010) 33 University of New South Wales Law Journal 474.

62   C. Walker, 'Cyber-terrorism: Legal principle and law in the United Kingdom' (2006) Pennsylvania State Law Review 625, 635-42.

63   United Nations Office on Drugs and Crime, Comprehensive study on cybercrime, pp. 3-12.

64   R v. Lodhi [2006] NSWSC 584.

디오 게임은 선전(propaganda)을 전파하거나 테러리스트 모집을 위해 활용될 수 있다.[65] 계정 도용 범죄를 통해 또는 자금 세탁 수단으로 기술을 활용함으로써 자금을 모금하는 데 활용될 수 있다. '사이버범죄는 테러리스트 금융 산업으로 국제 마약 거래를 이미 뛰어넘었다'라고 언급되고 있다.[66]

이러한 점에서 '사이버테러리즘'은 단순히 사이버범죄의 다른 유형의 동기에 해당하는 것이라고 볼 수 있다. 그러한 행위는 관련된 범죄행위로 처벌되거나 광범위한 테러리즘 행위에 해당될 수 있다.[67] 그러나 이는 협의의 사이버테러리즘, 즉 '에너지, 운송, 정부의 운용 등과 같은 국가 주요 기반시설을 손상시키거나 방해하기 위한 의도로 컴퓨터 네트워크 도구를 사용하는 행위'와는 구분되어야 한다.[68] 협의의 개념에서는 사이버테러리즘을 주로 정치적, 종교적 또는 이데올로기적 동기를 가지고 대중을 위협하거나 정부의 행동에 영향을 주기 위한 의도로 사람, 재산 또는 주요 서비스에 실질적인 손해 또는 위협을 가하는 법적 의미에서의 테러리즘으로 본다.[69]

> 사이버범죄와 사이버테러리즘은 유사하지 않다. 사이버공간에서의 공격을 사이버테러리즘이라고 지칭하기 위해서는 '테러리스트'적인 요소를 포함하여야 한다. 공격은 일반적으로 이해되는 죽음 또는 대규모 살상을 야기하는 테러의 개념을 포함해야 한다. 또한 사이버테러리즘 공격은 정치적 동기를 가져야 한다. 테러리스트가 그들의 행위의 촉진제로서 컴퓨터를 이용하는 것은 그것이 선동, 모집, 데이터 마이닝, 통신 또는 기타 목적에 의해 행해졌더라도 사이버테러리즘이 아니다.[70]

그러나 테러리즘의 전통적 정의의 초점은 폭력적인 행위를 하는 것에 있고 이는 '그들에게는 폭력적이지 않을 수 있지만 대단히 파괴적인 영향을 미칠 수 있는' 행위

---

65 R v. Khazaal (2012) 246 CLR 601; R v. Gul [2013] UKSC 64.
66 C. A. Theohary and J. Rollins, Terrorist use of the Internet: Information operations in cyberspace (Congressional Research Service, 2011).
67 Criminal Code Act 1995 (Cth), s. 101.4; Terrorism Act 2000 (UK), s. 57.
68 Weimann, 'The sum of all fears?,' 130.
69 Criminal Code Act 1995 (Cth), s. 100.1, Criminal Code 1985 (Can), s. 83.01; Terrorism Act 2000 (UK), s. 1; 18 USC § 2331.
70 Weimann, 'The sum of all fears?,' 132-3. D. E. Denning, Cyberterrorism: Testimony before the special oversight panel on terrorism committee on armed services (US House of Representatives, 23 May 2000).

를 배제시킨다.[71] 따라서 '테러리즘'의 현대적 정의는 전자적인 기반시설에 대한 공격을 포함한다. 예를 들어 2000년 영국의 테러리즘법(Terrorism Act 2000) s. 1에서는 '전자 시스템을 심각하게 방해하거나 교란시킬 목적으로 설계된' 행위를 포함한다. 이와 유사하게, 호주의 연방 규정에서 '테러리스트 행위'의 정의는 '전자 시스템'을 심각하게 방해하거나 교란시키거나 파괴하는 행위를 포함하고 있다. 여기에서 전자시스템은 통신 시스템을 포함하고 있으며, 이러한 통신시스템에만 한정되지는 않는다.[72]

현재까지 이러한 점에서 사이버테러리즘은 추측의 영역에만 존재하며, 실제 진정한 사이버테러리즘으로 보고된 사례는 없다. FBI에 따르면, '테러리스트에 의한 사이버공격은 이데올로기적인 반대편에 대한 이메일 폭탄, 서비스거부 공격, 또는 웹사이트 변조 등과 같은 낮은 수준의 공격에만 대부분 제한되어 있다.'[73] 미국에서는 발전소 또는 수도 시스템에 대한 접근이 시도된 사례는 있으나, 어떠한 사례도 특정 극단주의 그룹에 의한 것은 없었다.[74] 사이버 테러 위협은 반드시 총체적인 관점에서 지켜볼 필요가 있지만, 사이버 공격은 그 동기와 관계없이 실질적이고 중대한 위협으로 남아 있는 것이 분명하다.

5. 문제의 규모

사이버범죄에 대한 신뢰할만한 통계 데이터가 부족하다는 점은 그간 언급되어 왔다.[75] 오늘날, 사이버범죄 위협의 문제와 중대성에 대한 일반적인 인식에도 불구하고, 그와 관련된 가용한 데이터는 여전히 불충분하고 파편화되어 있다.[76] 특정 범죄 유형과 관련하여 이용 가능한 통계는 이 책에서 언급되겠지만, 정확한 데이터 수집을 어렵게 만드는 요인들을 살펴볼 필요가 있다.

---

71   Walker, 'Cyber-terrorism,' 631.
72   Criminal Code Act 1995 (Cth), s. 100.1(2)(f); Criminal Code 1985 (Can), s. 83.01(1).
73   Theohary and Rollins, Terrorist use of the internet.
74   Wilson, 'Cyber threats to critical information infrastructure,' p. 128. ; R v. Boden [2002] QCA 164.
75   Law Commission (UK), Computer misuse, Working Paper No. 110 (1988), [6.18].
76   R. Anderson, C. Barton, R. Böhme, R. Clayton, M. J. G. van Eeten, M. Levi, T. Moore and S. Savage, 'Measuring the cost of cybercrime,' in R. Böhme (ed.), The economics of information security and privacy (Berlin: Springer, 2013), p. 267.

첫째, '사이버범죄'의 의미에 대한 컨센서스의 부족으로 인해, 그것이 공식 범죄 통계에 포함되지 않을 수도 있고, 다른 기관에서 다양한 의미로 사용될 수 있다.[77] 둘째로, 소위 '사이버범죄'라고 불리는 많은 범죄들은 사실 기술에 의해 촉진되는 기존의 범죄들이다. 그러나 범죄 통계에서는 종종 온라인과 오프라인 범죄를 구분하지 않는다.[78] 결과적으로 스토킹과 같은 범죄 자체는 범죄 통계에 기록될 것이지만, 범죄자들에 의한 기술의 사용은 그렇지 않을 수 있다.

셋째, 미신고로 인해 실제의 범죄행위가 범죄 통계에 정확하게 반영되지 않을 수 있다. 2010년부터 2011년 CSI 컴퓨터 범죄 및 보안 조사(Computer Crime and Security Survey)에 따르면, 27.5%의 사건만이 법집행기관에 신고되었고, 25.4%의 사건들은 조직 외부의 누구에게도 신고되지 않았다.[79] 이와 유사한 호주에서의 설문조사에서는 응답자의 57%가 외부 당사자에게 공격을 신고하지 않았다.[80] 신고를 하지 않는 일반적인 이유에는 '신고로 인한 혜택이 없음(44%),' '공격자는 아마도 체포되거나 기소되지 않을 것(20%),' '부정적 홍보(12%)' 등이 포함되었다.[81] 일반적인 컴퓨터 사용자들은 그러한 행위가 발생했다는 사실을 인지하지 못하거나, 심지어는 발생사실을 인지했더라도 그것이 범죄라는 사실을 인지하지 못하는 경우가 있다.

넷째, 법집행기관이 사이버범죄를 탐지하거나 수사할 전문성 또는 자원이 부족한 경우가 있다. 또한 사이버범죄와 관련된 기관이 많기 때문에 정확한 통계기록이 어렵다는 문제도 있다.

다섯째, 다양한 데이터 소스는 과신고(over-reporting) 또는 미신고(under-reporting)의 문제를 발생시킨다.[82] 이는 보안 소프트웨어 공급업체 등 데이터를 수집하는 사람들의 어젠다나 방법론적 오류 때문일 수 있다.[83] 예를 들어, 보안 회사인 'Detica'가 영국 내무부에 보고한 보고서에서 영국 경제에 대한 사이버범죄의 경제적 비용을 연간 270억

---

77 House of Representatives Standing Committee on Communications, Hackers, fraudsters and botnets: Tackling the problem of cyber crime, The Report of the Inquiry into Cyber Crime (June 2011), p. 48.

78 McGuire and Dowling, Cyber crime: A review of the evidence, ch. 4, p. 4.

79 R. Richardson, CSI computer crime and security survey (Computer Security Institute, 2011), pp. 23-4.

80 AusCERT, Australian computer crime and security survey report (2013), p. 34.

81 Ibid., p. 35.

82 Anderson et al., 'Measuring the cost of cybercrime,' 267.

83 Ibid.; McGuire and Dowling, Cyber crime: A review of the evidence, ch. 4, pp. 5-6.

파운드로 추정했을 때[84] 전반적인 회의론[85]이 대두되었다. 방법론적 문제로는 IT 보안 전문가 등 자기 선택 집단의 응답에 의존하는 설문조사, 범죄행위를 반드시 반영하는 것은 아닌 '부정적인' 온라인 경험을 기록하는 피해 조사 등이 있다.[86]

마지막으로, 사이버범죄에 대한 언론 보도는 상황을 왜곡해서 보여줄 수 있다.[87] 다른 형태의 범죄와 마찬가지로, 주류보다는 새로운 것이나 선정적인 것에 초점을 맞추는 경향이 있으며, 컴퓨터 부정사용에 대한 논의는 무비판적으로 받아들여지고 반복될 수 있다.

6. 온라인과 오프라인의 일관성

우리의 논의는 컴퓨터 '오용'이나 '남용' 보다는 형사법 위반 행위로 한정된다. 이러한 용어들은 '컴퓨터, 프로그램 또는 데이터의 사용과 관련된 비윤리적 또는 허가되지 않은 행위'를 보다 광범위하게 언급하기 위해 사용된다.[88] 물론, 무엇이 범죄인지는 유동적인 개념이고, 어떠한 온라인 행위가 범죄화되어야 할 것인가에 대한 판단이 내려져야 한다. '온라인/오프라인 일관성'의 원칙은 이러한 문제와 관련이 있다. 즉, 이 원칙은 온라인 행위는 기존의 법에 따라 가능한 한 오프라인 행위와 같은 방식으로 규제되어야 한다는 것이다.[89] 이로 인해 법 개정에 대한 '반쪽짜리' 접근방식이 이루어지는데, 꼭 필요한 경우에만 완전히 새로운 범죄를 신설하고, 이외에는 기존 범죄를 개정하는 방식으로 이루어진다.[90]

그러한 접근방식은 온라인 환경이 오프라인 환경보다 규제가 덜됨으로써 범죄자들이 더욱 매력적으로 느끼는 것을 방지한다.[91] 또한 그러한 접근방식은 다음과 같이 '온

---

84   Detica, The cost of cyber crime, Report (2011), p. 2.

85   Anderson et al., 'Measuring the cost of cybercrime', 267.

86   McGuire and Dowling, Cyber crime: A review of the evidence, ch. 1, p. 8.

87   M. Wasik, Crime and the computer (Oxford: Clarendon Press, 1991), pp. 3-4

88   Ibid., p. 3.

89   Model Criminal Code Officers Committee, Computer offences (2001), p. 94; Home Office (UK), Cyber crime strategy, Cm. 7842 (2010), p. 9.

90   Law Commission (UK), Computer misuse (1988), [4.5].

91   N. K. Katyal, 'Criminal law in cyberspace' (2001) 149 University of Pennsylvania Law Review 1003, 1005-7.

라인/오프라인'을 구분하는 잘못된 이분법을 방지한다.

> 사이버공간을 마치 '저 밖에 있는 어딘가'로 취급하는 것은 이미 '실제' 세계에서 가지고 있는 유용한 경험이나 도구를 먼저 고려하지 않은 채, 인터넷 문제에 대해서는 완전히 새로운 해결방법을 찾게 만든다.[92]

오프라인에서 이미 범죄화되어 있는 행위인 경우에, 그러한 행위를 온라인 환경에서 기소될 수 있도록 하기 위해서 해당 법에 대한 개정이 필요한지에 대한 문제가 제기된다. 오프라인에서 기소될 수 있는 행위가 온라인에서는 범죄로 간주되어서는 안 되는 경우는 드물다. 반대로, 오프라인 환경에서 행위가 범죄화되지 않는 경우, 행위의 성격이나 그 파급력에 기술이 영향을 미쳐서 그러한 행위를 범죄화할 필요가 있는가에 관한 문제가 제기될 수 있다.

그러한 경우에 범죄화에 대한 판단은 오프라인 환경에서의 범죄화와 다르지 않으며, 동일한 원칙을 따른다.[93] 이러한 원칙에는 행위가 매우 심각해서 손해배상에 따라서는 제대로 처리될 수 없고 해당 행위가 공공의 이익에 영향을 주어야 한다는 기준 등을 포함한다. 둘째, 형사 제재는 최후수단이므로, 다른 통제 수단이 효과적이지 않거나, 실행 불가능하거나, 불충분한 경우에 가해져야 한다. 세 번째로, 새로운 범죄는 집행가능하여야 한다. 특히 그 범위와 영향이 명확해야 한다. 온라인/오프라인 일관성의 원칙은 그러한 범죄화가 공식적으로 온라인 환경에 한정되어야 하는지에 대한 문제를 추가하는 것이다. 대부분의 경우, 범죄화가 온라인 환경에만 한정되는 것은 바람직하지 않다.

7. 가상 범죄

온라인 '세계'의 대중성과 정교함이 높아지면서 '가상 범죄'가 과연 존재하는지 여

---

92 V. Nash and M. Peltu, Rethinking safety and security in a networked world: Reducing harm by increasing cooperation, Discussion Paper No. 6 (Oxford Internet Institute Forum, 2005), p. 11.

93 Law Commission (UK), Computer misuse (1988), [1.11].

부에 대한 논쟁이 다시 불붙었다. 그러한 포럼은 비교적 기초적인 텍스트 기반의 가상 커뮤니티에서 World of Warcraft와 EverQuest와 같은 대규모 멀티 플레이어 온라인 게임(MMOGs)과 Second Life와 같은 '가상 세계'로 발전했다.[94] 예를 들어, World of Warcraft는 2014년 3분기에 740만 명의 가입자를 보유하고 있는 것으로 알려져 있으며, 이러한 온라인 포럼은 수백만 명의 참가자를 끌어 모으고 있다.[95] 이러한 참여 수준을 감안할 때, 넓은 의미에서 반사회적 행동이라고 간주할 수 있는 행위가 발생하는 것은 불가피하다. 그러면 그 다음 질문은 다음과 같다. 형사법은 그러한 온라인 커뮤니티를 규제하는데 어떤 역할을 할 수 있는가?[96]

이 문제는 몇 년 전 'LambdaMOO'로 알려진 온라인 커뮤니티에서 처음으로 부각되었다. LambdaMOO는 회원들이 온라인 세계를 만들고 텍스트 기반 명령을 통해 상호 작용하는 텍스트 기반 가상 커뮤니티였다. 이러한 맥락에서 'Mr Bungle'로 알려진 캐릭터는 '공공장소에서 여러 명의 플레이어를 스푸핑해 폭력적인 성행위를 강요하고 그들이 자발적으로 행동하는 것처럼 보이게' 만들었다.[97]

플레이어들은 '그들'이 그들의 의사에 반하는 성행위를 강요당했다고 격분했고 LambdaMOO 커뮤니티 내에서 Mr Bungle에 대해서 어떻게 처리해야 하는지에 대한 논쟁이 이어졌다.[98] 공식적인 해결이 이루어지기 전에, Mr Bungle의 온라인 참여는 다른 플레이어에 의해 종료되었다.[99]

이 사건은 그러한 행위가 '가상 범죄,' 즉 '사이버공간'에서 저질러진 범죄에 해당하는지에 대해 논쟁을 불러일으켰다. 이 논쟁은 사실 두 가지 구분되는 문제를 드러낸다. 첫째는 그런 범죄가 어디서 발생하였는가에 대한 문제이다. 그러한 행위가 '사이버공간'에서 발생하는가? 이 문제는 사이버공간이 분명한 규제의 대상이 되어야 하는 특

---

94 M. de Zwart, 'Contractual communities: Effective governance of virtual worlds' (2010) 33 University of New South Wales Law Journal 605, 605.

95 Statista, Number of World of Warcraft subscribers from 1st quarter 2005 to 3rd quarter 2014 (in millions), www.statista.com/statistics/276601/number-of-world-of-warcraft-subscribers-by-quarter/.

96 I. Warren and D. Palmer, Crime risks of three-dimensional virtual environments, Trends and Issues in Crime and Criminal Justice No. 388 (AIC, February 2010).

97 J. L. Mnookin, 'Virtual(ly) law: The emergence of law in LambdaMOO' (1996) 2 Journal of Computer-Mediated Communication.

98 S. W. Brenner, 'Fantasy crime: The role of criminal law in virtual worlds' (2008) 11 Vanderbilt Journal of Entertainment and Technology Law 1, 75-7.

99 *Ibid.*

정 '장소'에 해당하는지 여부에 대한 광범위한 논쟁에서 비롯되었다.[100]

그러한 주장이 다른 맥락에서 어떠한 이점을 가지고 있든 간에, 형사법에서는 영향력을 얻지 못했다. 대체로 이는 형사법이 물리적 행위에 기반하고 있기 때문이다. 범죄를 저지르기 위해서는 필요한 정신적 요소를 동반한 피고인의 물리적 행위가 있어야 한다. 형사법에서 중요한 것은 발생된 손해와 손해를 야기한 행위이고 행위와 결과 모두 오프라인에서 발생한 것이기 때문에, '온라인 범죄'는 반드시 물리적인 것으로 축소되어야 한다.[101]

온라인 세계가 이용자에게 현실적이라고 느껴지더라도 형사법상 관련 행위는 "다른 컴퓨터의 그래픽 또는 오디오를 생성하는 컴퓨터 네트워크를 통한 전자 통신의 전송"으로 언제나 동일하다.

> 중요한 것은 가상세계 이용자가 위법 행위가 가상현실에서 사회적 중대성이 있다는 점을 인지하는 것이 아니라 물리적 관점에서 실제로 무슨 일이 일어났는지이다.[102]

인식의 차이는 온라인 행위의 '내부적' 및 '외부적' 관점 사이의 구분을 명료하게 보여준다.[103] '내부적 관점'은 자신이 물리적으로 위치한 지리적 위치와 구별되는 온라인 세계에 진입했다고 인식하는 컴퓨터 사용자의 관점이다.[104] 반면에 '외부적 관점'은 사용자의 인식보다는 물리적 세계에서 컴퓨터의 기능을 관찰하는 외부인의 관점을 채택한다.[105]

내부적인 관점을 채택하면, 아바타를 통제하는 사람은 그들의 행동이 온라인 세계에서 일어났다고 생각할 것이다. 예를 들어 Mr Bungle의 피해자들은 그들의 아바타가

100　D. R. Johnson and D. Post, 'Law and borders: The rise of law in cyberspace' (1996) 48 Stanford Law Review 1367; J. Goldsmith, 'Against cyberanarchy' (1998) University of Chicago Law Review 1199.

101　Brenner, 'Fantasy crime', 26.

102　O. S. Kerr, 'Criminal law in virtual worlds' (2008) University of Chicago Legal Forum 415, 418.

103　O. S. Kerr, 'The problem of perspective in internet law' (2003) Georgetown Law Journal 357.; O. S. Kerr, 'Virtual crime, virtual deterrence: A skeptical view of self-help, architecture and civil liability' (2005) 1 Journal of Law, Economics and Policy 197, 201-7.

104　Kerr, 'The problem of perspective,' 359-60.

105　Ibid., 360.

강간당했다고 인식한다. 외부적인 관점에서 볼 때 실제로 일어난 일은 여러 참가자들 사이에 전자 통신이 오고 갔다는 것, 즉 강간사건에 대한 가상의 표현에 불과하다. 이것은 그러한 통신이 어떠한 결과도 초래하지 않았다는 의미가 아니다. 희생자들은 정말로 고통을 느낄지도 모른다. 그러나 그것은 괴로운 통신을 읽은 사람의 괴로움이지 실제로 강간당한 사람의 괴로움이 아니다.

일단 우리가 이러한 범죄 혐의들이 오프라인 세계에서 발생하였다는 것을 확인하게 되면, 두 번째 질문은 그 특정한 통신이 송수신되는 국가에서 범죄에 해당하는가 하는 것이다. 더 정확하게는, 그것이 범죄행위를 구성할 정도로 인지된 피해를 야기하였거나 또는 금지된 상황에서 발생하였는가? 만약 그렇다면, 그 행위는 기소될 수도 있다. 그렇지 않다면 다른 해결 방법을 모색해야 한다. 일반적으로 형사 제재를 야기할 가능성이 있는 것으로 논의되는 온라인 행위는 일반적으로 세 가지 범주 중 하나로 분류된다.

첫 번째는 사람을 대상으로 하는 범죄이며, LambdaMOO에서의 '가상 강간'이 예가 될 수 있다. 다른 예로는 '가상 살인'이 있는데, 어느 일본 여성이 컴퓨터를 해킹하여 온라인 게임 '메이플 스토리'에서 자신의 가상 남편과 이혼한 후 가상 남편을 '죽였다'는 사건이 있었다.[106)]

물론 이런 경우 피해자에게 물리적 위해가 가해진 것은 없다. 관련 해악은 피해자의 고통과 게임 이용에 대한 방해이다. 피해자에게 가해진 고통의 측면에서 이는 협박, 괴롭힘, 스토킹 등 관련 법령에 해당할 경우에만 기소할 수 있다. 이는 '피해자'의 반응이나 용의자의 정신적 요소에 따라 달라질 수 있다. 게임에 대한 방해 행위 그 자체와 관련하여, 적절한 형사법적 대응은 데이터에 대한 권한 없는 접근 또는 변경과 관련된 범죄일 것이다. 이는 대부분 당사자가 관련 기능을 수행할 권한을 부여받았는지에 따라 달라진다.

일부 경우에는 아바타가 고문당하거나 살해당하는 것에 '동의'한 경우도 있을 수 있다.[107)] 그러한 경우에는, 제3자가 무슨 일이 있어났는지를 볼 수 있는 경우 해당 행위를 외설 또는 유사한 법에 의해 기소할 수는 있겠으나, 피해자에게는 추정적으로 아무런 위해도 가해지지 않는다.

가해자의 정신적 요소는 많은 어려움을 야기한다. 가해자가 피해자의 오프라인

---

106 'Woman in jail over virtual murder', BBC News Online (Asia-Pacific), 24 October 2008.
107 Brenner, 'Fantasy crime,' 41.

상 신원을 알고 있었는가?[108] 고의 또는 과실로 피해를 야기하였는가? 일부 경우에는 World of Warcraft에서와 같이 몇몇 사람들이 게임봇(bot)을 이용해서 게임을 그들 대신 플레이하도록 하는 경우에는 게임 아바타를 작동시키는 사람이 있었다고 추정될 수 없는 경우도 발생한다.[109]

두 번째 유형은 재물을 대상으로 하는 범죄이다. 일부 온라인 포럼에는 공식적 또는 비공식적으로 현금 대신 거래되는 화폐가 있는 경우가 있다. 예를 들어, Second Life는 'Linden Dollar'라고 하는 고유의 화폐가 있고 이는 실제 화폐로 구매할 수 있다. Second Life 회원들은 그들이 생산한 상품이나 그들이 가진 '가상 자산'을 거래할 수 있다. 따라서 개인이 실제 가치를 가진 다른 사람의 소유 아이템을 '가져가는(take)' 것도 가능하다. 또 다른 예를 들면, 훔친 '가상 자산'을 장물로 파는 행위,[110] 허가받지 않은 온라인 창작물의 복제 또는 재물 손괴 등이 있을 수 있다. 또한 Second Life나 다른 유사한 포럼이 자금세탁을 위해 활용될 가능성도 있다.[111]

그러한 행위로 영향을 받은 사람들은 당연히 재산권이 침해되었다고 느낄 수 있지만, 형법이 그러한 상황에 개입할 수 있는지의 여부에는 여러 가지 어려움이 따른다. 예를 들어, 비록 실제 돈으로 구입했지만, 일부 형사법규에서 '가구'는 '재산'의 개념에서 벗어날 수 있다. 가구를 옮기고 사용할 수 있는 능력이 사기와 관련된 법률의 정의상 '재산상 이익'에 해당하는지 여부도 또 다른 문제이다. 디자인의 허가받지 않은 복제는 지적재산권법에 의해 보호되어야 한다. 타인의 온라인 재산에 대한 손괴도 그것이 게임 약관상 허용되는지 여부가 문제될 수는 있지만, 컴퓨터 범죄 법령에 포함될 수 있다. 더 나아가, 신원 정보 획득을 위해 피싱 기술을 사용하는 것은 명의 도용과 관련된 법률 위반이 될 수 있다. 그러나 '가상 세계'에서의 행위에 대해 성공적으로 기소한 사례도 있다. 예를 들어, 2013년 영국 남성 Stephen Burrell은 인기 있는 판타지 게임인 RuneScape에서 온라인 프로필을 해킹하여 얻은 가상 아이템을 판매하여 컴퓨터 부

---

108   C. Reed, 'Why must you be mean to me? Crime and the online persona' (2010) 13 New Criminal Law Review 485, 491.

109   MDY Industries, LLC v. Blizzard Entertainment Inc., 629 F 3d 928 (9th Cir. 2010).

110   F. G. Lastowka and D. Hunter, 'Virtual crimes' (2004–05) New York Law School Law Review 293, 302.

111   Brenner, 'Fantasy crime,' 28.

정사용 혐의로 기소되어 유죄 선고를 받았다.[112] 마찬가지로, 2011년 Ashley Mitchell 은 국제 게임 회사 Zynga의 컴퓨터를 해킹하고, 7백만 파운드 이상의 가치가 있는 것 으로 추산되는 가상 게임 칩을 이체하기 위해 두 명의 직원 신원을 사용한 혐의로 징 역 2년을 선고받았다.[113]

세 번째 분류는 성적 행위이다. 프로그래밍을 통해 아바타가 성적 행위를 하는 것 처럼 표현할 수 있기 때문에, 이것이 위법행위를 구성한다는 것은 놀라운 일이 아니다. 그러나 사람에 대한 범죄와 마찬가지로, 이것들은 실제 성행위라기보다는 성행위에 대한 묘사이다. 예를 들어, 가상의 성매매는 성매매 관련 법률에 의해 기소될 수 없고, 외설과 관련 법률에 의해 기소될 수 있다.[114] 더 문제가 되는 것은 소아성애 또는 근친 상간의 환상을 행동에 옮기는 사람들이다. '가상' 아동 음란물은 미국에서 특히 문제가 되고 있으며, 아동 음란물이나 음란물 관련 법률에 포섭될 수 있다.

가상세계를 '게임'에 초점을 맞추고 온라인 환경에서 형법의 적용은 게임의 규칙이 특정 행위를 허용하느냐에 따라 달라진다는 의견도 있다.[115] 예를 들어, 전투는 Second Life의 일부 지역에서는 허용되지만 다른 지역에서는 허용되지 않는다.[116] 이에 따라 게 임의 규칙이 특정 행위를 허용한다면 형법의 역할이 없어진다는 의견이 제시된다. 재 산 범죄의 맥락에서, 만약 게임이 물건을 훔치도록 허용한다면 그것은 절도가 될 수 없 다는 주장이다.[117] 이러한 주장은 농구 경기 도중 공을 '스틸링'하는 것은 기소되지 않 는다는 점을 비유로 들고 있다. '대신 이용 가능한 자구책은 농구공 소유권 분쟁에 대 한 국가 개입을 금지하는 게임의 규칙과 일치하도록 완벽해야 한다.'[118]

그러나 게임의 규칙은 결코 국가의 개입을 금지하지 않으며, 사회의 표준 규범을 대 체하지도 않는다.[119] 게임의 규칙은 형법의 적용에 있어 단지 하나의 관련 요소일 뿐이

---

112   D. Bloom, 'Computer hacker stole virtual property from online fantasy gamers to pay off REAL gambling debts', Daily Mail, 7 December 2013.

113   S. Morris, 'British hacker jailed over £7m virtual gaming chips scam,' The Guardian, 19 March 2011.

114   Brenner, 'Fantasy crime,' 32.

115   S. Humphreys and M. de Zwart, 'Griefing, massacres, discrimination, and art: The limits of overlapping rule sets in online games' (2012) 2 UC Irvine Law Review 507.

116   Brenner, 'Fantasy crime,' 17.

117   Lastowka and Hunter, 'Virtual crimes,' 305.

118   Ibid., 306.

119   Ibid.

다. 농구의 예에서, 경찰은 여러 가지 이유로 개입하지 않는다. 첫째, 농구공을 정당한 소유자에게 돌려주기로 가정하면 도둑맞은 것이 아니라 빌린 것이다. 둘째로, 그 행위는 사소한 것이어서 경찰이 개입할 가치가 없다. 셋째, 이와 관련하여 당사자들이 직접 분쟁을 해결하기를 기대할 수 있다.

8. 국제적 문제: 사이버범죄협약

1980년대 초부터 국제기구에 의해 수행된 일련의 조사와 연구는 사이버범죄로 인한 도전과제에 대해 전 세계적으로 인식이 높아지는 계기가 되었다.[120] 사이버범죄의 글로벌한 특징을 고려할 때, 효과적인 규제가 달성되기 위해서는 국가 간의 일정 수준의 조화가 필수적이라는 점은 명백하다.[121] 더 많은 조화가 이루어지면 정부와 산업 간의 정보와 지식의 교환을 촉진시킬 것이고 이러한 조화는 법집행기관 간의 협력을 위해서도 매우 중요하다. 예를 들어, 쌍방 가벌성(dual criminality)은 국제사법공조 및 범죄인인도법에 있어서 선제조건으로 규정되어 있다. 진정한 컨센서스는 바람직하지만 이를 이루기는 쉽지 않다. 특히 인터넷과 다른 신기술들을 규제하려고 할 때 발생하는 다양한 이해관계를 고려할 때, 국가들은 국내 형법에 따라 그들 자신의 기준을 부과할 권리를 당연히 보호하려고 할 것이다. 사람과 재산에 대한 범죄와 관련해 어느 정도 공감대가 형성될 수 있지만 국가에 대한 범죄와 도덕성에 대한 범죄에 대해서는 컨센서스를 이루기가 어렵다.[122]

일부 국가에서는 그곳에서 호스팅되는 콘텐츠에 대한 최대의 프라이버시와 최소한의 규제를 제공하여 '데이터 피난처'로 간주되고 있다.[123] 일부 국가들, 특히 개발도상국의 경우, 사이버범죄가 우선순위가 아닐 수 있으며, 사이버범죄에 대응하기 위한 역

---

120 Goodman and Brenner, 'Emerging consensus,' 14-19; S. Schjølberg and A. M. Hubbard, Harmonizing national legal approaches on cybercrime, Background Paper (International Telecommunications Union, 2005), pp. 6-10.

121 United Nations, Resolution on combating the criminal misuse of information technologies GA Res 55/63, UN GA, 55th sess., 81st plen. mtg, UN Doc. A/RES/55/63 (2001).

122 Goodman and Brenner, 'Emerging consensus,' 20-1.

123 J. N. Geltzer, 'The new Pirates of the Caribbean: How data havens can provide safe harbors on the internet beyond governmental reach' (2004) Southwestern Journal of Law and Trade in the Americas 433.

량의 한계가 있을 수 있다.

그러나 국제적인 합의가 발달되지 않은 국가에 향후 적용할 수 있는 더욱 광범위한 컨센서스는 달성 가능하다. 이는 사이버범죄 이슈를 다룬 최초의 구속력 있는 다자 협약인 유럽평의회의 사이버범죄협약에서 채택한 접근방식이다.[124] 사이버범죄협약은 2001년 11월 서명을 위해 개방되었고, 2004년 7월 1일 발효되었다.

비록 지역적 이니셔티브를 통해 탄생하기는 했지만, 사이버범죄협약은 전 세계적으로 적용되는 것을 의도하여 만들어졌다.[125] 유럽평의회의 회원국이나 '협약의 성안 과정에서 참여한' 국가들 외에도 동 협약은[126] 당사국의 만장일치의 결정에 의해 초대된 비회원국에게도 개방되어 있다.[127] 2020년 12월 기준, 유럽평의회 회원국 중 러시아만이 동 협약에 서명하지 않았다.[128] 비회원국인 남아프리카는 서명은 하였으나 비준하지 않았고, 브라질, 멕시코, 뉴질랜드 등 다수의 국가들이 서명을 위해 초대되었다.[129]

2020년 12월 기준, 영국의 비준 결정 이후에[130] 서명을 하고 비준을 하지 않은 회원국은 스웨덴과 아일랜드 2개국이다.[131] 또한 미국, 호주, 일본을 포함한 21개국의 비회원국이 협약을 비준하거나 가입하였다.

최근 몇 년간 글로벌한 차원에서의 새로운 협약이 필요한가에 대한 논의가 계속되었다. 2010년, 유엔 범죄예방 및 형사사법위원회(United Nations Congress on Crime Prevention and Criminal Justice) 제12차 총회에서는 국제사회가 새로운 사이버범죄협약에 대한 협상을 시작하여야 하는가 아니면 유럽평의회의 사이버범죄협약을 국제적인 기준으로 볼 수 있는지에 대한 논의에서 극명하게 의견이 나뉘었다.[132] 궁극적으로는 합의가 이루어지지 않았고, 범죄예방 및 형사사법위원회는 개방적 정부

---

124 Convention on Cybercrime, Budapest, 23 November 2001, in force 1 July 2004, ETS No. 185 ('Cybercrime Convention').

125 Council of Europe, 'Project on Cybercrime: Final Report', Report No. ECD/567(2009)1 (Council of Europe, 15 June 2009), p. 5.

126 Cybercrime Convention, Art. 36(1).

127 Ibid., Art. 37(1).

128 Council of Europe, Convention on Cybercrime CETS.: 85, Treaty Office, http://conven tions.coe.int/Treaty/Commun/ChercheSig.asp?NT=185&CL=ENG.

129 Council of Europe, Convention on Cybercrime CETS.: 85, Treaty Office.

130 Ibid.

131 Ibid.

132 Report of the Twelfth United Nations Congress on Crime Prevention and Criminal Justice, UN Doc A/CONF.213/18 (18 May 2010) 56.

간 전문가그룹(open-ended intergovernmental expert group)을 구성하여 사이버범죄 문제에 대한 포괄적인 연구를 수행하도록 하였다.[133] 2013년 4월 위원회 회의에서, 국제협정에 대한 문제가 다시 한 번 언급되었고 결의안 초안에서는 회원국으로 하여금 '사이버범죄 대응에 있어서 국제협력을 강화하는 방법과 수단을 계속해서 고려할' 것을 촉구하였다.[134]

국제협정이 부재한 상황에서, 사이버범죄협약은 '현재까지 가장 완전한 국제 기준'으로 남아있다.[135] 전 세계적인 영향을 가진 협약은 아직 없지만, 사이버범죄협약은 65개 국가가 비준 또는 가입하였으며, 3개 국가가 서명하여 현재까지 가장 큰 영향력을 가지고 있다.[136] 유엔 마약범죄사무소(United Nations Office on Drugs and Crime, UNODC) 설문조사에 응답한 국가들 중에서 대부분은 사이버범죄협약이 기존의 또는 앞으로 입법 예정인 사이버범죄 법률에 많은 영향을 주었다고 응답하였다.[137]

사이버범죄협약은 사이버범죄 문제에 대한 포괄적인 국제적 대응을 대표하고 있다. 동 협약은 총 4개의 장으로 구성되어 있는데, 여기에는 실체법, 절차법 및 국제협력이 포함된다. 제1장에서는 협약에서 사용하는 용어를 정의하고 있고, 제2장은 두 개의 절로 구분되어 있다. 제1절은 '실체법'으로 이 책의 주제와 관련이 있다. 제2절은 절차법에 관한 것으로 전자 증거 수집과 관련된 문제를 포함하고 있다. 예를 들어, 제2부에서는 저장된 컴퓨터 데이터의 신속한 보전에 대한 규정이 있으며, 제5부에서는 트래픽 데이터와 콘텐츠 데이터의 실시간 수집에 대한 규정이 있다. 제3장에서는 국제협력에 대한 규정, 특히 범죄인인도와 국제형사사법공조와 관련하여 규정하고 있고, 제4장에서는 영토적 적용범위, 유보, 분쟁해결 등을 포함한 다양한 절차적 문제를 다루고 있다.

---

133 United Nations, Resolution adopted by the General Assembly on 21 December 2010, Twelfth United Nations Congress on Crime Prevention and Criminal Justice, A/RES/65/230, 1 April 2011, [9].

134 Commission on Crime Prevention and Criminal Justice, Draft resolution: strengthening international cooperation to combat cybercrime, UN ESCOR, 22nd sess., Agenda Item 7, UN Doc E/CN.15/2013/L.14 (2 April 2013) 2, Art. 2.

135 European Commission, Proposal for a directive of the European Parliament and of the Council on attacks against information systems and repealing Council Framework Decision 2005/222/JHA (30 August 2010), 3.

136 Council of Europe, Convention on Cybercrime CETS.: 85, Treaty Office.

137 United Nations Office on Drugs and Crime, Comprehensive study on cybercrime, p. 75.

위에서 언급한 바와 같이, 제2장 제1절은 이 책의 주제와 관련이 있다. 방조죄나 법인의 책임 및 제재와 관련된 규정들을 제외하면, 사이버범죄협약은 4개의 광범위한 범죄유형으로 구분할 수 있다. 첫째, 제1부에서 규정하고 있는 '컴퓨터 데이터 및 시스템의 기밀성, 무결성 및 가용성을 침해하는 범죄'이다. 이러한 범죄는 컴퓨터 또는 컴퓨터 데이터가 범죄의 공격대상이 된다는 점에서 진정한 '사이버범죄'라고 할 수 있다. 이러한 범죄는 불법 접근(제2조), 불법 감청(제3조), 데이터 및 시스템 침해 (제4조 및 제5조) 및 장치의 오용(제6조)으로 다시 세분화된다.

제2부 '컴퓨터 관련 범죄'는 컴퓨터가 범죄행위를 쉽게 하기 위해 이용되는 모든 범죄를 규정하고 있다. 실제로 여기에는 다양한 범죄유형이 포함될 수 있으나, 협약은 두 가지의 범죄만을 규정한다. 컴퓨터 관련 위조(제7조)와 컴퓨터 관련 사기(제8조)가 그것이다. 제3부는 콘텐츠 관련 범죄에 관한 규정이고 이러한 유형 중 가장 중요한 범죄유형인 아동음란물에 초점을 맞춘다. 마지막으로 제4부는 저작권 및 저작인접권 침해 범죄에 대하여 규정하고 있다.

이 책에서는 이러한 분류 방법을 대체로 따를 것이다. 전술한 바와 같이, 사이버범죄협약은 국제적 합의에 이를 수 있는 범죄를 반영하고 있다. 사이버범죄의 정의에는 해당이 되지만 협약에는 포함되지 않는 다수의 범죄유형이 존재한다. 우리는 제2부에서 컴퓨터가 범죄의 대상이 되는 범죄를 먼저 논의할 것이다. 제3부에서는 사기와 저작권 침해 범죄, 그리고 '스팸'의 규제에 대해서 다룰 것이다. 제4부에서는 내용 관련 범죄의 주된 예로서 아동음란물에 대해 중점적으로 다룰 것이다. 제5부에서는 사이버범죄협약에는 포함되지 않는 범죄유형을 다룰 것이다. 여기에는 스토킹, 그루밍(grooming), 관음행위(voyeurism) 등 사람에 대한 범죄가 포함될 것이다. 제6부에서는 사이버범죄의 글로벌한 특성을 고려할 때 특히 중요한 관할권 행사의 원칙에 대한 논의를 하며 마무리할 것이다.

이 책에서는 호주, 캐나다, 영국, 미국 등 4개의 커먼로(common law) 국가의 실체법을 비교하는 비교법적 접근방식을 취할 것이다. 각국은 커먼로의 전통을 공유할 뿐만 아니라 사이버범죄와 관련된 중요한 법률 개정 작업을 하고 있는 선진국이라는 공통점을 가진다.

이렇게 끊임없이 발전하는 법률 분야에서 사이버범죄의 문제를 대응하는 각국의 경험으로부터 많은 교훈을 얻을 수 있다. 연방국가인 호주, 캐나다, 미국에서 우리는 연방 범죄에 초점을 맞출 것이다. 영국에는, 잉글랜드와 웨일스(England and Wales), 스코틀랜드(Scotland), 북아일랜드(Northern Ireland) 3개의 서로 다른 관할이 포함되어 있다는 것을 인지하면서 편의상 '영국(UK)'이라는 용어를 사용할 것이다. 1990년 영국 컴퓨터 부정사용법(Computer Misuse Act)에서 규정하는 일부 범죄는 영국 전체에 적용된다. 만약 관할권 차이가 발생하는 경우, 이 책에서는 잉글랜드와 웨일즈에서의 범죄에 초점을 맞출 것이다.

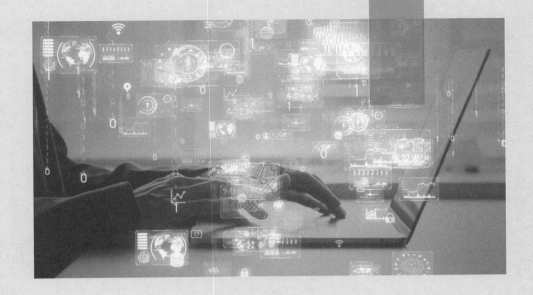

제2부

공격대상으로서 컴퓨터

제2장 공격대상으로서 컴퓨터

제3장 권한 없는 접근 범죄

제4장 데이터의 변경 및 훼손

제5장 부정 사용

제6장 데이터 감청

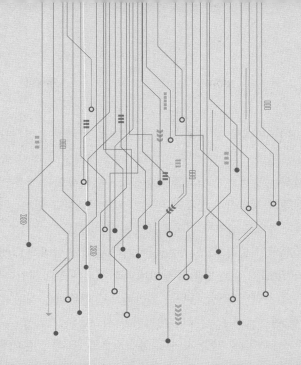

제2장

공격대상으로서 컴퓨터

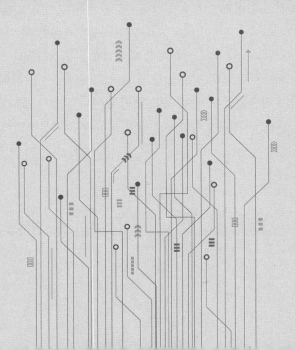

1. 서론

여기에서는 사이버범죄의 첫 번째 유형 즉, 컴퓨터 자체가 공격대상이 되는 범죄에 대하여 살펴보기로 한다. 그러한 범죄는 흔히 '해킹'이라고 알려진 범죄이며, 다양한 동기로 인해 발생하는 광범위한 행위를 포함한다. 현대 사회에 컴퓨터가 어디에나 존재한다는 점과 현대의 상거래가 컴퓨터 네트워크에 의존하고 있다는 점을 감안할 때, 그러한 범죄는 잠재적으로 심각한 결과를 초래할 수 있다.

여기에서는 컴퓨터가 물리적으로 도난당하거나 손괴된 범죄에 대해서는 다루지 않을 것이다. 컴퓨터 절도와 같은 범죄를 사이버범죄 정의에 포함시킨다는 일부 설문 조사 결과가 있기는 하지만, 그러한 행위는 일반적으로 현존하는 재산범죄의 범주 내에 포섭된다. 그 대신 여기에서는 '컴퓨터 데이터와 시스템의 기밀성, 무결성 및 가용성을 침해하는 범죄[1]'에 초점을 맞출 것이다. 본질적으로, 그러한 범죄에는 다음과 같은 행위가 포함된다.

---

① 컴퓨터 또는 컴퓨터 시스템에 대한 허용되지 않은 접근의 획득
② 컴퓨터 데이터를 손상시키거나 컴퓨터 또는 컴퓨터 시스템의 운용에 장애를 일으키는 것
③ 컴퓨터 데이터의 불법 감청

여기에는 기술적으로 정교한 것부터 기술수준이 낮은 것까지 포함된다. 예를 들어, 21세의 Gareth Crosskey는 자신이 배우 Selena Gomez의 계부인 척 가장해서 페이스북 직원을 속여 Selena Gomez의 페이스북 계정 비밀번호를 변경하였다.[2] 또 다른 스펙트럼의 극단에서는 '어나니머스'와 같은 그룹에 의한 고도의 공격을 통해 해킹에 대한 대중과 정부의 관심이 집중되었다. 수준 높은 해커뿐 아니라 일부 조사에 따르면 내부자에 의한 사이버공격도 외부자에 의한 공격만큼이나 자주 발생하고 있는 것으로 나타

---

1 Cybercrime Convention, Ch. II, Section I, Title 1.
2 'McDonald's worker who hacked into emails between Selena Gomez and Justin Bieber jailed for 12 months,' The Telegraph, 21 May 2012.

났다.[3] 형사법적인 대응은 이러한 광범위한 범죄행위를 아우를 수 있어야 할 것이다.

'해킹'이라는 현상과 그의 역사는 다른 문헌에서도 많이 논의된 바 있다.[4] 이 책에서는 이러한 범죄유형에 잠재적으로 포함될 수 있는 행위의 주된 형태를 개략적으로 설명하는 것으로 충분할 것이다. 우선 이러한 유형들은 상호 배타적이거나 고정적이지 않다는 점을 전제로 하여야 한다. 사이버범죄 법률을 입안할 때 가장 큰 어려움 중 하나는 사이버범죄 법률이 중첩되고 지속적으로 진화하는 광범위한 위협에 계속 적용될 수 있도록 보장할 수 있어야 한다는 것이다. 행위의 세 가지 주된 유형은 다음과 같다.

---

① 컴퓨터 또는 컴퓨터시스템에 대한 권한 없는 접근(unauthorised access to computers or computer systems)

② 악성 소프트웨어(malicious software)

③ 서비스거부공격(DoS attacks)

---

(1) 컴퓨터 또는 컴퓨터시스템에 대한 권한 없는 접근

기초적인 수준에서 컴퓨터에 대한 권한 없는 접근은 단순히 허가없이 로그인 하는 것으로 획득될 수 있다. 보다 더 고급 레벨에서는 해커들이 네트워크를 이용해 원격 접근권한을 획득하는 것이 될 수도 있다. 이러한 경우에는 다수의 국가 내에 컴퓨터를 경유할 수도 있다. 그러한 해킹은 '사용자 레벨'일 수도 있고, '관리자' 또는 '루트 권한 레벨' 접근일 수도 있다. 사용자 레벨은 해커가 시스템의 일반 사용자와 같은 접근권한을 획득하는 것이고, 관리자 레벨은 해커가 시스템 관리자와 같이 데이터를 확인하거나 마음대로 변경할 수 있는 권한을 갖는 것이다.[5] 소프트웨어가 빠르게 개발됨에 따라 '버그(bugs)' 역시 필연적으로 발생한다. 해커들은 버그가 수정되기 전에 그러한 취

3　C. J. Sedak and P. Durojaiye, US cybercrime: Rising risks, reduced readiness - Key findings from the 2014 US State of Cybercrime Survey (PWC, 10 June 2014), p. 9.

4　M. Yar, Cybercrime and society (London: Sage Publications, 2006), Ch. 2; D. S. Wall, Cybercrime: The transformation of crime in the information age (Cambridge: Polity, 2007), Ch. 4; S. Furnell, 'Hackers, viruses and malicious software,' in Y. Jewkes and M. Yar (eds.), Handbook of internet crime (Cullompton: Wilan, 2010).

5　E. J. Sinrod and W. P. Reilly, 'Cyber-crimes: A practical approach to the application of federal computer crime laws' (2000) 16 Santa Clara Computer and High Tech Law Journal 177, 205-7, 210-12.

약점을 이용하려고 한다.[6] '제로데이 취약점'이라고 불리는 것은 패치가 되기 전에 악용되고 공격의 근원이 된다.[7]

컴퓨터에 대한 권한 없는 접근을 획득하는 이유는 컴퓨터에 저장된 데이터의 종류만큼이나 다양하다. 그럼에도 불구하고, 공격자의 동기를 유형화하는 것은 컴퓨터에 대한 권한 없는 '접근'에 해당하는 광범위한 행위를 더욱 정확하게 규율하기 위해서 중요하다. 기본적으로 다음과 같은 세 가지 동기로 구분할 수 있다.

---

① 정보에 대한 접근(access to information)
② 데이터의 변경 또는 훼손(modification/impairment of data)
③ 컴퓨터의 사용(use of a computer)

---

1) 정보에 대한 접근

컴퓨터와 컴퓨터 네트워크에 저장된 풍부한 정보의 양을 고려할 때, 그 정보에 대한 접근은 명백한 동기부여가 된다. 2013년 사이버 보안 업체 Symantec은 253건의 데이터 침해사고가 있었으며 5억 5,200만 건 이상의 계정 도용이 있었다고 보고했다.[8] 개인정보 및 비즈니스 정보 모두 '클라우드' 스토리지의 사용이 증가함에 따라 매력적인 대상이 되고 있다.[9]

영업비밀, 지적재산권, 군사기밀과 같은 산업기밀정보 또는 정부의 기밀정보나 의료기록, 신용카드 또는 주민번호, 신용기록 등과 같은 개인정보를 취득하는 것은 데이터에 대한 권한 없는 접근의 전형적인 동기에 해당된다.

예를 들어, US v. Aleynikov[10] 사건에서 피고인은 골드만삭스 주식회사(Goldman Sachs & Co)의 피고용인으로, 회사에서 퇴직해 경쟁사에 입사하기 전에 골드만 삭스의 주식거래 시스템의 소스코드를 다운받았다. Butler v. R 사건[11]에서 피고인은 한 은행의

6　Australian High Tech Crime Centre, Malware: Viruses, worms, Trojan horses, High Tech Crime Brief No. 10 (AIC, 2006), p. 1.
7　Symantec, Internet security threat report 2014 (2014), p. 6.
8　*Ibid.*, p. 5.
9　Sophos, Security threat report 2014 (2014), p. 26.
10　737 F Supp 2d 173 (SDNY. 2010).
11　[2012] NSWCCA 54.

'그룹 보안 팀'에 근무하고 있었다. 피고인은 고객의 정보를 인증하는 은행 시스템에 대한 접근권한을 가지고 있었다. 피고인은 이러한 권한을 이용하여 고객의 신원정보에 접근하고 이를 신용카드에 적용해 은행에 호주 달러로 45만 달러의 손해를 입혔다.[12]

전술한 바와 같이, 권한 없는 접근은 다양한 기술적 수준을 요구할 수 있다. Mangham v. R 사건[13]에서 피고인은 페이스북 서버의 접근권한을 획득했고 '페이스북이 기능을 할 수 있게 만드는 고유한 소프트웨어,' 즉 '소스코드'를 복제할 수 있었다.[14] 그러한 소스코드에 접근하기 위해서는 우선 페이스북의 보호된 시스템에 접근하는 것이 필요하다. 그러한 시스템 내의 취약점을 이용하여, '메일맨 서버(Mailman server)'에 대한 접근권한을 가지고 기능을 수정할 필요가 있었다. 해당 서버에는 이메일 아카이브가 포함되어 있었고, 피고인은 페이스북 직원의 ID를 이용해 최종적으로 소스 코드에 접근할 수 있었다.

이와는 대조적으로 2012년 Christopher Chaney는 Scarlett Johansson, Mila Kunis, Renee Olstead 등 연예인들과 관련된 이메일 계정에 접근하여 징역 10년형을 선고받았다.[15] Chaney는 '비밀번호 찾기(forgot your password?)' 기능을 클릭해 이미 공개된 정보를 이용해 보안 질문에 대한 답을 추측함으로써 이메일 계정에 대한 접근권한을 획득했다. 또 다른 사건에서, 피고인은 오픈 커넥션의 가능성 또는 기타 취약점을 발견하기 위해 컴퓨터를 조회하였다. 예를 들어, '포트 스캔(port scanning)'은 네트워크에 연결된 컴퓨터 포트에 요청을 보내 특정 기기가 취약점을 가지고 있는지 확인하는 기술이다. 이는 기술적으로 '문손잡이 돌려보기(rattling doorknobs)'와 같은 기술이다.[16] '구조화된 쿼리 언어 인젝션 공격(structured query language injection attack)' 또는 'SQL 공격'은 인터넷에 연결된 시스템에서 안전하지 않은 코드를 활용하여 방화벽을 우회하고 정상적으로 사용할 수 없는 데이터에 접근한다.[17] 그러한 행위는 흔히 이후의 침입에 대한 예비 행위이지만, 그 자체로 권한 없는 접근에 해당된다. 예를 들어 해킹 그룹 'LulzSec'

---

12 Ibid., at [4]-[5].

13 [2012] EWCA Crim 973, at [4].

14 Ibid.

15 US Department of Justice, 'Florida man convicted in wiretapping scheme targeting celebrities sentenced to 10 years in federal prison for stealing personal data', Press Release (17 December 2012).

16 US v. Phillips, 477 F 3d 215 at 217 (5th Cir. 2007).

17 R v. Martin [2013] EWCA Crim 1420 at [7].

은 'SQL' 인젝션 공격을 사용하여 소니 픽처스의 웹사이트를 공격하였고 138,000명 이상의 고객 이름, 주소, 전화번호, 이메일 주소 등 정보를 획득한 후, 이를 인터넷에 유포하였다.[18]

2) 데이터의 변경 또는 훼손

피고인은 컴퓨터의 데이터에 접근할 뿐만 아니라 어떤 방식으로든 데이터를 수정할 수 있다. 해커들은 일반적으로 시스템 로그를 수정하는 등 자신의 신원을 은닉하기위한 조치를 취한다. 또한 가치 있는 데이터를 삭제하거나, 오해의 소지가 있거나 가치가 없도록 해당 데이터를 변경하기도 한다. 예를 들어, US v. Middleton 사건[19]에서 피고인은 인터넷 서비스 제공업체(ISP)의 피고용인이었으며, 'Switch User'라는 프로그램을 이용하여 그의 계정을 회사의 접수 담당자 계정으로 변경했다. 그런 다음 그는 계정신설, 삭제 및 수정할 수 있는 권한 없는 접근을 통해 컴퓨터 레지스트리를 변경하고두 건의 내부 데이터베이스와 청구서 발부 시스템 전체를 삭제하였다.

데이터는 웹사이트를 바꾸거나 악성 소프트웨어를 설치함으로써 재 프로그래밍될수도 있다. 2013년에는 77%의 합법적인 웹사이트가 악용가능한 취약점을 가지고 있다고 보고된 바 있다.[20] 예를 들어 해킹 그룹 'Kryogeniks'와 연관된 해커들은 모든 트래픽을 미디어 회사 Comcast의 웹사이트로 리디렉션하여 약 500만명이 'KRYOGENIKS Defiant and EBB RoXed COMCAST sHouTz to VIRUS Warlock elul21 coll1er seven'라는 메시지를 포함하고 있는 웹사이트로 리디렉션되었다.[21]

데이터의 변경은 예를 들어 신용도를 높이거나 시험 점수나 등급을 변경하여 재정적 또는 기타 이득을 얻기 위해 사용될 수 있다.[22] 2013년 센트럴 미주리 대학 재학생 2명이 대학 컴퓨터를 해킹해 교수진, 직원, 동문, 학생 정보 등을 열람·다운로드하고, 그들의 학생 계좌로 돈을 송금하고 성적 변경을 시도할 수 있도록 한 혐의가 인정

---

18 US Department of Justice, 'Second member of hacking group sentenced to more than a year in prison for stealing customer information from Sony Pictures computers,' Press Release (8 August 2013).

19 231 F 3d 1207 (9th Cir. 2000).

20 Symantec, Internet security threat report 2014, p. 6.

21 US Department of Justice, 'Comcast hackers sentenced to prison,' Press Release (24 September 2010).

22 US v. Marles, 408 F Supp 2d 38 (D Maine. 2006).

되어 유죄가 선고되었다.[23]

2010년 Edwin Pena는 최초로 인터넷 전화(VoIP) 네트워크를 해킹한 혐의로 징역 10년을 선고받았다.[24] Pena는 Robert Moore라는 전문 해커와 함께 VoIP 제공업체와 관련된 취약한 포트를 찾아 컴퓨터 네트워크를 스캔했다. 2005년 6월과 10월 사이에 Moore는 600만 건 이상의 스캔을 진행했다.[25] 취약한 포트를 발견한 후 그는 VoIP 트래픽을 수락하도록 컴퓨터 네트워크를 다시 프로그래밍했다. Pena는 이에 따라 인터넷 기반 전화 서비스를 상당히 할인된 가격에 판매할 수 있었는데, 이 서비스는 이 사실을 모른 회사들을 통해 제공되었다.[26]

3) 컴퓨터의 사용

컴퓨터를 허가받지 않은 목적으로 사용하는 것은 분명한 컴퓨터 부정사용 사례에 해당한다. 다수의 경우, 일반적인 사용의 가치와 영향은 무시할만한 정도이며, 기소의 실익이 없다. 예를 들어 업무용 컴퓨터를 업무 외적인 목적으로 사용하는 것은 형사법보다는 고용법의 문제로 다루어지는 것이 일반적이다. 그러나 일부 경우에는 컴퓨터의 권한 없는 사용이 더욱 중요한 경우가 있다. 상업적 데이터베이스에 대한 권한 없는 접근 및 이용은 해커로 하여금 특정 유료 서비스를 무료로 이용할 수 있게 한다. 해커는 '브루트 포스(brute-force)' 패스워드 크래킹 프로그램과 같이 고성능의 프로세싱 파워를 요구하는 프로그램을 실행시키기 위해서 컴퓨터에 대한 접근권한을 획득할 수도 있다.[27] 새로운 사례로는, 디지털 화폐인 '비트코인'을 생성하거나 '채굴'하기 위해 컴퓨터를 이용하는 사례가 있다.[28] 해커는 의도적으로 그의 신원과 위치를 은닉하기 위해서 여러 대의 컴퓨터에 대한 접근권한을 획득하기도 한다.

권한 없는 사용의 흔한 사례로는 소위 '워 드라이빙(wardriving)'[29] 또는 '무선 해킹'

---

23 US Department of Justice, 'Former student pleads guilty to computer hacking at University of Central Missouri,' Press Release (12 April 2013).

24 US Department of Justice, 'Extradited hacker sentenced to 10 years in federal prison for masterminding first-ever hack into internet phone networks,' Press Release (24 September 2010).

25 *Ibid.*

26 *Ibid.*

27 US v. Phillips, 477 F 3d 215 at 218 (5th Cir. 2007).

28 Sophos, Security threat report 2014 (2014), p. 6.

29 P. S. Ryan, 'War, peace, or stalemate: Wargames, wardialing, wardriving, and the emerging market for hacker ethics' (2004) 9 Virginia Journal of Law and Technology 7, 11.

이라고 불리는데, 이는 권한 없이 무선 네트워크를 사용하는 것이다. 일부 경우에 네트워크는 고객들이 무료 와이파이를 이용할 수 있도록 일부러 공개하는 경우가 있다. 암호화 기술, 암호 및 방화벽 보호의 이용은 일반적으로 해킹을 하기로 마음먹은 해커를 제외한 모든 공격을 억제할 수 있다.[30] 그러나 경우에 따라서는 네트워크 소유자가 자신도 모르게 네트워크를 보안이 되지 않은 상태로 방치하여 접속을 허가할 수도 있다. 이로 인해 네트워크에 접속하기 위한 묵시적 허가 또는 접속자 측의 주관적 요건(mens rea) 부족에 대한 논쟁이 발생할 수 있다.

무선 네트워크의 권한 없는 사용은 다양한 범죄행위에 이용될 수 있다. 첫째, 권한 없는 서비스의 이용이 있다. 비록 이러한 관행이 '피해자'에게 눈에 띄는 영향을 미치지 않을 수 있지만, 인가된 사용자가 다운로드한 데이터 양에 따라 서비스 비용을 지불하고 있다면, 그러한 권한 없는 사용으로 인한 손해는 상당할 수 있다. 또한 허가된 다른 사용자의 다운로드 속도를 감소시킬 수 있다.

둘째, 타인의 네트워크를 사용함으로써 아동음란물에 대한 접근이나, 스팸 메시지 전송과 같은 불법 행위를 은닉할 수도 있다. 특히 공공 무선 네트워크 공유기는 별도의 가입절차를 요구하지 않고 IP 주소를 수집하지 않는다.[31]

셋째, 무선 네트워크는 컴퓨터 시스템에 대한 권한 없는 접근에 대한 진입경로를 제공할 수 있다. 2008년에 미국인인 Barry Ardolf는 4살짜리 아들에게 부적절한 키스를 했다는 이유로 자신을 경찰에 신고한 이웃에 대해 복수를 계획했다.[32] 그는 불법적으로 이웃의 무선 라우터에 접속하여 그 접속을 이용해 아이의 아버지 이름으로 이메일 계정을 만들었다. 그리고 나서 그는 그 계정을 이용해서 법률회사에 있는 아버지의 동료들에게 이메일을 보내서 아동음란물 이미지를 보내고 아버지의 비서에게 성희롱적인 발언을 했다. 회사에서는 이 사건을 조사했고, 이메일을 추적하여 발신지가 아버지의 라우터라는 사실을 발견했다. 부모에게 모두 협박 이메일이 보내졌고, 그것은 Ardolf가 부통령에게 살인 협박 메시지를 보낼 때까지 이어졌다. 이로 인해 미국 비밀 경호국(US Secret Service)이 사건에 개입하였고 결국 Ardolf는 체포되었다.

---

30   A. Ramasastry, J. K. Winn and P. Winn, 'Will wi-fi make your private network public? Wardriving, criminal and civil liability, and the security risks of wireless networks' (2005) 1 Shidler Journal of Law, Commerce and Technology 9, 10.

31   S. Morris, The future of netcrime now: Part 1 - threats and challenges, Home Office Online Report 62/04 (2004), p. 24.

32   US v. Ardolf, 683 F 3d 894 (8th Cir. 2012).

넷째, 무선 네트워크를 통해 전송되는 통신을 가로채는 것이 가능하다. 이는 일반적으로 사용되는 암호화 키를 크래킹하거나 합법적인 공유기에 가까운 중복 무선 인터넷 공유기를 생성하여 수행할 수 있다. 불법적인 공유기는 합법적인 공유기보다 신호가 강하지만 합법적인 설정인 것처럼 모방한다. 이를 의심하지 않는 사용자는 해커의 네트워크에 접속하게 되고 해커는 네트워크의 모든 통신을 모니터링 할 수 있다.[33] 무선 네트워크 상에서 암호화되지 않은 트래픽을 감청하는 능력은 '중간자 공격(man-in-the-middle attack)'의 가능성을 열어주게 되고 이는 제3자가 접근하여 전송되는 데이터를 변경할 수 있도록 만든다.[34]

(2) 악성 소프트웨어

두 번째 유형은 피고인이 바이러스, 웜, 트로이와 같은 악성 프로그램(악성 소프트웨어)를 유포하는 것이다. 소프트웨어가 악성인지 아닌지는 설치 목적에 따라 달라진다. 예를 들어 애드웨어나 스파이웨어와 같은 소프트웨어는 제품을 광고하거나 상업적 목적의 정보를 수집하기 위해 이용된다. 이러한 특징을 가지는 대부분의 어플리케이션은 '악성'이라기 보다는 '원치 않는' 것의 영역에 해당된다. 그러한 어플리케이션은 사기를 목적으로 개인정보를 수집하거나 이용가능한 컴퓨터 취약점을 발견하기 위해 악의적인 목적으로 사용될 수 있다.[35] 악성 소프트웨어는 흔히 사기나 다른 범죄를 쉽게 하기 위해 기밀 정보에 접근하는데 흔히 이용되며, 이는 소위 '혼합된 위협(blended threats)'을 의미한다.[36]

악성 소프트웨어는 USB[37]와 같은 감염된 저장장치를 삽입함으로써 직접적으로 유포될 수도 있고, 더 흔한 방법으로는 인터넷이나 기타 컴퓨터 네트워크에서 실행가능한 파일을 유포할 수도 있다. 2013년, 이메일 첨부파일의 바이러스 비율은 196건 중

---

33 S. McDonald, 'Wireless hotspots: The truth about their evil twins' (2006) 9 Internet Law Bulletin 13.
34 A. Hutchings, Computer security threats faced by small businesses in Australia, Trends and Issues in Criminal Justice No. 433 (AIC, February 2012) p. 2.
35 Australian High Tech Crime Centre, Malware, p. 1.
36 G. Urbas and K. R. Choo, Resource materials on technology-enabled crime, Technical and Background Paper No. 28 (AIC, 2008), p. 5.
37 R v. Larkin [2012] WASCA 238.

1건으로 추정되었고[38] 악성 URL을 포함한 이메일은 25%인 것으로 추정되었다.[39] 소위 '드라이브 바이 다운로드(drive by-downloads)' 방식은 이용자가 웹사이트나 이메일 링크 또는 가짜 광고를 클릭하면 부지불식간에 어플리케이션이 다운로드되는 방식이다.[40] '클릭재킹(Clickjacking)'은 합법적인 버튼이나 기타 '클릭 가능한' 콘텐츠 내에 악성코드를 숨기는 방식이다.[41]

휴대전화는 전통적으로 개인 컴퓨터에서 발견되었던 모든 종류의 위협에 점점 더 많이 노출되고 있다.[42] 한번 스마트폰이 해킹되면, 해커는 그것을 감시, 타인사칭, 신원도용 등에 이용할 수 있고, 봇넷을 만들거나 랜섬웨어나 스케어웨어를 통해 직접적으로 금전적 이익을 취득할 수 있다.[43] 휴대전화 '앱'이 점점 더 많이 사용됨에 따라 악성 소프트웨어 유포에 효과적인 수단이 되며 악성 '안드로이드' 앱은 100만건 이상이 되는 것으로 보고된다.[44]

주요 악성 소프트웨어의 유형은 다음과 같다.

---

① 바이러스 및 웜(viruses and worms)
② 트로이(Trojans)
③ 봇(bots)
④ 스파이웨어(spyware)

---

1) 바이러스 및 웜

기술적으로는 구분되지만 바이러스와 웜의 경계는 점점 흐려지고 있다. 양자 모두 복제되고 프로그래밍된 기능을 실행시킴으로써 컴퓨터를 감염시키는 프로그램이다.

---

38 Symantec, Internet security threat report 2014, p. 62.

39 *Ibid.*, p. 61.

40 A. Maurushat, 'Australia's accession to the Cybercrime Convention: Is the Convention still relevant in combating cybercrime in the era of botnets and obfuscation crime tools?' (2010) 33 University of New South Wales Law Journal 431, 438.

41 House of Commons Home Affairs Committee, E Crime, Fifth Report of Session 2013-14 (2013), p. 30.

42 Symantec, Internet security threat report 2014, pp. 69-76.

43 Sophos, Security threat report 2014, p. 9.

44 RSA, The current state of cybercrime 2014: An inside look at the changing threat landscape, White Paper (2014), p. 1.

이러한 기능에는 특정 일자에 메시지를 표시하는 것과 같이 아주 단순한 기능부터 데이터의 삭제 또는 변경 또는 다른 트로이나 봇과 같은 악성 소프트웨어를 설치하는 것까지 다양하다. '논리폭탄'이라고 알려진 일부 악성 소프트웨어는 특정 일자나 특정 프로그램이 설치되는 등 특정 이벤트가 발생하면 활성화되도록 프로그래밍 되어 있다. 예를 들어 2010년 Rajendrasinh Makwanas는 모기지 회사인 Fannie Mae 서버에 악성 소프트웨어를 전송한 혐의로 징역 41개월을 선고받았다.[45] 해당 회사의 컴퓨터 프로그래머로 일하다가 해고된 후 그는 이후 특정 일자에 실행되도록 하는 악성코드를 전송하였고 해당 악성코드가 실행되면 'Fannie Mae 네트워크에 유포되어 금융, 보안, 모기지 관련 정보 등 모든 데이터를 파괴하도록 프로그래밍' 하였다.[46]

바이러스와 웜의 차이는 바이러스는 다른 프로그램을 반드시 감염시켜야 한다는 점이다. 악명 높은 '멜리사' 바이러스의 경우에는 1999년 인터넷 뉴스그룹 'Alt.Sex.'에 최초로 공개되었다. 해당 뉴스그룹 방문자들은 해당 문서가 성인사이트의 암호를 포함하는 것이라고 생각하여 문서를 다운받았고, 해당 파일이 실행되면 피해자의 컴퓨터를 감염시켰다. 해당 바이러스는 윈도우스 운영체제를 대상으로 하였고 Microsoft word 프로그램을 변경하여 Word를 사용하여 작성된 모든 문서를 감염시켰다. 바이러스는 그런 다음 Microsoft Outlook을 통해서 피해자의 주소록에 있는 첫 번째부터 50번째 이메일 주소에 전송되었다. 각각의 이메일은 '요청하신 문서를 보내드립니다. 아무에게도 보여주지 마세요(Here is that document you asked for … don't show anyone else ;-))'라는 메시지를 포함하고 있었다. 문서를 여는 행위는 컴퓨터를 감염시켰고, 그 결과 더 많은 이메일이 전송되었다. 각각의 감염된 컴퓨터는 50대의 추가 컴퓨터를 감염시킬 수 있고, 그것은 다시 50대의 다른 컴퓨터를 감염시킬 수 있어서, 바이러스는 빠르고 기하급수적으로 확산되어 컴퓨터 네트워크에 큰 손상을 초래했다.[47]

웜은 바이러스와 유사하지만, 자가 복제가 된다. 즉 웜은 다른 어플리케이션을 감염시킬 필요가 없는 것이다. 초기 사이버범죄 사건에서 피고인은 코넬 대학교의 대학원생이었다. 그는 컴퓨터 웜을 개발하여 매사추세츠 공대(MIT) 컴퓨터를 통해서 인터넷

---

45   US Department of Justice, 'Fannie Mae computer intruder sentenced to over 3 years in prison for attempting to wipe out Fannie Mae financial data', Press Release (17 December 2010).

46   Ibid.

47   US Department of Justice, 'Creator of Melissa computer virus sentenced to 20 months in federal prison,' Press Release (1 May 2002).

에 공개했다.[48] 웜은 인터넷의 보안 및 기타 취약점을 테스트할 목적으로 개발되었고 당시에 초기 인터넷은 '미국 내 대학, 정부기관 및 군사용 컴퓨터를 연결하는 국가 네트워크 그룹'이었다.[49] 피고인은 웜의 영향을 감소시키기 위한 다양한 조치를 취했음에도, 웜이 복제되는 속도나 다수의 컴퓨터가 충돌하는 결과를 잘못 예측했다.

2) 트로이

트로이 목마 사건과 같이, 트로이 바이러스는 겉으로 보기에는 합법적인 것으로 보이나 숨겨진 기능이 있는 프로그램이다. 그러한 프로그램은 소프트웨어나 이메일 첨부파일 또는 웹사이트에 내장될 수 있다. 일부는 '백도어'로 설치되어 해커가 원격접속을 하도록 할 수 있다. 금융 트로이 바이러스는 일반적인 금융기관의 URL을 스캔할 수 있고, 온라인 뱅킹 세션 동안 'Man-In-The-Browser' (MITB) 공격을 수행한다.[50] 그런 다음 악성 소프트웨어는 합법적인 기관의 웹사이트를 '스푸핑'하거나 신원정보를 요구하는 추가적인 필드를 생성하기도 한다.[51] 뱅킹 트로이는 휴대폰에 악성 뱅킹 어플을 통해 전송될 수 있으며, SMS 메시지를 가로채거나 전송할 수 있다.[52] 또한 수신 전화를 포워딩하거나, 모바일 기기에 저장된 정보를 획득할 수 있다. 해커는 웹사이트를 이용자에게 보이지 않는 악성 소프트웨어로 감염시켜서 방문하는 웹사이트에 키를 입력하는 내용(keystrokes)을 가로챌 수 있다.[53] 악성 소프트웨어는 컴퓨터의 안티 바이러스 소프트웨어를 무력화시키고 여전히 해당 소프트웨어가 잘 작동되고 있고 업데이트가 되는 것처럼 보이게 한다.[54]

악성 소프트웨어는 권한 있는 사용자가 알 수 없도록 컴퓨터에 대한 원격 조종이 가능하기 때문에, 악성 소프트웨어가 있을 수 있는 가능성은 '항변'의 목적으로 사용되기도 한다. 즉, 피고인은 해당 행위가 사실은 피고인이 알지 못하는 본인의 컴퓨터에 설치

---

48 US v. Morris, 928 F 2d 504 (2nd Cir. 1991).

49 *Ibid.*, at 505.

50 Symantec, Internet security threat report 2014, p. 50.

51 Fortinet, Anatomy of a botnet, White Paper (2013), p. 3.

52 RSA, Current state of cybercrime 2014, p. 2.

53 CERT Australia, Cyber crime & security survey report 2013 (Commonwealth of Australia, 2014), p. 26.

54 R v. Walker [2008] NZHC 1114 at [4].

된 악성 소프트웨어 때문에 일어난 것이라고 주장할 수 있다.[55]

3) 봇

봇은 공격대상 컴퓨터를 감염시키고 이를 원격으로 제어할 수 있도록 하는 프로그램이다. 공격자는 보안 취약점을 이용하여 'daemons'라고 불리는 작은 프로그램을 심어놓게 되는데 해당 프로그램은 호스트 컴퓨터의 백그라운드에서 실행되며, 제3자는 이를 알 수 없다. 이러한 컴퓨터는 '좀비' 또는 '봇'이라고 부르며, '봇넷'에게 이미 지정된 태스크를 수행하도록 지시한다.[56] 2013년 230만 대의 봇이 존재하는 것으로 추정되었고 2012년에는 340만 대의 봇이 존재하는 것으로 추정되었다.[57] 가장 큰 규모의 봇넷은 ZeroAccess였는데, 2011년 100만에서 200만대의 컴퓨터를 감염시킨 것으로 보고되었다.[58]

봇넷은 다양한 기능과 목적을 가지며, 스팸, 분산 서비스 거부 공격(DDoS), 악성 소프트웨어 유포, 아동성착취물, 클릭 사기, 신원도용 등 다양한 사이버범죄에 이용될 수 있다.[59] 큰 규모의 봇넷 중 하나인, KELIHOS는 하루에 10억 4,100만건의 스팸 이메일을 보냈다.[60] 또한 봇넷에 대한 접근권한은 범죄의 목적으로 판매될 수 있다. 한 사건에서 피고인은 자신이 통제했던 40만 대 이상의 감염된 컴퓨터에 애드웨어를 다운로드하는 대가로 10만 7천 달러 이상을 받은 사실을 인정했다.[61]

봇넷은 p2p 네트워크를 점점 더 많이 이용하고 있고, 하나의 제어 지점이 없어서 차단하기가 더 어려워진다.[62] C&C(command-and-control) 센터를 이용하는 봇넷은 Tor 기반 네트워크[63] 내에 이를 은폐하거나 '동적 도메인 네임 서버(dynamic Domain Name Server)' 또는 'fast flux' 로테이션 기술을 사용하여 위치를 지속적으로 변경할 수 있다.[64]

---

55 S. W. Brenner, B. Carrier and J. Henninger, 'The Trojan horse defense in cybercrime cases' (2004) 21 Santa Clara Computer and High Technology Law Journal 1.

56 Sinrod and Reilly, 'Cybercrimes,' 194-7.

57 Symantec, Internet security threat report 2014, p. 15.

58 Fortinet, Anatomy of a botnet, p. 7.

59 Maurushat, 'Australia's accession to the Cybercrime Convention,' 439-40.

60 Symantec, Internet security threat report 2014, p. 46.

61 US Department of Justice, '"Botherder" dealt record prison sentence for selling and spreading malicious computer code,' Press Release (8 May 2006).

62 RSA, Current state of cybercrime 2014, p. 5.

63 Ibid.

64 Maurushat, 'Australia's accession to the Cybercrime Convention,' 439.

탐지가 어렵기 때문에 봇넷은 악성 웹사이트의 프록시로서도 사용될 수 있으며, 이러한 사이트의 IP 주소는 탐지를 회피하기 위해 변경될 수 있다.[65]

4) 스파이웨어

'스파이웨어'라는 용어는 컴퓨터 사용을 모니터링하는 다양한 프로그램을 표현하는 일반적인 용어이다. 여기에는 '팝업창'을 생성하는 애드웨어에서부터 인터넷 사용자의 활동에 대한 정보를 사용자가 모르게 원격 시스템에 전송하는 프로그램까지 포함된다.[66] 또한 패스워드를 가로채는 '스니퍼' 프로그램, 사용자의 키 입력을 기록하는 키로거, 사용자의 인터넷 검색 습관을 기록하는 '쿠키' 등이 포함된다. '브라우저 하이재커(browser hijacker)'는 종종 음란물 웹사이트와 관련되는 악성 소프트웨어로 기본 시작페이지 등 브라우저 설정을 변경하여, 팝업 광고를 만들거나 북마크에 추가하거나, 이용자가 원하지 않는 웹사이트로 리디렉션하게 만든다. 2007년 네덜란드의 통신 규제기관인 OPTA는 대규모의 애드웨어 및 스파이웨어를 유포하여 약 2,200만대의 컴퓨터를 감염시킨 회사 및 개인에게 총 100만 유로의 벌금을 부과하였다.[67]

다른 스파이웨어로는 비밀 감시를 위해 설계된 것으로, 'SpyEye' 바이러스는 C&C 서버를 통해서 제어될 수 있고 이는 해커로 하여금 감염된 컴퓨터에 접근해 개인정보나 금융정보를 탈취하고 해당 정보를 전송할 수 있도록 한다.[68] 이러한 바이러스는 1,000달러에서 8,500달러 사이의 가격으로 판매되었고 140만대 이상의 컴퓨터를 감염시킨 것으로 추정되었다.[69] 'Mobistealth' 및 'StealthGenie'와 같은 스파이웨어는 휴대폰이나 컴퓨터를 감염시키는 데 이용되고 이용자로 하여금 감염된 기기의 '통화기록, 문자, 보이스메일, 이메일, 일정, 연락처, 사진, 비디오, 대화내용' 등의 정

---

65 Federal Trade Commission, Spam summit: The next generation of threats and solutions (2007), p. 12.

66 All Party Parliamentary Internet Group, Revision of the Computer Misuse Act: Report of an inquiry by the All Party Internet Group (2004), [49].

67 OPTA, Decision to impose fine on dollar revenue, Fact Sheet (December 2007). The fines were subsequently reduced on appeal to €800,000; Telecompaper, OPTA fine for spyware whittled down by district court (8 February 2010).

68 US Department of Justice, 'Cyber criminal pleads guilty to developing and distributing notorious spyeye malware,' Press Release (28 January 2014).

69 *Ibid.*

보를 기록하게 한다.[70]

(3) 서비스 거부 공격(DoS 공격)

DoS 공격은 네트워크에 과부하를 걸리게 하고 '서비스를 거부'하기 위해서 네트워크 내에서 컴퓨터가 통신하는 방법을 이용한다. 이와 유사한 사례는 웹사이트에 다수의 요청이 들어와 이를 처리하기 불가능할 경우에도 발생한다. 예를 들어 유명한 콘서트 티켓 판매가 진행되고 다수의 동시 접속이 이루어지는 경우 시스템에 과부하가 걸리는 것이다. DoS 공격은 이러한 효과를 의도적으로 복제하여 단일한 컴퓨터, 서버, 웹사이트 또는 네트워크를 대상으로 할 수 있다.

DoS 공격이 이루어질 수 있는 방법에는 여러 가지가 있다. 가장 기본적인 방법으로는, 개인들이 수천건의 이메일을 보내거나[71] 시스템에 과부하를 줄 정도로 다수의 웹사이트 접속을 하는 방법이다.[72] DoS 공격은 네트워크에 과부하를 주는 바이러스와 같은 자가 복제 프로그램을 통해서 이루어질 수도 있고, 브루트 포스 크래킹(brute-force cracking)과 같은 상당한 양의 처리를 위해 이용될 수도 있다. US v. Phillips 사건[73]에서 피고인은 브루트 포스 프로그램을 이용하여 대학 컴퓨터에 수천건의 요청을 보냈고, 해당 컴퓨터에는 평상시의 월별 접속 건수가 약 20,000건이었는데, 이것이 1,200,000건까지 증가하였으며 시스템 충돌이 발생하였다. 더욱 고도화된 형태의 DoS 공격은 인터넷 프로토콜을 이용하여 대상 컴퓨터를 장악하는 것이다. 인터넷과 같은 네트워크 시스템은 컴퓨터 간 통신을 하고 데이터가 최종목적지에 도달하는 것을 보장하기 위해 프로토콜에 의존한다. 클라이언트 컴퓨터는 서버에 요청을 보내고 서버는 이에 응답을 보내고 자기 자신의 신원을 밝힌다. 클라이언트 컴퓨터가 이러한 신원(identification)을 확인하면, 데이터가 전송될 수 있다.[74]

이러한 프로세스를 장악하기 위해 여러 기술이 이용될 수 있다. 예를 들어, 서버는 요청으로 인해 과부하가 걸릴 수 있다. 서버는 특정 요청 건수만을 처리할 수 있기 때

---

70 US Department of Justice, 'California resident pleaded guilty to wiretapping law enforcement communications and others,' Press Release (10 November 2014).

71 US v. Carlson, 209 Fed. Appx. 181 (3rd Cir. 2006).

72 Pulte Homes, Inc. v. Laborers' International Union 648 F 3d 295 (6th Cir. 2011).

73 477 F 3d 215 (5th Cir. 2007).

74 The process is described in detail in Sinrod and Reilly, 'Cybercrimes,' 190-1.

문에, 들어온 요청들은 대기열에 놓이게 된다. 결국 다수의 요청이 들어오면 대기열에 빈 공간이 없고 추가적인 요청을 받을 수 없게 된다. 이는 가게의 점원이 너무 많은 가짜 문의를 받게 되어 가게 앞에 줄을 서서 입구를 막고 있는 합법적인 고객에 응대를 할 수 없게 되고 합법적인 고객의 접근이 거부되는 것과 유사하다.[75] 그 대신에, 공격자는 서버에 요청을 보내기 위해 도용한 주소를 이용한다. 서버는 자신의 신원을 밝히고 응답을 기다린다. 그러나 잘못된 주소나 존재하지 않는 주소를 받았기 때문에 응답이 오지 않을 것이다. 과도한 메시지가 전송되면 서버는 대기 상태로 마비된다.[76]

또 다른 사례는 인터넷 제어 메시지 프로토콜(internet control message protocol (ICMP)) 플러드(flood) 공격이다. 'Pings'은 다른 컴퓨터가 이용 가능한지와 같은 네트워크에 접속되어 있는지를 확인하고 네트워크 문제를 확인하기 위해 보내는 작은 시그널이다. ICMP 공격은 다수의 위조된 ping 요청을 제3의 서버에 보내는 공격이다. Ping 요청은 피해자의 회신 주소를 가지고 있고 서버에서는 다수의 ping 응답을 받아 과부하가 걸리게 된다. 이는 서버와 피해자 모두에게 충돌을 발생시킨다.[77]

DDoS 공격에서 공격자는 대상 컴퓨터 또는 네트워크를 공격하기 위해서 다른 컴퓨터를 모집한다. 2010년 컴퓨터 프로그래머가 수천대의 컴퓨터를 감염시키고 봇넷을 이용해서 자신에 대한 스토리를 재발간한 언론사에 DDoS 공격을 한 혐의로 유죄가 선고되었다.[78] R v. Martin 사건[79]에서 피고인은 영국의 컴퓨터 부정사용법(Computer Misuse Act) 1990에 따라 유죄가 선고되었고 징역 2년을 선고받았다. 그는 옥스퍼드와 캠브리지 대학 및 켄트 경찰 웹사이트를 대상으로 DDoS 공격을 하였다. DDoS 공격으로 인해 생성되는 데이터의 양은 점차 빠르게 증가하고 있다. 최근 조사에 따르면 100 Gbps(초당 기가바이트) 이상 최대 400 Gbps의 공격이 다수 발생하고 있다고 한다.[80] 10년전 평균적인 최대 속도는 5-8 Gbps 였다.[81]

---

75 *Ibid.*, n. 60.
76 *Ibid.*, 192.
77 *Ibid.*, 193.
78 US v. Raisley, 466 Fed Appx 135 (3rd Cir. 2012).
79 [2013] EWCA Crim 1420.
80 Arbor Networks, Worldwide infrastructure security report, Vol. X (2015), p. 24.
81 *Ibid.*

2. 사이버범죄의 확산

　사이버범죄의 유의미한 통계를 발견하는 것은 일반적으로 어렵다고 알려져 있다. 이러한 문제는 사이버 의존형 범죄에 대해서 더욱 두드러지는데, 이러한 범죄는 공식 범죄 통계에 종종 기록되지 않기 때문이다. 예를 들어, 2012년에서 2013년 영국의 Action Fraud에 대한 신고 중 사이버 이용형 범죄는 58,662건, 컴퓨터 부정사용 범죄는 9,898건이 접수되었다.[82] 2014년 잉글랜드와 웨일스의 범죄 조사에는 사기나 기타 다른 유형의 사이버범죄가 포함되지 않았다.[83]

　다른 경우, 컴퓨터 범죄는 다른 조항에 따라 처벌될 수 있다. 예를 들어, 컴퓨터 부정사용법(Computer Misuse Act)에 따라 유죄를 선고받는 범죄자들의 수는 굉장히 적은데, 그 이유는 부분적으로는 다수의 사이버범죄가 2006년 사기방지법(Fraud Act 2006)과 같은 다른 법률에 따라 기소되기 때문이다.[84] 영국에서의 휴대폰 해킹 사건 이후, 보이스메일 메시지가 저장되어 있는 휴대폰이나 서버는 '컴퓨터'로 간주될 수 있음에도 메시지에 대한 권한 없는 접근에 대해서 컴퓨터 부정사용법(Computer Misuse Act)이 적용되어 기소된 사안은 없었다.[85]

　사이버범죄에 대한 정보의 가장 흔한 원천은 보안 전문가 또는 IT 보안 책임자를 대상으로 한 설문조사이다. 이러한 설문조사의 대상이 정해져 있다는 점 때문에, 적은 응답률과 비 랜덤 표본으로 인해 결과가 왜곡되는 경향이 있다.[86] 또한 '컴퓨터 범죄'의 정의는 매우 광범위하고 노트북이나 모바일 기기의 절취행위를 포함할 수 있다. 그럼에도 불구하고 이러한 설문조사는 사이버범죄 트렌드에 대한 최신 정보를 얻을 수 있는 몇 안 되는 소스 중 하나이다. 지난 몇 년 중 가장 종합적인 조사는 CSI 컴퓨터 범죄 및 보안 조사(Computer Crime and Security Survey) 였다. 2010/2011년 발간된 제15차

82　National Fraud Authority (UK), Annual fraud indicator (June 2013), p. 9.

83　Office for National Statistics (UK), Discussion paper on the coverage of crime statistics, Discussion Paper (23 January 2014); Office for National Statistics (UK), Work to extend the crime survey for England and Wales to include fraud and cyber-crime, Methodological Note (16 October 2014).

84　M. McGuire and S. Dowling, Cyber crime: A review of the evidence, Research Report 75 (Home Office, 2013), ch. 1, p. 13.

85　House of Commons, Committee on Standards and Privileges, Privilege: Hacking of members' mobile phones (Fourteenth Report of Session 2010-11, 31 March 2011), p. 7.

86　R. Richardson, CSI computer crime and security survey (Computer Security Institute, 2011), p. 3.

보고서에 따르면, 가장 흔한 사고는 악성 소프트웨어 감염(67.1%), 피싱(38.9%), 노트북 절도(33.5%) 그리고 네트워크 상의 봇(28.9%) 순이었다.[87] PricewaterhouseCoopers가 발표한 2014년 보고서에 따르면, 가장 자주 발생하는 사이버 보안 사고는 '악성 소프트웨어, 피싱, 네트워크 침해, 스파이웨어, 서비스거부 공격'이었다.[88] 점점 더 많은 응답자들이 특정 공격대상에게 더욱 효과적인 방향으로 맞춤 설정이 되어 있는 악성 소프트웨어를 이용한 '겨냥된 공격(targeted attacks)'을 보고하고 있다.[89]

유사한 호주의 설문조사가 호주 침해사고대응팀(CERT Australia)에 의해 제공되고 있다.[90] 2013년 설문 결과에 따르면, 56%의 응답자가 전자공격을 경험했다고 응답했다.[91] 공격을 경험한 사람 중 63%가 '겨냥된 이메일(또는 '스피어피싱')'을 보고하였고 [92] 52%는 '바이러스나 웜 감염', 46%SMS '트로이 또는 루트킷 악성 소프트웨어' 감염을 경험하였다.[93] 그 다음으로는 모바일기기의 절도(35%), 권한 없는 접근(26%) 순이었다.[94]

사이버범죄의 영향과 관련하여, 2013년 미국 기관의 7%가 사이버범죄로 인해서 100만 달러 이상의 손실을 본 것으로 추정된다.[95] 또한 19%는 5만 달러에서 100만 달러 사이의 경제적 손실을 본 것으로 보고되었다.[96] 보안사고의 평균 발생건수는 기관 당 135건이었으나, 탐지되지 않은 더 많은 사고도 있을 가능성이 있다.[97]

비록 제한적이기는 하지만, 경찰과 검찰의 통계는 어떠한 사이버범죄가 법집행기관의 이목을 끌었는지에 대한 분명한 시사점을 제공한다. 예를 들어 캐나다 경찰에 따르면 2012년 사이버범죄의 88%가 사이버 이용 범죄였고 그 중 가장 빈발하는 범죄는 사기였다.[98] 신고된 사이버범죄 중 10%만이 사이버 의존형 범죄였으며, 2%는 분

---

87   *Ibid.*, p. 15.
88   Sedak and Durojaiye, US cybercrime, p. 9.
89   Richardson, Computer crime and security survey, p. 13.
90   CERT Australia, Cyber crime & security survey.
91   *Ibid.*, p. 22.
92   *Ibid.*, pp. 25-6.
93   *Ibid.*
94   *Ibid.*
95   Sedak and Durojaiye, US cybercrime, p. 5.
96   *Ibid.*
97   *Ibid.*, p. 7.
98   B. Mazowita and M. Vézina, Juristat: Police reported cybercrime in Canada, 2012 (Statistics Canada, 2014), p. 3.

류가 불가능한 범죄였다.[99]

2012년 영국에서는 Action Fraud에 신고가 접수된 가장 빈발한 컴퓨터 오용 사고는 바이러스, 스파이웨어 및 악성 소프트웨어가 3,949건, 소셜 네트워크나 이메일 계정 해킹이 1,603건이었다.[100] 2007년부터 2012년 사이에 컴퓨터 부정사용법(Computer Misuse Act)에 따라 기소된 건수는 101건으로 88명이 해당 법에 따른 주요 범죄로 유죄선고를 받았다.[101] 2012년 미국에서는 주요 사이버범죄 규정(18 USC § 1030)에 따라 총 72명이 기소되었다.[102]

3. 입법 환경

특정 사이버범죄 규정을 제정하기에 앞서, 검찰은 이러한 새로운 형태의 범죄를 규율할 수 있는 기존의 법률을 검토한다. 예를 들어, 권한 없는 접근은 주거침입과 유사한 것으로 간주될 수 있다. 또한 데이터 손상은 재물손괴와 유사하다.[103] 그런 접근 방식은 급진적인 정비라기보다는 법의 연장선상으로 비칠 수 있는 장점이 있었다.[104]

비록 재산범죄가 즉각적인 유추를 제공했지만, 전통적인 재산관념을 컴퓨터 데이터에 적용하자 복잡해졌다.[105] 예를 들어 커먼로에서 기밀 정보는 일반적으로 절도의 목적상 '재물'로 간주되지 않는다.[106] 이 같은 원리를 컴퓨터 데이터에 적용하면, 데이터에 접근하였지만 이를 변경하지 않은 사람은 일반적으로 재물을 탈취하지 않았기 때문에 절도죄의 책임을 지지 않는다.[107]

---

99   *Ibid.*, p. 4.

100 McGuire and Dowling, Cyber crime: A review of the evidence, ch. 1, p. 11.

101 *Ibid.*, p. 13.

102 Bureau of Justice Statistics, Federal Justice Statistics Resource Center, www.bjs.gov/fjsrc/tsec.cfm.

103 S. W. Brenner, 'Is there such a thing as "virtual crime"?' (2001) 4 California Criminal Law Review 1, 71-3, 82-4.

104 M. Wasik, Crime and the computer (Oxford: Clarendon Press, 1991), p. 69.

105 *Ibid.*, pp. 95-102; O. S. Kerr, 'Cybercrime's scope: Interpreting "access" and "authorization" in computer misuse statutes' (2003) 78 New York University Law Review 1596, 1603-13.

106 Oxford v. Moss (1978) 68 Cr App R 183. See also R v. Stewart [1988] 1 SCR 963.

107 Ward v. Superior Court of Alameda County, 3 Computer L Serv Rep (Callaghan) 206 (Cal Super Ct 1972).

다른 맥락에서 법원은 컴퓨터 데이터가 재물에 해당되는지 판단함에 있어서 어려움을 겪는다. 기소의 성공과 실패는 대부분 특정 조항의 문언에 달려있는 경우가 많다. 예를 들어, US v. Brown 사건[108]에서 법원은 컴퓨터 프로그램은 장물의 운송에 있어 '물건, 제품, 상품, 증권 또는 금전(goods, wares, merchandise, securities, or moneys)'에 해당하지 않는다고 판시하였다.[109] 이와 대조적으로 US v. Collins 사건[110]에서 법원은 18 USC § 641을 위반하여 정부 자산을 개조하는 행위는 유형의 재물에만 한정되지 않으며, 정부기관 컴퓨터의 권한 없는 사용에도 적용될 수 있다고 보았다.[111] 다른 사건에서는 권한 없이 컴퓨터를 사용하는 것을 전화통신 서비스의 절도,[112] 사기,[113] 또는 재물손괴[114] 등으로 보아 기소하였다.

때로는 기존의 범죄를 이용하여 유죄 판결을 얻기도 했지만, '판사, 치안판사, 배심원들에게 사실이 현행법과 어떻게 부합하는지 설명하는데 있어 명백한 (그리고 이해할 수 있는) 어려움'이 있었다.[115] 특히 어려웠던 사례로는 상원에서 '이러한 사실을 그에 맞게 고안되지 않은 법률의 문언으로 규제하려는 지나치게 획일적인 시도'[116]라고 묘사된 R v. Gold, R v. Schifreen사건[117] 등이 있다.

컴퓨터 데이터를 법에 수용하기 위해 '재물'의 정의를 개정하는 것이 간단한 해결책이라고 생각할 수 있지만,[118] 그러한 접근방식은 일반적으로 여러 가지 이유로 채택되지 않았다. 첫째, 문제가 되는 것은 '재물'의 개념만이 아니다. 재물의 전용(appropriation)이 있었는지[119] 또는 피고인이 영구적으로 박탈할 의도가 있었는지와 같

---

108 925 F 2d 1301 at 1308-9 (10th Cir. 1991). Cf. US v. Farraj, 142 F Supp 2d 484 (SDNY. 2001).

109 18 USC §§ 2314, 2315.

110 56 F 3d 1416 (DC Cir. 1995).

111 US v. Kernell, 742 P Supp 2d 904 (ED Tenn. 2010).

112 R v. McLaughlin [1980] 2 SCR 331.

113 US v. Schreier, 908 F 2d 645 (10th Cir. 1990).

114 R v. Whitely (1991) 93 Cr App R 25; Cox v. Riley (1986) 83 Cr App R 54; Re Turner (1984) 13 CCC (3d) 430.

115 Law Commission (UK), Computer misuse, Final Report No. 186 (1989), [2.31].

116 [1988] AC 1063., at 1071.

117 [1988] AC 1063.

118 D. B. Parker, Fighting computer crime (New York: Scribner, 1983), p. 240; J. McConvill, 'Contemporary comment: Computer trespass in Victoria' (2001) 25 Criminal Law Journal 220, 224.

119 Lund v. Commonwealth, 217 Va 688 (SC Va. 1977).

은 다른 요소들에 대해서도 유사한 어려움이 발생한다.[120]

캐나다의 R v. Maurer 사건[121]에서, 피고인은 고소인과 교제 중이었다. 고소인 컴퓨터의 데이터 복구를 도와주는 과정에서, 그는 그녀가 과거 남자친구와 촬영한 친밀한 사진에 접근할 수 있었다. 피고인은 이미지를 삭제해 달라는 그녀의 요청을 거절했고, 두 사람의 관계가 나빠진 후 인터넷에 사진을 올렸으며, 해당 사이트의 링크를 첨부하여 그녀의 직장에 전단지를 배포했다.[122]

피고인은 캐나다 형법(Criminal Code) s. 342.1(1)에 따른 컴퓨터 무단 사용과 s. 430(1.1)에 따른 모욕(mischief)으로 기소되었다. 중요한 것은 피고인이 고소인의 개인정보를 '훔쳤다'는 것을 근거로 혐의가 구체화됐다는 점이다.[123] 비록 절도죄가 기소된 두 범죄의 필수적인 요소는 아니지만, 검찰은 특정한대로 그 사건을 입증해야 했다.[124] 따라서 고소인의 데이터가 도난당할 수 있는지에 대한 문제는 그 사건의 핵심적인 쟁점이 되었다.[125]

법원은 Stewart 판결에 이어 누드 이미지 형태의 데이터가 형법상 절도죄 요건의 'anything'에 해당하지 않는다는 판결을 내렸다. '데이터는 피해자로부터 그것을 박탈하는 결과를 초래하는 방식으로 취득하거나 변환될 수 없다.' 그것이 재물로 간주가 된다고 하더라도, 절도의 다른 구성요건으로 인해 피고인이 '고소인으로부터 데이터의 재산상 이익을 박탈할 의도가 없었으며,[126] 데이터에 대한 재산적 이익을 고소인으로부터 박탈할 의도가 없었고, 데이터를 취득하거나 변환할 당시 상태로 복구할 수 없는 방식으로 그 데이터를 처리할 의도도 없었다'는 이유로, 다른 절도의 구성요건들이 성립하지 않았다.[127] 정보를 공표하고 공개적으로 망신을 주겠다는 것이 피고인의 의도였는데, 이는 절도죄에 해당하지 않는다.[128]

둘째, 그것은 컴퓨터에 저장된 정보에 재물의 지위를 부여하는데, 이것은 일반적으

---

120 State v. McGraw, 480 NE 2d 552 (SC Ind. 1985); S. W. Brenner, 'Bits, bytes, and bicycles: Theft and cyber theft' (2012) 47 New England Law Review 817.
121 R v. Maurer, 2014 SKPC 118.
122 *Ibid.*, at [7]-[17].
123 *Ibid.*, at [18].
124 *Ibid.*, at [24].
125 *Ibid.*, at [5].
126 *Ibid.*, at [25].
127 *Ibid.*, at [26].
128 *Ibid.*

로 다른 형태로 저장된 정보에는 적용되지 않는다. 단순히 데이터를 재물로 정의함으로써 유형재산에 적용되는 것과 동일한 범죄화 필요성이 인정된다. 이로 인해서 그러한 행위의 근본적인 범죄성에 대한 철저한 분석을 하지 않게 된다.[129]

셋째, 그러한 범죄는 데이터를 변경 또는 삭제하는 것이 아니라 방해하는 DoS 공격과 같은 새로운 유형의 범죄를 포함하지 못하게 된다. 기존 법률에 계속해서 의존한다면 끊임없이 진화하는 문제에 대응할 수 없다. 재산 및 관련 범죄를 국내 기소와 관련하여 활용할 수 있더라도, 그러한 범죄는 다른 국가에서는 유사성이 없을 수 있으므로 사이버범죄의 수사와 기소에 있어서 국제적인 협력을 저해할 수 있다. 컴퓨터와 컴퓨터 네트워크를 보호하는 것은 중요하기 때문에 모호한 원칙에 의존하는 것은 한계가 있다.

이에 따라 각 국가들은 구체적인 사이버범죄 규정을 제정했다. 사이버범죄협약에 따르면, 그러한 범죄는 컴퓨터 데이터와 시스템의 기밀성, 무결성, 가용성에 대한 범죄로 분류된다.[130]

(1) 호주

호주에서 형법은 일차적으로 주(state)와 자치구(territory)의 관할 사항이다. 영연방은 헌법상 권한의 범위 내 영역에 한정되어 있다. 그런데도 영연방은 다음 두 가지 이유로 사이버범죄 분야에 상당한 영향력을 행사해 왔다.

영연방은 호주의 형법을 전반적으로 검토하는데 있어서 중요한 역할을 했다. 비록 초기의 호주의 사이버범죄 관련 입법 개정은 1983년 Northern Territory에서 있었지만,[131] 더 광범위한 개정작업은 1988년 법무부 장관의 영연방 형법 부처 검토 보고서(Department's Review of Commonwealth Criminal Law)의 권고안이 나오기 전까지는 이루어

---

129 J. Clough, 'Data theft? Cybercrime and the increasing criminalization of access to data' (2011) 22 Criminal Law Forum 145.

130 Cybercrime Convention, Ch. II, Section I, Title 1. Also relevant in the EU is Directive 2013/40/EU of the European Parliament and of the Council of 12 August 2013 on attacks against information systems and replacing Council Framework Decision 2005/ 222/JHA [2013] OJ L 218/8.

131 Criminal Code Act (NT), s. 222. See S. Bronitt and M. Gani, 'Shifting boundaries of cybercrime: From computer hacking to cyberterrorism' (2003) 27 Criminal Law Journal 303, 307.

지지 않았다.[132] 이들은 차례로 모델형사법위원회(Model Criminal Code Officers Committee, MCCOC)가 수행하는 통일된 형법 연구 프로젝트에 추월당했다.[133] 이로써 1995년 형법 (Criminal Code Act 1995) 10.7부에 현행 컴퓨터 범죄 조항이 신설되었다.[134]

해당 법 개정은 대부분 아래에서 논의될 영국의 개정에 기반을 둔 것이지만, 위원회는 당시 초안 형태로 되어 있던 사이버범죄협약의 영향도 받았다.[135] 10.7부에는 권한 없는 접근, 데이터의 변경 및 훼손과 관련된 다양한 범죄를 포함하고 있다. 이러한 범죄는 '중대 컴퓨터 범죄(Division 477)'와 '기타 컴퓨터 범죄(Division 478)'로 구분된다. 통신 감청은 별도의 법률에서 다루고 있다.[136] 비록 모든 관할 내에 입법모델을 제공하는 것을 목적으로 만들어졌지만, 형법은 광범위하게 채택되지는 않았다. 결과적으로 호주의 사이버범죄 규정은 일부는 10.7부에 근거하고[137] 일부는 별도의 접근방식을 채택하는[138] 등 각 관할마다 차이를 보이는 패치워크(patchwork) 식의 법률이 되었다.[139]

둘째, 전기통신과 관련된 영연방의 입법권한은 이 분야에 광범위한 입법적 의무를 부여한다.[140] 가장 극단적인 사례는 s. 474.14에서 찾아볼 수 있다. 이 조항에 따르면, 중범죄를 저지를 목적으로 또는 중범죄의 범행을 용이하게 하기 위해 전기통신 네트워크에 장비를 연결하거나 네트워크에 연결된 장비를 이용하는 행위[141]는 범죄이다. 중범죄의 성격에 대해서 별다른 제한은 없으며, 이러한 범죄가 전기통신과 관련될 필요는 없다. 그러한 범죄를 저지르거나 용이하게 하기 위해서 네트워크가 이용되는 한, 해당 범죄의 구성요건이 충족된다.[142]

---

132 Attorney General's Department (Australia), Review of Commonwealth criminal law: Interim report, computer crime (1988).

133 Model Criminal Code Officers Committee, Chapter 4: Damage and computer offences, Discussion Paper (2000); Chapter 4: Damage and computer offences, Final Report (2001).

134 'Criminal Code (Cth)'.

135 Model Criminal Code Officers Committee, Computer offences (2001), p. 89.

136 이 책의 제6장 참조.

137 Criminal Code 2002 (ACT), Pt. 4.2; Crimes Act 1900 (NSW), Pt. 6; Crimes Act 1958 (Vic), Pt. I Div. 3(6).

138 Criminal Code Act 1899 (Qld), s. 408E; Criminal Code Act 1924 (Tas), Ch. XXVIIIA; Criminal Code Act Compilation Act 1913 (WA), s. 440A.

139 Criminal Code (NT), Pt. VII Div. 10; Summary Offences Act 1953 (SA), ss. 44, 44A; Criminal Law Consolidation Act 1935 (SA), Pt. 4A.

140 Criminal Code (Cth), Pt. 10.6, Div. 474.

141 Criminal Code (Cth), s. 473.1.

142 Ibid., s. 474.12(1)(b).

또한 중범죄가 실제로 용이하게 되었는지를 증명할 필요도 없다. 사실, 중범죄를 저지르는 것이 불가능한 경우에도 범죄가 성립할 수 있다.[143] 피고인이 범죄를 용이하게 하려고 의도했다는 점만 입증되면 충분하다. 따라서 미수에 크게 미치지 못하는 예비 행위를 처벌하게 된다.[144]

이는 영연방의 권한의 과도한 확장을 나타내며, 주법과 잠재적으로 중복될 수 있을 뿐만 아니라(영연방이 이 분야를 규제할 의도를 내비친 것 같지는 않지만), 중범죄를 저지르려는 의도로 컴퓨터에 대한 권한 없는 접근과 같은 보다 구체적인 영연방 범죄를 대체할 가능성이 있다.[145] 이러한 문제는 외국 법률에 적용됨으로써 더욱 악화된다.[146]

2012년 사이버범죄 법률 개정법(Cybercrime Legislation Amendment Act 2012 (Cth))에 따라 영연방 컴퓨터 범죄에 대해 관할적 제한이 완화되었다. 특히, 호주의 사이버범죄 협약 가입에 대한 기대에 따라 사이버범죄 협약 준수를 보장하기 위하여 영연방 컴퓨터 또는 데이터 또는 통신망 서비스의 사용[147]과 관련된 제한이 삭제되었다.[148] 이러한 요건들은 처음에는 정부에 컴퓨터 범죄에 대한 연방의 권한을 제공하기 위해 필요했다. 그러나 호주가 사이버범죄협약에 가입함에 따라, 영연방은 포괄적인 컴퓨터 범죄 규정을 제공하기 위해 '해외 사건'이라는 근거에 의존하게 될 것이다.[149] 비록 이것이 주 및 자치구의 규정과 상당 부분 중복될 것이지만, 영연방의 의도는 '해당 분야를 규제하려는' 것이 아니라, 일관되지 않은 주법의 효력을 유지하려는 것이다.[150]

---

143 Criminal Code (Cth), s. 474.14(5).
144 *Ibid.*, s. 474.14(6).
145 Urbas and Choo, Technology-enabled crime, p. 23.
146 Criminal Code (Cth), s. 473.1.
147 호주 형법의 정의 규정에 따르면 '통신망 서비스(carriage service)'는 1997년 전기통신법 (Telecommunications Act 1997 (Cth))에서와 같은 의미로 사용되며, '유도 또는 비유도 방식의 전자기 에너지를 통해 통신을 매개하는 서비스'를 의미한다.
148 Commonwealth of Australia, Explanatory Memorandum, Cybercrime Legislation Amendment Bill 2011 (Cth).
149 Commonwealth Parliament, Review of the Cybercrime Legislation Amendment Bill 2011 (Joint Select Committee on Cyber-Safety, August 2011), p. 50.
150 *Ibid.*

(2) 캐나다

컴퓨터 부정사용 문제에 대응하기 위한 캐나다 형법 개정[151]은 대부분 McLaughlin 사건에서의 대법원 판결의 결과로 이루어졌다. 하원 사법 및 법무 상임위원회에 법안[152]이 상정되었고 1983년 6월 29일 보고서가 채택되었다. 위원회에서는 사이버범죄에 대한 특별법을 제정하는 것에 반대하였다. 그 이유는 그러한 법 제정은 너무 많은 시간이 소요되고 사이버범죄는 다른 유형의 범죄와 다르게 취급되어서는 안 된다는 것이었다.[153] 위원회는 따라서 기존의 형법을 개정할 것을 권고하였으며, 권한 없는 접근 범죄와 컴퓨터데이터의 권한 없는 변경 또는 훼손 범죄를 구분하는 2단계 접근방식을 채택하였다.[154] 이러한 개정법은 1985년 12월 4일 발표되었고,[155] 1997년 '형법개선법(Criminal Law Improvement Act)'에 의하여 보충되었다. 1997년에는 사이버범죄 목적으로 이용되는 컴퓨터 패스워드와 디바이스의 밀매 범죄가 도입되었다.[156] 더욱 최근에는 2014년 '온라인 범죄로부터 캐나다인을 보호하기 위한 법률(Protecting Canadians from Online Crime Act)'에 의하여 다수의 개정이 이루어졌다.

(3) 영국

앞서 언급한 바와 같이, 영국에서의 법 개정은 신속하게 이루어졌다. 법률위원회(Law Commission)는 1년 내에 '컴퓨터 부정사용(Computer Misuse)'에 대한 조사보고서[157]와 최종보고서[158]를 발간하였다. 이는 1990년 컴퓨터 부정사용법(Computer Misuse Act 1990 (UK))의 제정으로 이어졌다. 동 법은 우선 '컴퓨터 자료에 대한 권한 없는 접근(제1조 및 제2조)' 및 '컴퓨터 자료에 대한 권한 없는 변경(제3조)' 두 가지 유형의 행위를

---

151 Criminal Code, RSC 1985, c C-46 ('Criminal Code (Can)').

152 Bill C-667, 'An Act to Amend the Criminal Code and the Canada Evidence Act in respect of Computer Crime' (1982).

153 House of Commons Standing Committee on Justice and Legal Affairs, Computer crime, Final Report (1983), pp. 15-16.

154 Ibid., p. 16.

155 Criminal Law Amendment Act 1985 (Can). See M. Hébert and H. Pilon, Computer crime (Department of Justice Canada, 1991).

156 An Act to amend the Criminal Code and certain other Acts, SC 1997, c. 18, s. 18.

157 Law Commission (UK), Computer misuse, Working Paper No. 110 (1988).

158 Law Commission (UK), Computer misuse (1989).: Scottish Law Commission, Report on computer crime, Final Report No. 106 (1987).

범죄화하였다. All Party Parliamentary Internet Group (APIG)의 검토 이후[159] 2006년 경찰 및 정의법(Police and Justice Act 2006 (UK)) 제5부 부분에 중요한 개정이 이루어졌다. 이러한 개정은 특히 DoS 공격 등과 같은 기존 법 아래 발생하는 구체적인 문제에 대응하고, 사이버범죄협약 및 EU 프레임워크 결정(Framework Decision)을 이행하기 위하여 이루어졌다.[160] 또한 법 개정으로 인해 '해킹 디바이스'의 밀매 범죄가 도입되었다.

가장 최근에는, 컴퓨터 부정사용법(Computer Misuse Act)에 대한 중요한 개정이 중대범죄법(Serious Crime Act 2015 (UK))의 제정에 따라 이루어졌다. 이러한 개정은 사이버 안보전략에서 예시된, 법률의 검토 이후 이루어졌다.[161] 첫 번째 중요한 개정은 중대한 피해를 야기하거나 그러한 위험을 야기하는 권한 없는 행위라는 새로운 범죄의 신설이다.[162] 이는 손상을 야기하는 권한 없는 접근에 대한 최고 형량이 야기된 손해의 정도에 관계없이 징역 10년이라는 점에서 발생되는 법률상 괴리를 해결하기 위함이다.[163]

두 번째 개정은 '정보시스템에 대한 공격에 대한 EC 지침(EC Directive on attacks against information systems)'를 준수하기 위한 필요성에 따라 이루어졌다.[164] 해킹 툴의 밀매와 관련된 규정인 Section 3A는 피고인이 공급의 의도와 관계없이 동법 하의 범죄를 저지르기 위한 목적으로 툴을 획득한 경우도 포함되도록 개정되었다.[165] 또한 해당 개정은 지침 제12조에 따라 동법상 범죄와 관련된 영국의 관할권적 적용범위를 확대시켰다.[166]

(4) 미국

최초의 미국의 컴퓨터범죄 법률은 1978년 플로리다에서 제정되었다. 현재는 모든

---

159 All Party Parliamentary Internet Group, Revision of the Computer Misuse Act (2004).

160 Explanatory Notes, Police and Justice Act 2006 (UK), [301].

161 Cabinet Office, The UK cyber security strategy: Protecting and promoting the UK in a digital world (Cabinet Office, 2011).

162 Serious Crime Act 2015 (UK), s. 41.

163 Explanatory Notes, Serious Crime Bill 2014 (UK) [HL], Bill No. 116, p. 29.

164 Directive 2013/40/EU of the European Parliament and of the Council of 12 August 2013 on attacks against information systems and replacing Council Framework Decision 2005/222/JHA, [2013] OJ L 218/8, Arts. 7, 12.

165 Serious Crime Act 2015 (UK) s. 42. Explanatory Notes, Serious Crime Bill [HL], Bill No. 116, p. 31.

166 Serious Crime Act 2015 (UK) s. 43. Explanatory Notes, Serious Crime Bill [HL], Bill No. 116, pp. 31-2.

50개의 주에 관련 법률이 제정되어 있다.[167] 연방 법률은 그보다 더 이전에 발의되었으나,[168] 최초의 연방 법률은 1984년 위조 접근장비 및 컴퓨터 사기 남용법(Counterfeit Access Device and Computer Fraud and Abuse Act)이었다. 그러나 동법의 범위가 너무 좁고 명확성이 부족하여 이 법은 곧 1986년 연방법률 제18장 제1030조에 규정된 컴퓨터 사기 및 남용법(Computer Fraud and Abuse Act of 1986, 이하 'CFAA')에 의해 대체되었다. 동법은 여전히 주요한 연방 컴퓨터범죄 법률로 존재하며, 해당 법의 적용범위는 '보호대상 컴퓨터,' 악성 소프트웨어의 유포, 컴퓨터 패스워드의 밀매 등을 포함하는 것으로 상당히 확장되어 왔다. 중요한 것은 CFAA가 민사적 구제수단을 허용한다는 점이다.[169] 이는 해당 분야의 법학 발전에 상당한 기여를 하였고 형사법원에서 발생하는 것보다 더 확장된 해석을 가능하게 하였다.[170]

이하에서는 구체적인 범죄 유형별로 살펴보고자 한다. 제3장에서는 컴퓨터에 대한 권한 없는 접근에 대해 살펴보고, 제4장에서는 데이터의 권한 없는 변경 또는 훼손에 대해 초점을 맞출 것이다. 또한 이러한 유형의 범죄를 용이하게 하는 기기의 부정사용 범죄(제5장) 및 권한 없는 데이터 감청(제6장)에 대해서도 다룰 것이다.

---

167   Kerr, 'Cybercrime's scope,' 1615.

168   J. Roddy, 'The Federal Computer Systems Protection Act' (1979) 7 Rutgers Journal of Computer Technology and the Law 343.

169   18 USC § 1030(g).

170   O. S. Kerr, 'Lifting the "fog" of internet surveillance: How a suppression remedy would change computer crime law' (2003) 54 Hastings Law Journal 805, 829-36.

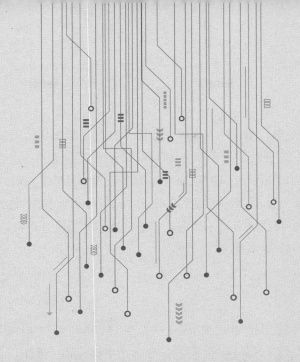

제3장

권한 없는 접근 범죄

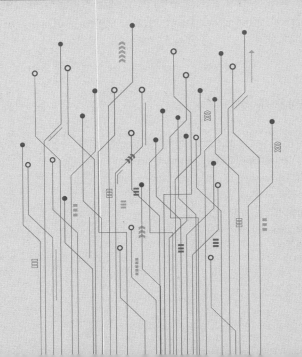

1. 서론

첫 번째 범죄유형은 컴퓨터 시스템의 전부 또는 일부에 고의로 권한 없이 접근하는 행위이다.[1] 이는 '컴퓨터 시스템 및 데이터의 보안에 대한 공격 또는 위협'이 되는 기본 범죄를 규정하고 있다.[2] 그러한 범죄의 잠재적 광범위성에 따라, 사이버범죄협약 당사국은 '보안조치를 침해하여 컴퓨터 데이터를 획득하기 위한 의도로 또는 기타 악의를 가지고, 또는 다른 컴퓨터 시스템과 연결된 컴퓨터 시스템과 관련하여 저지를 것' 을 요건으로 규정할 수 있다.[3]

(1) 호주

호주에서는 권한 없는 접근 범죄를 '중대 컴퓨터 범죄'와 '기타 컴퓨터 범죄'로 구분하여 규정하고 있다. 접근과 관련하여, 중대 컴퓨터범죄는 형법(Criminal Code (Cth)) s. 477.1(1)(a)(i)에 규정되어 있다. 여기에서는 그러한 접근이 권한 없는 것임을 알면서 그리고 해당 접근에 의해 중범죄를 범하거나 실행을 용이하게 할 목적으로 컴퓨터에 보관된 데이터에 대해 본인 또는 제3자에 의한 권한 없는 접근을 야기한 자는 처벌된다고 규정되어 있다.[4] 만약 중범죄가 불가능하고 이러한 범죄의 미수범 처벌규정이 없는 경우라고 하더라도 유죄가 될 수 있다.[5]

'기타 컴퓨터범죄'는 형법 s. 478.1(1)에 규정되었다. 동조에는 권한 없는 접근이라는 것을 알면서 '제한된 데이터'에 권한 없이 고의로 접근을 야기하는 자는 처벌된다고 규정되었다.[6] 이 조항의 중요한 특징은 다른 범죄를 행하거나 용이하게 하기 위한 의도를 요하지 않고 데이터에 대한 단순한 접근을 처벌하고 있다는 것이다.

(2) 캐나다

캐나다의 규정은 캐나다 형법(Criminal Code) 제9부에서 '재산권을 침해하는 범죄'

---

1   Cybercrime Convention, Ch. II, Section I, Art. 2.
2   Cybercrime Convention, Explanatory Report, [44].
3   Cybercrime Convention, Art. 2.
4   Criminal Code (Cth), s. 477.1(6).
5   *Ibid.*, s. 477.1(7)-(8).
6   *Ibid.*, s. 478.1(1).

로 분류되어 있다. 다른 국가와는 달리, 이러한 규정은 컴퓨터에 대한 접근이 아니라 컴퓨터의 사용을 획득하는 것에 초점이 맞춰져 있다. s. 342.1(1)에 따르면, 권한이 없음을 알면서(without colour of right) 부정하게(fraudulently) 다음과 같은 행위를 하는 자를 처벌한다.

> (a) 컴퓨터 서비스를 직접 또는 간접적으로 획득한 경우 . . .
> (c) 컴퓨터 데이터 또는 컴퓨터 시스템과 관련하여 위 (a)항 또는 (b)항의 범죄 또는 제430조상의 범죄를 범할 의도로 컴퓨터 시스템을 직접 또는 간접 적으로 이용하거나 이용을 야기한 경우[7]

(3) 영국

데이터에 대한 접근과 관련된 범죄는 영국의 컴퓨터 부정사용법(Computer Misuse Act) s. 1 및 s. 2에 규정되어 있다. 그것이 부정한 것이든 악의적이든 아니든 간에 모든 형태의 해킹에 적용되는 기본 범죄에 대한 규정이 있고, 더욱 심각한 경우에는 별도의 규정에 따라 특정 범죄를 저지를 의도가 있었음을 입증해야 하는 요건이 추가된다.[8]
s. 1(1)에서는 다음과 같은 경우를 처벌한다.

> (a) 컴퓨터에 보관된 프로그램 또는 데이터에 접근하려는 의도를 가지고 컴 퓨터가 어떠한 기능을 수행하도록 야기한 경우
> (b) 의도한 접근이 권한 없는 접근인 경우
> (c) 컴퓨터가 기능을 수행하게 하는 시점에 당시 상황을 알고 있었던 경우[9]

컴퓨터에 대한 접근이 성공하였는지 여부를 입증하는 것은 기소에 있어서 필수적이다. 피고인이 접근을 획득하려고 의도하였다는 점을 입증하면 충분하다. 더 나아가, '컴퓨터에 보관된 프로그램 또는 데이터'라는 문구는 기능을 수행하는 컴퓨터가 접근

7　Criminal Code (Can), s. 342.1.
8　Law Commission (UK), Computer misuse (1989), [3.9].
9　Computer Misuse Act, s. 1(3).

을 시도하는 컴퓨터가 될 수도 있다는 것을 의미한다. 반드시 또 다른 제2의 컴퓨터가 연관될 필요는 없다.[10] 마찬가지로, 기능을 수행하는 컴퓨터가 접근을 시도하려는 컴퓨터와 같을 필요도 없다.[11] 또한 '특정 컴퓨터에 보관된 프로그램 또는 데이터'는 '컴퓨터에 일정 기간 연결되어 있던 이동식 저장 매체에 보관된 프로그램 또는 데이터'를 포함하며, 컴퓨터는 해당 매체에 보관된 프로그램 또는 데이터를 포함하는 것으로 간주한다.[12] 예를 들어, 피고인은 자신이 목표로 하는 컴퓨터를 정확히 알지 못하거나 접근하려고 하지만 컴퓨터에 어떤 데이터가 있는지 정확히 알지 못한 상태에서 악성코드를 유포할 수 있다. 이 두 경우 모두 범죄가 성립될 수 있다.

제1조는 특정 범죄를 범할 의도로 행해진 범죄인 반면에 제2조 제1항은 더욱 심각한 범죄이다.[13] 해당 범죄는 피고인 또는 제3자에 의한 특정 범죄의 방조를 포함한다. 예를 들어 제3자의 사기죄를 용이하게 하기 위해 금융정보에 접근하는 경우가 해당된다.[14] 추가 범행이 같은 사건에서 발생하는 것인지, 아니면 미래에 행해지는 것인지,[15] 아니면 추가 범행의 실행이 불가능한 것인지[16]는 중요하지 않다. 그러므로 예비 범죄일 뿐 아니라 기본 범죄의 가중범에도 해당된다.[17]

이러한 범죄는 특히 행위가 추가 범죄를 행할 의도와 관련이 있는 경우, 즉 행위가 미수에 해당할 정도로 기수의 범죄에 충분히 근접하지 않는 상황을 상정하고 있다. 예를 들어, 은행의 컴퓨터 시스템에 접속하는 해커가 자금을 부정하게 송금하려 하지만 더이상의 보안 시스템을 통과할 수 없는 경우, 또는 협박을 목적으로 개인정보를 얻기 위해 컴퓨터를 해킹하는 경우 등이다.[18]

(4) 미국

위에서 언급한 바와 같이, 주된 미국의 연방 컴퓨터범죄 법률은 컴퓨터 사기 및 남

---

10   Attorney General's Reference (No. 1 of 1991) [1993] QB 94 at 97.
11   Computer Misuse Act, s. 1(2).
12   *Ibid.*, s. 17(6).
13   *Ibid.*, s. 2(5).
14   Law Commission (UK), Computer misuse, Final Report No. 186 (1989), [3.49], [3.58].
15   Computer Misuse Act, s. 2(3).
16   *Ibid.*, s. 2(4).
17   Law Commission (UK), Computer misuse (1989), [3.49]. 19 *Ibid.*, [3.52]-[3.53].
18   *Ibid.*, [3.52]-[3.53].

용법(CFAA)이다. 범죄 규정은 컴퓨터에 권한 없이 또는 허가된 권한 범위를 넘어서 컴퓨터에 접근하는 행위이며, 이러한 다양한 범죄를 구성하기 위해 주요 개념에 추가적인 요건이 더해지는 형식이다. 각각의 규정을 세부적으로 살펴보기 보다는, 이러한 범죄행위의 주요 요소를 하나하나 살펴보고자 한다.

---

① '컴퓨터'
② '접근'
③ '권한 없는'
④ 책임 요건
⑤ 추가적인 요건

---

2. '컴퓨터'의 개념

> 오늘날에는 모든 것에 컴퓨터가 들어있다.[19]

컴퓨터 범죄와 관련하여, '컴퓨터'라는 용어는 분명히 중심적인 용어이다. 컴퓨터는 흔히 사용되는 단어이지만, 그 의미는 맥락과 청자에 따라 달라진다.[20] 마찬가지로, 기술이 빠르게 발전하기 때문에 무엇이 '컴퓨터'인지에 대한 우리의 관념이 계속해서 바뀌게 된다. 휴대폰은 이제 과거에 방 전체를 차지하던 메인프레임에만 존재하던 프로세싱 파워를 가지고 있다. 더 많은 가전들과 생활용품이 일정 수준의 프로세싱 역량을 가지게 되었다. 예를 들어 베이비 모니터, 보안카메라, 라우터 등에 해커들이 접근했다는 보고도 있고 스마트 TV나 자동차, 의료기기를 해킹할 가능성도 보고되고 있다.[21]

본질적으로 이러한 도전과제에 대한 두 가지의 대응이 있다. 첫째, 호주, 캐나다, 영국에서 채택된 방식으로 용어를 정의하지 않고 내버려두는 것이다. 또 다른 방식은

---

19 US v. Kramer 631 F 3d 900 at 901 (8th Cir. 2011), M. Milian, 'Apple's Steve Wozniak: "We've lost a lot of control"' (CNN, 8 December 2010).

20 R v. McLaughlin [1980] 2 SCR 331 at 338.

21 Symantec, Internet security threat report 2014 (2014), p. 7.

미국에서 채택한 방식으로 '컴퓨터'에 대한 포괄적인 정의를 시도하는 것이다. 사이버범죄협약은 이와 관련하여 두 가지의 접근방식을 모두 채택하고 있다. '컴퓨터'라는 용어는 정의되지 않았지만, '컴퓨터 시스템'은 '프로그램에 따라 데이터의 자동처리 기능을 수행하는 하나 또는 둘 이상의 디바이스 또는 연결되거나 관련된 디바이스의 그룹'이라고 정의되어 있다.[22] 따라서 협약은 특정 정의를 지지하지도 않고 용어를 완전히 정의되지 않은 상태로 내버려두지도 않으면서 용어의 문제를 명시적으로 다루고 있지 않다.

동시에, 단순히 컴퓨터가 관련되었다고 해서 행위를 과도하게 범죄화하지 말아야 할 필요성이 있다. 과도한 광범위성의 위험성은 초기 호주의 컴퓨터 범죄에서 잘 나타난다. 해당 범죄는 '영연방 컴퓨터에 저장된 데이터 또는 프로그램의 기밀성 및 무결성'을 보호하기 위한 것이었다.[23] 비록 단순한 권한 없는 접근을 처벌하고 있기는 하지만, 최소한 영연방의 영역 내에서 이러한 정의는 영연방 컴퓨터에만 한정된다. 그러나 그러한 제한 없이 그것을 채택한 주에서는 모든 컴퓨터에 대한 권한 없는 접근이 범죄가 된다. 이는 서면에 기록된 데이터에 적용되지 않는 컴퓨터 데이터에 대한 보호를 확대할 뿐 아니라 규정의 범위가 너무 광범위해서 컴퓨터나 프로그램의 모든 권한 없는 기능에 적용될 수 있다.[24]

> 컴퓨터를 이용하는 사람들의 수가 폭발적으로 증가하고 있고, 사용의 다양성도 증가하고 있어 무엇이 컴퓨터이고 무엇이 아닌지에 대한 문제를 더욱 가중시키고 있다. 이런 종류의 금지는 제외되어야 한다. 누군가는 텔레비전이나 레코드플레이어의 합법적인 사용을 방해하는 행위도 범죄라고 주장할 수도 있다.[25]

(1) 호주, 캐나다, 영국

호주, 캐나다, 영국에서는 '컴퓨터'라는 용어는 정의되어 있지 않다. 호주와 영국

---

22 Cybercrime Convention, Art. 1.
23 S. Bronitt and M. Gani, 'Shifting boundaries of cybercrime: From computer hacking to cyberterrorism' (2003) 27 Criminal Law Journal 307.
24 *Ibid.*, 308.
25 Model Criminal Code Officers Committee, Chapter 4: Damage and computer offences, Final Report (2001), p. 91.

에서 이러한 접근방식은 법 개정 기구가 권고한 것이다. 법률위원회는 어떠한 정의규정도 덜 포괄적이거나 과도하게 포괄적일 것이라는 점에 근거하여 권고안을 제시하였다. 덜 포괄적인 용어는 기술발전을 따라잡지 못할 것이고 과도하게 포괄적인 용어는 가전, 계산기, 디지털시계 등을 포함할 수 있기 때문이다.[26] 위원회는 용어를 정의되지 않은 상태로 남겨두고 대신 목적상 컴퓨터가 아닌 특정 물건을 구체화하자는 절충안도 거부하였다. 그러한 접근법은 그러한 예외사항을 시대에 뒤떨어지지 않는 방식으로 정의하는 데에도 동일한 문제에 직면할 수 있기 때문이다.

> 해킹 범죄의 속성에 따르면, 특히 주관적 요건이 충족되어야 한다. 우리는 '컴퓨터'라는 용어의 일반적인 의미에 근거한 주장에 심각한 오류가 있을 것이라고 생각할 수 없다. 대조적으로, 모든 것을 망라하기 위해 그간에 시도된 정의들은 너무 복잡해서, 광범위한 논쟁을 일으킬 가능성이 있고, 따라서 치안판사, 배심원, 판사들에게 혼란을 줄 가능성이 있다.[27]

법률위원회의 권고안에 일부 영향을 받았지만, 호주 위원회는 이 접근법이 처음 제안되었을 때 더 관리가 용이할 것이라는 점에 덜 낙관적이었다. 많은 가전제품과 기타 일상용품의 컴퓨터화가 증가함에 따라 과도한 범죄화의 위험이 대두되고 있다.

> 컴퓨터의 기능이 무제한적으로 빠르게 확장되어 가고 있고 컴퓨터범죄 입법의 한계가 이러한 방식으로 결정될 수 있다는 점에 대한 확신이 약화되어가고 있다. 초반에 타당해 보였던 정의를 배제하기로 한 결정은 법원에 입법 책임을 폭넓게 위임하는 양상을 띠기 시작한다.[28]

그럼에도 불구하고, 위원회는 과도한 범죄화의 문제가 '컴퓨터'라는 용어의 정의에 의해 해결되지 않을 것이라는 입장을 취했다. 소형 계산기에 대한 권한 없는 접근은 배제하고 노트북에 대해서는 배제하지 않는 정의를 규정하는 것은 가능하지 않다.[29] 더

---

26 Law Commission (UK), Computer misuse (1989), [3.39].
27 Ibid.; M. Wasik, Crime and the computer (Oxford: Clarendon Press, 1991), pp. 4-5.
28 Model Criminal Code Officers Committee, Computer offences (2001), p. 125.
29 Ibid., p. 127.

욱 광범위하게, 법률위원회와 MCCOC는 과도한 범죄화의 문제는 '컴퓨터'라는 용어의 정의를 시도하는 대신에 범죄의 범위 그 자체로 해결될 수 있다는 입장을 취했다. 만약 범죄의 범위가 적절하게 기술되어 있다면, 다양한 물건을 '컴퓨터'로 기술할 수 있는 것은 문제가 되지 않을 것이다. 범죄 자체가 너무 광범위하게 초안이 되어야만 과잉 범죄화 문제가 발생한다는 것이다. 따라서 이들 국가에서는 '컴퓨터'라는 용어가 정의되지 않았고 일반적인 의미가 부여되었다. 이 접근법에는 장점이 있지만, 특정 물건이 컴퓨터인지 아닌지에 대한 지침은 판사에게 제공하지 않는다. 그러므로 판사는 비록 컴퓨터를 법적 맥락에서 보기도 하지만, 일반적으로 이해되는 의미에 따라 주어진 일반적인 단어로 해석할 가능성이 높다. 이로 인해서 과도한 포괄성의 문제가 추상적으로는 해결될 수 있다. 그러한 정의는 매우 광범위하게 적용할 수 있는 가능성이 있다.

예를 들어, 옥스퍼드 영어사전은 '컴퓨터'를 '정보를 저장, 처리, 통신하고 복잡한 계산 기능을 수행하거나, 다른 디바이스나 기계를 제어하거나 규제하며 정보(데이터)를 수신할 수 있고 다양한 절차적 명령어(프로그램 또는 소프트웨어)에 따라 처리할 수 있는 전자 기기(또는 디바이스의 시스템)'이라고 정의한다.[30] 이와 유사하게 캐나다 대법원은 '컴퓨터'를 '복잡한 수학적 문제를 해결하기 위해 고안된 계산기; 구체적으로는 데이터를 저장, 검색, 처리할 수 있는 프로그램 가능한 전자기기' 또는 '고속으로 반복적이고 매우 복잡한 수학적 연산을 수행할 수 있는 기계 장치 또는 전자 장치'라고 정의한 두 가지의 사전적 정의를 참조하였다.[31] 그러한 정의는 다양한 가전제품이나 기타 물건에 적용될 수 있지만 이는 일반적으로 컴퓨터 범죄 조항의 적용대상이 될 것이라고 기대되지 않는 것들이다. 예를 들어 침입방지 알람을 켜는 행위나 자동차를 운전하는 행위는 모두 컴퓨터가 기능을 실행하도록 만들 수 있다.[32]

일부 경우에는, 이러한 접근방식이 '데이터'나 '프로그램'과 같은 용어에도 적용된다. 그들의 의미는 '적절한 경우, 법적 맥락에 의해 수정된 용어들에 대한 변화하는 공통된 이해'에 따라 결정되도록 법원에 맡겨진다.[33] 예를 들어 영국에서는 '데이터'라는 용어가 정의되어 있지 않다. 법률위원회는 데이터의 일반적인 의미인 '컴퓨터에 저장된 정보 또는 사실'로 이해하고 추가적인 기술적 정의는 요하지 않는

---

30   Oxford English Dictionary Online, Oxford University Press, December 2014.
31   R v. McLaughlin [1980] 2 SCR 331 at 339.
32   Model Criminal Code Officers Committee, Computer offences (2001), p. 135.
33   *Ibid.*

다는 입장을 취하고 있다.[34] 이와 달리 캐나다의 규정은 '컴퓨터 데이터'를 '컴퓨터 시스템에서 처리되기 적합한 형태로 되어 있는 기호, 신호, 부호를 포함하는 표현'이라고 정의하고 있다.[35]

캐나다의 규정은 '컴퓨터'를 언급하지는 않고 대신 '컴퓨터 서비스' 또는 '컴퓨터 시스템'을 언급하고 있다. 호주와 영국에서와 같이 '컴퓨터'는 정의되어 있지 않다. 그러나 '컴퓨터 서비스'는 '데이터 처리 및 컴퓨터 데이터의 저장 또는 검색'을 포함하는 것으로 정의되고,[36] '컴퓨터 시스템'은 다음과 같이 정의된다.

다음과 같은 디바이스 또는 상호 연결되거나 관련되어 있는 디바이스들,
(a) 컴퓨터 프로그램 또는 기타 컴퓨터 데이터를 포함하고 있는 경우
(b) 컴퓨터 프로그램을 이용하여,
  (i) 연산 또는 제어기능을 수행하고,
  (ii) 기타 다른 기능을 수행할 수 있는 . . .[37]

'컴퓨터 시스템'의 정의는 R v. Cockell 사건[38]에서 Alberta 항소법원에 의해 검토된 바 있다. 피고인은 다수의 아동 성폭력 범죄로 유죄가 확정되었는데, 여기에는 컴퓨터 시스템을 이용하여 아이들을 유인한 3건의 범죄가 포함되었다.[39] 범행당시 통신에 적용되는 조항은 's. 342.1(2)상 컴퓨터 시스템을 이용하여'라고 규정되어 있었다.[40] 유인죄의 근거가 된 통신은 피고인의 '블랙베리(Blackberry)'를 통해 전송되었고, 항소심에서 피고인은 '블랙베리'가 '컴퓨터 시스템'에 해당한다고 볼만한 증거가 없다고 주장하였다.[41]

이러한 항소 주장은 범죄의 이 요소를 입증할 어떤 증거도 제시되지 않았다는 것에

---

34 Law Commission (UK), Computer misuse (1989), [3.30].
35 Criminal Code (Can), s. 342.1(2).
36 Criminal Code (Can), s. 342.1(2).
37 Criminal Code (Can), s. 342.1(2).
38 2013 ABCA 112.
39 Criminal Code (Can), s. 172.1(1).
40 R v. Cockell, 2013 ABCA 112 at [55].
41 Ibid., at [57].

근거하여 받아들여졌다. 또한 그것은 사법부의 통보가 받아들여질 수 있는 있는 문제가 아니었다.[42] 법원은 '블랙베리가 컴퓨터 프로그램이나 다른 데이터를 포함하고 있으며 이러한 컴퓨터 프로그램을 통해 연산 및 제어기능 또는 기타 기능을 수행하였다는 점을 입증할 만한 블랙베리의 명확한 특징에 대한 분명한 증거가 없다.'고 판시하였다.[43] 이에 따라, 범죄의 구성요건은 입증되지 않았고 항소가 받아들여졌다.

법원은 블랙베리가 '컴퓨터 시스템'이 아니라는 점에 대해서는 판단하지 않았고 이러한 사실에 대해 구성요건이 성립되지 않았다는 점을 판단하였다는 것을 강조할 필요가 있다. 이는 수년 전에 제정된 법률상 정의가 오늘날 흔히 볼 수 있는 기술에 적용된다고 가정하는 것이 위험함을 상기시켜준다. 's. 172.1이 통과될 당시에는, 휴대폰에 문자 메시지를 보내고, 사진과 동영상을 텍스트에 첨부하는 기능은 존재하지 않았고, 따라서 의회에 의해 고려되지 않았을 수도 있다.'[44]

그럼에도 불구하고, 적절하게 성안된 규정은 변화하는 환경에 적응할 수 있어야 한다. 비록 그 당시에는 예상하지 못했지만, 블랙베리에서 보낸 문자메시지가 '컴퓨터 시스템'을 통해 이루어진 통신의 정의를 충족한다는 전문가적 증거를 제공하는 데는 어려움이 없어야 한다. 그러한 점은 Ontario 항소법원의 R v. Woodward 사건에서 받아들여졌다.[45] 사건의 맥락은 Cockell 사건과 같았으나 이 사건에서 검찰은 두 명의 전문가 증인을 소환하였다.[46] 이를 근거로 법원은 텍스트 메시지를 보내는 것이 '컴퓨터 시스템'의 두 번째 정의규정에 해당한다고 결론짓기에 충분한 증거가 있다고 판시하였다.[47] '모든 컴퓨터 소프트웨어 프로그램은 기본적인 연산 기능을 수행한다는 것은 이론의 여지가 없다. 이 사건에서 그들의 의도된 수신자에 의해 대량의 텍스트 메시지가 성공적으로 송수신되었다는 사실은 라우팅 프로세스를 이용하는 컴퓨터프로그램이 s. 342.1(2)(b)(i)에 따른 "연산 및 제어"기능을 수행했다는 점에 대한 증거이다.'[48]

---

42 *Ibid.*, at [62].
43 *Ibid.*, at [66].
44 *Ibid.*, at [57].
45 2011 ONCA 610.
46 R v. Woodward, 2011 ONCA 610 at [21]-[22].
47 *Ibid.*, at [25].
48 *Ibid.*, at [30].

(2) 미국

다른 국가들과는 달리, 미국의 CFAA는 '컴퓨터'에 대한 완전한 정의를 포함하고 있다. 18 USC § 1030(e)(1)에 따르면 '컴퓨터'는 다음과 같은 의미로 정의하고 있다.

> 논리적, 산술적 또는 저장 기능을 수행하는 전자, 자기, 광학, 전기 화학 또는 기타 고속 데이터 처리 장치 및 이러한 장치와 직접 관련되거나 관련되는 모든 데이터 저장 장비 또는 통신 장비를 포함하지만, 자동 타자기 또는 식자기(typesetter), 휴대용 계산기 또는 기타 유사한 장치를 포함하지 않는다.

정밀한 정의의 주된 장점은 확실성이며, 특히 자칫 모호할 수 있는 특정 기기의 지위를 명확히 한다. 예를 들어, 이 조항은 특히 시스템과 관련된 데이터 저장 또는 통신 장비를 포함한다. 따라서 플래시 드라이브와 무선 라우터와 같은 장치가 컴퓨터와 '직접 관련되거나 컴퓨터와 함께 작동되는 한' 컴퓨터에 포함될 수 있다. 그러나 빠르게 발전하는 분야에서 확실성이라는 것은 달성하기 어렵고 일반적으로 수명이 짧다. 모든 정의는 원하는 만큼의 확실성을 충족할 만큼 충분히 정확하여야 하며, 동시에 변화하는 기술에 적응하기에 충분히 유연해야 한다. CFAA는 광범위한 디지털 기기에 적용되기 때문에 과잉 포괄성이라고 하는 문제가 야기된다.

지나치게 광범위한 정의의 위험성은 CFAA의 성안 과정에서 분명히 제기되었으며, 해당 정의 규정은 구체적으로 '자동 타자기 또는 식자기, 휴대용 계산기 또는 기타 유사한 장치'를 배제하고 있다. 그러나 이러한 문구는 즉시 해당 규정을 시대에 동떨어지게 만들며, 기술적으로 구체적인 언어의 위험을 완벽하게 보여준다.

> 오늘날의 계산기는 프로그램이 가능하며, 제한된 저장용량을 가진 미니컴퓨터만큼 강력하다. 향후에는 현재 사용되고 있는 초대형 컴퓨터와 동등하게 될 수도 있으며, 수백만 또는 수십억 비트의 데이터를 저장할 수 있게 될지도 모른다.[49]

기술이 발전하면서, 특정 디바이스가 '휴대용 계산기'에 해당하는지를 판단하는 것

---

49   D. B. Parker, Fighting computer crime (New York: Scribner, 1983).

이 필요해질 것이다. 현행 유지를 위해 해당 조항은 입법 개정이 필요해 보인다. 예를 들어, 정의 규정이 비 전자식 컴퓨터[50]를 포함하지 않음으로써 잠재적으로 덜 포괄적일 것이라는 과거의 우려는 '전자, 자기, 광학, 전기 화학 또는 기타 고속 데이터 처리 장치'라는 문구를 통해 해결되어 왔다.

그러나 과잉 포괄성이라는 문제는 이와 같은 특정한 정의에만 한정된 것이 아니다. 다른 국가들에서도 확인했듯이, 사전적 정의는 광범위한 적용에 있어 동일하게 취약하다. 다른 국가에서처럼, 중요한 제약은 정의 규정 그 자체에서 발견되는 것이 아니라 입증을 요하는 범죄의 추가적인 구성요건에서 발견된다.

이 점은 제7연방항소법원의 US v. Mitra 사건[51]에서 잘 보여주고 있다. 피고인은 무선 하드웨어와 컴퓨터 장비를 사용하여 비상 통신을 위한 컴퓨터 기반 무선 시스템인 Smartnet II 시스템의 통신을 모니터링 하였다. 그런 다음 그는 강력한 신호를 보내 컴퓨터가 중요한 데이터를 수신하지 못하게 방해하였고, 비상 서비스가 그들의 활동을 조정하지 못하도록 하였다. 그 대신 피고인은 통신채널을 열어두고 각 통신의 말단에 여성의 성적 신음소리와 같은 소리를 첨부하였다.

피고인은 18 USC § 1030(a)(5)에 따라 유죄가 확정되었다. 검찰은 Smartnet II는 법조항 상 '컴퓨터'에 해당한다고 보았다. 왜냐하면 해당 시스템은 고속 처리를 수행하는 칩을 포함하고 있었고, 해당 컴퓨터 칩과 '직접적으로 관련되어 있거나 컴퓨터와 함께 작동되는 통신장비'였기 때문이다. 피고인은 해당 규정은 전통적인 '해킹' 사례에 적용하기 위하여 입법된 것이라고 주장하였다. 그러한 사례로는 은행으로부터 금융정보를 탈취하거나, 데이터를 삭제하거나 웜이나 바이러스를 유포하는 것 등이 있다. 그가 했던 행위와 같은 '무선 시스템을 교란시키는' 경우에는 적용되지 않는다고 주장하였다. 피고인은 만약 무선시스템이 컴퓨터였다면, '모든 휴대전화와 기지국은 "컴퓨터"가 되며, 모든 iPod, 카페에 있는 모든 무선 베이스 스테이션, 기타 다수의 기기들이 컴퓨터가 된다'고 주장하였다.[52]

법원은 피고인의 주장을 받아들이지 않았다. 의회는 이러한 특정한 경우의 적용을 고려하거나 의도하지 않았을지 모르지만, 그것은 정확히 일부 법 규정이 일반적인 용어로 제정된 이유이다. 해당 조항은 '자동 타자기, 식자기 및 휴대용 계산기'에 대한 예

---

50 Model Criminal Code Officers Committee, Computer offences (2001), p. 123.

51 405 F 3d 492 (7th Cir. 2005).

52 Ibid., at 495.

외를 규정하고 있다. 즉 이는 프로세서나 소프트웨어를 내장하고 있는 다른 기기들이 정의 규정에 의해 포섭된다는 것을 보여준다.

> 더 많은 기기들이 내장형 정보처리기능을 가지게 됨으로써, 해당 법률규정의 효과적인 적용범위도 넓어지고 있다. iPod에서 우연히 노래를 지우고, 무선 베이스 스테이션 위에 넘어지거나, 차를 후방으로 들이받고 컴퓨터화된 에어백을 터뜨리는 사람들을 보호하는 것은 사법적 창의성이 아니라 법령 자체의 요건이다. 손해는 의도적이어야 하고, 실질적이어야 하며, 컴퓨터는 주 간 또는 해외 상거래에서 작동해야 한다.[53]

'컴퓨터'의 정의를 휴대폰에 적용하는 것은 최근에 US v. Kramer사건[54]에서 제8연방항소법원에 의해 검토되었다. 피고인은 미성년자를 성행위에 관여시킬 의도로 운반한 혐의로 유죄가 선고되었다.[55] 미성년자와 통신하기 위해 컴퓨터를 사용하였기 때문에 지방법원은 Kramer에 대한 양형에서 2단계의 가중을 적용하였다.[56] 이 맥락에서의 '컴퓨터'는 § 1030(e)(1)과 같은 의미이다.[57] 피고인은 최소한 휴대폰이 전화를 걸거나 문자 메시지를 보내는 데에 사용된 경우에는 법규정상 '컴퓨터'에 해당하지 않는다고 주장하였다.[58]

법원은 § 1030(e)(1) 상의 문언이 '데이터 프로세서를 활용하는 모든 기기'라고 되어 있기 때문에 '과도하게 광범위하다'고 판단하였다.[59] 더 나아가 전자 프로세서가 전원을 켜고 키패드의 인풋을 받아들이고, 정보를 현출하는 태스크를 수행하는 모든 경우에 그것은 조항에서 요구하는 '논리, 연산 및 저장 기능'을 수행한다고 보았다.[60] 비록 기본적인 휴대전화가 구어체 상의 "컴퓨터"의 정의와는 쉽게 맞지 않겠지만, 법원

---

53   *Ibid.*, at 495-6.
54   631 F 3d 900 (8th Cir. 2011).
55   18 USC § 2423(a).
56   US Sentencing Guidelines Manual § 2G1.3(b)(3).
57   US v. Kramer, 631 F 3d 900 (8th Cir. 2011).
58   *Ibid.*, at 902.
59   *Ibid.*
60   *Ibid.*, at 903.

은 그것이 § 1030(e)(1)의 법적 정의에 포함된다고 보았다.[61]

해당 기기가 컴퓨터의 정의에 포함될 가능성이 있다고 하더라도, 적절한 기준에 따른 사실이 입증되어야 한다. 이 사건에서 기소를 위해서는 '증거우위에 따라' 피고인의 휴대폰이 양형 가중을 위한 목적상 '컴퓨터'에 해당한다는 점이 입증되어야 했다.[62] 이 점에 관한 전문적인 증거가 도움이 되었을 수도 있지만, 법원은 제조사 웹사이트의 사용자 매뉴얼과 휴대폰의 사양에 기초하여, 음성 통화나 문자 메시지에 사용되었을 때에도 피고인의 휴대폰이 § 1030(e)(1)의 정의에 해당한다고 결론을 내릴 수 있었다.[63]

다른 국가와 대조적으로 CFAA는 컴퓨터만을 언급하고 있고 컴퓨터 네트워크는 언급하고 있지 않다. 그러나 컴퓨터의 정의는 '컴퓨터와 연결된 통신 장비'를 포함한다는 점을 명확히 하고 있다. 따라서 전통적인 개념에서의 네트워크 상 컴퓨터뿐만 아니라 라우터와 같은 통신장비도 '컴퓨터 네트워크'의 개념에 포함된다. 그러나 네트워크에 대한 공격은 네트워크 자체에 대한 공격이 아니라 해당 네트워크에 있는 특정 컴퓨터에 대한 공격으로 구체화되어야 한다.

3. '접근(Access)'

사이버범죄협약에 따르면, '"접근" 컴퓨터시스템(하드웨어, 구성요소, 설치된 시스템에 저장된 데이터, 디렉터리, 트래픽 데이터, 콘텐츠 데이터)의 전부 또는 일부에 들어가는 것'이다.[64] 또한 접근은 다음의 경우를 포함한다.

> 공공 전기통신 네트워크에 의해 연결되었거나 한 조직 내부의 LAN(local area network)이나 인트라넷과 같은 동일한 네트워크에 다른 컴퓨터 시스템에 연결된 경우와 같이 다른 컴퓨터 시스템에 들어가는 경우. 통신의 수단(예를 들어 원거리에서, 무선 링크를 통해서 통신하는지 또는 근접한 곳에서 통신하는지 등)은 문제되지 않는다.[65]

---

61 *Ibid.*
62 *Ibid.*
63 *Ibid.*, at 904-5.
64 Cybercrime Convention, Explanatory Report, [46].
65 *Ibid.*

'접근'이라는 용어의 사용은 물리적 환경에서 발전된 개념을 차용하여 디지털 맥락에 적용하는 것이다. 그러한 용어는 컴퓨터의 '내부'와 '외부'라는 이미지를 떠올리게 한다. 초기 사이버범죄 중 '컴퓨터 무단침입'과 동일하게,[66] 컴퓨터는 정보의 저장소인 '상자'와 유사하게 간주된다. 상자에 권한 없이 들어가는 것은 금지되어 있다.[67] 그러한 접근방식은 '내부적인 관점'을 반영하는 것이다. 즉, 컴퓨터 이용자의 관점에서 접근을 건물에 들어가는 것과 같이 컴퓨터의 '내부'에 들어가는 것으로 비유적으로 간주하는 것이다.[68]

이러한 비유는 컴퓨터에 무단으로 접근하는 사람이나 접근을 위해 보안조치를 우회하는 해커의 원형적(archetypal) 상황에선 어느 정도 일리가 있다. 그러나 컴퓨터와의 상호작용이 주로 암호와 로그인에 의해 지배되던 시대는 이미 지났다. 사람이 컴퓨터와 상호작용하는 방법은 무수히 많고, 새로운 방법은 끊임없이 진화하고 있다.[69] 이는 '무단침입' 패러다임을 활용한 접근의 의미를 개념화하기 어려운 환경을 조성한다.

'내부적' 시각이 아닌 '외부적' 관점을 적용하면 또 다른 결과가 도출된다. '외부적 관점'은 외부자의 시각을 적용하며 이용자의 인지보다는 물리적 공간에서의 컴퓨터의 기능에 초점을 맞춘다.[70] 이러한 시각에서 우리는 컴퓨터에 대한 접근이 데이터에 대한 접근을 필연적으로 수반한다는 것을 발견하였다. 예를 들어, 컴퓨터에 대한 접근을 획득하지 않고 데이터를 변경하는 것은 가능하다. 일반적인 언어의 문제로 만약 컴퓨터의 비밀번호를 추측해보려고 시도하다가 실패한 경우, 그 사람은 사실 그것을 의도한 것은 아니지만 컴퓨터로 하여금 실제 응답을 하도록 만들었고 그러한 과정에서 데이터를 변경시켰다.[71] 심지어 패스워드를 요구하는 파일을 열람하려고 시도하는 행위도 패스워드를 입력하지 않았음에도 '접근'으로 간주될 수 있다.[72]

이러한 관점에서는 컴퓨터의 '접근'보다는 컴퓨터의 '이용'이라고 표현하는 것이

---

66 Summary Offences Act 1966 (Vic), s. 9A.

67 D. McLeod, 'Regulating damage on the internet: A tortious approach?' (2001) 27 Monash University Law Review 344, 350.

68 O. S. Kerr, 'The problem of perspective in internet law' (2003) Georgetown Law Journal 357, 359-60.

69 O. S. Kerr, 'Cybercrime's scope: Interpreting "access" and "authorization" in computer misuse statutes' (2003) 78 New York University Law Review 1596, 1615, 1647-8.

70 Kerr, 'The problem of perspective,' 360.

71 Kerr, 'Cybercrime's scope,' 1620-1.

72 *Ibid.*, 1621.

더욱 정확할 것이다.[73] 이러한 범죄유형에 대한 주된 문제는 컴퓨터에 대한 접근보다는 데이터 자체에 대한 접근일 경우이다. '침입'보다는 '물건으로서의 정보(information-as-thing)'가 더 적절한 비유일 것이다. 여기서 데이터는 접근의 대상과 보호해야 할 '무엇'으로 간주된다.[74] 이러한 배경에서, 우리는 이제 각국 법령에서 '접근'의 의미를 검토하고자 한다.

(1) 호주

호주의 법 규정은 동사로서 '접근'을 사용하지 않고, '접근하는' 행위가 아닌 권한 없는 접근을 '야기'하는 관련 행위로 규정하고 있다.[75] '컴퓨터에 저장된 데이터에 대한 접근'은 다음과 같이 정의되어 있다.

> (a) 컴퓨터에 의한 데이터 표시 또는 컴퓨터의 다른 데이터 출력
> (b) 컴퓨터 또는 데이터 저장 장치에 데이터를 복사하거나 이동시키는 것
> (c) 프로그램의 경우 프로그램의 실행[76]

이는 완전한 정의이긴 하지만, 굉장히 광범위하다. 본질적으로 '접근'은 데이터의 '이용'과 동의어이다. 왜냐하면 그것이 컴퓨터의 로컬 사용에 의한 것이든 원격 사용에 의한 것이든 간에 본질적으로 컴퓨터로 하여금 응답하게 하는 데이터와의 모든 상호작용은 접근을 구성하기 때문이다. 접근에 '성공'해야 한다는 요건은 없다. 예를 들어, 잘못된 암호를 입력하면 프로그램이 실행되기 때문에 컴퓨터에 저장된 데이터에 대한 접근을 구성한다고 간주될 수 있다. 그러나 여기에는 몇 가지 한계가 있다.

첫째, 피고인은 실제 접근이 발생하도록 야기해야 한다.[77] 예를 들어 피고인이 실제 데이터가 현출되도록 야기한 것이 아니라면, 단순히 스크린상의 데이터를 본 것만

---

73 *Ibid.*, 1641.

74 M. J. Madison, 'Rights of access and the shape of the Internet' (2003) Boston College Law Review 433, 442.

75 Model Criminal Code Officers Committee, Computer offences (2001), p. 135.

76 Criminal Code (Cth), s. 476.1(1).; Model Criminal Code Officers Committee, Computer offences (2001), p. 135.

77 Criminal Code (Cth), s. 476.2(3).

으로는 접근을 구성하지 않는다. 둘째, 접근은 직접적이든 간접적이든 컴퓨터 기능의 실행에 의해 발생되어야 한다.[78] 이것은 컴퓨터에 대한 '접근'을 얻기 위해 스크루 드라이버와 같은 물리적 장치를 사용하는 행위를 규정에서 제외하기 위한 것이었다. 그러한 상황은 재물손괴로 더 적절하게 처리될 수 있다.[79]

컴퓨터에 저장된 데이터

이러한 각각의 범죄유형은 '컴퓨터에 저장된 데이터'에 대한 접근을 요건으로 하고 있다. 데이터는 법률 용어사전에 다음과 같은 것을 포함하는 것으로 정의되고 있다.

(a) 모든 형태의 정보 또는
(b) 모든 프로그램 (또는 프로그램의 일부)

확실히, 컴퓨터 메모리에 저장된 데이터는 법률 규정상 용어에 해당된다. 또한 데이터가 컴퓨터의 운영체제의 일부라는 점을 입증할 필요가 없으며, 정의는 컴퓨터에 참조 또는 이용을 위해 입력되는 데이터를 포함한다.[80]

또한, '컴퓨터에 저장된 데이터'는 다음과 같이 정의된다.

(a) 컴퓨터에 일정 기간동안 부착되어 있던 이동식 저장장치에 저장된 데이터 또는
(b) 컴퓨터가 일부를 형성하고 있는 컴퓨터 네트워크 상 데이터 저장장치에 저장된 데이터

'데이터 저장장치'는 '예를 들어 디스크나 파일서버와 같이, 컴퓨터에 의해 사용되는 데이터를 저장하는 또는 저장하기 위해 설계된 것'이라고 정의된다.[81] 따라서 권한 없는 접근 범죄는 데이터 저장장치가 상당 기간 동안 컴퓨터 내에 부착되어 있는 한 플

---

78   *Ibid.*, s. 476.1(2).
79   Model Criminal Code Officers Committee, Computer offences (2001), p. 133.
80   *Ibid.*, p. 121.
81   Criminal Code (Cth), Dictionary.

래시 드라이브나 외장 메모리 또는 CD-Rom과 같은 데이터 저장장치에 저장되어 있는 데이터에 적용된다. 만약 그것이 컴퓨터에 부착되지 않았다면, 관련 범죄는 데이터 훼손에 대한 범죄가 될 것이다.[82]

문언적 해석에 따르면 USB 케이블이나 블루투스로 연결된 외장 저장장치가 컴퓨터 내에 부착된 것인가에 대한 논쟁이 있을 수 있다. 그러나 정의규정은 포괄적이고 당시의 공통적인 용어를 반영하고 있다. 정의규정은 컴퓨터 외부에 있지만 케이블 또는 무선 연결을 통해 전자적으로 사용할 수 있는 데이터 저장 장치도 포함할 수 있을 만큼 충분히 광범위해야 한다.[83] '이 범죄는 디스크나 다른 이동식 데이터 저장 장치에 보관된 데이터의 손상까지 확대된다. 일단 컴퓨터에 의해 기기가 전자적으로 접근할 수 있게 되면, 기기에 저장된 데이터는 규정의 보호 범위 안에 들어간다.'[84]

또한 정의규정은 컴퓨터가 일부를 구성하고 있는 컴퓨터 네트워크 상 데이터 저장 장치에 보관된 데이터도 포함한다. 이것은 '컴퓨터 네트워크'라는 용어를 사용하지만 그 용어가 정의되지 않은 유일한 맥락이다.[85] 그러므로 그것은 '상호 연결된 컴퓨터의 시스템'이라는 평범한 의미를 부여받아야 한다. 결과적으로, 상호 연결된 어떤 컴퓨터 시스템도 컴퓨터 네트워크를 형성한다.

저장장치가 네트워크의 일부인 경우, 네트워크를 통해 컴퓨터에서 데이터에 전자적으로 접근하는 것으로 충분하다. 컴퓨터가 네트워크의 일부를 구성하는 한 컴퓨터 자체에 고정될 필요는 없다. 이것은 컴퓨터가 LAN의 일부를 형성하고 그 네트워크의 데이터가 컴퓨터에서 접근되는 것과 같은 상황을 포함할 것이다. 또한 이는 인터넷을 통해 접속되는 어떤 컴퓨터에도 확장되는 것처럼 보인다. 즉, 서버에 저장된 데이터는 컴퓨터가 일부를 구성하는 컴퓨터 네트워크의 데이터 저장 장치에 저장된 데이터에 해당한다.

(2) 영국

접근이라는 광범위한 개념은 영국의 규정에서도 발견할 수 있다. 영국은 '컴퓨터에 저장된 프로그램이나 데이터에 대한 접근을 획득하려는 의도로' 컴퓨터가 기능을 수

---

82 See pp. 125-6.
83 Model Criminal Code Officers Committee, Computer offences (2001), p. 120.
84 *Ibid.*, p. 121.
85 Oxford English Dictionary Online, Oxford University Press, December 2014.

행하도록 하는 것을 범죄로 규정한다.[86]

법률위원회는 특히 '컴퓨터에 대한 권한 없는 접근 획득'이라는 접근방식을 거부했는데, 이 같은 용어가 문제가 될 수 있다고 판단했기 때문이다. 첫째, 이러한 용어를 사용하면 컴퓨터에 대한 물리적 접근도 포함하는 것으로 간주될 수 있다. 둘째, 컴퓨터에 저장된 데이터의 하드 카피를 획득하는 것도 포함된다고 생각할 수 있다. 셋째, 그러한 범죄가 전자 감청에 적용되어 컴퓨터의 무결성 보호라는 법익을 넘어 데이터의 기밀성 보호까지 확장될 수 있기 때문이다.[87]

이와 대조적으로 '컴퓨터가 기능을 수행하도록 한다'는 문구는 모든 변경 행위를 포함할 수 있으며, 기술적인 변화를 견뎌낼 수 있다. 또한 컴퓨터와 상호작용이 없는 단순한 물리적 접근과 데이터에 대한 정밀조사는 제외된다.[88] 따라서, 스크린에서 기밀 정보를 읽는 것만으로는 범죄를 구성하지 않는다.[89]

피고인이 컴퓨터로 하여금 어떤 기능을 수행하게 하는 방법에는 제한이 없어서 법규정상 문언은 굉장히 광범위하다. 단순히 컴퓨터를 켜거나 암호를 입력하려고 시도하는 것은 이 조항의 조건에 모두 포함될 것이다.[90] 마찬가지로 원격으로 컴퓨터에 접근하려고 하는 사람은 필연적으로 컴퓨터가 기능을 수행하게 한다. 사실, 컴퓨터에 대한 어떤 입력도 그 컴퓨터가 어느 정도 기능하도록 만들 것이다. 관련 의도를 수반하는 한, 악성 프로그램의 전송에도 적용될 수 있다. 이러한 프로그램의 설치는 반드시 컴퓨터가 기능을 수행해야 하기 때문이다. 그것은 심지어 접근 권한 없는 데이터에 대한 접근을 획득하려는 의도로 컴퓨터가 기능을 수행하게 하는 데이터 감청에도 적용될 수 있다.[91]

'접근을 획득'한다는 것도 광범위한 해석의 여지가 있다. 제17조는 다음의 경우에 컴퓨터에 저장된 프로그램이나 데이터에 접근을 획득한다고 규정하고 있다.

> 컴퓨터가 기능을 수행하게 함으로써 다음과 같은 행위를 하는 경우
> (a) 프로그램이나 데이터를 변경하거나 삭제하는 경우

---

86 Computer Misuse Act, ss. 1(1), 2(1).
87 Law Commission (UK), Computer misuse (1989), [3.22]-[3.25].
88 *Ibid.*, [3.26].
89 House of Commons Committee on Standards and Privileges, Privilege: Hacking of members' mobile phones (Fourteenth Report of Session 2010-11, 31 March 2011), p. 26.
90 Law Commission (UK), Computer misuse (1989), [3.19].
91 Wasik, Crime and the computer, pp. 91-2.

(b) 프로그램이나 데이터를 그것이 저장된 장소가 아닌 다른 저장장치 또는 저장장치 내에 다른 위치로 복제하거나 이동하는 경우

(c) 프로그램이나 데이터를 이용하는 경우 또는

(d) (현출, 기타 다른 방법으로)그것이 저장된 컴퓨터로부터 출력하는 경우[92]

또한 프로그램을 실행하게 하거나 피고인이 컴퓨터를 실행하게 하는 기능 자체가 프로그램의 이용이다.[93] 프로그램의 경우 '그것이 구성하는 명령어가 출력'이면 '출력'이고, 그 명령어나 다른 데이터가 출력되는 형태는 중요하지 않다.[94]

(3) 캐나다

이와 대조적으로, 캐나다의 규정에 따르면 특정 범죄를 저지르려는 의도를 가지고 '직접적이든 간접적이든 컴퓨터 서비스를 획득'하거나 '직접적이든 간접적이든 컴퓨터 시스템을 이용하거나 이용을 야기하는' 경우는 범죄에 해당한다.[95]

이러한 범죄의 적용범위에 대해서는 R v. Forsythe 사건[96]에서 Alberta 지방법원에 의해 쟁점으로 다루어졌다. 피고인은 캐나다 왕립 기마경찰(Royal Canadian Mounted Police)과 Edmonton 경찰서(Edmonton Police Service)로부터 획득한 전과기록의 하드카피 출력물을 소지하고 있었다. 해당 출력물은 Curtis와 Wagner라는 자들로부터 획득한 것이었다. Curtis는 경찰의 민간인 직원이었고 Wagner의 요청으로 이 전과기록을 컴퓨터로부터 직접 출력하였다.

배심원은 s. 342.1조 (1)(a)에 따라 컴퓨터 서비스를 취득한 피고인에게 유죄를 선고할 수 있는 증거가 불충분하다고 판단하였다. 동사 '획득하다(obtains)'는 소유나 소유의 수동적 행위보다는 소유를 획득하는 능동적 의미로 사용되며, '직접 또는 간접'이라는 부사와 '부정하게 권한이 없음을 알면서(fraudulently and without colour of right)'라는

---

92 Computer Misuse Act, s. 17(2).
93 *Ibid.*, s. 17(3).
94 *Ibid.*, s. 17(4).
95 Criminal Code (Can), s. 342.1(1)(a)(c).
96 1992 A. R. LEXIS 4568.

문구에 의해 변형된다.[97] 이러한 사실에 기반을 두어 Curtis는 직접 서비스를 획득했다고 할 수 있고 Wagner는 간접적으로 서비스를 획득했다고 판단할 수 있었다. 그러나 이 사건의 피고인은 출력물만 소지하고 있었다. '간접적으로'라는 단어는 단순히 컴퓨터 서비스의 산출물을 소유하는 것을 의미하지 않는다. 해당 범죄는 직접적으로든 간접적으로든, 부정하게 권한 없이, 적극적으로 서비스를 획득한 사람에게만 적용된다.[98]

따라서 '획득'이라는 것은 피고인이 어떤 것을 '얻을' 수 있었어야 한다는 것을 의미한다. 이는 이 범죄가 재산 범죄로 분류되는 것과 일치한다. 즉 이 범죄의 가장 중요한 포인트는 허가 없이 서비스를 취하거나 이용하는 것이다.[99] 결과적으로, 패스워드를 추측하려고 시도하다 실패한 경우는 실제로 서비스를 획득하지 못했기 때문에 범죄에 해당하지 않을 것이다.

그러한 제한은 분명히 특정 범죄를 저지르려는 의도를 가지고 컴퓨터 시스템을 직접 또는 간접적으로 사용하게 하거나 사용하게 하는 범죄에는 적용되지 않는다.[100] 이 조항은 다른 특정 범죄 중 하나를 범할 목적으로 주로 컴퓨터 네트워크의 이용을 대상으로 하고 있다. 다른 범죄행위가 발생했다는 것이 성립될 필요는 없고, 다만 그 시스템이 그런 의도로 이용되었다는 것만으로 충분하다. 따라서 관련 의도를 수반하는 컴퓨터의 '이용'은 그 이용이 '성공적'이었는지 여부와 관계없이 범죄에 해당된다는 주장이 제기될 수 있다. 또는 '이용하다'라는 단어에 '실질적이거나 효과적으로 이용하다; 활용하다, 고용하다'라는 통상적인 의미가 부여된 경우,[101] 범죄의 적용범위는 피고인이 문자 그대로가 아닌 질적으로 컴퓨터를 이용한 경우로 제한될 수 있다.

'이용'이라는 단어에 대한 해석은 컴퓨터가 아닌 데이터 이용의 맥락에서 상원에서 채택되었다. R v. Brown 사건[102]에서는 경찰관인 피고인은 부적절한 목적으로 국가 경찰 컴퓨터에 접근했다는 혐의로 기소되었다. 그는 개인적으로 컴퓨터에 접근한 것이 아니라 다른 경찰관에게 그렇게 해달라고 부탁한 다음 화면을 통해 그 정보를 읽어보았다. 법원에서는 이것이 1984년 데이터 보호법(Data Protection Act 1984)의 s. 5의 의미 내에서 해당 데이터의 '이용'을 구성하는지 여부가 쟁점이 되었다.

---

97   *Ibid.*, at [4].
98   *Ibid.*, at [9].
99   Hull v. WA [2005] WASCA 194 at [4].
100   Criminal Code (Can), s. 342.1(1)(c).
101   Oxford English Dictionary Online, Oxford University Press, December 2014.
102   [1996] AC 543.

재판관들은 데이터를 '이용했다'고 하기 위해서는 데이터에 단순히 접근하는 것이 아니라 그것으로 무엇인가를 해야 한다고 한 항소법원에 의해 부여된 해석을 승인하였다.[103] '이용'이라는 단어는 정의되어 있지 않기 때문에 자연스럽고 평범한 의미가 부여되어야 한다. 동사 '이용하다'의 동의어는 '활용하다(make use of)' 또는 '목적을 위해 고용하다(employ for a purpose)'이다.[104] 여기서 단어는 '데이터'와 관련하여 사용되며, 데이터의 검색(retrieval)과 그 이용 사이에 구분이 있을 수 있다. '컴퓨터에서 데이터를 검색하는 것은 데이터의 이용보다는 컴퓨터의 이용으로 보인다.'[105] 비록 컴퓨터에서 가독한 형태의 정보가 동법의 목적상 데이터이지만, 가장 예외적인 케이스를 제외하고 정보는 먼저 검색되어야 한다. 그러한 경우 검색은 이용이 아니며, 이용에 대한 선결조건이다.[106]

(4) 미국

미국에서는 '접근'이라는 용어가 정의되어 있지 않다. 그것은 그 통상적인 의미를 부여받으며 '접근하기 위해', 즉 '무엇을 이용할 자유나 능력을 행사하기 위해'라는 능동적인 의미에서 사용되는 것으로 보인다.[107] 따라서, 이메일을 수동적으로 수신하는 것과 같은 정보를 받는 것은 컴퓨터에 대한 접근 획득을 의미하지 않는다고 간주된다.[108] '접근'은 컴퓨터에 들어가는 순간뿐만 아니라 컴퓨터 시스템의 지속적인 사용도 포함한다고 되어 있지만,[109] 이러한 목적상 '접근'을 구성하는 것이 무엇인가에 대해서는 다른 견해가 존재한다.

'접근'에 대한 협의의 견해는 State v. Allen 사건[110]에서 Kansas 주 대법원에 의해서 적용되었다. 피고인은 그의 컴퓨터와 모뎀을 이용하여 통신회사 Southwestern Bell 소

---

103 *Ibid.*, at 548-9.

104 *Ibid.*

105 *Ibid.*, at 561.

106 *Ibid.*, at 549.

107 Role Models Am., Inc. v. Jones, 305 F Supp 2d 564 at 567 (D Md. 2004); America Online Inc. v. National Health Care Discount Inc., 121 F Supp 2d 1255 at 1272-3 (NDIowa. 2001); Fink v. Time Warner Cable, 810 F Supp 2d 633 at 642 (SDNY. 2011).

108 Role Models Am., Inc. v. Jones, 305 F Supp 2d 564 at 567 (D Md. 2004); US v. Drew, 259 FRD 449 at 458 (CD Cal. 2009); US v. Nosal, 930 F Supp 2d 1051 at 1063 (NDCal. 2013).

109 US v. Nosal, 930 F Supp 2d 1051 at 1063 (ND Cal. 2013).

110 260 Kan 107 (Kan. 1996).

유의 여러 모뎀에 전화를 한 혐의를 받고 있었다. 이 컴퓨터는 임의의 번호로 전화를 걸어 어느 전화가 사람 또는 모뎀에 의해 수신되는지를 판단하도록 프로그램되어 있었다. 통상적으로, 이러한 행위는 권한 없는 접근의 미수를 용이하게 하기 위한 것이었다. 이 사건에서는 사실관계가 조금 독특했다. 피고인은 시스템의 데이터를 방해하거나, 어떤 기능을 수행하게 하거나, 그 작동을 방해하지 않았다. 또한 그가 시도할 때 패스워드를 입력하려 했다는 어떠한 증거도 없었다.

피고인은 의도적으로 권한 없이 컴퓨터에 대한 접근을 하거나 접근을 시도한 혐의로 기소되었다.[111] '접근'은 법에 정의되어 있지만,[112] 법원은 이 정의규정의 불명확성으로 인해 무효라고 판시하고 대신 그 용어의 평범하고 일반적인 의미를 적용했다. '접근'은 웹스터 사전에서 '획득하거나 활용할 자유 또는 능력'으로 정의된다.[113] 이 정의를 적용하면, 피고인이 연결이 되었음을 나타내는 최초 프롬프트를 넘어서 적절한 패스워드를 입력하기 전까지는 컴퓨터를 이용하거나 어떤 것을 얻을 수 있는 능력이 없었기 때문에, 법원은 그 용어가 일반적으로 이해되고 있는 것처럼 접근을 획득했다고 볼 수 없다고 판시하였다.[114]

광의의 의미로 보는 견해는 State v. Riley 사건[115]에서 Washington 주 대법원에 의해 채택되었다. 피고인은 컴퓨터를 이용하여 장거리 전화 서비스를 무료로 이용했다. 통화의 연결은 컴퓨터 스위치에 의해 제어되었고, 이 스위치는 법률 용어상 '컴퓨터'라고 인정되었다.[116] 합법적인 전화 서비스 사용자들은 서비스를 사용하기 전에 6자리 접속 코드를 눌러야 한다. 피고인의 컴퓨터는 무작위로 선택된 6자리 숫자와 장거리 전화번호를 차례로 입력하도록 프로그램되어 있었다. 피고인은 어떤 전화가 연결되는지 확인하면서 6개의 번호가 합법적인 사용자의 접속 코드와 일치하는지 확인할 수 있었다.

피고인은 두 건의 컴퓨터 무단침입 혐의로 유죄판결을 받았다. 이 사건에서는 그가 권한 없이 의도적으로 컴퓨터 시스템에 접근할 수 있었다는 점을 입증할 필요가 있었다.[117] 법원은 자신의 행위가 전화 통화에 해당한다는 피고인의 주장을 배척했다. 이 조

---

111   KSA 21-3755(b)(1).
112   KSA 21-3755(a)(1).
113   Webster's New Collegiate Dictionary (1977), p. 7.
114   State v. Allen, 260 Kan 107 at 114 (Kan. 1996).
115   846 P 2d 1365 (Wash. 1993).
116   *Ibid.*, at 1373.
117   RCW 9A.52.110.

항에서 '접근'은 '직접적으로 또는 전자적인 수단을 통해 컴퓨터의 자원에 접근하거나 이를 이용하는 것'이라고 정의되어 이다.[118] 컴퓨터가 숫자를 누르도록 함으로써 피고인은 '접근'하거나 '컴퓨터의 자원을 이용'하였다.[119] 피고인이 컴퓨터에 데이터를 입력하거나 읽거나 삽입하거나 복제하지 않았다는 점은 본 사건과 무관하다.

민사사안이기는 하지만, America Online Inc. v. National Health Care Discount Inc. 사건[120]에서도 연방법원이 이 문제를 다루었다. 원고인 AOL은 피고가 서비스를 광고하는 대량 이메일을 보내고 뉴스그룹과 다른 출처로부터 이메일 주소를 수집하기 위해 다른 조직을 고용했다고 주장하였다. 원고는 AOL 이메일 주소의 수집과 AOL 가입자에게 요청되지 않은 이메일을 전송한 것은 AOL의 서비스 약관을 위반하는 것이며, 18 USC § 1030(a)(5)(C)을 위반하여 AOL의 컴퓨터에 대한 권한 없는 접근죄가 성립한다고 주장하였다. 당시 이 조항은 '권한 없이 의도적으로 접근하고 그러한 행위의 결과로 손해를 야기하는' 행위를 규정하고 있었다.

원고의 약식재판 청구를 부인하면서 법원은 AOL 회원들의 이메일 주소를 수집하고 AOL 회원들에게 대량 이메일을 보내는 과정에서 이메일 발송자들이 AOL의 컴퓨터를 사용할 수 있는 자유나 능력을 행사했다고 판시하였다. 따라서 그들은 다음과 같은 컴퓨터에 접근했다.

> CFAA의 입법 취지상 누군가가 컴퓨터에서 이메일을 보내는 경우, 그리고 메시지가 최종 목적지에 도달하기 전까지 다수의 컴퓨터를 통해서 전송되는 경우, 발신자는 이러한 모든 컴퓨터를 이용하는 것이며, 따라서 컴퓨터에 '접근'하는 것이다.[121]

포트 스캔이나 컴퓨터와의 통신을 위한 다른 전자적 시도와 관련하여 동일한 주장이 제기될 수 있다. 그러한 시도가 '실패'하더라도 스캔은 컴퓨터로부터 응답을 이끌어 낼 것이며, 실패한 패스워드 시도와 같은 방식으로 접근을 구성한다고 볼 수 있다.

---

118 RCW 9A.52.010(6).
119 State v. Riley, 846 P 2d 1365 at 1373 (Wash. 1993).
120 121 F Supp 2d 1255 (ND Iowa. 2001).
121 *Ibid.*, cited with approval in Four Seasons Hotels & Resorts B.V. v. Consorcio Barr, S.A.,267 F Supp 2d 1268 at 1322-3 (SD Flor. 2003).

예를 들어 Moulton and Network Installation Computer Services, Inc. v. VC3 사건[122]에서 피고는 원고의 서버에서 권한 없이 포트 스캔과 처리속도 테스트(throughput test)를 수행했다.[123] 원고는 Georgia 주 컴퓨터 시스템 보호법(Computer Systems Protection Act)와 CFAA에 근거하여 소송을 제기하였고, 그러한 테스트는 네트워크의 속도를 느려지게 할 수 있다고 주장했다.

두 소송 모두 손해가 발생하지 않았다는 이유로 패소하였다. 그러나 손해발생 문제는 별론으로 하고, 법원은 그럼에도 불구하고 피고가 Georgia 주법에 따라 형사 기소의 대상이 된다고 판시하였다.[124] CFAA의 맥락에서 법원은 오로지 손해 문제에 초점을 맞춘 접근 요소를 판단한 것으로 보인다. 따라서 포트 스캔이나 처리속도 테스트가 '실패'하더라도 접근을 구성한다는 것은 논란의 여지가 있어 보인다.

관할과 법률상 용어의 차이로 인해서 이러한 케이스로부터 '접근'에 대한 일반원칙을 도출하기는 어려울 것이다. Kerr는 이러한 사건들이 이 문제에 내부적 관점과 외부적 관점을 잘 나타내고 있다고 주장한다. Allen 사건은 내부적 관점을 반영하는 것으로 사람이 컴퓨터 '내부'에 들어가서 파일에 대한 접근을 획득하면, 접근이 획득되었다고 보았다.[125] 이와 대조적으로 AOL 사건과 Riley 사건에서는 외부적 관점을 반영하면서 컴퓨터를 통해 전달된 이메일 또는 다이얼을 눌러 컴퓨터와 연결을 한 행위는 접근을 구성한다고 보았다.[126]

이러한 분석이 도움이 되기는 하지만, 피고인이 컴퓨터를 '이용'할 수 있는 정도에 따라 보다 근본적으로 구분해 볼 수 있다. 사전이나 법령에 의해 고려되는 각각의 정의는 컴퓨터의 '이용'을 가리킨다는 점을 유의해보면, 이 개념을 적용함에 있어서, '이용'의 두 가지 다른 의미 사이에 질적 구분이 도출될 수 있을 것이다.

첫 번째는 글자 그대로의 '이용'에 관한 것이다. 입력에 의한 컴퓨터와의 모든 상호작용은 컴퓨터의 '이용'에 해당된다.[127] 이러한 광범위한 관점은 Riley 사건에서 잘 나타나고 있고 이 사건에서는 숫자를 누르는 것만으로도 충분히 접근을 구성한다고 보

---

122   2000 US Dist LEXIS 19916 (ND Ga. 2000).
123   *Ibid.*, at [3]-[4].
124   *Ibid.*, at [18]-[20].
125   Kerr, 'Cybercrime's scope', 1625-8.
126   *Ibid.*
127   P. L. Bellia, 'Defending cyberproperty' (2004) 79 New York University Law Review 2164, 2253.

앉다. 피고인이 거기에서 더 나아가 일반 권한 있는 사용자와 같이 데이터나 프로그램에 접근하지 않았다는 점은 중요하지 않았다. 숫자를 입력하는 행위가 컴퓨터로 하여금 응답하게 하였고, 그렇게 함으로써 그는 컴퓨터를 이용하여 접근하였다. 이러한 접근에 따르면, 실패한 패스워드 입력 시도나 해커가 접근을 확보하려고 했으나 실패한 경우라고 하더라도 컴퓨터에 접근한 것으로 본다.

두 번째 접근방식에 따르면, '접근'이나 '이용'이라는 단어는 더욱 더 비유적으로 사용된다. 피고인은 '일반 대중이 이용할 수 없는 정보나 특권'을 획득한다는 의미에서 컴퓨터를 '이용'할 수 있어야 한다.[128] 예를 들어 Allen 사건에서 이용은 피고인이 권한 있는 사용자의 하나 또는 그 이상의 권리나 특권을 획득하였는지 여부에 따라 결정되었다. 수행된 활동에는 어느 정도의 효용이 있어야 하는데, 따라서 실패한 패스워드 입력시도는 컴퓨터가 이에 응답을 했을지라도 접근이 아니며, 피고인은 컴퓨터에 대한 이용을 획득하지 못하였다. AOL 사건은 어느 쪽으로도 해석될 여지가 있는데, 컴퓨터를 '통한' 이메일이 문자 그대로와 비유적으로 모두 '이용'을 구성할 수 있기 때문이다.

광범위한 관점은 Kerr에 의해 지지를 받았는데, Kerr는 접근을 '컴퓨터와의 성공적인 상호작용'으로 정의하여야 한다고 제안하였다.[129] 중요한 것은 '성공'의 척도가 객관적이라는 점이다. 이는 피고인의 주관적 의도는 무관하다. 문제는 단순히 의도한대로 명령이 되었는지 여부이다.[130] 결과적으로, 로그인 프롬프트를 불러 오는 것은 부정확한 패스워드가 사용이 되었다고 하더라도 '접근'을 구성한다. '접근'을 거부함에 있어서, 그것이 피고인의 관점에서 시도가 '실패한' 것이라고 하더라도 프로그램은 의도한대로 실행된 것이다. 컴퓨터에 이메일을 보내는 것, 웹페이지를 보는 것 모두 접근에 해당한다. 결과적으로 접근은 광의의 이용과 동의어가 된다.

위와 같은 접근방식은 많은 지지를 받았다. 기술의 융합, ADSL과 브로드밴드의 이용, 무선인터넷과 네트워크의 모호한 속성 등으로 인해 컴퓨터에 대한 접근보다는 컴퓨터의 '이용'이 더 정확한 설명이 된다.[131] 광범위한 정의규정을 채택하는 것은 무엇이 접근인지에 대한 기술적이고 자의적인 논쟁을 피할 수 있게 도와준다. 또한 나머지 구성요소에 더욱 집중할 수 있게 해준다. 이러한 요소들이 행위의 범죄성을 결정하

---

128 *Ibid.*, 2254.
129 Kerr, 'Cybercrime's scope', 1646-7.
130 *Ibid.*, n. 226.
131 *Ibid.*, 1641.

고 광범위성을 피하는 데 도움을 준다. 그것은 또한 다른 국가, 특히 호주와 영국에서 채택된 접근방식과 일치하며, 여기서 범죄의 행위 요소는 매우 광범위하게 정의된다.

일부에서는 'CFAA의 법적 의도 및 공공 정책 둘 다'에 잘 부합한다는 이유로 협의의 접근방식을 지지하였지만,[132] 그러한 접근방식은 '코드 기반 제한을 위반한 권한 없는 접근의 경우에는 적용하기 어렵다.[133] 그러한 접근방식이 선호된다고 하더라도 '어떤 케이스도 그것을 채택하지 않았고… CFAA의 입법 연혁도 그것을 지지하지 않는다'는 것이 판례에서 언급된 바 있다.[134]

광범위한 접근방식이 선호된다고 하더라도, 이는 연방규정의 다른 측면이 있을 수 있다. 특히 이러한 범죄에 대한 미수범을 구체적으로 규정하고 있는 조항이 있다.[135] 만약 '이용'이 광범위하게 해석되는 경우에 어떠한 행위도 접근 미수를 구성하지 않을 것이라고 생각될 수 있다. 한 가지 생각해볼 수 있는 상황은 원격 접근을 시도하지만 기술적인 이유로 대상 컴퓨터와 전혀 통신할 수 없는 경우이다. 광범위한 해석에도 불구하고, 그런 경우에는 컴퓨터에 대한 접근을 시도하였으나 접근하지 못한 것이다.

그러나 처벌되는 것이 컴퓨터에 접근하려는 시도가 아니라 완성된 범죄를 저지르려는 시도라는 점을 주목하면, 이러한 맥락에서 미수의 역할은 더 중요하다. 따라서 광의의 의미에서 접근을 획득하였지만, 정보를 획득하는 것에는 실패한 경우 범죄의 기수가 아닌 미수로 처벌된다. 이는 대부분 조항이 단순한 접근보다는 추가 요소를 입증해야 하는 법적 제도와 일치하는 것으로 보인다. 이에 대한 예외는 정부 컴퓨터에 대한 단순한 접근을 처벌할 수 있는 § 1030조 (a)(4)이다. 권한 없는 어떠한 상호작용도 이 규정에 의해 범죄가 될 수 있으며, 접근을 시도하지만 컴퓨터와 상호작용을 하기 전에 중지하는 경우 외에는 미수죄의 역할은 거의 없어 보인다.

---

132   Bellia, 'Defending cyberproperty,' 2258.
133   *Ibid.*, 2254.
134   US v. Drew, 259 FRD 449 at 459 (CD Cal. 2009).
135   18 USC § 1030(b).

4. '권한 없는(Unauthorised)'

이러한 모든 범죄의 핵심은 접근에 대한 '권한이 없을 것'이라는 요건이다. 사이버범죄협약에 따라, '시스템 또는 시스템의 일부의 소유자 또는 다른 권리자에 의해 행위가 허가된 경우(관련 컴퓨터 시스템의 허가된 테스트나 보호를 목적으로 하는 것 등)'에 대해서는 범죄가 성립하지 않는다.[136] 각 국가마다 정확한 용례는 다르지만 본질적인 개념은 동일하다.

호주의 경우, 이 조항은 해당 접근을 야기할 자격이 없는 경우, 컴퓨터에 저장된 데이터에 대한 접근 권한이 없다고 규정하고 있다.[137] 캐나다에서 이와 동등한 요건은 범죄를 '부정하게 권한이 없음을 알면서' 범해야 한다는 것이다. '권한이 없음을 알면서(without colour of right)'라는 것은 피고인이 법적으로 행위를 정당화하거나 변명할 수 있는 사실의 상태에 대해 정직한 신념(honest belief)을 가지고 있었는지를 설명하는 일반적인 용어이다.[138] 그러한 신념이 있는 경우 피고인이 관련 행위를 수행할 자격이 있었는지를 판단할 필요가 있다.

영국의 경우, 컴퓨터에 저장된 프로그램이나 데이터에 대한 모든 종류의 접근은 다음과 같은 경우에 권한 없는 것으로 규정되어 있다.

(a) 그 자신이 당해 프로그램이나 데이터의 접근을 제어할 권한이 없는 경우 그리고

(b) 그가 권한을 가진 자로부터 당해 프로그램이나 데이터에 대한 접근에 대해 동의를 받지 않은 경우[139]

'제어'라는 용어는 컴퓨터를 운용하고 조작할 능력이라는 물리적인 의미로 사용된 것이 아니다.[140] 또한 '프로그램'은 프로그램의 일부를 포함하는 것으로 정의되어 있다.[141]

136　Cybercrime Convention, Explanatory Report, [47].

137　Criminal Code (Cth), s. 476.2(1).

138　R v. DeMarco (1973) 13 CCC (2d) 369 at 362.

139　Computer Misuse Act, s. 17(5).

140　R v. Bow Street Metropolitan Stipendiary Magistrate and anor, ex parte Government of the United States of America [2000] 2 AC 216 at 225.

141　Computer Misuse Act, s. 17(10).

제3조 상의 범죄와 관련하여, 컴퓨터와 관련하여 행해진 행위는 다음과 같은 경우에 권한 없는 것으로 규정되어 있다.

> 행위자가(또는 행위를 야기한 자가):
> (a) 컴퓨터에 대한 책임이 있는 자가 아니며, 어떠한 행위가 이루어질 수 있는지 결정할 수 있는 권한이 없는 경우 그리고
> (b) 그러한 자로부터 동의를 받지 않은 경우[142]

'권한 없이'라는 용어가 미국 법률에 정의되어 있지 않음에도 불구하고, '권한(authorisation)'이라는 용어는 '기술적 또는 모호한 의미가 아닌 통상의 용법에 따른' 것이다. 따라서 배심원에게 그 용어의 의미를 설명할 필요가 없다.[143] 다른 사건에서는 '허가하다'의 '권한을 주다(to empower); 행위할 권리 또는 권한을 부여하다, 권한이나 효과적인 법적 권한, 근거 또는 권리를 부여한다. 미래에 어떤 일이 일어나도록 허락하다'라는 사전적 정의를 살펴보았다.[144] 따라서 권한 없이 행동하는 것은 관련 행위에 관여할 수 있는 합법적인 권리 없이 행동하는 것이다.

각각의 국가에서 이러한 규정들이 권한 없는 접근을 획득하는 외부자만을 대상으로 하지는 않으며 접근 권한 범위를 넘어서는 내부자 역시 대상으로 한다는 것은 분명하다.[145] 그러나 이 조항에서 금지된 행위와 관련하여 권한의 문제를 고려하는 것은 중요하다.

호주와 영국의 경우, 권한의 문제는 관련 데이터 또는 프로그램에 대한 접근과 관련이 있다. 따라서 이들 국가에서는 접근되는 프로그램이나 데이터 그리고 접근권한이 있는지가 문제된다. 데이터에 대한 접근은 컴퓨터에 대한 최초 접근에만 한정되지 않는다. 또한 이러한 접근은 권한 있는 접근 이후에 행해질 수도 있다. 동일한 접근방식이 캐나다에서 채택되었고 캐나다에서는 컴퓨터 서비스나 시스템을 획득하거나 이

---

142   *Ibid.*, s. 17(8).

143   US v. Morris, 928 F 2d 504 at 511 (2nd Cir. 1991).

144   Briggs v. State of Maryland, 704 A 2d 904 at 909 (CA MD. 1998); Black's Law Dictionary, 6th edn. (1990), pp. 133-4.

145   DPP v. Murdoch [1993] 1 VR 406 at 409; Law Commission (UK), Computer misuse (1989), [3.5]; US v. Morris, 928 F 2d 504 at 510-11 (2nd Cir. 1991).

용하는 것이 권한 없이 이루어져야 한다고 규정되어 있다.

예를 들어, 컴퓨터 데이터 운영자는 컴퓨터에 합법적인 목적으로 접근하며, 데이터에 대한 권한 없는 접근을 획득할 의도로 접근하지 않는다. 그러나 그 후에 권한 없는 데이터에 접근하려는 의도를 가지게 되고 해당 접근권한이 없다는 것을 인지하는 경우가 있을 수 있다. 만약 피고인이 권한 없는 접근에 영향을 주기 위해 컴퓨터가 기능을 수행하도록 했다면, 범죄는 최초의 권한 있는 접근을 한 때 발생한 것으로 본다.

이와 대조적으로, 미국의 규정은 컴퓨터에 대한 접근에 초점을 맞춘다. 이는 중요한 차이점인데, 특정 데이터와의 상호작용이 아닌 컴퓨터와의 상호작용에 초점을 맞추는 것이기 때문이다. 따라서 피고인이 컴퓨터에 대한 접근권한이 있었고, 그 이후에 접근권한이 없는 데이터에 접근한 경우에 피고인은 그러한 사후적 접근에 대해서는 책임이 없다. 그러한 접근은 데이터에 대한 것이지, 컴퓨터에 대한 것이 아니기 때문이다.

예를 들어, Briggs v. State 사건[146]에서는 피고인은 한 투자회사의 컴퓨터 프로그래머이자 시스템 관리자였다. 그는 컴퓨터 시스템 전체의 관리를 위탁받았고, 그 책임의 일환으로 컴퓨터 시스템에 데이터를 입력하고 그 데이터를 보호하기 위해 파일에 비밀번호를 설정해두었다. 분쟁 끝에 Briggs는 사임했고 그 직후 회사는 다수의 파일이 피고인만 알고 있는 비밀번호가 걸려있다는 것을 알았다. 회사에서는 Briggs가 자신의 고용 문제를 논의하기 위해 회의를 이틀 앞두고 비밀번호를 변경하고 파일을 'ha-ha he-he'라는 제목의 폴더로 옮겼다는 주장이 제기됐다.

Briggs는 Maryland 주 법(Maryland Code)에 따른 컴퓨터 무단침입죄로 기소되었다.[147] 검찰은 피고인이 (1) 고의적으로 컴퓨터 또는 컴퓨터 시스템에 접근하였고, (2) 그러한 접근은 권한 없이 이루어졌으며, (3) 컴퓨터 서비스 운용을 방해하기 위한 의도로 접근이 이루어졌다는 점을 입증해야 했다. Briggs는 법령상 용어에 따라 컴퓨터에 접근할 수 있는 권한이 있었다. 특히 그는 데이터를 입력하고 파일에 비밀번호를 입력할 수 있는 권한을 부여받았다. 법원은 '법령은 권한 범위를 초과하는 허가된 이용자에 대해서는 언급하지 않는다. 권한의 범위를 초과하거나 권한을 남용한 직원들도 처벌하는 것이 입법 취지였다면 입법부는 명시적으로 그렇게 할 수 있었을 것이다.'라고 판시하였고 피고인의 유죄판결은 뒤집혔다.

---

146   Briggs v. State, 704 A 2d 904 at 910 (MD Ct App. 1998).
147   Art. 27, § 146(c)(2).

연방 차원에서는 US v. Morris 사건[148]에서 유사한 쟁점이 문제가 되었다. 이 사건에서 Morris는 그의 접근이 권한 없는 접근이 아니었고 Cornell, Harvard, Berkeley 등 다수의 연방 관련 컴퓨터에 접근할 권한이 있었다고 주장했다. 그는 그 당시에 법규정에 따른 처벌 대상이 아니라, 접근 권한을 초과했을 뿐이었다. 법원은 피고인이 접근한 컴퓨터 중 일부는 피고인에게 접근 권한이 없었다고 판단했다. 그 외에는 그는 접근권한을 단순히 초과한 것이고 그가 유포한 웜은 그가 접근 권한이 없는 컴퓨터에 접근하도록 설계되었고 실제 접근하였다.[149]

이러한 문제는 이후에 18 USC § 1030을 개정하여 '접근권한을 초과하여'라는 문구를 포함함으로써 해결되었다. 이 문구에 대한 의미에 대해서는 아래에서 살펴보도록 한다.

권한 없는(Unauthorised)

용어사용의 다양성에도 불구하고, 각각의 국가는 피고인이 관련 행위에 관여하기 위한 권한이 있었는지 여부를 분석한다. 권한 있는 접근의 예시는 피고인이 영장 또는 유사한 법적 권한 하에서 행동했을 경우이다.[150] 이외에도, 행위가 소유자 또는 기타 권리자에 의해 허가된 경우 또는 컴퓨터가 일반적으로 대중에 의해 접근 가능한 경우도 포함된다.[151] 물론, 강제로 또는 기망에 의해 권한을 획득한 자는 권한 없이 행위한 것이 된다.

권한이 제한되거나 거부되는 경우는 크게 코드에 의한 것과 계약에 의한 것 두 가지로 나눠볼 수 있다.[152] 코드에 의한 규제는 '소유자(owner)'가 컴퓨터에 대한 접근을 제한하는 일정한 형태의 기술적 장애물을 설치한 경우로, 예를 들어 사용자 이름과 패스워드를 입력하도록 하는 계정 등이 있다. 피고인이 패스워드를 추측하거나 기술적 수단을 이용해서 이러한 제한을 우회하면, 접근은 권한 없는 것이 된다. 예를 들어 US v. Lowson 사건[153]에서 피고인들은 티켓 구매에 대한 접근을 제한하는 보안 조치를 우회하는 기술적 수단을 사용했다는 혐의를 받았다. 여기에는 'CAPTCHA'를 무력화시

---

148 928 F 2d 504 (2nd Cir. 1991).
149 US v. Morris, 928 F 2d 504 (2nd Cir. 1991).
150 Criminal Code (Cth), s. 476.2(4).
151 Cybercrime Convention, Explanatory Report, [47].
152 Kerr, 'Cybercrime's scope', 1644-6.
153 2010 US Dist LEXIS 145647 (D NJ. 2010).

키기 위해 설계된 자동화된 소프트웨어와 CAPTCHA 리스트 및 그 해답을 컴파일할 수 있는 소스 코드 등이 포함되었다.[154]

일부 경우에, 코드에 의한 제한은 제한된 데이터에 대한 접근을 허용함으로써 잘못 기능할 수 있다. Healthcare Advocates, Inc. v. Harding, Earley, Follmer & Frailey 사건[155]에서 피고는 원고의 웹사이트에 아카이브된 이미지에 접근할 수 있었다. 이 때 피고는 'Wayback Machine'이라는 웹사이트를 이용했는데 이 웹사이트는 과거 공공 웹사이트가 어떻게 생겼었는지를 볼 수 있도록 해주는 기능을 제공했다. 통상적으로 원고의 웹사이트 상의 자료는 열람이 불가능하였지만, 서버의 오작동으로 인해 보호된 정보에 접근할 수 있었다. 법원은 기계가 해당 이미지를 수신할 수 있게 한 것이기 때문에 피고가 접근권한을 초과한 것이 아니라고 판시하였다. '서버가 오작동을 해서 Harding 회사는 운이 좋았다. 그러나 운이 좋다는 것이 접근권한을 초과하였다는 것과 동의어는 아니다.'[156]

계약에 의한 규제는 소유자가 접근에 대한 약관을 부과한 경우를 말한다.

> 물리적 세계에 비유해보자면, 코드에 의한 규제와 계약에 의한 규제의 차이는 마치 문을 닫고 잠가서 외부인이 들어오지 못하게 하는 것과 문을 열어놓고 문 앞에 '외부인 출입금지' 표지판을 설치하는 것의 차이와 유사하다.[157]

그러한 조건은 공식적일수도 있고 비공식적일 수도 있으며, 명시적일 수도 있고 묵시적일 수도 있다. 흔한 예로는 고용계약,[158] IT '허용가능한 사용' 정책,[159] 약관[160] 또는 라이센스 협정[161] 등이 있다. US v. Drew 사건[162]에서는 49세 피고인이 Megan Meir

---

154   Ibid., at 4-5.
155   497 F Supp 2d 627 at 647 (ED Pa. 2007).
156   Ibid., at 649.
157   Kerr, 'Cybercrime's scope,' 1646.
158   Hewlett-Packard Co. v. Byd:Sign, Inc., 2007 US Dist LEXIS 5323 (ED Tex. 2007) at 40.
159   US v. Phillips, 477 F 3d 215 (5th Cir. 2007).; Australian Municipal Administrative Clerical and Services Union v. Ansett Australia (2000) 175 ALR 173.
160   America Online, Inc. v. LCGM, Inc., 46 F Supp 2d 444 at 448 (ED Va. 1998).
161   All Party Parliamentary Internet Group, Revision of the Computer Misuse Act (2004), [46]-[47].
162   259 FRD 449 (CD Cal. 2009).

를 대상으로 범행을 했는데 그녀는 자신의 딸과 같은 반 친구였다. Drew는 'MySpace' 웹사이트에서 가짜 온라인 페르소나를 만들었고 자신이 16세의 'Josh Evans'인 척 행세했다. 그녀는 13세인 Megan으로 하여금 'Josh'가 그녀에게 관심이 있는 것처럼 하였고, 그 '소년'이 그녀를 차버리고 '세상은 너만 없으면 더 나은 곳이 될거야'라고 하였고, Megan은 자살했다.[163] Drew는 § 1030(a)(2)(C) 및 §1030 (c)(2)(B)(ii)에 의거하여 3건의 중범죄로 기소되었으나 그보다 형량이 낮은 경범죄를 포함한 §§ 1030(a)(2)(C) 및 1030(c)(2)(A)에 따른 3건의 범죄로 유죄가 선고되었다.[164] 그녀의 유죄판결은 지방법원에서 뒤집혔고 웹사이트의 약관에 대한 위반이 CFAA상의 범죄를 구성하는지가 쟁점이 되었다.[165]

MySpace 회원이 되기 위해서는, 사이트의 '약관 및 프라이버시 정책'에 동의해야 한다. 약관에서는 회원들에 의한 여러 행위를 금지하고 있는데, 이 사건에서 피고인이 한 행위, 즉 가짜 프로필을 생성하는 것, 허가 없이 청소년의 사진을 게시하는 것, Megan과 소통하기 위해 'Josh Evans'인 척 행세하는 것 등 대부분이 포함되어 있다.[166] 이 사건의 사실관계에 대해서 피고인은 약관을 인지하고 있었고 그에 동의하였다.[167] 법원은 약관에 대한 고의적인 위반은 CFAA의 목적상 권한 없이 또는 권한을 초과한 접근을 구성한다고 판시하였다.[168]

> 인터넷 웹사이트의 소유자가 회원이 웹사이트에서 이용 가능한 정보, 서비스 또는 애플리케이션에 접근할 수 있는 범위를 설정할 권리를 갖는다고 하는 것은 법의 연장선상으로 간주될 수 없다. 또한 소유자가 웹사이트의 홈페이지에 게시된 약관이나 이용 규정과 같은 서면 통지에 의해 그러한 제한/제약/조건을 중계하고 부과할 수 있다는 것도 의심의 여지가 없다.[169]

법원도 인지했다시피, '모든 웹사이트의 약관에 대한 의도적인 위반 행위는 CFAA

---

163 *Ibid.*, at 452.
164 *Ibid.*, at 453.
165 *Ibid.*, at 451.
166 *Ibid.*, at 453-5, 461.
167 *Ibid.*, at 462.
168 *Ibid.*, at 461.
169 *Ibid.*, at 461-2.

상의 경범죄를 구성한다'라는 판결은 상당한 영향을 가져왔다.[170] 그러나 법원은 유죄 선고는 명확성의 원칙에 따라 파기되어야 한다고 판시하였다.[171]

계약상 제약은 명시적인 또는 묵시적인 계약조건에 따라 달라진다. Register.com Inc. v. Verio Inc. 사건[172]에서 원고의 데이터베이스는 대중들이 자유롭게 접근할 수 있도록 만들어졌고 약관 및 이용조건의 대상이 되었다. 여기에는 데이터는 스팸이나 대용량의 자동화된 전자적 프로세스를 가능하게 하는 것을 제외하고 합법적인 목적에 따라 이용될 수 있다고 명시되어 있었다.[173] Verio Inc.는 원고의 경쟁사로 효과적으로 마케팅을 하기 위해 데이터베이스에 접근하여 고객정보를 수집하는 '로봇'을 이용했다.

CFAA에 근거하여 원고의 주장을 판단하면서, 법원은 검색 로봇의 사용은 약관 위반이 아니라고 판시하였다. 비록 로봇이 정보수집행위에 관여했지만, 로봇은 '대용량의 자동화된 전자적 프로세스'를 이용하지 않았기 때문이다.[174] 로봇은 데이터베이스에 있는 정보를 저장한 것 뿐이다. 그런데도 법원은 로봇의 사용은 허가되지 않았다고 판단하였다. 왜냐하면 소송이 제기된 날 이후부터 Register.com이 Verio사의 검색 로봇 사용에 동의하지 않는다는 것이 명백했고 Verio 역시 그러한 사실에 대하여 통지를 받았기 때문이다.[175]

물론, 계약상 제약은 실제 계약 당사자에게만 구속력을 가진다. 예를 들어 서비스 약관이 비회원에게 구속력이 없다면, 권한 문제에 영향을 미치지 않을 것으로 보인다.[176] 다른 경우에는 이용에 대한 제약이 효과적으로 전달되었는지 의문이 제기될 수 있다. 예를 들어 단순히 서비스를 사용하는 것이 약관에 대한 동의에 해당한다고 하는 'browsewrap' 방식[177] 또는 동의버튼을 클릭하는 것만으로 약관에 대한 동의를 나타내는 'clickwrap' 방식[178]과 관련하여 통지가 충분했는지에 대한 문제가 제기되었다.

---

170 *Ibid.*, at 457.

171 *Ibid.*, at 463-7.

172 126 F Supp 2d 238, 238-49 (SDNY. 2000).

173 *Ibid.*, at 242-3.

174 *Ibid.*, at 249.

175 *Ibid.*, at 249-51.; Register.com Inc. v. Verio Inc., 356 F 3d 393 at 404-5 (2nd Cir. 2004).

176 America Online Inc. v. National Health Care Discount Inc., 121 F Supp 2d 1255 at 1273 (ND Iowa. 2001).

177 US v. Drew, 259 FRD 449 at 462 (CD Cal. 2009).

178 *Ibid.* ; CompuServe Inc. v. Cyber Promotions, Inc., 962 F Supp 1015 at 1024 (SD Ohio. 1997).

권한은 특정 장비와 관련이 있을 수 있다. Ellis v. DPP 사건[179]에서, 피고인은 대학 졸업생이었다. 대학도서관의 졸업생 회원으로서 그는 오픈 액세스 대학 컴퓨터만을 사용할 권한이 있다는 점을 알고 있었다. 그럼에도 불구하고 3회에 걸쳐 그는 이전 사용자가 로그오프를 하지 않은 비 오픈 액세스 컴퓨터를 이용해서 인터넷을 사용하였다. 그가 패스워드를 알고 있지 않다는 점은 인정됐지만, 그는 전혀 잘못한 것이 없고 자신의 행위는 누가 버린 신문을 읽은 것과 같다고 주장하였다. 피고인에 대해서는 컴퓨터 부정사용법(Computer Misuse Act) s. 1에 따른 유죄가 선고되었다. 그는 컴퓨터에 저장된 프로그램이나 데이터에 대한 접근을 획득할 의도로 컴퓨터로 하여금 기능을 수행하게 하였고 그는 그러한 권한을 부여받지 못했으며 그 역시 그 사실을 인식하고 있었다.

권한의 개념은 특히 다수의 컴퓨터가 인터넷을 통해 공개적으로 접근이 가능할 때 문제가 된다. 비록 공공 웹사이트가 다른 이용자에 의한 접근에 대한 동의를 전제하기는 하지만, 로그인 페이지가 대중들에게 보인다는 사실은 대중들이 사이트의 모든 자료에 대한 일반적인 접근권한을 가진다고 보기 어렵다는 것을 나타낸다. 웹사이트의 제한된 구역에 대한 접근권한은 사이트 관리자에 의해 부여되어야 한다.[180]

원하지 않는 통신을 받았을 때의 동의 문제는 더욱 더 복잡하다. R v. Lennon 사건[181]에서, 피고인은 초기 버전 컴퓨터 부정사용법(Computer Misuse Act) s. 3(1)에 따라 기소되었다. 그는 그의 과거 고용주 소유 컴퓨터에 대해 컴퓨터의 콘텐츠를 손상시킬 의도로 권한 없는 변경을 야기했다는 혐의로 기소되었다. 피고인은 인터넷에서 '메일 폭탄' 프로그램을 다운받아 고용주에게 약 500만 건의 이메일을 전송했다. 대부분 이메일의 발신인은 회사의 인사관리자로부터 온 것처럼 되어 있었고 다수의 다른 직원들에게 참조로 보내졌다.

이 사건에서 이메일을 보냄으로써 피고인은 컴퓨터에 데이터를 추가하여 권한 없는 변경을 가하였다. 그는 본인에게 이러한 변경을 가할 권한이 없다는 점을 인식하고 있었고 이메일로 컴퓨터에 과부하를 걸리게 함으로써 접근을 막으려고 의도하였다.[182] 피고인은 회사에 약간의 혼란을 야기하기 위해서 이메일을 보낸 사실은 인정하였으나 회사에 손해를 야기할 의도는 없었다고 진술하였다.

---

179   [2002] EWHC 135 (Admin). ; Ellis v. DPP [2001] EWHC Admin 362.
180   US v. Phillips, 477 F 3d 215 at 220-1 (5th Cir. 2007).
181   [2006] EWHC 1201 (Admin).
182   R v. Lennon [2006] EWHC 1201 (Admin) at [5].

1심 재판관은 이메일을 발송한 것이 권한 없는 행위가 아니라는 이유로 공소제기를 기각하였다. 지방법원에서는 항소를 받아들였고 1심 재판관에게 사건을 환송하였다. 당시 s. 17(8)은 행위자가 변경이 이루어져야 하는지 여부를 판단할 자격이 없고 그러한 자격이 있는 자로부터 변경에 대한 동의를 받지 않은 경우 해당 변경은 권한 없는 행위라고 규정하고 있었다. 분명히 피고인은 변경을 허가할 권한을 가지고 있지 않았다. 그렇다면 그러한 권한을 가진 자로부터 동의를 받았는가?

일반적으로 이메일을 수신할 수 있는 컴퓨터의 소유자는 해당 컴퓨터에 이메일을 발송하는 것에 대한 묵시적인 동의를 한 것으로 받아들여진다.[183] 주택 소유자가 다른 사람들이 정당한 사유가 있을 때 자신의 집 문 앞을 지나가거나 우편함을 이용하도록 묵시적인 동의를 한 경우를 비유해볼 수 있다. 그러나 이런 묵시적 동의에 한계가 없는 것은 아니다. '집 주인은 도둑이 자신의 집 앞 도로를 지나가거나 자신의 편지함에 쓰레기를 채워 넣는 것에는 동의하지 않는다.'[184]

컴퓨터의 맥락에서, 묵시적 동의에 대한 명확한 한계를 설정하지 않은 채 법원은 그러한 동의는 소유자와의 통신을 위한 목적으로 발송된 것이 아닌 이메일에까지 확장되지 않는다고 보았고 컴퓨터 시스템의 적절한 작동이나 이용을 방해할 목적으로 보내진 것이라고 보았다.

> 수신자가 원하지 않지만 서버에 과부하를 주거나 피해를 끼치지 않는 이메일의 수신과 서버에 과부하를 주는 대량 이메일의 수신은 분명히 차이가 있다. 수신자가 서버를 배제하도록 환경설정을 하지 않으면 대량 이메일의 수신에 동의한 것으로 간주할 수 있다. 그러나 그는 서버에 과부하를 줄 수 있는 양과 속도로 이메일을 수신하는 것에 동의하지 않았다고 판단된다.[185]

법원은 묵시적 동의에 대해 판단하면서, 피고인의 행위는 개별 이메일을 근거로 고려하는 것이 아니라 전체적인 관점에서 고려되어야 한다고 보았다. 피고인 측은 이메일 발송이 이메일의 양으로 인해 허가되지 않은 지점이 있다면 그 지점이 충분히 식별

---

183 R v. Lennon [2006] EWHC 1201 (Admin) at [9].
184 *Ibid.*
185 *Ibid.*, at [14].

될 수 없기 때문에 법률에 명확성이 없다고 주장하였다.[186] 법원은 이 사건에서 이메일이 처음부터 허가되지 않았기 때문에 그러한 쟁점은 발생하지 않는다는 이유로 피고인 측 주장을 배척하였다.

결국, 법원은 이메일은 실제 그 이메일을 보냈거나 이메일을 보내도록 허가하지 않은 사람이 보낸 것처럼 발송되었기 때문에 권한 없는 것이라고 보았다. 이러한 맥락에서 법원은 Zezev and Yarimaka v. Governor of HM Prison Brixton and anor 사건[187]에서의 지방법원의 논증을 적용하였다. 또한 법원은 인사관리자로부터 온 것으로 추정되는 악성 이메일의 수신에 대한 묵시적 동의가 없었다고 판시하였다.[188] 그러나 어떤 사람으로부터 온다고 주장하지만 사실 다른 사람으로부터 온 모든 이메일이 반드시 권한 없는 것은 아니다. 예를 들어 악의적인 의도가 없이 보낸 농담 이메일은 여전히 소유자의 묵시적 동의에 해당할 수 있다.[189]

묵시적인 면허와 마찬가지로 동의는 당연히 취소될 수 있다. 어떤 사람이 도로에 진입을 금지하는 안내문을 붙일 수 있듯이, 컴퓨터 사용자들은 그들의 컴퓨터와 관련된 특정한 행위를 금지할 수도 있다.[190]

특정 접근이 권한 있는 것인지 여부에 대한 또 다른 판단기준은 '의도된 기능 테스트(intended function test)'이다.[191] 이것은 피고인이 컴퓨터를 의도된 기능에 따라 사용하였는지를 판단한다. 이 테스트는 Morris 사건에서 적용되었는데, 이 사건에서 법원은 접근권한이 있는 컴퓨터를 이용함에 있어서 Morris의 행위는 컴퓨터의 의도된 기능에 따라 이용하지 않은 것이기 때문에 권한 없는 것이라고 판단하였다. 특히 Morris가 일부 컴퓨터에 대한 접근권한을 가졌는데도 바이러스를 유포하기 위해 SENDMAIL 및 'finger demon'[192]을 사용한 것은 권한 없는 것이라고 보았다. 그는 이러한 기능을 원래 의도된 기능에 따라 사용하지 않았기 때문이다.[193] 더욱 최근의 사례는, 제5연방항소

---

186   *Ibid.*, at [11].
187   [2002] 2 Cr App R 33.
188   R v. Lennon [2006] EWHC 1201 (Admin) at [12].
189   *Ibid.* ; CompuServe Inc. v. Cyber Promotions, Inc., 962 F Supp 1015 (SD Ohio. 1997); Intel Corporation v. Hamidi, 30 Cal 4th 1342 (Cal. 2003); EF Cultural Travel BV v. Zefer Corporation and Explorica, Inc. 318 F 3d 58 (1st Cir. 2003).
190   eBay, Inc. v. Bidder's Edge, Inc., 100 F Supp 2d 1058 (ND Cal. 2000).
191   Kerr, 'Cybercrime's scope,' 1596.
192   *Ibid.*, n. 138.
193   US v. Morris, 928 F 2d 504 at 510 (2nd Cir. 1991).

법원에서 무차별 대입(brute force) 공격 프로그램을 이용한 것은 '합리적인 컴퓨터 이용자의 인식 하에서 대학 네트워크의 의도된 사용이 아니며 이는 그가 열람하거나 사용하도록 허용되지 않은 컴퓨터 데이터에 대한 권한 없는 접근을 획득하는 방법을 구성한다'고 본 것이다.[194]

그러한 테스트는 특히 특정 프로그램의 의도된 기능이 무엇인지를 판단함에 있어서 많은 어려움에 직면한다. '의도된 기능' 접근방식은 '의도된 사용의 예상되는 기준 또는 컴퓨터 소유자와 사용자 사이에 성립된 관계의 특성'에 기반해서 판단해야 한다.[195] 컴퓨터 프로그램이 이용되는 목적의 다양성을 감안할 때, 그러한 기준을 결정하는 것은 불가능하지는 않더라도 매우 어려울 것이다. 그것은 또한 피고인이 관련 행위에 관여할 수 있는 권한을 부여받았는가 하는 핵심 쟁점으로부터 주의를 분산시킨다.

이러한 맥락에서 또 다른 흥미로운 도전과제는 스파이웨어이다. 악성프로그램이 권한 없는 침입을 구성하는 반면, 스파이웨어의 여러 유형은 현대의 컴퓨팅 환경에서 때로는 원치 않는 것이지만 꽹장히 흔한 구성요소이다. 애드웨어는 다른 소프트웨어 프로그램에 추가로 딸려나갈 수도 있고, 다수의 웹사이트는 일상적으로 쿠키를 이용하여 브라우징 패턴을 모니터링한다. 사이버범죄협약에 따르면,

> 직접 또는 하이퍼텍스트 링크를 통한 웹페이지의 접속 등 특정 기술도구의 적용은 협약 제2조에 따른 접속에 해당할 수 있으며, 여기에는 통신을 대신하여 정보를 찾고 검색하기 위한 '쿠키' 또는 '봇'의 적용 또는 딥링크 등이 포함된다. 그러한 툴의 적용 자체는 '권한 없는' 것이 아니다. 특히 시스템 권리자가 '쿠키'의 최초 설치를 거부하지 않았거나 그것을 삭제하지 않은 경우와 같이 그러한 적용을 수락하였다고 간주되는 경우가 있을 수 있다.[196]

사용자에게 프로그램 설치를 수락할 기회가 주어지는 경우, 그러한 동의가 얼마만큼 '통지'되었는가에 따라 다르지만, 접근이 허가되었음은 분명하다.[197] 그러나 대부분

---

194   US v. Phillips, 477 F 3d 215, 220 (5th Cir. 2007). In US v. John, 597 F 3d 263 at 272 (5th Cir. 2010).
195   US v. Phillips, 477 F 3d 215 at 219 (5th Cir. 2007).
196   Cybercrime Convention, Explanatory Report, [48].
197   All Party Parliamentary Internet Group, Computer Misuse Act, [54].

의 경우 이용자는 브라우저가 그렇게 설정되지 않은 경우. 쿠키 설치에 명시적으로 동의하지 않는다. 묵시적 동의에 근거한 주장은 많은 사용자들이 쿠키의 존재를 전혀 알지 못할 것이라는 현실에 직면해 있다. 전통적으로 이용자에게 쿠키를 인식시키기 위한 조치가 취해지는 경우는 거의 없지만, 일부 국가에서는 현재 서비스제공자들이 쿠키와 유사한 기술에 대한 동의를 얻도록 요구하고 있다.[198]

마지막으로, 동의와 허가를 구분하는 것은 중요하다. 예를 들어, 일부 해커들은 그들의 행위가 피해를 주기보다는 도움을 주기 위한 것이라고 주장할 수 있다. 실제로 그들 중 일부는 회사나 정부에 고용되어 컴퓨터 시스템의 보안성을 테스트하는 업무를 하기도 한다.[199] 그러나 어떠한 행위가 권한 있는 행위인지를 판단하는 것은 소유자이지 피고인이 아니다.[200] 이것은 고귀한 동기를 가지고 행동한다고 주장하는 사람들, 예를 들어 홀로코스트 수정주의와 관련된 정보를 홍보하거나 아동 음란물을 호스팅하는 웹사이트를 공격하는 사람들,[201] 또는 '정당방위'였다고 주장하는 사람들[202]에게도 똑같이 적용된다. 그러한 경우 법률이 방어권을 인정해야 한다는 주장이 제기될 수 있지만, 합법적인 사유가 없는 경우 그 행위는 권한 없는 행위가 되며, 나머지 구성요건이 충족되는 경우에 따라 잠재적으로 범죄행위가 될 수 있다.

접근권한을 초과하여(Exceeding authorised access)

> 컴퓨터는 우리의 일상생활에 없어서는 안 되는 영역이 되었다. 우리는 컴퓨터를 이용해서 일을 하고 놀이를 한다. 때로는 회사에서 놀이를 위해 이용하기도 한다.[203]

각국에서 발생하는 문제점은 접근이 특정 목적을 위해 허가되었으나 피고인이 권

198　Information Commissioner's Office (UK), Guidance on the rules on use of cookies and similar technologies (May 2012).

199　P. S. Ryan, 'War, peace, or stalemate: Wargames, wardialing, wardriving, and the emerging market for hacker ethics' (2004), 9 Virginia Journal of Law and Technology 12.

200　Law Commission (UK), Computer misuse (1989), [2.17].

201　S. W. Brenner, 'Is there such a thing as "virtual crime"?' (2001) 4 California Criminal Law Review 1, 28.

202　Model Criminal Code Officers Committee, Computer offences (2001), pp. 108-9.

203　US v. Nosal, 676 F 3d 854 at 856 (9th Cir. 2012).

한을 초과한 경우이다. 예를 들어 세무 공무원이 납세자 기밀정보에 접근할 권한이 있었으나 개인적인 이유로 그의 권한범위를 초과하여 접근한 경우 등이 해당된다.[204] 그러한 경우 중요한 쟁점은 권한의 범위를 판단하는 것이다.

침입절도죄와 관련된 규정에서 유용한 비유를 찾아볼 수 있다. 절도죄는 피고인이 무단침입자로 해당 재산에 들어갈 것을 요구한다. Barker v. R 사건[205]에서 피고인은 이웃이 외출한 사이 이웃의 집을 잘 지켜봐 달라고 부탁받았다. 또한 이러한 이유로 이웃은 여분 열쇠가 숨겨진 장소를 피고인에게 알려주었다. 그는 이를 기회로 삼아 여러 물건을 훔쳤으나 그는 물건들을 안전하게 보호하기 위해서 잠시 옮겨 놓았으며 추후에 다시 가져다 놓으려고 했다고 주장하였다. 이웃들은 비록 Barker가 이웃의 집에 들어갈 권한이 있었지만, 물건을 옮겨놓을 권한은 없었다고 주장했다. 그러나 이는 물건의 보호를 위해 필요하다면 그렇게 할 수 있는 권한을 가지고 있었을 것이라는 점을 인정한 것이었다. Barker는 침입절도죄에 대한 유죄 판결에 항소했는데, 유죄판결의 근거 중 하나는 피고인이 침입자로 들어갔다는 사실이 틀림없다는 것이었다.[206] Barker는 소유주가 부여한 출입 권한에 따라 들어간 것이기 때문에 무단침입을 한 것이 아니라고 주장하였다.

호주 대법원은 항소를 기각하면서 특정인이 침입자로서 들어갔는지 여부는 사유지 내에 들어갈 권한이 있었는지 여부에 따라 달라진다. '만약 들어갈 권리 또는 권한이 제한되어 있다면, 해당 권리 또는 권한과 관련없는 출입은 침입에 해당된다.'[207] 따라서 출입 허가의 명시적 또는 묵시적 범위를 결정하는 것이 중요하다. 만약 특정 목적을 위해서 출입하는 것이 허가되어 있는 경우, 다른 목적으로 출입하는 것은 침입에 해당된다.

출입허가의 정확한 조건은 그것이 명시적이든 묵시적이든, 특정 케이스의 상황에 따라 결정되어야 하는 사실의 문제이다. 허가의 조건이 광범위할수록, 개인이 무단침입을 할 가능성은 줄어든다. 특히, 모든 출입허가가 목적에 따라 결정되는 것은 아니다. 목적에 따라 허가가 제한되지 않는 경우, 허가조건 내의 출입은 단지 피고인이 위

---

204   US v. Czubinski, 106 F 3d 1069 (1st Cir. 1997).

205   (1983) 153 CLR 338.

206   214 Crimes Act 1958 (Vic), s. 76.

207   Barker v. R (1983) 153 CLR 338 at 342, 358. ;Gross v. Wright [1923] 2 DLR 171 at 185; R v. Jones; R v. Smith [1976] 3 All ER 54.

법한 목적을 위해 출입했다고 해서 무단침입으로 전환되지 않는다.[208] 만약 피고인이 두 가지의 목적, 즉 허가된 범위 내의 목적과 그 밖의 목적으로 출입한 경우 그것이 무단출입인지 여부는 출입허가의 성격에 따라 달라진다.

> 그러한 경우에, 특정 목적을 위한 모든 출입을 허용한 것으로 허가 범위가 확대된다면, 두 가지 목적 모두 출입을 포함하는 것이다. 왜냐하면 출입이 지정된 목적을 위해 이루어졌다는 요건을 충족하기 때문이다. 만약 허가가 완전히 특정 목적을 위한 출입만을 허용하는 것이라면, 두 가지 목적의 출입은 요건을 충족하지 못하며, 범위를 초과한 것이 된다.[209]

또한, 침입절도는 피고인이 무단침입을 하였고 자신이 무단침입한다는 사실을 알았거나 과실로 침입한 경우일 것을 요한다. 결과적으로 피고인이 무단침입을 했다고 하더라도 그 자신이 출입의 허가를 받았다고 선의로 믿었을 경우에는 침입절도에 해당하지 않는다.[210]

이러한 원칙을 디지털 맥락에 적용했던 사례는 Victoria 주 대법원의 DPP v. Murdoch 사건[211]이다. 피고인은 당시 Victoria 주 은행의 정보시스템부서에서 근무하였다. 처음에 그는 은행의 ATM기 네트워크를 운영하는 담당 부서에 근무하였다. 그 이후에 다른 부서로 전출되었지만, ATM 기기를 제어하는 컴퓨터에 대한 접근을 포함한 접근권한을 계속 유지하고 있었다. 시스템은 'on host' 상태이고 메인 컴퓨터와 통신할 수 있는 동안에는 고객이 ATM기로부터 돈을 인출하려고 하고 잔고가 부족할 경우 거래 승인이 거절되는 방식으로 프로그램 되어 있었다.

그러나 시스템이 무슨 이유에서든지 'off host' 상태이고 메인컴퓨터와 통신이 불가능한 경우에는 ATM기는 잔고가 충분한지와 관계없이 고객이 설정된 한도 내에서 인출하는 것을 허용하게 된다. 피고인은 그의 접근권한을 이용해서 특정 ATM기를 'off host' 상태로 만들고 잔고가 부족한 그의 은행계좌에서 돈을 인출하였다. 그런 다음 그는 ATM기를 'on host' 상태로 바꿔놓았다. 그가 이러한 기능을 수행할 수 있는 접근권

---

208   Barker v. R (1983) 153 CLR 338 at 365.
209   *Ibid.*, at 365.
210   *Ibid.*, at 366.
211   [1993] 1 VR 406.

한을 가지고 있었지만, 그가 계좌에서 더 많은 돈을 인출할 수 있도록 네트워크에 접근할 권한은 가지고 있지 않았다.[212]

피고인은 현재는 삭제된 1966년 Victoria 주 약식범죄법(Summary Offences Act 1966 (Vic)) s. 9A에 따른 '컴퓨터 무단침입'죄로 기소되었다. 이 규정에 따르면 컴퓨터 시스템 또는 그 일부에 적법한 권한 없이 접근하거나 침입하는 경우를 범죄로 규정하고 있다. Barker 사건에서 대법원이 채택한 것과 유사한 접근방식을 채택하면서, 재판관은 문제는 출입이 합법적인 권한 내에 이루어졌는지 여부, 즉 여기서와 같이, 출입 허가가 있는 경우 그 허가의 범위에 초점이 맞춰져야 하며, 특정 출입이 해당 허가의 범위 내에서 이루어졌는지 여부라고 판시하였다.

또한 재판관은 피고인에게 부여된 허가범위를 넘어 출입했다는 점을 추론할 수 있는 근거가 있다고 판시하였다.

> 피고용인의 경우, 피고용인이 출입을 할 권한이 있었는지 여부가 문제된다. 만약 그가 시스템에 접근할 일반적이고 무제한적인 권한이 있다면, 범죄가 되지 않는다. 그러나 만약 그에게 부여된 허가범위가 제한되어 있다면, 해당 접근이 허가의 범위 내에서 이루어졌는지를 판단할 필요가 있다. 만약 그렇다면 범죄에 해당하지 않고, 그렇지 않다면 그는 적법한 권한 없이 시스템에 접근한 것이다.[213]

이러한 결정은 Gilmour v. DPP (Cth)[214]에서도 적용되었다. 항소인은 구법인 1914년 형법(Crimes Act 1914 (Cth)) s. 76C에 따라 고의로 권한 없이 또는 적법한 조각사유 없이 영연방 컴퓨터에 데이터를 삽입한 혐의 등 19건의 죄명으로 유죄 판결을 받았다. 항소인은 호주 세무서의 직원으로 개개인의 납세신고와 관련된 데이터를 입력할 수 있는 제한된 권한을 가지고 있었다. 특히 그는 세금을 감면해줄 수 있는 권한이 없었고, 실제 세금감면이 부여되지 않는 이상 세금 감면 코드라고 알려진 '43' 코드를 입력할 수 없었다. 이 사건에서 항소인은 실제 감면이 부여되지 않았고, 그가 그러한 권한이 없는 것을 알면서도 감면 코드를 입력하였다.

---

212   US Department of Justice, 'Computer programmer sentenced to federal prison for unauthorized computer access', Press Release (19 May 2011).
213   DPP v. Murdoch [1993] 1 VR 406 at 409-10.
214   (1995) 43 NSWLR 243.

이 사건에서의 쟁점은 항소인이 영연방 컴퓨터에 데이터를 입력할 '권한'이 있었는지 여부이다. 항소인은 상사의 구체적 허가 없이는 감면 코드 '43'을 입력할 권한이 없었다. Murdoch 사건과 Barker 사건을 인용하면서 법원은 기소된 범죄는 컴퓨터에 대한 권한 있는 접근과는 관련이 없고 구체적 사건에서 감면 코드를 입력할 권한과 관련이 있다고 보았다. 그러한 데이터를 입력하기 위해서는 허가받아야 했다.[215] 항소인이 그러한 입력을 할 수 있는 권한은 제한되어 있었고 그러한 제한범위를 초과함으로써 그는 권한 없이 행위한 것이 되었다.[216]

호주의 관련 규정을 성안할 당시, MCCOC는 단순히 권한이 오용되었다는 이유만으로 책임이 부과되어서는 안 된다는 입장을 취했다.[217] 따라서 호주에서는 당사자가 그것을 야기할 숨은 의도를 가지고 있었다는 이유만으로 권한 없는 접근이 되지 않는다고 규정하고 있다.[218] Barker 사건에서의 코멘트와 동일하게, 당사자가 숨은 의도를 가지고 행위했다는 사실만으로는 그 행위를 권한 없는 것으로 만들기에 충분하지 않다. 그러나 만약, 접근이 명시적으로 또는 묵시적으로 특정 목적에 제한된 경우 다른 목적으로 접근하는 것은 권한 없는 접근이 된다. 허가의 범위가 넓을수록, 피고인이 데이터에 접근할 권한이 없을 가능성은 적어진다.

예를 들어, R v. Salter 사건[219]에서, 피고인은 경찰관이었으며, 개인적인 이유로 경찰 데이터베이스에 접속하였다. 그녀는 형법(Criminal Code (Cth)) s. 478.1과 동일한 규정인, New South Wales 주 형법(Crimes Act 1900 (NSW)) s. 308H에 따라 제한된 데이터에 대한 권한 없는 접근으로 유죄 판결을 받았다.

비록 그녀가 공식적 경찰업무와 관련된 문제로 경찰 데이터베이스에 접근할 권한이 있었으나, 개인적인 목적이나 허가받지 않은 목적으로 접근하는 것은 금지되어 있었고, 이러한 점에 대해서는 로그인하는 시점에 경고 스크린이 표시된다.[220] s. 308B(2)에 따르면, '당사자가 행위를 함에 있어서 숨은 목적이 있었다고 하여 그러한 어떤(any) 접근, 변경 또는 훼손이 권한 없는 것이 되지 않는다.'라고 규정되어 있다.[221] 'any' 라

---

215   *Ibid.*, at 247.
216   *Ibid.*, at 248.
217   Model Criminal Code Officers Committee, Computer offences (2001), p. 141.
218   Criminal Code (Cth), s. 476.2(2).
219   [2011] NSWLR 192.
220   *Ibid.*, at [20].
221   Criminal Code (Cth), s. 476.2(2).

는 단어를 사용함으로써 다른 방법으로 접근권한을 얻은 경우에는 모든(all) 접근을 '권한 없는 것이 되지 않게' 만든다는 주장이 제기되었다.[222] 즉 피고인이 데이터에 접근하는 것이 허용되었으나 다른 숨은 의도를 가지고 접근한 경우에는 책임이 인정되지 않는다.[223]

그러나 이러한 주장은 배척되었다. 이 규정의 목적은 데이터에 대한 접근권한을 가졌으나 그러한 접근에 숨은 목적을 가진 자를 보호하기 위함에 있다. 그러한 경우 숨은 목적에도 불구하고 그러한 접근이 허가된 것이기 때문에 당사자에게는 책임이 없다.[224] 이 사건에서, 피고인은 데이터에 대하여 개인적인 목적으로 접근하는 것이 허가되지 않았으므로, s. 308B(2)는 이러한 사실에 대해 아무 도움이 되지 않는다.[225]

이는 직원들과 다른 사람들에게 접근에 부과된 제한을 정확히 인지할 수 있도록 명확한 제한을 설정하는 것이 중요하다는 것을 상기시켜준다. 예를 들어 State v. Olson 사건[226]에서 피고인은 Washington 주 개정법(Washington Revised Code)[227]에 따른 컴퓨터 무단침입죄로 유죄 선고를 받았다. 컴퓨터 무단침입죄는 권한 없이 타인의 컴퓨터 시스템 또는 전자 데이터베이스에 의도적으로 접근하는 경우를 의미한다. 이 사건에서 피고인은 워싱턴 대학의 경찰관이었고 컴퓨터 데이터베이스에 접속하여 어린 여성 대학생의 사진을 출력했다. 이는 오로지 개인적인 목적을 위한 것이었고 어떠한 경찰 수사와도 관련되지 않았다.

워싱턴 항소법원은 그의 유죄판결을 뒤집었다. 비록 피고인이 컴퓨터에 접근한 것은 맞지만, 그는 그렇게 할 권한이 있었다. '부서의 정책을 위반하여 데이터 검색을 한 것은 맞지만, 컴퓨터에 대한 접근 허가에 데이터의 사용에 대한 별도의 조건이 부과되어 있지는 않았다.'[228] 물론 개인적인 용도로 접근이 허용되지 않는 등 접근에 조건이 부과되는 상황은 있을 수 있지만, 이 사건에서는 그렇지 않았다.[229]

영국 법률에서 권한의 개념은 Bow Street Metropolitan Stipendiary Magistrate and anor,

---

222   R v. Salter [2011] NSWLR 192 at [14].
223   *Ibid.*, at [16].
224   *Ibid.*, at [19].
225   Giles v. Douglas [2011] WASC 14.
226   735 P 2d 1362 (Wash. Ct App. 1987).
227   RCW 9A.52.110.
228   State v. Olson, 735 P 2d 1362 at 1365 (Wash Ct App. 1987).
229   *Ibid.*, at 1364. ; US v. Czubinski, 106 F 3d 1069 (1st Cir. 1997); People v. Childs, 220 Cal App. 4th 1079 (Cal Ct App. 2013).

ex parte Government of the United States of America 사건[230]에서 쟁점이 되었다. 이 사건은 Allison의 미국으로의 범죄인 인도와 관련된 사건이었다. Allison은 Ms. Ojomo 외 다른 사람들과 American Express 컴퓨터 시스템에 대해 권한 없는 접근을 공모하였고 절도와 위조, 해당 시스템의 데이터에 대한 권한 없는 변경을 목적으로 하였다.

Ms. Ojomo는 American Express의 신용분석가로 일하고 있었다. 그녀는 모든 고객의 계정에 접근할 수 있었으나, 그녀에게 배당된 계정에 대한 접근에 대해서만 허가를 받았다. 그러나 그녀는 그녀에게 배당되지 않은 계정에도 접근하였고 기밀정보를 Allison과 다른 공범들에게 넘겨주었다. 그리고 나서 이 정보는 다른 신용카드를 인코딩하고 개인 식별 번호(PIN)를 제공하는 데 사용되었는데, 이는 현금 자동 인출기에서 많은 돈을 부정하게 얻는데 사용되었으며, 이를 통해 American Express에서 약 100만 달러를 부정하게 취득하였다.

Ms. Ojomo의 권한이 부재했다는 점은 그녀의 범죄인 인도 심사 절차에서 그리고 기소된 사건에서 필수적인 검토요소였다. 지방법원[231]은 일반적인 공적 중요성에 대한 법률문제를 검토하였다.

> 1990년 컴퓨터 부정사용법(Computer Misuse Act 1990)의 s. 1(및 s. 2)의 진정한 해석상, 문제된 데이터에 대한 접근권한을 가진 자는 다음의 경우에 권한 없는 접근을 한 것으로 본다. (a) 문제된 특정 데이터에 대한 접근이 의도적인 경우, (b) 문제된 접근이 특정 데이터에 대한 권한이 있는 자로부터 허가받지 않은 경우, (c) 특정 데이터에 대한 접근이 권한 없는 것임을 안 경우[232]

신청을 기각하면서, 지방법원은 DPP v. Bignell 사건[233]에서의 결정에 의해 제약을 느꼈다. 이 사건에서 피고인은 경찰관이었고 권한 없이 경찰 컴퓨터 운영자로 하여금 사적인 목적으로 그들에게 경찰 컴퓨터로부터 두 대의 차량에 대한 소유자와 등록 정보를 유출하도록 하였다. 해당 접근은 경찰활동과 관련 없는 목적을 위한 것이었고 그러한 접근은 경찰의 지침에 위반되는 허위의 사유를 입력하도록 하는 것이었다.

---

230 [2000] 2 AC 216.
231 [1999] QB 847.
232 *Ibid.*, at 862-3.
233 [1998] 1 Cr App R 1.

피고인은 컴퓨터의 이용은 그것이 사적인 목적이었다고 하더라도 컴퓨터 부정사용법 (Computer Misuse Act) s. 1에 따른 권한 없는 접근이 아니라고 주장하였고 유죄판결에 대한 항소가 형사법원에 의해 받아들여졌다.

Bignell 사건에서 쟁점은 프로그램이나 데이터에 대한 접근을 하기 위해 컴퓨터로 하여금 기능을 수행하도록 하는 권한을 부여받은 자가 권한 없는 목적을 위해 접근하려고 의도한 경우, 범죄에 해당하는지 여부였다. 법원은 이러한 상황에서 피고인은 컴퓨터에 대한 접근권한을 가지고 있었기 때문에 범죄에 해당하지 않는다고 판단하였다. 즉 피고인은 데이터의 출력을 야기하거나 데이터를 이용하는 것에 대한 권한을 부여받았고 실제로 그렇게 했다.[234] 이와 대조적으로 피고인은 데이터를 변경, 삭제, 복제, 이동할 권한이 없었고 그렇게 하지 않았다.[235] s. 17(5)에서의 '접근을 제어할' 능력은 경찰청장에게만 한정된 것이 아니며, 항소인들이 자신을 대신하여 데이터에 접근한 컴퓨터 운영자에 대해 가지는 권한을 포함했다.[236] 따라서 그들은 허가된 목적을 위해 그렇게 하지 않았는 데도 접근할 수 있는 권한을 가지고 있었고, 형사법원은 항소를 받아들였다.

Bow Street 사건 항소심에서는, Bignell 사건에서의 지방법원의 결정이 '아마도 맞았을 것'이라고 하면서도,[237] 재판관들은 판결의 일부에 대해서 비판적이었다. 특히 Astill 재판관은 법률 자체에는 존재하지 않는 다수의 '주석'을 소개하였다. '제어라는 개념은 허가할 수 있는 권한에서 컴퓨터가 작동하게 할 수 있도록 허가하는 개념으로 바뀌었다. 프로그램이나 데이터에 대한 접근의 개념은 특정한 "수준(level)"에서 컴퓨터에 접근하는 것으로 변경되었다.[238] 이로 인해 지방법원이 오류를 범하였다.

'해당 유형의 데이터에 대한 접근 권한'에 대한 문제의 언급은 접근의 종류와 데이터의 종류를 혼동한다. s. 1은 관련된 실제 데이터에 접근할 수 있는 권한과 관련이 있다. 실제로 어떤 데이터에 접근하지 않고 범죄를 저지를 수 있다 하더라도, 그 데이터에 대한 접근은 여전히 권한 없는 것이어야 한다.[239] 이 때문에 지방법원은 Ms. Ojomo

---

234 Computer Misuse Act, s. 17(2)(c)(d).
235 *Ibid.*, s. 17(2)(a)(b).
236 DPP v. Bignell [1998] 1 Cr App R 1 at 8-9.
237 Bow Street Metropolitan Stipendiary Magistrate and anor, ex parte Government of the United States of America [2000] 2 AC 216 at 225.
238 *Ibid.*, at 225.
239 *Ibid.*, at 225-6.

가 문제된 해당 프로그램 또는 데이터에 대한 접근을 제어할 권한이 있었고, 그녀가 획득한 정보를 오용했음에도 접근은 권한 없는 접근이 아니었다고 결론지었다.[240] 이 사건에서 법리해석의 오류는 컴퓨터의 제어와 관련하여 '제어할 권한'이라는 문구를 해당 데이터에 대한 접근 권한을 운영자에게 부여하는 권한과 반대로 취급하는 데 있다.

　s. 17(5)는 권한이 부여될 수 있는 경우를 두 가지로 나누어서 규정하고 있다. 권한을 부여할 자격이 있는 사람이거나 권한을 부여할 자격이 있는 사람에 의해 권한을 부여받은 경우이다.[241] 이러한 권한에는 데이터 또는 프로그램에 관한 것뿐만 아니라 실질적인 접근에 대한 것도 포함되어야 한다. 예를 들어 데이터를 열람할 수 있는 권한은 해당 데이터를 복제하거나 변경할 권한까지 확장되지 않는다.[242] 단, 접근이 허가되려면 관련 데이터나 관련 프로그램 또는 프로그램의 일부에 대한 허가를 받아야 한다. 한 가지 데이터에 접근할 수 있는 권한은 '같은 종류의' 다른 데이터에 접근할 수 있는 권한으로 취급되지 않는다.[243] 제1조에서의 의도는 프로그램이나 데이터에 대한 권한 없는 접근을 확보하기 위한 의도를 의미한다. 따라서 관련자가 "네, 저는 제가 그 데이터에 접근할 권한이 없다는 것을 알고 있지만 같은 종류의 다른 데이터에 접근할 권한이 있었습니다."라고 주장하더라도 받아들여지지 않는다.[244]

　미국에서는 '접근권한 초과'는 '접근권한을 가지고 컴퓨터에 접근한 다음 접근자가 정보를 획득하거나 변경할 자격이 없는 컴퓨터에서 정보를 획득하거나 변경하기 위해서 그러한 접근권한을 사용하는 것'을 의미하는 것으로 정의된다.[245] 그동안 '권한 없이'와 '접근권한을 초과하여'의 차이는 근소하여 눈에 잘 띄지 않았지만,[246] 그 구분의 이면에 숨은 목적은 분명하다. 그것은 컴퓨터에 대한 어느 정도의 접근 권한을 부여받은 사람들이 그 권리를 남용하지 않도록 하고 최초로 허용된 접근 하에서 추가적인 남용을 저지르지 않도록 하기 위함이다. 이러한 접근방식에 대해 첫 번째 질문은 컴퓨터에 대한 최초 접근이 권한 없는 것이었는지에 대한 것이다. 만약 그에 대한 답이 'yes'라면, 추

240　Bow Street Metropolitan Stipendiary Magistrate and anor, ex parte Government of the United States of America [1999] QB 847, at 857.

241　Bow Street Metropolitan Stipendiary Magistrate and anor, ex parte Government of the United States of America [2000] 2 AC 216, at 224.

242　*Ibid.*

243　*Ibid.*

244　*Ibid.*

245　18 USC § 1030(e)(6).

246　International Airport Centers, LLC v. Citrin, 440 F 3d 418 at 420 (7th Cir. 2006).

가적 구성요건이 충족될 경우 범죄에 해당한다. 만약 그것이 권한 있는 접근이라면, 이후의 행위가 접근권한을 초과한 것인지 여부는 관련 정보를 획득하거나 변경할 권한이 있었는지 여부에 따라 달라진다. 이 경우에는 컴퓨터 자체에 대한 접근권한이 아니라 컴퓨터의 특정 정보를 획득하거나 변경할 권한으로 초점이 옮겨지게 된다.[247]

그러나, '접근권한 초과'의 해석에는 상반된 견해가 존재한다. 특히, 법원은 접근권한의 부재주장이 획득된 정보의 사용에 근거한 경우 CFAA에 대한 위반이 성립될 수 있는지에 대해서 의견이 나뉘었다. 한편에서는 US v. Nosal 사건[248]에서 제9연방항소법원의 다수의견은 CFAA에 대한 제한적 해석방식을 채택하였다. 피고인은 과거 헤드헌팅 회사에서 근무하였다. 회사에서 퇴사한 후 그는 다른 과거 동료들에게 자신이 경쟁사 사업을 시작하는 데 도움을 달라고 부탁하였다. 그들은 과거 회사계정을 이용하여 회사 데이터베이스로부터 기밀정보를 다운받았고 해당 정보를 Nosal에게 전달하였다. 회사 정책은 직원들로 하여금 기밀정보를 공개하는 것을 금지하고 있었고, 직원컴퓨터의 로그인 스크린에도 이러한 정보는 업무상 목적으로만 접근할 수 있다고 명시되어 있었다.[249] Nosal은 § 1030(a)(4)를 위반하여 접근권한을 초과한 행위의 방조 및 교사 혐의 등 다수의 죄명으로 기소되었다.[250]

Nosal의 최초 기각 청구는 받아들여지지 않았다. 그러나 일련의 항소와 전원합의체(en banc) 심리를 거쳐, 법원의 다수의견은 CFAA상 기소된 5건의 죄명에 대해 공소를 기각하는 지방법원의 결정을 유지하였다.[251] 법원은 § 1030의 '접근권한 초과'의 정의에 대해서는 두 가지 해석이 있을 수 있다고 보았다. 첫째, 피고인에 의해 주장된 해석은 이를 특정 데이터 또는 파일에 접근 권한을 부여받은 자가 접근권한이 없는 데이터 또는 파일에 접근한 경우라고 보는 것이다.[252] 둘째, 정부에 의해 주장된 해석은 컴퓨터에 대해서는 무제한적인 접근권한을 가지지만 정보의 이용에 대해서는 제한이 있는 경우이다. 예를 들어 업무 목적으로 고객 정보에 액세스할 수 있는 권한이 부여되었지만, 자신의 컴퓨터에서 고객 정보를 전송하기 위한 권한은 부여되지 않은 경우이다.[253]

---

247 US v. Valle, US Dist LEXIS 89650 (SDNY. 2014) at 191-2.
248 676 F 3d 854 (9th Cir. 2012).
249 *Ibid.*, at 856.
250 *Ibid.*, at 836.
251 US v. Nosal, 676 F 3d 854 (9th Cir. 2012).
252 *Ibid.*, at 856-7.
253 *Ibid.*, at 857.

첫 번째 해석 방식을 따르면서, 다수의견은 만약 정부의 해석에 따르면 범죄가 너무 광범위해진다는 것을 근거로 들었다. 만약 정부의 해석을 따르면, 'CFAA는 해킹방지 법률에서 광범위한 남용행위에 대한 법률로 변신'할 것이다. 또한 컴퓨터를 이용하는 모든 사람에게 컴퓨터 사용제한을 위반하는 경우 책임을 부과할 수 있게 될 가능성이 있고 이는 컴퓨터를 이용하는 모든 사람을 포함할 수 있다.[254] 다채롭게 서술된 판결에서, 다수의견은 개인이 '장문의 이해하기 힘든, 변경될 가능성이 있고 잘 읽지 않는 프라이버시 정책'을 위반할 수 있는 다수의 예시를 들었다.[255] 여기에는 회사에서 '업무 목적'을 위한 컴퓨터 이용 제한, 웹사이트 접속 및 소셜 네트워킹 사이트 사용 등이 포함된다.[256] '정부의 법해석에 따르면, 법률의 범위를 확장시켜서 컴퓨터 해킹 이외에 컴퓨터에서 획득한 정보의 권한 없는 사용까지 범죄화할 수 있다.'[257]

과도한 광범위성의 문제는 책임이나 다른 범죄의 구성요건으로 해결될 수 있다고 생각할 수도 있다. 예를 들어, Nosal은 § 1080(a)(4)에 따라 기소되었는데, 이 범죄는 사취할 의도를 입증하여야 하고 특정 경우에 최소한의 손해 요건을 부과한다. 그러나 다수의견은 일단 이 조항에 따라 정의되면, 의회는 해당 문구를 관련된 다른 조항에서도 같은 의미를 갖는다고 의도했을 것이라고 추정될 수 있다.[258] 이는 특히 § 1080(a)(2)(C)와 관련하여 문제가 된다. 이 조항은 컴퓨터에 대한 접근 고의 외에 별다른 책임 요건을 두고 있지 않고 보호대상 컴퓨터로부터 정보를 획득하는 경우를 범죄로 규정하고 있다. 그러한 해석은 '수백만의 무고한 개인들이 범죄행위에 연루될 수 있다'는 것을 의미한다.[259] 정부의 사소한 위반은 기소하지 않는다는 약속은 폐기되고, '우리는 지방검사의 자비 없이는 살 수 없게 된다.'[260]

따라서 법원은 '권한 없는 접근'은 컴퓨터에 대한 접근권한이 전혀 없는 자, 소위 '외부 해커'에게 적용되며, '접근권한 초과' 규정은 '내부 해커'에 적용된다고 해석하였다. 여기에서 내부 해커는 '최초의 컴퓨터에 대한 접근 권한은 부여되었으나 정보나

---

254   Ibid., at 857.
255   Ibid., at 860.
256   Ibid., at 860-2.
257   Ibid., at 859.
258   Ibid.
259   Ibid.
260   Ibid., at 862.

파일에 대한 접근 권한은 부여되지 않은 경우'를 의미한다.[261] 이러한 접근 방식에 따라 CFAA에서의 '접근권한 초과' 규정은 '정보의 사용에 대한 제한이 아닌 정보 접근에 대한 제한을 위반한 경우'로 한정된다.[262] 다수의견은 반대되는 견해를 채택한 다른 연방항소법원의 결정이 '납득되지 않으며' 다시 한 번 고려할 것을 요청했다.[263] 이 경우 공범 혐의자들이 데이터베이스에 접근해 정보를 획득할 수 있는 허가를 받았기 때문에 이들의 접근은 '권한 없는' 것이 아니며, '접근권한'을 초과한 것도 아니었다. 따라서 공소가 기각되었다.[264]

이 쟁점은 Southern District of New York 법원의 US v. Aleynikov 사건[265]에서도 문제 되었다. Goldman Sachs의 컴퓨터 프로그래머인 피고인은 고빈도 주식거래에 사용되는 소프트웨어를 개발하고 유지하는 업무를 담당하였다. 근무 마지막 날 그는 트레이딩 시스템의 소스코드를 복제하여 독일에 있는 서버에 전송하였다. 그 흔적을 은닉하기 위한 조치를 취한 후, 그는 코드를 플래시 드라이브에 저장하여 경쟁사에 제공하였다.[266]

§ 1030(a)(2)(C)를 포함한 다수의 범죄에 대한 기각 신청에 대하여 심리하면서, 법원은 피고인이 코드에 대한 접근권한이 있었음을 인정하였다. 그러나 그가 직원에 대한 회사의 정책과 보안유지약정을 위반해서 그의 행위는 권한 없는 것이었다는 주장이 제기되었다.[267] 이러한 주장은 배척되었다. 접근이 허가된 자가 정보를 오용하는 것과 그러한 정보를 이용하는 것은 구분되어야 한다.[268] 이러한 사실관계에 따라 Aleynikov는 소스코드에 대한 접근권한이 있었다는 점이 인정되었고 그의 기각 신청은 받아들여졌다.[269]

이와 대조적으로, 다른 연방항소법원에서는 덜 제한적인 해석 방식을 채택하였

---

261   *Ibid.*, at 858.

262   *Ibid.*, at 863-4.

263   *Ibid.*, at 862.

264   *Ibid.*, at 864. ; US v. Nosal 930 F Supp 2d 1051 (ND Cal. 2013).

265   737 F Supp 2d 173 (SDNY. 2010).

266   *Ibid.*, at 175.

267   *Ibid.*, at 191.

268   *Ibid.*, at 192.

269   *Ibid.*, at 194.

다. 예를 들어, US v. John 사건[270]에서 피고인은 Citigroup의 계정 관리자였으며 회사의 컴퓨터 시스템과 고객의 계정 정보에 대한 접근권한을 가지고 있었다.[271] 그녀는 § 1030(a)(2)(A) 위반죄를 포함한 다수의 죄명으로 유죄가 확정되었다. 그녀는 계정 소유자의 정보에 접근하고 이를 출력하여 이복동생에게 제공하여 그가 사기죄를 범할 수 있도록 했다.[272] 항소심에서는 그녀가 컴퓨터에 접속해 얻은 정보를 열람·출력할 수 있는 권한을 부여받았기 때문에, 그녀의 정보 이용이 권한 없는 것이라는 이유로 유죄를 인정할 수 없다는 주장이 제기되었다.[273]

제5연방항소법원은 접근권한이 '컴퓨터 시스템 및 해당 시스템 내의 데이터에 대하여 부여받은 접근권한을 통해 획득한 정보의 이용에 대한 제한까지도 포함'하는 것인지를 쟁점으로 보았다.[274] 법원은 적어도 사용자가 컴퓨터에 접근하여 추가 범죄를 위한 정보를 획득할 권한이 없다는 것을 알았거나 합리적으로 알았어야 하는 경우에는 그럴 수 있다고 판단했다.[275] 따라서 컴퓨터 및 정보에 대한 접근권한은 '접근을 위해 부여된 목적을 벗어나면 초과될 수 있다'고 판시하였다.[276] 피고인의 데이터 접근은 업무상 목적으로만 한정되었다. 그녀는 업무외 목적으로 그 정보에 접근했기 때문에 접근권한을 초과하였다.[277]

이번에는 제11연방항소법원의 US v. Rodriguez 사건[278]에서도 같은 쟁점에 대해서 판단하였다. 피고인은 사회보장국(Social Security Administration)의 직원이었다. 사회보장국의 데이터베이스에 업무 외 목적으로 접근하는 것은 금지되어 있었으나 피고인은 그의 지인이나 지인의 친척 등 17명의 개인정보에 접근하였다는 점을 인정하였다.[279] 그는 § 1030(a)(2)(B)를 위반한 혐의로 유죄선고를 받았고 그는 해당 정보를 추가적인 범행목적 또는 금전적 이득을 목적으로 이용하지 않았기 때문에 접근권한을 초과하지 않

---

270 597 F 3d 263 (5th Cir. 2010), criticised in US v. Aleynikov, 737 F Supp 2d 173, 193-4 (SDNY. 2010).
271 US v. John, 597 F 3d 263, 269 (5th Cir. 2010).
272 Ibid.
273 Ibid., at 271.
274 Ibid.
275 Ibid.
276 Ibid., at 272.
277 US v. John, 597 F 3d 263, 269 (5th Cir. 2010).
278 US v. Rodriguez, 628 F 3d 1258 (11th Cir. 2010).
279 Ibid., at 1260.

앉다는 점을 근거로 항소하였다.[280] 이러한 주장은 배척되었다. 사회보장국의 정책은 데이터베이스는 그것이 업무상 목적이 아닌 한 데이터베이스에 접근해서는 안 된다는 것이었다. Rodriguez가 업무 외 목적으로 데이터베이스에 접근하였다는 점을 인정한 것은 그가 접근권한을 초과하였다는 점을 분명히 입증해준다.[281] 이와 유사하게 US v. Teague 사건[282]에서, 제8연방항소법원은 § 1030(a)(2)(B)에 따른 유죄판결을 재확인하였다. 이 사건에서 교육부의 계약직 직원은 업무와 관련없는 목적으로 오바마 대통령의 학자금 대출 기록에 접근하였다.

이러한 일련의 판례는 US v. Valle 사건[283]에서 검토되었다. 피고인은 경찰관으로 납치 공모와 § 1030(a)(2)(B) 위반으로 유죄선고를 받았다. 공모 혐의에 대한 기소는 피고와 페티시 웹사이트의 다른 남성들 사이의 인터넷 '채팅'에 상당히 의존하여 이루어졌다. 이러한 채팅 중에, 공모자로 추정되는 사람들은 '여성을 납치, 고문, 강간, 살인, 식인하는 것'에 대해 상세하게 논의했다.[284] CFAA 위반 혐의는 Valle가 인터넷 채팅 대상 여성 중 한 명인 아내에 대한 정보를 얻기 위해 법집행기관 데이터베이스를 사용한 것과 관련이 있다. Valle가 이러한 목적을 위해 데이터베이스에 접근해야 할 공식적인 이유가 없었던 점, 훈련 과정에서 데이터베이스는 업무와 관련이 없는 목적으로 접근해서는 안 되며, 그렇게 하는 것이 기소 또는 파면으로 이어질 수 있다는 것을 교육받은 점이 인정되었다.[285]

피고인은 § 1030(a)(2)(B) 위반은 어떠한 목적으로도 접근 권한이 부여되지 않은 경우에만 발생한다고 주장하였다. 즉, 피고인이 '개인적인 목적으로 정보에 접근하여 직원 정책 또는 공식적 목적으로 컴퓨터 이용을 제한하는 규정을 위반한' 경우에는 적용되지 않는다고 주장하였다.[286] 이러한 주장은 배척되었다. 제2연방항소법원 결정이 구속력이 없음에도, 법원은 다른 연방항소법원에서의 형사사건을 검토하였고, 다수의 법원이 이러한 경우 '2단계' 분석방법을 적용하고 있다는 것을 언급하였다.[287] 우선 피

---

280   Ibid.
281   Ibid., at 1263.
282   646 F 3d 1119 (8th Cir. 2011).; International Airport Centers, LLC v. Citrin, 440 F 3d 418 (7th Cir. 2006).
283   US Dist LEXIS 89650 (SDNY. 2014).
284   Ibid., at 2-3.
285   Ibid., at 178-80.
286   Ibid., at 183-4.
287   Ibid., at 191.

고인은 특정 시스템에 대한 접근권한이 있는가? 만약 그렇다면, 그는 그러한 자격 없이 정보를 획득함으로써 접근권한을 초과하였는가?[288]

법원은 Nosal 사건 및 관련된 사건을 구분하면서 해당 사건은 특정 상황과 관련하여 '회사 정책을 위반한 불성실한 직원이 기밀 정보를 유용한 경우' CFAA의 위반이 있었는지에 대해서 판단한 것이었다고 보았다.[289] 그러한 경우 법원마다 견해가 다르다는 점을 언급하면서, 법원은 이 사건은 데이터베이스로부터 획득한 정보를 유용하거나 오용한 경우가 아니라고 보았다. 오히려, 사실관계에 따르면, Valle는 법집행 목적이 아닌 목적으로 시스템에 접근할 권한이 없었다. 따라서 그의 행위는 § 1030(a)(2)의 규정과 완전히 부합하고 무죄선고를 구하는 신청은 받아들여지지 않았다.[290]

피고인의 행위가 이용약관을 위반한 경우 CFAA가 적용되는지에 대해서는 확실하지 않다.[291] 쟁점이 제기될 상황이 광범위하다는 점을 고려하면 법적용을 명확하게 하는 것이 필요하다. 그러나 Nosal 사건이 모든 계약상의 제한을 제거한 것이 아니라는 점을 언급할 필요가 있다. 제9연방항소법원의 결정 이후에 사건이 다시 지방법원으로 환송되었을 때, 피고인은 다수의견의 판결은 CFAA가 피고인이 접근을 획득하기 위해 '기술적 장벽을 우회한' 경우에만 한정되는 것을 의미한다고 주장하였다.[292] 이러한 주장은 배척되었다. 'Nosal은 컴퓨터에 접근하는 것이 CFAA를 위반하는 것이 아니라, 획득한 정보를 이용하려는 의도로 사용 계약을 위반하는 것이라고만 주장한다.'[293] 따라서 다른 연방항소법원에 따르더라도 다른 형태의 계약에 기초한 제한은 남아 있을 것이다. 예를 들어 '피고용인'과 같이 개인이 가진 특정 지위에 따른 접근 제한이 있을 수 있다. 또한, 다른 법원은 다수의견에서 언급된 광범위성에 대한 우려를 해결하기 위해서 다양한 방법을 선택할 수 있다. '법률의 특정 적용에 대한 위헌 소원(as-applied challenge)'[294] 또는 '명확성의 원칙(void-for-vagueness)'의 적용[295] 등이 있을 수 있다. 궁극

---

288   *Ibid.*

289   *Ibid.*, at 194.

290   *Ibid.*, at 199-201.

291   O. S. Kerr, 'Vagueness challenges to the Computer Fraud and Abuse Act' (2009) 94 Minnesota Law Review 1561, 1585-7; D. Thaw, 'Criminalizing hacking, not dating: Reconstructing the CFAA intent requirement' (2013) 103 Journal of Criminal Law and Criminology 907.

292   US v. Nosal, 930 F Supp 2d 105 at 1059 (ND Cal. 2013).

293   *Ibid.*, at 1060.

294   US v. Nosal, 676 F 3d 854 at 867 (9th Cir. 2012).

295   US v. Drew, 259 FRD 449, 463-7 (CD Cal. 2009).

적으로 법률 개정이 필요할 수도 있다.

5. 책임 요건(Fault element)

권한의 부재에 더하여, 이 범죄의 적용범위에 대한 또 다른 중요한 제한은 책임 요건이다. 이러한 요건은 모든 형태의 컴퓨터와 관련된 변칙적인 행위를 '포괄적(catch-all)' 방식으로 범죄로 규정하는 것을 방지하는데 도움이 된다.[296] 비의도적인 행위는 '부주의함, 어리석음 또는 무관심'을 반영할 수 있으며, 징계처분의 대상이 될 수는 있으나, 형사처벌의 대상이 되어서는 안 된다.[297] 피고인이 자신의 행위가 권한 없는 행위임을 알았어야 한다는 요건은 컴퓨터 접근에 대한 분명한 관행에 대한 인센티브를 제공한다.[298]

호주에서는 중대 컴퓨터 범죄는 피고인이 해당 접근이 권한 없는 것임을 알았고, 그러한 접근에 의해 중범죄를 저지를 의도 또는 중범죄의 실행을 용이하게 할 의도가 있을 것을 요한다.[299] '기타 컴퓨터 범죄'의 경우, 피고인이 그러한 접근이 권한 없는 것임을 알면서 제한된 데이터에 대한 권한 없는 접근을 의도적으로 야기하였다는 점이 입증되어야 한다.[300]

영국도 마찬가지의 입장이다. 검찰은 피고인이 접근을 의도했다는 점과 해당 접근이 권한 없음을 알았을 것을 입증해야 한다. 검찰은 피고인이 특정 프로그램이나 데이터 또는 특정 컴퓨터 내의 프로그램이나 데이터에 접근할 것을 의도했다는 사실을 입증할 필요는 없다.[301] 예를 들어 '정보수집을 위한 조사'의 목적으로 또는 보안조치를 우회하기 위한 접근은 범죄를 구성한다.[302] 컴퓨터 부정사용법(Computer Misuse Act) s. 2의 중대범죄와 관련하여, 특정 범죄를 저지를 의도가 반드시 있어야 한다.

R v. Lennon 사건[303]에서 항소법원은 피고인이 권한 없는 행위인 것을 알았는지 여

---

296 Law Commission (UK), Computer misuse (1989), [3.27].

297 Ibid., [3.36].

298 Ibid., [3.37].

299 Criminal Code (Cth), ss. 477.1(1)(a)(i), 477.1(1)(c), 477.1(1)(d).

300 Criminal Code (Cth), s. 478.1(1).

301 Computer Misuse Act, s. 1(2).

302 House of Commons Committee on Standards and Privileges, Privilege, pp. 26-7.

303 [2006] EWHC 1201 (Admin).

부를 판단하기 위한 적절한 기준은 부적절한 행동과 관련된 허가를 요청한다면 회사가 어떻게 반응했을 지를 고려해보는 것이라고 판단하였다.

> 만약 Mr. Lennon이 Ms. Rhodes에게 전화를 걸어 고용계약 종료와 관련하여 문제를 제기하는 이메일을 보내는 것에 대해 동의를 구하였다면, 그녀는 왜 그런 것을 물어보는지에 대해 어리둥절해하면서 당연히 그래도 된다고 말할 것이다. 만약 그가 50만 건의 이메일을 보내도 되겠냐고 물어본다면, 그는 완전히 다른 답변을 받았을 것이다.[304]

그러한 기준을 채택함에 있어서 위험성은 주관적 테스트에 객관적인 기준을 도입한다는 점에 있다. 피고인이 실제로 해당 행위가 권한 없는 것임을 알았는지 여부가 문제된다. 비록 그러한 믿음의 비합리성이 판단 요소가 될 수 있지만, 이는 여전히 주관적 테스트에 해당된다.

또한 그러한 접근방식은 다음과 같은 논증을 따른다.

> 소유자에게 손해를 야기하는 컴퓨터의 사용은 소유자가 원하지 않는 사용이다. 소유자가 원하지 않는 사용은 소유자가 묵시적으로 금지한 접근이다. 또한 소유자가 묵시적으로 금지한 접근은 권한 없는 접근이다.[305]

피고인이 사건 발생 당시 권한 없는 행위임을 알았는지 여부가 아니라, 사건 이후의 행위를 검토하는 것이다.

캐나다에서 범죄는 '부정하게 그리고 권한이 없음을 알면서' 행해져야 한다. 피고인이 '부정하게' 행동했는지 여부는 자신의 행위가 합리적인 일반인의 기준에 따라 정직하지 못한 것인지에 따라 좌우된다.[306]

미국에서 이러한 범죄에 수반되는 책임 요건은 일반적으로 '알면서' 또는 '의도적으로' 이다. 그러나 책임 요건의 정확한 범위를 설정하는 것은 종종 불분명하다. 요건

---

304   *Ibid.*, at [9].
305   Kerr, 'Cybercrime's scope', 1642.
306   R v. Zlatic (1993) 79 CCC (3d) 466 at 477.

의 일부 변경된 버전은 '권한 없이 또는 접근권한을 초과하여 컴퓨터에 접근한다는 것을 알면서',[307] '컴퓨터에 권한 없이 또는 접근권한을 초과하여 의도적으로 컴퓨터에 접근',[308] '접근권한이 없으면서 의도적으로 그러한 컴퓨터에 접근',[309] '알면서 그리고 사취의 의도로 보호대상 컴퓨터에 권한 없이 또는 접근권한을 초과하여'[310] 등이 있다.

18 USC § 1030(a)(5)(A)의 책임요건은 US v. Morris 사건[311]에서 검토되었다. 당시에 범죄는 피고인이 의도적으로 '연방 관련 컴퓨터'에 접근하여 권한 없이, 그 컴퓨터에서 정보의 허가된 사용을 손상시키거나 방해하여, 미화 1,000달러 이상의 손실을 초래했다는 점을 입증할 것을 요했다. 법원은 고의 요건은 '접근' 요소에만 적용되고, 손해에 대해서는 적용되지 않는다고 판단하였다.[312] 결과적으로, 의도적으로 권한 없는 접근을 획득했지만, 우연히 또는 과실로 손해를 야기한 경우에도 유죄가 될 수 있다.

그러나 이 사건에서는 피고인이 단지 접근을 의도했어야 하는지, 또는 피고인이 접근 권한이 없거나 접근권한을 초과하였다는 것을 의도하거나 알았어야 하는지에 대한 판단은 하지 않았다. 이 쟁점은 US v. Drew 사건[313]에서 § 1030(a)(2)(C)와 관련하여 검토되었다. 이 사건에서 법원은 규정의 입법 연혁은 '필요조건인 의도'는 '보호대상 컴퓨터에 대한 권한 없는 접근을 획득하기 위한' 의도라는 점을 분명히 보여준다고 판시하였다.[314]

6. 추가적인 구성요건(Additional elements)

접근에 의해서 아무런 위험도 야기되지 않은 권한 없는 접근을 범죄화하기를 원하지 않는 국가들은 추가적인 범죄를 저지르거나 손해를 야기할 의도 또는 손해를 입증

307　18 USC § 1030(a)(1).
308　18 USC § 1030(a)(2).
309　18 USC § 1030(a)(3).
310　18 USC § 1030(a)(4).
311　928 F 2d 504 (2nd Cir. 1991).
312　*Ibid.*, at 509; US v. Sablan, 92 F 3d 865 at 868 (9th Cir. 1996).
313　259 FRD 449 at 463-7 (CD Cal. 2009).
314　*Ibid.*, at 458.

할 것을 요할 수 있다.[315] 전형적으로 그러한 추가적 구성요건은 3가지 유형 중 하나에 해당된다. 첫 번째 유형은 사기와 같은 더욱 심각한 범죄를 저지를 의도를 수반하는 경우에만 접근을 처벌하는 경우이다.[316]

두 번째 유형은 접근 대상 정보의 유형에 따라 범죄를 제한하는 경우이다. 그러한 제한은 보호대상이 되는 데이터를 광범위해지지 않게 정확히 정의하도록 신중하게 규정될 필요가 있다.

예를 들어 Snell v. Pryce 사건[317]에서 피고인은 다른 사람으로 하여금 이익을 얻게 하기 위해 그것을 사용할 의도로 컴퓨터에서 불법적으로 기밀 정보를 추출한 혐의로 기소되었다.[318] 법원은 기밀정보(confidential information)와 비밀로 전달되는 정보(information which is imparted in confidence)를 구분하면서 혐의가 소명되지 않았다고 판단하였다. 이 경우 이름과 주소 등 접속한 정보는 기밀 데이터베이스에 보관되어 있음에도 불구하고 '기밀 정보'가 아니었다.

세 번째 제한은 특정 유형의 접근제한의 대상이 되는 데이터를 보호하거나 컴퓨터가 네트워크 컴퓨터 시스템의 일부일 경우에만 데이터를 보호하는 것이다.[319] 예를 들어, 사이버범죄협약에 따라 당사국은 범죄가 보안조치를 침해함으로써 범해졌거나 다른 컴퓨터시스템과 연결된 컴퓨터 시스템에 관련된 경우일 것을 요할 수 있다.[320] 이러한 마지막 옵션은 당사국으로 하여금 네트워크에 연결되어 있지 않은 자립형(stand-alone) 컴퓨터를 배제하게 하거나 '네트워크 컴퓨터 시스템(전기통신서비스에 의해 제공되는 공공 네트워크 및 인트라넷이나 엑스트라넷과 같은 사설 네트워크를 포함)에 대한 불법 접근'에만 한정할 수 있도록 허용한다.[321]

형법(Criminal Code (Cth)) s. 478.1(1)에서는 접근권한이 없는 것을 알면서 의도적으로 '제한된 데이터(restricted data)'에 권한 없는 접근을 한 행위를 범죄로 규정하고 있다. 이 조항의 중요한 특징은 다른 범죄를 저지르거나 범행을 용이하게 할 의도라는 요건을 요구하지 않고, 단순한 데이터의 접근을 처벌하고 있다는 점이다. '제한된 데이터'

---

315   Cybercrime Convention, Explanatory Report, [49].
316   Cybercrime Convention, Art. 2; Law Commission (UK), Computer misuse (1989), [3.28].
317   (1990) 99 FLR 213.
318   Criminal Code Act (NT), s. 222.
319   Cybercrime Convention, Explanatory Report, [50].
320   Ch. II, Section 1, Art. 2.
321   Cybercrime Convention, Explanatory Report, [50].

라는 개념이 이 조항의 적용범위를 제한하고 있다.[322]

'제한된 데이터'는 s. 478.1(3)에서 정의하고 있으며, 컴퓨터에 저장되어 있고 컴퓨터의 기능과 관련하여 접근통제시스템(access control system)에 의해 접근이 제한된 데이터를 의미한다.[323] 접근통제시스템은 정의되어 있지 않지만, 주로 패스워드로 보호되고 있거나 데이터 접근을 제한하는 다른 유사한 프로그램을 의미한다.[324]

접근통제시스템은 일반적인 컴퓨터에 대한 접근이 아니라 데이터에 대한 접근을 제한하여야 한다. 예를 들어 로그인할 때 패스워드를 요구하는 것은 해당 컴퓨터에 저장된 모든 데이터를 '제한된 데이터'로 만드는 것이다. 그러나 만약에 컴퓨터에 패스워드 없이 접근이 가능할 경우, 패스워드나 유사한 제한이 설정되어 있는 데이터만이 '제한된 데이터'가 된다. 이 조항은 접근제한장치가 컴퓨터의 기능과 관련이 있어야 한다는 것을 명시하고 있다. 이는 패스워드 보호와 컴퓨터에 대한 기계적인 잠금장치를 구분하기 위한 의도이다.

'제한된 데이터'의 개념이 범죄의 적용범위에 일부 제한을 설정하고 있지만, 이 조항의 문구는 해당 범죄에서 핵심적인 부분은 제한을 우회하는 것이 아니라 제한의 존재라는 점을 나타낸다. 데이터에 대한 접근이 접근통제시스템에 의해서 제한되어 있다는 점을 입증하면 된다. 피고인이 데이터에 접근함에 있어서 해당 시스템을 우회했다는 것을 입증할 필요는 없다. 즉, 일단 데이터가 접근통제시스템의 존재로 인해 제한된 것으로 지정되면 해당 데이터에 대한 접근이나 변경은 필요한 책임요건이 충족되면, 피고인이 시스템을 우회하지 않았더라도 범죄에 해당된다.

예를 들어 피고인의 동료가 컴퓨터를 로그온 상태로 하고 잠시 자리를 비웠다고 가정해보자. 피고인은 동료의 컴퓨터로 가서 'Word'를 실행하고 최근 문서를 열람한다. 피고인은 분명히 해당 컴퓨터에 저장된 데이터에 접근한 것이다. 만약 해당 컴퓨터에 패스워드나 유사한 보호가 설정되어 있지 않은 경우, 데이터는 제한된 것이 아니고 이 조항에 따른 범죄에 해당되지 않는다. 만약 접근통제시스템이 있었고 피고인이 동료의 패스워드를 알았으며, 그것을 허가없이 사용했다면 피고인은 제한된 데이터에 접근하거나 변경한 것이 된다. 그러나 동료가 컴퓨터를 로그온 상태로 하고 자리를 비웠더라

---

322 Scottish Law Commission, Report on computer crime, Final Report No. 106 (1987), [4.15].
323 Criminal Code 1989 (Qld), s. 408D: Criminal Code Act Compilation Act 1913 (WA), s. 440A.
324 Model Criminal Code Officers Committee, Computer offences (2001), p. 187. See, e.g., R v. Salter [2011] NSWLR 192.

도 데이터의 접근이 접근통제시스템에 의해 제한되는 한, 데이터에 접근하기 위해 그 것을 우회하지 않았더라도 데이터는 여전히 제한된 데이터이다.

이러한 시나리오는 그러한 규정에 반대하면서 스코틀랜드 법률위원회(Scottish Law Commission)가 제시한 근거 중 하나이다.[325] 이 규정의 광범위성을 제한된 데이터의 정의의 해석을 통해서 해결할 수 있다고 주장할 수도 있다. 즉 제한된 데이터를 '접근 당시'에 접근이 제한된 데이터를 의미하는 것으로 해석하는 것이다. 그러나 광범위성의 문제는 대부분 책임의 요건에 의해 해결된다. 피고인이 데이터에 의도적으로 접근했고 해당 접근이 권한 없는 것임을 알았을 경우라는 것이 입증되어야 한다.

미국에서 CFAA는 다수의 추가적인 요건을 규정하고 있다. 이러한 요건은 '컴퓨터 접근의 기술적 개념보다는 악의적인 의도 및 발생한 손해'에 초점을 맞추고 있다.[326] 다수의 경우, 이러한 조항들은 중첩되기도 하며, 이는 다수의 규정들이 상호 배타적일 경우 발생할 수 있는 논쟁 없이 최대 적용이 가능하도록 하기 위한 것이다.[327] 이러한 추가적인 요건은 다음과 같다.

> (a) 피고인이 고의로 권한 없이 또는 접근권한을 초과하여 컴퓨터에 접근하고, 그러한 접근을 통해 특정한 보호된 정보를 획득하고, 고의적으로 통신하는 경우[328]

법무부는 정보와 관련하여 '획득하다'라는 용어는 물리적인 이전(asportation)을 요구할 수 있다는 우려를 제기하였다.[329] 초안 작성 당시 상원위원회는 이 문맥에서 '정보를 획득하는 것'은 '데이터의 단순한 열람도 포함한다'라는 것을 분명히 하였다. 데이터를 원래 있던 위치에서 물리적으로 옮기거나 또는 데이터를 복사한다는 의미에서

---

325 Scottish Law Commission, Report on computer crime, [4.15].
326 North Texas Preventative Imaging, LLC v. Harvey Eisenberg MD, 1996 US Dist LEXIS 19990 at [13].
327 Computer Crime and Intellectual Property Section, The National Information Infrastructure Protection Act of 1996, legislative analysis (US Department of Justice 1998).
328 18 USC § 1030(a)(1).
329 Computer Crime and Intellectual Property Section, The National Information Infrastructure Protection Act.

의 실질적인 이전은 입증될 필요가 없다.[330]

> (b) 의도적으로 권한 없이 또는 접근권한을 초과하여 컴퓨터에 접근하고, 그
> 로 인해 특정한 금융정보, 미국 정부기관의 정보 또는 보호대상 컴퓨터
> 의 정보를 획득하는 경우[331]

1996년 개정에 대한 상원 보고서에 따르면, 이 조항은 처음에는 '컴퓨터에 의한 주간(interstate) 또는 해외 정보 유출로부터 정보를 보호하고 권한 없는 컴퓨터 이용에 의한 무형의 정보의 유출 역시 보호되는 물리적 물건의 절도와 같은 방법으로 금지된다는 것을 보장하기 위하여' 입안되었다.[332] 예를 들어 이메일 계정에 접근하거나,[333] 사원 데이터베이스 상에서 개인정보에 접근하거나[334] 패스워드 파일을 다운받는 것 등에 적용될 수 있다. 또한 어느 민사사건에서 법원은 이메일 주소가 이러한 목적상 '정보'에 해당한다고 보았다.[335]

2008년 이 규정은 주간 통신에 관련된 행위라는 요건을 삭제함으로써 더욱 확대되었다.[336] 이러한 개정의 영향은 § 1030(a)(2)(C)를 '모든 유형의 주간(interstate) 정보를 수신하는 보호대상 컴퓨터에 권한 없이 접근하는 경우'라고 개정함으로써 더욱 확대되었다.[337]

> (c) 미국 정부기관 전용 또는 정부기관 전용이 아닌 경우 미국 정부기관을 위
> 해서 사용되는 미국 정부기관의 비공공 컴퓨터에 의도적으로 권한 없이
> 접근하는 경우[338]

330　G. Roach and W. J. Michiels, 'Damages is the gatekeeper issue for federal computer fraud' (2006) 8 Tulane Journal of Technology & Intellectual Property 61, 64.

331　18 USC § 1030(a)(2).

332　Shurgard Storage Centers Inc. v. Safeguard Self Storage Inc., 119 F Supp 2d 1121 at 1128 (WD Wash. 2001).

333　US v. Cioni, 649 F 3d 276 (4th Cir. 2011).

334　US v. Rodriguez, 628 F 3d 1258 (11th Cir. 2010).

335　America Online v. LCGM, Inc., 46 F Supp 2d 444 at 450-1 (ED Va. 1998).

336　Kerr, 'Vagueness challenges to the Computer Fraud and Abuse Act', 1569.

337　Ibid., 1569.

338　18 USC § 1030(a)(3).

이 조항은 컴퓨터가 정부기관 전용인 경우, 또는 정부기관 전용이 아닌 경우에는 접근이 정부기관에 의한 이용에 영향을 주는 경우의 단순한 접근을 처벌하고 있다. 피고인의 행위가 그 사용에 악영향을 미쳐야 한다는 요건은 피고인이 허가받지 않은 접근이 선의였다고 주장할 수 없도록 하기 위해 삭제되었다.[339] '비공공(non-public)'이라는 용어를 삽입한 것은, 정부기관의 비공공 컴퓨터에 접근할 수 있는 권한이 없는 자는 누구나 이용 가능한 컴퓨터에 접근할 수 있도록 허용되었음에도 불구하고, (a)(3)에 따라 유죄를 선고받을 수 있음을 분명히 하기 위한 것이었다.[340]

> (d) 의도적으로 사취의 의도로, 보호대상 컴퓨터에 권한 없이 또는 접근권한
> 을 초과하여 접근하여, 의도된 사기죄를 범하고 재산상 이익을 취득하는
> 경우[341]

이 맥락에서 사기는 단순히 '부정한 방법이나 계획을 이용하여 타인의 재산권을 부당하게 취급하는 것'을 의미하며 커먼로 상의 사기의 요건에 대한 입증을 요하지 않는다는 민사사건의 판례가 있다.[342] 예를 들어 US v. DeMonte 사건[343]에서 피고인은 보훈처의 감독 회계사였다. 수많은 허위 컴퓨터 입력으로 그는 4만 6천 달러를 초과하는 대금을 본인이 설립한 회사에 지불하도록 했다. 이 조항은 피고인이 가치 있는 컴퓨터 서비스의 이용을 획득하였을 경우에도 적용될 수 있다. 통상적으로 '가치'는 시장가치에 근거하여 산정된다.[344] 그러나 이미 신뢰할 만한 시장가치가 없는 경우, 예를 들어 제품, 연구 또는 디자인의 가격과 같은 다른 합리적인 산정방식이 채택될 수 있다.[345]

---

339   Computer Crime and Intellectual Property Section, The National Information Infrastructure Protection Act.

340   *Ibid.*

341   18 USC § 1030(a)(4).

342   Shurgard Storage Centers Inc. v. Safeguard Self Storage Inc., 119 F Supp 2d 1121 at 1125 (WD Wash. 2001); US v. Czubinski 106 F 3d 1069 at 1078 (1st Cir. 1997).

343   US App LEXIS 11392 (6th Cir. 1992).

344   US v. Batti, 631 F 3d 371, 378 (6th Cir. 2011).

345   *Ibid.*

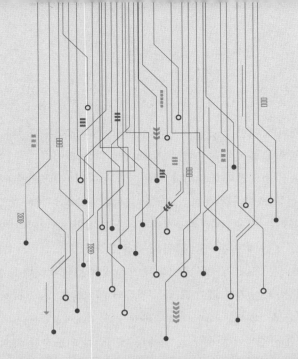

제4장

데이터의 변경 및 훼손

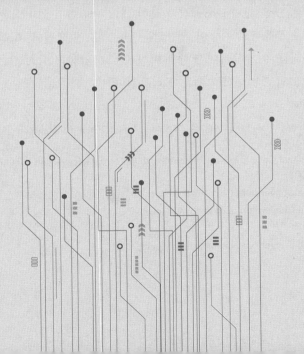

1. 서론

제3장은 데이터에 대한 접근을 처벌하는 범죄에 관한 내용이었다. 이 장에서는, 데이터를 어떠한 방식으로 침해하는 경우에 대해서 다룰 것이다. 과거에는 그러한 행위는 재물손괴죄로 기소되었다.[1] 그러나 재물손괴는 이러한 맥락에서 발생하는 행위의 범위를 모두 완전히 포섭하지 못하며, 재물이라는 개념에 근거하고 있다.[2] 따라서 이를 데이터에 적용하는 것은 '실질적이기보다는 독창적인' 것이었다. 따라서 각국은 데이터의 변경 또는 훼손에 대한 구체적인 규정을 두고 있다.

사이버범죄협약은 제4조 및 제5조에서 데이터 및 시스템 침해에 대한 규정을 두고 있다. '데이터 침해' 범죄는 권한 없이 고의로 '컴퓨터 데이터를 훼손, 삭제, 가치저하, 변경 또는 은폐(damaging, deletion, deterioration, alteration or suppression of computer data)'하는 행위를 의미한다.[3] 이러한 규정의 입법 취지는 컴퓨터 데이터를 의도적인 훼손으로부터 보호하여 '저장된 컴퓨터 데이터 또는 컴퓨터 프로그램의 적정한 기능 및 활용과 무결성'을 보호하기 위한 것이다.[4] 물론 프로그램을 단순히 실행하는 것으로도 데이터의 변경을 야기할 수 있다. 따라서 협약은 당사국이 그러한 행위가 범죄화되기 위해서는 행위가 심각한 손해를 야기할 것을 요구할 권리를 유보할 수 있도록 허용하고 있다.[5]

제4조가 데이터 자체에 대한 고의적인 훼손에 대한 규정이라면, 제5조는 '시스템 방해'에 대한 규정이며, 권한 없이 고의로 '컴퓨터 데이터를 입력, 전송, 훼손, 삭제, 가치저하, 변경 또는 은폐하여 컴퓨터시스템의 작동을 심각할 정도로 방해'하는 행위를 규정하고 있다. 비록 컴퓨터시스템의 작동을 방해하는 것이 데이터의 변경으로 인해 통상 발생되지만, 예를 들어 DoS공격과 같이 데이터의 변경 없이도 컴퓨터에 대한 접근이 방해되거나 컴퓨터의 기능이 제한되는 경우에도 발생한다. 따라서 이러한 범죄는 컴퓨터 데이터를 '이용하거나 영향을 미침'으로써 컴퓨터 시스템(전기통신 시설도 포함됨)의 이용을 고의로 방해하는 경우에 적용된다.[6]

---

1 R v. Whiteley (1991) 93 Cr App R 25; Cox v. Riley (1986) 83 Cr App R 54; Re Turner (1984) 13 CCC (3d) 430.
2 Model Criminal Code Officers Committee, Chapter 4: Damage and computer offences, Final Report (2001), p. 159.
3 Cybercrime Convention, Ch. I, Title 1, Art. 4.
4 Cybercrime Convention, Explanatory Report, [60].
5 Ibid.
6 Cybercrime Convention, Explanatory Report, [65].

비록 재물손괴죄와 논리상 유사하지만, 컴퓨터에 대한 물리적 손괴와 컴퓨터의 작동에 의해 야기되는 훼손은 구분되어야 한다.[7] 또한 물리적 손괴에 대한 형량과 데이터 훼손에 대한 형량 사이의 동등성에 대한 논쟁이 있다. '컴퓨터 캐비닛을 부수는 행위가 컴퓨터 데이터를 훼손하는 자에게 부과될 수 있는 형량보다 두 배가 되어야 할 이유는 없다. 컴퓨터 데이터의 훼손은 엄청난 경제적 손실 또는 혼란을 초래할 수 있다.'[8]

2. 법률 규정

(1) 호주

호주의 연방규정은 데이터의 변경 범죄와 컴퓨터 통신의 훼손 범죄로 나누어 규정하고 있다.

데이터의 변경

데이터 변경에 대해서는 세 가지의 범죄유형이 있다. 첫 번째, 두 번째 유형은 '중대 컴퓨터 범죄'이다. 형법(Criminal Code (Cth)) s. 477.1(1)(a)(ii)에 따르면, 변경권한이 없음을 알면서, 컴퓨터에 저장된 데이터에 대한 권한 없는 변경을 야기하고 그러한 변경으로 자기 또는 타인에 의한 중범죄를 범할 의도 또는 중범죄의 실행을 용이하게 할 의도가 있는 경우 처벌된다.[9]

또한 s. 477.2(1)에 따르면, 다음의 경우에 처벌된다.

> (a) 컴퓨터에 저장된 데이터의 권한 없는 변경을 초래하는 경우
>
> (b) 변경이 권한없음을 아는 경우
>
> (c) 변경이 다음을 훼손하거나 훼손할 것에 대한 과실이 있는 경우
>
>   (i) 컴퓨터에 저장된 데이터 또는 기타 다른 데이터에 대한 접근
>
>   (ii) 그러한 데이터의 신뢰성, 보안, 또는 작동[10]

---

7   Model Criminal Code Officers Committee, Computer offences (2001), p. 157.

8   *Ibid.*, p. 165.

9   s. 477.1(6).

10   Criminal Code (Cth), s. 477.2(4).

세 번째 범죄는 형법 s. 478.1(1)에서 규정하고 있으며, '제한된 데이터'에 대한 권한 없는 변경을 고의로 권한없음을 알면서 야기한 경우이다.

이와 관련된 범죄는 s. 478.2에 규정되어 있고 컴퓨터 디스크, 신용카드 또는 '전자적 방식으로 데이터를 저장하는데 이용되는 다른 기기'에 '저장된 데이터의 신뢰성, 보안 또는 작동'의 훼손을 권한 없이 고의로 야기하는 경우 처벌된다.

통신의 훼손

형법 s. 477.1(1)(a)(iii)에 따르면, 훼손할 권한이 없음을 알면서, 자신 또는 타인에 의하여 중범죄를 저지르거나 중범죄의 실행을 용이하게 할 의도로 '컴퓨터의 전기 통신을 권한 없이 훼손'하는 경우를 처벌한다.

또한 s. 477.3(1)에 따르면, 다음의 경우 처벌된다.

(a) 컴퓨터의 전기 통신을 권한 없이 훼손하는 경우
(b) 그러한 훼손을 할 권한이 없음을 안 경우[11]

(2) 캐나다

캐나다에서는 관련 범죄가 '컴퓨터 데이터에 대한 위해(mischief in relation to computer data)'라고 규정되어 있다. 형법(Criminal Code) s. 430(1.1)에 따르면, 다음의 경우 범죄로 규정된다.

(a) 컴퓨터 데이터를 파괴 또는 변경
(b) 컴퓨터 데이터를 무의미하게, 무용하게, 또는 무효로 만드는 것
(c) 컴퓨터 데이터의 적법한 사용을 방해, 차단 또는 침해
(d) 개인이 컴퓨터 데이터를 적법하게 사용하는 것을 방해, 차단 또는 침해하거나 접근권한을 가진 자가 컴퓨터 데이터에 접근하는 것을 거부하는 것[12]

---

11   Criminal Code (Cth), s. 477.2., s. 477.3(3).
12   *Ibid.*, s. 430(5).

(3) 영국

컴퓨터 부정사용법(Computer Misuse Act) s. 3에 따르면, 권한이 없음을 알면서 아래와 같은 행위를 함에 있어서 고의가 있거나 아래와 같은 행위에 대한 과실이 있고 컴퓨터와 관련하여 권한 없는 행위를 하는 경우를 처벌한다.[13]

> (a) 컴퓨터의 작동을 훼손하는 경우
> (b) 컴퓨터에 저장된 프로그램이나 데이터의 접근을 방지 또는 방해하는 경우
> (c) 그러한 프로그램의 작동이나 데이터의 신뢰성을 훼손하는 경우[14]

책임 요건은 이러한 범죄의 광범위성을 제한하는 중요한 요소이다. 이 조항은 접근성을 손상시키거나 영향을 미칠 의도나 예측가능성이 없는 한, 변경을 야기시킬 수 있는 컴퓨터의 권한 없는 사용을 규율하기 위한 취지가 아니다. 단순히 사용하는 것은 컴퓨터의 운용성에 영향을 미치지 않기 때문에 이 규정에 해당되지 않는다.[15]

또한 2015년에 제정된 중대범죄법(Serious Crime Act 2015 (UK))는 s. 3ZA를 컴퓨터 부정사용법(Computer Misuse Act)에 신설하였다.[16] 신설된 규정은 권한이 없음을 알면서 컴퓨터 관련 권한 없는 행위에 적용된다는 점에서 s. 3과 유사하다. 그러나, 동 규정은 '물질적 종류의 중대한 손해의 현저한 위험을 야기하거나 유발하는' 행위에 적용된다. 그리고 이 경우 그러한 손해를 야기할 고의 또는 과실이 있어야 한다. 손해를 야기하는 행위는 간접적으로 이루어질 수도 있으며, 그것이 유일하거나 주된 원인일 것을 요하지 않는다.[17]

(4) 미국

컴퓨터에 대한 '손상'과 관련된 미국의 주요 연방범죄는 18 USC § 1030(a)(5)에 규

---

13   S. Fafinski, 'Computer misuse: The implications of the Police and Justice Act 2006' (2008) 72 Journal of Criminal Law 53, 58.

14   Computer Misuse Act, s. 3(1)-(3).

15   Law Commission (UK), Computer misuse, Final Report No. 186 (1989), [3.77].

16   Serious Crime Act 2015 (UK), s. 41.

17   Computer Misuse Act, s. 3ZA(4).

정되어 있다. 이 범죄는 세 가지 유형으로 나뉜다. 첫 번째 유형은 '프로그램 정보, 코드 또는 명령어의 전송'에 관한 것이며, 의도적인 손해의 야기를 처벌한다.[18] 두 번째 및 세 번째 유형은 모두 의도적인 권한 없는 접근에 관한 것이며, 손해 또는 손해 및 손실이 과실 또는 부주의로 야기된 경우 처벌된다.[19] 각각의 범죄는 행위가 권한 없는 것이었으며, 손해 또는 손해 및 손실이 야기되었다는 것이 입증되어야 한다.

이 규정의 책임 요건은 중요하다. 첫 번째 유형에서 전송은 알면서 야기되어야 하며, 손해는 의도적이어야 한다. 이는 코드, 정보 또는 명령어를 알면서 전송하였지만 그 결과 손해를 야기할 의도는 없었을 경우를 배제한다. 두 번째 및 세 번째 유형의 경우 피고인은 의도적으로 컴퓨터에 접근하여야 한다. 두 번째 유형에서, 손해는 과실로 인해 야기되어야 하며 세 번째 유형에서 손해 및 손실은 부주의로 야기되어야 한다.[20]

이들 각각의 범죄는 '권한 없이' 발생되어야 하며 접근권한을 초과하는 경우에는 적용되지 않는다. 그러나 '권한 없이'라는 요건은 범죄의 하나의 행위에 대해서만 적용된다는 점을 주의할 필요가 있다. § 1030(a)(5)(A)에 따르면, 권한 없이 손상을 야기해야 하며, 이는 전송에는 적용되지 않는다.[21] 따라서 전송에 대한 권한이 있는 경우일지라도 피고인은 야기된 손상에 대해 권한이 없는 경우 여전히 책임이 진다.[22] 반대로, § 1030(a)(5)(B)(C)의 경우, 접근에 대해 권한이 없어야 한다.

그러나, 각 항의 문구는 피고인이 전송 또는 접근이 권한없음을 알아야 하는지에 대해서는 분명히 하고 있지 않다. 많은 경우에 피고인은 자신의 행위가 권한없음을 분명히 알고 있지만, 과거 직원이 자신이 그렇게 할 권한이 있다고 믿고 데이터를 삭제하는 경우도 상정해볼 수 있다. 이러한 쟁점은 제5연방항소법원의 US v. Phillips 사건[23]에서 문제되었다. 이 사건에서 법원은 이러한 범죄는 피고인이 손상 또는 접근에 대한 권한이 없었음을 알고 행동하였음을 입증해야 한다고 판시하였다.

'타인으로부터 금전 또는 기타 가치있는 것을 갈취할 의도로' '주 간 또는 해외 통상 내에서 보호대상 컴퓨터에 손상을 야기할 수 있는 위협을 포함한 통신을' 전송하

---

18   § 1030(a)(5)(A).

19   § 1030(a)(5)(B)(C).

20   US v. Phillips, 477 F 3d 215 at 223 (5th Cir. 2007).

21   Lloyd v. US 2005 US Dist. LEXIS 18158 (D NJ. 2005) at 24.

22   Lockheed Martin Corp. v. Speed, 2006 US Dist. LEXIS 53108 (MD Fla. 2006) at 21.

23   477 F 3d 215 at 223 (5th Cir. 2007).

는 행위도 범죄에 해당된다.[24] 이 조항은 컴퓨터 시스템에 대한 직접적인 위협에는 적용되지 않는 현존하는 범죄에 대한 우려를 해결하기 위해 제정되었다. 왜냐하면 컴퓨터의 작동 또는 가용성을 훼손하겠다는 위협이 '재물'에 대한 위협인지 분명하지 않았기 때문이다.[25]

이러한 범죄의 다양한 측면에 대해서는 앞에서 이미 다루었다. 이 장에서는 아래 두 가지 새로운 요소에 대해 살펴보기로 한다. :

> ① 변경 또는 훼손을 야기하는 행위의 특징
> ② 변경 또는 훼손의 의미

3. 변경 또는 훼손을 야기하는 행위

(1) 호주

호주의 조항은 단순히 피고인이 어떠한 권한 없는 변경 또는 훼손을 야기한 경우를 규정하고 있다. 권한 없는 접근과 마찬가지로, 변경 또는 훼손은 직접적으로 또는 간접적으로, '컴퓨터의 기능을 실행함으로써' 야기되어야 한다.[26] 따라서 컴퓨터 시스템에 대한 접근을 제공하지 않는 행위와 같은 부작위에는 적용되지 않는다.

(2) 캐나다

캐나다의 규정은 어떠한 특정 행위를 구체적으로 규정하지 않고, 금지된 결과에 대해서 규정하고 있다. 다른 국가의 규정과는 달리, 작위에만 한정되어 있지 않고 부작위에도 적용될 수 있다.

비록 이 규정에 컴퓨터에 대한 언급이 없지만, '컴퓨터 데이터'의 의미는 s. 342.1과 같다. 즉 '컴퓨터 시스템에서 처리하기에 적합한 형태의 기호, 신호 또는 부호를 포함한

---

24 18 USC § 1030(a)(7).

25 Computer Crime and Intellectual Property Section, The National Information Infrastructure Protection Act of 1996, legislative analysis (US Department of Justice, 1998).

26 Criminal Code (Cth), s. 476.1(2).

표현'을 의미한다. 이 조항은 전자적 형태의 데이터를 보호하며, 이는 컴퓨터를 대상으로 하는 광범위한 행위를 포함할 만큼 충분히 광범위하다.[27] 그러나 이 조항은 위해가 컴퓨터의 기능에 의해 야기되어야 한다는 요건을 두고 있지 않다. 엄밀하게 해석하면 이 조항은 물리적으로 디스크를 파손하거나 자석을 이용하여 데이터를 삭제하는 것과 같이, 물리적 수단에 의해 야기되는 데이터에 대한 손상에도 동일하게 적용될 수 있다.

호주의 New South Wales 주의 초기 규정에도 유사한 비판이 제기되었다. 당시 New South Wales 주 형법(Crimes Act 1900 (NSW)) s. 310에 따르면, 다음의 경우 범죄로 규정하였다.

고의로 권한 없이 또는 적법한 사유 없이
(a) 컴퓨터에 저장된 데이터를 파괴, 삭제 또는 변경하거나 컴퓨터에 데이터를 삽입하는 경우
(b) 컴퓨터의 합법적인 사용을 침해하거나, 중단시키거나 방해하는 행위

캐나다의 규정과 같이, 첫 번째 조항은 사소한 행위에도 적용될 가능성이 있다. 데이터의 '변경' 행위는 잠재적으로 형사처벌의 대상이 되지 않는 넓은 범위의 행위도 포함할 가능성이 있다. 두 번째 조항은 침해, 중단 또는 방해가 컴퓨터의 작동에 의해 야기될 것을 요하지 않는다. 따라서 컴퓨터가 들어있는 캐비닛을 잠그는 행위에도 적용될 수 있다.[28]

캐나다 규정 하에서 두 가지 형태의 행위는 약식으로 처벌될 수 있지만, 범죄가 기소될 경우 적용되는 최대 형량에는 차이가 있다. 행위가 데이터가 아닌 재물을 대상으로 하였고 그것이 캐나다 달러로 5천 달러 미만의 가치가 있는 경우 최고 형량은 징역 2년이다. 반면 데이터와 관련된 범죄의 최고 형량은 징역 10년이다.[29] New South Wales 규정에서 유사한 차이에 대한 비판을 다른 말로 표현하자면 다음과 같다. '컴퓨터에 대한 권한 없는 침해의 형량은 징역 10년이며 이는 재물손괴 규정에 따라 컴퓨터를 완전히 파괴하는 경우 형량의 5배이다.'[30]

---

27 Criminal Code (Can), s. 430(8). See p. 63.
28 Model Criminal Code Officers Committee, Computer offences (2001), p. 161.
29 Criminal Code (Can), s. 430(4)-(5).
30 Model Criminal Code Officers Committee, Computer offences (2001), p. 161.

(3) 영국

영국에서, 관련된 행위는 '컴퓨터와 관련된 행위'라고 규정되어 있다. 이러한 용어는 2006년 개정에 따라 '권한 없는 변경'으로 대체되었다.[31] '권한 없는 변경'이라는 용어는 데이터를 삭제하거나 변경하는 것, 멀웨어의 배포나 파일에 대한 접근을 제한하는 패스워드를 권한 없이 추가하는 경우와 같은 행위를 규제하는 것을 의도하였다.[32] DoS 공격의 경우는 법제정 당시 예상되지 못했으며, APIG는 당시 그러한 공격에 제3조가 적용될 가능성이 있는지에 대한 논의가 있었다고 언급하였다. 따라서 새로운 범죄인 '데이터에 대한 접근 훼손'이 제정되어야 한다는 제안이 있었다.[33]

이러한 권고 이후 Lennon 사건에서는 제3조가 DoS 공격에 적용될 수 있다고 판시하였지만, APIG의 우려는 여전히 유효하였다. 다수의 경우 DoS 공격이 컴퓨터에 대한 변경을 수반할 수 있지만, 일부 경우에 공격이 하는 모든 것은 근처의 통신 링크를 데이터로 채우는 것이다. 즉 트래픽이 과도하지만 특정 컴퓨터를 향하지는 않는다. 그러한 경우에는 데이터가 변경되지 않았으므로 범죄에 해당되지 않을 것이다.[34] '권한 없는 행위'라는 용어는 허가받지 않은 변경이 있었다는 것을 입증할 필요가 없으며 단지 컴퓨터와 '관련하여' 권한 없는 행위가 있었음을 입증하면 된다. 행위의 의도된 또는 예견된 결과는 모두 컴퓨터와 관련되어 있으며, 범죄를 제한하는 요소가 된다.

이러한 문구는 광범위한 행위를 포섭하기에 충분히 광범위하고 '행동하기'라는 표현은 행위를 유발하는 것을 포함하는 반면, '행위'라는 표현은 일련의 여러 행위를 포함한다.[35] 직접적으로 또는 원격에서 컴퓨터에 접근하는 것은 컴퓨터와 '관련된' 행위를 구성한다. 여기에는 컴퓨터에 과부하를 주기 위하여 악성 소프트웨어를 설치하거나 메시지를 전송하는 것이 포함된다. 또한 이 규정은 '모든 컴퓨터' 또는 '컴퓨터에 저장된 모든 프로그램 또는 데이터'에 적용된다. 따라서 이는 초기의 규정이 데이터 저장장치에 저장된 데이터에 적용되지 않았던 것과 같은 우려를 해소하게 된다.[36]

---

31 Explanatory Notes, Police and Justice Act 2006 (UK), [298]-[301].

32 Law Commission (UK), Computer misuse (1989), [3.65].

33 All Party Parliamentary Internet Group, Revision of the Computer Misuse Act: Report of an inquiry by the All Party Internet Group (2004), [60]-[62], [75].

34 All Party Parliamentary Internet Group, Revision of the Computer Misuse Act, [65].

35 Computer Misuse Act, s. 3(5)(a)(b).

36 Model Criminal Code Officers Committee, Computer offences (2001), p. 163. See the discussion in relation to the Australian provision at p. 20.

이 조항은 모든 '행위'에 적용되기 때문에, 예를 들어 컴퓨터시스템에 대한 접근 제공을 거부하는 것과 같은 부작위에는 적용되지 않는 것으로 보인다. 문자 그대로 읽는 다면, 그 행위는 제1조 및 제2조와 같이 컴퓨터의 기능을 수반하는 행위일 필요는 없으며, 따라서 물리적 손상을 포함할 수 있다. 그러나 이런 행위는 재물손괴로 기소될 가능성이 높다. 1971년 범죄피해법(Criminal Damage Act 1971 (UK))의 목적상, '컴퓨터 나 컴퓨터 저장 매체에 미치는 영향이 컴퓨터나 컴퓨터 저장 매체의 물리적 상태를 훼손하지 않는 한, 컴퓨터의 콘텐츠를 변경하는 것은 컴퓨터나 컴퓨터 저장 매체를 훼손하는 것으로 간주되지 않는다.'[37]

(4) 미국

미국의 규정은 두 가지 유형의 행위에 적용된다. 이는 프로그램, 정보, 코드 또는 명령어의 전송 또는 보호대상 컴퓨터에 대한 의도적 접근이다. 두 행위 모두 피고인의 행위일 것을 요하며 부작위에는 적용되지 않는다.[38]

프로그램, 정보, 코드 또는 명령어의 전송

18 USC § 1030(a)(5)(A)(i)에 따르면, '알면서 프로그램, 정보, 코드 또는 명령어의 전송을 야기하고 그러한 행위의 결과로 의도적으로 보호대상 컴퓨터에 대한 권한 없는 손상을 야기하는 경우'를 범죄로 규정하고 있다.

이러한 범죄의 핵심 요소는 '전송(transmission)'이다. 외부 소스로부터 악성코드의 전송에 해당 규정이 적용될 수 있는 것은 분명한 반면, '전송'이라는 용어는 더욱 광범 위하게 해석되어 왔다. Lloyd v. US 사건[39]에서 피고인은 그의 고용주 컴퓨터에 '시계 폭탄(time bomb)'을 심어놓았다. 그것은 그가 조직을 떠난 이후 대량의 데이터를 삭제 하였다. 법원은 문맥상 '전송'은 '원격접속'을 통한 전송에만 적용되는 것으로 의도된 것이며 원격접속은 두 대의 컴퓨터 사이의 통신기기에 의한 전송을 의미한다는 피고 인의 주장을 배척하였다. '전송'의 통상적인 의미는 '다른 사람 또는 장소에게 가도록

---

37 Criminal Damage Act 1971 (UK), s. 10(5). Law Commission (UK), Computer misuse (1989), [3.78].

38 Cf. People v. Childs, 220 Cal App 4th 1079 (Cal Ct App. 2013).

39 2005 US Dist LEXIS 18158 (D NJ. 2005).

하거나 전달되도록 하는 것'이다.[40] 이 정의도, 행위도, 원격 접속과 직접 접속을 전송의 소스로 구별하지 않는다. 따라서 컴퓨터가 통신회선을 통해 감염됐는지 직접 입력으로 감염됐는지에 관계없이 적용된다.

민사사건인 International Airport Centers, LLC v. Citrin 사건[41]에서 유사한 접근방식이 제7연방항소법원에 의해 채택되었다. 18 USC § 1030(a)(5)(A)(i)에 대한 원고의 주장에 대응하여, 피고는 컴퓨터의 파일을 단순히 삭제하는 것은 '전송'이 아니라고 주장하였다. 법원은 삭제나 지우기 키를 누르는 것이 컴퓨터에 명령을 전송하는 것이라는 점을 인정하였지만, '컴퓨터 키보드의 타이핑이 컴퓨터에 명령을 전송한다고 해서 "전송"의 한 형태라고 보기엔 법령을 너무 확대하는 것일 수 있다'고 판단했다.[42] 그러나 이사건에서 피고는 삭제키를 누르는 것보다 더 나아가 복구를 막기 위해서 안전 삭제(secure-erase) 프로그램을 설치하였다. 이 조항의 목적상, 프로그램이 인터넷에서 컴퓨터로 직접 다운로드되었는지 또는 저장장치에서 복사되었는지 여부는 문제되지 않는다.

> 의회는 두 가지 유형의 공격에 대해서 고려하였다. 하나는 외부로부터 유입되는 바이러스, 웜에 의한 공격, 다른 하나는 퇴사하면서(또는 임금을 갈취하기 위해 협박하면서) 고용주의 데이터 시스템을 모두 삭제하기로 결정한 불만을 품은 프로그래머에 의한 공격이다.[43]

법원은 만약 모든 컴퓨터에 대한 키입력이 '전송'이라면 이러한 규정은 특히 형사 및 민사사건에 모두 적용되기 때문에 이 규정은 너무 광범위해질 수 있음을 우려하였다. 그러나 그러한 자의적인 구분이 어떻게 지어지는지 확인하는 것은 어려운 일이다. 만약 외부 저장장치를 통해 프로그램을 도입하는 것이 '전송'이라고 받아들여질 경우, 또는 Lloyd 사건에서와 같이 컴퓨터에 직접적으로 코드를 입력하는 것도 전송이라고 볼 경우에 function 키를 입력하는 것 역시도 전송이 되어야 한다. 수동으로 코드를 입력하는 것과 파괴적 명령어가 미리 프로그램된 곳에서 삭제 키를 누르는 것 사이에는

---

40 *Ibid.*, at 22-3, citing Webster's Third New International Dictionary.
41 440 F 3d 418 (7th Cir. 2006).
42 *Ibid.*, at 419.
43 *Ibid.*, at 420.

논리적인 차이가 없어 보인다. 두 경우 모두 회로를 통해 키 스트로크에서 프로세서로 명령이 전송된다. 이 규정이 '정보'의 전송에 적용된다는 점을 고려할 때, 데이터를 타이핑하고 덮어쓰는 행위조차도 필요한 손상이 발생한 이상 그 규정의 범위에 포함될 수 있다.

법원이 Citrin 사건에서 언급한 바와 같이, 다른 형태의 전송들을 확실히 구분하는 것은 어려울 수 있다. 예를 들어 저장장치가 케이블이나 무선 연결을 통해 컴퓨터에 연결되어 있는 경우 인터넷에서의 다운로드와 디스크 삽입 사이의 명백한 구분은 없어진다.[44] 무선 키보드를 사용하여 정보를 입력하는 것이 전송을 구성한다면, 키보드가 컴퓨터에 연결되어 있다는 사실, 또는 노트북의 경우 컴퓨터 자체의 본체에 내장되어 있다는 사실은 아무리 작더라도 여전히 '전송'이 존재한다는 사실을 부정하지 않는다.

따라서 이러한 맥락에서의 '전송'은 본질적으로 '입력'과 동일하다. 이는 나머지 두 조항과 상당 부분 중첩될 가능성을 제기한다.[45] 그러나 해석은 조항의 입법적 맥락에서 이해되어야 한다. 위에서 언급한 바와 같이, 이 조항의 세 가지 유형은 고의, 과실 및 부주의에 의한 손상을 처벌한다. 이 조항은 고의의 손상과 관련된 전송만을 처벌한다. 따라서 전송이 광범위하게 해석되지 않는 한, 첫 번째 유형은 '내부자' 유형의 사건에는 적용되지 않을 것이며, 그 보다 덜 중대한 범죄인 고의적인 접근과 과실의 또는 부주의에 의한 손상 행위로 기소되어야 할 것이다. 또다른 대안은 의도적인 접근과 의도적인 손상에 관한 조항을 포함하도록 이 규정을 개정하는 것이다.

검찰은 물론 피고인이 전송을 야기했다는 점을 입증해야 한다. 일부의 경우, 피고인은 다른 사람이 컴퓨터 또는 패스워드에 대한 접근을 했다는 사실 또는 시스템이 안전하지 않다는 사실을 지적할 수도 있다. 그러한 주장은 종종 피고인이 범행 시각에 컴퓨터를 사용했다는 것을 나타내는 컴퓨터 로그 기록이나 전문성, 동기 등의 정황증거에 의해 반박될 것이다.[46]

보호대상 컴퓨터에 대한 의도적 접근

18 USC § 1030(a)(5)(B)에 따르면, 권한 없이 보호대상 컴퓨터에 의도적으로 접근하여 그러한 행위의 결과 과실로 손해를 야기한 경우는 범죄로 규정되어 있다. 제(C)항

---

44   *Ibid.*, at 419-20.
45   US v. Phillips, 477 F 3d 215 at 222 (5th Cir. 2007).
46   US v. Shea, 493 F 3d 1110 at 1115 (9th Cir. 2007).

은 동일한 규정이지만 피고인이 부주의하게 손해를 야기하는 경우에 적용된다. 위에선 언급한 바와 같이, 접근의 광범위한 해석을 고려할 때, 이들 규정과 18 USC § 1030(a)(5)(A)이 중첩될 가능성이 있다. 예를 들어 '스푸핑'은 IP 주소를 조작하여 컴퓨터가 데이터 패킷이나 통신을 수신할 때 다른 곳에서 오는 것이라고 오인하게 만든다. 이러한 실행은 접근을 하려는 자에게 익명성을 제공해 주고 특정 유효한 범위 내에서 IP 주소에 대해 접근이 제한된 경우 접근을 가능하게 해준다. 또한 스푸핑된 컴퓨터의 가용성을 훼손할 수도 있다.[47] 그러한 행위는 DoS 공격과 같이 전송 또는 접근 시도를 구성할 수 있다.[48] 주된 구분은 발생된 손상에 대한 관련 책임 요건이 된다.

4. 변경 또는 훼손

위에서 언급한 바와 같이, 사이버범죄협약은 두 가지 유형의 범죄를 포함하고 있다. 첫 번째 유형은 컴퓨터 데이터의 '훼손, 삭제, 가치저하, 변경 또는 은폐'이다.[49] '훼손' 및 '가치저하'가 데이터의 무결성을 변경하는 것에 관한 것이라면, '삭제'는 물건을 파괴하는 것과 같다.[50] 컴퓨터 데이터의 '은폐'는 '컴퓨터 또는 데이터 저장매체에 접근할 수 있는 자에 대해 데이터의 가용성을 방해하거나 종료시키는 행위'를 의미한다.[51] '변경'이라는 용어는 현존하는 데이터의 수정을 의미한다.[52]

두 번째 카테고리는 '시스템 방해'에 대한 규정이며, 권한 없이 고의로 '컴퓨터 데이터를 입력, 전송, 훼손, 삭제, 가치저하, 변경 또는 은폐하여 컴퓨터 시스템의 작동을 심각할 정도로 방해'하는 행위를 규정하고 있다.[53] 따라서 데이터 침해의 결과로 시스템의 기능이 훼손되는 것에 초점을 맞춘다.

---

47   Four Seasons Hotels & Resorts B.V. v. Consorcio Barr, S.A., 267 F Supp 2d 1268 at 1298 (SD Fla. 2003).

48   *Ibid.*, at 1322-3.

49   Cybercrime Convention, Art. 4.

50   Cybercrime Convention, Explanatory Report, [61].

51   *Ibid.*

52   State v. Schwartz, 173 Ore App 301 at 312-13 (Oregon Ct App. 2001) citing Webster's Third New International Dictionary.

53   Cybercrime Convention, Art. 5.

(1) 호주

호주의 규정에서의 핵심 문구는 '컴퓨터에 저장된 데이터의 권한 없는 변경'이다.[54] '변경'은 다음을 의미한다.

> (a) 데이터의 변경 또는 삭제
> (b) 데이터에 대한 추가[55]

이는 데이터의 삭제, 멀웨어의 설치[56]나 IP 주소, 이메일주소와 같은 데이터의 변경과 같은 행위들을 포함하기 위한 규정이다.[57] 피고인이 중범죄를 저지르거나 그 실행을 용이하게 할 의도가 있거나 변경된 데이터가 제한된 데이터인 경우, 훼손에 대한 추가적인 요건은 요하지 않는다. 그러나 s. 477.2(1)의 경우, 검찰은 피고인이 변경이 다음을 훼손하였거나 훼손하려고 하였음에 대한 과실이 있을 것을 입증하여야 한다.

> (i) 컴퓨터에 저장된 해당 데이터 또는 다른 데이터에 대한 접근
> (ii) 그러한 데이터의 신뢰성, 보안 또는 운용[58]

'훼손하다'라는 용어는 정의되어 있지 않지만, '더 악화시키거나, 가치를 저하시키거나 약화시키다; 해롭게 하다; 손상시키다'와 같은 통상적인 용어로 사용되었음을 추정해볼 수 있다.[59] 데이터에 대한 접근은 접근을 제한하거나 접근 속도를 늦춤으로써 훼손될 수 있다. '데이터'의 정의에 포함되는 프로그램은 예를 들어 멀웨어가 인터넷 브라우저를 원치않는 웹사이트로 리디렉션 시킬 경우와 같이, 만약 정상적으로 작동하지 못할 경우, 신뢰성이 떨어지거나 운용이 훼손될 것이다. 보안은 접근통제시스템이 중단될 경우 훼손될 수 있다.

---

54 The concepts of 'data held in a computer' and 'unauthorised' have already been discussed in Chapter 3.
55 Criminal Code (Cth), s. 476.1(1).
56 R v. Larkin [2012] WASCA 238.
57 Hughes v. R [2013] NSWCCA 129.
58 As to similar wording in the UK provisions, see p. 127.
59 Oxford English Dictionary Online, Oxford University Press, December 2014.

실질적인 훼손이 발생하지 않은 경우라도 이 조항에 따라 범죄로 처벌될 수 있다.[60] 예를 들어 데이터는 미래 특정 시점에 '폭발'하도록 설계된 '논리폭탄'에 의해 변경될 수 있다. 변경이 훼손을 야기하였다는 점을 입증할 것을 요하지 않고 피고인이 변경을 야기하였고 훼손의 위험에 대한 과실이 있었음을 입증하면 족하다.[61] 훼손된 데이터는 어느 컴퓨터에 저장되어 있어야 하며, 데이터가 변경된 바로 그 컴퓨터일 필요는 없다.

형법 s. 477.1(1)(a)(iii) 및 s. 477.3(1)은 모두 '컴퓨터의 전기 통신의 훼손'에 관한 규정이다. 이는 다음을 포함하는 것으로 정의되어 있다.

(a) 그러한 통신의 방지
(b) 컴퓨터에 의해 이용되는 전자적 링크 또는 네트워크 상에서의 통신에 대한 훼손

단, 그러한 통신을 단순히 감청하는 것은 포함하지 않는다.[62]

'전기 통신(Electronic communication)'이란, '유도 또는 비유도 전자기적 에너지를 수단으로 하는 모든 형태의 정보의 통신'을 의미한다.[63]

이 규정은 데이터의 변경으로부터 발생한 훼손을 포함한다. 그러한 예로는 IP 주소의 변경 또는 네트워크 연결의 삭제 등이 있다. 그러나 이 규정은 해당 컴퓨터의 데이터를 변경하지 않고도 컴퓨터에 의해 통신을 훼손하는 DoS 공격이나 기타 기술에도 적용될 수 있다. 변경 또는 훼손이 컴퓨터의 기능이 실행으로 인해 야기되어야 하기 때문에, 네트워크 케이블 절단과 같은 행위에는 적용되지 않는다.

위원회는 이 맥락에서 '컴퓨터 시스템'이라는 용어의 사용을 의도적으로 회피했다. 오히려 '컴퓨터에 대한 또는 컴퓨터로부터의' 전기 통신의 훼손이라는 용어를 사용했다. 이는 '권한 없는 데이터의 훼손 범죄의 책임이 데이터 처리 시스템의 유형의 구성요소들의 지리적 위치에 제한되지 않는다는 점을 분명히 하기 위함'이다.[64] 특히 이것

---

60 Criminal Code (Cth), s. 477.2(3).
61 Model Criminal Code Officers Committee, Computer offences (2001), p. 165.
62 Criminal Code (Cth), s. 476.1(1).
63 *Ibid*.
64 Model Criminal Code Officers Committee, Computer offences (2001), p. 129.

은 가전제품을 포함하는 기기들의 증가하는 '네트워킹'을 감안할 때, 선견지명이 있는 입법이었다. 연결된 컴퓨터가 컴퓨터 시스템의 일부인지 판단하는 것을 요구하는 대신, 이 조항은 각각의 개별 컴퓨터에 대한 또는 컴퓨터로부터의 통신의 훼손에 초점을 맞추었다.[65]

마지막으로 형법 s. 478.2는 '컴퓨터 디스크, 신용카드 또는 전자적 방식으로 데이터를 저장하는데 이용되는 다른 기기에 저장된 데이터의 신뢰성, 보안 또는 작동'의 권한 없는 훼손을 처벌한다. 이 규정은 CD-ROM, 플래시 드라이브, SD 카드, 외장하드 드라이브 등을 포함하는 다양한 데이터 저장장치에 적용될 수 있다. 규정에 명시적으로 언급된 신용카드 이외에도 이 규정은 일상생활에서 사용되며 마그네틱선이나 마이크로칩의 형태로 내장된 데이터를 포함하고 있는 카드에도 적용될 수 있다.

다른 조항과는 달리, 훼손이 컴퓨터의 작동에 의해 야기되어야 한다는 제한은 없다.[66] 따라서 디바이스에 대한 물리적 손상을 야기하는 것 또는 강력한 자기장이나 전자파를 이용하여 작동을 훼손시키는 행위에도 적용될 수 있다. 신용카드와 같은 디바이스의 보안이 카드 스키밍 장치로 인해 훼손된 경우도 있을 수 있다. 그러나 이 경우에 해당 계정의 보안은 침해되었지만, 원본 카드의 데이터의 보안은 변경되지 않은 상태로 유지된다.

(2) 캐나다

형법(Criminal Code) s. 430(1.1)에서 규정하고 있는 행위들은 가장 흔하게 직면할 수 있는 훼손의 유형을 포함하고 있다. '컴퓨터 데이터의 파괴 또는 변경'은 예를 들어 직불카드의 허용된 잔액을 변경하는 것과 같이,[67] 원격으로 또는 직접적으로 데이터에 접근하여 데이터를 삭제하거나 변경하는 행위에 적용된다.[68] 컴퓨터 데이터를 '무의미하게, 무용하게, 또는 무효로' 만드는 것은 기존 데이터를 이해할 수 없게 만드는 데이터를 추가하거나 원본 데이터에 의존할 수 없다는 잘못된 데이터를 추가함으로써 야기될 수 있다.

나머지 두 유형은 컴퓨터 데이터의 합법적 사용을 중단시키거나 방해하거나 침해

---

65 *Ibid.*, p. 131.
66 Criminal Code (Cth), s. 476.1(2).
67 United States of America v. Tenenbaum [2008] AJ No. 1271.
68 Kochar v. University of Saskatchewan [1999] 3 WWR 531.

하는 경우 또는 컴퓨터 데이터의 접근을 거부하는 경우에 적용된다. 여기에는 이메일 계정에 대한 권한 없는 접근, 합법적인 사용자의 접근을 거부하는 것,[69] DoS 공격, 데이터를 암호화하거나 패스워드를 설정하여 타인의 접근을 막는 것 등이 포함된다.

(3) 영국

컴퓨터 부정사용법 s. 3에 따르면, 피고인이 권한없음을 알면서 아래와 같은 행위를 할 의도로 컴퓨터와 관련하여 권한 없는 행위를 하는 경우를 범죄로 규정하고 있다.

(a) 컴퓨터의 작동을 훼손하는 행위
(b) 컴퓨터에 저장된 프로그램이나 데이터의 접근을 방지하거나 방해하는 행위
(c) 그러한 프로그램의 작동이나 데이터의 신뢰성을 훼손하는 행위

컴퓨터 부정사용법 s. 1 및 s. 2와 같이, 이러한 결과가 실제로 야기될 것을 요하지 않으며, 필요한 고의를 가지고 행위를 하였다는 점을 입증하면 족하다. 또한 피고인이 그러한 행위가 특정한 결과를 가져올 것이라는 점에 대한 과실이 있었다는 것으로도 충분하다.[70] 고의 또는 과실은 특정 컴퓨터나 프로그램, 데이터 또는 특정 유형의 프로그램이나 데이터와 관련이 있을 필요는 없다.[71]

'훼손'이라는 용어는 정의되지 않았지만, 통상적인 의미로 사용되는 것으로 추정된다.[72] 특히 손상이 일시적일 수 있기 때문에 해당 규정이 너무 광범위하게 적용될 수 있다는 우려도 제기되었다.[73] 예를 들어 '사이버 시위' 단체들은 때때로 단기간 동안 웹사이트의 폐쇄를 시도한다는 점에 주목했다. '그런 시위자들이 표준 브라우저를 사용하여 단순히 웹페이지를 불러오는 경우에 우리는 그들의 행동을 범죄화하는 프레임워크를 형성함에 있어서 중대한 위험을 발견할 수 있다.'[74]

---

69 R v. Charania, 2014 ONSC 1695.
70 Computer Misuse Act, s. 3(3).
71 Computer Misuse Act, s. 3(4).
72 Fafinski, 'Computer misuse,' 59.
73 Computer Misuse Act, s. 3(5)(c).
74 All Party Parliamentary Internet Group, Revision of the Computer Misuse Act, [70].

그러나 그 훼손이 탐지되어 경찰에 신고될 정도로 충분히 큰 경우, 필요한 주관적 요건(mens rea)과 결합하여, 그러한 행위를 기소하지 말아야 하는 이유는 명확하지 않다. 검사의 재량에 따라 사소한 일은 제외될 수 있다. 법개정이 적절하다고 판단될 경우, 컴퓨터를 고의 또는 과실로 훼손한 행위에 대한 정당화 사유를 항변할 수 있다. 훼손에 대한 정량적 정의를 규정하는 대안은 비현실적일 수 있으며 미국 경험에서 볼 수 있듯이 그 자체가 더 큰 문제로 이어질 수 있다.

데이터의 신뢰성 훼손의 의미는 Zezev and Yarimaka v. Governor of HM Prison Brixton and anor 사건[75]에서 쟁점이 되었다. 이 사건은 미국으로의 범죄인 인도 명령에 대한 두 청구인에 인신보호영장(habeas corpus) 신청과 관련된 사건이다. Zevez는 카자흐스탄에 위치한 회사인 Kazkommerets Securities의 직원이었다. 이 회사는 뉴스와 금융 정보를 제공하는 Bloomberg LP의 서비스를 구독하고 있었다.

청구인들은 뉴욕에 있는 Bloomberg 사의 컴퓨터 시스템에 권한 없이 접근하여 회사의 창립자이자 회장인 Mr. Bloomberg 및 회사의 보안책임자의 이메일 계정에 접근할 수 있었다. Zezev는 Mr. Bloomberg에게 금전을 요구하고 시스템이 탈취되었다는 사실을 공개하겠다는 여러 건의 이메일을 보냈다.

범죄인 인도 절차는 다수의 기소된 범죄에 근거한 것이었고 이 중 가장 관련성이 있는 것은 권한 없는 접근을 획득하고 Bloomberg 컴퓨터 시스템의 권한 없는 변경을 야기한 혐의였다. Zezev가 알려진 소스로부터 전송된 것이 아닌 정보의 수신을 기록하기 위해 컴퓨터를 이용하였다는 점이 입증되었다. 환언하면, 정보는 A라는 사람으로부터 전송된 것으로 보이지만 실제로는 B라는 사람으로부터 전송된 것이었다.

청구인들은 제3조의 목적은 컴퓨터에 손상을 입혀서 컴퓨터로 입력되는 정보가 기록되지 않도록 하는 경우에 국한된다고 주장하였다. 만약 정보가 컴퓨터에 정확하게 입력되었지만 정보가 진실하지 않은 경우, 이것은 정보가 입력된 대로 기록되었음을 의미하기 때문에 컴퓨터의 작동을 훼손하지 않은 것이기 때문이다. 따라서 어느 누구도 데이터의 접근이 방해되거나 방지되지 않았다. 이러한 주장은 법원에 의해 배척되었다.

(c) 에 따르면, 그러한 프로그램의 작동이나 그러한 데이터의 '신뢰성'을 훼손하는 경우 필요한 의도가 존재할 수 있다. 그러한 행위가 해당 규정의 적용범위에 포함될 의도가 아니었다는 점은 법률 위원회의 보고서를 통해서 확인할 수 있지만, 규정상의 문

---

75   [2002] 2 Cr App R 33.

구는 분명하다.[76] '만약 컴퓨터에 실제로는 다른 사람으로부터 전송된 정보가 특정인으로부터 전송된 것처럼 보이는 정보가 기록된 경우, 그것의 신뢰성에 지대한 영향을 미치게 된다.'[77] 결과적으로, 범죄의 모든 구성요건이 충족된 것이다. 컴퓨터 내 파일에 가짜 이메일을 추가한 것은 피고인이 분명히 의도한 데이터에 대한 권한 없는 추가였고 데이터의 신뢰성을 훼손한 것이었다.[78]

마지막으로, 피고인은 단순히 데이터가 변경될 것을 의도하는 것이 아니라 훼손을 의도하였거나 예견하였어야 한다. 예를 들어 키로깅 소프트웨어를 설치한 피고인은 자신이 이것이 컴퓨터나 프로그램의 작동 또는 데이터의 신뢰성을 훼손할 것이라고 의도하거나 예견하지 못했다고 주장할 수 있다. 이 경우, 그러한 행위는 권한 없는 접근으로 처벌될 수 있다.

(4) 미국

위에서 언급한 행위 이외에 모든 경우에 피고인이 '손상(damage)'을 야기하였고, 일부 경우에 '손실(loss)'이 발생되었음이 입증되어야 한다. 이러한 요건은 해당 규정의 적용범위에 대한 중요한 제한으로 작용하고 덜 중대한 행위를 과잉범죄화하지 않는 것과 컴퓨터에 대한 중대한 손상을 처벌하는 것 사이에서 균형을 맞추게 된다.[79]

손상

첫 번째 유형의 경우, 손상은 보호대상 컴퓨터에 대해 발생되어야 한다. 두 번째, 세 번째 유형에서는 보호대상 컴퓨터에 대한 접근이 있어야 하지만, 보호대상 컴퓨터에 대하여 손상이 야기될 것에 대한 명시적 요건은 없다. 손상이 보호대상 컴퓨터에 대한 접근의 결과로 발생된 이상, 손상은 해당 컴퓨터에 관련될 것을 요하지 않는다.[80]

---

76   *Ibid.*, at [16], citing Law Commission (UK), Computer misuse (1989), [3.62].

77   *Ibid.*, at [18].

78   *Ibid.*, at [22]. Cf. Attorney General's Reference (No.1 of 1991) [1993] QB 94 at 100 where it was queried, without deciding, whether it would necessarily impair the reliability of data in the computer 'that you feed in something which will produce a result more favourable to a customer than the store holder intended.'

79   G. Roach and W. J. Michiels, 'Damages is the gatekeeper issue for federal computer fraud' (2006) 8 Tulane Journal of Technology and Intellectual Property 62.

80   Healthcare Advocates, Inc. v. Harding, Earley, Follmer & Frailey, 497 F Supp 2d 627 at 647 (ED Pa. 2007); Fink v. Time Warner Cable, 810 F Supp 2d 633 at 641-2 (SDNY. 2011).

‘손상’은 ‘데이터, 프로그램, 시스템 또는 정보의 무결성 또는 가용성에 대한 훼손’을 의미하는 것으로 정의된다.[81] 이들 용어에는 통상적인 의미가 부여된다. ‘훼손’은 ‘어떤 물질적인 면에서 감소시킴으로써 피해를 입히거나 더 악화시키는 것’으로 정의되며, 무결성은 ‘훼손되지 않은, 완전한, 부패되지 않은’ 것을 의미한다. ‘가용성’은 ‘즉시 사용할 수 있는 현재의 또는 준비된 상태; 접근가능한’이라는 의미이다.[82]

‘손상’의 개념은 데이터가 복원된 곳을 포함하여 데이터를 수정하거나 삭제하는 경우에 명확하게 적용된다. ‘무결성’은 데이터의 맥락에서 데이터를 보호된 상태로 유지하는 것을 의미한다.[83] 예를 들어 권한 없는 침입자는 패스워드를 검색하기 위해 로그인 파일을 변경한 다음 파일을 원래 상태로 복원할 수 있다. 그러한 행위는 ‘손상’의 의미에 해당하는데, 이는 비록 데이터가 물리적으로 변경되거나 삭제되지는 않았지만, 그 데이터의 무결성이 훼손되었기 때문이다.[84]

마찬가지로, 이 규정은 데이터의 무결성 또는 가용성에 대한 손상을 포함하도록 의도되었다. 따라서 데이터를 암호화하는 것은 기초 데이터가 변경되지 않더라도 가용성이 손상되기 때문에 데이터의 ‘손상’이라고 할 수 있다.[85] 마찬가지로 서비스거부(DoS) 공격은 데이터 자체에 영향을 미치지 않더라도 데이터 가용성이 제한되기 때문에 손상을 일으킬 수 있다.[86]

일부 민사판례에서는 데이터가 변경되지 않았더라도 ‘손상’이 영업비밀의 공개를 포함할 수 있다고 보았다.[87] 다만, 특히 범죄적 맥락에서 그러한 견해를 따라서는 안

---

81   18 USC § 1030(e)(8).

82   America Online, Inc. v. National Health Care Discount, Inc., 121 F Supp 2d 1255 at 1274 (ND Iowa. 2000); Pulte Homes, Inc. v. Laborers' Intern. Union, 648 F 3d 295 at 301 (6th Cir. 2011).

83   Shurgard Storage Centers Inc. v. Safeguard Self Storage Inc., 119 F Supp 2d 1121 at 1127 (WD Wash. 2001).

84   Ibid., Thurmond v. Compaq Computer Corp, 171 F Supp 2d 667 at 678 (ED Tex. 2001).; Multiven, Inc. v. Cisco Systems, Inc., 725 F Supp 2d 887 at 894-5 (ND Cal. 2010).

85   Computer Crime and Intellectual Property Section, National Information Infrastructure Protection Act.

86   US v. Mitra, 405 F 3d 492 at 494 (7th Cir. 2005); Pulte Homes, Inc. v. Laborers' Intern. Union, 648 F 3d 295, 301 (6th Cir. 2011).

87   Shurgard Storage Centers Inc. v. Safeguard Self Storage Inc., 119 F Supp 2d 1121 at 1126 (WD Wash. 2001).

된다는 주장이 제기되었다.[88] 이 규정에 의해 금지되는 손상은 데이터, 프로그램, 시스템 또는 정보의 가용성 또는 무결성에 대한 손상이다. 영업 비밀은 공개를 통해 그 가치의 일부 또는 전부를 상실했을 수 있지만, 그 무결성은 단어의 가장 넓은 해석을 제외하고는 온전하게 유지된다.

잠재적으로 중요한 제한은 인과관계의 요건이다. 각각의 경우에 손상은 관련 행위의 '결과'여야 한다. 따라서 (A)와 관련하여, 프로그램, 정보, 코드 또는 명령어의 전송에 의해 손상이 발생해야 한다. 분명히 이것은 프로그램이나 코드가 손상을 입히기 위해 설계된 경우에 적용될 것이다. 그러나 패스워드를 입력하는 행위는 그것이 피고로 하여금 손상을 야기할 수 있게 할지라도 손상을 야기하지 않는다. 이와 유사하게 (B) 및 (C)의 경우에 의도적인 접근으로 인해 손상이 야기되어야 한다. 규정을 엄격하게 해석하면 접근이 획득된 이후에 야기된 손상에는 적용되지 않고 접근 자체로부터 발생한 손상에만 적용된다.

경우에 따라서는 발생되는 손상이 너무 미미할 경우 규정이 적용되어서는 안 된다는 주장도 제기될 수 있다. 예를 들어 Moulton 사건 및 Network Installation Computer Services, Inc. v. VC3 사건[89]에서는 처리량 테스트 또는 ping flood가 네트워크를 느리게 할 수 있지만, 이 경우 느림 현상은 기껏해야 무시할만한 수준이었으며, 회사나 고객에게 눈에 띄지 않았다고 판단하였다. 따라서 그것은 Georgia 주 컴퓨터 시스템 보호법(Computer Systems Protection Act)의 의미 내에서 피고인의 네트워크 '침해'에 해당하지 않았다.[90]

이러한 결정은 법원이 피고인이 여전히 법에 따라 기소될 수 있다고 계속해서 언급했다는 점에서 모호하다. 이는 사실상 '침해'가 있었음을 시사하지만, 민사상 청구를 정당화할 만큼 충분한 손해가 없는 것이다.[91] 특정 침해가 최소한의 것인지 여부에 대한 논쟁을 벌이기보다는 결과적으로 야기되는 손해는 해당 규정의 적용 범위에 대한 적절한 제한이라고 보는 견해가 더 바람직하다.

---

88 Lockheed Martin Corp. v. Speed, 2006 US Dist LEXIS 53108 at 25-6 (MD Fla. 2006); Motorola, Inc. v. Lemko Corporation, 609 F Supp 2d 760 at 769 (ND Ill. 2009).
89 2000 US Dist LEXIS 19916 (ND Ga. 2000).
90 *Ibid.*, at 18-19.
91 *Ibid.*, at 19.

손실

§ 1030(a)(5)(C)의 추가적인 요건은 피고인의 행위가 손상 및 손실을 야기해야 한다는 것이다. '손실'은 다음과 같이 정의된다.

> 범죄에 대한 대응비용, 손상 평가 수행, 데이터, 프로그램, 시스템 또는 정보의 범행 이전 상태로의 복구 비용, 서비스 중단으로 인해 발생한 모든 수익 손실, 비용 또는 기타 결과적 손해 등 모든 피해자에 대한 합리적인 비용[92]

이는 컴퓨터에 명백한 '손상'이 발생하지 않았더라도, 예를 들어, 패스워드가 탈취되었고 시스템을 다시 보호해야 하기 때문에 피해자가 손해를 입을 수 있다는 점을 인정하는 것이다.[93] 예를 들어 US v. Phillips 사건[94]에서는 12만 2천 달러 이상이 손해를 평가하는데 지출되었고 6만 달러가 넘는 돈이 피해자들에 대한 개인정보 유출 통지에 지출되었다.

이러한 의미에서 손실은 피고인 행위의 '자연스럽고 예측 가능한 결과'이며, '합리적으로 필요한' 비용이며, 추가 손상을 피하기 위해 컴퓨터를 '다시 보호'하는 비용이 포함되지만, 손상 이전에 존재했던 것보다 더 낮거나 더 안전한 시스템을 만드는 것까지 확대되지는 않는다.[95]

---

92 18 USC § 1030(e)(11).

93 Shurgard Storage Centers Inc. v. Safeguard Self Storage Inc., 119 F Supp 2d 1121 at 1126 (WD Wash. 2001); Multiven, Inc. v. Cisco Systems, Inc., 725 F Supp 2d 887, 894-5 (ND Cal. 2010).

94 477 F 3d 215 at 218 (5th Cir. 2007).

95 US v. Middleton, 231 F 3d 1207 at 1213 (9th Cir. 2000).

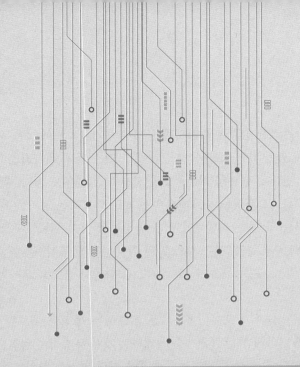

제5장

부정 사용

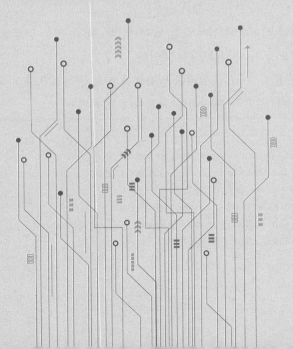

1. 서론

이전 장에서 논의한 범죄들을 저지르는 데에는 기술적으로 높은 수준이 요구된다. 컴퓨터 시스템에 권한 없이 접근하거나 악성코드를 만들기 위해서는 전문지식이 필요한 경우가 많다. 반대로 단순히 비밀번호만 알면 되는 경우도 있다. 두 경우 모두 접근수단이 필요하므로, 그 과정을 용이하게 하는 것을 얻으려는 동기를 유발하며, 이로 인해 컴퓨터 부정사용을 돕는 비밀번호나 기타 정보를 거래하는 암시장이 형성될 수 있다.[1] 예를 들어 웹 공격 툴킷, 침투 테스트 및 취약성 탐지 툴킷, 원격 접속을 할 수 있는 '원격 접속 트로이(Remote Access Trojan, RAT)' 등 다양한 툴킷을 온라인에서 쉽게 이용할 수 있다.[2]

이러한 행위는 사기 음모[3]나 선동[4] 등 현존하는 범죄로 기소할 수도 있겠지만, 컴퓨터 범죄를 용이하게 하는 물건들을 거래하는 것을 특정하여 범죄로 규정할 필요가 있다는 주장이 있다. 이러한 예비죄들의 목적은 관련 범죄를 저지르는 데 사용되는 특정한 물건들에 접근하는 것을 제한하는 것이다.[5]

사이버범죄협약 제6조에 의하면, 각 당사국은 권한 없이 아래 행위를 국제적으로 저지르는 것을 국내법상 형사범죄로 하는데 필요한 입법 및 그 밖의 조치를 취해야 한다.

> (a) 다음을 제작, 판매, 이용 목적 취득, 수입, 배포하거나 다른 방법으로 이를 가능하게 하는 행위
>   i. 제2조 내지 제5조의 범죄를 범할 것을 주목적으로 고안되거나 개조된 컴퓨터 프로그램 등 장치
>   ii. 컴퓨터 시스템의 전부 또는 일부에 접속할 수 있는 컴퓨터 비밀번호, 접속코드 또는 이와 유사한 데이터
> (b) 제2조 내지 제5조의 범죄를 범하는데 사용할 목적으로 (a)의 i호 또는 ii호에 규정된 장치나 데이터를 소지하는 행위[6]

---

1 Cybercrime Convention, Explanatory Report, [71].
2 Symantec, Internet security threat report 2014 (2014), p. 57.
3 R v. Hollinshead and ors [1985] 2 All ER 769.
4 R v. Maxwell-King [2001] 2 Cr App R(S) 136.
5 Cybercrime Convention, Explanatory Report, [71].
6 Cybercrime Convention, Art. 6.

본 협약은 당사국이 '판매, 배포 또는 다른 방법으로 이를 가능하게 하는 행위' 외 나머지 행위에 대해 위 규정을 유보할 수 있도록 하고 있다.[7] 즉 이는 당사국이 그러한 장치 또는 데이터의 제작 또는 수입을 범죄화하지 않는 것을 허용하지만, 각 당사국은 그러한 장치 또는 데이터를 잠재적으로 더 넓은 지역에 퍼뜨릴 수 있는 행위를 범죄화하여야 하는 것이다. 자국의 영토 내에서 판매 또는 배포하는 것은 허용할 수 있도록 해야 한다는 주장이 있을 수 있으나, 데이터가 그 국가 밖으로 전송되는 것을 효과적으로 방지할 수 없으므로 처음부터 판매 및 배포를 제한할 필요가 있다.

이 장에서 살펴볼 다양한 범죄들을 검토할 때 위 조항에서 유의해야 할 부분이 여럿 있다. 첫째, 이 조항은 컴퓨터 시스템에 접속하기 위해 사용되는 비밀번호 및 기타 데이터와 다른 컴퓨터 범죄를 범하기 위해 사용될 수 있는 장치를 구별하고 있다. 양자는 모두 관련 규정들로 다루어야 한다.

'컴퓨터 비밀번호, 접속코드 또는 이와 유사한 데이터'와 관련하여, 완전성을 위해 이 범죄는 권한 없는 접근을 얻을 수 있는 방법에 관한 설명에도 확장되어야 한다. 컴퓨터 시스템의 취약점을 보여주는 'exploits' 명령처럼 말이다. 그러나 '또는 이와 유사한 데이터'라는 구절은 문제가 있을 수 있다. 일반적인 것은 구체적인 것에 비추어 해석해야 한다는 동종제한의 원칙을 적용하면, 그러한 정보가 비밀번호나 접속코드와 '유사'하지 않다고 주장되는 경우가 있을 수 있다는 점이다.

'장치'와 관련하여 용어 정의는 되어 있지 않지만, 맥락상 하드웨어와 소프트웨어를 모두 포함하는 것으로 해석된다.[8] 특히 '컴퓨터 프로그램'을 포함시킨 것은 바이러스 같은 악성코드나 컴퓨터 시스템에 접속할 수 있도록 고안되거나 개조된 프로그램을 포괄하려는 취지이다.[9] 그러나 정의가 모호하지 않도록 소프트웨어를 명시적으로 포함하는 것이 더 적절할 수 있다.

둘째, 합법적 사용을 허용하면서 불법적 사용과 배포를 제한하는 것 사이에는 분명히 배치되는 부분이 있다. 이러한 성격의 것은 '이중 용도'로서 보안 전문가와 시스템 관리자에 의해 널리 사용되고 있다. 예를 들어 침투 테스트 장치는 보안 취약점을 발견하기 위해 사용되고 있으나, 해커들이 권한 없는 접근을 얻는 방법으로도 사용할 수

---

7 *Ibid.*, Art. 6(3).
8 I. Walden, Computer crimes and digital investigations (New York: Oxford University Press, 2007), p. 193.
9 Cybercrime Convention, Explanatory Report, [72].

있다.[10] 유사하게, 카드 리더기는 상인들이 거래내역을 기록하는 데 사용하지만, 범죄자들이 카드 거래 정보를 불법적으로 읽어내기 위해 사용하기도 한다.[11] 이중 용도를 가진 장치를 배제하고 오로지 또는 특정하게 범죄를 범하기 위해 고안된 장치로 범죄를 제한한다면 입증이 매우 어려워져 제한적으로만 적용되는 결과를 초래할 것이다.[12] 반대로 합법적으로 생산·배포되었든 아니든 모든 장치에 범죄를 적용한다면 너무 광범위해질 것이다. 그러면 그러한 행위의 불법성은 컴퓨터 범죄를 범하려 한 주관적 의도를 입증하는 데 의존하게 될 것이다.[13]

절충적인 입장은 특정한 의도를 요구하되 객관적으로 범죄를 범하는 것을 주된 목적으로 고안 또는 개조된 것만 대상으로 하는 것이다. 이에 따르면 권한 있는 테스트 또는 컴퓨터 시스템 보호는 이 요건을 충족하지 못할 것이다.[14] 추가적으로 '권한 없이' 행해져야 한다는 요건으로 합법적 행위를 보호할 수 있다. 네트워크 분석이나 보안 점검을 위해 만들어진 장치들은 합법적 목적으로 생산된 것이며 '권한이 없다'고 간주되지 않을 것이다.[15]

마지막으로, 이 규정들의 핵심은 넓게 볼 때 무엇이 '거래'에 해당할 수 있는가이다. 즉, 그러한 장치 또는 데이터를 '제작, 판매, 이용 목적 취득, 수입, 배포 또는 다른 방법으로 이를 가능하게 하는 행위'이다.[16] '배포'는 다른 사람들에게 적극적으로 데이터를 보내는 것과 관련되며, '가능하게 하는 행위'는 하이퍼링크를 이용하는 등 온라인에 장치를 두는 것을 말한다.[17] 소지는 특정한 의도가 있을 때만 범죄이며, 단순 소지로는 충분치 않다. 또한, 당사국은 형사 책임을 부과하기 전에 장치 또는 데이터를 특정 수만큼 소지할 것을 요구할 수도 있다.[18] 어떤 경우든 소지한 장치의 수는 의도를

---

10   P. Sommer, 'Criminalising hacking tools' (2006) 3 Digital Investigation 68, 70.

11   Crown Prosecution Service (UK), The Fraud Act 2006, www.cps.gov.uk/legal/d_to_g/fraud_act/#a13.

12   All Party Parliamentary Internet Group, Revision of the Computer Misuse Act: Report of an inquiry by the All Party Internet Group (2004), [73].

13   *Ibid.*

14   Cybercrime Convention, Art. 6(2).

15   Cybercrime Convention, Explanatory Report, [77].

16   *Ibid.*, [72].

17   *Ibid.*

18   Cybercrime Convention, Art. 6(1)(b).

추론할 수 있는 증거가 될 수 있다.[19]

2. 호주

호주의 형법(Criminal Code (Cth)) ss. 478.3, 478.4은 사이버범죄협약으로부터 도출해온 것이므로 위의 기준을 가장 정확히 반영한다.[20] 이는 데이터 보유 또는 통제와 데이터 생산, 획득, 공급 등 두 가지 유형의 범죄로 나뉜다 . 두 가지는 모두 미래의 범죄를 범하거나 용이하게 할 의도와 관련된다는 점에서 예비 범죄에 해당한다. 미래에 범죄를 범하는 것이 불가능하다고 하더라도 둘 중 하나로 유죄를 받을 수 있으며, 이러한 범죄의 미수가 성립하는 것은 아니다.[21]

(1) 데이터 보유 또는 통제

형법 s. 478.3에 의하면 Division 477(컴퓨터 중대범죄)의 범죄를 범하거나 용이하게 하는 데 데이터를 사용할 의도로 데이터를 보유 또는 통제하는 것은 범죄이다.[22] 위에서 살펴본 것처럼 데이터는 전자적이든 유형의 것이든 모든 형태의 정보를 포함한다. 따라서 이 범죄는 비밀번호를 보유하는 것에만 국한되는 게 아니라, 악성코드나 어떻게 컴퓨터 또는 컴퓨터 네트워크의 취약점을 이용하는지에 대한 정보까지도 확장될 수 있다.

s. 478.3(4)은 '보유'에 아래 사항들이 포함되도록 넓게 정의하고 있다.

(a) 데이터를 보관하거나 포함하는 컴퓨터나 데이터 저장 장치를 보유하는 것(예컨대 USB 드라이브에 들어있는 데이터)

(b) 데이터가 기록된 문서[23]를 보유하는 것(예컨대 해킹 기법이나 악성코드에 관한 책

---

19 Cybercrime Convention, Explanatory Report, [75].
20 Model Criminal Code Officers Committee, Chapter 4: Damages and computer offences, Final Report (2001), p. 92.
21 Criminal Code (Cth), ss. 478.3(2)(3), 478.4(2)(3).
22 Criminal Code (Cth), s. 478.3(1)에 따라 최대 3년의 징역에 처한다.
23 문서는 '정보에 대한 모든 기록'으로 광범위하게 정의되어 있으며, '다른 것의 도움을 받거나 받지 않고 음향, 이미지, 서면으로 재생산될 수 있는 모든 것'을 포함한다(Acts Interpretation Act 1901 (Cth), s. 2B.).

이나 동영상)

(c) 호주 밖이든 안이든 다른 사람이 보유하는 컴퓨터에 보관되어 있는 데이터를 통제하는 것(예컨대 다른 사람들이 읽게끔 웹사이트에 둔 정보 또는 클라우드 서버에 저장된 데이터)

지나치게 광범위해지는 문제는 책임 요건으로 어느 정도 해결된다. 사이버범죄협약의 6(1)(c)와 일관되게, 검찰은 피고인이 피고인 또는 다른 사람이 중대한 컴퓨터 범죄를 범하거나 용이하게 하는 데 사용할 의도로 데이터를 보유하였다는 점을 입증해야 한다. 부주의나, 형법 Division 477이 아닌 Division 478의 컴퓨터 범죄 중 하나를 범하거나 용이하게 하려는 의도로는 충분치 않다.

(2) 데이터 생산, 공급, 또는 획득

형법 s. 478.4는 넓게 볼 때 그러한 데이터를 '거래'하는 것이라 할 수 있는 행위를 처벌한다는 점에서 사이버범죄협약의 6(1)(a)(b)와 일치한다. 이 조항에 의하면 본인이나 다른 사람이 Division 477의 범죄를 범하거나 용이하게 하는 데 데이터를 사용하려는 의도로 데이터를 생산, 공급 또는 획득하는 것은 범죄이다.[24] '데이터 생산, 공급, 또는 획득'은 아래를 포함한다.

> (a) 컴퓨터나 데이터 저장장치에 보관 또는 포함된 데이터를 생산, 공급 또는 획득하는 것
> (b) 데이터가 기록된 문서를 생산, 공급 또는 획득하는 것[25]

따라서 이러한 규정들은 데이터를 작성 및 전파하는 사람뿐만 아니라 그것을 획득하는 사람도 포괄할 수 있을 만큼 광범위하다. 예를 들어 웹사이트에서 데이터를 획득하는 것도 이 범죄에 해당할 수 있다. 보유와 관련하여 범죄의 범위는 중대 컴퓨터 범죄를 범하거나 용이하게 하려는 의도를 입증해야 한다는 요건에 의해 상당히 제한된다.

---

24 Criminal Code (Cth), s. 478.4(1)에 따라 최대 3년의 징역에 처한다.
25 *Ibid.*, s. 478.4(4).

3. 캐나다

캐나다에서는 비밀번호 및 유형의 장치와 관련하여 독립된 범죄들이 있다. 캐나다 형법(Criminal Code (Can))의 s. 342.1(1)(d)에 의하면 부정하게 그리고 권한이 없는 걸 알면서(without colour of right) s. 342.1(1)(a)-(c)의 범죄 실행을 가능하게 하는 컴퓨터 비밀번호를 사용, 보유, 밀거래하거나 다른 사람이 비밀번호에 접근하도록 허락하는 것은 범죄이다.[26] '컴퓨터 비밀번호'라는 용어는 '컴퓨터 서비스나 컴퓨터 시스템을 얻거나 사용할 수 있게 해주는 모든 컴퓨터 데이터'라고 정의되어 있다.[27] 패스워드나 다른 접속코드에는 이 조항이 명확히 적용되지만, '컴퓨터 시스템에서의 데이터 처리에 적합한 형태'가 아니라면 컴퓨터 보안상 취약점에 관한 정보나 컴퓨터에 접근하는 것을 용이하게 하는 기타 정보에는 확장되지 않는다.[28]

이 규정이 컴퓨터 시스템을 손상시키는 악성코드에도 적용되는지는 명확하지 않다. s. 430에 의한 컴퓨터 피해죄에는 관련 범죄로 특정하여 언급되어 있진 않지만, s. 342.1(1)(c)에 해당된다. 이 조항은 데이터 또는 컴퓨터 시스템과 관련하여 s. 430의 죄를 범할 의도를 가지고 직간접적으로 컴퓨터 시스템을 사용하거나 사용되도록 하는 것을 범죄로 규정한다. 악성코드를 퍼뜨리는 것은 명확히 이 조항의 죄에 해당하지만, 그 코드 자체가 '컴퓨터 서비스나 컴퓨터 시스템을 얻거나 사용할 수 있게 해주는 컴퓨터 데이터'에 해당하는지는 명확하지 않다. 그 코드가 대상 컴퓨터를 사용할 수 있게 해주는 컴퓨터 데이터이고, 이는 사람이 subs.(c)의 범죄를 범하는 것을 가능하게 해준다고 주장해야 할 것이다. 그렇지만 이렇게 해석하는 것은 부자연스러우므로, 해당 행위는 s. 342.2.으로 기소하는 것이 더 적절할 것이다.

이 조항에 대한 추가적인 제한요건으로서 비밀번호는 어떤 사람이 특정 범죄를 범하는 것을 '가능하게 하는' 것이어야 한다. 잘못된 비밀번호처럼 데이터가 부정확하다면 범죄가 실행되지 않을 것이고 미수 혐의를 적용해야 할 것이다. 이는 아래에서 살펴볼 s. 342.2의 문언과 대조된다.

관련 행위는 비밀번호를 사용, 보유, 밀거래하거나 다른 사람이 비밀번호에 접근하는 것을 허락하는 것이다. 이 맥락에서 '밀거래'란 '판매하거나 캐나다에서 수출 또는

---

26 Criminal Code (Can), s. 342.1(1)에 따라 최대 10년의 징역에 처한다.

27 *Ibid.*, s. 342.1(2).

28 Criminal Code (Can), s. 342.1(2).

캐나다로 수입하거나 배포하거나 기타 다른 방법으로 다루는 것'으로 아주 넓게 정의되어 있다.[29] 또한 '다른 사람이 접근하도록 허락한다'라는 구절은 다른 사람이 다운로드 할 수 있도록 웹사이트나 p2p 네트워크에 비밀번호를 올려두는 사람을 포섭한다. 이는 s. 342.2와는 대조적으로, 비밀번호를 생성하는 행위에는 적용되지 않는다. 그러나, 비밀번호를 생성한 사람은 필연적으로 그 비밀번호를 보유했거나 '다룬' 경우가 많을 것이다. 이 범죄의 폭은 '부정하게 그리고 권한이 없다는 걸 알면서' 그 행위를 해야한다는 요건으로 제한된다.

s. 342.1(1)(d)이 비밀번호 밀거래와 관련되는 반면, s. 342.2(1)은 합법적 이유 없이 's. 342.1 또는 s. 430의 범죄를 범하는 것을 주된 목적으로 고안되거나 개조된 장치로서 정황상 그러한 범죄를 범하는 데 사용되었거나 사용할 의도임이 합리적으로 추론되는 장치'를 제작, 보유, 판매, 판매 목적 제공, 수입, 이용 목적 획득, 배포, 또는 이용 가능하게 만드는 것을 범죄로 규정한다.[30] 이 조항의 문언은 이용료를 지불하지 않고 전기통신 설비나 서비스를 사용할 수 있도록 하는 침입장비나 유사한 장비[31] 또는 장치 보유와 관련된 이전 규정들로부터 도출된 것이다.[32]

이 조항이 중점을 두는 것은 이전 조항과 다소 다르다. '장치'라는 용어에는 장치의 부품뿐 아니라 s. 342.1(2)에 정의된 '컴퓨터 프로그램'도 포함된다.[33] 게다가, 그러한 장치들 다수는 여러 용도가 있을 수 있으므로 ss. 342.1 또는 430의 범죄를 범하는 것을 주된 목적으로 '고안되거나 개조된' 것이어야 한다. 이 요건은 '장치의 유일하거나 주된 목적이' 관련 범죄를 범하는 것이라면 충족된다.[34] 여기에는 카드 스키머나 비밀번호를 획득하기 위한 장치, 또는 데이터를 가로채는 장치 등이 있을 수 있다.[35] 이 조항은 관련 범죄를 범하는 것을 주된 목적으로 고안된 게 아닌 컴퓨터 같은 물건들에는 원칙적으로 적용되지 않는다. 그러나, 신용카드 계정과 관련한 개인식별번호를 기록하기 위해 설치된 디지털 카메라에는 적용된다고 받아들여지고 있다.[36]

---

29 Criminal Code (Can), s. 342.1(2).
30 Criminal Code (Can), s. 342.2(1)(a)에 따라 최대 2년의 징역에 처한다.
31 *Ibid*., s. 351.
32 *Ibid*., s. 327.
33 Criminal Code (Can) s. 342.2(4).
34 R v. Blake (2005) 32 CR (6th) 159 at [97].
35 R v. Singh, 2006 ABPC 156.
36 *Ibid*.

이 범죄의 요건들은 두 부분으로 되어있다. 첫째, 검찰은 피고인이 그 장치로 관련 행위에 참여했다는 것을 입증해야 한다. 그리고 이것이 필수적인 추론을 불러일으키는 정황에서 일어났다는 것을 입증해야 한다.[37] 여기에는 3가지 추론이 있다.

> ① 그 장치가 과거에 그 목적으로 사용되었다는 점
> ② 그 장치가 그 목적으로 사용되도록 의도된 것이라는 점
> ③ 그 장치가 그 목적으로 사용되도록 의도되었었다는 점

이 규정은 피고인이 과거에 그 물건으로 했던 것이나 하려고 했던 것 때문에 그 물건과 관련하여 현재의 행위로 처벌할 수 있다는 점에서 흥미롭다. 피고인을 포함하여 누구든지 그 장치를 사용하거나 사용하려 했을 수 있다. 따라서 이 조항은 예컨대 장치의 의도된 용도를 알면서 단순히 그 장치를 보관하고 있는 사람에게도 적용될 수 있다.[38] 의도된 용도와 관련한 혐의의 경우 그 장치가 실제 그 목적으로 사용됐다는 점을 입증할 필요 없이 범죄가 완성된다.[39] 어떤 특정한 장치가 합법적 목적으로 두루 이용될 수 있다는 사실은 불법적 목적으로 그것을 보유하고 있는 피고인에게 어떤 도움도 되지 않는다.[40]

'합리적 추론을 불러일으키는'이라는 구절은 합리적 의심을 넘어서지만 입증까지는 아닌 무언가를 요구한다는 주장이 있을 수 있다. 예를 들어, 그러한 범죄를 '주된 목적으로 고안되거나 개조된' 장치여야 한다는 점으로 보아 단순 보유는 그러한 목적으로 사용하는 것이 '하나의' 합리적 추론이며 다른 추론들이 가능하다고 해서 그 죄책의 발견을 무효화하지는 않는다는 것이다.

그러나 이 주장은 유사한 규정과 관련하여 대법원에서 기각되었다.

> 형사 입법에서 사용하는 '(죄책에 대한) 합리적 추론'이라는 문구는 합리적 의심을 넘어서 입증한다는 형사법적 기준에 근거하여 항변이나 해명이 없다면 유죄 판결이 보장되는 단 하나의 추론만을 의미할 수 있다. 죄책에 대한 추론은 합리적 의심을 물리치지 않는 한 형사적 맥락에서 합리적이지 않다.[41]

---

37   R v. Holmes [1988] 1 SCR 914 at 943.
38   R v. Fulop (1988) 46 CCC (3d) 427.
39   R v. Millar, 2002 BCSC 489 at [60].
40   R v. Millar [2004] BCJ No. 828 at 12.
41   R v. Holmes [1988] 1 SCR 914 at 944-5.

즉, 범죄가 성립하려면 검찰이 주장하는 추론은 정황상 유일한 합리적 추론이어야 한다.

마지막으로, 이 규정은 '합법적 사유'라는 정당방위의 대상이 된다. 이러한 규정은 원래 예컨대 자신의 네트워크 보안을 시험하기 위해 장치를 사용하는 사람처럼 '무고한 목적'[42]이라는 정당방위를 가능케 할 것이다. 그러나 검찰이 범죄 목적으로 장치를 사용했거나 사용하려 했다는 합리적 추론을 일으키는 정황을 입증해야 한다는 요건이 이 정당방위를 불필요한 것으로 만든다는 점이 받아들여지고 있다.[43] 즉 합법적 사유 쟁점이 발생하기 전에 검찰은 범죄 목적으로 장치를 사용했거나 사용하려 했다는 점을 이미 입증했어야 하는 것이다.

4. 영국

영국의 경우 '해킹 툴' 관련 시장의 확대와 관련한 우려에 대응하고, 사이버범죄협약 Art. 6(1)(a)을 준수하기 위하여[44] 2006년 경찰 및 정의법(Police and Justice Act 2006 (UK))의 s. 37에서 컴퓨터 부정사용법(Computer Misuse Act)에 s.3A를 신설했다. 해당 장에서는 제작 또는 개조부터 공급 또는 공급의 제의, 그리고 공급을 위해 획득하는 행위와 관련한 3개의 범죄를 규정하고 있다.[45]

각 범죄는 컴퓨터 부정사용법(Computer Misuse Act)의 s.1과 s. 3, 또는 3ZA에 의해 규정된 범죄를 범할 때 사용하는 '물건(articles)'과 관련되어 있다. 여기에서의 '물건(article)'은 '전자적인 형태로 저장되어 있는 프로그램 또는 데이터'를 포함하는 것으로 정의된다.[46] 예를 들어 R v. Martin 사건[47]에서 피고인은 s. 3A에 위반한 물건을 생산, 공급 또는 소지한 혐의로 유죄 판결을 받았는데, 그 물건은 DoS 공격에 사용되는 'Jaindos'라는 이름의 소프트웨어와 IP 주소의 위치를 숨기는 데 사용되는 'Cyber

---

42 *Ibid.*, at 946.
43 *Ibid.*, at 947.
44 Explanatory Notes, Police and Justice Act 2006 (UK), [303].
45 Computer Misuse Act, s. 3A(5): 최대 2년의 징역형에 처한다.
46 Computer Misuse Act, s. 3A(4).
47 [2013] EWCA Crim 1420.

Ghost'라는 소프트웨어에서 발견되었다.[48] 포괄적인 정의에 의하면 컴퓨터에 저장되어 있는 패스워드 또는 악성코드와 같은 무체물을 포함할 수 있으나, 무체물에 한정되는 것은 아니다.

첫 번째 범죄는 s. 1과 s. 3, 또는 3ZA에 의하여 범죄로 규정되는 행위를 행하거나 이를 돕기 위해 사용되는 물건을 제작, 개조, 공급하거나 또는 공급을 제의하는 것이다.[49] 사이버범죄협약에서 사용된 '생산(production)'이라는 용어가 보다 적절하다고 할 수 있겠지만, '제작(make)' 그리고 '개조(adapt)'라는 용어의 일반적인 의미는 코드를 작성하는 것과 같이 무형의 데이터를 창작하는 것에도 적용될 수 있는 것으로 보인다. '공급(supply)' 또는 '공급의 제의(offer to supply)'는 실제 물건의 유포와 웹사이트 등을 통하여 이 물건의 사용 가능성을 홍보하는 것 또한 포함할 수 있을 것이다.

이러한 용어들이 합법적인 행위와 위법한 행위를 모두 포함하는 광범위한 것으로 보이지만, 위법한 행위를 범했다고 하기 위해서 검사는 피고인이 그 물건이 관련된 범죄에 사용되거나 또는 그러한 범죄를 돕는다는 고의를 가지고 관련 행위를 행했다는 것을 증명해야 한다. 하지만 그것이 그 방식대로 실제로 사용될 수 있었다는 것을 증명해야하는 것은 아니다. 예를 들어 부정확한 패스워드 또는 작동되지 않는 악성코드를 공급하는 것은 피고인에게 고의가 인정되는 이상 이 장에서 규정하고 있는 범죄가 성립한다고 할 수 있다.

두 번째 범죄는 s. 1과 s. 3, 또는 3ZA에 의하여 범죄로 규정되는 행위를 행하거나 이를 돕기 위해 사용될 것이라고 믿고 관련 물건을 공급하거나 공급을 제의하는 것이다.[50] 이 조항은 공급 또는 공급의 제의의 책임요건에 대해 과실 기준을 적용하는데, 물건을 과실로 생산하거나 개조하는 사람은 없을 것이라는 가정을 전제한다. 이 범죄는 그 물건을 본인이 사용하려는 의도가 없는 상태에서 이에 대한 게시글을 올리거나 또는 다른 방법으로 이에 대한 정보를 유포하였으나, 타인이 이를 사용하여 위법한 행위를 행하거나 타인의 위법 행위를 도울 것이라는 것을 알고 있었던 자에게 적용된다. 이 조항의 문언은 실제의 믿음을 입증해야 함을 암시한다. 이성적인 사람이라면 그러할 것이라고 믿었을 것이라는 추측으로는 충분하지 않다.

많은 기기들의 겸용성을 고려한다면 이 요구사항이 지나치게 광의적이라고 주장할

---

48 [2013] EWCA Crim 1420, at [10], [22].

49 Computer Misuse Act (UK), s. 3A(1).

50 Computer Misuse Act, s. 3A(2).

수 있는데, 특히 그 사용 가능성이 얼마나 되어야 하는지에 대한 정의가 없기 때문이다.[51] 예를 들어 보안성 테스트 소프트웨어와 같은 합법적인 제품의 공급자들 또한 제품이 범죄에 사용되거나 범죄를 용이하게 할 수도 있다는 것을 알 수 있으며, 따라서 법적 책임을 갖게 될 위험이 있다.[52] 이 조항은 해당 물건이 불법적으로 사용될 수 있다는 인식뿐만 아니라, 그렇게 사용될 것이라는 인식도 요구하지만, 구체적인 의도와 함께 '정당한 권한 없이' 범죄가 범해져야 한다는 것을 요구하는 사이버범죄협약보다는 낮은 수준의 기준이다.[53]

세 번째 범죄는 s. 1과 s. 3, 또는 3ZA의 범죄 행위를 행하거나 이를 돕기 위해 사용하는 데 제공하려는 목적으로 물건을 획득하는 것이다.[54] 컴퓨터 부정사용법(Computer Misuse Act)에 의하면, 범죄를 행할 목적이 있다고 하더라도 소지하는 것만으로는 죄가 되지 않는데, 이 조항은 범죄를 범하는 타인에게 제공하기 위한 목적으로 물건을 획득하는 자를 대상으로 한다. 하지만, 중대범죄법(Serious Crime Act 2015)에 대한 최근 개정 사항은 이 범죄를 제공의 의도와 관련 없이, 피고인이 관련 범죄를 행하거나 이를 돕기 위해 사용하기 위한 의도로 물건을 획득하는 상황까지도 포함하도록 확대하였다.[55]

또한 관련하여, 사기에 사용하기 위한 물건을 소지하는 것 또는 사기에 사용하기 위한 물건을 생산 또는 공급하는 것을 생각해볼 수 있다.[56] '물건(article)'은 '전자적인 형태로 저장되어 있는 프로그램 또는 데이터'를 포함한다는 것 이외에 별도로 정의되어 있지 않다.[57] 따라서 그 통상적인 의미를 고려할 때, 이는 '펜과 종이부터 공(空) 신용카드, 신용카드 번호 그리고 정교한 컴퓨터 프로그램까지 모든 것을 포함할 정도로 매우 광의하다.'[58]

이 범죄와 컴퓨터 부정사용법(Computer Misuse Act) 상의 범죄의 결정적인 차이점은

---

51   S. Fafinski, 'Computer misuse: The implications of the Police and Justice Act 2006' (2008) 72 Journal of Criminal Law 53, 81-2.

52   S. Fafinski, 'Computer misuse: The implications of the Police and Justice Act 2006' (2008) 72 Journal of Criminal Law 53, 76.

53   Cybercrime Convention, Art. 6(1).

54   Computer Misuse Act, s. 3A(3).

55   Serious Crime Act 2015 (UK), s. 42. Explanatory Notes, Serious Crime Bill HL, [120]: 이 개정은 정보 시스템에 대한 공격과 관련한 European Directive 2013/40/EU의 이행에 있어 중요하다.

56   Fraud Act 2006 (UK), ss. 6, 7. ss. 6(2)(b): 각각 최대 5년의 징역, 최대 10년의 징역에 처한다. 이 조항은 잉글랜드, 웨일스, 북아일랜드에만 적용된다.

57   Fraud Act 2006 (UK), s. 8.

58   Crown Prosecution Service (UK), The Fraud Act 2006.

관련 행위가 사기와 관련되어 있어야 한다는 것인데, 이는 해킹 툴과 관련한 사건에서 늘 일어나는 일은 아니다. 따라서 관련 물건의 소지 또는 제어는 '사기 행위의 과정에 사용되거나 또는 사기 행위와 관련 있어야 한다'.[59] 이와 유사하게, 피고인은 '사기 행위의 과정에 사용되거나 또는 사기 행위와 관련하여 사용하기 위하여 그것이 고안되었거나 개조되었다는 것을 알면서 또는 … 사기에 사용하거나 사기를 돕기 위하여 사용한다는 의도를 가지고' 그러한 물건을 생산, 개조, 공급하거나 또는 공급을 제의해야 한다.[60] 컴퓨터 부정사용법(Computer Misuse Act) 조항과 같이, 이는 '겸용'의 물건을 다룰 때 중요한데, 이에 대하여는 합리적인 변명의 사유가 없기 때문이다. 예를 들어, '컴퓨터 보안 또는 보안 시스템의 테스트에 사용되는 컴퓨터 소프트웨어 또는 다른 물건을 소지하고 있거나, 이러한 것들의 개발에 관여되어 있는 자는 그러한 물건 또는 프로그램들이 "사기 행위의 과정에 사용되거나 또는 사기와 관련되어 사용된다"는 것에 대한 의도가 없었다는 점에 의존해야 한다'.[61]

5. 미국

관련한 미국의 법조항은 18 USC § 1029 및 1030(a)(6)에서 찾아볼 수 있는데, 이는 관련 조항 중에서 가장 복잡하고 세부적이다.

(1) 18 USC § 1029

'접근 장치와 연관된 사기 및 관련 행위'라는 제목의 1029조는 10개의 개별 범죄를 규정하고 있는데, 여기에는 접근 기기의 소지, 생산, 사용 또는 밀매가 포함된다.[62] 이 조항은 '피싱,' 즉 계정 정보를 획득하거나 계정 정보 또는 '카딩(carding)'을 구매, 판매 또는 전송하기 위해 가짜 이메일을 사용하는 행위의 기소를 위해 흔히 사용된다.[63]

---

59 Fraud Act 2006 (UK), s. 6.
60 Fraud Act 2006 (UK), s. 7.
61 Crown Prosecution Service (UK), The Fraud Act 2006.
62 이 조항에 대한 벌칙은 18 USC § 1029(c)에 있다.
63 Computer Crime and Intellectual Property Section Criminal Division, Prosecuting computer crimes, manual (US Department of Justice 2010), pp. 102-3.

각 조항을 개별적으로 살펴보기보다 이러한 범죄 행위의 범위를 결정하는 '접근 기기(access device)'의 의미를 살펴보고자 한다.

'접근 기기(access device)'

'접근 기기(access device)'는 아래와 같이 구체적으로 정의된다.

> 단독으로 또는 다른 접근 기기와 함께, 돈, 재화, 서비스 또는 다른 가치 있는 것을 획득하기 위해 사용될 수 있거나, 또는 (문서만으로 인해 시작되는 전송과는 달리) 자금의 전송을 시작하기 위해 사용될 수 있는 카드, 판, 코드, 계정 번호, 전자적 시리얼 번호, 모바일 식별 번호, 개인 식별 번호, 또는 다른 전자통신 서비스, 장비, 또는 기기의 식별자, 또는 기타 계정 접근의 수단[64]

이 조항은 1980년대 신용 카드 사기 발생이 증가함에 따라 이에 대응하기 위해 처음 입법된 것으로, 디지털 형태의 접근 기기를 위한 것은 아니었다.[65] 그럼에도 불구하고, 입법적 연혁은 '접근 기기(access device)'라는 용어가 '기술적 발전을 충분히 포함할 수 있도록 광의적인 것으로 의도되었고,'[66] 이 용어는 신용 카드 계정 번호,[67] 가맹점 계정 번호,[68] 공(空) 신용 카드,[69] 소매용 상품권,[70] 장거리 전화 통화에 사용되는 접근 코드,[71] ATM의 PIN,[72] '복제된' 모바일 전화[73]는 물론 휴대폰의 전자 시리얼 번호

---

64   18 USC § 1029(e)(1).

65   US v. Caputo, 80 F 2d 963 at 966 (2nd Cir. 1987).

66   US v. Brewer, 835 F 2d 550 at 553 (5th Cir. 1987). See also US vs. Dabbs, 134 F 3d 1071, at 1080-1 (11th Cir. 1998).

67   US v. Caputo, 808 F 2d 963 at 966 (2nd Cir. 1987); US v. Taylor, 945 F 2d 1050 (8th Cir. 1991).

68   US v. Dabbs, 134 F 3d 1071 (11th Cir. 1998).

69   US v. Nguyen, 81 F 3d 912 (9th Cir. 1996).

70   US v. Truong, 587 F 3d 1049 (9th Cir. 2009).

71   US v. Brewer, 835 F 2d 550 (5th Cir. 1987).

72   US v. Brewer, 835 F 2d 550 at 553 (5th Cir. 1987). Also see US v. Dabbs, 134 F 3d 1071 at 1080-1 (11th Cir. 1998).

73   US v. Sepulveda, 115 F 3d 882 (11th Cir. 1997): 즉 허가되지 않은 전화가 가능하게 하는 가짜 식별 정보가 프로그래밍 된 모바일 폰은 가입자 계정으로 요금이 청구된다.

(ESNs, Electronic Serial Numbers)와 모바일 식별 번호(MINs, Mobile Identification Numbers)[74]
에도 적용될 수 있다고 주장되어 왔다. 하지만 이는 본질적으로 사기와 관련되어 있기 때문에, 해킹 방법 또는 소프트웨어와 같은 다른 관련 물건에 적용되지 않는다는 것을 의미한다.

범죄를 구성하기 위해서 접근 기기가 유효해야 한다는 요구사항은 없다.[75] 하지만, 숫자는 실제 계정과 일치해야 하고, 실제의 계정 번호를 나타내지 않는 숫자 문자열은 이 장에서의 '접근 기기'가 아니다.[76]

'단독으로 또는 다른 접근 기기와 함께'라는 문구는 '접근의 수단 그 자체로 결제를 완성시키기에 충분하거나, 다른 접근 기기와 함께 사용되어야 하는지와 관계없이, 재화 또는 서비스를 획득하기 위해 사용될 수 있는 계정 접근의 수단'까지 접근 기기의 정의를 확장시킨다.[77] '함께 사용되다'라는 용어는 정의되지 않았으며, 통상적인 의미로 사용되는데, 이에 따르면 '재화 또는 서비스를 획득하기 위한 목적으로, 다른 접근 기기와 함께 공히 사용되는 계정 접근의 수단'을 포함한다.[78] 접근 기기가 아닌 다른 기기가 더 필요하다고 해서 이 조항의 적용이 배제되지 않는다.

예를 들어 US v. Sepulveda 사건[79]에서, 피고인은 여러 개의 복제된 휴대폰과 함께, 폰에 프로그래밍 되어 있지 않은 ESNs과 MINs을 소지한 것으로 확인되었다. ESNs과 MINs는 '계정 접속의 수단'이고, 휴대폰에 내장되어 있는 마이크로 칩은 다른 유형의 계정 정보를 저장하고 전송하는 데 사용되는 '카드'와 '판'과 유사하므로 다른 '계정 접근의 수단'을 성립하기에 충분했다.[80] 이 번호들은 피고인이 전문 소프트웨어를 사용함으로써 휴대폰에 프로그래밍 되었어야 했다. 이 과정이 접근 기기가 아닌 다른 기기의 사용을 요구한다는 사실은, 계정 접근의 수단(마이크로 칩)이 접근 기기(ESN, MIN)와

---

74 US v. Sepulveda, 115 F 3d 882 (11th Cir. 1997).

75 US v. Brewer, 835 F 2d 550 at 554 (5th Cir. 1987). See also US v. Taylor, 945 F 2d 1050 (8th Cir. 1991) in relation to the use of valid but unassigned American Express credit card numbers.

76 US v. Humes, 312 F Supp 2d 893 at 898 (ED Mich. 2004), citing US v. Bailey, 41 F 3d 413 at 417 (9th Cir. 1994).

77 US v. Sepulveda, 115 F 3d 882 at 887 (11th Cir. 1997).

78 US v. Sepulveda, 115 F 3d 882 at 886 (11th Cir. 1997).

79 US v. Sepulveda, 115 F 3d 882 at 886 (11th Cir. 1997).

80 US v. Sepulveda, 115 F 3d 882 at 886 (11th Cir. 1997).

'함께' 사용된다는 것을 배제하지 않는다.[81]

위조되거나 허가되지 않은 접근 기기

'위조된 접근 기기(counterfeit access device)'는 '위조되거나, 허구이거나, 변경되거나, 모조된 접근 기기, 또는 접근 기기 또는 위조된 접근 기기의 식별 가능한 요소'를 의미하는 것으로 정의된다.[82] '허가되지 않은 접근 기기(unauthorised access device)'는 '분실되거나, 도난당하거나, 만료되거나, 폐기되거나, 취소되거나, 또는 기망할 의도로 획득된 접근 기기'를 의미한다.[83] 따라서 '허가되지 않은' 기기는 '분실되거나, 도난당하거나, 또는 폐기된 기기'를 포함하는 반면, '위조된' 기기는 '허구이거나, 변경되거나, 모조된 기기'를 포함한다.[84]

하나의 접근 기기가 동시에 위조된 것이면서 허가되지 않은 것일 수 없다는 주장이 제기되었다. US v. Brewer 사건[85]에서, 피고인은 유효한 접근 번호를 맞추기 위하여 장거리 전화 회사에 다수의 전화를 걸어 일련의 번호들을 입력했다. 이를 통해서 그는 약 30개의 유효한 접근 코드를 축적했으며, 잠입수사 중인 비밀 요원들에게 여러 개의 번호를 판매했다. 그는 18 USC § 1029에 위반하여 위조되고 허가되지 않은 접근 기기를 소지하고 이를 밀매한 혐의로 유죄 판결을 받았다.

피고인은 '접근 코드는 완전히 모조되거나 변경되어 위조이거나, 진짜이지만 권한 없이 소지되어 허가되지 않았거나, 둘 중 하나'이므로, 위조된 접근 기기 밀매 혐의에 대한 유죄 판결과 허가되지 않은 접근 기기 소지 혐의에 대한 유죄 판결은 양립할 수 없다고 주장했다.[86] 이러한 견해는 위조되거나 또는 허가되지 않은 접근 기기의 소지에 대해 다루고 있는 subs. (a)(3)를 인용한 것이라고 할 수 있다.[87]

이 주장은 기각되었다. 두 가지 유형의 접근 기기에 대한 정의상 구별점이 존재하기는 하지만, 이것이 하나의 접근 기기가 두 가지 정의 모두에 해당될 수 없다는 것

---

81 US v. Sepulveda, 115 F 3d 882 at 888 (11th Cir. 1997).

82 18 USC § 1029(e)(2).

83 18 USC § 1029(e)(3).

84 Computer Crime and Intellectual Property section Criminal Division, Prosecuting computer crimes, p. 104.

85 835 F 2d 550 (5th Cir. 1987).

86 835 F 2d 550 at 553 (5th Cir. 1987).

87 835 F 2d 550 at 553 (5th Cir. 1987).

을 의미하지는 않는다. 이 사건에서의 접근 코드는, '허구이고' '모조되었기' 때문에 '위조된 것'인 동시에, '기망할 의도'를 가지고 획득되었기 때문에 '허가되지 않은 것'이었다.[88]

법원은 또한 피고인이 유효한 코드를 추측한 것이므로 그 코드가 위조된 것일 수 없다는 점을 들어 그의 주장을 기각하기도 했다. 피고인은 시스템으로부터 유효한 코드를 '획득한' 것이 아니고, 유효한 코드와 매치되는 코드를 만들어낸 것이다. 법원은 '유추하자면, 가짜 신용 카드를 생산한 자는 그 카드에 유효한 계정과 매치되는 번호를 부여하게 되었으므로 "위조범"이다.'라고 판시하였다.[89]

(2) 18 USC § 1030(a)(6)

18 USC § 1030(a)(6)은 기망의 고의를 가지고, '컴퓨터에 권한 없이 접근할 수 있는 패스워드 또는 유사한 정보'를 수송하는 것[90]으로서 (A) 그러한 수송이 주 간의 또는 외국의 상업에 영향을 주거나, 또는 (B) 그러한 컴퓨터가 미국 정부에 의해 사용되거나 미국 정부를 위해 사용되는 경우를 범죄로 규정한다.

다른 국가들과는 다르게 이 조항은 정보에만 적용되며, '기기'에는 적용되지 않는다. 패스워드와 함께 이 조항은 '컴퓨터에 권한 없이 접근할 수 있는 유사한 정보'에도 확장된다. 그러한 접근을 용이하게 하는 소프트웨어, 심지어는 어떻게 허가되지 않은 접근을 획득할 수 있는지에 대한 설명까지 이러한 정보에 포함된다고 주장될 수 있다. 이러한 해석은 정의 조항의 배경이 되는 입법적 의도와 일치하는 것인데, 입법적 의도는 '고전적인, 하나의 단어로 된 패스워드 뿐만 아니라, "타인의 컴퓨터에 접근할 수 있는 방법에 대한 길고 보다 상세화 된 설명"에까지 이 조항을 적용하는 것'이다.[91] 하지만 그러한 정보가 패스워드와 '유사한'지 여부는 명확하지 않으며, 허가되지 않은 접근을 허락하기보다 데이터를 손상시키기 위해 고안된 악성코드에 이것이 적용될 수 있는지도 명확하지 않다. 또한 접근을 허가하기 위한 목적으로 만들어졌으나 실제로는 가

---

88   835 F 2d 550 at 553 (5th Cir. 1987).

89   835 F 2d 550 at 554 (5th Cir. 1987).

90   18 USC § 1030(e)(5): '수송(traffic)'이라는 용어는 '전달, 또는 기타 방법으로 타인에게 처분하거나, 또는 전달 또는 처분의 의도로 이를 획득하는 것'으로 정의된다.

91   A. H. Scott, Computer and intellectual property crime: Federal and state law (Washington DC: The Bureau of National Affairs, Inc., 2001), p. 103.

짜인 정보에도 적용되지 않는 것으로 보이는데, 예를 들면 부정확한 패스워드를 들 수 있다. 엄격하게 해석한다면 그러한 정보는 컴퓨터에 정당한 권한 없이 접근할 수 있도록 하는 정보로 보기보다는, 그러한 시도로서 처벌받아야 한다.[92]

한편, 이 조항에는 두 가지 주관적 요건이 있다. 첫 번째는, 그러한 정보를 고의로 수송해야 한다는 것이다. 두 번째는 기망의 의도로 그러한 행위를 해야 한다는 것이다. 이는 컴퓨터 사기의 맥락에서 발생한 조항의 근원을 반영하는 것으로, 컴퓨터에 접근하기 위해 사용되었으나 기망할 의도가 없었던 다른 형태의 데이터에 적용될 수 없도록 조항의 범위를 한정하는 것이다.

---

92   18 USC § 1030(b).

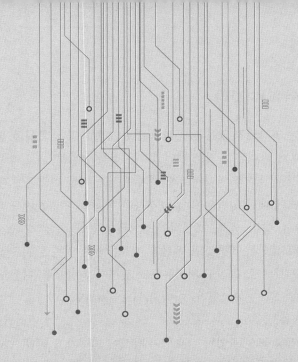

제6장

데이터 감청

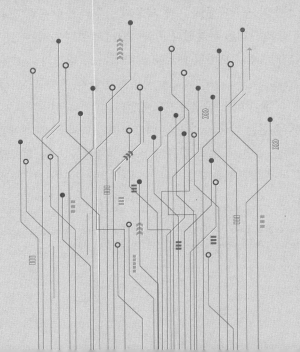

1. 전기통신 속성의 변화

지난 장에서는 인가되지 않은 접근과 관련한 범죄들이 진화해 컴퓨터에 저장된 데이터에 대한 보호와 관련된 문제로 이어졌다는 것을 살펴보았다. 이번 장에서는 다음 단계, 즉 데이터가 컴퓨터를 떠나서 타인에게 통신될 때의 취약점에 대해 살펴볼 것이다. 통신되는 정보에 대한 인가되지 않은 사용은 통신 그 자체로서도 다양하게 이루어질 수 있지만, 간섭, 탈취, 왜곡, 경제적인 첩보활동 등을 수반하기도 한다.

과거에 대량의 통신은 전통적인 우편과 전화통신에 의존했다. 인터넷은 엄청나게 많은 정보가 쉽고 빠르게, 그리고 저비용으로 전세계에 전달될 수 있도록 함으로써 우리가 통신하는 방식을 변화시켰다. 이메일, SMS/MMS(단문 메시지 서비스/멀티미디어 메시지 서비스, short messaging service/multimedia messaging service)와 인스턴트 메시지(IM)는 개인 간 또는 사업상 통신에 있어 선호되는 방식이 되어가고 있다. VoIP 및 이와 유사한 메커니즘은 인터넷을 통한 실시간 시청각 통신 서비스를 제공함으로써 전통적인 전화와 대적하고 있다. 기술의 집약으로 인해 휴대폰이 이제는 작은 네트워크를 구성하는 컴퓨터가 되었다. 이러한 연결성의 증가는 이에 상응하는 만큼의 데이터 감청 가능성의 증가를 수반한다.

통신에 대한 인가되지 않은 감청과 관련된 범죄는 새로운 것이 아니며 여러 국가에서 발견되고 있다. 이러한 범죄는 공공 전화통신 네트워크 상의 전화 통화에 대한 감청과 관련된 법률 조항으로부터 생겨났으며, 이와 관련하여 생겨나고 있는 많은 문제점들은 기존 법률 조항을 디지털 통신에 적용하는 것과 관련되어 있다. 감청은 전기 통신의 주된 방식이 소수의 공급자들에 의해 제공되는 구리선을 통해 전송되는 전화 통화였을 때에는 비교적 직관적인 문제였다. 반면 2011년 호주에서는 '287개의 고정 회선 전화 서비스 공급자, 3개의 모바일 네트워크 사업자, 176개의 VoIP(인터넷 프로토콜을 사용한 전화통화, Voice over Internet Protocol) 서비스 공급자, 33개의 위성 통신 서비스 공급자와 97개의 인터넷 서비스 공급자'[1]가 있었다.

따라서 현대의 통신은 각국의 다양한 네트워크와 각자 다른 매체를 통해 목적지에 도달할 것이다. 예를 들면, 노트북 컴퓨터 또는 휴대폰을 통해 전송된 이메일은 무선 네트워크를 통해 라우터로 전송되고, 라우터에서 다양한 구리선, 광섬유, 전파의 조합

---

1   Attorney General's Department (Australia), Equipping Australia against emerging and evolving threats, Discussion Paper (July 2012), p. 18.

을 통해 전기통신 네트워크로 전송되어 수신자에게 전달된다. 인터넷 통신은 가장 효율적인 경로로 자동으로 라우팅되며, 다양한 관할권에 있는 수많은 서버들을 거쳐 목적지로 전송된다. 그러한 전달 과정에서 통신은 다양한 거점에서 전송을 기다리는 시간동안 저장된다.

이것이 다양한 법 영역의 복합체라고 말하는 것은 상당히 절제된 표현이다. 이 분야의 복잡성, 분쟁, 개혁은 법집행 기관의 감시·감독 역량과 연결된다. 특히 미국의 경우 판례법과 평석은 수정 헌법 제4조, 불합리한 압수·수색으로부터의 보호와 관련된 조항의 영향을 크게 받는다. 여기에서는 다른 장에서 살펴본 것처럼 디지털 감시를 둘러싼 절차적 문제에 집중하지 않을 것이다. 그보다는 '사이버범죄협약'에서 규정된 바와 같이 인가되지 않은 데이터 감청 행위에 대한 실체법적 위법 행위에 대해 살펴볼 것이다.

2. 법적 구조

(1) 사이버범죄협약(Cybercrime Convention)

데이터 감청과 관련된 범죄는 제2장 제1절 제1편(Chapter II, Section 1, Title 1), '컴퓨터 데이터와 시스템의 기밀성, 무결성 및 유용성에 대한 범죄'에서 찾아볼 수 있다. 제3조에 의하여 당사국은 '컴퓨터 시스템에서 컴퓨터 데이터를 전자적으로 방출하는 것을 포함하여, 컴퓨터 시스템을 향해서, 또는 컴퓨터 시스템으로부터, 또는 컴퓨터 시스템 내부에서 컴퓨터 데이터를 비공개 전송하는 것을 기술적인 수단을 이용하여 권한 없이 감청하는 행위'에 대한 조치를 취해야 한다. 이 조항은, 전통적으로 전화 통화에 대해 프라이버시권리를 보호해왔던 것처럼, 모든 형태의 전자적인 데이터 전송의 프라이버시권리의 보호를 목적으로 한다.[2] 다른 범죄들처럼 감청은 '고의'로 '권한 없이' 행해져야 한다. 당사국은 '또한 이 범죄가 부정한 의도로 행해지거나, 또는 다른 컴퓨터 시스템과 연결된 컴퓨터 시스템과 관련하여 범죄가 행해질 것을 요건으로 할 수도 있다.'[3]

---

2 Cybercrime Convention, Explanatory Report 51.
3 Cybercrime Convention Art. 3.

이 조항과 관련해 여러 가지 부분에 주목해 볼 수 있다. 첫 번째, 컴퓨터 데이터의 '비공개' 전송에 대해 적용된다는 점이다. '비공개(non-public)'라는 용어는 전송되는 데이터의 성질을 나타낸다기보다는, 통신 과정의 성질을 나타내는 것이다.[4] 따라서 이 조항은 당사자들이 비밀스러운 정보의 통신을 원하는 이상, 공개되어 있는 공중망을 통한 데이터 통신에서도 적용될 수 있다.

두 번째, '기술적 수단(technical means)'을 이용한 감청은 '과잉 범죄화를 방지하기 위한 제한 요건'이다.[5] 이는 다음 내용과 관련된다.

> 데이터의 내용을 획득하기 위해서 직접 컴퓨터 시스템에 접근하여 이를 사용하거나, 또는 간접적으로 전자적 감청장치를 사용해서 통신의 내용을 듣거나, 모니터링 하거나, 감시하는 것[6]

'기술적 수단'은 '유선에 고정된 기술 장치뿐만 아니라 무선 통신을 수집하거나 기록하는 것'을 포함한다. 또한 소프트웨어, 패스워드 및 코드를 사용하는 것도 포함한다.[7]

'컴퓨터 시스템에서 컴퓨터 데이터를 전자적으로 방출'한다는 표현은 컴퓨터의 영상표시장치(VDU, video display unit)로부터 방출된 전자기파를 감지할 수 있는 감시 장치의 사용과 관련된 문제가 있었던 컴퓨터 사용 '초기'를 떠오르게 한다.[8] 그러한 방출은 제1조의 '데이터'에 대한 정의에 부합하지 않지만, 데이터는 그러한 방출을 통해서 재구성될 수 있다.[9] 이는 사이버범죄협약 초안이 만들어졌을 때에는 통용되던 이슈였지만, 영상표시장치(VDU) 기술이 변화되어 더 이상 음극선 방출에 의존하지 않게 되었기 때문에 현재에는 큰 문제가 되지 않는다.

세 번째, 이 조항은 구체적으로 컴퓨터 시스템 '내부'의 감청에 적용된다. 인터넷은 '컴퓨터 시스템'의 가장 확실한 예시라고 할 수 있지만, 랜(LAN) 또는 가정 내의 무선 네트워크와 같이 한 사람 또는 기관에 속하는 두 대의 컴퓨터 사이에서도 이 조

---

4   Cybercrime Convention, Explanatory Report 54.
5   Ibid.
6   Ibid.
7   Ibid.
8   Scottish Law Commission, Report on computer crime, Final Report No. 106 (1987), [2.10].
9   Cybercrime Convention, Explanatory Report 57.

항이 적용될 수 있다.[10] 그렇지만 당사국은 원격으로 연결된 컴퓨터 시스템 사이에서 전송되는 통신이라는 추가적인 요건을 둠으로써 한 대의 컴퓨터 시스템 내의 통신 또는 직접적으로 연결된 컴퓨터 시스템 내의 통신에 대한 감청은 처벌하지 않도록 할 수 있다.[11]

또한, '컴퓨터 시스템'의 개념은 무선 연결을 포함할 수 있지만, 비교적 개방되어 있고 쉽게 접근 가능하여 감청의 가능성이 높은 비공개의 무선 통신에 대한 감청을 처벌해야 한다는 것을 의미하지는 않는다.[12] 이러한 제한은 블루투스 및 전파를 이용하여 비교적 단거리 내에서 데이터 통신을 하는 다른 기기들을 고려할 때 관련성이 있다.

마지막으로, 형사적 책임을 묻기 위해서 감청은 '권한 없이' 이루어져야 한다. 권한 없는 감청이 아닌 감청의 예를 들자면, 통신 당사자들의 동의를 얻는 경우, 서비스 제공자가 공인 테스트를 진행하는 경우, 또는 사법 집행 또는 법적 감시의 목적으로 적절한 절차에 따라 인가된 경우가 있다.[13]

따라서 사이버범죄협약은 불법 감청과 관련하여 큰 틀을 제시하는 데 그친다. 인가되지 않은 접근 관련 범죄와 중첩되는 부분이 있을 수 있지만 두 가지 카테고리 간 차별성을 유지하는 것이 바람직하다고 여겨진다.[14]

(2) 호주

호주에서의 주요한 연방 조항은 1997년 통신(감청 및 접근)법(Telecommunications Interception and Access Act 1979, TIA Act) s. 7(1)이다. 이는 다음과 같이 규정하고 있다.

> 누구든지 전기 통신 시스템을 통해 전송되는 통신과 관련하여 다음과 같은 행위를 하여서는 안된다.[15]
> (a) 감청하는 행위
> (b) 타인으로 하여금 감청을 하도록 권한을 부여하거나, 강요하거나, 허락

---

10 Cybercrime Convention, Explanatory Report 55.
11 *Ibid*.
12 Cybercrime Convention, Explanatory Report 56.
13 Cybercrime Convention, Explanatory Report 58.
14 Cybercrime Convention, Explanatory Report 59; Law Commission (UK), Computer Misuse, Working Paper No. 110 (1988), [3.32].
15 통신법 s. 105(2)에 의하여 최고 2년의 징역에 처하며, 동법 2-10편에 의하여 민사적 구제도 가능하다.

하는 행위

(c) 본인 또는 타인으로 하여금 감청을 할 수 있도록 하는 모든 행위 또는 모든 것

'저장된 통신(stored communication)'의 경우 더 이상 전기통신 시스템을 통해 전송되지 않는다. 저장된 통신에 대한 접근에 대하여는 통신법 제3장, s. 108(1)에서 다음과 같이 규정하고 있다.

다음과 같은 경우 형사처벌을 받는다.[16]

(a) 다음의 행위를 하는 자

(i) 저장된 통신에 접근하는 행위

(ii) 타인으로 하여금 저장된 통신에 접근하도록 권한을 부여하거나, 강요하거나, 허락하는 행위

(iii) 본인 또는 타인으로 하여금 저장된 통신에 접근할 수 있도록 하는 모든 행위 또는 모든 것

(b) 아래 사항을 모두 알지 못하고 위 행위를 하는 자

(i) 저장된 통신을 고의적으로 수신한 자

(ii) 저장된 통신을 송신한 자

영장에 의한 경우나 서비스 제공자들의 법적 행위 및 동의에 의한 경우는 감청 또는 접근을 불법으로 보지 않는다.[17]

호주와 같은 연방 시스템 하에서, 전기 통신 시스템에 이러한 조항들을 적용하는 것은 연방 관할권의 중요한 기초가 된다. 헌법 Section 51(v)은 연방정부로 하여금 '우편, 전신, 전화 및 이와 같은 서비스'와 관련하여 법률을 제정할 수 있는 권한을 부여한다.[18] 연방법(Commonwealth Act)은 이러한 분야를 포함하여 다른 주의 규제에 의해 전

---

16 통신법 s. 108(1)에 의하여 최고 2년의 징역에 처하며, 동법 3-7편에 의하여 민사적 구제도 가능하다.

17 통신법 s. 108, ss. 7 및 Parts 2-2 내지 2-5, 3-2, 3-3 참고.

18 연방정부가 사이버범죄협약을 비준하여 외부적인 권한에 의해 법률을 제정할 수 있게 되었기 때문에 사이버범죄와 관련하여 이러한 조항은 현재 그 중요도가 낮다고 할 수 있다.

기 통신의 감청이 통제되지 않도록 한다.[19] 이러한 의사결정이 전화 통화의 감청과 관련되었다 하더라도, 전기 통신 네트워크를 통한 전송 과정에서 일어나는 모든 종류의 통신에 대한 감청은 연방법에 의해 포괄적으로 규제될 수 있다.[20]

(3) 캐나다

새로운 통신 기술에 대응하는 면에 있어서 캐나다의 입법 체계는 발달되지 않았으며, 마지막으로 있었던 주요한 개혁 시도가 통과되지 못함으로써 이 분야의 개혁이 어렵다는 것이 입증되었다.[21]

전기 통신 감청과 관련된 주요한 조항은 캐나다 형법 제6편 '프라이버시 침해(Invasion of Privacy)'에서 찾아볼 수 있다. Section 184(1)에서는 누구든지 모든 '전자기적, 음향적, 기계적 또는 기타 장치'[22]를 사용하여 고의적으로 '개인의 통신'[23]을 감청하는 것을 불법으로 규정하고 있다.

사이버범죄와 관련된 또 다른 조항은 캐나다 형법 s. 342.1(1)(b)로, 이는 전기 통신을 수반하지 않는 감청에 관한 것이다. 이는 부정한 방법으로, 그리고 정당한 권한이 없이, '전자기적, 음향적, 기계적 또는 기타 장치'를 사용하여 컴퓨터 시스템의 기능을 직접적 또는 간접적으로 감청하거나 감청할 수 있게 만드는 행위를 불법으로 규정하고 있다.[24]

정당한 권한 없는 감청의 예외에는 영장에 의하는 경우, 서비스 제공자들의 법적

---

19 Edelsten v. Investigating Committee of New South Wales (1986) 7 NSWLR 222 at 230, citing Miller v. Miller (1987) 141 CLR 269 at 276. Also see R v. Catena (2012) 273 FLR 469 at 475, 488-9.

20 New South Wales Law Reform Commission, Surveillance: Final report, Report 108 (2005), [2.3]; Victorian Law Reform Commission, Surveillance in public places, Final Report 18 (2010), p. 22.

21 Bill C-74, Modernization of Investigative Techniques Act (2005), reinstated in 2007 as Bill C-416 and in 2009 and 2011 as Bill C-285: see Parliament of Canada, Private Member's Bill 40th Parliament, 2nd Session (2009).

22 캐나다 형법 s. 183에서는 '정상적인 청력보다 좋지 않은 청력을 교정하기 위해 사용되는 보청기를 제외하고, 개인의 통신을 감청하는데 사용되거나 사용될 수 있는 모든 기기 또는 장치'라고 정의한다.

23 최고 5년의 징역에 처한다. 캐나다 형법 Section 184.5는 같은 용어를 사용하고 있지만 무선 통신과 관련되며, 또한 감청이 악의적으로 또는 이익을 위하여 감청이 이루어질 것을 요한다.

24 최고 10년 이하의 징역에 처한다.

조치 및 동의가 있는 경우가 있다.[25] 하지만 Part 6에서 감청이 허가되지 않은 공개에 대한 처벌도 규정하고 있다.[26]

(4) 영국

영국에서는 기존의 입법이 충분하지 않았기 때문에 통신의 방법 또는 통신 감청이 이루어지는 시점에 관계없이 통신의 감청에 대한 단일의 법적 구조를 제공하기 위한 목적으로 2000년 수사권한규제법(Regulation of Investigatory Powers Act 2000, RIPA)이 제정되었다.[27] RIPA s. 1(1)-(2)에 의하면, 누구든지 공공의 또는 개인의 전기 통신 시스템을 사용하여 전송 중인 모든 종류의 통신을 고의적으로, 그리고 법적 권한 없이, 영국 내의 모든 장소에서 감청하는 행위는 불법으로 규정하고 있다.[28] 감청이 합법적인 경우는 영장에 의한 경우,[29] 서비스 제공자의 법적 조치,[30] 시스템을 작동하거나 사용할 수 있는 권한이 있는 사람의 동의 또는 묵시적인 동의가 있는 경우[31]가 있다.

(5) 미국

한 유명한 학자는 미국의 감청 관련법에 대해 '완전히 불가해한 것은 아니라고 하더라도 대단히 복잡하다'[32]고 평했으며, 법원은 '난해하고',[33] '혼란스럽고 명확하지

---

25   캐나다 형법 ss. 184(2), 184.1, 184.2, 184.4.

26   캐나다 형법 ss. 193, 193.1.

27   Y. Akdeniz, N. Taylor and C. Walker, 'Regulation of Investigatory Powers Act 2000 (1): BigBrother.gov.uk: State surveillance in the age of information and rights' (2001) Criminal Law Review 7. It was also necessary to implement EC directives relating to personal data and telecommunications privacy; R v. Coulson [2014] 1 WLR 1119 at 1122.

28   RIPA s. 1(7)에 의하여, 최고 2년의 징역에 처한다.

29   감청 영장과 관련한 조항은 RIPA ss. 5-11 및 무선전신법(Wireless Telegraphy Act 2006 (UK)) ss. 48-9에서 찾아볼 수 있다.

30   RIPA s. 3(3).

31   RIPA ss. 1(6), 3(1)(2). R v. Stanford [2006] EWCA Crim 258 at [20]-[22]에 의하면 '권한이 있는(right to control)'의 의미는 단순히 시스템에 대한 접근 또는 작동 권한이 있는 것이 아니라, 시스템에 대한 접근 또는 작동을 허락하거나 금지할 수 있는 권한이라고 한다.

32   O. S. Kerr, 'Lifting the "fog" of internet surveillance: How a suppression remedy would change computer crime law' (2003) 54 Hastings Law Journal 805, 820.

33   US v. Smith, 155 F 3d 1051 at 1055 (9th Cir. 1998).

않으며,'[34] '증거법적 악몽'[35]으로 묘사한 바 있다. 감청법 관련 주요 개혁은 1986년 전기통신 프라이버시법(Electronic Communications Privacy Act, ECPA)로 인해 일어났는데, ECPA가 인터넷과 월드 와이드 웹(World Wide Web)의 등장 이전에 만들어졌기 때문에 여러 문제가 발생했다. 그 결과로 현존하는 법적 구조는 현대의 통신 형태를 다루기에 부적절[36]하며 시대에 뒤처진다.[37] CFAA와 함께, 민사 책임 관련 조항은 이 분야에 있어 주요한 법적 기반을 제공하였다.[38] ECPA는 1968년의 범죄 단속 및 길거리 치안 종합법(Omnibus Crime Control and Safe Streets Act of 1968)의 제3편을 수정하여, 이를 세 개의 편으로 조정하였다.[39]

제1편 도청법(Wiretap Act)은 내용의 감청에 대해 규율한다.[40] 구체적으로 USC 18 §2511(1)(a)는 모든 유선 통신, 대화 및 전기 통신을 감청하거나, 감청을 시도하거나, 타인으로 하여금 감청을 하거나 감청을 시도하도록 하는 고의의 행위를 처벌하고 있다.[41] '구두의 대화(oral communication)'란 감청의 대상이 되지 않을 것이라는 정당한 기대 하에 행하는 발화를 의미하며,[42] '유선 통신(wire communication)'이란 본질적으로 전기 통신 네트워크를 통해 전송되는 대화를 의미한다.[43] '전기 통신(electronic communication)'이라는 단어가 등장하기 이전에, 컴퓨터 데이터에 대한 감청은 '유선 통신(wire communication)'에 포함되지 않았다.[44]

제2편 저장통신법(Stored Communications Act, SCA)은 저장된 통신에 대해 규율한다.[45] 이 법은 저장된 통신의 공개와 관련한 절차적인 규정에 지나치게 집중하기 때문

---

34 Konop v. Hawaiian Airlines Inc., 302 F 3d 868 at 874 (9th Cir. 2002).

35 US v. Councilman, 245 F Supp 2d 319 at 321 (D Mass. 2003).

36 Konop v. Hawaiian Airlines Inc., 302 F 3d 868 at 874 (9th Cir. 2002).

37 O. S. Kerr, 'The next generation Communications Privacy Act' (2013) 162 University of Pennsylvania Law Review 373, 375.

38 18 USC §2520(a).

39 K. A. Oyama, 'E-mail privacy after United States v. Councilman: Legislative options for amending ECPA' (2006) 21 Berkeley Technology Law Journal 499.

40 18 USC §§2510-22.

41 이에 대한 벌칙 조항은 18 USC §2511(4)에서 찾아볼 수 있다.

42 18 USC §2510(2).

43 18 USC §2510(1).

44 US v. Seidlitz, 589 F 2d 152 at 156 (4th Cir. 1978).

45 18 USC §§2701-12.

에, 실질적인 형사 처벌 조항은 18 USC §2701(a)라고 할 수 있다.[46] 여기에서는 권한 없이 또는 권한을 넘어 '전기 통신 서비스'가 제공되는 시설[47]에 접근하여 '전기적인 저장장치에 저장되어 있는 유선 통신 또는 전기 통신에 대한 허가된 접근'을 얻거나, 변경하거나 방해[48]하는 고의의 행위를 처벌하고 있다.

저장통신법에 의해 보호되는 것은 '전기 통신 서비스가 제공되는 시설'에 한정된다.[49] '전기 통신 서비스'는 사용자들로 하여금 유선 통신 또는 전기 통신을 송수신할 수 있도록 하는 모든 서비스로 정의된다.[50] 이는 전화 서비스 제공자, 인터넷 및 이메일 서비스 제공자에 의해 저장되는 정보를 포함하지만, 개인 컴퓨터 또는 휴대폰까지 포함하는 것은 아니다.[51] 개인 컴퓨터 또는 휴대폰은 전기 통신 서비스의 사용을 가능하게 할 뿐이므로, 전기 통신 서비스를 제공한다고 할 수 없다.[52]

제3편 발신번호 추적장치법(Pen Register Act)은 트레픽 데이터에 대해 규율한다.[53] 18 USC §3121(a)는 법원의 허가 없이 발신추적장치 또는 수신추적장치를 사용하는 행위를 일반적으로 금지하고 있다.[54] '발신번호 추적장치(pen register)'란 다음과 같다.

> 유선 통신 또는 전기 통신이 전송되는 기계 또는 시설로부터 전송되는 전화, 라우팅, 주소지정 및 신호 전달 정보를 기록하거나 해독하는 장치 또는 과정을 의미하며, 그러한 정보가 통신의 내용을 포함하지는 않아야 한다.[55]

O. S. Kerr, 'A user's guide to the Stored Communication Act – and a legislator's guide to ammending it' (2004) 72 George Washington Law Review 1208, 1238.

47 18 USC §2711(1)을 적용함으로써, 18 USC §2510(15)에 의하여 '사용자들로 하여금 유선 통신 또는 전기 통신을 송수신할 수 있도록 하는 모든 서비스'로 정의된다.

48 이에 대한 벌칙 조항은 18 USC §2701(b)에서 규정되어 있다.

49 18 USC §2701(a).

50 18 USC §2710(15).

51 Garcia v. City of Laredo, Tex. 702 F 3d 788 at 792 (5th Cir. 2012).

52 *Ibid.* Also see Us v. Steiger. 318 F 3d 1039 at 1049 (11th Cir. 2003): Shefts v. Petrakis, 2013 US Dist LEXIS 17213 (CD Ill. 2013) at 12-13.

53 18 USC §§3121-7.

54 18 USC §3121(d)에 의하여 최고 1년 이하의 징역에 처하며, 허가와 관련된 조항은 18 USC §§3122, 3123, 3125에서 찾아볼 수 있다.

55 18 USC §3127(3). 18 USC §3127(1)를 적용함으로써, '유선 통신(wire communication)' 및 '전기 통신(electronic communication)'이라는 용어는 18 USC §2510에서 사용되는 의미와 같다.

반면, '수신추적장치(trap and trace device)'란 다음과 같다.

발신자의 전화 번호 또는 유선 통신 또는 전기 통신의 근원을 확인할 수 있다고 여겨지는 다른 전화, 라우팅, 주소지정 및 신호 전달 정보와 관련하여 수신되는 전기적 또는 기타 자극을 수집하는 장치 또는 과정을 의미하며, 그러한 정보가 통신의 내용을 포함하지는 않아야 한다.[56]

종합적으로 고려할 때 이는 들어오는(수신추적) 또는 나가는(발신추적) 정보의 주소를 기록하는 장치를 의미한다. 이 조항이 '장치(device)'와 '과정(process)' 모두를 언급하고 있기 때문에, 소프트웨어는 물론 물리적인 장치도 포함한다.[57]

저장된 통신에 대한 감청 또는 접근이 합법적인 경우가 다수 있는데, 영장에 의한 경우,[58] 서비스 제공자들의 법적 조치,[59] 또는 당사자의 동의가 있는 경우[60]가 이에 포함된다.

다음으로는 각 조항을 개별적으로 살펴보기보다 감청 관련 범죄의 기본을 구성하는 주요 원칙들에 대해 살펴볼 것이다.

① '전기통신(telecommunication)'의 의미
② '콘텐츠(content)'와 '메타데이터(metadata)'의 차이
③ '현재의(live)' 통신과 '저장된(stored)' 통신의 차이

---

56 18 USC §3127(4).

57 Computer Crime and Intellectual Property Section Criminal Division, Searching and seizing computer and obtaining electronic evidence in criminal investigations (Office of Legal Education Executive Office for United States Attorneys, 2009), p. 154.

58 18 USC §2701(c). 영장 관련 조항은 18 USC §2703, 2704, 2518, 3123(b)(2), 3124(a)(b)에서 찾아볼 수 있다.

59 18 USC §§2511(2)(a)(i), 2701(c)(1), 3127(3), 3121(b).

60 18 USC §§2511(2)(c)(d), 3121(b)(3).

3. '전기통신(telecommunication)'의 의미

종래의 감청법은 공공 전기 통신 네트워크를 염두에 두고 만들어졌다. 오늘날에는 개인 네트워크가 현대 통신의 주요한 요소가 되면서, 공공과 개인 간 경계가 불분명해졌다. 결과적으로 공공 전기 통신에만 적용되도록 만들어진 감청법은 공공과 개인의 네트워크를 넘나드는 현대의 통신에 있어서 중대한 문제를 발생시켰다. 통신이 감청으로부터 보호될 것인지 여부는 감청될 당시에 어떤 종류의 네트워크에 있었는지에 달려 있으며, 이는 언제나 결정하기 쉽지 않은 문제이다.[61]

(1) 호주

호주에서 전기 통신 네트워크와 다른 형태의 감청의 경계는 불분명하다. 헌법 s. 51(v)에서는 '원거리로부터 전달된 메시지의 체계적인 통신과, 체계적인 방법으로 원거리로부터 전달된 메시지의 통신'에 대해 다루고 있다.[62] s. 51(v)에 의해 부여된 권한은 '전화 및 전신 서비스 또는 이와 유사한 서비스에 국한되지 않으나',[63] 무선 네트워크와 같이 새로운 형태의 통신의 등장으로 현존하는 프레임워크에 문제를 발생시켰다. 이러한 문제는 국가의 감시 입법에 영향을 주어 '호주 연방법, 주법, 자치정부법의 복잡하고, 때로는 혼란스럽기까지 한 연결망'을 만들었다.[64]

연방의 감청 관련 조항의 범주 안에 들기 위해서는, 통신은 '전기 통신 시스템'을 거쳐야 한다. 이는 전체적으로 또는 부분적으로 호주 내에 있는 '전기 통신 네트워크'로 정의되며,[65] 호주 내에 있고 네트워크에 연결되어 있는 장비,[66] 회선[67] 및 기

---

61   See, e.g., R v. Taylor-Sabori [1999] 1 ALL ER 160.

62   Jones v. Cth [No 2] (1965) 112 CLR 206 at 219.

63   *Ibid.*

64   New South Wales Law Reform Commission, Surveillance, [2.1].

65   TIA Act, s. 5(1): 이 법은 호주에 있는 네트워크의 범위 내에서 적용된다.

66   TIA Act, s. 5(1): '장비(Equipment)'란 '전기 통신 네트워크에서 또는 전기 통신 네트워크와 연결되어 사용되거나 그러한 사용을 목적으로 하는 기구 또는 설비로, 전기 통신 기기를 포함하지만, 회선을 포함하지는 않는 것'을 의미한다.

67   TIA Act, s. 5(1), 전기통신법(Telecommunications Act 1997 (Cth)) s. 7: '연속적인 인위적인 도파를 위해 사용되거나 유도 전자기 에너지에 의하여 통신의 전달과 연관되어 사용되는 전선, 케이블, 광섬유, 관, 전선관, 도파관 또는 기타 물리적인 매체'로 정의된다.

타 시설[68]을 포함한다. '전기 통신 네트워크'는 결론적으로 '유도된 또는 유도되지 않은 전자기 에너지 또는 그 모두에 의하여 통신을 수송하는 시스템 또는 일련의 시스템'으로 정의된다.[69] '시스템'은 정의되어 있지 않지만, 보편적으로 '메커니즘, 상호의존적이거나 상호 연결되는 집합의 요소 또는 네트워크의 부분으로서 특별한 목적을 위해 마련되거나 구성된 물건 또는 기기의 집합'을 의미한다.[70] 영국의 입법과는 상반되게 시스템이 공중의 전기 통신 시스템의 일부이거나 이와 연결될 것을 요구하지는 않는다.[71]

따라서 이러한 정의는 독립된 네트워크를 포함하여, 대부분 사설 또는 공공 네트워크의 형태를 포괄하기에 충분히 광의한 것으로 보인다. '장치(equipment)'의 정의는 광범위하기 때문에 네트워크로 연결된 모든 컴퓨터가 네트워크의 부분이 된다. 이는 기기 내에서의 감청 또한 통신이 시작되어 시스템을 '거쳐가는' 이상 '감청'에 속하게 된다는 것을 암시한다.

이 법은 또한 무선 라우터와 같이 유도되지 않은 전자기 에너지에 의해 통신이 수송되는 네트워크의 양상을 포함한다. 하지만 이는 '오직 무선 통신에 의하여' 통신이 수송되는 시스템에는 적용되지 않는다.[72] 이는 무선 네트워크에 이 법이 적용될 수 있는지와 관련하여 중요한 문제점을 제기한다. 이러한 네트워크가 다른 양상의 전기 통신 네트워크와 접하고, 이로 인해 무선 통신에만 의존하여 통신이 수송되는 것이 아니라고 하더라도, 독립적인 무선 네트워크는 틀림없이 이 법의 범주에 속하지 않게 된다.[73] 최소한 전파를 이용해 단거리의 데이터 통신을 하는 블루투스와 같은 시스템에

68　TIA Act, s. 5(1), 전기통신법(Telecommunications Act 1997 (Cth)) s. 7: '전기 통신 네트워크 내에서 또는 이와 관련되어 사용되거나 그러한 사용을 목적으로 하는 전기 통신 네트워크 기반시설의 부분, 또는 회선, 장치, 기구, 송신탑, 기둥, 안테나, 터널, 도관, 구멍, 구덩이, 기둥 또는 기타 구조'를 의미한다.

69　TIA Act, s. 5(1).

70　Green v. The Queen (1996) 124 FLR 423 at 428, citing the New Shorter Oxford English Dictionary (1993).

71　163쪽 참고.

72　TIA Act, s. 5(1). 무선통신법(Radiocommunications Act 1992 (Cth)) s. 6(1)에서는 '무선통신(radiocommunication)'을 '사람 대 사람, 사람 대 물건, 또는 물건 대 물건 간 정보의 통신을 위하여 전파를 방출하거나 또는 전파 방출을 수신하는 것'으로 정의한다.

73　A. Blunn, Report of the review of the regulation of access to communications (Australian Government Attorney General's Department, 2005), [11.4]; Australian Law Reform Commission, Serious invasions of privacy in the digital era, Discussion Paper 80 (2014), [13.26].

있어서는 문제가 될 것이다.[74]

데이터가 정보 통신 시스템을 거치지 않고 저장된 통신 관련 조항의 범주를 벗어나는 경우[75], 이에 대한 감청은 감시기기법에 의해 규율될 것이다. 예를 들어 감시기기법(Surveillance Devices Act 2004 (Cth)) s. 6은 '데이터 감시 기기(data surveillance devices)'의 사용에 대해 규정하며, 이는 '컴퓨터에 입력되거나 컴퓨터로부터 출력되는 정보를 기록하거나 확인하는데 사용될 수 있는 기기 또는 프로그램'으로 정의된다.[76] 하지만 데이터 감시 기기의 허가 없는 사용에 대한 보편적인 처벌 규정이 부재하며, 대부분 관할권에서는 이 법은 법집행 기관의 그러한 기기 사용에 대해서만 규율하고 있다.[77] 다른 관할권에서는 데이터 감시를 포함하지 않으며, 청각적이거나 시각적인 감시 또는 추적 감시에만 한정한다.[78] New South Wales 주에서만, 누구든지 권한 없이 데이터 감시 기기를 사용하면 형사 처벌을 받는다.[79]

(2) 캐나다

캐나다 법은 '구두에 의한 통신'과 '전기 통신'을 구별한다. 우리의 관심은 '전기통신'으로, 이는 광의적으로 '전선, 케이블, 라디오 주파, 광학, 기타 전자기 시스템 신호, 또는 이와 유사한 기계적 시스템을 통해 시그널, 글, 사진, 음성 또는 모든 자연의 정보를 송출, 전송 또는 수신하는 것'을 의미한다.[80] 분명 전통적인 전기 통신 감청의 관점에서 서술되기는 했지만, 광의적인 언어는 충분히 무선 장비를 포함한 현대의 통신 네트워크에도 적용될 수 있는 것으로 보인다.

---

74 무선 통신이 무선통신법(Radiocommunications Act 1992 (Cth))에 의해 우선적으로 규율된다 하더라도, 무선통신법은 불법 감청과 관련한 형사 처벌 규정을 포함하고 있지는 않다.

75 183쪽 참고.

76 감시기기법(Surveillance Devices Act 2004 (Cth)), s. 6.

77 감시기기법(Surveillance Devices Act 1999 (Vic)), 감시기기법(Surveillance Devices Act 2004 (Cth)), 감시기기법(Surveillance Devices Act 2007 (NT)), 경찰 권한 및 책임법(Police Powers and Responsibilities Act 2000 (Qld)).

78 도청장치법(Listening Devices Act 1992 (ACT)), 도청장치 및 감시기기법(Listening and Surveillance Devices Act 1972 (SA)), 도청장치법(Listening Devices Act 1991 (Tas)), 감시기기법(Surveillance Devices Act 1998 (WA)).

79 감시기기법(Surveillance Devices Act 2007 (NSW)), s. 10.

80 해석법(Interpretation Act 1986 (Can)), s. 35.

'전기 통신(telecommunication)'의 유사한 정의에 대해서는 R v. MacLaughlin[81] 사건과 관련해 캐나다 대법원에서 논의한 바가 있다. 피고인은 컴퓨터 터미널을 사용하여 중앙 컴퓨터 장치에 접근하고, 데이터를 수집하여 절도 혐의로 기소되었다. 당시의 캐나다 형법 s. 287(1)(b)에 의하면, 누구든지 부정한 방법으로, 악의적으로 또는 정당한 권한 없이 전기 통신 시설을 사용하거나 전기 통신 서비스를 수집하면 절도로 처벌받는다. 당시 법원에서는 컴퓨터가 '전기 통신 시설(telecommunication facility)'에 해당하는지 여부가 부분적인 문제였다. 법원은 (중앙처리장치, 메모리, 출력장치 및 약 300개의 연결되는 터미널로 구성되는) 컴퓨터 시스템이 '시설(facility)', 즉 '특정한 기능의 수행, 특정한 목적의 달성, 또는 특정한 서비스의 제공을 위하여 지어지거나, 설치되거나, 만들어진 것'이라고 보았다.[82] 문제는 그것이 '전기 통신 시설'에 해당되는지였다.

s. 287(2)에 따르면 '전기 통신'의 정의는 사실상 s. 183에서와 같다.[83] 비록 피고인의 행위가 '시설의 한 부분으로부터 다른 시설로 정보를 전송했다 하더라도, 다른 시스템이 이를 수신하지 않았으며, 이 시설로부터의 송출도 없었다'[84]라고 주장되었다. 따라서 이 경우 다음과 같은 이유로 '전기 통신'이 없었다.

> 컴퓨터는 컴퓨터 기기로, 기계 조작자(operator)로 칭해지는 단 한 사람의 참여를 전제로 한다. 어떤 의미에서 그는 그 자신과 통신한다고는 할 수 있지만, 조작자가 컴퓨터의 터미널 또는 콘솔을 조작함으로써 정보 송신의 측면에서 정보를 통신한다고는 할 수는 없으며, 따라서 컴퓨터를 사용하는 사람은 형법에서 규정하는 전기 통신 시설을 사용하는 것이라고 할 수 있다.[85]

비록 다른 맥락에서 이긴 하지만 이 결정은 유용한 관점을 제공해주는데, 구체적으로는 전기 통신이 '외부의 수신자'로부터 정보를 송신 또는 수신할 것을 요구한다

---

81   [1980] 2 SCR 331.

82   [1980] 2 SCR 336.

83   실질적으로 다른 유일한 부분은, 해석법(Interpretation Act 1985 (Can)) s. 35에서의 '전기 통신 (telecommunication)'의 정의는 '전선, 케이블, (...) , 기타 전자기 시스템 또는 이와 유사한 기계적 시스템'을 지칭하는 반면, 형법(Criminal Code (Can)) s. 287(2)는 '전자 또는 기타 전자기 시스템'을 지칭한다는 것이다.

84   R v. McLaughlin [1980] 2 SCR 331 at 336.

85   *Ibid.*

는 것이다. 이는 s. 183에 규정된 발신자와 의도한 수신자가 있어야 한다는 필요 사항과 일치한다.[86]

데이터가 내부적으로 감청되는 경우 문제점이 발생하는데, 예를 들자면 키보드 입력을 확인하기 위한 키로거(keylogger)의 사용이 있다. 비록 내부적인 데이터 전송이 전기 통신의 의미에 부합되는 것처럼 보일지는 몰라도, McLaughlin 사건의 논증을 적용해본다면, 그러한 데이터 전송은 전기 통신보다는 '데이터 처리(data processing)'로 보여진다.[87] 예를 들어, 개인 컴퓨터는 하나의 기기에 구성요소가 모두 포함되어 있어, 본질적으로는 법원이 말하는 중앙컴퓨터의 축소된 버전이다. 중앙처리장치(CPU)로 전송되는 데이터는 '외부의 수신자'를 향해 전송되지 않으며, 따라서 발신자와 의도된 수신자가 없다. 따라서 캐나다의 감청 조항은 순수한 의미의 내부 통신에 대하여는 적용되지 않는 것으로 보인다.

법원에서도 인정된 바와 같이, 그 차이점은 매우 근소한 것이다.[88] 예를 들면, 이메일을 작성하는 컴퓨터 사용자가 있고, 그 키보드 입력이 기록되고 있다고 가정해 보자. 이 단계에서 그 문서가 수신자를 위하여 만들어졌다고 하더라도 전기 통신이 이루어지고 있지는 않으며, 데이터는 데이터 처리라는 단 하나의 목적을 위해 컴퓨터 내에서 내부적으로 사용될 뿐이다. 그러나 이메일이 발송되는 순간, 내부적으로 감청이 진행되었다 하더라도, 그것은 발신자로부터 의도된 수신자까지의 정보 전송이므로 전기 통신에 해당한다. 그 통신이 발신자를 향한 통신이라고 하더라도 전기 통신이라고 할 수 있는데, 통신에 있어 의도된 수신자가 발신자가 아니어야 한다는 조건은 없기 때문이다.

하지만 이와 같은 내부의 통신은 형법 s. 342.1(1)(b)에 의해 규율된다. 이는 광의의 '허가되지 않은 컴퓨터의 사용'과 관련한 범죄로, '컴퓨터 시스템의 기능'의 감청에 해당한다. '컴퓨터 시스템의 기능'이라는 용어가 정의되어 있진 않지만, 컴퓨터와 관련하여 '기능(function)'의 일반적인 의미는 '지시에 반응하는 컴퓨터 내의 기본 작동'[89]이므로, 잠재적으로 매우 광의한 것이다. 따라서 순수하게 내부의 통신을 포함하여 모

---

86 이 단어의 의미는 이후 174쪽에서 논의하기로 한다.
87 R v. McLaughlin [1980] 2 SCR 331 at 336.
88 R v. McLaughlin [1980] 2 SCR 331 at 332.
89 Oxford English Dictionary Online, Oxford University Press, December 2014. '컴퓨터 시스템 (computer system)'의 의미에 대해서는 60쪽에서 살펴봄.

든 컴퓨터의 작동에 대한 감청에 적용될 수 있는 것으로 보인다.

(3) 영국

RIPA의 제정 이전에 영국에서 감청과 관련하여 규율하는 주요 법은 통신감청법 (Interception of Communications Act 1985 (UK))이었다. 하지만 이 법은 공중 전기 통신 시스템을 통해 전송되는 전기 통신에만 적용되었고, 호텔, 사무실 등과 같은 사적 네트워크에서의 통신에는 적용되지 않았다.[90]

또한 이 통신감청법은 무선 통신을 사용하여 데이터가 전송되는 '무선 전신(wireless telegraphy)' 사용의 증가에 대처하지 못하였는데, 그 예로 무선 라우터의 사용, 또는 블루투스와 같은 무선 통신을 들 수 있다. 이와 같은 법의 허점은 특정 통신을 보호받지 못하는 상태로 만들었을 뿐만 아니라, 법집행 기관의 행위도 불법적인 것으로 만들어 버렸다.[91]

반면에 RIPA에서 마련된 감청 조항은 공중 및 사적 전기 통신 시스템 모두에 분명하게 적용된다.[92] '전기 통신 시스템(telecommunication system)'은 다음과 같이 정의된다.

> 전기 또는 전자기 에너지가 포함된 수단을 사용하여 통신의 전송을 가능하게 할 목적으로, 전체적으로 또는 부분적으로 영국 또는 그 외의 지역에 존재하는 모든 시스템(이에 포함되는 장치를 포함한다)[93]

이 조항은 법이 유도된 또는 유도되지 않은 전자기 에너지에 의해 전송되는 통신의 감청에 적용될 수 있음을 분명히 하고 있다. 따라서 통신의 감청이 보편적인 수신을 목적으로 하는 브로드캐스트(broadcast)되는 통신에는 적용되지 않는다 하더라도, 무선의 통신에는 적용이 된다.[94] 이는 텔레비전 또는 라디오의 신호에 적용되지만, 통신감

---

90 R v. Effik [1995] 1 AC 309.
91 Halford v. United Kingdom [19980 Criminal Law Review 753.
92 Interception Legislation Team, Home Office (UK), Interception of Communications in the United Kingdom, Consultation Paper, Cm. 4368 (1999), pp. 13-15.
93 RIPA, s. 2(1).
94 RIPA, s. 2(3).

청법에서는 보호되는 무선 호출기 또는 모바일 휴대폰의 신호에는 적용되지 않는다.[95]

RIPA s. 2(1)에 의하면, '공중 전기 통신 시스템(public telecommunication system)'은 '영국 내에서 공중 전기 통신 서비스가 제공되는 전기 통신 시스템의 모든 부분'을 의미한다. '공중 전기 통신 서비스'란 영국 내의 일부 또는 그 이상의 공중 또는 공중의 상당한 부분을 위해 제공되거나 공급되는 전기 통신 서비스'[96]를 의미한다. '사적 전기 통신 시스템'은 공중 전기 통신 시스템이 아닌 전기 통신 시스템으로, 다음을 의미한다.

> (통신의 목적으로 연결되었는지 여부와 관계없이) 직접적 또는 간접적으로 공중 전기 통신 시스템에 연결되고, (...) 장치가 영국 내에 위치한 시스템 내에 포함되고, (다른 장치와 함께 또는 다른 장치 없이) 공중 전기 통신 시스템에 접속하기 위해 사용되는 것[97]

이는 특정 통신이 공중 시스템을 거쳐 전송되는지 여부와는 관계없이, 공중 시스템에 부착된 시스템이 이 법의 범주 내에 속한다는 것을 분명히 보여준다.[98] 이는 예컨대 공중 시스템에 연결된 기관의 LAN 환경에도 적용될 수 있다. 또한 공중 시스템에 연결된 무선 라우터로부터의 통신에 대한 감청에도 적용될 수 있다. 하지만 완전히 독립적이고 공중 시스템에 연결되지 않은 네트워크에는 적용될 수 없다. 이와 유사하게, 블루투스 및 이와 유사한 시스템을 통해 이루어지는 기기 간 통신도 이 법의 감청 조항의 범위에 속하지 않을 것이다.

공중 및 사적 시스템에 적용되는 법 조항이 같은 용어로 규정되어 있다 하더라도, 각각에 대한 항변 사유는 그렇지 않다. 예를 들어 시스템 작동을 조정하거나 시스템을 사용할 수 있는 권한을 가진 자로부터의 동의가 있었다는 것은 사적 시스템과 관련하여 항변 사유가 될 수 있지만, 공중 시스템과 관련하여서는 그렇지 않다.[99] 따라서 공

---

95 Explanatory Notes, Regulation of Investigatory Powers Act 2000 (UK), [29].
96 RIPA s. 2(1): '전기 통신 서비스(telecommunication service)'란 '(서비스 제공자에 의해 제공되는지 여부와 관계없이) 전기 통신 시스템을 사용하기 위한 시설에의 접근을 제공해주는 모든 서비스'를 의미한다.
97 RIPA s. 2(1).
98 Cf. R v. Effik [1995] 1 AC 309.
99 RIPA, s. 1(6).

중 시스템을 통해 전송되는 과정에서 통신이 감청되었는지, 또는 사적 시스템을 통해 전송되는 과정에서 통신이 감청되었는지 여부는 중요한 의미를 가진다.

(4) 미국

'전기 통신(electronic communications)'이란 '전선, 라디오 주파, 전자기 또는 광전자를 통해서 전체적으로 또는 부분적으로 전송되는 신호, 시그널, 글, 사진, 음성, 데이터 또는 자연의 모든 정보의 전송으로, 주 간의 또는 외국의 상업에 영향을 주는 것'으로 정의된다.[100] 1986년에 개정된 House Report에 따르면 다음과 같다.

> '전기 통신'이라는 용어는 광범위한 통신 행위를 포괄하는 것이다 (…) 통신은, 음파를 통해 전송되거나 (부분적으로 전선에 의해 전송되는) 사람의 목소리를 포함하는 것으로 특정지어지지 않는 한, 일반적으로는 전기적인 통신을 의미한다. (…) 등과 같이 데이터만으로 구성된 통신은 전기 통신이라고 할 수 있다.[101]

통신 네트워크를 통과하는 통신과 다른 유형의 데이터 전송 간에는 뚜렷한 구별점이 없다. 예를 들어 최근 있었던 민사 사건에서, 보안 조치가 되어 있지 않은 무선 네트워크를 거쳐가는 내용에 대한 감청에도 감청법(Wiretap Act)이 적용될 수 있다고 판시된 바 있다.[102] 이 조항의 범위는 (통신이 아닌) 시스템이 주 간의 또는 외국의 상업에 영향을 주어야 한다는 조건에 의해 한정된다. 하지만 이는, 키로깅 소프트웨어를 둘러싼 판례에서 보여지는 바와 같이, 세부적인 차이를 만들어 낸다.

US v. Ropp. 사건[103]에서, 피고인은 'KeyKatcher'으로 알려진 기기를 보험 회사에서 일하고 있는 Beck의 데스크탑 컴퓨터에 설치한 혐의를 받았다. 그 기기는 키보드로부터 컴퓨터로 전송되는 전기 자극을 포착하여 키보드 입력을 기록하고, 이것이 이후 복

---

100 18 USC §2510(12): 전선 또는 구두의 통신, 신호음으로만 이루어지는 무선 호출 장치를 통해 만들어지는 통신, (18 USC §3117에 정의된) 추적 장치 및 금융 기관에 의해 저장되는 특정 전자 이체 결제 정보 등과 같이, 이 정의에는 많은 예외 사항이 있을 수 있다.

101 H.R. Rep. No. 99-647 (1986), p. 35; cited in US v. Councilman, 418 F 3d 67 at 77 (1st Cir. 2005).

102 Joffe v. Google, Inc., 729 F 3d 1262 (9th Cir. 2013). 이 사안은 Google이 'Street View' 기능을 개발하는 과정에서 '페이로드 데이터(paylaod data)'를 그러한 네트워크로부터 감청함으로써 대두된 것이다.

103 347 F Supp 2d 831 (CD Ca. 2004).

구되어 텍스트로 변환될 수 있다는 점이 인정되었다.

법원은 18 USC §2511(1)(a) 위반 혐의에 대한 공소를 기각해달라는 피고인의 주장을 인정하면서, 이 사건에서의 통신은 '이 통신이 주 간의 또는 외국의 상업에 영향을 주는 시스템으로부터 전송된 것이 아니기 때문에, 법규에서 말하는 전기 통신의 범주에 들지 않는다'라고 판단하였다. 이 결론에 도달하는 과정에서, 법원은 다른 키로거 관련 사건인 US v. Scarfo[104] 사건을 참조했는데, 그 사건에서 법원은 FBI가 피고인의 컴퓨터에 키로깅 장비를 설치하여 이를 사용함으로써 획득한 증거의 배제 신청을 고려한 바 있다. 그 컴퓨터는 모뎀과 연결되어 있어서, 키로거는 컴퓨터의 모든 통신 포트에서 활동이 없을 때에만 키보드 입력이 기록될 수 있도록 구성되어 있었다. 모뎀과 전화선 또는 케이블을 거쳐 전송되는 신호에만 그 법이 적용될 수 있으므로, 그 감청은 배제되지 않아야 한다고 주장되었다.[105]

이 사건에서, 관련된 '시스템'은 컴퓨터의 (키보드를 포함한) 하드웨어와 소프트웨어 프로그램을 의미하는 것이었다. 비록 주 간의 또는 외국의 상업에 영향을 주는 보다 큰 시스템에 연결되어 있었지만, 문제가 되는 전송은 그 시스템을 포함하지 않았고, 감청되었을 때에는 "우표를 붙인 봉투에 담긴 편지가 아직 우편으로 부쳐지지 않은 것처럼 더 이상 주 간의 상업에 영향을 주지 않았다."[106] 이 경우의 전송은 인터넷 또는 다른 외부의 네트워크와 연결되어 있지 않은 독립된 컴퓨터에서 만들어졌다. 결과적으로, 이 감청은 감청법 조항의 범위에 포함되지 않는 것이었다.[107]

이후의 사건에서는 통신은 주 간의 또는 외국의 상업에 영향을 주어야 하며, 감청의 수단이 아니어야 한다는 점이 명확해졌다. 민사 사건인 Shefts v. Petrakis 사건[108]에서는, 원고가 자신이 일하던 회사의 책임자가 이메일 및 문자 메시지를 감시했다는 혐의로 고소한 바 있다. 여기서 감시는 'Spector-Pro'라고 불리는 프로그램을 원고의 데스크탑 컴퓨터에 설치함으로써 이루어졌다. 이 프로그램은 컴퓨터에서의 행위들을 스크

---

104   180 F Supp 2d 572 (D NJ. 2001).

105   US v. Ropp, 347 F Supp 2d 831 at 836 (CD Ca. 2004). Also citing US v. Councilman, 373 F 3d 197 (1st Cir. 2004).

106   US v. Ropp, 347 F Supp 2d 831 at 835 (CD Ca. 2004), citing US v. Robinson, 545 F 2d 301 at 304 (2d Cir. 1976).

107   *Ibid.* Also see Us v. Barrington, 648 F 3d 1178 at 1202-03 (11th Cir. 2011); Rene v. GF Fishers, Inc., 817 F Supp 2d 1090 (SD 1nd. 2011).

108   2012 US Dist LEXIS 130542 (CD Ill. 2012).

린샷으로 촬영해 다른 컴퓨터에 전송하여 볼 수 있게 했다.[109] 원고는 피고가 그의 이메일 활동을 스크린샷으로 촬영함으로써 18 USC §2511에 반하여 이메일을 불법적으로 감청했다고 주장했다. Spector-Pro는 인터넷이 아닌, 회사의 내부 네트워크를 통해 이미지를 전송했고, 이는 주 간의 상업에 영향을 주지 않았으므로 이 절에서 말하는 용어의 범위에 속하지 않는다고 주장되었다.[110]

이 주장은 기각되었다. '그것은 상업에 영향을 주고, 통신의 수단이 되지 않는, 통신 그 자체'라고 판단했다.[111] 따라서 Spector-Pro가 인터넷에 연결되었는지 연결되지 않았는지의 문제는 관련이 없었다.[112] Spector-Pro와 같은 스크린 캡처 기능이 있는 소프트웨어와 Ropp 사건에서 살펴본 키로깅 소프트웨어 간 주요한 기술적 차이점은, 스크린 캡처 소프트웨어는 이메일을 송수신하는 행위를 비롯하여 스크린 상에 있는 모든 행위를 캡처한다는 것이다. 반면, 키로거는 키보드와 컴퓨터 자체 간의 신호만을 캡처한다.[113] 원고의 이메일 통신을 관찰하여 스크린 캡처 소프트웨어를 사용하는 행위에 대하여는 이메일에 대한 감청이 성립한다. 이메일은 인터넷을 통해 전송됨으로써 필연적으로 주 간의 또는 외국의 상업에 영향을 주는 시스템을 통해 전송되므로, 전송과 동시에 일어난다고 할 수 있다.[114]

이 판결에서는 이메일, 채팅 메시지 등이 감청의 대상이 될 수 있는 통신이며, 다른 키보드 입력과 온라인 행위는 통신으로 성립되지 않는다는 것을 암시한다.[115] 더욱이 키로거가 그 이후에 이메일을 보내거나 또는 다른 형태를 통해 획득한 정보를 전송한다는 사실은, 그 정보가 획득될 당시에 주 간의 또는 외국의 상업에 영향을 주는 시스템 상에 있었다고 하지 않는 이상, 그 획득 행위를 감청으로 만들지는 않는다.[116] 이것이 바로 자동적으로 이메일을 전송하여 그 메시지에 대한 감청 행위가 성립하는 소프트웨

109　*Ibid*, at 14-15.

110　*Ibid*, at 37-8.

111　*Ibid*, at 38.

112　*Ibid*, at 39.

113　2012 US Dist LEXIS 130542 (CD Ill. 2012), at 39-40.

114　*Ibid*, at 42-3.

115　참고. Luis v. Zang, 2013 US Dist LEXIS 29288 (SD Ohio. 2013) at 22-3: 여기에서는Shefts를 인용하면서도, 법원은 '감청(interception)'에 대한 문제와 관련하여, 인터넷을 통해 동시에 이루어지는 데이터 전송에 초점을 맞춘 것으로 보이며, 키보드 입력과 그보다 더 넓게도 감청이 적용될 수 있다고 주장한다.

116　Rene v. GF Fishers, Inc., 817 F Supp 2d 1090 at 1094 (SD Ind. 2011).

어와의 차이점이다.[117] 웹사이트와 관련하여 US v. Willard 사건[118]에서는, 경찰이 공중이 이용할 수 있는 온라인 상의 아동 성착취물 광고를 읽고 IP 주소를 캡처하기 위해 사용하는 소프트웨어가 감청법에서의 '감청(interception)'이 아니라고 판시한 바 있다.[119]

다른 종류의 통신 간의 구별을 모호하게 하는 데이터의 한 종류가 있는데, 그것은 바로 VoIP와 같이 인터넷을 통해 음성을 전송하는 것이다. 이와 같은 통신은 '전선, 케이블 또는 이와 유사한 발신지와 수신지 간의 연결을 통해서 통신을 전송하는 시설을 전체적으로 또는 부분적으로 사용함으로써 만들어지는 음성 송신'으로, 유선 통신'의 정의에 포함되는 것처럼 보인다.[120] 하지만, VoIP와 같은 패킷이 교환되는 네트워크를 통한 음성의 전송은, 이메일과 같은 전기 통신이라는 주장도 있다.[121]

4. 통신이란 무엇인가 (콘텐츠 vs. 메타데이터)

통신의 감청과 관련하여, 통신의 내용(콘텐츠)과 그 통신과 관련된 정보, 즉 '통신 데이터(communication data)' 또는 '메타데이터(metadata)'를 구별하는 것은 중요하다. 메타데이터는 보통 '데이터의 데이터'라고 일컬어지며, 본질적으로는 '통신에 대한 정보로, 내용 또는 통신의 본질이 아닌 것'을 의미한다.[122] 메타데이터는 더 나아가 두 개의 범주로 나눠지는데, 이름, 주소와 같이 통신 당사자에 대한 정보를 제공해주는 통신대상자에 대한 데이터(subscriber data), 그리고 통신이 생성된 위치와 같이 통신이 어떻게 네트워크를 지나쳐 갈지에 대한 트래픽 데이터(traffic data)이다.[123]

이것은 통신의 내용과, '트래픽(traffic)' 또는 '기록(record)' 데이터를 구분하는 것으로, 이러한 맥락에서는 특히 중요한 것이다. 전통적인 우편의 맥락에서 이 차이점을 쉽게 이

---

117   US v. Szymuszkiewicz, 622 F 3d 701 (7th Cir. 2010).

118   2010 US Dist LEXIS 98216 (ED Va. 2010) at 9.

119   See also Konop v. Hawaiian Airlines, Inc. 302 F 3d 868 (9th Cir. 2002), cert. denied, 537 US 1193 (2003).

120   18 USC §2510(1). O. S. Kerr, Computer crime law, 3rd edn. (St. Paul: Thomson West, 2013), p. 584.

121   US v. Szymuszkiewicz, 622 F 3d 701 at 706 (7th Cir. 2010).

122   Attorney General's Department (Australia), Equipping Australia against emerging and evolving threats, p. 25.

123   *Ibid.*

해할 수 있다. 주소와 반송 주소, 우표와 우편물 소인은 모두 주소 정보로, 이로 인해 편지가 목적지에 도달하거나 발신자에게 반송되어질 수 있다. 반면, 봉투 안의 편지는 통신의 내용이다. 유사한 구별은 전화 통화와 관련해서도 확인할 수 있는데, 수신 전화번호, 발신 전화번호, 그리고 통화 일시와 지속 시간은 주소 정보(addressing information)이다.

내용과 주소 또는 '편지 봉투' 간의 구별은 인터넷 통신에도 동일하게 적용될 수 있다. 예를 들어 이메일의 본문과 제목은 분명히 내용에 속하는 반면, 메일 헤더는 이메일이 언제, 누구에 의해, 누구에게 발송되었는지, 그리고 어떤 경로를 거쳐 왔는지에 대한 정보를 제공해준다.

이와 같은 주소 정보의 본질은 네트워크 통신의 시대에 있어 매우 확장되었다. 인터넷은 '패킷 교환식(packet-switched)' 네트워크[124]로, 이는 각각의 통신은 전송되기 전에 작은 데이터 패킷으로 쪼개어진다는 것이다. 각각의 패킷은 '패킷 헤더'를 가지고 있는데, 이는 발신·수신 컴퓨터의 IP 주소를 포함한 패킷의 주소 정보를 포함하고 있다. 패킷이 이메일의 일부인지, 웹페이지의 일부인지 등과 같이 패킷의 종류에 대한 정보를 포함하고 있기도 하다. 패킷이 목적지에 도착하면 헤더는 버려지며, 내용 또는 '페이로드(payload)'가 전달된다.[125]

그러나 이메일은 인터넷을 통하는 통신의 종류 중 하나에 불과하다. 이메일 외에도 웹사이트에 대한 요청과 웹사이트로부터의 응답이 있으며, 도메인 네임서버와 같이 네트워크가 동작할 수 있도록 만들어진 수많은 컴퓨터 간의 자동화된 통신도 있다.[126] 감청의 대상이 될 수 있는 데이터로는 URL, 이메일 주소, IP 주소, 포트 번호, 검색어 기록 등이 있다.[127] 휴대폰의 데이터를 사용하면 삼각 측량의 방법을 통해 사용자의 실시간 위치 정보를 근사적으로 계산할 수 있다.[128] 이와 같은 데이터는 범죄 수사에 있어

---

124 Australian Law Reform Commission, For your information: Australian privacy law and practice, Report 108 (2008), Vol. 1, [9.33] : 이는 '회선 교환식 네트워크(circuit-switched network)'와 대비되는데, 이는 두 개의 통신 장비 사이에 전용 회선이 생성된다.

125 O. S. Kerr, 'Internet surveillance law after the USA Patriot Act: The Big Brother that isn't' (2003) 97 Northwestern University Law Review 607, 614.

126 O. S. Kerr, 'Internet surveillance law after the USA Patriot Act: The Big Brother that isn't' (2003) 97 Northwestern University Law Review 607, 613.

127 H. Lamb, Principal current data types (Internet Crime Forum, 2001), found at Home Office, Retention of Communications Data Under Part 11: Anti-Terrorism, Crime and Security Act 2001, Voluntary Code of Practice (2001), Appendix C.

128 S. Morris, The future of netcrime now: Part 1 - threats and challenges, Home Office Online Report 62/04 (2004), pp. 22-3.

중요하기 때문에 여러 국가에서 데이터 보존 제도를 고려하거나 시행하고 있다. 데이터 보존은 지정된 기간동안 메타데이터가 저장되는 것을 말한다.[129]

사이버범죄협약에 따른 '트래픽 데이터(traffic data)'의 정의는 다음과 같다.

> 통신 체인을 구성하는 컴퓨터 시스템에 의해 생성되며, 컴퓨터 시스템을 수단으로 하는 통신과 관련된 모든 컴퓨터 데이터로서, 통신의 발신지, 수신지, 경로 정보, 시간, 날짜, 크게, 지속 기간 또는 기반 서비스의 종류를 나타내는 것을 말한다.[130]

이론적으로는 명확하지만, 내용과 트래픽 데이터 간의 경계는 종종 흐릿해진다. 현실적으로 말하자면, 예를 들어 이메일 제목을 나타내는 라인이 이메일 헤더 내에 포함될 수 있다.[131] 본질적으로, 트래픽 데이터인 것처럼 보이는 데이터는 내용에 가까운 정보를 또한 포함하고 있을 수도 있다는 것이다. 예를 들어 이메일, IP 주소와 같은 데이터는 분명히 트래픽 데이터인 반면, URL, 검색어 기록과 같은 데이터는 보다 어려운 문제가 된다. 일각에서는 이것은 단순히 2진수 명령어의 세트로, 사용자의 컴퓨터가 다른 컴퓨터로부터 정보를 찾을 수 있게 해주는 것이라고 한다. 이 견해에 따르면 이는 트래픽 데이터와 유사한 것이다. 다른 편에서는, 이것이 URL 또는 검색어의 입력에 담긴 사람의 생각을 전달하기 때문에 통신이라고 주장한다.[132] HTTP(하이퍼 텍스트 전송 규약) 요청을 예로 들면, HTTP는 사용자의 IP 주소, 가장 최근에 본 웹페이지, 검색어와 같은 정보를 포함한다.[133] 이러한 이유로 일부 사법권에서는 URL과 IP 주소를 '통신의 내용을 나타내지 않는 한'[134] 트래픽 데이터로 본다. 하지만, 이와 같이 구별하는 것은 항상 어려운 일이며, 이 분야에서의 명확한 법적 지침이 얼마나 중요한지를 보여준다.

---

129 Parliamentary Joint Committee on Intelligence and Security (Australia), Report of the inquiry into potential reforms of Australia's National Security Legislation (May 2013), Ch. 5.

130 Cybercrime Convention, Chapter II, Section 1, Title 1, Art. 1(d).

131 N. Brewer, Telecommunications data retention – an overview, Background Note (Parliament of Australia, 24 October 2012), p. 6.

132 Kerr, 'Big Brother,' 645-6.

133 Australian Law Reform Commission, For your information, [9.23].

134 Parliamentary Joint Committee on Intelligence and Security (Australia), Potential reforms of Australia's national security legislation, p. 141. Brewer, Telecommunications data retention, p. 6.

(1) 호주

호주에서는 '통신'을 데이터, 문자, 시각 이미지, 신호 또는 '기타 형식으로 이루어져 있거나, 또는 이들 형식의 조합으로 이루어진', '대화와 메시지, 그리고 대화 또는 메시지의 부분'을 포함하는 것으로 정의한다.[135] 여기서 대화는 전통적인 전화통화 상대화에 적용된다. 대화가 데이터의 형식이거나 또는 다른 형식들과의 조합으로 이루어질 수 있다는 점을 고려할 때, VoIP와 같이 인터넷을 통해 전송되는 구두의 통신에도 똑같이 적용될 수 있을 것이다.[136] 보다 중요한 것은 다른 방식으로 정의되지 않은 '메시지(message)'라는 용어이다. 이메일 또는 SMS과 같은 통신에 적용되는 것은 분명해 보이지만, 트래픽 데이터와 같이 통신의 다른 요소에까지 확장되어 적용될 수 있는지 여부는 확실하지 않다.

'메시지'의 일반적인 의미는 '메신저 또는 다른 통로를 통하여 전송된 통신, 한 사람, 그룹 또는 기타의 주체로부터 다른 상대방에게 전달되어진 구두상의 통신, 작성되거나 기록된 통신 또는 전자적 통신'[137]을 의미한다. 이 해석에 따르면, 트래픽 데이터가 컴퓨터 간의 통신 또는 컴퓨터와 사람 간의 통신이라는 점에서, '메시지'라는 용어가 사람 간의 대화에만 한정되는 것인지 여부가 문제된다.[138] 반면 통신의 법적 정의는 포괄적인데, '대화 또는 메시지를 포함하고, 전기 통신 시스템을 통해 청취되거나 기록되거나, 다른 기타 형식을 통해 전송되며, 다른 보통의 의미에서는 통신으로 간주되지 않는다.'[139] '대화 또는 메시지의 부분'이라는 문언은 메시지와 관련된 트래픽 데이터를 포함할 만큼 광범위한 것으로 볼 수 있다.[140] 영국의 경우와 유사하게, 트래픽 데이터는 메시지와 관련되어 있는 경우에만 법 조항이 적용된다.[141]

---

135 TIA Act, s. 5.

136 Blunn, Access to communications, [1.4.2] : 이와 같은 내용은 Blunn Report에서 확실하게 정의되는 VoIP와 구별되어 제시되었다.

137 Oxford English Dictionary Online, Oxford University Press (December 2014).

138 Green v. The Queen (1996) 124 FLR 423 at 428. TIA Act, s. 6(1) : 이러한 해석은 '대화를 만드는 사람의 지식'을 의미하는 '해석'의 정의에 의해 지지된다.

139 Green v. The Queen (1996) 124 FLR 423 at 429.

140 Parliamentary Joint Committee on Intelligence and Security (Australia), Potential reforms of Australia's national security legislation, app. H, p. 5.: 실무상으로 통신과 관련된 정보의 감청에 있어 전기 통신 감청 영장이 필요하다.

141 177쪽 참고.

정보 전송자에 의한 '전기 통신 데이터'의 공개와 기타 전기 통신의 전송에 관련된 내용의 공개에는 제한이 있다.[142] 구체적으로, 사법기관이 과거 또는 미래의 데이터에 접근하는 것을 규율하는 법 조항이 있다.[143] 하지만, 이것이 트래픽 데이터에 대한 감청 문제를 해결해주는 것은 아니며,[144] 이 법에서 정의하고 있는 '전기 통신 데이터'에 해당하는 것도 아니다. 해설서에 따르면, 인터넷 기반의 통신과 관련하여 이는 IP 주소와 각 세션의 처음과 마지막 시간 정보를 포함하는 것이다.[145] 하지만, 이는 이메일의 제목 또는 인터넷 세션의 구체적인 정보와 같은 내용(콘텐츠)을 포함하는 것은 아니다.[146] 현재 실무에서는 가입자 정보, 날짜, 시간, 통신의 지속 기간, (통신의 내용을 특정하지 않는 범위 안에서) IP 주소와 URL, 그리고 위치 기반 정보를 포함하는 것으로 본다.[147] 기술적 중립이라는 측면에서 명확하게 정의내리지 않는 것이 일부 장점을 가지고 있다 하더라도,[148] 현대의 통신에 있어서 내용과 전기 통신 데이터가 쉽게 구별되지 않으며, 영국의 경우처럼 용어의 명확화가 이러한 문제의 해결에 도움을 줄 수 있다.[149]

(2) 캐나다

캐나다에서 이와 동일하게 사용되는 용어는 '사적 통신(private communication)'으로, 다음과 같이 정의된다.

---

142 TIA Act, Ch. 4.

143 Attorney General's Department (Australia), Telecommunications (Interception and Access Act) 1979 – Annual report 2012-13 (2013), Ch. 3.

144 Blunn, Access to communications, [1.5.15]. The report further notes at [1.1.25] that while mobile phone data may provide evidence of location, it is not clear that such data is subject to any regulation.

145 Explanatory Memorandum, Telecommunications (Interception and Access) Amendment Bill 2007 (Cth), p. 6.

146 Ibid, p. 8.

147 Parliamentary Joint Committee on Intelligence and Security (Australia), Potential reforms of Australia's national security legislation, p. 141.

148 Australian Law Reform Commission, For your information, [73.33].

149 177쪽 참고. See also Standing Committee on Legal and Constitutional Affairs (Australia), Telecommunications (Interception and Access) Amendment Bill 2007 (Canberra, Commonwealth of Australia, 2007), pp. 18-20; and Australian Law Reform Commission, For your information, [73.30]-[73.32].

캐나다 내의 발신자로부터 만들어졌거나, 캐나다 내의 수신자에게 전송되도록 발신자가 의도한 모든 구두의 통신 또는 전기 통신으로, 발신자가 의도한 수신자 이외의 다른 사람으로부터 감청되지 않을 것이라고 발신자가 합리적으로 기대할 수 있는 환경 하에서 만들어진 것을 의미하며, 이는 전자적으로 취급되거나 또는 발신자가 의도한 수신자 이외의 사람이 수신하지 않도록 하는 무선 통신 기반의 전화 통신을 포함한다.[150]

위에서 논의한 바와 같이, '전기 통신(telecommunication)'의 정의는 텍스트 메시지,[151] 채팅 메시지와 이메일[152]을 포함하는 광범위한 네트워크 통신에 적용될 수 있음이 분명하다. 그러나 '사적 통신(private communication)'의 정의는 두 가지 중요한 제한을 두고 있다. 첫째, 통신의 관점에서 프라이버시에 대한 합리적인 수준의 기대가 있어야 한다는 것이다. 이 문제는 '발신자(originator),' 즉 발언을 했거나 발언을 하는 자의 관점으로부터 주관적으로 정해진다.[153] 사적인 통신이 아니라는 것이 성립하기 위해서는 검찰 측에서는, 발신자가 그 통신이 수신자가 아닌 다른 사람으로부터 감청될 수 있다는 것을 알았거나, 알아야 할 의무가 있었다는 사실을 검찰이 합리적인 의심의 수준을 넘어서 입증해야 한다.[154]
이메일과 같은 네트워크 상의 통신의 경우에는 쉽게 감청될 우려가 있으므로, 통신이 감청되지 않으리라고 기대하는 것이 합리적이지 않다.[155] 예를 들어 '일반적인 휴대폰 사용자는 이와 같은 기기를 통해 전송되는 통신이 다른 사람에 의해 감청될 수 있다는 것을 알거나 알 수 있다'는 것이다.[156]
최근 사법기관에서는 이와 같은 광범위한 접근을 거부하고, 통신의 종류와 함께 통

---

150 Criminal Code (Can), s. 183. 무선 전파에 대한 언급은 Maltais v. R [1978] 1 SCR 441 사건에서 있었던 앞선 대법원의 결정에 따른 것이다.

151 R v. TELUS Communications Co. [2013] 2 SCR 3 at 25.

152 Mills v. R, 2013 CanLII 74953 (NL PC) at [22].

153 R v. Solomon (1992) 77 CCC (3d) 264 at 276; R v. TELUS Communications Co. [2013] 2 SCR 3 at 23.

154 R v. Solomon (1992) 77 CCC (3d) 264 at 278.

155 D. Valiquet, Telecommunications and lawful access: Ⅰ. The legislative situation in Canada (Library of Parliament, 2006), pp. 10-11. Limited authority supporting a reasonable expectation of privacy is found in the decision of the Alberta Court of Queen's Bench in R v. Weir (1999) 213 AR 285.

156 R v. Solomon (1992) 77 CCC (3d) 264 at 283.

신이 만들어지는 환경에 따라서 프라이버시가 달라질 수 있다는 합리적인 기대를 갖고 있다. 최근 TELUS 사건에 대한 대법원의 결정을 보면, 텍스트 메시지는 '전기통신'일 뿐만 아니라, 프라이버시에 대한 합리적인 기대감을 가질 수 있는 환경 하에서 만들어졌으므로 s. 183에 의해 '사적 통신'이기도 하다는 것이 명확하게 받아들여졌다.[157]

Mills v. R 사건[158]에서는 피의자가 게시한 이미지, 이메일, 채팅 메시지를 '페이스북'으로부터 채증하기 위해 경찰관이 'Snagit'이라는 프로그램을 사용한 바 있다. 법원은 TELUS 사건의 근거에 따라서, 채팅 메시지와 이메일은 s. 183에 의하여 전기통신에 해당한다고 보았다.[159] 법원은 이메일 메시지에 대한 프라이버시를 기대할 수 없다는 주장을 받아들이지 않았다.[160] 대신, 법원은 프라이버시의 적정한 수준을 결정하는 데 있어 개인이 이메일, 텍스트 메시지 또는 채팅 관련 통신을 할 때 기대할 수 있는 개인적인 환경을 고려하였다.[161]

R v. Kwok 사건[162]에서는, 공개된 포럼에서 이루어지는 온라인 채팅 통신과 다른 사람의 접근이 불가능한 사적인 채팅룸에서 이루어진 통신을 구별했다. 후자는 사적 통신이었으며, 전자는 그렇지 않았다.[163] 이와 유사하게, 피고인은 경찰이 P2P 소프트웨어 'GigaTribe'에서 다른 피의자의 계정을 사용하여 접근한 이미지의 프라이버시에 대해, 합리적인 기대를 가질 수 없었다. 경찰은 단지 피고인에게서 익명의 상대방에게로 확장된 다운로드 제안을 받아들였을 뿐이기 때문이다. 마친가지로, 피고인은 채팅 메시지나 파일들이 다운로드 될 때에 이와 관련된 IP 주소의 프라이버시에 대해서도 합리적인 기대를 가질 수 없었다.[164]

Mills 사건에서 법원은 피고인이 페이스북 계정과 이메일 계정에 동일한 사용자명과 패스워드를 사용했다는 점에서 그 이메일의 프라이버시에 대해 어느 정도 기대감을 가지고 있었다고 결론지었다.[165] 이는 피고인이 '그의 계정을 침입으로부터 보호하기 위한 의

---

157   188쪽 참고.
158   2013, CanLII 74953 (NL PC).
159   *Ibid* at [22].
160   *Ibid* at [24]-[25], citing R v. Duarte [1990] 1 SCR 30.
161   Mills v. R, 2013 CanLII 74953 (NL PC) at 31.
162   [2008] OJ No 2414.
163   *Ibid* at [22]. Also see R v. Bahr, 2006 ABPC 360, in which it was held that there was no reasonable expectation of privacy in relation to messages posted on an online forum promoting racial hatred.
164   R v. Caza, 2012 BCSC 525 at [115].
165   *Ibid* at [37].

도를 갖고 있었다'는 것을 보여주며, 피고인이 가명 또는 허위의 신분을 사용하는 사람들과 연락하고 있다는 사실은 '기대를 제한할 수는 있지만, 완전히 없애는 것은 아니다.'[166] 'Snagit'의 사용은 수신자의 컴퓨터에 의해 대화가 기록되는 일반적인 범위를 넘어서는 정도의 추가적인 압수이므로서 형법에서 규정하는 권한을 요하는 것이다.[167]

두 번째 제한사항은 발신자와 의도된 수신자의 요구이다.[168] 이러한 요구는 전통적인 사람 간의 통신의 맥락에서는 부합한다 하더라도, 트래픽 데이터에 적용될지 여부는 확실하지 않다. R v. McLaughlin 사건에서 대법원이 전기 통신을 활성화시키는 원천이 사람이라기보다는 기계라는 것을 받아들였다고 할지라도,[169] 이는 텔렉스(telex) 기기 또는 팩스를 염두에 둔 것이지, 현대의 패킷 교환식 네트워크를 예상한 것은 아니다.

이 쟁점은 R v. Fegan 사건에서 Ontario 주 항소법원에 의해 다루어졌다.[170] 피고인은, 타인을 괴롭히거나 타인에 위협을 가하는 외설적 전화 통화를 한 혐의로 기소되었다. 검사는 피해자들을 조사하는 과정에서 전화 회사의 DNR(디지털 번호 레코더, Digital Number Recorder)에서 나온 증거를 채택했다. DNR은 항소인으로부터 걸려온 전화의 번호를 기록하는 기계로, 발신 번호와 시간을 보여주지만, 대화의 내용을 기록하지는 않았다.

이 증거의 채택 여부와 관련하여, 법원은 DNR 신호는 법의 Part VI에 의한 '통신'이 아니라고 보았다.

> 사적 통신에 있어서 '통신'은 구두에 의하거나 또는 기타 방법에 의한 사람 간 정보의 교환을 염두에 둔 것으로, ... 전화 발신자가 감청되지 않을 것이라고 기대하는 것은 메시지이지, 통신 수단이 이용되었다는 사실은 아니다.[171]

이와 같은 논증은 다른 유형의 트래픽 데이터에도 적용 가능할 것으로 보인다. 캐나다 법개혁 위원회(Canadian Law Reform Commission)에서는 이와 유사한 견해를 보였는

---

166 *Ibid* at [37].
167 *Ibid* at [35], [44].
168 발신자 또는 의도된 수신자가 캐나다 내에 있어야 한다는 것을 주목해야 한다. 두 당사자 모두가 캐나다에 있지 않다면, 통신은 여기에서 말하는 '사적 통신'에 해당하지 않는다.
169 R v. McLaughlin [1980] 2 SCR 331 at 338.
170 (1993) 13 OR (3d) 88.
171 *Ibid*, at 99. Cf. the decisions of the English courts, dicussed at pp. 175-6.

데, Part VI는 사람 간의 대화를 전제로 사적 통신을 보호하기 위한 것이므로 전화이용기록장치(pen register)와 이와 유사한 기계들은 Part VI를 적용하지 않아야 한다고 하였다.[172] 이와 유사하게, 검색어를 입력하는 것 또한 발신자는 사람이지만 수신자는 사람이 아닌 것이다. 하지만 이런 데이터는 '컴퓨터의 기능(function of a computer)'의 정의에 부합할 수 있으므로 s. 342.1(1)(b)가 적용될 수 있다.[173]

(3) 영국

영국에서는, 상원의사당에서 현재는폐지된통신감청법(Interception of Communications Act 1985 (UK))과 관련하여 '통신'의 의미에 대해 논의한 바 있다. Morgans v. DPP 사건[174]에서 피고인은 컴퓨터 부정사용법(Computer Misuse Act)을 위반한 여러 가지 범죄 행위와 전기통신 시스템에 대한 부정 사용 혐의에 대한 판결에 대해 항소했다.[175] 항소심에서의 쟁점은 전화 기록 장치로부터 획득한 증거의 채택 가능성에 대한 것이었다. 전화 회사들은 경찰의 요청으로 이 장치를 사용해 피고인의 전화 통화 기록과 관련된 데이터를 수집했다. 이 데이터에는 전화 통화 발신 날짜 및 시간, 전화 통화 지속 시간과 수신 전화번호가 있었다. 이 증거의 채택 여부를 결정함에 있어 법원은 우선 기록 장치로부터 수집된 정보가 이 법에서 정의하는 '통신'에 해당하는지 여부를 판단해야 했다.

법원은 그 기록 장치로부터 수집된 정보는 '계량 정보'에 불과하며 '통신'에 해당하지 않는다는 검사 측 주장을 받아들이지 않았다. 검사는 기록 장치는 전화 연결 전과 후의 전화번호만을 기록했으며, 이러한 전화번호는 통신을 성립하게 하는 수단이 되지 않을 뿐만 아니라 그 자체로도 통신이 아니라고 주장했다.[176]

하지만 그 기계는 전화 연결 전과 '후'의 전화번호를 기록할 수 있는 것이었다. 본 사건에서 전화 연결 이후에 그 전화번호에 전화를 하는 목적은 네트워크를 무료로 사용하거나 허가된 사용자들의 보이스 메일에 접근하기 위해 접근할 수 있도록 하는 것이었다. 이것은 '계량 정보' 그 이상이라고 주장되었다.

전화번호로부터 전송되는 전기 신호에서 이와 연결된 전화번호로 신호가 전송되

---

172 Canada Law Reform Commission, Electronic Surveillance, Working Paper No. 47 (1986), p. 20.
173 154쪽 참고.
174 [2001] 1 AC 315.
175 Telecommunications Act 1984 (UK), s. 42.
176 Morgans v. DPP [2001] 1 AC 315 at 332.

기 때문에, 이 법에서 정하는 바에 따라 공공 전기 통신 시스템을 사용한 통신이 성립하기에 충분하다.[177)

하지만, 법관은 다음과 같이 판시했다.

> 그가 네트워크에 연결되기 이전에 전화를 건 번호들은 그가 네트워크에 연결되기 위해 사용한 수단이라는 것은 충분히 설명되었다. ... 하지만 그가 전화 연결이 성립된 이후에 통화한 번호들은 완전히 다른 종류의 것이다. 이 시점에서 그는 연결되어 있던 네트워크와 통신을 하고 있었다. 그가 전화를 건 번호는 그 네트워크에 신호를 전송하는 결과를 가져왔다. 그것들은 컴퓨터로부터 발생되는 응답을 생산했는데, 이는 만약 사람의 음성에 반응하도록 프로그래밍 되어있었다면 발생했을 것으로 예상되는 것과 같은 종류의 것이었다.[178)

이 판결은 비록 전기 통신 시스템을 통해서 전송되는 전기 신호가 법에서 정하는 통신에 해당한다 하더라도, 단순한 계량 정보는 통신에 해당하지 않는다는 것을 보여준다. 결정적인 차이점은, 감청된 데이터는 특정한 응답을 얻기 위해 피고인으로부터 네트워크를 향해 전송된 통신이었다는 것이다. 이는 연결을 만들어 내기 위한 전화번호와는 완전히 별개의 것이다. 감청된 데이터가 이 번호들에만 한정된다면, 충분히 계량 정보로 설명되었을 것이다.[179)

이 내용을 네트워크 환경에 적용시켜보면, 예를 들어 SMS를 만들기 위한 목적으로 연락하는 번호들은 통신이라고 할 수 있다. 유사하게, 웹 주소는 네트워크로부터의 응답을 이끌어내기 위해 사용되므로 이 또한 통신으로 볼 수 있고, 패스워드와 같은 입력란에 입력된 정보 또는 온라인상 요구되는 정보들 또한 그러하다. 반면, IP 주소는 연결을 만들어내기 위한 수단이라고 보기 어렵고, 다른 자동적으로 생성되는 라우팅 정보와 마찬가지로 통신을 구성하지 않는다.

이러한 쟁점은 RIPA s. 2(5)(a)에서 명확하게 규정되었는데, 이는 통신 전송 과정 중의 감청에 다음을 포함하지 않는다고 규정한다.

---

177   *Ibid* at 332.
178   *Ibid* at 332.
179   *Ibid* at 332.

> (발신자에 의하거나 또는 다른 경우에 의하여) 통신을 구성하거나 통신에 부착
> 된 트래픽 데이터의 많은 부분과 관련하여 일어나는 모든 행위로, 우편 서비스
> 또는 전기 통신 시스템을 통해 전송되거나 전송될 목적으로 이루어지는 것[180]

이에 따라 영국법 하에서 '통신'은 트래픽 데이터가 아닌 내용(콘텐츠)에만 관련된
다는 것이 명확해졌다. 이는 또한, 다른 사람에게 통신에만 접근할 수 있도록 하는 행
위에도 적용되지 않는 것으로, 이는 그렇게 구성되거나 부착되어 있는 트래픽 데이터
를 확인하기 위하여 필요한 행위이기 때문이다.[181] 이 후자의 관점은 미국에서 제기된
것처럼, 감시 기술이 발전함에 따라 트래픽 데이터에 접근함으로써 콘텐츠 데이터에
도 접근하게 되는 위험성이 있다는 문제를 해결할 수 있는 것처럼 보인다.[182] 이 장에
서는, 트래픽 데이터를 확인하기 위해 필요하다면 통신의 다른 측면에 접근하는 것은
위법이 아니라고 명시하였다.

RIPA s. 2(9)에서 '트래픽 데이터'는 다음과 같이 정의되어 있다.

> (a) 통신이 전송되거나 전송될 발신·수신자, 장치 또는 위치를 확인하거나 확
>   인하기 위한 모든 데이터
> (b) 통신이 전송되거나 전송되기 위해 거쳐 가는 또는 사용되는 장치를 확인
>   하거나 선별하는, 또는 확인하거나 선별하기 위한 모든 데이터
> (c) 전기 통신 시스템에서 (전체적으로 또는 부분적으로) 통신의 전송에 영향을
>   주는 장치의 작동을 위한 신호를 구성하는 모든 데이터, 그리고
> (d) 특정 통신을 구성하거나 이에 부착된 데이터 또는 다른 데이터를 확인하
>   기 위한 모든 데이터[183]

---

180 RIPA, s. 2(10)(b): 트래픽 데이터가 통신에 부착(attached)되어 있다는 것은, 데이터와 통신이 서로 '논
   리적으로 연관되어' 있는 것을 포함한다. Explanatory Notes, Regulation of Investigatory Powers Act
   2000, [35]: 이는 그 정의가 '통신의 콘텐츠와 함께 동시에 전송되지 않는 데이터,' 예를 들어 전화 통화를
   하는 사람의 숫자를 보여주는 데이터(the calling line identifier) 등을 포함한다는 것을 명확히 했다.
181 RIPA, s. 2(5)(b).
182 180쪽 참고.
183 RIPA, s. 2(10)(a)에 의하면, 장치의 작동을 위한 신호를 구성하는 트래픽 데이터와 관련하여, 통
   신이 전송되거나 전송하는데 사용되는 전기 통신 시스템은 그 장치가 포함된 전기 통신 시스템을
   포함한다.

이 법에 대한 해설서에서는, (a)와 (b)항이 각각 가입자와 라우팅 정보에 의율하기 위한 것이라고 설명한다. (c)항은 휴대전화 통화를 전기통신 시스템에 라우팅 시켜 연결시키기 위한 목적으로 입력된 데이터처럼, '무단 통화'에 의율하기 위한 것이다.[184] 마지막으로 (d)항은 '패킷 교환식 네트워크에서 어떤 통신 데이터가 어떤 통신과 연결되는 것인지를 보여주는, 각 패킷의 앞 단에 위치한 데이터'를 위한 것이다.[185]

또한 트래픽 데이터는, 파일과 프로그램이 저장되어 있는 장치를 참조하여 확인될 수 있는 범위 내에서 파일 또는 프로그램에 접근함으로써 파일을 획득하거나 프로그램을 실행시키는 정보, 즉 컴퓨터 파일 또는 컴퓨터 프로그램을 식별하는 데이터를 포함한다.[186] 이는 인터넷 통신과 관련하여 트래픽 데이터가 파일 또는 프로그램이 저장되어 있는 장치에서 멈춰서며, 이로써 트래픽은 서버를 식별할 수 있을지라도 웹사이트 또는 페이지를 식별할 수는 없다는 점을 분명히 보여주는 것이다.[187]

(4) 미국

미국에서, 통신의 내용(콘텐츠)에 대한 감청은 도청법(Wiretap Act)에서 규율하고 있다. 내용은 '통신의 본질, 내용, 또는 의미와 관련된 정보'로 정의되는데,[188] 이는 첨부 파일을 포함한 이메일의 내용과 '제목' 줄을 포함하는 것이다.[189] 따라서 감청법에 포함되는 통신의 내용과 그렇지 않은 관련 데이터가 구별된다. 내용은 통신에 의하여 전송되는 의도된 메시지를 말하며, 통신 과정 중에 생성되는 메시지의 특성에 관한 정보는 이에 포함되지 않는다.[190]

트래픽 데이터에 대한 감청은 콘텐츠에 대한 감청과 달리 발신번호 추적장치법(Pen

---

184 Explanatory Notes, Regulation of Investigatory Powers Act 2000, [33].

185 *Ibid*.

186 RIPA, s. 2(9).

187 Explanatory Notes, Regulation of Investigatory Powers Act 2000, [34]. 트래픽 데이터가 감청의 정의에는 벗어난다 하더라도, '통신 데이터'를 획득하고 누석하는 행위는 이 법의 제2장에서 규율된다.

188 18 USC § 2510(8).

189 In re United States for an Order Authorizing Use of Pen Register & Trap, 396 F Supp 2d Division, Searching and seizing computers, p. 123. / Mattthew J. Tokson, 'The content/envelope distinction in internet law' (2008) 50 William and Mary Law Review 2105, 2130: '제목 줄(subject line)'은 통신이 가능하다고 할지라도 이메일의 '헤더 부분'에 포함되어 있기 때문에, 흔하지는 않다.

190 In re Zynga Privacy Litigation, 750 F 3d 1098 at 1107 (9th Cir. 2014).

Register Act)에 의해 규율된다. '전화이용기록장치(또는 발신번호 기록 장치, pen register)' 와 '착신번호 추적(trap and trace)'라는 용어가 전화 감청의 관점에서 만들어졌음을 보여 주는데, 두 가지 정의 모두 전자적 통신과 관련된 정보를 수집하기 위해 사용되는 과정 을 의미한다.[191] '전자적 통신(electronic communication)'이란 '사실상 모든 전송 시스템을 통해서' '전송되는 신호'를 의미하므로, 이 조항은 콘텐츠가 아닌 이메일에 대한 감청 에도 적용될 수 있으며, 인터넷을 통해 전송되는 이와 유사한 신호 또는 '전자적 통신 서비스를 공중에 제공하는 자에 의해 사용되는 네트워크'에도 적용될 수 있을 만큼 광 범위하다고 주장되었다.[192] 이는 모바일 폰의 통화 데이터,[193] (발신자, 수신자, 또는 참조 자를 포함한) 이메일 주소[194]를 포함하며, 이메일과 관련된 패킷 헤더에 포함된 주소 정 보에도 적용될 수 있을 것이다.[195]

In re United States for an Order Authorizing Use of Pen Register & Trap 사건[196]에 서는 IP 주소와 웹사이트 내 입력란에 사용되는 정보가 구별되었다. 예를 들어, 사용 자는 인터넷 뱅킹 또는 온라인 스토어의 URL 주소를 입력하고, 이름, 주소, 신용카드 정보와 같은 정보들을 입력할 수 있다. 이는 어떤 사람이 전화를 걸고, 연결이 된 이 후에 추가적인 정보를 받기 위해 개인 계정 정보, 주민등록 번호 또는 다른 식별 번호 를 입력하는 상황과 유사한 것이다. "누가 ... 통신의 '정보'가 담겨있다는 이유로, 정 부에서 전화이용기록장치에 남은 이러한 정보를 획득하는 것이 금지되어 있다고 생각 하겠는가?"[197]

결론적으로, 방문한 웹사이트의 IP 주소가 발신번호 추적장치법의 범위에 든다 하 더라도, 추가적인 정보는 그렇지 않다.

---

191   18 USC § 3127(3)(4).

192   In re United States, 416 F Supp 2d 13 at 14-16 (DC Dist Ct. 2006).

193   In re Application of the United States for an Order for Prospective Cell Site Location Information on a Certain Cellular Telephone, 460 F Supp 2d 448 at 455 (SDNY. 2006); In re Zynga Privacy Litigation, 750 F 3d 1098 at 1107 (9th Cir. 2014), citing In re Application of U.S. for an Order Directing a Provider of Elec. Commc'n serv. to Disclose Records to Gov't, 620 F 3d 304 at 305-6 (3rd Cir. 2010). Kerr, 'The next generation Communications Privacy Act,' 388.

194   In re United States for Order Authoring Use of Pen Register & Trap, 396 F Supp 2d 45 at 48 (D Mass. 2005).

195   Kerr, 'Big Brother,' 646.

196   396 F Supp 2d 45 at 48-9 (D Mass. 2005).

197   396 F Supp 2d 45 at 48, citing United States Telecom Association v. FCC, 227 F 3d 450 at 462 (DC Cir. 2000).

> '정보를 전화를 통해 전달하거나, 라우팅하거나, 주소를 지정하거나 신호를 통해 전송하는 것'이 해당하며, 정부기관에 대한 공개 대상이 아닌 통신의 '내용'도 이에 해당한다.[198]

US v. Forrester 사건[199]에서 제9연방항소법원에 의하여 이와 비슷한 분석이 채택되었다. 피고인의 마약 관련 혐의에 대한 수사 과정에서, 정부기관은 피고인의 이메일과 인터넷 상 행위를 감시했다. 이는 이메일의 수신·발신 주소, 그가 방문한 웹사이트의 IP 주소, 그의 인터넷 계정에 전송된 정보의 양을 포함했다.

법원은 이러한 감시가 수정헌법 제4조에 위배된다는 피고인의 주장을 배제했다. 첫째, 이와 같은 데이터는 정보가 가야할 방향을 지시하고 라우팅 하기 위한 목적으로 제3자에게 전달되는 것으로, 이러한 정보에 대하여는 프라이버시에 대한 합리적인 기대를 할 수 없다.[200] 두 번째, 그러한 데이터가 전화번호와 비교했을 때 그 기저에 있는 통신에 대해 필연적으로 정보를 노출시키는 것도 아니다. 예를 들어 웹사이트는 전형적으로 수백 개, 수천 개의 각각 분리된 페이지로 구성되어 있더라도, 단 하나의 IP 주소를 가진다.[201]

정부기관이 한 개인의 이메일의 수신·발신 주소 또는 방문한 웹사이트의 IP 주소를 획득한다 하더라도, 메시지의 내용을 확인하거나, 그 사람이 봤던 특정한 페이지를 알게 되는 것은 아니다. 정부기관은 메시지에 어떤 내용이 있었고, 어떤 웹사이트를 방문했는지에 대해 이메일 수신·발신 주소와 IP 주소에 대한 이해를 기반으로 추측을 할 수 있을 뿐이다. 이는 전화통화 당사자에 대한 정보를 기반으로 전화 통화의 내용을 추측하는 것과 다르지 않다.[202]

하지만 법원은 그러한 데이터가 사용자가 방문한 웹사이트 내의 특정 문서를 식별할 수 있으며, 이로써 그 사람의 인터넷 상 활동에 대해 IP 주소보다 더 많은 것들을 나타낼 수 있으므로, URL을 수집하는 감시가 '헌법적으로 문제'가 될 수 있다는 점을

---

198 396 F Supp 2d 45 at 48-9.

199 512 F 3d 500 (9th Cir. 2008).

200 *Ibid* at 509. Although note the decision of the Sixth Circuit in Warshak v. United States, 490 F 3d 455 (6th Cir. 2007); vacated and remanded by en banc appeal, Warshak v. United States, 532 F 3d 521 (6th Cir. 2008).

201 US v. Forrester, 512 F 3d 500 at 510 (9th Cir. 2008).

202 *Ibid*, at 510.

시인했다.[203)]

세 번째, 이메일 감시가 기술적으로는 더 정교하다고 하더라도, 물리적인 메일에 대한 감시와 개념적으로 구분할 수 없다.

> 이메일은 물리적인 메일과 같이, 의도된 장소까지 전송해주는 제3자가 확인할 수 있는 상태로 외부의 주소와, 발송자가 의도된 수신자만이 읽을 것이라고 추정하는 내용물의 집합이 존재한다. 이 두 종류의 통신에 있어 프라이버시는 같다. 내용은 수정헌법 제4조에 의해 규율되지만, 주소와 패키지의 크기는 그렇지 않다.[204)]

마지막으로, 인터넷 트래픽의 양과 관련한 데이터는 발신번호 추적장치가 특정 전화번호와 관련하여 발신·수신 전화 통화수를 보여주는 것과 다를 바 없다. "주소 정보를 수집하는 장치 또한 들어오고 나가는 정보의 양을 필연적으로 보여주지만, 이로써 주소 정보와 보다 내용이 풍부한 정보 간의 경계를 침범하는 것은 아니다."[205)]

따라서 이러한 상황에서 정부기관에서는 IP 주소는 트래픽 데이터이고, URL은 최소한 특정한 웹사이트를 찾는 사용자의 의도를 보여주기 때문에 내용이라고 주장하는 것으로 보인다. 계좌 번호, 온라인 상 양식에 기입하는 정보, 검색어와 같이 입력된 정보는, 이 분석에 의하면 분명히 콘텐츠로 보인다. 그러한 데이터는 "법령 상의 언어로, '통신의 본질, 요지 또는 의미에 관한 정보'를 드러내는 것이다. … 그 통신의 '본질(substance)'과 '의미(meaning)'는 사용자가 특정한 주제에 관한 정보 검색을 행하고 있다는 것이다."[206)]

이 쟁점은 In re Zynga Privacy Litigation 사건[207)]에서 제9연방항소법원에 의해 다시 한 번 다루어졌다. 이 사건은 소셜 네트워크 회사인 페이스북, 그리고 소셜 게임 회사인 'Zynga Game Network, Inc.'에 대한 민사 소송을 주 내용으로 하는 것이다. 이 소송은 도청법(Wiretap Act)과 저장통신법에 기반한 것이다. 피고는 사용자들이 페이스북 또

---

203   *Ibid*, at 510.

204   *Ibid*, at 511.

205   *Ibid*, at 511.

206   In re United States for Order Authorizing Use of Pen Register & Trap, 396 F Supp 2d 45 at 49 (D Mass. 2005).

207   750 F 3d 1098 (9th Cir. 2014).

는 Zynga의 게임 어플리케이션에서 광고로 이어지는 링크를 클릭했을 때 사용자의 개인 정보를 제3자에게 공개하였다고 주장하였다. 두 사건 모두, 사용자가 광고 또는 게임 아이콘을 클릭할 때, HTTP 요청은 사용자의 페이스북 ID와 사용자가 보고 있던 페이스북 페이지의 URL 정보가 포함된 리퍼러(referrer) 헤더를 포함하고 있었다. 바로 이 정보가 광고주와 다른 제3자에게 공개된 것이라고 주장되었다.[208]

피고가 ECPA를 위반했다는 원고 측 주장의 가장 핵심은 리퍼러 헤더에 포함되어 있는 정보가 통신의 '내용(콘텐츠)'인지 여부였다.[209] '내용(콘텐츠)'과 '기록 정보'의 차이를 받아들인다고 하더라도, 리퍼러 헤드에 포함되어 있는 정보는 '통신의 본질, 요지 또는 의미'가 아니기 때문에 ECPA에서 말하는 '내용'에 해당하지 않는다.[210] 사용자를 식별하는 페이스북 ID와 웹페이지를 식별하는 URL은 둘 다 '기록 정보'로, 이는 '내용(콘텐츠)'의 정의에서 벗어나는 것이다.[211] 이러한 정보로 개인을 식별 가능하다는 사실은 관련성이 없다. 이 조항은 개인 식별 정보가 아닌, '내용(콘텐츠)'의 획득에 관련한 것이다.[212]

법원은 개인 식별 정보가 '내용'을 구성한다는 것을 받아들였는데, 예를 들어, 이메일의 본문 속에 포함되어 전송되거나 온라인 폼을 통해 웹사이트에 제출되는 경우를 말한다.[213] 하지만 이 사건에서는 정보가 웹사이트로 전송되는 통신 내에 포함되어 있는 것은 아니고, 웹 브라우저에 의해 자동적으로 생성된 리퍼러 헤더에 포함되어 있기 때문에 이러한 경우에 해당하지 않는다.[214]

원고 측에서는 Forrester 사건을 인용하여, 리퍼러 헤더는 사용자가 방문한 웹페이지에 대한 구체적인 정보를 공개하기 때문에 내용(콘텐츠)을 공개한다고도 주장했다. 예를 들어 사용자가 동성애자를 후원하는 그룹을 방문하던 중 광고를 클릭하였다면, 그 사이트를 방문했다는 사실이 광고주에게 드러나게 된다는 것이다.[215] 이 주장도 기각되었다. 법원은 이러한 사실을 기반으로 한 URL은 Forrester 사건에서 언급된 URL

---

208   *Ibid*, at 1103.
209   *Ibid*, at 1105.
210   *Ibid*, at 1107.
211   *Ibid*.
212   *Ibid*.
213   *Ibid*. citing In re Pharmatrak, Inc. Privacy Litigation, 329 F 3d 9 at 21 (1st Cir. 2003).
214   In re Zyanga Privacy Litigation, 750 F 3d 1098 at 1107 (9th Cir. 2014).
215   *Ibid*.

에 포함되어 있던 검색어와 구별된다고 말했다. 이 사건에서의 URL은 명확하게 기록 정보인 것으로, 내용(콘텐츠)이 아니며 따라서 ECPA의 범위에서 벗어난다.[216] URL은 이전에 방문한 웹사이트의 기록일 뿐이다. 반대로, 구글의 검색 URL은 검색 엔진의 URL 뿐만 아니라 사용자에 의해 통신이 된 특정한 검색어를 포함한다. 검색어가 포함된 URL을 제3자에게 발설함으로써 통신의 내용(콘텐츠)의 공개가 이루어질 수 있어, 일부 경우에는 특정 정보를 찾기 위해 검색 엔진에 보내는 사용자의 요청이 통신 내용이 될 수 있다.[217] 이는 이 사건에 해당되는 경우가 아니므로, URL은 통신의 내용을 성립하지 않았다.[218]

5. '감청' (실시간 통신 vs. 저장된 통신)

전기통신의 감청에 관련된 법은 실시간 감청의 맥락에서 만들어졌다. 하지만 1980년대에 들어서는 보이스 메일, 그리고 그 이후 이어진 이메일 사용의 증가로 인해 현존하는 감청법으로는 규율되지 않는 사적인 통신에 대해 접근이 가능해졌다.[219] 일부 입법 기관에서는 '저장된 통신'의 기밀성을 보호하기 위한 규정을 입법하여 대응했는데, 이는 '무단침입 관련 규정이 기밀 문서들을 보관하기 위한 상업용 저장 시설을 사용하는 자를 보호하는 것처럼, ..., 이 법은 인터넷 서비스 제공자(ISP) 또는 다른 전자 통신 시설을 통해 전자적으로 저장된 상태의 전기 통신을 사용하는 사용자들을 보호하는 것'이었다.[220]

따라서 이러한 범죄는 서비스 제공자들에 의해 보관되는 통신의 프라이버시 문제를 전제한 것이다. 여기에는 보이스 메일, 이메일, SMS와 같이 전송되거나 전송되는 것을 기다리는 동안 저장되는 전기 통신이 포함된다. 이러한 맥락에서 가장 중요한 문제로 대두되는 것은 인터넷 통신이 목적지까지 라우팅되는 과정 중에 임시적으로 저장될 수 있다는 것이다. 이로 인해 저장된 통신과 '실시간(live)' 통신을 구별하는 게 더

---

216 *Ibid.*

217 *Ibid* at 1108-9 (9th Cir. 2014).

218 *Ibid* at 1109 (9th Cir. 2014).

219 US v. Councilman, 418 F 3d 67 at 80-1 (1st Cir. 2005).

220 Theofel v. Farey-Jones, 359 F 3d 1066 at 1072-3 (9th Cir. 2003).

욱 어려워진다.

이 문제는 패킷 교환식 네트워크 상에서 이메일과 다른 통신이 전송되는 방법, 즉 '축적 교환(store and forward)'식 전송으로 흔히 알려진 과정으로 인해 대두된 것이다.[221] 각각의 인터넷 서비스는 데이터 패킷을 전송하기 위한 고유의 프로토콜을 가지고 있다. 예를 들어 이메일 프로토콜은 'SMTP(simple mail transfer protocol)'로 알려져 있다. 이메일이 만들어지면, MTA(mail transfer agent)라고 불리는 프로그램이 그 메시지를 형성하고 이를 '패킷화' 시키는 다른 프로그램으로 전송한다.[222] 그 패킷은 다시 패킷을 메모리에 저장하고, 목적지 주소를 회신 받고, 그 다음에 이를 어디로 보낼지 결정하는 라우팅 경로 상의 각 컴퓨터에 의해 전달된다.[223] 그 과정을 거치면서 패킷들은 재조합되고, 복사되며, '재패킷화' 된다.[224] 종종 메시지는 즉각적으로 전송될 수 없으며, 다음 번 전송을 위해 저장되어야 한다. 전송이 즉각적인 경우라도, 중간 과정의 컴퓨터들이 나중에 삭제될 백업용 복사본을 유지하기도 한다. 이러한 전송 방식은 통상적으로 '축적 교환(store and forward)'식 전송이라고 불린다.[225] 모든 패킷들이 목적지에 도착하면, 이들은 다시 재조합되어 이메일 메시지로 만들어지며, 수신자의 메일 박스에 전달된다.

따라서 이메일의 전송 과정 중 몇 분의 일 초 안에 전송과 저장이 수차례 오가는 것이다. 이는 통신이 언제 전송을 중지하고 저장되는지 판단하는 데에 어려움을 준다. 가장 보편적으로 사용되는 방식은, 메시지가 전기 통신 시스템에 의해 자동으로 가공되지 않고, 수신자가 바로 접근할 수 있는 주소에 도달한 경우처럼, 메시지가 휴식 상태에 있는 경우를 "저장된" 메시지라고 판단하는 것이다.[226]

우리는 이제 '저장된 통신'에 초점을 맞추어 '감청'의 의미에 대해 이야기해 볼 것이다. 저장된 통신에의 접근은 사이버범죄협약에서 다루어지지 않았고, 각 국가에서 채택한 입법적 접근 방법은 상당히 상이하다. 캐나다에서는 이러한 통신에 대한 접근을 규율하는 구체적인 입법 체제가 없는 반면, 영국에서는 저장된 통신이 명확하게 감

---

221 이후 내용은 US v. Councilman, 418 F 3d 67 at 69-71 (1st Cir. 2005)의 요약 내용을 바탕으로 한다.

222 US v. Councilman, 418 F 3d 67 at 69 (1st Cir. 2005), at 69.

223 *Ibid*, at 69-70.

224 *Ibid*, at 70.

225 *Ibid*.

226 Blunn, Access to communications, [1.5.5].

청의 범위에 든다. 반면, 호주와 미국은 저장된 통신을 규율하는 구체적인 조항을 입법화하였다.

(1) 호주

TIA Act s. 6(1)에 의하면, 전기 통신 시스템을 거쳐가는 통신에 대한 '감청'은 '통신을 만드는 사람에 대해 알지 못한 상태에서 전기 통신 시스템을 통해 거쳐가는 통신을 어떠한 수단을 통해 듣거나 기록하는 행위'를 포함한다. 데이터는 '들을 수 있는' 것이 아니기 때문에, 통신은 기록되어야만 한다.[227] 감청이 되기 위해서는 관련된 데이터를 보는 것만으로는 충분하지 않고, 데이터가 기록되어야 한다는 것이다. 이메일과 SMS의 사용이 증가하는 점을 고려할 때, 이는 특히 중요하다.[228]

이 조항이 적용되려면 통신은 전기 통신 시스템을 '거쳐 가야' 한다. 다른 사법권과 같이, '감청'은 '주파수에 대한 침입'으로 주장되어 왔다.[229] 따라서 전화가 아닌 통화(이후 전화 시스템을 통해서 전송되는 통화를 말한다)를 몰래 기록하는 행위는 감청에 해당하지 않는다.[230] 유사하게, 전화 수신자가 기록(또는 녹음)하는 것도 감청의 의미에 속하지 않는다.[231]

s. 5F에 의하면 통신이란 다음과 같다.

> (a) 통신 발신자에 의해 보내지거나 전송될 때 전기 통신 시스템을 거쳐가기 시작하고,
> (b) 의도된 수신자에 의해 접근가능해질 때까지 그 시스템을 계속해서 지나간다.

'거쳐감(passing over)'은 또한 '운반(carry)'을 포함하는 것으로, '운반'이란 이후 '전송, 교환 그리고 수신'을 포함하는 것으로 정의된다.[232]

---

227 TIA Act, s. 5(1): '기록(record)'이란 '감청을 통해 만들어진 것으로, 통신의 전체 또는 부분을 작성 또는 기타의 방법으로 기록되거나 복사된 것'을 의미한다.
228 Blunn, Access to communications, [1.3.3].
229 DPP v. Selway (No. 2) (2007) 16 VR 508 at 517.
230 *Ibid.*
231 T v. Medical Board(SA) (1992) 58 SASR 382 at 398-9; PCR v. R [2013] VSCA 224 at [29].
232 TIA Act, s. 5(1).

따라서 여기에서는 미국 내에서 광범위하게 논의되고 있는, 최종 수신자에까지 전달되는 과정 중에 임시적으로 저장되어 있는 통신이 감청이 될 수 있는지, 또는 그러한 통신을 저장된 통신으로 분류하는 것이 보다 적당한 것인지에 대한 논의를 하지 않을 것이다.[233] 호주 법에 의하면 각 전송 사이에서 감청이 일어날 수 있고, 수신자가 접근 가능한 상태가 되었을 때, 전송 중인지 또는 임시적으로 저장되어 있는지와는 관계없이 감청이 일어날 수 있다고 규정하고 있다. 통신이 접근 가능한 상태로 되어있는 경우는 다음과 같다.[234]

> (a) 전기 통신 서비스에 의해 의도된 수신자에게 수신되었을 때
> (b) 의도된 수신자의 관리 하에 있을 때, 또는
> (c) 의도된 수신자에게 제공되는 전기 통신 서비스로 전달되었을 때[235]

통신의 의도된 수신자란 다음과 같다.

> (a) 통신이 개인(개인의 자격으로, 또는 고용인이나 대리인의 자격으로)에게 발송될 때 그 개인, 또는
> (b) 통신이 개인이 아닌 사람에게 발송될 때 그 사람, 또는
> (c) 통신이 사람에게 발송되지 않을 때, 스스로가 통신을 수신할 전기 통신 서비스에 대한 권한이 있거나, 고용인 또는 대리인으로 하여금 그러한 권한을 가진 자[236]

통신이 수신자가 접근가능한 상태가 되면, 이는 더 이상 감청의 대상이 되지 않는다. 이는 그 순간부터 저장된 통신으로 간주되며, 이에 대한 접근은 TIA의 제3장에서 규율된다. s. 108(1)에 의하면, 다음과 같은 행위를 하는 사람은 처벌을 받는다.

---

233   이 문제는 **197쪽**에서 논의된다.
234   TIA Act, s. 5H(2): 이 장은 통신이 이 법에 의하여 의도된 수신자에게 접근 가능한 상태가 될 수 있는 상황에 한정되지 않는다.
235   TIA Act, s. 5H(1).
236   TIA Act, s. 5G.

> (a) 아래의 행위를 하는 자
>   (ⅰ) 저장된 통신에 접근하는 자
>   (ⅱ) 타인으로 하여금 저장된 통신에 접근할 수 있게 하거나, 시키거나 또
>   는 허락하는 자
>   (ⅲ) 사람 또는 타인이 저장된 통신에 접근할 수 있도록 하는 모든 행위 또
>   는 모든 것을 하는 자
> (b) 아래 사항에 대해 인식하지 못하고 그와 같은 행위를 하는 자
>   (ⅰ) 저장된 통신의 의도된 수신자
>   (ⅱ) 저장된 통신의 발신자[237]

'저장된 통신'은 아래와 같은 통신을 의미하는 것으로 정의된다.

> (a) 전기 통신 시스템을 거쳐 가지 않는 것
> (b) 운반자가 소유하고 작동시키는 장비에 보관되어 있는 것
> (c) 통신의 당사자가 아닌 자에 의하여, 운반자의 고용인의 도움 없이는 장비
>   상에서 접근할 수 없는 것[238]

저장된 통신에의 '접근'은 '운반자에 의하여 작동되는 장비를 통해, 통신의 의도된 수신자에 대해 인식하지 못한 상태에서, 그러한 통신을 듣거나, 읽거나 기록하는 것'이다.[239]

이 법에 의한 보호는 전송자에 의해 운영되는 장비에 저장된 통신에만 적용된다는 점에 주목할 필요가 있다. 예를 들어 어떤 사람의 컴퓨터에 이메일이 다운로드되었다고 할 때, 이 법 조항은 컴퓨터에 복사되어 저장된 파일에는 적용되지 않는다는 것이

---

237 TIA Act, s. 108(1A): Without limiting paragraph (1)(b), a person is taken to have knowledge of an act referred to in paragraph (1)(a) if written notice of an intention to do the act is give to the person.

238 TIA Act, s. 5.

239 TIA Act, s. 6AA.

다.[240] 하지만 웹 기반 이메일 서비스의 사용이 증가함에 따라 그러한 복사된 파일에의 접근이, 수신자의 컴퓨터에 다운로드된 경우라기 보다는, 전송자의 장비에 저장된 것에 대한 것이라고 보는 것이 더 적절해 보인다.

더욱이 정보가 중앙 서버에 저장되지 않는 p2p 네트워크의 사용은 이 법의 영역을 벗어나는 것으로 보이며,[241] 메시지가 저장소에 보관되지 않는 IM 시스템에서도 그렇다.[242]

한편 이 조항은 연방 감청법과 주 감시법 간 차이를 명확히 해준다. 예전에는 이메일이 전기 통신 시스템을 거쳐 전송되는 중 중단된 경우에 대해서 약간의 혼선이 있었다.[243] 예를 들어 이메일 또는 IM을 기록하는 키로거 소프트웨어는, 통신이 전기 통신 시스템을 거쳐가지 않아서 감청이 성립되지 않는다. 통신이 전송된 후에 비로소 이 법에서 말하는 감청을 구성하는 것이다. 따라서 주 감시법 또는 수색법은 TIA 제3장에 의해 규율되는 '저장된 통신'에 대한 접근이 아닌, 전송 전 또는 전송 후의 통신에 대해서 적용된다.

(2) 캐나다

캐나다 형법(Criminal Code (Can)) ss. 184와 342.1은 서로 다른 조항이지만, '감청'의 정의는 같다. 이는 '컴퓨터 시스템의 통신 또는 기능을 듣거나 기록하거나 획득하는 것, 또는 그 본질, 의미 또는 요지를 획득하는 것'을 포함한다.[244] 두 경우 모두, '전자기적, 음향적, 기계적 또는 기타의 기기'를 통해서 행해져야 하는데, 이는 다음을 의미한다.

> 컴퓨터 시스템의 사적 통신 또는 기능을 감청하는데 사용되거나 사용될 수 있는 기기 또는 장치로, 보통 이하의 청력을 가진 사용자를 정상적인 청력을 넘지 않는 수준으로 도와주는 보청기는 포함하지 않는다.[245]

---

240 이는 TIA Act, s. 108에 대한 해설서에서 확실하게 결정된 것으로 보이는데, 여기에서는 '이 장은 전기 통신 시스템을 더 이상 지나가지 않는, 의도된 수신자로부터의 또는 의도된 수신자가 사용하고 있는 전기 통신 장비로부터의 통신에 대한 접근을 금지하는 것이 아니다'라고 말한다.

241 Senate Legal and Constitutional Legislation Committee (Australia), Provisions of the Telecommunications (Interception) Amendment Bill 2006 (Canberra, march 2006), [3.111]-[3.114].

242 N. Selvadurai, P. Gillies and R. Islam, 'Maintaining an effective legislative framework for telecommunication interceptino in Australia' (2009) 33 Criminal Law Journal 34, 42.

243 New South Wales Law Reform Commission, Surveillance, [2.11].

244 Criminal Code (Can), ss. 183, 342.1(2).

245 *Ibid.*

이는 '정상적인 인간의 청력을 제외한, 사적 통신에 대한 모든 감청 수단을 다루기 위해 만들어진 것'으로,[246] '스니핑' 프로그램과 블루투스와 같은 전자기적 전송에 대한 감청을 포함하는 광범위한 감청에 의율될 수 있다. 통신의 모든 의미를 획득하지는 않아도 된다는 점에 주목할 필요가 있는데, '통신의 본질, 의미 또는 요지'를 득하는 것으로 충분하다.[247] 통신 그 자체만 보호되는 것이 아니라, 통신의 본질 또는 의미를 전달할 수 있는 모든 파생물 또한 보호되는 것이다.[248]

공적 네트워크와 사적 네트워크가 구별되어 있지 않으며, 저장된 통신에 대한 별도의 규정도 없다. 일부 기관에서는 '감청'이란 단어가 동시성(contemporaneity)'의 의미를 내포한다고 주장하지만,[249] 임시로 저장되어 있는 통신에 관하여는 최근 R v. TELUS Communications 사건과 관련하여 캐나다 대법원에서 논의한 바 있다. 이 사건에서 쟁점은 전기 통신 사업자에 의해 저장된 텍스트 메시지에 대한 접근을 획득하는 절차에 대한 것이었다. 즉, 그러한 접근이 캐나다 형법(Criminal Code (Can)) Part VI에서 말하는 '감청'을 구성하는지 여부였다.

상소가 제기된 부분은 경찰의 일반 영장이었는데, 이는 전기 통신 사업자인 TELUS 에게 2명의 가입자가 발송 및 수신한 텍스트 메시지의 복사본과, 그 메시지와 관련된 가입자 정보를 요구하는 것이었다.[250] 그 정보는 TELUS가 향후 2주간 1일 단위로 정보를 생산해내야 하는, 장래에 대한 것이었다.

TELUS는 그 영장이 유효하지 않다고 주장했는데, 형법의 다른 조항에 의해 행위 권한이 부여될 수 있는 경우에는 일반 영장은 발부될 수 없다는 s. 487.01(1)(c)의 요구사항을 충족시키지 못했다는 것이다.[251] 텍스트 메시지에 대한 접근이 감청에 해당하므로 보다 엄격한 Part VI의 조항에 의해 권한이 부여되어야 한다고 주장했다.[252]

이 사건에서 특이한 점은 TELUS가 메시지가 짧은 시간 동안 컴퓨터 데이터베이스에 저장되는 특이한 텍스트 메시지 전송 방식을 사용하고 있다는 것이었다.[253] 따라

---

246 R. W. Hubbard, P. M. Brauti and S. K. Fenton, Wiretapping and other electronic surveillance: Law and procedure (Ontario: Canada Law Book, 2000) at [1.2.2.].

247 Criminal Code (Can), s. 183.

248 R v. TELUS Communications Co. [2013] 2 SCR 3 at 23.

249 R v. McQueen (1975) 25 CCC (2d) 262.

250 R v. TELUS Communications Co. [2013] 2 SCR 3, 17.

251 Ibid, at 17-18.

252 Ibid, 17, at 17-18.

253 Ibid, 17, at 15.

서 두 가지의 저장된 통신이 존재할 가능성이 있었다. 첫 번째는 일반적인 절차로, 개인 휴대폰의 전원이 꺼지거나 기타 다른 이유로 사용될 수 없을 때 메시지는 5일 동안 저장된다. 그 기간 동안 전달될 수 없는 경우에 그 메시지는 삭제된다.[254] 하지만 대부분 사업자들과는 다르게 TELUS는 가입자들에 의해 발신 또는 수신된 모든 텍스트 메시지들에 대한 복사본을 주기적으로 만들고 이를 30일 동안 보관했다.[255]

판사의 다수 의견은 이러한 사실을 바탕으로 했을 때 일반 영장은 경찰이 사용할 수 없는 것이라고 주장했는데,[256] 3명의 판사만 이 사건에서의 행위가 Part VI에 의한 영장이 요구되는 감청을 구성한다고 지적했다. LeBel, Fish, Abella 법관은 '텍스트 메시지는 사적 통신이고, 서비스 제공자의 컴퓨터에 저장된다 하더라도, 장래의 메시지 생산은 형법 Part VI에 의한 권한을 요구한다'고 주장했다.[257] TELUS가 가입자들의 텍스트 메시지를 주기적으로 저장하지 않았더라면 명확하게 감청 행위에 해당하므로 경찰에서는 Part VI에 의해 도청 권한을 요청했을 것이 분명했다.[258]

판결은 장래의 권한에 대하여만 문제삼았고, 그 메시지가 저장되고 난 후에 저장된 메시지에 대한 접근을 요구하는 것이었다면 일반 영장을 사용할 수 있었을지에 대해서는 다루지 않았다.[259] 위 3명의 판사들은 협의의 '감청'은 Part VI의 문언과 목적에 부합하지 않으며, 권리장전의 s. 8에 명시되어 있는 권리에도 부합하지 않는다고 주장했다. 새로운 기술의 맥락에서 감청의 의미를 해석할 때에는 일반적인 음성 통신과 확연하게 다를 수 있다는 점을 기억해야 한다. 특히, 문자 통신은 전송 과정 중에 또는 전송을 기다리는 중에 저장될 수 있으며, 쉽게 복사되고 저장될 수 있다. 전송과 동시에 저장될 수도 있다.[260] "감청이 통신의 발생과 동시에 이루어지는 것을 요하는 '감청'에 대한 협의의 또는 기술적인 정의는 새로운 문자 기반의 전자 통신을 다루는 데에는 도움이 되지 않는다."[261] '감청'의 정의 또한 통신과의 동시성을 요구하지 않는

---

254 *Ibid*, at 16.

255 *Ibid*, at 16-17.

256 LeBel, Fish, Abella, Moldover and Karakatsanis JJ. McLachlin CJ and Cromwell J dissenting.

257 R v. TELUS Communications Co. [2013] 2 SCR 3 at 18. (The joint judgement was delivered by Abella J.)

258 R v. TELUS Communications Co. [2013] 2 SCR 3 at 18-19.

259 *Ibid* at 19.

260 *Ibid* at 27-8..

261 *Ibid* at 26.

다.[262] 반면, 감청의 정의는 통신의 '본질, 의미 또는 요지'의 획득에까지 확장된다고 받아들여져 왔다.[263]

하지만 '감청'이란 용어는 '통신 과정 중에' 획득이 일어난다는 것을 암시한다. 이는 '통신 서비스 관련 조항에 의해 요구되는 서비스 제공자들의 모든 행위를 포함하는 것이라고 받아들여졌다. 결과적으로 전기 통신 서비스 사업자가 관리하는 컴퓨터로부터 사적 통신의 본질을 획득하는 것은, 그 통신 과정에 포함될 것이다.'[264] 따라서, 이 사건의 일반 영장은 감청 영장을 요하는 기법에 대해 권한을 준 것이므로 유효하지 않다.[265]

같은 결론에 도달하긴 했지만 Moldaver과 Karakatsanis 법관은 다른 근거를 들었는데, 그들은 그 행위가 s. 183에서 규정하는 '감청'의 의미에 해당하는지 여부에 대한 문제를 고려하지 않았다.[266] 법관들이 그 행위가 감청과 '본질적으로 동일하다'는 결론을 냈지만,[267] 그것이 감청인지 여부를 결정하는 문제를 해결할 필요는 없었는데, '복잡한 법의 영역에서 예측할 수 없고 잠재적으로 광범위한 영향을 가져오게 된다는 점을 경계하는' 의미에서 협의의 근거가 여전히 존재하기 때문이다.[268]

따라서 저장된 통신과 관련한 감청의 의미는 캐나다에서는 명확하지 않은 채로 남아있다.[269] TELUS 판결 이후 얼마 지나지 않아 R v. Crosft 사건[270]과 관련한 Alberta 법원의 판결에서 또 다시 이 쟁점이 대두되었다. 이 사건에서는 캐나다 형법(Criminal Code (Can)) s. 487.012에 의한 명령이 문제되었는데, 이는 서비스 제공자에게 특정 기간 동안 특정 전화번호와 관련한 전화 기록과 송·수신 문자 메시지를 요구하는 것이었다. 결정적으로 그 기간은 명령 이전의 시간이었으며, 따라서 장래의 기록이 아닌 과거

---

262 *Ibid* at 26-7.

263 *Ibid* at 29.

264 R v. TELUS Communications Co. [2013] 2 SCR 3 at 27. / R v. TELUS Communications Co. [2013] 2 SCR 3 at 28: 구체적으로 다루어진 바는 없지만, 이 해석이 텍스트 메시지가 수신자에 의해 접근되었는지 여부와는 관계가 없는 것으로 보인다. 법관들은 이 사건에서 사용된 기술은 '일부 텍스트 메시지'들이 의도된 수신자들보다 먼저 경찰에 의해 접근되었음을 의미할 수 있다고 판시했다.

265 R v. TELUS Communications Co. [2013] 2 SCR 3 at 29-30.

266 *Ibid*, at 30-1, 32.

267 *Ibid*, at 52.

268 *Ibid*, at 32. / R v. TELUS Communications Co. [2013] 2 SCR 3 at 62: McLachlin 수석판사와 Cromwell 판사는 반대하면서, 이 사건에서 허가된 그 행위는 감청이 아니며, 대신 TELUS에 의해 먼저 감청된 내용에 대한 복사본의 생성을 요구하는 것이라고 주장했다.

269 Hubbard, brauti and Fenton, Wiretapping and other electronic surveillance, [15.4.2].

270 2013 ABQB 640.

의 기록과 관련된 것이었다.[271] 적어도 경찰에 제공된 일부 메시지는 TELUS가 위에서 서술한 기술을 사용하여 획득한 것이었다.[272]

이 명령이 문제가 된 이유 중의 하나는 감청 권한이 요구되는 사적 통신에 대한 감청을 허락했다는 것이다. 이 사건에서의 명령은 과거의 메시지와 관련된 것으로, TELUS 사건에서 대법원이 고려하지 않았던 문제에 대한 판단을 요구했다.[273] TELUS 사건에서의 과반수 미달을 고려할 때, 법관은 이 사건에서 다른 판결을 할 수 있었다.[274] 하지만 법관은 LeBel, Fish, Abella JJ 법관의 판단을 채택했고, 전송 과정 중에 TELUS에 의해 기록된 문자 메시지를 경찰이 획득하는 것이 사적 통신의 감청에 해당한다는 결론을 내렸다.[275] 이 사건 법관은, 경찰들이 공권력을 바탕으로 권한을 획득했을 당시에 이미 TELUS의 기반시설에 의해 기록되고 저장되어 있었던 문자 메시지에 TELUS 사건 법관들의 추론이 적용되며, 이는 권한이 주어지고 난 이후 기간 동안 기록되고 저장될 것으로 예상되는 문자 메시지에 적용되기 때문이라고 주장했다.[276] 이 사건 법원은, 법령 해석에 의하면 s. 487.012가 사법기관으로 하여금 사적 통신을 감청할 수 있는 권한을 주는 것은 아니므로, 그러한 명령은 유효하지 않다고 판단했다.[277]

(3) 영국

RIPA s. 2(2)에 의하면, 다음과 같은 경우에 전기 통신 시스템을 이용하여 전송되는 과정 중의 통신을 감청하는 행위가 성립한다.

> (a) 그 행위로 인하여 시스템 또는 시스템의 작동을 변경시키거나 방해하는 경우
> (b) 그 행위로 인하여 시스템을 통해 만들어진 전송을 감시하는 경우, 또는
> (c) 그 행위로 인하여 무선 전신으로 만들어진, 시스템을 구성하는 장치로부

---

271 *Ibid*, at [7].
272 2013 ABQB 640, at [9]. 189쪽 참고.
273 R v. TELUS Communications Co. [2013] 2SCR 3 at 19; R v. Croft, 2013 ABQB 640 at [26]
274 R v. Croft, 2013 ABQB 640 at [50].
275 *Ibid*, at [43].
276 *Ibid*, at [45].
277 *Ibid*, at [66].

터의 전송 또는 그 장치로 향하는 전송을 감시하는 경우

그로 인하여 전송 중인 통신 내용의 일부 또는 전체가 통신의 발송자 또는
의도된 수신자가 아닌 다른 사람이 사용 가능하게 하는 것[278]

'감청'이란 용어의 본질적인 의미는 '무선 전신에 의해 또는 이를 통해 지나가는 신호에 대한 방해 또는 추출'을 의미한다고 주장되었다.[279] 따라서 휴대폰으로 통화하고 있을 때 이를 기록하는 것은 감청이 아니며,[280] 도청 장치의 일부로서 이후에 전화 연결에 의해 전송될 대화 내용을 기록하는 것 또한 감청이 아니다.[281]

통신의 발송자 또는 의도된 수신자가 아닌 다른 사람에게 사용 가능해야 한다는 조건 또한, 수신자 또는 수신자의 동의로써 통신을 기록하는 소위 '당사자 감시(participant monitoring)'를 배제한다는 주장이 있었다.[282] 하지만 이는 내재적으로, 통신이 감청에 동의한 자에 의해 발신되거나 그 자에게 발신되는 경우 감청이 허가된다는 s. 3(2)와 모순되는 것으로 보이며, 이러한 감청에 의한 감시는 Part Ⅱ에 의해 허가된다.[283] 이러한 조항들을 이해함에 있어 실제의 당사자 감시와 발신자 또는 수신자의 동의에 의한 감청을 구별하는 것은 중요하다.

R v. Hardy 사건에서의 판결은 당사자 감시에 적용된다. 이 사건에서, 잠입수사 경찰관들은 테이프 녹음기를 이용하여 피고인과의 전화 대화를 녹음했다. 법원은 그러한 녹음은 통신이 전송되는 과정 중에 일어난 것이 아니기 때문에 '감청'의 정의에 해당하지 않는다고 주장했다.

전화 통화의 일방 당사자(경찰관)가 통화를 녹음했다는 것인데 … 이는 전화 감청

---

278 RIPA, s. 2(6): 이 조항은 177쪽에서 논한 바 있는 '트래픽 데이터'가 아닌, 통신의 내용에 관한 것임에 주목해야 한다. '전기 통신 시스템의 변경'은 '(a) 시스템의 일부, 또는 (b) 그 시스템을 구성하는 장치에 또는 그 장치로부터의 전송에 사용되는 무선 전신 장치에, 어떤 장치를 부착하는 행위, 또는 (a) 또는 (b)에 변경을 가하거나 이를 방해하는 것'을 포함한다.

279 R v. E [2004] EWCA Crim 1243 at [20].

280 *Ibid.*

281 R v. Allsopp [2005] EWCA Crim 703.

282 R v. Hardy [2002] EWCA Cim 3012.

283 I. Walden, Computer crimes and digital investigations (New York: Oxford University Press, 2007), p. 188. Also see RIPA, s. 48(4).

이 해석을 적용하면, ss. 3(2)와 48(4)는 통신이 전송 과정 중에 감청되는 진정한 의미의 감청에 적용되는 것으로 이해될 수 있으나, 발신자 또는 수신자의 동의를 요한다. 이러한 감청은 감청 영장(s. 3(2))이 없더라도, 감시 영장(s. 48(4))에 의하여 허가되는 것이므로 합법적이다.

결과적으로, 이 법에 대한 해설서에서 언급된 예시는 해명이 필요하다. 여기서 주어진 예시는 경찰이 유괴범과 피해자의 친척 간 통화를, 동의 하에 녹음한 사안이다. 해설서에서는 그러한 녹음이 감청이 아닌 감시로서 허가될 수 있다고 설명했다. 이는 맞는 설명이지만, 경찰이 가족과 함께 있으면서 전화통화를 녹음하는 상황에서는 감청이 전혀 개입되지 않았다는 검증이 필요하다.[285] 통화가 전송되는 과정 중에 녹음이 되었다는 것만으로는 감청이 성립한다. 수신자의 동의 하에 이 상황이 일어났다면, 이는 감청 영장보다는 감시 영장을 요하는 상황이 된다.

이 분석에 따르면 피고인의 컴퓨터에 있는 이메일은 더 이상 '전송 되는 중'이 아니므로 감청이 아니다. 하지만 그 시점 이전의 감청은 s. 2(7)-(8)에 의하여 감청의 의미에 속하게 된다. s. 2(7)에 의하면 통신이 전송되는 기간은 '통신이 전송되거나 또는 전송되는 데 사용된 시스템이 의도된 수신자로 하여금 데이터를 수집하거나 이에 접근할 수 있도록 하기 위한 목적으로 이를 저장하는 시간'을 포함한다. 더욱이 '통신의 모든 내용이 전송 중에 어떤 사람이 이용 가능할 수 있는 상황에는 통신의 내용이 전송 중에 전향되거나 기록됨으로써 이용 가능하게 된 상황을 포함해야 한다.'[286] 이 조항들은 다른 사법권에서는 '저장된 통신'으로 간주되는 것을 '감청'의 범주에 포함시키는 효과를 가져온다.

---

284 R v. Hardy [2002] EWCA Crim 3012 at [30], also citing R v. Hammond, McIntosh & Gray [2002] EWCA Crim 1243.

285 Explanatory Notes, Regulation of Investigatory Powers Act 2000 (UK), [39].

286 RIPA, s. 2(8).

이 조항의 효과는 Regina (NTL Group Ltd) v. Crown Court at Ipswich 사건[287]에서 다루어졌다. 원고는 고객들에게 이메일 서비스를 제공하는 전기 통신 회사였다. 이 회사를 통해 수신된 이메일은 자동으로 저장되어 메일 확인 후 1시간 내에 삭제되었다. 확인되지 않은 이메일은 더 긴 기간 동안 저장되었다. 이 회사는 1984년 경찰 및 형사증거법(Police and Criminal Evidence Act (1984)) s. 9와 Sch. 1에 의거하여 특정 고객의 이메일 주소와 관련하여 정보를 제공하라는 명령을 받았다. 회사 시스템의 방식상, 한 고객의 이메일만을 자동적으로 삭제되지 않게 하는 것은 가능하지 않았다. 그래서 그 명령을 이행하기 위해서는 각 이메일의 복사본을 의도된 수신자가 아닌 다른 주소로 전송하는 것이 필요했다. 법원의 문제는 이러한 전향이 RIPA를 위반하는 것인지 여부였다.

이 사건에서의 감청은 이메일을 다른 주소로 자동으로 전송하는 것이었다. 법원은 이는, 일반적인 언어를 사용하자면 '전송 중'에 있는 것으로 볼 수 없다는 견해를 표했다.[288] 또한 이는 명령을 이행하기 위하여 단지 내용을 보관하는 것으로 이 내용을 제3자에게 공개하기 위한 것이 아니었다. 하지만 (7)과 (8)은 복합적으로 작용하여 의도된 수신자가 통신을 수신하기까지의 시간을 연장하며, 이 경우에서와 같이 내용이 이후의 확인을 위하여 전향되는 것까지도 '이용 가능하게 하는' 것의 의미에 포함될 수 있도록 확장시킨다.[289]

입법부가 위 행위를 불법화하려고 의도했는지는 상당히 의심스럽지만, 어쨌든 법령상 용어는 명확하다. 결론적으로 이메일의 내용을 다른 주소로 전송함으로써 이후 이용 가능하게 만드는 것은, 이 사건에서 1984년 경찰 및 형사증거법에 의해 충분한 법적 권한이 주어졌음에도 불구하고, 이 법에 위배된다.[290]

이 조항의 효과는 R v. Coulson 사건[291]에서 다시 논의되었다. 이 사건은 전송 중인 통신에 대한 불법 감청 모의에 대한 고발과 관련된 것이다.[292] 'News International'에서 일하는 언론가와 편집가들이 불법적으로 휴대폰 메시지에 대한 감청을 모의했다고 주장한,

---

287 [2003] 1 QB 131.
288 *Ibid*, at 135.
289 *Ibid*, at 135.
290 *Ibid*, at 136.
291 [2014] 1 WLR 1119.
292 Criminal Law Act 1977 (UK), s. 1(1); RIPA, s. 1(1)(b).

일명 'News of the World' 스캔들로 인해 고발이 시작되었다.[293] 항소인은 보이스메일 메시지에 의도된 수신자가 접근하면, 이는 더이상 전송 과정중이 아니라는 것을 근거로 기각을 신청했다.[294] s. 2(7)에 대한 해석이 중점적인 쟁점사항이었다.

이 사건에 의하면, 보이스메일 메시지는 수신자에 의해 삭제되지 않는 한, 이후 삭제되거나 최장 보관 시간이 만료되기 전까지 보이스메일 수신함에 보관된 상태로 남아 있다.[295] 메시지에 권한 없이 접근하는 자는 그 메시지가 이전에 청취되었는지 청취되지 않았는지 알 수 없다.[296] s. 2(7)이 '전송 중'이라는 의미를 확장시킨다 하더라도, 통신의 수신 전 일시적인 저장에 한정되는 것이라고 주장되었다. 이러한 확장은 메시지가 수신자에 의해 청취되는 순간 한계에 다다른다.[297] 따라서 법원이 고민한 부분은 s. 2(7)에 의하여 '의도된 수신자에 의한 최초의 접근 또는 획득으로 저장 기간이 끝나는 것인지, 아니면 그러한 최초의 접근 후에도 의도된 수신자로 하여금 반복해서 접근할 수 있도록 하기 위한 의도로 시스템이 이를 보관하는 이상 저장 기간이 계속되는지의 여부'였다.[298]

법원은 후자의 해석이 맞다고 주장했다. 특히 중요하게 고려된 것은 '의도된 수신자로 하여금 수집되거나 이에 접근하게 하기 위한 의도로'라는 용어였다.[299] Fulford 판사는 보이스 메일에 대한 예비적인 청취는 이메일과 같은 방식으로 '수집'되지 않는다고 주장했다. 이메일은 가입자의 컴퓨터에 다운로드 되는 반면, '보이스메일 메시지는 청취할 때 '접근'된다.[300] 이 조항에는 메시지에 접근하는 기회는 '시간에 의해 한정되거나, 단 한 번에 한하여 일어난다'라는 표현이 없다.[301] 반면, 법 문언은 사건의 연속적인 상태를 암시한다.[302]

---

293 R v. Coulson [2014] 1 WLR 1119 at 1121. Also see House of Commons Home Affairs Committee, Unauthorised tapping into or hacking of mobile communications, Thirteenth Report of Session 2010-12.

294 R v. Coulson [2014] 1 WRL 1119 at 1121.

295 *Ibid*, at 1124.

296 *Ibid*.

297 *Ibid*.

298 *Ibid*.

299 RIPA, s. 2(7).

300 R v. Coulson [2014] 1 WLR 1119 at 1127.

301 *Ibid*, at 1128.

302 *Ibid*.

더욱이, 조항이 '전송이 완료된' 저장된 통신을 언급한다는 사실은 '전송의 과정은 보이스 메일 메시지가 의도된 수신자에 의해 이미 수신되고 청취되었음에도 불구하고 계속될 수 있음을 명확히 한다.'[303] 하지만 이러한 해석은 메시지가 이를 전송한 전기 통신 시스템에 의해서만 접근 가능해야 한다는 한계를 갖고 있다. 메시지에 접근할 수 있는 전기통신 시스템에 의존적이라는 전제 하에 메시지에 대한 최초 접근으로 전송의 과정이 끝난다고 결론지을 이유가 없다.[304]

이는 비록 보이스 메일 메시지에 관한 법조항의 적용 여부에 관한 것이지만,[305] 이 사건은 다른 맥락에 적용될 수 있는 유용한 분석을 제공한다. 특히 이메일과의 차이점은 실례가 될 수 있다. Fulford 판사는 보이스 메일에의 '접근'과 이메일의 '수집'을 구별했으며, 법원도 이 의견에 동의한 바 있다. 그는 '수집'이란 '무언가를 들어 다른 곳으로 가져간다'는 의미에서 '이메일이 서비스 제공자의 서버로부터 가입자의 컴퓨터로 다운로드될 때 일어나는 것으로, 이로써 이메일은 서비스 제공자의 서버에서 삭제된다'는 주장을 받아들였다.[306]

이 분석은 보이스 메일 메시지의 경우 다른 결과를 가져올 것이라는 것을 암시하는 것으로 보인다. 즉, 여러 번에 걸쳐 일어날 수 있는 전기 통신 시스템을 통한 접근과 비교했을 때, 메시지가 '수집'된 순간 전송의 과정은 끝이 난다는 것이다. 서비스 제공자는 메시지를 삭제하며, 수신자가 메시지를 소유하게 된다. 단, 현대의 이메일 통신의 경우에는 다르다. 이메일 사용자 대다수는 이제 웹 기반 플랫폼을 사용하며 여기에서는 이메일이 사용자의 컴퓨터에 다운로드 되지 않는다. 대신 이러한 시스템은 인터넷에 연결되었다면 모든 기기로 메시지에 접근할 수 있다는 장점이 있다. 따라서 보이스 메일과 유사하게, 메시지는 통신이 전송된 전기 통신 시스템을 통해 접근되어야 한다. 이러한 상황은 수집보다는 접근에 가까운 것으로 보인다. '전송 중'이라는 의미는 기술에 따라 달라질 수 있지만,[307] Coulson 사건의 결론을 적용하면, 웹 어플리케이션 상에 저장된 이메일은 s. 1(1)에 의해 보호받을 수 있다는 것을 의미한다.[308]

---

303   *Ibid.*
304   *Ibid.*
305   *Ibid*, at 1123.
306   *Ibid.*
307   *Ibid.*
308   *Ibid*, at 1128-9., R v. Coulson [2014] 1 WLR 1119 at 1134: 또한 Computer Misuse Act and the Data Protection Act 1998의 조항들이 잠재적으로 관련있다.

(4) 미국

도청법(Wiretap Act)에 의한 감청

18 USC §2510(4)에 의하면 '감청'은 '전자적, 기계적 방법 또는 기타 기기를 통하여 … 전기적 … 통신의 내용을 청각적으로 또는 기타의 방법으로 획득하는 것'을 의미한다.[309] 따라서 통신의 내용을 단순히 '획득'하는 것만으로, '언제 또는 어떤 상황에서 그러한 획득이 이루어지는지와 관계없이' 감청이 성립하는 것으로 보인다.[310] 하지만, 전기 통신과 관련된 '감청'은 전송과 동시에 통신을 획득하는 것을 의미하는 것으로 보다 협의적으로 해석되어 왔다.[311]

이 해석은 통상적인 의미의 '감청,' 즉 '진행 중 또는 도착 전에 멈추게 하거나, 붙잡거나 방해하는 것'과 일치한다.[312] 또한 이는, 저장된 통신의 경우 도청법에 의해 부여되는 높은 수준의 보호 대상이 되지 않는다는 것을 명확하게 하기 위하여 SCA가 입법되었다는 것을 고려할 때, 입법적 의도와도 일치하는 것으로 보인다.[313] 따라서 감청이 성립하기 위해서는 통신의 내용이 발송자에 의해 발송된 후에, 그리고 수신자에 의해 수신되기 전에 획득되어야 한다.[314] 서버에 저장된 이메일을 열람하거나[315] 웹사이트에 접근하는 것[316]과 같이 통신이 완료된 후에 메시지를 취득하는 것은 SCA의 범위에는 포함될지 몰라도, 감청은 아니다.

---

309 US v. Seidlitz, 589 F 2d 152 at 158 (4th Cir. 1978), citing Webster's Third New International Dictionary, 1967 edn.: '청각의'라는 단어는, '청각적 획득'이란 '청각을 통해 소유하게 됨'을 의미하는 것으로, 분명 전자적 통신에 적용되지 않는다. US v. Szymuszkiewicz, 622 F 3d 701 at 707 (7th Cir. 2010): '전자적, 기계적 방법 또는 기타 기기'는 18 USC §2510(5)에서 정의하고 있다. 통신을 감청하기 위하여 사용되는 기기가 합법적인 메시지를 수신하기 위해 사용되는 기기와 다를 것을 요하는 것은 아니다.

310 Konop v. Hawaiian Airlines, Inc., 302 F 3d 868 at 876 (9th Cir. 2002).

311 Steve Jackson Games, Inc. v. United States Secret Service, 36 F 3d 457 at 460 (5th Cir. 1994); US v. Smith, 155 F 3d 1051 at 1057 (9th Cir. 1998); US v. Steiger, 318 F 3d 1039 at 1048-9 (11th Cir. 2003).

312 Konop v. Hawaiian Airlines, Inc., 302 F 3d 868 at 878 (9th Cir. 2002) citing Webster's Ninth New Collegiate Dictionary (1985).

313 Konop v. Hawaiian Airlines, Inc., 302 F 3d 868 at 879 (9th Cir. 2002). See also Computer Crime and Intellectual Property Section, Searching and seizing computers, p. 165.

314 Fraser v. Nationwide Mutual Insurance Co., 135 F Supp 2d 623 at 634 (ED Pa. 2001).

315 *Ibid.*

316 Knop v. Hawaiian Airlines, Inc., 302 F 3d 868 at 878 (9th Cir. 2002), cited with tapproval in US v. Steiger, 318 F 3d 1039 at 1047 (11th Cir. 2003).

저장통신법(SCA)에 의한 접근

SCA의 조항은 '전자적 저장장치(electronic storage)'에 있는 유선 또는 전기적 통신에 적용된다.[317] 임시 저장장치와 백업 저장장치라는 두 가지의 정의가 있다.

임시 저장장치(Temporary storage)

'전자적 저장장치'의 정의 중 하나는 '전자적 전송에 부수적으로 일어나는 유선 또는 전기적 통신의 임시적인, 중간 단계의 저장'이다.[318] US v. Councilman 사건[319] 이전에는 발신자로부터 수신자에게 전송된 통신에 도청법이 적용되며, 반면에 통신이 전자적으로 저장된 경우에는 SCA가 적용된다는 견해가 보편적이었다.[320] 예를 들면 Steve Jackson Games, Inc. v. United States Secret Service 사건[321]에서 비밀경호국(Secret Service)은 게시판 시스템(BBS, bulletin board system)을 운영하는데 사용되던 컴퓨터를 압수했다. 그 컴퓨터에는 열람되지 않은 이메일이 다수 있었다. 압수 당시에 메시지는 이미 전자적 저장장치에 있었기 때문에 도청법이 적용되지 않는다는 주장이 제기되었다.[322]

이 저장 및 전송에 대한 접근법은 이후에 수많은 재판에서 사용되었는데,[323] 심지어는 통신이 전송 중에 중간 단계의 저장매체에만 임시적으로 저장되어 있는 경우에도 적용된다는 주장도 제기되었다.[324] 하지만 US v. Councilman 사건에서 제1연방항소법원에 의하여 다른 접근법이 채택되었다.[325]

---

317 Kerr, 'Stored Communications Act,' 1737-9.: 대부분의 경우에 이러한 목적에 보다 부합하는 것으로 보이는 **CFAA**의 조항과 중첩이 있다. 이 점에서 일각에서는 18 USC §2701이 폐지되어야 한다는 주장도 있다.

318 18 USC §2510(17)(A)

319 373 F 3d 197 (1st Cir. 2004).

320 Oyama, 'E-mail privacy,' 503.

321 36 F 3d 457 at 460 (5th Cir. 1994).

322 *Ibid.*

323 M. D. Roundy, 'The Wiretap Act - reconciable differences: A framework for determining the "interception" of electronic communications following United States v. Councilman's rejection of the storage/transit dichotomy' (2006) 28 Western New England Law Review 403, 420.

324 Fraser v. Nationwide Mutual Insurance Co., 135 F Supp 2d 623 at 635 (ED Pa. 2001); In re Doubleclick, Inc. Privacy Litigation, 154 F Supp 2d 497 at 511-12 (SDNY. 2001); cf. Steve Jackson games, Inc. v. United States Secret Service, 36 F 3d 457 at 461-2 (5th Cir. 1994); Theofel v. Farey-Jones, 359 F 3d 1066 at 1075 (9th Cir. 2003).

325 373 F 3d 197 (1st Cir. 2004).

피고인은 Interloc, Inc.의 부사장으로, 그는 희귀하거나 절판된 책을 목록화하는 온라인 서비스를 제공하고 있었다. Interloc은 그 서비스의 일환으로 서적 판매를 업으로 하는 고객들에게 'interloc.com' 도메인의 이메일 주소를 부여하고 이메일 서비스를 제공했다. 시 의원이 Interloc의 직원들로 하여금 경쟁사인 Amazon.com으로부터 사이트 사용자인 판매상들에게 들어오는 모든 통신을 감청하고 복사할 것을 지시했다는 의혹이 제기되었다. Amazon.com으로부터 수신자의 메일함에 이메일이 도달하기 이전에 시 의원이 접근 가능한 별도의 메일함에 자동으로 복사되었다. 이러한 방법으로 수천개의 메시지가 전향되어 상업적 이익을 취하기 위한 목적으로 시 의원과 다른 사원들에 의하여 열람되었다. 이메일을 전향시키는 소프트웨어는 Interloc의 컴퓨터 내에서만 운영된다는 것이 받아들여졌다.

피고인은 도청법을 위반한 혐의로 기소되었다. 항소법원은 1심 법원에서 밝혀진대로, 이메일이 발송자로부터 수신자까지 전송되는 과정 중에 있었더라도, 피고인에 의해 획득되어질 당시에 저장장치에 있었다는 사실을 인정했다.[326] 따라서 피고인의 저장 매체에 임시적으로 있던 데이터를 획득하기 위하여 사용된 피고인 컴퓨터 내의 프로그램은 도청법을 위반하는 것이 아니라고 주장되었다.[327]

대법원에서는 재심리를 구하는 정부 측 의견을 받아들이고[328] 사건을 환송하였다.[329] 법원은 입법 취지상 (일시적인 경우라도) 전자적인 저장장치에 저장되어있는 모든 통신은 도청법의 범위에서 제외된다는 피고인의 주장을 배제했다. 해당 조항의 문언과 입법 연혁을 고려한 결과, 법원은 이러한 해석이 전자적인 통신이 찰나의 간격으로 전자적 통신이 아닌 것이 되고, 다시 전자적 통신이 된다는 '실존적인 모순'을 불러일으킬 수 있다고 결론내렸다.[330]

ECPA의 입법적 연혁은 '전자적 통신'이라는 용어를 광의적으로 정의하고자 한 의도를 보여준다. 또한 전자적 통신을 유선 통신의 범주에 포함시킴으로써 전자적 저장을 전자적 통신의 정의에서 배제시키려고 의도한 것이 아님을 분명히 보여준다. 따라서 여기에서 '전자적 통신'이라는 용어는 통신 과정에 수반되는 일시적인 전자

---

326 *Ibid*, at 203.
327 *Ibid*.
328 US v. Councilman, 385 F 3d 793 (1st Cir. 2004).
329 US v. Councilman, 418 F 3d 67 (1st Cir. 2005).
330 *Ibid*, at 78.

적 저장을 포함하며, 그러한 저장매체에 있는 이메일 메시지에 대한 감청은 도청법 위반이라고 판단된다.[331]

본 사건의 판결은 '전자적 통신'이 '전자적 저장 매체'와 전송 과정 중에 동시에 존재할 수 있음을 받아들이긴 했지만,[332] 획득 과정이 얼마나 전송에 가까워야 하는지에 대한 문제를 해결한 것은 아니었다.[333] '전송 중'에 획득되어야 하는지,[334] '내용이 전자적 저장 장치에 들어간 이후 상당한 시간이 경과하기' 전에 획득되면 충분한 것인지에 대한 문제를 다루지 않은 것이다.[335] 보다 광의적으로는, 이메일이 전달된 이후에 감청이 일어날 수 있는지의 문제를 말한다.

이 쟁점은 US v. Szymuszkiewicz 사건[336]에서 제7연방항소법원에 의해 다루어졌다. 이 사건의 피고인은 상사의 이메일을 감청하여 18 USC §2511(1)(a) 위반 혐의로 고소되었다. 피고인은 상사를 위해 운전을 했는데, 음주 운전으로 인해 운전을 하지 못하게 된 동안 실직을 걱정했다. 그는 상사의 이메일 계정으로 오는 모든 메시지를 본인에게 전달되도록 조작했다.[337]

피고인은 메일함에 이메일이 도착한 이후에 그 메일을 전달하도록 조작한 것이었으므로, 전자적 통신에 대한 감청이 아닌, 18 USC §2701의 저장된 통신에 대한 접근에 대한 혐의로 처벌받아야 한다고 주장했다.[338] 그는 이를 풋볼에 비유하며, '감청'은 '날라가는 무언가를 잡는' 행위를 요한다고 주장했다.[339] 이메일이 이미 목적지에 도착한 상태이므로 감청될 수 없다는 것이다.

이 주장은 기각되었다. 이메일 전달이 수신자의 컴퓨터가 아닌 Kansas 시에 위치한

---

331 US v. Councilman, 418 F 3d 67 (1st Cir. 2005), at 85 (original emphasis). Cited with approval in US v. Szymuszkiewicz, 622 F 3d 701 at 706 (7th Cir. 2010).

332 Computer Crime and Intellectual Property Section, Searching and seizing computers, p. 166, citing US v. Councilman, 418 F 3d 67 at 79 (1st Cir. 2005).

333 Computer Crime and Intellectual Property Section, Searching and seizing computers, p. 166.

334 Computer Crime and Intellectual Property Section, Searching and seizing computers, p. 166., citing US v. Steiger, 318 F 3d 1039 at 1050 (11th Cir. 2003).

335 Computer Crime and Intellectual Property Section, Searching and seizing computers, p. 166., citing In re Pharmatrak, Inc. Privacy Litigation, 329 F 3d 9 at 21 (1st Cir. 2003).

336 622 F 3d 701 (7th Cir. 2010).

337 *Ibid*, at 703.

338 *Ibid*, at 704.

339 *Ibid*, at 704.

이메일 서버에 의해 실행된다는 것이 밝혀졌다. 서버 로그에 따르면, 상사에게 보내진 이메일이 서버에 도착함과 '동시에' 피고인에게 그 복사본이 전송되었다.[340] 따라서 서버에서 일어난 복사 행위는 불법 감청에 해당하는 것이다.[341]

법원은 이에 덧붙여서 만일 상사의 컴퓨터에 의해 피고인에게 이메일의 복사본이 전달되었다고 하더라도 여전히 불법적인 감청이 인정될 수 있다고 설시했다. 이메일과 같은 패킷 교환식 기술에 있어서, '발송자로부터 수신자에까지 곧바로 날아가는 단 하나의 '물건'은 없기 때문에,' '날라가는 공'에의 비유는 적절치 않다.[342] 문제는 피고인이 전자적 장치 또는 기타 장치를 사용하여 통신의 내용을 획득하였는지 여부이다.[343] 피고인은 이메일을 전달하는 행위를 통해 그 내용을 지득하였다. 법원은 여러 재판에서 감청이 통신과 '동시에' 일어나야 한다고 했음을 강조했다.[344] 이메일이 서버에 의해 전달되는 경우에는 이것이 성립하겠지만, 이 사건에서처럼 수신자의 컴퓨터에 의해 전달되었다 하더라도 그럴까? 법원은 그럴 수 있다고 주장했다. '동시성'은 통신이 '전송 중에' 또는 '그 중간에서' 감청되어야 한다는 것과 다르다.[345] 복사본이 서버에 의해 전달되었든지, 수신자의 컴퓨터에 의해 전달되었든지 간에 피고인은 '그 사이에 눈 깜짝 할 사이도 없이' 통신의 내용을 획득하였고, '이는 어떠한 기준에 의하든지 동시성이 있다'.[346]

따라서 이러한 분석은 '감청'의 의미에 통신의 전송과 동시적인 통신의 내용에 대한 획득을 포함한다고 할 수 있다. 전달 이후에 이어지는 접근은 이와 구별되는 것으로, 도청법의 범위에 속하지 않는다고 할 수 있다. 하지만 법원은 수신자의 컴퓨터가 '패킷을 그 목적지까지 전달하는 역할을 하며, 라우터처럼 작동하는 것으로 보인다'고 설시했다.[347] '도청법은 패킷 교환식 라우터의 메모리에 짧은 순간 머무르는 메시지에 적용된다'는 시 의원 사건에서의 판결을 적용해본다면, 도청법 위반이 성립한다

---

340   *Ibid.*
341   *Ibid.*
342   622 F 3d 701 (7th Cir. 2010), at 705.
343   *Ibid.*
344   *Ibid*, at 705-6.
345   622 F 3d 701 (7th Cir. 2010), at 706.
346   *Ibid.*
347   *Ibid.*

고 할 수 있다.[348]

이 판단은 시 의원 사건에서의 제1연방항소법원의 판결을 지지하지만, 판결에 필수적인 것이었는지는 명확하지 않다. 판시된 바와 같이 전달(포워딩) 규칙은, 전자적 저장 매체에 일시적으로 저장되어 있는 메시지에 대한 접근이라기보다는, 전자적 통신 내용의 동시적 획득을 구성한다고 말하는 것으로 충분하다고 생각된다. 사실 메시지는 컴퓨터에 의해서 복사되고, 그 복사본이 감청되는 것이다. 이러한 맥락에서 그러한 차이점이 필요한지 명확하지 않을 때 시 의원의 사건에 의존한다면 다른 법원에서 다른 결과를 가져올 수 있다.

시 의원 사건에서의 판결로 인해 임시적인 저장 상태에 있는 이메일이 도청법에 의해 보다 높은 수준의 보호를 받을 수 있게 되었다는 점은 반가운 일이다.[349] 또한 이로 인해 이메일이 전송 중인지 또는 저장되어 있는지에 따라 달라지지 않는 일관적인 보호가 가능하게 되었다.[350] 하지만 이 판결은 다른 판결들과 의견이 갈렸으며, 이 문제는 오직 대법원에서 해결될 수 있을 것으로 보인다.

백업 저장장치(Backup storage)

'전자적 저장장치'의 두 번째 정의는 '통신의 백업을 위하여 전자적 통신 서비스가 행하는 통신의 저장'이다.[351] '백업 보호'란 원래 이메일이 수신자에 의해 접근된 이후에는 중단되는 것으로 이해됐다.[352] 예를 들어 Fraser v. Nationwide Mutual Insurance Co. 사건[353]에서, 법에서 언급되는 백업의 목적은 통신이 완료되기 이전에 시스템이 고장나는 경우를 대비해 통신을 보호하기 위한 것이라고 판시되었다. 따라서 통신이 완료된 이후에 저장되어 있는 통신에는 전송 과정 중 저장된 메시지만을 보호하는 SCA가 적용되지 않는다.[354]

하지만 이 논리는 Theofel v. Farey-Jones 사건[355]에서 제9연방항소법원에 의해 부인되

---

348   *Ibid.*

349   Oyama, 'E-mail privacy', 516.

350   *Ibid.*

351   18 USC §2510(17)(B).

352   Kerr, 'Stored Communications Act', 1710.

353   135 F Supp 2d 623 (ED Pa. 2001).

354   *Ibid*, at 636., Kerr, 'The next generation Communications Privacy Act', 396-7: 저장된 검색어는 따라서 ECPA에 의하여 어떠한 보호도 받지 못한다는 주장이 있었다.

355   359 F 3d 1066 (9th Cir. 2004) cert. denied, 543 US 813 (2004).

었다. 이 사건의 피고는 '지나치게 광범위하고,' '명백하게 위법적인' 소환장(subpoena)에 의거하여 원고의 이메일에 접근했다.[356] 이 판결의 쟁점 중 하나는 전송 후에 서비스 제공자의 서버에 여전히 남아있는 이메일이 이 법의 범주에 속하는지 여부였다. 메시지가 '전자 통신 서비스'에 의해 저장되었다는 사실에 대하여는 이견이 없었지만, 백업을 목적으로 저장된 것인지는 문제가 되었다. 다음과 같은 주장이 제기되었다.

> 전송 이후에 서비스 제공자의 서버에 메시지를 저장하는 목적은, 예를 들어 사용자의 컴퓨터에서 메시지가 의도치 않게 삭제되어 이를 사용자가 다시 다운로드할 필요가 있을 때를 대비하여 두 번째 저장본을 만드는 것이다. 서비스 제공자의 메시지 복사본은 사용자에게 '백업'으로서 작용한다. 백업이 사용자가 아니라 서비스 제공자에게 도움이 되어야 한다는 것은 이 법 어디에서도 규정하고 있지 않다. 따라서 이러한 상황에서의 저장은 법적 정의에 부합한다.[357]

Fraser 사건에서의 해석은 이 법의 문언에 반한다는 이유로 기각되었다. subs. (A)와는 반대로, subs. (B)는 중간 과정에서의 저장과 전송 후의 저장을 구별하지 않는다. 또한 전송을 기다리는 과정에서의 일시적인 백업 저장은 (A)에서 말하는 '일시적인 중간 과정에서의 저장'에 속하는 것으로, Fraser 사건에서의 해석은 (B)를 본질적으로 과도하게 하는 것이다.[358] (B)의 본래적인 의미는 중간 과정 또는 전송 후와 관계없이 백업 저장에 적용된다는 것이다.[359]

따라서 이러한 해석을 적용하자면, 이메일이 열람되었다 하더라도 백업 보호를 위해 저장되어있는 이상 SCA가 적용된다. 반면, 이메일이 원격 서버에만 저장된 경우에는 '백업'이 성립하지 않으므로 이 법은 적용되지 않는다.[360] 정확히 얼마나 오랫동안 메시지가 SCA의 범위에 포함되는지는 명확하지 않지만, 법원은 '일반적인 과정에서 만료되기'까지 보호될 수 있다고 판시하였다.[361]

---

356   359 F 3d 1066 at 1072 (9th Cir. 2004)

357   *Ibid.*

358   *Ibid.*

359   *Ibid*, See also Brooks v. AM Resorts, LLC, 954 F Supp 2d 331 at 336-7 (ED Pa. 2013).

360   Theofel v. Farey Jones, 359 F 3d 1066 at 1077 (9th Cir. 2004).

361   Theofel v. Farey Jones, 359 F 3d 1066 at 1076 (9th Cir. 2004). For a critical discussion of this decision, see Kerr, 'Stored Communications Act', 1711-13.

이 판결로 인해 법원들 간 의견이 갈라졌다.[362] Theofel 사건에서 언급된 규칙은, 서비스 제공자들이 열람된 이메일을 백업하기 위해 서버에 저장할지 여부를 결정할 수 없다는 점에서, 상당히 비현실적인 것으로 보인다.[363] 서비스 제공자는 이메일이 사용자의 컴퓨터에 남아있는지 알 수 없기 때문에, 이러한 해석은 '"백업 보호"와 일반적인 파일의 저장을 혼동하는 것'이다.[364] 더욱이 이 분석은 보편적으로 사용되는 'hotmail'이나 'gmail'같은 웹 기반의 이메일 서비스에는 적용되지 않는다고 지적된 바도 있다.[365] 이러한 서비스의 사용자는 이메일을 컴퓨터에 다운로드하지 않는다. Theofel 사건에서도 받아들여진 바와 같이, 메시지가 원격 서버에만 저장되는 경우의 저장은 백업의 목적이 아닌 것이다.[366]

US v. Steiger 사건[367]에서는 감청과 관련된 이슈와 접근과 관련된 이슈가 어떻게 중첩될 수 있는지에 대한 특이한 예를 보여준다. 피고인은 아동 성착취물과 관련된 여러 가지 범죄 혐의로 기소되었다. 사법당국은 터키에 있는 불명의 소스를 사용해 그의 행적을 밝혔다. 이 소스를 통해 피고인의 IP 주소가 기록되었다. 사법기관은 트로이 목마 바이러스(Trojan) 프로그램을 가짜 아동 성착취물 이미지에 첨부하여 아동 성착취물 이용자 그룹에 게시하였다. 피고인이 그 이미지를 다운로드하는 순간 컴퓨터를 트로이 목마 바이러스에 감염시켰다. 이렇게 피고인의 컴퓨터에 대한 접근 권한을 획득하여 해당 이미지와 관련 정보를 찾아내 경찰에 전송하였다.

피고인의 컴퓨터는 전자적 통신 서비스가 아니므로, 이러한 방식의 접근은 SCA의 위반이 아니라는 주장이 제기되었다. 물론 피고인의 인터넷 서비스 제공자에 있는 정보에 접근했다면 이야기가 달라졌을 것이다.[368] 분명히 전송 중의 전자적 통신에 대한 동시적 획득은 없었다. 사실 메일을 감청하는 자에게 자동으로 전달해주는 소프트웨어를 사용하지 않는 이상, 수신자의 컴퓨터로부터 이메일을 감청하는 것은 매우 어려

---

362 Computer Crime and Intellectual Property Section, Searching and seizing computers, p. 125. See, e.g., Quon v. Arch Wireless Operating Co., Inc., 529 F 3d 892 at 902 (9th Cir. 2008). Cf. US v. Warshak, 631 F 3d 266 at 291 (6th Cir. 2010).

363 Computer Crime and Intellectual Property Section, Searching and seizing computers, p. 125.

364 *Ibid.*

365 US v. Weaver, 636 F Supp 2d 769 (CD Ill. 2009).

366 US v. Weaver, 636 F Supp 2d 769 at 772 (CD Ill. 2009), citing Theofel v. Farey-Jones, 359 F 3d 1066 at 1070 (9th Cir. 2003).

367 318 F 3d 1039 (11th Cir. 2003); cert. denied, 538 US 1051 (2003).

368 US v. Steiger, 318 F 3d 1039 at 1049 (11th Cir. 2003).

운 일이다.[369] 이 사건에서는 고려되지 않았지만, 이러한 사건에는 컴퓨터에 대한 인가되지 않은 접근 위반이 보다 적합한 죄명일 것이다.

몇몇 민사법원에서는 사용자의 컴퓨터에 쿠키를 두는 행위가 SCA와 도청법 모두를 위반하여 통신에 접근하는 것이라고 했지만,[370] 그러한 주장은 적어도 형사적인 맥락에서는 '말도 안되며,' 형사법원에 의해 지지받지 못하는 것으로 보인다.[371] 흥미롭게도, 사이버범죄협약 해설서에서는 쿠키를 사용하는 것처럼 상업적 관행은, '권한 없는' 감청이 성립하지 않기 때문에 위법의 고의가 없다고 '받아들여진다'라고 설명하고 있다.[372] 하지만, 상업적 쿠키가 언제나 수신자의 동의를 받았음을 의미한다는 이 주장을 뒷받침하는 근거는 없다.

---

369 US v. Steiger, 318 F 3d 1039 at 1050 (11th Cir. 2003).

370 In re DoubleClick Inc., Privacy Litigation, 154 F Supp 2d 497 at 519 (SDNY. 2001).

371 Kerr, 'Lifting the "fog",' 830-3.

372 Cybercrime Convention, Explanatory Report, [58].

PRINCIPLES OF CYBERCRIME

제3부
사기 및 관련 범죄

제7장   사기

제8장   저작권 침해 범죄

제9장   '스팸(Spam)'

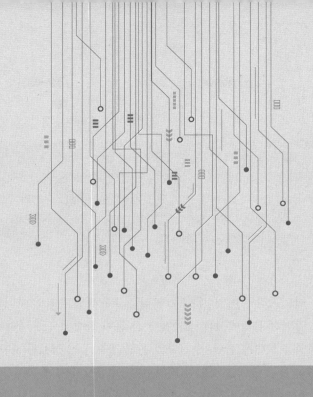

제7장

사기

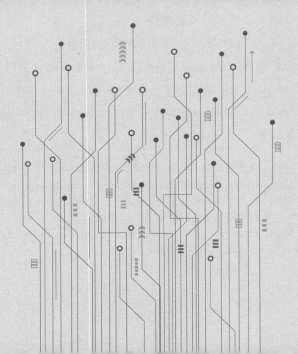

1. 온라인 사기

> 사기 모니터링 팀에서 당신이 전 중앙은행장과 가짜 은행의 직원 등을 사칭해온 사기꾼들과 거래했고, 이로 인해 어마어마하게 많은 돈을 잃은 것을 확인했습니다. 우리는 당신과 같은 계약자들이 입은 피해를 회복해야 한다는 유엔의 지시에 따른 미국 정부의 명령에 따라서 당신에게 1,500,000.00 달러의 보상금을 약속합니다. ... 아래 내용에 대한 세부 사항을 제공해주시기 바랍니다.[1]

위 발췌문은 '나이지리안 메일 사기'로 불리는 대표적인 온라인 사기의 사례이다.[2] '선불금' 사기로 알려진 유형에서는 국가에서 큰 돈이 불법적으로 빠져나가지 못하게 협조해달라는 메일을 보내곤 한다. 수신자의 은행 계좌 상세 정보를 요구하며, 협조의 대가로 많은 수수료를 지불해줄 것이라고 말한다. 수신자가 이에 관심을 표하면, 그들은 우선 매수금 또는 절차상 비용 등에 사용하기 위해 선불금이 필요하다고 한다. 물론 약속한 수수료는 지급하지 않고 피해자는 돈을 잃어버린다. 몇몇 사건에서는 위협을 가하기도 하는데, 피해자들이 돈을 돌려받으려고 하면 위협받거나, 납치되거나 심지어는 살해됐다고 신고된 바 있다.[3]

위 이메일 사기는 시대에 적응하는 사기꾼들의 능력을 완벽하게 보여주는 사례로, 이미 사기당한 자들을 대상으로 사기 범죄를 시도한다. '피싱' 메일과 유사한데, 수신자가 은행 계좌 정보를 보내도록 속인다. 피해자들은 결코 돌려받을 수 없는 선급금을 돌려줄거라고 기대하며 운에 맡기기도 한다.

잘 속는 사람들, 욕심 많은 사람들, 또는 취약한 사람들을 노리는 자들에게 인터넷은 마치 천국과 같다. 첫째, 인터넷은 일면식도 없는 피해자에게 접근할 수 있게 해준다. 나이지리안 이메일 사기의 경우 전통적인 우편에서도 존재하던 사기였지만, 인터넷의 등장으로 범죄자들은 잠재적인 수백만 명의 피해자들에게 사실상 비용을 들이

---

1 스캠 이메일로부터 발췌한 것으로, 원본은 저자의 정보가 포함된 파일의 형태로 되어있다.

2 R. G. Smith, M. N. Holmes and P. Kaufmann, Nigerian advance fee fraud, Trends and Issues in Criminal Justice No. 121 (AIC, 1996), pp. 4-5.: 이러한 종류의 사기를 처벌하기 위한 Nigerian Criminal Code의 제정 이후에 이는 '419 사기'로도 알려졌다.

3 R. G. Smith, M. N. Holmes and P. Kaufmann, Nigerian advance fee fraud, Trends and Issues in Criminal Justice No. 121 (AIC, 1996), pp. 3-4.

지 않고 접근할 수 있게 되었다. 연락이 닿는 사람이 많을수록, 사기 피해를 입을 확률은 더 높아진다.

둘째로, 인터넷은 광범위한 시장이다. 2012년 유럽연합에서 인터넷을 통해 물건과 서비스를 구매하는 사용자들의 비율은 59%로, 영국이 가장 높은 82%를 기록했다.[4] 캐나다의 비율은 56%로, 트래픽이 일방향인 것은 아니겠지만, 캐나다 인터넷 사용자의 4분의 1이 온라인을 통해 물건을 판매한다는 것이다.[5]

인터넷 뱅킹을 사용하는 비율도 증가했다. 2012년에 캐나다인 72%가 온라인 뱅킹을 사용하고 있었고,[6] 영국의 경우에는 50%를 기록했다.[7] 2013년에는, 미국의 성인 인터넷 사용자들 중 61%가 온라인 뱅킹을 사용했으며,[8] 휴대폰으로 온라인 뱅킹을 사용하는 사람들은 2011년 18%에서 2013년 35%로 급격하게 늘어났다.[9]

이러한 상황은 온라인을 통해 수많은 '가상의' 화폐가 전송된다는 것을 말한다. 2012년, 캐나다인은 약 189억 캐나다 달러를 전자 상거래에서 사용하였는데, 이는 2010년보다 24% 증가한 수치이다.[10] 영국에서는 2013년 온라인에서 한 주 동안 소비하는 평균 금액이 6억 7,540만 파운드였는데, 이는 자동차 연료를 제외한 전체 소매가의 11.8%를 차지하는 금액이다.[11] 미국 인구조사국에 의하면, 2014년 3분기의 전자 상거래 소매가의 예상가는 781억 미국 달러를 기록했다.[12] '비트코인'과 같은 가상 통화 또한 범죄 자금 흐름의 주요 수단이 되고 있다.[13]

이러한 온라인 상 상업 및 금융 거래의 증가는 사람들로 하여금 이메일에 답장하거나 웹사이트를 통해 정보를 제공하는 일에 걱정을 덜 하는 환경을 만들었다. 이는 또한 사

---

4   H. Seybert, Internet use in households and by individuals in 2012 (Eurostat, 2012), p. 6.

5   Statistics Canada, Individual internet use and e-commerce, 2012 (28 October 2013), pp. 1, 3.

6   *Ibid.*

7   Office for National Statistics (UK), Internet access - households and individuals, 2013 (8 August 2013), p. 1.

8   S. Fox, 51% of U.S. adults bank online: 32% of adults transact bank business on their mobile phones (PewResearch Center, 7 August 2013), p. 2.

9   *Ibid.*

10   Statistics Canada, e-commerce, p. 1.

11   Office for National Statistics (UK), Retail sales, December 2013 (17 January 2014), p. 10.

12   US Census Bureau News, 'Quarterly retail e-commerce sales 3rd Quarter 2014' (US Department of Commerce, 2014).

13   J. C. Clapper, Worldwide threat assessment of the US intelligence community (Senate Select Committee on Intelligence, 2013), p. 3.

기꾼들이 합법적 기관을 모방할 수 있는 가능성을 만들어주기도 했다. 온라인 환경에서 우리는 진실성과 신뢰성을 판단하는 데 평소에 고려하던 것들과 멀어지게 되었고, 온라인 거래의 신속성으로 인해 사기 범죄에 더 잘 속게 되었다. 모순적이게도, 전통적인 증명 수단의 부족은 우리를 더 경계하게 하는 것이 아니라, 신뢰하는 태도를 갖게 한다.[14]

세 번째, 인터넷은 익명성을 제공한다. 범죄자들은 신원 정보를 감출 수 있을 뿐만 아니라, 진짜처럼 보이는 대체적인 신원 정보를 사용할 수 있다. 나이지리안 이메일 사기가 대표적이며, 아래에서 논의할 피싱 이메일과 피싱 웹사이트는 더 정교한 방법을 보여준다. 마지막으로, 여러 사법관할이 중첩되는 특징으로 인해 수사와 기소가 더 어려워졌는데, 특히 '소액 사기'라고 불리는 피해 금액이 적은 경우에는 더욱 그러하다.[15] 개별 범죄는 이익이 적어서, 수사하기에 너무 적은 것처럼 보일지 모르지만, 수천만 명의 피해자가 있다면 범죄 수익은 매우 클 것이다.[16] 다른 사이버범죄처럼, 온라인 사기는 초국가적으로 번져나가고 있을 뿐만 아니라, 점차 조직화되어가고 있다.[17]

종합해서, 이러한 요인들은 사기 범죄가 성행할 수 있는 환경을 제공해준다. 온라인에서 이루어질 수 있는 사기의 유형은 여기에서 서술하는 것보다 훨씬 더 많다. 이후 살펴볼 내용은 가장 보편적인 온라인 사기 일부에 대한 간략한 설명일 뿐이다.

(1) 온라인 사기 매매

> 신용 사기는 충동 구매만큼 오래된 것이지만, 인터넷은 신용 사기의 스케일을 바꾸어 사기꾼들이 해외에 있는 타겟에 큰 수고 없이 도달할 수 있게 만들었다. … 이 사건 피고인들은 2년 반동안 기술이 제공할 수 있는 가장 효율적인 방법을 사용했는데, 그것은 바로 eBay이다.[18]

---

14   E. Finch, 'The problem of stolen identity and the internet,' in Y. Jewkes (ed.), Crime online (United Kingdom: Willan Publishing, 2007), p. 38.

15   D. S. Wall, 'Micro-frauds: Virtual robberies, stings and scams in the information age,' in T. Holt and b. Schell (eds.), Corporate hacking and technology-driven crime: Social dynamics and implications (Hershey: IGI Global, 2011), p. 69.

16   Ibid.

17   R. G. Smith, 'Transnational cybercrime and fraud,' in P. Reichel and J. Albanese (eds.), Handbook of transnational crime and justice, 2nd edn. (California: Sage Publishing, 2014), ch. 7.

18   US v. Aslan, 644 F 3d 526 at 529 (7th Cir. 2011).

온라인 구매는 매우 편리한 반면, 상인과 고객 모두에게 위험성이 있는데, 상인들은 매수금을 받기 전까지 물건을 건네고 싶지 않고, 고객들은 물건을 받기 전까지 지불하지 않고 싶어하기 때문이다. 오프라인 거래에서도 이러한 우려가 있긴 하지만, 물건 배송과 동시에 결제를 하거나 최소한 물건 판매 전에 물건을 확인함으로써 쉽게 해결되었다. 온라인 판매의 경우 더 높은 수준의 신뢰가 요구되는데, 주문과 동시에 물건이 배달되고, 결제가 성사되어야 하기 때문이다. 따라서 결제가 되지 않거나 배송이 되지 않는 경우가 가장 흔히 신고되는 사기가 온라인 사기이다.[19]

구매자 관점에서의 위험 요인은 결재가 미리 이루어지는 경우, 물건이 배송되지 않거나, 광고와는 다른 물건 또는 품질이 떨어지는 물건이 배송되는 경우이다.[20] 누군가 물건을 훔쳐가거나[21] 물건이 위조되는 경우도 있는데, 이는 특히 온라인에서 구매하는 약품과 관련하여 우려되는 문제점이다.[22]

예를 들어 US v. Aslan 사건[23]에서 피고인들은 eBay와 다른 옥션 사이트들에서 판매자 행세를 하였다. 그들은 이전에 입찰했다가 실패한 구매자들에게 접근했다. 옥션 사이트로부터 온 것처럼 꾸민 이메일로 물건을 구매할 '두 번째 기회'를 제공한다고 말했다. eBay의 로고와 사기 방지 정책 등을 사용하여 공식적인 메일로 가장했다. 대상자가 구매를 결정하면, 피고인들은 돈을 받기 위해 가짜 신원 정보를 사용했다. 물론 물건은 배송되지 않았고, 그들은 이러한 방법으로 3년이 채 되지 않는 기간 동안 2천명이 넘는 피해자들로부터 6백만 달러가 넘는 돈을 편취했다.

판매자의 입장에서는 오프라인 매장에서와 동일한 위험, 즉 대금 지불이 완료되기 이전에 또는 입금이 확인되기 이전에 물건을 보내는 위험이 있다. 카드 제시와 확인 과정 중간에 지연이 있을 수 있으며, 따라서 잘못된 번호가 제공될 수도 있고, 구매가 완료되기 전까지는 사기임을 알 수 없다. 온라인 확인 시스템의 즉시성이 증가함에 따라 범죄자가 잘못된 정보를 제공할 여지가 줄어들었고, 범죄자들은 신원 도용수법으로 전향하였다.

---

19   Internet Crime Complaint Center, Internet crime report 2011 (2011), p. 10.

20   See, e.g., US v. Calvin, 191 Fed Appx 453 (7th Cir. 2006).

21   See, e.g., US v. Wasz, 450 F 3d 720 (7th Cir. 2006).

22   Council of Europe, Convention on the counterfeiting of medical producs and similar crimes involving threats to public health: Explanatory report (CETS No. 211), at [6].

23   644 F 3d 526 (7th Cir. 2011). The following summary is based on the judgement of the court at 529-30.

'PayPal'과 같은 제3자인 중개인이 점점 더 많이 사용됨에도 불구하고, 신용 카드와 직불 카드는 여전히 온라인 매장에서의 주요한 메커니즘이다.[24] 온라인 판매는 '카드가 존재하지 않는' 거래이기 때문에, 오프라인 거래를 보호하기 위한 서명, 핀 앤 칩(PIN-and-chip) 기술과 같은 보호 장치들이 없다. 확인할 수 있는 것은 계정이 유효한지 여부로, 구매자가 이를 사용할 권한이 있는지를 확인하는 것이 아니다. 예를 들어 R v. Lukian 사건[25]에서 캐나다 국적의 피고인은 인터넷에서 미국의 신용 카드 번호를 획득할 수 있었고, 이를 컴퓨터와 다른 물건을 구입하는 데 사용하였다. 이 물건들은 이후 North Dakota에 있는 공범의 주소로 선박 배송되었다.

또한 인터넷 사용자들은 인지하지 못했거나 필요치 않은 서비스에 대해 요금이 청구된 것을 발견하기도 한다. 예컨대 성착취물을 무료로 보기 위한 목적으로 소프트웨어를 다운로드 받은 사용자들에게 지나치게 과도한 장거리 통화 요금이 청구될 수도 있다.[26] 이러한 스캠의 여러 가지 변형은 일반 전화선보다는 휴대폰 서비스를 타겟으로 하고 있다.[27]

마지막으로, '스케어웨어(scareware)'라고 불리는 '팝업' 방식의 메시지를 보내 수신자의 컴퓨터를 바이러스에 감염시키고, 무료 보안 검사를 제공하는 악성프로그램을 설치하는 수법이 있다. 물론 무료 보안 검사의 결과는 컴퓨터가 감염되었다는 것을 보여주며, 사용자들이 이를 고치기 위해 소프트웨어를 구매하도록 종용한다. 사실, 그 소프트웨어는 아무런 동작도 하지 않는데, 애초에 아무것도 고칠 것이 없었기 때문이다.[28] 이러한 사기는 고수익을 가져다준다. 한 사례를 보면, 960,000 대의 컴퓨터 사용자들이 이에 속아 가짜 '안티 바이러스' 제품을 구매하기 위해 129 달러를 지불했다고 알려졌다.[29]

---

24 Wall, Micro-frauds: Virtual robberies, stings and scams, pp. 69-70.
25 [2003] AJ no 1495.
26 Wall, Micro-frauds: Virtual robberies, stings and scams, p. 73.
27 *Ibid*.
28 Federal Trade Commission, FTC consumer alert: 'Free Security Scan' could cost time and money (Federal Trade Commission Bureau of Consumer Protection, 2008), p. 1.
29 US Department of Justice, 'Payment processor for scareware cybercrime ring sentenced to 48 months in prison', Press Release (14 December 2012).

(2) 선불금 사기

온라인 사기의 가장 보편적인 수법은 '선불금 사기'로, 피해자들은 어떤 서비스 또는 이익을 기대하며 선불금을 지불하는데, 결국 이 서비스 또는 이익은 존재하지 않는 것으로 밝혀진다. 나이지리안 이메일 사기가 가장 악명 높은 예라고 한다면, 다른 사례로는 피라미드 또는 '일확천금' 수법, 사업 기회, 교육 자격증, 상속 사기, 복권 사기 및 금융 조언 사기 등이 있다.[30] 또 다른 수법으로는 청부업자를 사칭하면서 돈을 내면 살해하지 않겠다는 메시지[31]를 보내는 경우도 있고, FBI 또는 다른 정부기관 공무원을 사칭하여 벌금 납부를 요구하는 경우도 있다.[32] 임대 사기란 개인 정보나 금융 계좌 정보를 획득하기 위하여 온라인에서 가짜 임대 부동산을 광고하는 것을 말한다.[33] 최근 빈번해진 사기 수법으로는 '데이트' 또는 '로맨스' 사기, '컴퓨터 지원 센터' 사기가 있다.

데이트 사기에서는 전형적으로 채팅방, 연애 사이트 또는 소셜 네트워킹 사이트에서 피해자를 물색한다.[34] 그들은 피해자들과 로맨틱한 관계에 있다고 믿게 함으로써 피해자의 관심과 신뢰를 얻는다. 신뢰 관계가 형성된 이후에 범죄자들은, 예를 들어 개인적인 고난을 이겨내기 위해서 등, 여러 가지 핑계를 대며 돈을 요구한다.[35] 또는 피해자들로 하여금 물건을 받아서 다시 배송하게 하는데, 이로써 자신도 모르는 사이에 다른 사기 행각을 돕게 된다.[36] 인터넷 범죄 신고 센터(Internet Crime Complaint Center)는 2012년 약 4,500건의 데이트 사기 관련 신고를 받았는데, 그 피해 금액은 5,500만 달러를 넘었다.[37] 금전적인 손실에 더하여 협박 피해를 당하기도 하는데, 예를 들어 성적인 사진을 보내도록 협박하기도 한다.[38] 또한 피해자들은 직접 만나기 위해 해외로 이

---

30 P. Jorna and A. Hutchings, Australian consumer fraud taskforce: Results of the 2012 online consumer fraud survey, Technical and Backgroudn Paper 56 (AIC, 2013), p. 2.

31 Internet Crime Complaint Center, Internet crime report 2012 (2012), p. 12.

32 Internet Crime Complaint Center, Internet crime report 2012 (2012), p. 9.

33 J. Kerr, R. Owen, C. McNaughton Nicholls and M. Button, Research on sentencing online fraud offences (Sentencing Council, 2013), p. 3.

34 Internet Crime Complaint Center, Internet crime report 2012, p. 16.

35 *Ibid.*

36 *Ibid.*

37 *Ibid.*

38 Kerr et al., Research on sentencing online fraud offences, p. 37.

동할 것을 권유받기도 하는데, 이는 신체적 가해 또는 살해의 실질적인 위협이 된다.[39]

컴퓨터 지원 사기에서는, 피해자들은 평판이 좋은 소프트웨어 회사라고 지칭하는 자로부터 전화를 받는다.[40] 전화를 건 사람은 피해자에게 그들의 컴퓨터에서 악성프로그램이 탐지되었다면서 컴퓨터를 켤 것을 요구한다. 전화 발신자는 이후 컴퓨터가 어떻게 감염되었는지 설명하며 일정 금액을 지불하면 이를 제거할 수 있다고 말한다. 이에 따라 피해자들은 웹사이트를 방문하고 돈을 지불한 후 소프트웨어를 다운로드 받는다. 피해자들은 사기에 의해 돈을 편취당하는 것은 물론 악성프로그램에 노출되는데, 예를 들면 범죄자가 피해자의 컴퓨터에 대한 원격 접근 권한을 탈취할 수도 있다.

놀랍게도, 많은 사람들이 여전히 이러한 사기의 피해자가 되고 있다.[41] 최근 호주의 한 연구에 따르면, 사기성 요구 또는 초대를 받은 자들 중 22.2%가 이에 답했고, 개인 정보를 제공하거나 금전적인 손실을 입었다.[42] 한 개 이상의 사기성 초대를 받은 사람들 중에서는, 복권 사기와 컴퓨터 지원 사기가 가장 많았다.[43] 데이트 사기가 덜 보편적이지만, 개인 정보 또는 재정적 손실로 이어질 가능성은 더 높은 것으로 보인다.[44]

사기 피해자들은 불법 자금 세탁에 사용되는 '불법 자금 송금책'을 모집하는 데 이용될 수도 있다. 전형적인 예로는, '재택 근무' 기회를 광고하는 이메일을 들 수 있다. 이를 받은 사람은 은행 계좌를 개설하거나 은행 계좌 정보를 제공할 것을 요구받는데, 이는 이후 자금 세탁 과정 중에 자금 송금에 사용된다. 이는 자금세탁 방지법에 의하여 기소의 대상이 된다.[45]

(3) 클릭 사기

온라인 사기의 다른 유형으로 '클릭 사기'가 있다. 이는 사이트 방문자 수 또는 사

---

39 C. Cross, R. G. Smith and K. Richards, Challenges of responding to online fraud victimisation in Australia, Trends and Issues in Criminal Justice No. 474 (AIC, 2014), p. 3.

40 The following summary is based on Internet Crime Complaint Center, Internet crime report 2012, p. 10.

41 S. Ross and R. G. Smith, Risk factors for advance fee fraud victimisation, Trends and Issues in Criminal Justice No. 420 (AIC, 2011).

42 Jorna and Hutchings, Results of the 2012 online consumer fraud survey, pp. 9-10.

43 *Ibid*, pp. 9.

44 *Ibid*, pp. 9, 11.

45 Australian High Tech Crime Centre, Money mules, High Tech Crime Brief No. 16 (AIC, 2007), p. 2.

이트의 '클릭' 수에 의해 온라인 광고료가 정해지는 방식을 이용하는 것이다. 따라서 운영자들은 값싼 노동력 또는 자동화된 소프트웨어를 사용하여 사이트 클릭 수를 부풀림으로써 광고료를 올린다.[46] 가짜 웹사이트가 사용되기도 하는데, 가짜 웹사이트에 들어온 방문자들을 그들의 사이트로 유도하여 수많은 팝업 광고들을 띄우는 방식이다.

예를 들어 Facebook, Inc. v. MaxBounty, Inc. 사건[47]에서, 페이스북은 MaxBounty가 연계 사이트를 사용하여 가짜 페이스북 페이지를 만들어, 페이스북 사용자들이 제3의 상업 사이트로 유도되도록 하였다고 주장했다.[48] 그 페이지들은 등록 시 '한정판 상품 증정'을 약속했는데, 예를 들어 기프트 카드를 주거나 iPad와 같은 제품을 약속하였다.[49] 사용자가 페이지에 등록을 하면 제3의 상업 사이트로 접속되는데, 그곳에 접속한 사용자들은 상품을 수령하기 위해 추가적인 절차를 진행하도록 안내받는다.[50] MaxBounty가 제3자 사이트에 전달하는 트래픽에 대하여 사례금을 받는다고 주장되었다.

그러한 페이지는 재난 상황 이후에 급격하게 많아진다. 예를 들어 말레이시아 항공기 MH17이 동우크라이나에 의해 격추되어 기내에 있던 298명의 승객들이 사망했을 때, 아동을 포함하여 피해자들의 이름을 사용한 가짜 페이스북 페이지들이 만들어졌다.[51] 그 사이트에 방문한 사람들은 사고에 관한 정보를 알려준다는 링크들로 유도되었으나, 그 사이트들은 수많은 팝업 광고를 띄웠다.[52]

(4) 전자 자금 이체 사기

돈을 훔친다는 것이 귀중품을 가방에 담고 은행으로부터 뛰쳐나가는 것을 의미하는 시대는 지난지 오래이다. 물리적인 현금 절취는 항상 존재하겠지만, 세계 대부분의 돈은 이제 무형의 형태로 존재하며, 이는 인가되지 않은 이체의 피해를 발생시킨다. 통화와는 다르게, 가상화폐는 관할권을 넘어서 대량으로 움직일 수 있고, 즉시 발견될 위험도 적다. 외부로부터 인가되지 않은 접근 권한을 탈취한 해커나 주어진 권한 이상의

---

46   Wall, Micro-frauds: Virtual robberies, stings and scams, p. 72.

47   274 FRD 279 (ND Cal. 2011).

48   274 FRD 279, at 281 (ND Cal. 2011).

49   *Ibid.*

50   *Ibid.*

51   C. Knaus and P. Riordan, '"Click fraudsters" set up fake Facebook pages in names of MH17 victims,' The Age, 21 July 2014.

52   *Ibid.*

접근 권한을 행사하는 내부자들이 이제 사기를 저지르고 있다. 예를 들어 R v. Muir 사건[53]에서, 호주 재무행정부(Australian Department of Finance and Administration)의 금융 컨설턴트는 타인의 이름과 비밀번호를 사용해 800만 호주 달러가 넘는 돈을 회사 계정으로 이체시켰다. 한편, 온라인 뱅킹 사용이 증가하면서 피해자도 증가하고 있는데, 사용자명과 비밀번호만 있으면 이체가 가능하기 때문이다.[54]

(5) 투자 사기

인터넷은 투자 사기가 성행할 수 있는 기회를 제공해준다. 조금의 기술만 있으면 고수익을 약속하며 투자를 권유하는 웹사이트를 만들어낼 수 있다. 또한 많은 사람들이 온라인 포럼에서 투자처를 찾고 있기 때문에 투자 사기 정보는 굉장히 빠른 속도로 퍼져나갈 수 있다.

투자 사기의 예로 'pump and dump(헐값에 매입한 주가를 허위 정보 등으로 폭등시킨 뒤 팔아치우는 것)' 또는 'trash and cash(매도한 주가를 폭락시켜 낮은 가격으로 재구매하는 것)'라고 불리는 수법, 즉 주가에 영향을 주기 위한 목적으로 인터넷을 통해 정보를 퍼뜨리는 수법을 들 수 있다. 이는 온라인 포럼에서 주식에 대해 이야기하는 것부터 가짜 미디어를 유포하는 것까지 다양하다.[55] 최근 한 사례에서는, 'pump and dump' 수법을 사용하는 것으로 알려진 9명의 남자들이 '거의 껍데기만 있는' 11개의 상장회사로부터 대량의 값싼 주식을 사들였다.[56] 그 후 그들은 사기 광고를 통해 해당 회사들의 주가를 인위적으로 부풀렸고, 이 주식들은 1억 2천 달러가 넘는 가격에 거래되었다.[57] 이후 이 사기는 선급금 사기와 결합됐는데, 앞서 사기 피해를 입은 피해자들에게 돈을 내면 그들이 가지고 있는 주식을 다른 투자자들에게 팔거나, 피해를 회복해주기 위해 소송에 합류할 수 있다고 약속했다.[58]

---

53 Unreported, ACTSC, Gray J, 25 September 2001.

54 3쪽의 예시 참고.

55 S. Morris, The Future of netcrime now: Part 1 - threats and challenges, Home Office Online Report 62/04 (Home Office, 2004), p. 17.

56 Federal Bureau of Investigation, 'Nine individuals indicted in one of the largest international penny stock frauds and advance fee schemes in history', Press Release (13 August 2013).

57 Ibid.

58 Ibid.

(6) 신원 도용

우리는 매일 같이 우리의 신원, 즉 우리가 누구인지에 대한 증거를 제시할 것을 요구받고 있다. 경찰관에게 운전면허증을 제시하는 경우가 있을 수도 있고, 물건 구입을 위해 신용 카드를 사용할 수 있으며, 회사에서 신분증을 착용할 수도 있다. 우리는 신원을 밝힘으로써 공동체에 온전히 참여할 수 있게 된다. 사회 구성원, 즉 개인, 기관 또는 사회 단체가 되기 위해서는 신원정보를 갖고 있어야 한다.[59]

스스로 신원을 밝히지 못하는 경우에는 자격을 부여받지 못한다. 다른 사람이 우리를 사칭할 수 있다면, 자기 것이 아닌 자격에 접근할 수 있게 된다. 가짜 신원 정보를 사용하여 범죄를 행하는 것을 '신원 도용'이라고 부른다.

신원 도용 범죄에 대한 합의된 정의는 없는데, '신원 도용 범죄(identity crime),' '신원 사기(identity fraud),' '신원 절도(identity theft)'라는 용어가 혼재되어 사용된다.[60] 호주의 치안 연구센터에서는 다음과 같은 용어를 만들었다.[61]

---

① 신원 도용 범죄(Identity Crime)는 피고인이 가짜 신원정보를 사용하여 범죄를 범하는 경우를 이르는 포괄적인 용어이다. 이는 자금 세탁, 마약 밀매, 세금 면탈, 불법 이민 또는 테러리즘을 포함할 수 있다. 또한 미성년자들이 가짜 신원정보를 이용해 주류를 구매하는 등 경범죄를 포함할 수 있다.
② 신원 사기(Identity Fraud)는 Identity Crime의 보다 구체적인 형태로, 돈, 물건, 이익 또는 서비스를 얻기 위해 가짜 신원정보를 이용하는 것을 이른다.
③ 신원 절도(Identity Theft)는 기존에 존재하는 신원정보를 가져가는 것을 말한다.

신원 도용 범죄(identity crime)와 신원 사기(identity fraud)는 모두 가짜 신원정보를 사용함으로써 다른 범죄를 용이하게 해준다. 통상적으로, 사법기관은 타인의 신원정보

---

59 S. Cuganesan and D. Lacey, Identity fraud in Australia: An evaluation of its nature, cost and extent (New South Wales: SIRCA, 2003), p. 1.

60 United Nations Office on Drugs and Crime, Handbook on identity-related crime (2011), pp. 25-9.

61 Australasian Centre for Policing Research and the Australian Transaction Reports and Analysis Centre, Standardisation of definitions of identity crime terms: A step towards consistency, Report Series No. 145.3 (Australasian Centre for Policing Research, 2006), pp. 9-10.

를 권한 없이 사용하는 것보다는 근본적인 범죄를 기소하는 데 초점을 맞추어 왔다. 디지털 기술이 가짜 신원정보를 사용하여 범죄를 저지르는 데 도움이 되었다는 것은 의심할 여지가 없지만, '신원 정보의 수집, 소유 및 거래의 예비적인 단계'에 대한 법적 흠결이 있었다.[62] 이러한 행위가 신원 절도(identity theft)라는 용어로 인해 식별될 수 있는 것이다.

범법 행위를 용이하게 하기 위하여 가짜 신원정보를 사용하는 것은 새로운 일이 아니며, 옛 기술들이 아직까지도 사용되고 있다. 그러나 디지털 기술이 범죄자들이 신원정보를 획득할 수 있는 기회를 확장시켰음은 분명하다. 디지털 기술의 휴대성과 저장성은 컴퓨터, 스마트폰, 태블릿 또는 저장장치의 절취가 끔찍한 결과를 가져올 수 있음을 의미한다. 한 가지 예를 들면 2,650만 명의 참전 군인들의 개인 식별 정보가 저장된 컴퓨터가 미국 보훈부(US Department of Veterans Affairs) 직원의 집에서 도난당했다.[63]

전통적인 방법의 신원 도용 범죄는 '쓰레기통 뒤지기(dumpster diving)'라고 불리는 것처럼 버려진 금융 서류와 다른 식별 정보를 찾기 위해 쓰레기를 뒤지는 것이었다. 만약 그 쓰레기가 버려진 컴퓨터라면, 수많은 개인 정보가 포함되어 있을 것이다. 한 연구에 의하면, 연구원들은 200개의 중고 하드드라이브를 구매했는데, 그 중 11%가 34,000개 파일에 해당하는 개인 정보를 포함하고 있었다.[64]

쓰레기를 뒤지는 것 대신, 기본적인 온라인 검색만으로도 수많은 개인 정보를 찾을 수 있다. 범죄자들은 소셜 네트워킹 사이트를 이용하여 잠재적인 피해자들을 겨냥한 맞춤형 정보를 획득할 수 있다.[65] 선급금 사기에서 사용되는 기술들을 이용하여 수신자들로 하여금 개인 정보를 제출할 것을 요구하곤 한다. 예를 들어 피해자들은 고용 기회를 약속받고 설문조사에 참여하거나, 대회에서 이겼다는 소식을 듣는다. 가장 전형적인 신원 도용 범죄인 위조는 디지털 기술에 의하여 변화되었다. 출판 및 이미징 소프트웨어, 컬러 스캐너 등의 등장으로 인해 범죄자들이 더 쉽게 가짜 신원 서류를 만들

---

62   Model Criminal Code Officers Committee, Identity Crime, Final Report (2008), p. 12.

63   US Government Accountability Office, Information security. Agency reponses to breaches of personally identifiable information need to be more consistent, Report to Congressional Requesters (December 2013), p. 3.

64   Information Commissioner's Office (UK), Unscrubbed hard drives report (2010) http://ico.org.uk/news/latest_news/2012/~/media/documents/library/Data_Protection/Research_and_reports/unscrubbed_hard_drives_report.ashx.

65   Internet Crime Complaint Center, Internet Crime Report 2012, p. 12.

수 있게 됨으로써, 위조는 예술의 경지에 이르렀다. 이제 서명을 위조할 때 힘들게 복사하기보다 다른 문서에서 스캔하거나 재생산할 수 있다.

예를 들어 R v. Zehir 사건[66]에서 피고인은 컴퓨터로 41개의 가짜 출생증명서와 41개의 가짜 학생증 카드를 만들었다. 이 가짜 서류를 사용하여 그는 계좌를 개설하고, 사업자 등록을 하고, 운전면허증을 신청할 수 있었다. '신원정보 양산(identity breeding)'의 예로,[67] 그는 가짜 신원정보를 이용해 은행 계좌를 개설했으며, 그 은행으로부터 발급받은 카드를 이후의 거래에 대한 증명 용도로 사용하였다.

신원 관련 범죄는 전형적으로 사기와 연관되어 있지만 다양한 범죄 행위와 연관될 수 있다. 예를 들어 Pilgrim v. R 사건[68]에서 피고인은 '가짜 운전면허증을 만들기 위한 홀로그램과, 가짜 신원정보를 만들기 위한 컴퓨터 프로그램, 가짜 신분증을 만들기 위한 특수 카드 프린터를 획득했다.'[69] 그는 이 신원정보를 사용하여 부정적인 방법으로 오토바이를 구입했으며, 이 오토바이를 이후 유괴와 강간 범행에 사용했다.

신원 도용 범죄의 전통적인 방법이 변형됐을 뿐 아니라 디지털 기술의 직접적인 산물인 다양한 수법이 있다.

피싱

'피싱(Phishing)'[70]은 기술 발전과 사회 공학의 조합이다. 피싱은 넓게 '범죄자들이 사적 정보, 금융 및 민감 정보를 수집하기 위한 목적으로 이메일과 웹사이트를 만들거나 사용하는 것'으로 정의할 수 있다.[71] 전형적인 피싱 이메일은 은행과 같은 합법적인 기관으로부터 발송된 것처럼 보이며, 수신자에게 계정 정보를 확인하라고 한다. 예를 들어 수신자의 계정이 손상되어 은행이 보안 정보를 확인해야 한다고 한다. 그러한

---

66 (1998) 104 A Crim R 109.

67 Canadian Internet Policy and Public Interest Clinic, Techniques of Identity Theft, CIPPIC Working Paper No. 2, ID Thefts Series (2007), p. 13.: 개인 식별 정보를 획득한다면, 이는 이후 더 많은 개인 정보를 수집하는 데 사용될 수 있다.

68 [2014] VSCA 191.

69 [2014] VSCA 191, at [3].

70 Anti-Phishing Working Group: 'Origins of the word "Phishing", http://docs.apwg.org/word_phish.html.: '피싱(phishing)'이라는 단어는, 옛날 해커들이 무료로 장거리 전화 통화를 사용했던 앞선 형태의 해킹을 말하는 용어인 '프리킹(phreaking)'의 변형된 형태이다.

71 Binational Working Group on Cross-Border Mass Marketing Fraud, Report on Phishing: A report to the Minister of Public Safety and Emergency Preparedness Canada and the Attorney General of the United States (2006), p. 4.

이메일은 보통 헤더 정보를 변경해서 실제 기관인 것처럼 보인다. 수신자는 이에 속아 정보를 제공하며, 이 정보는 신원 도용 범죄에 사용되거나 판매된다.

'스피어 피싱(spear phishing)'이란 특정 개인 또는 단체를 대상으로 한 피싱 공격을 의미한다.[72] 예를 들어 2011년 스피어 피싱 이메일은 'RSA'라는 보안 회사의 직원들에게 발송되었다.[73] 적어도 한 명의 직원이 감염된 파일을 열었고, 이로 인해 악성 프로그램이 실행되어 정보를 다운로드했으며, 이를 통해 궁극적으로 해커들은 RSA의 보안 토큰을 무력화시켰다.[74] 그 결과로 방위 산업 네트워크가 공격당했다.[75] '워터링 홀(watering hole)' 공격은 해커들이 그들의 공격 대상이 접속하는 것으로 알려진 합법적인 웹사이트에 접근하여 악성 코드를 심어두고, 피해자들이 그 사이트에 접속하여 악성프로그램에 감염되는 것을 기다리는 것을 말한다.[76]

페이스북, 라이크딘과 같은 소셜 네트워킹 사이트는 대량의 개인 정보의 원천으로, 특정 개인 또는 기관 대상으로 더욱더 그럴 듯해 보이는 피싱 메시지를 만드는 데 사용될 수 있다. 예를 들면 어떤 사람의 페이스북 프로필을 통해 해외에 있다는 정보를 얻은 뒤 그의 친구들과 가족들에게 지갑을 잃어버려 집에 돌아가기 위한 돈이 필요하다는 내용의 가짜 메시지를 발송할 수 있다.[77]

피싱은 보통 금융 정보를 얻기 위해 사용되지만, 공격자에게 유용한 계정 정보에 대한 접근 권한을 얻기 위한 용도로도 사용될 수 있다. 악명 높은 한 사례를 보면, 피고인은 피싱 이메일을 사용하여 미성년자들의 소셜 네트워킹 사이트 비밀번호를 획득했고, 이를 이용하여 그들의 웹캠 세션에 대한 접근 권한을 몰래 획득하였다.[78]

피싱 이메일이 개인 정보를 획득하는 데 사용되는 방법은 매우 다양하다. 가장 간단한 방법은 수신자에게 바로 답장하라고 재촉하는 것이다. 예를 들면 이메일로 국세청으로부터 온 것처럼 보이는 문서를 보내서 상세 내용을 작성하여 7일 이내에 답장

---

72 *Ibid*, pp. 8-9.

73 Federal Bureau of Investigation, Internet social networking risks, www.fbi.gov/about-us/investigate/counterintelligence/internet-social-networking-risks.

74 *Ibid*.

75 *Ibid*.

76 Symantec, Internet security threat report 2013 (2013), p. 21.

77 *Ibid*, p. 51.

78 US Department of Justice, 'Dayton man pleads guilty to sexual exploitation crimes involving minors', Press Release (19 January 2006).

해야 하며 그렇지 않으면 특정 세금 혜택을 받지 못할 것이라고 한다.[79] 구매자를 속여 계정 정보를 얻기 위해 가짜 온라인 세일을 꾸미기도 한다.

더 정교한 방법으로는 가짜 웹사이트로 이어지는 링크 정보를 주는 것인데, 링크는 보통 위조된 도메인 이름을 사용하여 합법적인 기관의 것을 모방하며, 이를 의심하지 않는 사용자들의 개인 정보를 획득한다. 피싱 방지 작업반(Anti-phishing Working Group)의 보고에 따르면, 2014년 3월에 44,212개의 피싱 사이트가 발견됐으며, 362개의 특정 브랜드들이 피해를 입었고, 산업 부문별로는 결제 서비스가 가장 큰 피해 대상이었다.[80]

판매 웹사이트 또는 금융 기관의 웹사이트를 가장 보편적으로 모방하는 반면, 범죄자들이 소셜 미디어 사이트를 사용하는 경향이 증가하고 있다. 예를 들어 피해자들은 페이스북 페이지에서 공짜 기프트 카드를 광고하는 포스트를 보고 가짜 웹사이트로 유도되어 다양한 '혜택'을 얻기 위하여 개인 정보를 제공하라고 요구받는다.[81] 한 보고서에 따르면, 소셜 네트워크 사이트를 모방한 피싱 사이트의 수는 2012년 123% 증가하였다.[82]

다른 방법은 메시지 내에 링크 또는 첨부파일을 붙이는 것인데, 이를 클릭하면 키로거 또는 트로이(Trojans)와 같은 악성프로그램을 다운로드하게 된다. 예를 들어 피해자들은 금융 기관으로부터 피해자의 은행 계좌 또는 최근의 금융 거래에 문제가 생겼다는 예상치 못한 이메일을 받는다.[83] 그 이메일은 그 문제를 해결할 수 있다고 하며 웹사이트 링크를 제공해주는데, 물론 그 웹사이트는 가짜며 이 사이트에 접속하면 피해자들은 자신도 모르는 사이에 사용자명과 비밀번호를 통해 금융 기관에서 사용하는 사용자 인증 방식을 무력화시킬 수 있는 'Gameover'와 같은 악성프로그램을 다운로드하게 된다.

그러한 정보가 획득되면, 그 다음 단계는 피해자들이 속았다는 것을 인지하기까지의 시간을 지연시키는 것으로, 서비스를 일시적으로 사용할 수 없다고 하거나, 사용자를 합법적인 사이트로 유도하는 등의 방법이 있다. 한 사례에서, 공격자

---

79 F. Paget, Identity Theft, White Paper (McAfee, 2007), p. 8.

80 Anti-Phishing Working Group, Phishing activity trends report: 1st quarter 2014 (2014), pp. 2-7.

81 Symantec, Internet security threat report 2013, pp. 35-6.

82 *Ibid*, pp. 51.

83 The following summary is based on Federal Bureau of Investigation, 'Malware targets bank accounts,' Press Release (1 June 2012).

들은 사기 행위를 숨기기 위해, 금융 기관의 웹사이트에 서비스거부(DDoS) 공격을 감행하기도 했다.[84] 피싱 웹사이트는 아주 짧은 기간 동안만 사용가능하기 때문에, 사법 기관이 이를 인지할 무렵에는 보통 사라진 상태이다. 이와 같이 돈을 요구하거나 정보를 요구하는 사기 행위에 긍정적으로 반응한 사람들은 소위 'sucker's list (잘 속는 사람들 목록)'이라고 불리는 리스트에 이름이 올라가며, 그 리스트는 다른 공격자들에게 거래되어 다시 피해자가 될 가능성을 높인다.[85]

피싱 메시지를 전달하는 데 가장 보편적으로 사용되는 것이 이메일인데, 이러한 피싱 메시지들은 스미싱이나 소셜 네트워킹 사이트 등 다른 온라인 통신의 형태로 전송될 수도 있다.[86] 이메일 피싱의 감소 경향은 그 행위의 전반적인 감소를 뜻하기 보다는, 다른 형태로의 이동을 의미한다고 볼 수 있다.[87]

'보이스 피싱' 또는 '비싱(vishing)'은 피싱 이메일을 보통 포함하지만, 피해자는 특정 번호로 전화할 것을 요구 받고, 사용자명과 비밀번호를 사용하여 로그인 할 것을 요구받는다. 범죄자들은 VoIP 기술을 통해 진짜인 것처럼 들리는 자동 고객 서비스 회선을 저렴하게 구축할 수 있다. 이는 이메일에 응답하지 말고 고객 서비스 번호로 전화할 것을 요구하는 은행의 관행을 모방하기도 한다.[88] 2013년 영국의 온라인 뱅킹 사기는 3% 증가했는데, 일부분은 '비싱'의 증가로 인한 것이다.[89]

파밍(Pharming)

이메일 등 온라인 통신이 사용자를 피싱 웹사이트로 유도하는 가장 흔한 형태이지만, 다른 방법 또한 사용된다. 예를 들어 합법적인 웹사이트의 도메인 이름을 오기한 방식의 도메인 이름(예를 들어 gooogle.com), 또는 다른 도메인('org' 대신에 'com')은 사용자들이 가짜 웹사이트에 접속하기 쉽게 만든다.[90] 보다 정교한 수법에는 '파밍(pharming)'이 있다.

---

84 *Ibid.*
85 Cross, Smith and Richards, Challenges of responding to online fraud, p. 3.
86 OECD, Scoping paper on online identity theft, Ministerial Background Report (2007), p. 4.
87 Symantec, Internet security threat report 2013, p. 45.
88 Binational Working Group, Report on phishing, p. 10.
89 UK Cards Association, Scams and computer attacks contribute to increase in fraud, as total card spending rises (2013), www.theukcardassociation.org.uk/news/EOYFFfor2013.asp.
90 BC Freedom of Information and Privacy Association, PIPEDA and identity theft: Solutions for protecting Canadians (FIPA〈 2006), p. 13.

'파밍'이란 인터넷 도메인을 통해 가짜 웹사이트로 유도되게 하는 수법을 말한다. 이메일에 있는 의심스러운 링크를 클릭하지 않아야 한다는 것을 아는 사용자들이 정상적인 URL을 입력해도 피싱 사이트로 유도될 수 있다는 점에서 특히 치명적이다.

인터넷 브라우저에 웹 주소가 입력되면, 이는 숫자로 된 IP 주소로 변환되어야 한다. 이러한 요청은 도메인 네임 서버(DNS, domain name server)라는 시스템을 통해서 처리된다. DNS-포이즈닝(poisoning)이라고 알려진 과정에서 DNS가 변경되어, 금융 기관과 같은 특정 IP 주소 입력 시 자동으로 금융 기관을 모방한 피싱 웹사이트로 연결된다.[91]

사용자 컴퓨터의 호스트 파일을 변경하여 DNS 캐시(cache)를 감염시킴으로써 보다 한정적인 효과가 일어날 수 있다. 웹 주소가 브라우저에 입력되면, 컴퓨터는 호스트 파일에 있는 숫자로된 주소를 찾아볼 것이다. 따라서 그 호스트 파일을 변경하여 사용자들을 가짜 웹사이트 주소로 안내하는 것이다. 이는 보통 사용자의 호스트 파일에 실제 유효한 주소 대신에 가짜 웹사이트를 입력하는 트로이(Trojan)에 의해 이루어진다.[92] 트로이는 사용자가 정상적인 웹사이트에 접속하기까지 기다렸다가, 접속하는 순간 가짜 팝업을 만들어 식별 정보를 요구하고, 이 정보를 원격 서버로 전송할 수도 있다. 이러한 트로이는 2006년 American Express 웹사이트 사건에서 사용된 적 있다.[93]

해킹과 악성프로그램 사용

기관들은 대량의 개인정보를 쉽게 검색 및 복사할 수 있는 형태로 저장하기 때문에 불법 접근의 목표물이 된다. 미국 컴퓨터침해사고대응팀(US Computer Emergency Reponse Team, US-CERT)에 의하면, 정부기관에서 신고한 개인정보 보안 사고는 2009년 10,481건에서 2012년 22,156건으로 증가했다.[94] 정부 기관, 금융 기관, 교육 기관 및 의료 시설 등 다양한 기관들이 영향을 받고 있다.[95]

예를 들어 2012년 미국 연방 퇴직금 투자 이사회(US Federal Retirement Investment Board)는 계약자 중 한 명 소유의 컴퓨터에 불법적인 접근이 있었다고 신고했다. 피해를 당한 개인 식별 정보에는 43,000개가 넘는 이름, 주소, 사회 보장 번호 및 80,000개

---

91 Canadian Internet Policy and Public Interest Clinic, Techniques of identity theft, p. 15.

92 Ibid.

93 R. Naraine, 'Computer virus "hijacks" American Express web site,' Fox News, 1 May 2006.

94 US Government Accountability Office, Information security, p. 4.

95 Ibid, p. 3.

가량의 사회보장 번호가 포함되었다.[96] 더 최근에는, 미국 소매업자들이 네트워크 침입 피해를 입어 약 4,000만 개의 신용 및 직불 카드 기록과 고객 정보가 포함된 7,000만 개의 기록이 탈취당했다.[97] 2013년 보고에 따르면, 2012년 621건의 데이터 유출과 4,400만 건 이상의 기록 유출이 있었음이 밝혀졌다.[98]

최근 들어 비밀번호는 물론 다른 개인 정보를 탈취하는 악성프로그램의 사용이 증가세를 보이고 있다. 위에서 말한 바와 같이, 이러한 악성프로그램은 사용자들이 자신도 모르는 사이에 악성프로그램을 다운로드하게 하기 위하여 피싱 기술을 종종 사용한다. 예를 들어 페이스북 사용자들은 페이스북 프로필의 색깔을 바꿀 수 있도록 하는 어플리케이션의 광고에 현혹될 수 있다.[99] 이러한 어플리케이션을 클릭하면 피싱 사이트로 유도되어 비디오 튜토리얼을 클릭하도록 안내 받는다. 튜토리얼을 클릭하면 해커들은 그 사용자의 페이스북 친구 목록에 접근할 수 있게 된다.[100]

소위 '랜섬웨어(ransomware)'라고 불리는 것도 사용될 수 있다. 이는 피해자들의 컴퓨터를 정지시키고, 아동 음란물 관련법 위반 또는 저작권 위반 등의 위법 행위를 범하였음을 경고하는 화면을 보여준다.[101] 이후 피해자들은 컴퓨터를 해제시키기 위해 사법기관에 '벌금'을 내도록 안내받는다. 악성프로그램은 피해 컴퓨터에서 계속 동작하면서 다른 사기 또는 컴퓨터 범죄를 저지르는데 사용될 수 있다.[102] 예를 들어 'Cryptolocker' 랜섬웨어는 피해 서버로부터 ID 파일을 업로드하고, 개인 키와 매칭되는 공개 키를 획득한다. 이후 컴퓨터의 데이터와 이미지 파일을 암호화시킨다. 그 파일들은 개인 키를 통해서만 복호화 될 수 있는데, 해커들은 이를 위하여 랜섬(대가, ransom)을 지불할 것을 요구한다.[103] 이와 유사한 형식으로 호텔과 같은 무선 네트워크 환경에서 또는 호텔 비지니스 센터의 컴퓨터에 설치된 키로깅 소프트웨어를 통해서 개

---

96   *Ibid*, p. 4.

97   Reuters and CNBC, 'US Attorney General confirms probe of Target data breach', CNBC, 29 January 2014.

98   Verizon, 2013 Data breach investigation report (2013), p. 11.

99   K. Bell, 'Facebook "colour change" malware resurfaces, infects 10,000 users', The Age, 8 August 2014.

100 *Ibid*.

101 Internet Crime Complaint Center, Internet crime report 2013, p. 13.

102 *Ibid*., Also see Kerr et al., Research on sentencing online fraud offences, p. 28.

103 Sophos, Security threat report 2014 (2014), p. 5.

인 정보가 탈취될 수도 있다.[104]

신용 카드 스키밍

신용 카드 스키밍은 '보통 전자적인 방법으로, 정상적인 신용 카드 데이터가 불법적으로 탈취되거나 복사되는 과정'을 의미한다.[105] 이러한 기술은 신용카드, 직불카드 또는 기타 거래 수단으로 사용되는 카드에서 사용되는 자기띠 기술의 취약점을 이용한 것이다. 자기띠 기술은 데이터를 사용하여 빠르고 쉽게 카드가 프로그래밍될 수 있게 하는 반면, 데이터를 쉽게 복사하는 수단이 되기도 한다. '신용 카드 스키밍'이라고 흔히 불리는 이 방식은 자기띠를 통해 데이터가 전달되는 모든 카드에서 적용될 수 있다.

'신용 카드 스키머'는 상업적으로 사용 가능한 카드 리더기 또는 특별히 만들어진 기기의 변형된 방식이다.[106] 이러한 기기는 작고 감추기 쉽다. 전형적으로 식당, 편의점[107] 또는 택시 안[108]처럼 카드가 일정 시간 주인의 시야에서 벗어나면, 카드를 스키머에 꽂아 정상적인 거래를 처리한다.

스키밍 기기를 ATM의 카드 슬롯 안에 숨기기도 하는데, 이로써 공격자가 스키머를 제거하여 데이터를 추출하기 전까지, 그 ATM에서 사용된 모든 카드에 대한 데이터를 기록한다.[109] 숨긴 카메라에 부착하거나 '어깨 너머로 훔쳐보기(다른 사람이 PIN 번호를 입력하는 것을 몰래 관찰하는 것)'를 통해 계정과 관련된 PIN 번호를 획득할 수도 있다.[110]

또한 판매 단말기(POS, point-of-sale) 내 ATM과 EFTPOS(electronic funds transfer at point of sale, 판매 시점에 신용 카드를 이용한 물품 대금 결제) 또는 스위치 단말기에 있는 악성프로그램 내에 스키머를 설치하기도 한다.[111] 특정 POS 단말기를 목표물로 하는 악성프로그램이 있는데, 이는 단말기를 '스크랩' 하면서 결제 카드 정보 및 개인 정보

---

104   C. Dorman, Beware that hotel Wi-Fi connection, 28 July 2014, www.traveller.com.au/beware-that-hotel-wifi-connection-3coxp.

105   Model Criminal Code Officers Committee, Model Criminal Code: Chapter 3, Credit card skimming offences, Final Report (2006), p. 1.

106   Model Criminal Code Officers Committee, Credit card skimming, p. 5.

107   See, e.g., R v. Naqvi, 2005 ABPC 339.

108   A. Carey, 'Passengers warned about credit-card skimming cabbies,' The Age, 29 March 2014.

109   Model Criminal Code Officers Committee, Credit card skimming, p. 5.

110   See, e.g., R v. Kanagaratnam, 2011 MBPC 72; DPP v. Camara, Georges, Donka & Anania [2014] VCC 504.

111   Model Criminal Code Officers Committee, Credit card skimming, p. 3.

를 찾아낸다.[112] 'PayPass' 또는 다른 비슷한 카드와 같이 RF(무선 주파수)로 사용하는 카드로부터 데이터를 탈취할 수도 있다. 이러한 기기들이 무선 주파로 통신할 때, 이들은 개인 식별 정보를 포함할 수 있도록 변경된 신호로 응답한다. 이는 이후 복제 카드를 만드는 데 사용된다.[113]

보통은 복제 카드에 이러한 데이터를 쓰지만, 백화점 카드처럼 자기띠를 사용하는 모든 매체에 다운로드 될 수 있다.[114] 이러한 것은 카운터에서의 거래에서 사용되지는 않겠지만, 예를 들어 ATM과 같은 곳에서 사용될 수 있다. '카드가 없는' 거래 방식이 증가함에 따라 카드로부터 탈취한 정보를 이용해 복제 카드를 만들 필요 없이 온라인 거래에 사용할 수 있다.[115]

스킴 데이터를 해외로 보내 위조 카드를 만드는 데 사용하기도 한다. 이로써 핀앤칩(PIN-and-chip) 기술이 카드 보안을 위해 사용되는 국가에서도, 이러한 기술이 없는 국가에서 복제 카드를 생산할 수 있다. 해외 카드의 사용은 사기 범죄의 인지 및 신고 지연을 야기할 수 있으며, 이로써 수사는 더욱 어려워진다.[116]

카딩(Carding)

'카딩'이란, 원래 신용 카드 또는 직불 카드 계정 정보에 대한 인가되지 않은 접근을 칭하기 위해 사용되었으나, 그와 같은 정보를 취득하고, 배포하고 사용하는 것을 묘사하기 위해 보다 광의적으로 사용되고 있다.[117] 소위 '카딩' 웹사이트들은 온라인 시장을 제공함으로써 신원 정보의 거래를 용이하게 한다. 예를 들어 R v. Harvey-Langton 사건[118]에서 공범들은 카딩 관련 포럼에서 정보를 획득하고 공유하였고, 2,447개의 신용 카드 번호와 2,438명의 신원 정보를 소유하고 있는 것으로 밝혀졌는데, 대부분은 온라인 사이트로부터 획득한 것이었다.

---

112   RSA, The current state of cybercrime 2014: An inside look at the changing threat landscape, White Paper (2014), p. 6.

113   European Commission, Study for an impact assessment on a proposal for a new legal framework on identity theft, Final Report (11 December 2012), pp. 38-9.

114   Model Criminal Code Officers Committee, Credit card skimming, p. 4. See, e.g., R v. Flore & Anor [2014] EWCA Crim 465.

115   See, e.g., US v. Drummond, 255 Fed Appx 60 (6th Cir. 2007); R v. Farkas, 2006 ONCJ 121.

116   Model Criminal Code Officers Committee, Credit card skimming, p. 5.

117   K. Peretti, 'Data breaches: What the underground world of "carding" reveals' (2008) 25 Santa Clara Computer and High Technology Journal 375, 377.

118   2012, MBPC 64 at [13]

신원 정보를 넘어서, 신원 도용 범죄에 사용되는 서비스까지 시장이 형성되었다.

> 신용 카드 데이터, 은행 계정 관련 기밀 정보, 이메일 계정, 그리고 이윤을 추구하기 위해 사용될 수 있는 다른 모든 종류의 정보가 판매된다. 서비스로는 도난당한 계정의 돈을 실제 화폐로 전환할 수 있는 출납원, 피싱 및 스캠 페이지 호스팅, 스캠 개발자 또는 피싱 파트너 등이 광고되고 있다.[119]

2012년, 카딩 사이트에 대한 국제적인 경찰 수사로 8개국 24명의 피의자를 검거했다.[120] 이 검거 작전은 카딩 웹사이트에 대한 잠입 수사(언더커버)와 11명의 미국 피고인에게 얻은 카딩 정보를 활용했다. 이는 아래 내용을 포함한다.

① 감염된 컴퓨터를 원격으로 조종할 수 있도록 하는 RATs를 포함한 악성 프로그램의 판매. 이러한 소프트웨어는 미화 50달러에 판매된다고 알려져 있다.
② 도난당한 신용 카드 정보 및 다른 신원 정보에 대한 불법 거래. 이는 '카드 소유주의 이름, 사회 보장 번호, 생년월일, 어머니의 결혼 전 성, 은행 계좌 정보'로 구성되는 '완전체(fulls)'가 있으며, 카드의 자기띠로부터 탈취된 정보, 즉 '덤프(dumps)'도 있다.
③ 사기 행위에 의해 구입된 물건이 배달되는 '드롭 서비스(drop service)'의 판매

다른 시장과 마찬가지로 구매자들은 가격, 고객 서비스와 신용에 영향을 받는다.[121] 온라인에서 구할 수 있는 정보의 가격은 정보의 질과 인증 수준에 따라 달라진다. 예를 들어

119   M. Foss and E. Johnson, Symantec report on the underground economy July 07–June 08 (Symantec, 2008), p. 4.

120   Federal Bureau of Investigation, 'Manhattan U.S. attorney and FBI assistant director in charge announce 24 arrests in eight countries as part of international cyber crime takedown,' Press Release (26 June 2012).

121   T. J. Holt, 'Examining the forces shaping cybercrime markets online' (2013) 31 Social Science Computer Review 165–77.

2008년 한 연구에 따르면 신용 카드 또는 직불 카드로부터 탈취된 '덤프'는 미화 0.10 달러부터 25 달러 사이의 가격인 반면, 은행 계좌 정보는 미화 10 달러부터 1,000 달러 사이의 가격이었다.[122] '완전체' 정보는 미화 0.90 달러부터 25 달러 사이의 가격에 구입 가능했다.[123] PIN과 CVN(카드 식별 번호, Card Verification Numbers)와 같은 다단계 인증 방식의 도입으로 인해 생성되는 신용 카드 번호의 가치가 절하되기는 했지만, 이로 인해 실제 카드로부터 탈취된 데이터의 가치가 높아졌다.[124]

2. 문제의 규모

온라인 사기가 만연해지고 증가되었다는 부분에 대해서는 이견이 없지만, 온라인 사기의 정확한 규모는 여러 가지 이유로 인해 측정하기 어렵다. 첫째, 정의에 관한 이견 때문에 정확한 기록이 어렵다. '사기' 그 자체도 정의하기 매우 어렵고, 기술적인 변화들로 인해 더욱 어려워졌다.[125] 예를 들어 가짜로 카드 결제를 하는 것을 신원 정보 절취의 한 유형으로 볼 것인지 또는 보다 일반적인 '사기'라고 볼 것인지에 대한 논쟁이 있다.[126] 설문 응답자에게 '신원 사기'에 대해 물어보는 조사는, 그 용어의 불명확성 때문에 문제될 수 있으며, 다른 유형의 사기와 중첩될 수도 있다.[127]

두 번째, 범죄 통계는 일반적으로 범죄 수법을 구분하지 않은 채 사기 행위를 기록한다. 더욱이 조사는 종종 실제 범죄 통계보다 피해자들의 응답을 근거로 하는데, 신고 사건 다수가 공식적인 통계를 위한 '범죄'의 정의에 부합하지 않는다.[128]

세 번째, 사기 사건 신고에 대응하는 공공 기관 또는 사설 기관이 많아서 통계적 수집을 어렵게 한다. 최근 호주의 한 조사에 따르면, 스캠 관련 내용을 수신한 응답자 중

---

122 Foss and Johnson, Underground Economy, p. 20.

123 *Ibid.*

124 Wall, Micro-frauds: Virtual robberies, stings and scams, p. 3.

125 Smith, 'Transnational cybercrime and fraud,' p. 121.

126 Canadian Internet Policy and Public Interest Clinic, Identity theft: Introduction and background, CIPPIC Working Paper No. 1, ID Theft Series (2007), p. 1.

127 M. McGuire and S. Dowling, Cyber crime: A review of the evidence, Research Report 75 (Home Office, October 2013), ch. 2, p. 8.

128 *Ibid*, p. 6.

8.1%만이 경찰에 신고했으며, 29%는 다른 기관에 신고했다.[129]

마지막으로, 피해자의 미신고로 인해 온라인 사기의 실제 범위를 알 수 없다. 일부 피해자들은 그들의 피해 상태에 대해 인지하지 못하는 반면, 나머지는 이를 그냥 안 좋은 경험 등으로 여기기도 한다. 특히 상업 기관들은 고객들의 신뢰도를 하락시킬 수 있다는 걱정에 신고를 꺼려하기도 하며, 일부 피해자들은 사기 피해를 입은 스스로를 자책하면서 신고를 꺼려하기도 한다.[130]

그럼에도 불구하고 통계 자료들은 온라인 사기, 그 중에서도 신원 도용 범죄가 주요한 문제임을 시사한다. 2010-11년도에, 호주에서는 개인적인 사기로 인한 피해액이 14억 호주 달러로 추산되었다.[131] 이는 전체 범죄의 6.7%를 차지하며, 호주인들은 신원 사기(0.3%)보다는 신용 카드 사기(3.7%) 또는 스캠(2.9%)에 더 많은 피해를 입는 것으로 나타났다.[132] 2012-13년 영국에서는 '사이버 사기'와 관련한 58,662건의 신고가 영국의 인터넷 범죄 신고 센터인 'Action Fraud'에 접수되었다.[133] 9,898건의 컴퓨터 부정 사용 신고와 함께, 사이버 사기는 Action Fraud에 접수된 신고의 41%를 차지했으며, 평균 피해액은 3,689 파운드였다.[134] 영국의 소매업자들을 상대로 한 온라인 사기의 피해액은 2013년 1억 550만 파운드 규모로 집계되었다.[135] 미국의 인터넷 범죄 신고 센터는 2012년 289,874건의 신고를 접수했으며, 총 조정 피해액은 미화 525,441,110 달러에 달했다.[136] 평균 피해액은 미화 4,573 달러였다.

신원 도용 범죄와 관련하여, 2012년 영국의 설문 조사는 영국 성인 8.8%가 지난 12개월 동안 신원 도용 범죄의 피해를 입은 경험이 있었으며, 평균 피해액은 1,203 파운드였다고 밝혔다.[137] 이는 영국 인구 전체에 걸쳐 33억 파운드에 달하는 금액이

---

129 Jorna and Hutchings, Results of the 2012 online consumer fraud survey, p. 13.

130 Kerr et al., Reserach on sentencing onilne fraud offences, p. 23.

131 Australian Bureau of Statistics, Personal fraud, 2010-11, Cat. No. 4528.0 (Canberra: ABS, 2012), www.abs.gov.au/ausstats/abs@.nsf/mf/4528.0.

132 Ibid.

133 National Fraud Authority (UK), Annual fraud indicator (June 2013), p. 9.

134 Ibid.

135 Financial Fraud Action UK, Scams and computer attacks contribute to increase in fraud, as total card spending rises (New Release, March 2014).

136 Internet Crime Complaint Centre, 2012 Internet crime report (2012), p. 4.

137 National Fraud Authority (UK), Annaul fraud indicator, p. 9.

다.[138] 같은 해, 영국의 사기 예방 서비스인 CIFAS에서는 123,589건의 신원 사기 사건을 기록했다.[139] 시설(또는 계정) 탈취 사기와 함께, 이는 확인된 전체 사기 건수의 65%에 해당하는 것이다.[140] 신원과 관련된 범죄의 80%는 인터넷의 사용을 포함했다.[141] 유사한 캐나다의 기관은 2013년 19,473건의 신원 사기 신고를 받았으며, 신고된 총 피해액은 11,078,565 캐나다 달러였다.[142]

미국에서는 2012년, 미국인의 약 7% 또는 1,660만 명의 미국인들이 신원 도용 범죄의 피해를 입었다.[143] 여기서 85%는 실존하는 계정 정보를 포함하는 것이었다.[144] 신원 탈취와 관련된 직간접적인 총 피해액은 2012년 미화 247억 달러에 달했다.[145] 피해를 신고한 사람들의 평균 피해액은 미화 1,769 달러였고, 중간값은 미화 300 달러였다.[146] 미국에서 신원 탈취의 피해자 10명 중 1명 이하(9%)가 경찰에 신고했다.[147]

이러한 조사들은 신용 카드의 부정 사용 또는 현존하는 은행 계정의 부정 사용이 가장 흔하거나 적어도 가장 많이 신고된 사기의 형태임을 보여준다.[148] 캐나다의 카드 발행사들이 신고한 신용 카드 사기로 인한 피해액은 2011년 436,588,757 캐나다 달러였으며,[149] 2012년 영국과 미국의 수치는 각각 4억 5,040만 파운드[150]와 미화 34억

---

138 *Ibid.*

139 CIFAS, Fraudscape: Depicting the UK's fraud landscape (March 2013), p. 7.

140 *Ibid*, p. 4.

141 *Ibid*, p. 4.

142 Canadian Anti-Fraud Centre, Mass marketing fraud & ID theft activities, Annual Statistical Report 2013 (2013), p. 18.

143 E. Harrell and L. Langton, Victims of identity theft, 2012 (US Department of Justice, December 2013), p. 1.

144 *Ibid.*

145 *Ibid.*

146 E. Harrell and L. Langton, Victims of identity theft, 2012 (US Department of Justice, December 2013), p. 6.

147 E. Harrell and L. Langton, Victims of identity theft, 2012 (US Department of Justice, December 2013), p. 12.

148 Australian Bureau of Statistics, Personal fraud; Harrell and Langton, Victims of identity theft, 2012, p. 1; Canadian Interent Policy and Public Interest Clinic, Techniques of identity theft, p. 23.

149 R v. Harvey-Langton 2012 MBPC 64 at 23.

150 Financial Fraud Action UK, Annual review 2014 (2014), p. 14.

달러[151]였다. 카드 없이 이루어지는 거래들은 지불 카드 사기의 가장 흔한 유형으로,[152] 2012년 영국의 총 카드 피해액의 63%를 차지했다.[153]

의심의 여지없이 가장 많은 피해임에도 불구하고, 이러한 수치는 증가하고 있는 대량의 그리고 고가의 카드 거래 관점에서 해석되어야 한다. 예를 들어 호주의 2012-13년 회계 연도에는 호주에서 발행된 카드에서 1,373,025건의 사기 거래가 있었으며, 이 가치는 280,505,562 호주 달러에 달한다.[154] 하지만 58억 건의 거래가 거의 6,080호주 달러의 가치에 해당한다는 사실을 바탕으로 할 때, 거래 건수 기준으로 한 사기 비율은 0.0234%, 총액 기준으로 한 사기 비율은 0.0461%였다.[155] 2013년 영국에서는 카드 사기로 인한 구매 가치 대비 피해액은 매번 지불되는 100 파운드의 7.4%였다.[156] 따라서 대부분의 온라인 거래들은 사기가 아니며, 대다수의 사기는 여전히 오프라인 상에서 일어나는 것이다.[157]

신원 도용 범죄는 가장 명확하게 재정적인 손실을 가져오는데, 대부분의 비용은 사실 개인보다는 기관에 의해 생겨난다. 직접적인 재정 손실과 더불어, 신원 도용 범죄와 관련된 신고, 수사, 교정에 드는 비용도 있다. 미국 회사들에 대한 한 조사에 따르면 2012년, 데이터 침해에 대응하는데 드는 평균 비용은 침해 기록 한 건당 미화 188 달러였으며, 침해 사건 한 건에 대한 비용 총액의 평균은 미화 540만 달러였다.[158] 정부는 예방과 사법 활동을 위해 돈과 자원을 사용해야만 하며,[159] 온라인에서 쇼핑하기를 꺼려하는 피해자들이 증가하면 디지털 경제에도 피해를 입힐 수 있다.[160]

개인과 기관은 신용 평가에 대한 피해를 포함해 반복적인 피해를 입을 수 있으며,

---

151 The Economist, 'Credit cards: Skimming off the top,' 15 February 2014.
152 Australian Payments Clearing Association, 'Payment fraud in Australia' (Media Release, Australian Payments Clearing Association, 17 December 2013).
153 Financial Fraud Action UK, Annual review 2013 (2013), p. 23.
154 Australian Payments Clearing Association, Fraud statistics: 2013 financial year, www.apca. com.au/payment-statistics/fraud-statistics/2013-financial-year.
155 Ibid.
156 Financial Fraud Action UK, Scams and computer attacks contribute to increase in fraud.
157 United Nations Office on Drugs and Crime, Handbook on identity-related crime, p. 179.
158 US Government Accountability Office, Information security, p. 4.
159 Fraud Prevention Expert Group, Report on identity theft/fraud (European Commission, 2007), p. 9.
160 The President's Identity Theft Task Force (US), Combating identity theft: A strategic plan (2007), pp. 11-12.

이를 바로 잡기 위해서는 상당한 시간과 노력 및 돈이 필요하다.[161] 피해자들은 심리적인 피해와 관계에 대한 피해를 광범위하게 입을 것이다.[162] 또한 신원 도용 범죄는 조직 범죄 및 테러리즘과 긴밀하게 연결되어 있는 것으로 보인다.[163]

3. 법적 대응

온라인 사기 예방은 복잡한 문제로, 다양한 주체들이 포함될 뿐 아니라, 고객과 기업에 대한 교육, 개인정보 관련 입법, 신고 의무화, 기술적 조치 등을 포함하여 광범위한 대응이 필요하다. 법적 대응과 관련하여 사이버범죄협약 제8조는 다음과 같다.

각 당사국은 아래와 같은 행위를 고의로 권한 없이 행함으로써 타인의 재산의 감소를 야기한 자를 자국법에 의해 형사적으로 처벌하기 위해 필요한 법적 조치 및 기타 조치를 취해야 한다.

권한 없이 자신의 또는 타인의 경제적 이익을 얻기 위해 기망의 고의 또는 부정한 의도로

(a) 컴퓨터 데이터를 삽입, 변경, 삭제 또는 감추는 행위

(b) 컴퓨터 시스템의 기능을 방해하는 행위

이 조항은 데이터의 삽입 또는 변경을 통해 이루어지는 사기에 대한 것으로, '불법적인 재산의 전송에 영향을 줄 목적으로 데이터의 처리 과정에서 일어나는 부정한 조작을 형사처벌 하기 위한 것'이다.[164] 첫째는 데이터를 '삽입, 변경, 삭제 또는 감추는' 행위와 관련된 것으로, 이는 앞서 제4장에서 논의한 바 있다. 하지만, 이 조항은 광범위한 행위까지 확장시키려는 의도를 가지고 있으며, '컴퓨터 프로그램 또는 시스템의 기능에 대한 방해'를 포함한다. 이는 '하드웨어 조작, 출력을 감추는 행위, 그리고 데

---

161 United Nations Office on Drugs and Crime, Handbook on identity-related crime, pp. 107-67.

162 Kerr et al., Research on sentencing online fraud offences, pp. 36-44.

163 K. M. Finklea, Identity theft: Trends and issues (Congressional Research Service, Report for Congress, 15 February 2012), pp. 19-20.

164 Cybercrime Convention, Explanatory Report, [86].

이터의 기록 또는 흐름, 또는 프로그램이 실행되는 시퀀스에 영향을 주는 행위'를 포함한다.[165]

'재산의 감소'는 광의적으로 적용되게끔 의도한 것으로, 유형과 무형의 재산 감소를 포함한다.[166] 관련된 행위에 참여하고자 하는 의도와 기망하여 탈취하려는 구체적인 의도는 모두 경쟁자에 대한 정보를 획득하기 위하여 웹 크롤링 소프트웨어를 인가 없이 사용하는 것과 같은 상황에서 재정적인 피해를 입히더라도 부정한 고의는 없는 행위를 허가해주기 위한 것이다.[167]

이러한 범죄는 전형적으로 컴퓨터 부정 사용과 관련된 조항에서 찾아볼 수 있는데, 사기 의사로 행해진 데이터에 대한 접근 및 변경을 처벌하는 것이다.[168] 전형적으로, 온라인 사기는 일반적인 사기죄로 기소되며,[169] 위조, 허위 신고, 여권 및 신용 카드 번호와 같은 특정 정보의 거래 등 특정 범죄로 기소되기도 한다.[170] 예를 들면 미국의 신원 도용 방지법(Identity Theft and Assumption Deterrence Act)은 약 180개의 다른 연방 형법 조항으로도 기소될 수 있는 행위를 포함하는 것으로 나타났다.[171]

이 장에서는 이러한 맥락에서 적용될 수 있는 수많은 범죄들에 대해 살펴보기 보다는, 인가되지 않은 신원 정보의 획득 및 배포를 처벌하는 '신원 도용' 범죄에 구체적으로 초점을 맞추었다. 하지만 이러한 범죄에 대해 살펴보기 이전에 전통적인 사기 조항을 온라인 환경에 적용하는 상황이 만들어낸 문제점들에 대해 고려해보는 것이 좋다.

(1) 전자 결제

디지털 형태의 돈의 이동은 유형의 물품을 전제하여 고안된 범죄에 문제를 일으킨

---

165 Cybercrime Convention, Explanatory Report, [87].

166 *Ibid*, [88].

167 *Ibid*, [90].

168 See, e.g., Butler v. R [2012] NSWCCA 54.

169 See, in general, Criminal Code (Cth), Part 7.3; Criminal Code (Can), Part X; Fraud Act 2006 (UK); 18 USC §1343 (the 'Wire Fraud Statute'). For an example of a successful prosecution for conspiracy to defraud in relation to credit card skimming, see DPP v. Camara, Georges, Donka & Anania [2014] VCC 504.

170 For a summary of relevant offences see Model Criminal Law Officers Committee, Identity crime: Discussion paper (2007), pp. 18-24.

171 J. Lynch, 'Identity theft in cyberspace: Crime control methods and their effectiveness in combating phishing attacks' (2005) 20 Berkely Technology Law Journal 259, 294.

다. 그러한 범죄는 전형적으로 무체의 동산과 같은 무형의 재산에 적용되지만, 이 범죄 행위의 다른 요소들도 고려해야 한다. 예를 들어 전자 이체로 인한 자금의 수취는 절도 범죄의 목적으로 그러한 자금을 '획득'하는 행위를 구성한다고 주장되었다.[172] 이와 유사하게, 미국에서는 전자 이체가 인터넷 뱅킹 사기를 목적으로 '운송'하는 행위를 구성한다고 주장되었다.[173]

문제점을 유발한 상황은 재산이 '타인의 점유에 속해야 한다'는 요건인데, 이는 절도와 기망에 의한 재산의 획득과 같은 범죄에서 흔히 발견된다. 전자 이체의 맥락에서 이러한 요건을 적용하는 것에 대해 R v. Preddy 사건[174]에서 상원(House of Lords)이 검토한 바 있다.

피고인은 부정한 적용의 결과 담보 대출을 받을 수 있었다. 이 대출은 수표 또는 대출 기관의 은행 계좌에서 피고인의 은행 계좌로 전자 이체하는 방식으로 이루어졌다. 피고인은 '타인의 점유인' 재산을 받지 않았으므로 피고인이 기망에 의하여 재물을 교부받았다는 유죄 판결이 파기되어야 한다고 주장되었다.

전자 이체의 경우에 돈은 한 은행으로부터 다른 곳으로 물리적으로 전송되는 것이 아니다. 대출 기관은 은행 계좌에 잉여의 자금이 있었고, 이는 대출 기관과 은행 사이의 무체 자산이다. 대출 기관은 그 은행에게 피고인의 은행으로 자금을 이체하라고 했고, 피고인의 계좌 잔금이 증가된 만큼, 대출 기관의 계좌 잔금은 감소되었다. 하지만 이는 같은 무체 자산을 가리키는 것이 아니다. 두 은행 사이의 계약을 바탕으로 새로운 무체 자산이 피고인의 은행과 피고 사이에 존재하게 되었다. 대출 기관과 그 은행 사이에 감소된 무체 자산과 같은 가치라는 사실은, 동일한 자산이라는 것을 의미하지 않는다. 그 둘은 사실상 서로 다른 무체 자산이다.[175]

이 판결 기준은 이러한 사건에서 기망에 의한 재산의 획득을 처벌하는 데 있어 중대한 장애물이 되는데, 같은 기준이 주식 또는 채권과 같은 다른 전자 이체에도 확대될

172　R v. Thompson [1984] 3 All ER 565 at 570.

173　18 USC § 2314. It has been held that computer time is a 'thing of value' for the purposes of this Act: US v. Seidlitz, 589 F 2d 152 at 160 (4th Cir. 1978). See also US v. Gilboe, 684 F 2d 235 at 238 (2nd Cir. 1982).

174　[1996] AC 815.

175　[1996] AC 815, at 822-4. The issue in respect of electronic transfers was left open by the High Court of Australia in Parsons v. R (1999) 195 CLR 619. See also R v. Parsons [1998] 2 VR 478 at 485.

254
제3부 · 사기 및 관련 범죄

수 있다.[176] 하지만 이를 해결할 수 있는 방법이 있다.[177] 하나는 처벌 조항을 개정함으로써 무체 자산의 부정적인 전송을 포함할 수 있게 하는 것이다. 다른 하나는 기망에 의한 자금 이체의 획득을 처벌할 수 있는 특정 조항을 입법하는 것인데,[178] 이는 다른 종류의 무형의 자산에는 적용되지 않는다. 세 번째로, 가장 간단한 방법은 '타인의 점유인' 자산을 획득한다는 것을 요구하지 않는 일반적인 조항을 사용하고, 대신 기망에 의한 재정적 이득을 획득하는 것에 집중하는 것이다.[179]

(2) 컴퓨터에 대한 기망

전자 이체와 관련된 많은 사건에서, 피고인은 자격이 주어지지 않은 자금을 획득하기 위하여 권한 없이 데이터를 입력한다. 예를 들어 탈취된 PIN을 ATM에 사용하는 것, 또는 온라인 구매를 위하여 탈취된 신용카드 번호를 사용하는 것이 있다. 그러한 경우에 거래는 사람 간에 이루어지는 것이 아니고, 컴퓨터가 번호들을 처리하고 유효성을 확인하며 요청을 허락한다. 사기 범죄의 핵심은 기망인데, 그렇다면 컴퓨터가 기망을 당한 것인가?

기망의 본질은 피해자로 하여금 '진실이 아닌 것, 그리고 기망 행위를 하는 자가 가짜라고 알고 있거나 가짜라고 믿고 있는 것을 진실인 것으로 믿게 하는 것'이다.[180] 컴퓨터는 신념을 가지고 있지 않고, 그저 주어진 정보에 응답할 뿐이므로, 기망은 컴퓨터를 대상으로 행해질 수 없다.[181] 따라서 일부 사법권에서는 사기 조항을 수정하여 이러한 상황에도 적용될 수 있도록 하였다. 예를 들어, 형법(Criminal Code, Cth) s. 480.1(1)은 '컴퓨터, 기계 또는 전자 기기로 하여금 인가되지 않은 응답을 만들게 하는 행위'를 포함한다.[182] 따라서 기망이 있었는지 여부와 관계없이, 이러한 상황에서도 범죄가 성

---

176 Law Commission (UK), Fraud, Final Report, Law Com No. 276 (2002), p. 25.

177 See, e.g., Law Commission (UK), Offences of dishonesty: Money transfers, Item 11 of the Sixth Programme of Law Reform: Criminal Law (1996).

178 Theft Act 1968 (UK), s. 15A (repealed by the Fraud Act 2006 (UK)). Also see Criminal Code (Cth), ss. 134.1(9)–(12).

179 E.g., Criminal Code (Cth), ss. 134.1(9)–(12); Fraud Act 2006 (UK), s. 5.

180 Re London and Globe Finance Corporation Ltd [1903] 1 Ch 728 at 732.

181 Law Commission (UK), Fraud, p. 21.

182 See also Fraud Act 2006 (UK), s. 2(5).

립할 것이다. [183)

(3) 컴퓨터가 동의를 할 수 있는가?

어떤 상황에서는 피고인은 컴퓨터 프로그래밍에 의하여 인가되지 않았음에도 자금에 접근할 수 있게 된다. 그러한 상황에서 컴퓨터에 의해 동의를 받았기 때문에 사기 행위가 없었다고 할 수 있는가?

이 문제는 Kennison v. Daire 사건[184)에서 호주 대법원(High Court of Australia)에 의해 검토된 바 있다. 피고인은 그의 계정에 자금이 불충분하다는 걸 알았음에도 ATM 카드를 사용하여 자금을 이체하여 절도 혐의로 기소되었다. 그가 이렇게 할 수 있었던 것은 당시에 기계가 오프라인 상태여서 충분한 자금이 있었는지 여부를 확인할 수 없었기 때문이다. ATM 기계는 그러한 상황에서 카드와 이에 대응하는 PIN이 입력되었다면, 최대 200 호주 달러까지 인출을 허용하도록 프로그래밍 되어 있었다.

피고인은 은행이 컴퓨터를 이러한 방식으로 프로그래밍함으로써 돈을 가져가는 행위에 동의한 것이기 때문에 절도는 성립할 수 없다고 주장했다. 그는 이를 초과 인출된 계좌 또는 위조된 명령에 의해 돈을 지불하는 은행 출납원에 비유했다. 이러한 상황에서 은행이 돈을 건네는 것을 의도한 것으로 간주될 것이다. 따라서 기계가 프로그래밍된대로 돈이 출금되었다면, 그러한 지불은 은행의 동의로 이루어진 것이며, ATM이 동의 권한을 위임받은 것이라고 주장되었다. [185)

이 주장은 기각되었다. "은행이 카드 소유자에 의해 사기 행위가 일어날 수 있도록 기계를 프로그래밍했다는 사실이, 은행에 잔고가 없는 사람에 의한 출금에 동의한 것을 의미하지 않는다."라고 판시되었다. [186) 그 기계는 은행의 동의를 대리할 수 없으며, 은행이 그러한 출금에 대해 동의한 사실도 없다는 점이 자명했다. 그러한 출금이 카드 사용 조건을 위반했다는 사실도 결론을 지지하는 근거가 되었다. 이로부터 도출될 수 있는 적절한 추론은 '은행은 카드 소유자가 카드를 제시하고 개인 식별 정보를 제공했을 때, 오직 그 카드 소유자의 계좌가 현존하는 경우에 한하여 200 달러까지 출금할

---

183   R v. Baxter [1988] 1 Qd R 537.
184   (1986) 160 CLR 129.
185   (1986) 160 CLR 129, at 132.
186   *Ibid.*

수 있음에 동의했다'는 것이다.[187]

(4) 컴퓨터 관련 위조

앞서 위조 문서 제작이 신원 도용 범죄의 주요한 부분이라는 점을 이야기한 바 있다. 하지만 전통적인 위조의 개념은 유형의 형태로 문서를 위조하는 것으로, 전자적 데이터에 대한 위조 또는 웹사이트와 같은 전자적 문서를 가짜로 만들어내는 것을 일컫는 게 아니다.[188]

이러한 내용은 사이버범죄협약의 Art. 7에서 아래와 같이 다루고 있다.

> 각 당사국은 데이터가 직접적으로 읽을 수 있거나 무형의 것인지 여부와 관계 없이 이를 진짜인 것처럼 간주되게 하거나 법적 목적으로 사용하기 위한 목적으로, 컴퓨터 데이터를 삽입, 변경, 삭제 또는 감춤으로써 가짜의 정보를 만들어내는 행위를 고의로 권한 없이 행한 자를 자국법에 의하여 형사적으로 처벌하기 위해 필요한 정도의 법적 조치 및 기타 조치를 취해야 한다.
>
> 당사국은 형사 처벌을 위해 사취의 고의, 또는 이와 유사한 부정적 의도를 요구할 수 있다.

이 조항은 정상적인 전송 과정에 의존하는 저장된 데이터의 생성 또는 변경에 초점을 맞추어, 유형의 문서 위조에 대한 형사처벌과 동등한 처벌 조항을 만드는 데 그 목적이 있다.[189] 이는 공적 또는 사적 문서에 대응하는 법적 효력이 있는 데이터에 적용된다.[190]

> 옳은 또는 옳지 않은 데이터의 인가되지 않은 '삽입'은 가짜 문서를 만드는 것과 같은 상황을 야기한다. 이에 따른 변경(수정, 변주, 부분적 변경), 삭제(데이터 매체로

187　*Ibid.*, Applied in R v. Evenett, ex parte Attorney General [1987] 2 Qd R 753; Gilmour v. DPP (Cth) (1995) 43 NSWLR 243; Shields v. New South Wales Crime Commission (2007) 177 A Crim R 130. This issue is further discussed in the context of unauthorised access to data: see p. 80.

188　Model Criminal Law Officers Committee, Identity crime (2008), p. 15.

189　Cybercrime Convention, Explanatory Report, [83].

190　*Ibid.*

부터 데이터를 삭제하는 것) 그리고 은폐(비밀로 하는 행위, 데이터를 감추는 행위)
는 전반적으로 실제 문서의 위조에 대응한다.[191]

컴퓨터와 관련된 사기 사건에서처럼, 그러한 행위는 다른 범죄를 저지르기 위한 목
적으로 데이터에 접근하거나 이를 변경하는 행위를 처벌하는 컴퓨터 부정 사용 범죄에
포함될 수 있다.[192] 또한, 각 사법권에서의 '문서'에 대한 정의는 광의적이므로 전자적
인 형태의 위조 문서를 포함하기도 한다. 예를 들어 호주 연방법에 따른 위조 관련 조
항을 보면, '문서(document)'는 '다른 물건 또는 기계의 도움으로 또는 도움 없이 정보
가 재생산될 수 있는 모든 물건 또는 물질(예를 들어 디스크 또는 테이프)'를 포함하는 것
으로 정의되어 있다.[193]

4. 신원정보 절도

온라인 신원정보의 개념은 가변적인 것으로 악명이 높다. 유명한 New Yorker의 만
화에서 '인터넷에서는 아무도 네가 개라는 것을 몰라'라고 다른 개에게 말하는 한 개
의 모습은,[194] 1993년 처음 이 만화가 연재되었을 때와 다름없이 오늘날에도 적절하
다. 인터넷의 익명성은 인터넷의 큰 매력이지만, 온라인 거래는 우리가 다른 사람들과
상호작용하는 방식의 매우 중요한 부분이 되어가고 있으며, 유효한 신원 정보의 중요
성은 더욱 커졌다.

예를 들어 많은 사람들이 온라인 뱅킹의 편리함을 향유하고 있다. 온라인을 통해
자금에 접근할 수 있다는 것은 편리한 일이지만, 그 자금을 사용하는 우리와 다른 타인
간에 존재하는 것은 패스워드밖에 없다. 타인이 그 문자들에 접근하게 된다면, 그들은

---

191 *Ibid.*

192 Chapter 3과 Chapter 4 참고.

193 Criminal Code (Cth), s. 143.1(1). See also Criminal Code (Can), s. 321; Foregery and
     Counterfeiting ACt 1981 (UK), s. 8(1)(d); Model Penal Code § 224.1.

194 P. Steiner, 'On the internet, nobody knows you're a dog,' The New Yorker, 5 July 1993, p. 61.

온라인 거래에 있어 실질적으로 '당신'이 되는 것이다.[195] 그러한 정보를 수신하는 컴퓨터는 '당신'이 누구인지 모르며, 프로그래밍된 방식에 의해 반응할 뿐이다. 대면하여 거래할 필요가 없고, CCTV에 의해 촬영될 염려도 없다. 그들은 세계 어느 곳에서든 마치 그들이 당신인 것처럼 당신의 자금에 접근할 수 있다.

'신원정보 절도'를 처벌할 수 있는 특정 조항의 필요성은 일반적인 형법으로 신원정보의 부정 사용을 처벌하는 어려움으로부터 등장했다. 신원 정보의 부정 사용에 적용될 수 있는 처벌 조항은 많지만, 이는 전형적으로 정보 탈취 자체보다는 그 정보에 의해 야기된 사용을 처벌하는 것이다.[196] '신원정보 절도' 범죄는 따라서 신원 도용 범죄의 연속선 상에 있다.[197] 첫 번째 단계는 신원 정보를 획득하는 것이다. 사이버범죄의 맥락에서, 이는 전형적으로 컴퓨터 부정 사용 조항으로 기소된다. 앞서 이야기 했듯이, 세 번째 단계인 범죄의 목적으로 신원 정보를 이용하는 것은 사기 및 관련 범죄로 기소될 것이다. 두 번째 단계인 정보를 소유하거나 전송하는 행위는 이 장에서 말하는 '신원정보 절도'이다.

신원정보 절도는 전 세계적인 문제임에도, 신원정보 절도를 특정한 조항을 입법한 나라는 거의 없다. UNODC의 한 조사에 따르면 응답국의 25%만이 사이버 '신원정보 관련 범죄를 위해 특화된 조항'을 가지고 있다고 답했다.[198] 또한 이 문제는 사이버범죄협약으로 해결되지 않는데, 사이버범죄협약이 '특정 기법 또는 기술이 아닌, 범죄 행위에 초점을 맞추기' 때문이다.[199] 그럼에도 불구하고, 우리가 살펴보는 각 사법권에서는 영국을 제외하고 신원정보 절도와 관련한 형사처벌 조항을 가지고 있다.

호주에서는 모델 형사법위원회(Model Criminal Law Officers Committee)의 권고[200]에 따라, 2011년 형법(Criminal Code (Cth))에 Part 9.5 '신원 범죄(Identity Crime)'를 신설했

---

195   이러한 이유로, 많은 온라인 서비스들은 이제 최소 두 가지 형태의 신원 확인을 요구하는 '투 팩터(Two Factor) 인증'을 사용한다.

196   Model Criminal Law Officers Committee, Identity crime (2008), p. 14.

197   M. Gercke, Internet related identity theft, Discussion Paper (Council of Europe, 22 November 2007), p. 13.

198   United Nations Office on Drugs and Crime, Comprehensive study on cybercrime, Report (2013), p. 99.

199   A. Seger, 'Identity theft and the convention on cybercrime,' in D. Chryssikos, N. Passas and C. D. ram (eds.), The evolving challenge of identity-related crime: Addressing fraud and the criminal misuse and falsification of identity (Courmayer: ISPAC, 2007), p. 15.

200   Model Criminal Law Officers Committee, Identity crime (2008).

다.[201] 다른 주들도 신원 도용 범죄 관련 조항을 입법했다.[202]

캐나다의 경우 2009년에, '신원 도용 및 관련 위법 행위 관련 개정 형법(An Act to Amend the Criminal Code (Identity Theft and Related Misconduct))'을 통과시키면서 신원 도용 범죄와 관련된 다양한 형사처벌 조항을 갖추게 되었다. 특히 '신원정보 절도와 신원 사기'와 관련된 조항은 ss. 401.2-405에서 찾아볼 수 있다.

영국은 신원정보 절도와 특별히 관련된 조항을 두고 있지는 않지만, 2006년 사기 방지법(Fraud Act 2006)의 조항, 특히 사기를 위해 사용되는 내용의 소지(s. 6)와 사기를 위해 사용되는 내용의 생성 또는 제공(s. 7)에 의해 기소할 수 있다.[203] 또한 2010년 신원 문서법(Identity Documents Act 2010 (UK))의 ss. 6-8에서도 형사처벌 조항이 있는데, 이는 광의적인 신원 정보보다는 '신원 증명 문서'에 한정된다.[204]

마지막으로, 미국 연방 조항은 1998년 신원도용방지법(Identity Theft and Assumption Deterrence Act)으로 제정되었다. 특히 18 USC § 1028은 '신원 증명 문서, 인증 부분 및 정보와 연관된 사기 및 관련 행위'에 관련된다.[205] 또한 피고인이 테러리즘 범죄를 포함한 특정 범죄들과 관련하여, 고의로 법적 권한을 갖지 않은 상태에서 타인의 신원 증명 수단을 전송, 소지 또는 사용하는 행위에 대한 신원정보 절도의 가중 처벌 조항이 있다.[206]

'신원정보 절도(identity theft)'라는 용어는 널리 쓰이고 있지만 다양한 이유로 문제가 된다. 첫째, '절도(theft)'라는 용어는, 문자 그대로의 의미로 사용되지 않는다. 개인의 신원정보는 '절취(stolen)'되는 것이라기보다, 신원과 관련된 내용이 공격자에 의하

---

201 Law and Justice Legislation Amendment (Identity Crimes and Other Measures) Act 2011 (Cth).

202 Crimes Act 1900 (NSW), pt. 4AB, Criminal Code 1899 (Qld), s. 408D. Criminal Law Consolidation Act 1935 (SA), pt. 5A; Crimes Act 1958 (Vic), pt. 1 div 2AA; Criminal Code (Tas), s. 257; Criminal Code Act Compilation Act 1913 (WA), div. Ⅲ, Ch. Ⅺ.

203 Kerr et al., Research on sentencing online fraud offences, p. 11. These provisions apply only to England, Wales and Northern Ireland.

204 This Act repealed the Identity Cards Act 2006 (UK) but re-enacted ss. 25 and 26 of that Act, with consequential amendments; Identity Documents Act 2010 (UK) s. 1. Also relevant may be s. 55 Data Protection Act 1998 (UK), which makes it an offence to unlawfully obtain or disclose personal information.

205 이와 관련한 처벌 조항은 18 USC § 1028(b)에서 찾아볼 수 있다.

206 18 USC § 1028A.

여, 보통은 추가 범죄를 저지르기 위한 목적으로 도용되는 것이다.[207]

두 번째, '신원정보 절도'는 보통 현존하는 신원 정보가 도용되는 경우를 지칭하기 위해 사용된다. 하지만, '가짜 신원정보'를 사용하는 것 또한 신원정보의 위조(identity fabrication)나, 현존하는 신원 정보의 변경(identity manipulation)을 포함할 수 있다.[208] 또한 '신원정보 대여(lent identity)'라고 불리는 것과 같이, 한 개인이 개인 식별 정보의 부정 사용에 연루되어 있을 수도 있다.[209]

세 번째, 일각에서는 '진정한' 신원정보 절도가 무엇인지, 또는 무엇이 아닌지에 대한 문언적인 논쟁을 하기도 한다. 예를 들어, 일부에서는 신용 카드 정보를 사용하여 구매하는 것은 '진정한' 신원정보 절도가 아니며, 단순한 사기라고 보는 견해가 있다. 예를 들어 현존하는 계정을 넘겨 받기 위하여 신원 정보를 사용하는 것처럼 타인의 신원 정보를 도용하겠다는 보다 '결연한' 노력이 있는 경우에 진정한 신원정보 절도가 성립할 수 있다는 것이다.[210]

이와 같은 문제점을 인정하면서도, 이 장에서는 신원 정보의 인가되지 않은 획득과 배포와 관련한 특정 범죄를 지칭하기 위하여 '신원정보 절도'라는 용어를 사용할 것이다. 이는 그와 같은 정보가 궁극적으로 범죄 행위에 사용되었는지 여부와 관계없이 신원 정보의 부정 사용을 처벌하는 예비적 처벌 조항이다. 범행의 초기 단계에서 예비적 책임을 부과하고, 피의자의 심적 상태에 따라 중대한 형사책임을 지우기도 하고 악의 없는 행위로 판단하기도 한다는 점에서 논란이 있다.[211]

각 사법권에서는 '신원 증명 문서' 또는 '개인 식별 정보'의 개념에 중점을 두고 있으며, 그 정보와 관련된 행위를 특정하여 금지하고 있다. 전형적으로 이는 다음 내용을 포함한다.

---

207   A. Steel, 'The true identity of Australian identity theft offences: A measured response or an unjustified status offence?' (2010) 33 University of New South Wales Law Journal 503, 512-13.

208   Australasian Centre of Policing Research, Identity crime terms, p. 7.

209   Smith, 'Transnational cybercrime and fraud,' p. 274.

210   BC Freedom of Information and Privacy Association, PIPEDA and identity theft, p. 3.

211   I. Leader-Elliott, 'Framing preparatory inchoate offences in the Criminal Code: The identity crime debacle' (2011) 35 Criminal Law Journal 80.

> ① 신원 정보의 소유
> ② 신원 정보의 거래
> ③ 신원 정보를 생성하는 데 사용되는 장비의 소지

또한, 호주와 캐나다에서는 신용 카드 스키밍과, 신원정보 절도에 대응하기 위해 만들어진 특정 처벌 조항이 있다.[212] 미국에서는, 위 행위는 신원정보 절도의 한 유형으로 인식되고,[213] 다양한 연방 법조항에 의해 기소될 수 있다.[214]

(1) 신원정보의 정의

신원정보 절도죄를 부과하기 위해서는 먼저 '신원정보(identity)'가 의미하는 것이 무엇인지를 정의하는 것이 필요하다. 여기서 신원정보의 추상적인 개념에 대해 살펴보지는 않을 것이다.

> 법적 신원정보는, 개인의 자아감과 관련된 내재화된 시선 또는 개인이 타인에 의해 보여지는 방식과 관련된 외재화 된 시선과는 크게 관련이 없으며, 대신 개인을 다른 사람들로부터 구별해주는 축적된 정보와 관련있다.[215]

신원정보 확인의 과정은 '데이터를 특정 개인과 연관시키는 것'으로 묘사되어 왔다.[216] 이는 전형적으로 PIN과 같이 개인이 알고 있는 무언가를 증명하는 것, 운전면허증과 같이 개인이 갖고 있는 무언가를 제시하는 것, 또는 지문과 같이 물리적인 특

---

212 Criminal Code (Cth), Part 10.8 and Criminal Code (Can), ss. 341 and 342.01.

213 Solicitor General, Canada and US Department of Justice, Public Advisory: Special report for consumers on identity theft (2003), pp. 2–3; Model Criminial Code Officers Committee, Credit card skimming offences, pp. 12–14.

214 18 USC § 1028 (see p. 240); 18 USC §1029 (see p. 144); 18 USC § 1030(a)(2).

215 Finch, 'The problem of stolen identity,' p. 30.

216 R. Clarke, 'Human identification in information systems: Management challenges and public policy issues' (1994) Information Technology and People 6, 8.

징을 보여주는 것을 통해 이루어진다.[217] 신원 정보 확인 방법은 무수히 많지만, 이러한 목적으로 위해 사용되는 정보들은 본질적으로 다음 3개의 범주에 속하게 된다.[218]

---

① 생체적 신원 정보(biometric identity): 지문, 음성, DNS 프로필, 망막 등과 같이 개인에게 고유한 물리적인 특징

② 속성 신원 정보(attributed identity): 이름, 생년월일, 출생지, 부모의 이름, 주소와 같이 출생으로 인해 얻게 되는 신원 정보의 측면

③ 전기적 신원 정보(biographical identity): 자격, 고용 이력, 자격증(면허증), 여권, 은행 계좌 등과 같이 살아가면서 획득하게 되는 신원 정보의 측면

전기적 신원 정보(biographical identity)의 하위 카테고리에 사용자명, 패스워드, 필명과 같이 개인이 직접 선택하는 속성을 가리키는 '선택된 신원 정보(chosen identity)'가 추가될 수 있을 것이다.[219]

신원정보 절취를 행하기 위하여, 공격자는 신원 식별 정보를 획득하거나 조작해야 한다. 이는 문서 또는 도난당하기 쉽거나 불법적으로 구매하거나 위조하기 쉬운 정보에 기반을 둔 속성 신원 정보와 전기적 신원 정보와 관련해 쉽게 행해질 수 있다.[220] 따라서 영국을 제외한 각 국가에서, 신원정보 절취는 '신원 증명 문서'와 '개인 식별 정보'의 개념에 기반을 두고 있다.

각 사법권에서의 구체적인 정의에 대해 생각하기 전에 일반적인 탐구가 필요하다. 첫째, 신원 관련 범죄는 실제의 신원 정보 또는 가짜의 신원 정보를 사용하여 행해질 수 있으며, 허구의 신원 정보를 정의에 포함해야 한다. 두 번째, 법인과 같은 법적 개인의 신원 정보 또한 신원 도용 범죄에 사용될 수 있으므로, 이를 포함할 수 있는 정의가 바람직할 것이다.[221] 세 번째, 기술적으로 중립이어야 한다. 네 번째, '신원 정보(identity

---

217   R. Clarke, 'Human identification in information systems: Management challenges and public policy issues' (1994) Information Technology and People 6, 17-18.

218   Economic and Domestic Secretariat (UK), Identity fraud: A study (cabinet Office, 2002), p. 9.

219   B. J. Koops, R. Leenes, M. Meints, N. van der Meulen and D. O. Jaquet-Chiffelle, 'A typology of identity-related crime' (2009) 12 Information, Communication and Society 1, 4.

220   Economic and Domestic Secretariat, Identity fraud, p. 17.

221   Model Criminal Law Officers Committee, Identity crime (2008), p. 31.

information)'는 광의적으로 정의되는 경향이 있으며, 널리 사용될 수 있어야 한다.[222] 이로 인해 신원 정보를 구체적으로 정의하는 어려움은 피할 수 있지만, 광범위성을 제한하기 위해 관련된 심적 상태에 의존하게 된다.[223]

위에서 언급한 바와 같이, 영국을 제외한 각 국가는 '신원 증명 문서'와 '개인 식별 정보'의 조합을 채택하고 있다. 호주에서 '신원 증명 문서(identification document)'는 '신원 식별 정보가 있거나 이를 포함하는 문서 또는 기타의 물건으로, 타인인 척 하기 위한 의도로 또는 (생사 및 진위 여부를 불문하고) 타인을 사칭하기 위한 의도로 사용되는 것'을 의미한다.[224] 그리고 '개인 식별 정보(identification information)'는 '(생사 및 진위 여부를 불문하고) 어떤 사람과 관련한 정보 또는 문서로, (그 자체로 또는 다른 정보 또는 문서와 조합하여) 그 개인을 식별하거나, 식별하기 위한 목적으로 사용될 수 있는 것'을 의미한다.[225] 그리고 법에서는 신원 식별 정보를 열거하고 있는데, 이름, 주소, 생년월일, 출생지, 관계 정보, 운전면허증, 여권, 비밀번호나 개인 식별 정보를 포함하는 금융 계정 정보, 생체 정보를 포함한다.

이 조항은 분명히 허구의 신원 정보를 포함할 뿐만 아니라, '개인'의 정의에 속하는 법인의 식별 정보에도 적용된다.[226] '문서 또는 기타의 물건,' 그리고 '정보, 또는 문서'라는 표현은 기술적 중립성을 담보한다.[227]

이와 유사하게 캐나다 조항에서는 '신원 증명 문서(identity document)'에 대한 완전한 정의를 제시하는데, 이는 사회 보장 번호가 있는 신분증, 운전면허증, 건강 보험증, 출생 증명서 또는 여권 등과 같은 문서를 포함한다.[228] 하지만 이는 '신원 식별 정보(identity information)'에까지도 확장되는데, 이는 '독자적으로 사용되거나 다른 정보와 함께 사용됨으로써 개인을 식별하거나 식별하기 위한 목적으로 사용되는, 생물학적 또는 생리학적 정보를 포함한 모든 정보'로 포함된다.[229] 그 다음 생물학적 정보가 포함

---

222 Steel, 'The true identity of Australian identity theft offences,' 510.
223 Ibid, 512.
224 Criminal Code (Cth), s. 370.1.
225 Ibid.
226 Acts Interpretation Act 1901 (Cth), s. 2C(1).
227 Acts Interpretation Act 1901 (Cth), s. 2B: 더욱이 '문서(document)'는 '정보의 기록'을 의미하는 것으로 정의되며 이는 '다른 내용 또는 기계의 도움으로 또는 도움 없이 재생산될 수 있는 음성, 이미지 또는 서면으로부터의 모든 것'을 포함한다.
228 Criminal Code (Can), s. 56.1(3).
229 Criminal Code (Can), s. 402.1.

되는 목록이 제시되는데, 여기에는 이름, 주소, 생년월일, 서면, 전자적 형태 또는 디지털 형태의 서명, 금융 번호, 여권 번호, 보험 증권 번호, 또는 운전면허 번호가 있다.

이처럼 유연한 정의를 사용하면 모든 유형의 정보에 적용될 수 있다는 이점이 있다. 보통 개인을 식별하기 위한 목적으로 사용되는 정보에 적용되며, 허구의 정보를 포함하기도 한다. 이는 '개인'의 식별에만 한정되며, 법인과 같은 법적 개인의 신원 식별에 대하여는 적용되지 않는다. 하지만 '모든 사람(every one)', '사람(person)' 그리고 '비슷한 표현(similar expressions)'은 기관을 포함하는 것으로 정의되므로,[230] '개인(individual)'이 '사람(person)'과 '비슷한 표현(similar expression)'이라면 이 조항은 법인에도 동등하게 적용될 수 있을 것이다.

미국 조항에서는 신원 식별 정보에 대해 4개의 범주로 나누어 정의한다.

---

① '신원 증명 문서(identification document)'는 미국 또는 외국의 정부기관 또는 준정부기관으로부터 '만들어지거나 발급되거나 그러한 기관의 관리 하에 있는 문서'로서 '특정 개인에 관한 정보가 작성됨으로써 개인을 식별하기 위하거나 보통 그러한 목적의 것으로 받아들여지는 것'을 의미한다.[231]

② '증명적 특징(authentication feature)'이란 '그 자체로서 또는 다른 특징과 함께 사용되어 신원 증명 문서로서, 문서 작성 요소로서, 또는 그 문서가 위조, 변경, 기타 다른 방법으로 변조되었는지 여부를 말해주는 식별 수단으로서 사용될 수 있도록 하는, 홀로그램, 워터마크, 증명, 심볼, 코드, 이미지, 숫자 또는 문자의 연속 또는 기타 특징'을 의미한다.[232]

③ '허위 신원 증명 문서(false identification document)'란 '개인을 식별하기 위한 목적으로 의도되거나 보통 그러한 목적의 것으로 받아들여지는 문서'로 '정부 기관에 의해서 또는 그러한 기관의 권한 하에서 발급되지 않았거나', 또는 그렇게 발급된 후에 '기만의 목적으로 변경되어' 특정 미국 또는 외국의 정부기관 또는 준정부기관으로부터 발급된 것처럼 보이게 된 것을 의미한다.[233]

④ '식별의 수단(means of identification)'이란 그 자체로 또는 다른 정보와 함께

---

230 Criminal Code (Can), s. 402.1.
231 18 USC § 1028(d)(3).
232 18 USC § 1028(d)(1).
233 18 USC § 1028(d)(4).

> 사용되어 특정 개인을 식별하게 해주는 이름 또는 숫자를 의미한다.[234]
> 이에 대한 예시가 제공되는데, 여기에는 이름, 사회 보장 번호, 생년월일,
> 운전면허증, 여권 번호, 납세자 식별 번호, 특별한 생체 데이터, 또는 전
> 기 통신 식별 정보 또는 접근 기기가 포함된다.[235]

　'식별의 수단'이 광의한 정의이지만, 이는 허구의 정보와 반대되는 실제의 정보, 즉, 실제로 개인을 식별하기 위해 사용되는 정보에 한정하기 위한 것으로 보인다. US v. Vasquez 사건[236]에서 피해자의 사회 보장 번호의 부정적인 사용으로서 만들어진 PIN이 여전히 실재의 개인과 연관성이 있고, 따라서 그 정의에 부합된다는 주장이 제기되었다.[237] 더욱이 '접근 기기'가 포함된다는 의미는 그 정의가, 예를 들어 위조된 신용 카드에도 적용될 수 있음을 말한다.[238] 또한 이 조항들과 관련하여 법인을 식별하는 정보에도 적용될 수 있도록 개정되어야 한다는 권고사항이 있었다.[239]

　마지막으로, 영국에서 '신원 증명 문서의 정의에는 그 문서 종류를 열거하고 있는데, 여기에는 이민 서류,[240] 여권, 면허증[241]이 포함된다. 다른 국가의 '식별 정보'와 동일한 것은 존재하지 않지만, 2006년 사기방지법(Fraud Act 2006)에서의 '내용(article)'이라는 용어는 데이터가 전자적인 형태로 있는 경우를 포함하여,[242] 신용 카드 및 은행 계좌 정보,[243] 현금 카드와 운전 면허증[244]을 포함하는 관련 정보의 범위를 포함하는 것으로 보인다.

234　18 USC § 1028(d)(7).

235　후자는 18 USC § 1029(e)에서 정의된다(144쪽 참고). US v. Barrington, 648 F 3d 1178 at 1193 (11th Cir. 2011): '식별의 수단'은 또한 사용자명과 패스워드를 포함한다고 주장되었다.

236　673 F 3d 680 (7th Cir. 2012).

237　*Ibid*, at 687.

238　US v. Lyons, 556 F 3d 703 at 708 (8th Cir. 2009).

239　The President's Identity Theft Task Force (US), Combating identity theft, p. 67. See US v. Hilton, 701 F 3d 959 at 969 (4th Cir. 2012) confirming that the statute does not apply to protecting the identity of corporations.

240　'이민 서류'는 Identity Documents Act 2010 (UK), s. 7(2)에서 정의된다.

241　Identity Documents Act 2010 (UK), s. 7(1). The list may be modified by the Secretary of States: s. 7(6).

242　Kerr et al., Research on sentencing online fraud offences, p. 22.

243　R v. Montague [2013] EWCA Crim 1781.

244　Fraud Act 2006 (UK), s. 8.

(2) 신원 식별 정보의 소지

각 사법권에서 개인의 신원 증명 문서 및 정보를 소지하는 것은 형사처벌의 대상이 된다. 디지털 정보의 '소지(possession)'와 관련하여 특히 문제가 되는 것은 제10장에서 논의하기로 한다. 신원 식별 정보와 관련하여 또 문제가 되는 것은 그러한 정보의 겸용적인 성격과, 타인의 신원 식별 정보를 단순히 소지하는 것만으로도 처벌이 되는 과잉범죄화의 우려가 있다는 것이다.[245] 이는 그 정보와 관련한 추가적인 심리적 상태에 대한 증명을 요구함으로써 해결할 수 있다.

예를 들어 호주 법에 의할 때 피고인은 (피고인 자신을 포함한) 모든 사람이 신원 식별 정보를 사용하여 관련 범죄를 범할 것이라는 목적을 가지고 신원 식별 정보를 소지해야만 한다.[246] 이 죄는 신원 식별 정보와 관련된 동의가 있는 경우에도 적용될 수 있으나, 본인의 신원 식별 정보를 소지하는 것에는 적용되지 않는다.[247] 예비적인 범죄이므로, 신원 식별 정보를 소지하기 위한 시도는 처벌 대상이 아니다.[248]

캐나다의 경우 소지된 것이 신원 증명 문서인지 또는 신원 식별 정보인지 여부에 따라 관련된 요건이 달라진다. '전체적으로 또는 부분적으로 타인과 관련되거나 타인과 관련되기 위한' 신원 증명 문서와 관련해서는, '법적 이유 없이' 그것을 소지하고 있는 경우에 형사처벌의 대상이 되는데, 이때에는 다른 거짓 요소의 증명을 요하지 않는다.[249] 반면, 신원 식별 정보의 소지는 '그 정보가 사기, 기만 또는 거짓말을 포함한 기소 가능한 범죄를 위하여 범죄의 요소로서 사용된다는 합리적인 추론을 가능하게 하는 상황'이 있어야 한다.[250]

영국의 경우 신원 증명 문서는 가짜이거나, 부적절하게 획득되었거나, 타인과 관련되어야 한다. 신원 증명 문서가 '가짜'라는 것은 1981년 위조방지법(Forgery and Counterfeiting Act 1981 (UK))의 s. 9(1)의 정의에 따라 가짜인 것을 말한다.[251] 이는 수단이 가짜일 수 있

---

245 Steel, 'The true identity of Australian identity theft offences'.

246 Criminal Code (Cth), s. 372.2. 최대 3년의 징역에 처한다.

247 Criminal Code (Cth), s. 372.2(3)-(4). 이 범죄는 또한 ss. 372.1 과 372.5에 대한 대체 평결이 될 수 있다.

248 Criminal Code (Cth), s. 372.6.

249 Criminal Code (Can), s. 56.1(1).

250 Criminal Code (Can), s.402.2(1). 범죄의 제한적 역거는 402.2(3)에 있음. s. 402.2(5): 최대 5년의 징역에 처한다.

251 Identity Documents Act 2010 (UK), s. 9(2).

는 다양한 상황들을 제시하는데, 예를 들어 특정 개인에 의하여 만들어진 것으로 보이지만 실제로는 그에 의해 만들어진 것이 아닌 경우가 있다. 신원 증명 문서가 '부적절하게 획득되었다'는 것은 그 문서의 발급 또는 변경에, 또는 그러한 발급 또는 변경과 관련되어 허위의 정보가 제시되었다는 것을 말한다.[252]

이후 추가적인 거짓 요소가 증명되었는지 여부에 따라 형량이 다른 두 범죄가 있다. 형이 경한 범죄는 '합리적인 이유 없이' 그러한 문서를 소지하거나 관리하는 것이다.[253] 중한 범죄는 피고인이 '부적절한 의도'를 가지고 그러한 문서를 소지하거나 관리하는 것으로, 여기에서의 '부적절한 의도'란 피고인과 관련된 개인 정보를 성립시키기 위한 목적으로 그 문서를 사용하는 것, 또는 타인으로 하여금, 피고인 또는 타인과 관련한 개인 정보를 성립시키거나, 확인하거나 또는 증명하도록 허락하거나 이를 추론할 수 있도록 하기 위한 목적으로 그 문서를 사용하는 것을 말한다.[254] 개인과 관련된 '개인 정보(personal information)'에 대하여는 s. 8에서 광범위하게 정의되어 있으며, 여기에는 이름, 주소, 성별, 생년월일 및 외적인 특징이 포함된다.

또한 이와 관련하여, 2006년 사기방지법(Fraud Act 2006)의 s.6에서 말하는 사기의 행위 과정에 사용되거나 또는 이와 관련되어 사용되는 모든 내용을 소지하는 것도 형사처벌의 대상이 된다.[255] 이 범죄는 '합리적인 이유'를 포함하지는 않지만, 피고인이 '사기의 행위 과정에 사용하거나 이와 관련해 사용'하기 위하여 그러한 내용을 본인의 소유 또는 관리 하에 두었다는 점을 증명해야만 한다.[256]

미국 법에서는 소지와 관련하여 다양한 심적 상태를 포함한다. 가장 광범위한 것은, 연방법에 저촉되는 위법한 행위, 또는 주법 및 자치 법규에 의하여 중범죄에 해당하는 범죄를 범하기 위해 또는, 이를 용이하게 하거나 교사하거나, 이와 관련해 사용하기 위한 목적으로, 법적 권한 없이 타인의 식별 수단을 고의로 소지하는 것은 형사

---

252 Identity Documents Act 2010 (UK), s. 9(3). s. 9(4)(a): '가짜(false)' 정보는 '오해의 결과를 일으킬 수 있는 부정확 또는 누락을 포함한 정보'를 포함한다. s. 9(4)(b): '정보(information)'는 '(도장과 라벨을 포함한) 문서와 기록'을 포함한다. s. 9(4)(c): 문서의 '발급(issue)'은 '(변경을 포함하거나 포함하지 않은) 갱신, 교체 또는 재발급을 포함'한다.

253 Identity Documents Act 2010 (UK), s. 6(1). s. 5(2): 기소의 유죄 선고에한 최대 처벌은 2년의 징역.

254 Identity Documents Act 2010 (UK), s. 4(2). s. 4(4): 기소의 유죄 선고에 대한 최대 처벌은 10년의 징역.

255 Identity Documents Act 2010 (UK), s. 6(2): 기소의 유죄 선고에 대한 최대 처벌은 5년의 징역.

256 2006년 사기방지법(Fraud Act 2006) (UK), s. 6(1).

처벌의 대상이 된다는 것이다.[257]

또한, 아래 내용을 고의로 소지하는 것 또한 형사처벌의 대상이 된다.

> (a) 불법적으로 사용하거나 불법적으로 전송하기 위한 목적으로 '(소지자의 사용을 위해 법적 절차에 의해 발급된 것을 제외한) 5개 이상의 신원 증명 문서, 증명적 특징, 또는 허위의 신원 증명 문서'를 소지하는 것[258]
>
> (b) 그러한 문서 또는 특징을 사용하여 미국을 사취하기 위한 목적으로(소지자의 사용을 위해 법적 절차에 의해 발급된 것을 제외한) 신원 증명 문서, 증명적 표시, 또는 허위의 신원 증명 문서'를 소지하는 것[259]
>
> (c) '미국의 신원 증명 문서 또는 증명적 표시이거나 그러한 것으로 보이는, 또는 국가적 중요성을 가진 특별한 이벤트로 지정된 이벤트를 후원하는 주체의 신원 증명 문서 또는 증명적 특징이거나 그러한 것으로 보이는 신원 증명 문서 또는 증명적 표시으로서, 탈취당하거나 법적 권한 없이 생산된 것을 그러한 문서 또는 표시가 탈취되었거나 법적 권한 없이 생산되었다는 것을 알면서 고의로' 소지하는 것[260]

(3) 신원 식별 정보의 거래

디지털 기술의 가장 큰 효과 중 하나가 신원 식별 정보의 거래를 용이하게 했다는 것인데, 각 사법권에서는 '거래(dealing)' 범죄에 관련한 조항을 만들었다. 마약 및 기타 밀매 범죄와 유사하게, 이는 전형적으로 광범위한 행위를 포함하며, 공급망의 전 단계를 대상으로 한다. 그러한 개념은 디지털의 맥락에 적용하는 데 어려운 점이 있는 것으로 보인다.

'거래(dealing)'란 일반적인 용법에 의하면, 사람이 정보로 할 수 있는 대부분의 행위는 거래에 이를 수 있는 것으로 보인다.[261] 호주에서 신원 식별 정보를 '거래'하는 것은

---

257 18 USC § 1028(a)(7).

258 18 USC § 1028(a)(3).

259 18 USC § 1028(a)(4).

260 18 USC § 1028(a)(6).

261 Leader-Elliott, 'Framing preparatory inchoate offences in the Criminal Code,' 84. See also Steel, 'The true identity of Australian identity theft offences,' 523-5.

넓게 정의되어 '그러한 정보를 만들거나, 공급하거나, 사용하는 것'을 포함한다.[262] 이러한 범죄가 성립하기 위해서는, 그 정보를 사용하는 '사용자(피고인이 포함될 수 있음)'가 특정 범죄를 범하거나 용이하게 하기 위하여 '신원 식별 정보를 사용함으로써 (생사여부를 불문하고, 실재인지 허구인지 여부와 관계없이) 타인인 척 하거나 또는 타인의 행세를 하기'위한 목적으로 이를 사용했다는 점을 증명해야 한다.[263]

모델 형사법위원회(Model Criminal Law Officers Committee)의 권고사항에서는 그 사용자가, 단순히 다른 범죄를 범하거나 용이하게 하기 위한 목적으로 신원 식별 정보를 사용했다는 것을 요구하는 것이 아니라, 타인인 척 하거나 타인의 행세를 할 것을 의도할 것을 요구하고 있는데, 이 조항은 이 권고사항보다 협의적이다. 이러한 추가적인 요구사항은 단순히 기소 가능한 범죄와 관련되어 신원 식별 정보가 사용되었다는 것이 아니라, 이 범죄가 이 신원 도용 범죄의 하나라는 것을 명확하게 하기 위한 의도이다.[264]

하지만 무엇이 '타인인 척 하거나 타인의 행세를 하는 것'인지는 명확하지 않다. 예를 들어 어떤 사람이 온라인 거래를 위하여 허가되지 않은 신용 카드 데이터를 사용한 경우에 그 사람이 그 카드의 소유주 행세를 하는 것이라고 할 수 있는가? 협의적인 해석이 아니라면, 신원 식별 정보를 단순히 사용하는 것은 일반적으로 타인인 척 하는 것 또는 타인의 행세를 하는 것이라고 볼 수 있다.

소지는 예비적인 범죄이기 때문에, 이 범죄를 범하기 위한 시도는 처벌되지 않는다.[265] 하지만 그 후에 다른 범죄를 범하거나 그러한 범죄가 범해지는 것이 불가능하다고 하더라도, 범죄는 성립한다.[266] 예를 들어 신원 식별 정보가 마약의 수입을 용이하게 하기 위해 사용되었고, 그 마약이 세관에서 압수당한 경우가 있다.[267]

더욱이 신원 식별 정보와 관련된 개인이 그 거래에 동의를 한 경우라고 하더라도 이는 처벌 대상이다.[268] 위원회의 견해에 따르면, 피고인이 다른 범죄를 범하거나 이를 용이하게 하려는 고의가 있었다는 것을 요구함으로써 동의에 의한 사용 문제를 해

---

262 Criminal Code (Cth), s. 370.1.

263 Criminal Code (Cth), s. 372.1(1): 최대 5년의 징역에 처한다.

264 Commonwealth of Australia, Explanatory Memorandum, Law and Justice Amendment (Identity Crimes and Other Measures) Bill 2008 (Cth), pp. 4-5.

265 Criminal Code (Cth), s. 372.6.

266 Criminal Code (Cth), s. 372.1(3)(a).

267 Commonwealth of Australia, Explanatory Memorandum, Law and Justice Amendment (Identity Crimes and Other Measures) Bill 2008 (Cth), p. 4.

268 Criminal Code, s. 372.1(3)(b).

결할 수 있다. 이러한 요소가 존재하지 않는다면, 동의 하에 사용하는 것은 처벌 대상이 아니다. 하지만 그러한 요소가 존재한다면, 그 사용에 관련자의 동의가 있었는지 여부는 문제되지 않는다.[269]

하지만, 자신의 신원 식별 정보를 거래하는 것은 범죄가 성립하지 않는다.[270] 어떤 사람이 자신의 신원 식별 정보를 사용하여 금지된 약물을 구입하고 이를 수입하는 경우가 이에 해당한다.[271] 신원 도용 범죄의 본질은 타인의 신원 정보를 사용하여 범죄를 행하는 것이다. 이와 유사하게 어떤 사람이 자신의 신원 식별 정보를 만들어내는 경우에 위조죄를 적용할 수 있다.[272] 하지만 '거래(deals)'라는 용어는 신원 식별 정보를 공급하는 것을 포함한다. 타인의 범죄를 위하여 자신의 신원 식별 정보를 타인에게 제공하는 것이 왜 신원 절취가 되지 않는지는 명확하지 않다. 법에 따르면, 그러한 행위는 신원 도용 범죄보다는, (주 범죄가 범해졌다는 전제 하에) 주 범죄에 대한 방조로서 처벌될 수 있을 것이다.

캐나다에서 이와 관련된 행위는 신원 증명 문서와 관련되는지 또는 신원 식별 정보와 관련되는지에 따라 다양하다. 신원 증명 문서와 관련하여, 전체적으로 또는 부분적으로 타인과 관련되거나 타인과 관련되는 것으로 보이는 신원 증명 문서를 법적 근거 없이 획득, 전송, 판매하는 행위 또는 이에 대한 판매를 제의하는 행위는 범죄이다.[273] 이 범죄는 다음과 같은 경우에 위법성이 조각된다.

---

① 선의로, 사람의 업무 또는 고용의 일반적인 절차에서, 또는 회사의 권한을 행사하기 위한 때

② 가계(족보)의 목적인 때

③ 신원 증명 문서와 관련된 자, 또는 그 문서가 관련된 자를 대신하여 동의할 권한이 있는 자의 동의가 있거나, 또는 신원 증명 문서를 발급한 주체의 동의가 있는 때

④ 법 집행과 관련하여 합법적인 목적으로 사용될 때[274]

---

269 Model Criminal Law Officers Committee, Identity crime (2008), p. 33.

270 Criminal Code (Cth), s. 372.1(4).

271 Commonwealth of Australia, Explanatory Memorandum, Law and Justice Amendment (Identity Crimes and Other Measures) Bill 2008 (Cth), p. 4.

272 Ibid.

273 Criminal Code (Can), s. 56.1. s. 56.1(1): 최대 5년의 징역에 처한다.

274 Criminal Code (Can), s. 56.1(2).

반면, 신원 도용의 범죄에서는 타인의 신원 정보를 '전송하거나, 이용가능하게 하거나, 유포하거나, 판매 또는 판매의 제의를 하는 행위', 또는 그러한 목적을 위해 그런 정보를 소지하는 것은 범죄 행위로서 처벌된다. 이러한 범죄는 피고인이 그러한 정보가 범죄 행위의 한 요소로서 사기, 기만, 또는 거짓말을 포함하는 기소 가능한 범죄를 행하기 위해 사용될 수 있다는 것을 알았거나, 믿었거나, 간과했다는 점이 증명돼야 한다.[275]

영국에서 신원 증명 문서 또는 정보와 관련하여 다루고 있는 특정 범죄가 있지는 않지만, 사기와 관련된 내용을 공급하거나 공급할 것을 제의하는 행위를 처벌하는 2006년 사기방지법(Fraud Act 2006)의 s. 7에 의하여 기소될 수 있다. 위에서 말한 바와 같이, '내용(article)'이라는 용어는 전자적인 형태로 보관되어 있는 데이터를 포함하며,[276] 신용 카드 및 은행 계정 정보, 거래에 사용되는 카드와 운전면허증[277]을 포함한다. '합리적인 이유'라는 사유는 없지만, 피고인이 '그러한 정보가 사기의 행위 과정에서 사용되거나 또는 사기와 관련되어 사용될 수 있도록 만들어졌거나 사용될 것이라는 것을 알고 있으면서, 또는 사기 범죄를 범하거나 사기 범죄를 용이하게 하기 위한 목적으로' 그러한 내용을 공급하거나 공급할 것을 제의했다는 사실은 증명되어야 한다.[278]

미국의 경우 신원 식별 정보의 '거래'로 광범위하게 묘사될 수 있는 것을 포함하는 형사처벌 조항들이 있다. 아래와 같은 행위를 하는 경우에는 처벌의 대상이 된다.

① 고의로, 그리고 법적 권한 없이 '신원 증명 문서, 증명적 특징 또는 허위 신원 증명 문서를 생산하는 것'[279]

② '그러한 문서 또는 특징이 탈취되었거나 법적 권한 없이 생산되었음을 알면서' 신원 증명 문서, 증명적 특징 또는 허위 신원 증명 문서를 고의로 전송하는 것[280]

③ '연방법에 저촉되는 범죄 또는 주법 또는 자치 법규에 의하여 중범죄에 해당하는 범죄를 행하거나, 이를 용이하게 하거나, 교사하거나, 또는 이

---

275   Criminal Code (Can), s. 402.2(2). 이러한 범죄에 대한 제한적 열거는 s. 402.2(3)에서 제시된다.
276   2006년 사기방지법(Fraud Act 2006) (UK), s. 8.
277   144쪽 참고.
278   2006년 사기방지법(Fraud Act 2006) (UK), s. 7(1).
279   18 USC § 1028(a)(1). 18 USC § 1028(d)(9): '생산(produce)'은 '변경하는 것, 확인하는 것, 또는 모으는 것'을 포함하는 것으로 정의된다.
280   18 USC § 1028(a)(2).

와 관련하여 사용되기 위한 목적으로 타인의 신원 식별 수단'을 고의로, 법적 권한 없이 전송하거나 사용하는 것[281]

④ '허위 신원 증명 문서, 문서 생산 도구 또는 신원 식별 수단에 사용하기 위한 허위의 또는 실재의 증명적 수단'을 고의로 수송[282]하는 것[283]

'전송(transfer)'의 정의에는 '신원 증명 문서, 허위 신원 증명 문서, 또는 문서 생산 도구를 선정하는 것'이 포함되며, '그러한 신원 증명 문서, 허위 신원 증명 문서, 또는 문서 생산 도구를 타인이 이용 가능한 온라인 상 장소에 두거나 유도하는 것'을 포함한다.[284]

신원 탈취의 가중처벌과 관련하여,[285] '고의로'라는 단어는 이후에 나열되는 범죄의 요소들을 제한하는 것이라고 주장되어 왔다. 따라서 기소를 하기 위하여는 피고인이 고의로 신원 식별 수단을 전송, 소지 또는 사용했음을 증명할 뿐만 아니라, 그것이 '타인'에 속한 것이었음을 알았다는 것 또한 증명해야 한다.[286]

(4) 신원 식별 정보의 생산

신원 증명 문서와 정보를 생산하는 데 사용되는 내용의 소지와 유포에 대한 처벌 필요성에 대한 주장이 있다. 예를 들어 R v. Beauchamp 사건[287]에서, 피고인은 'Canadian Barcode'로 알려진 회사를 운영하면서 신용 카드 사기범죄에 사용되는 내용을 판매했

---

281 18 USC § 1028(a)(7). Computer Crime and Intellectual Property Section Criminal Division, Prosecuting Computer Crimes, Manual (US Department of Justice, 2010), p. 96.: '타인의 것' 이어야 한다는 요구조건은 이 범죄의 적용을 제한한다. 즉, 피고인의 신분증 증명하기 위한 수단에 대하여는 이 법이 적용되지 않는다는 것이다. 여기에서의 '사람(persons)'이란 생존해 있는 개인 또는 사망한 개인을 지칭하는 것으로 해석되었다.

282 18 USC § 1028(d)(12): '어떠한 가치의 대가로서, 타인에게 운반, 전송 또는 기타의 방법으로 처분하는 것' 또는 '그러함으로써 운반, 전송 또는 기타의 방법으로 처분하기 위한 목적으로 만들거나 관리를 득하는 것'을 의미하는 것으로 정의된다.

283 18 USC § 1028(a)(8).

284 18 USC § 1028(a)(10). US v. Sutcliffe, 505 F 3d 944 (9th Cir. 2007) 참고.

285 18 USC § 1028A.

286 Flores-Figueroa v. US, 129 Sct 1886 (2009). Computer Crime and Intellectual Property Section Criminal Division, Prosecuting computer crimes, p. 98.: 용어가 동일하기 때문에, 같은 견해가 § 1028(a)(7)에도 적용될 수 있음.

287 2010 ONSC 1973.

다. 이는 스키밍 도구, 빈 카드에 데이터를 전송하는 데 사용하는 소프트웨어, 빈 카드, 위조 카드를 만들기 위한 프린터와 제판기, 그리고 양각으로 새겨진 문자와 숫자에 금 또는 은 호일을 첨가하는 '티퍼(도판 등을 붙이는 것)'를 포함했다.[288]

카드 스키머와 같은 물건들은 범죄 목적을 위해 만들어졌거나 변경되었다는 것을 쉽게 증명할 수 있지만, 소프트웨어, 라미네이터, 스캐너와 같이 신원 식별 정보를 생산하는 데 단지 잠재적으로 사용될 수 있을 뿐인 물건들도 있다. 따라서 이러한 범죄와 관련된 거짓 요소들은 지나치게 광범위화되지 않도록 하기 위해 매우 중요하다.

예를 들어 호주 법에서 '장비(equipment)'라는 용어를 사용하는데, 이는 기술 발전의 결과로 조항이 구시대적이 되는 것을 방지하기 위하여 일부러 정의 내리지 않았다.[289] 하지만 어떤 사람에게 유죄를 선고하기 위해서는, 이 장비를 사용하는 (피고인 자신을 포함한) 모든 사람들이 신원 증명 문서를 만들 수 있는 장비를 소지해야 하고, 그러한 식별 정보를 이용하여 s. 372.1에 의해 처벌되는 신원 식별 정보의 거래에 관한 죄를 범해야 한다.[290]

반면, 영국에서의 신원 증명 문서 관련 법 조항은 허위의 신원 증명 문서를 만들기 위한 목적으로 '특별히 만들어지거나 고안된' 모든 기구, 내용 또는 물질에 적용된다.[291] 아래에서 논의되는 미국 법과 같이, 이러한 용어는 지나치게 한정적일 수 있는데, 허위의 신원 증명 문서를 만들기 위해 사용되는 많은 물건들이 그러한 목적을 위해 '특별히 만들어지거나 고안되었다'고는 할 수 없기 때문이다.

범의의 정도에 따라 두 가지 형량이 있다. 첫째는 피고인이 합리적인 이유없이 그러한 물건을 소지하거나 관리하고 있는 것이다.[292] 피고인이 '금지된 의도'를 가지고 그 기구를 만들었거나, 본인의 소유 또는 관리 하에 그 기구를 두었다는 것을 증명할

---

288 2010 ONSC 1973, at [10]-[12].

289 Commonwealth of Australia, Explanatory Memorandum, Law and Justice Amendment (Identity Crimes and Other Measures) Bill 2008 (Cth), p. 7.

290 Criminal Code (Cth), s. 372.3 (emphasis added). s. 372.3(1): 최대 3년의 징역에 처한다. s. 372.6: 이 죄를 범하기 위한 시도는 처벌하지 않는다.

291 Identity Documents Act 2010 (UK), ss. 5(1), 6(1)(d)(e). s. 9(5): 이는 신원 증명 문서를 변경하여 허위가 되는 것을 포함한다. s. 9(1): '기구(apparatus)'는 '장비, 기계 또는 장치, 그리고 전선 또는 케이블로, 집합적으로 소프트웨어에 사용되는 것'을 의미하는 것으로 정의된다.

292 Identity Documents Act 2010 (UK), s. 6(1). s. 6(2): 기소에 대한 유죄 판결의 최대 형량은 2년의 징역.

수 있다면 보다 중한 죄가 적용된다.[293] '금지된 의도(prohibited intention)'란 피고 또는 다른 사람이 허위 신원 증명 문서를 만들 것이고, 그러한 '문서는 다른 사람에 의하여 한 개인에 대한 개인 정보를 성립시키거나, 확인하거나, 증명하기 위한 용도로 사용될 것'이라는 의도로 정의된다.[294]

또한 이와 관련된 것으로서, 2006년 사기방지법(Fraud Act 2006)의 s. 7에 의한 사기에 사용하기 위하여 내용을 소지하는 것을 처벌하는 죄가 있다. '내용(article)'은 전기적 형태로 되어 있는 프로그램 또는 데이터[295]를 포함하며, 카드 리딩 도구[296]와 신용카드 번호를 생성하기 위한 컴퓨터 프로그램[297]을 포함한다. '합리적인 이유'를 요하지는 않지만, 피고인이 '그러한 내용이 사기 범죄를 행하는 과정 중에 사용되거나 이와 관련되어 사용하기 위하여 만들어졌거나 고안되었다는 것을 알면서, 또는 사기의 범죄를 행하기 위하여 또는 이러한 범죄를 용이하게 하기 위하여, 사용하기 위한 목적으로' 그러한 내용을 공급하거나 공급을 제안했다는 것을 증명해야만 한다.[298] 예를 들어 어떤 사람이 피싱 웹사이트를 만들기 위해 고안된 소프트웨어를 공급하였으나, 이것이 어디에 사용될지에 대하여는 신경 쓰지 않았다면 첫 번째 경우에 속하는 것으로, 두 번째의 경우에 속하는 것은 아닐 것이다.[299] 그러나 카드 리더기와 같은 양용 가능한 물건을 생산했다면, 이러한 물건이 사기 범죄와 관련되어 사용될 것이라는 것을 의도한 경우에 한하여 이 범죄에 속할 것이다.[300]

미국에서는 그러한 것들이 허위 신원 증명 문서 또는 다른 문서 생산 도구 또는 증명적 특징의 생산을 위해 사용되기 위한 목적으로, 고의로 문서 생산 도구를 생산, 전달, 또는 소지하는 행위는 처벌 대상이 된다.[301] '문서 생산 도구(document-making implement)'란 다음을 의미한다.

---

293   Identity Documents Act 2010 (UK), s. 5(1).

294   Identity Documents Act 2010 (UK), s. 5(2). s. 5(3): 기소에 대한 유죄 판결의 최대 형량은 10년의 징역.

295   Identity Documents Act 2010 (UK), s. 8.

296   R v. Flore & Anor [2014] EWCA Crim 465.

297   Kerr et al., Research on sentencing online fraud offences, p. 22.

298   Fraud Act 2006 (UK), s. 7(1).

299   Crown Prosecution Service (UK), The Fraud Act 2006, www.cps.gov.uk/legal/d_to_g/fraud_act/#a13.

300   *Ibid.*

301   18 USC § 1028(a)(5).

> 기구, 도면, 템플릿, 컴퓨터 파일, 컴퓨터 디스크, 전자 기구 또는 컴퓨터 하
> 드웨어 및 소프트웨어로, 신원 증명 문서, 허위 신원 증명 문서 또는 다른 문서
> 생산 도구를 만들기 위한 목적으로 특별히 고안되거나 주요하게 사용되는 것[302]

'특별히 고안된' 또는 '주요하게 사용되는'의 의미에 대해 US v. Cabrera 사건[303]에서 논의된 바 있다. 당시에는 도구에 대한 정의가 신원 증명 문서, 허위 신원 증명 문서 또는 다른 문서 생산 도구를 만들기 위해 '특별히 고안되거나 주요하게 사용되는' 것을 의미했다.[304] 이 사건에서 피고인은 컴퓨터, 문서 스캐너, 프린터, 그리고 상업적인 소프트웨어를 사용하여 원본 문서를 스캔하고, 이미지를 저장하고, 신원 식별 정보를 제거 또는 변경한 후 이를 프린트하였다. 그 후 새로운 신원 식별 정보를 문서에 입력하고, 코팅하였다.[305] '특별히 고안되고' '주요하게 사용되는' 이라는 용어는 물건의 일반적인 용법이 아닌, 피고인에 의한 사용을 의미하는 것이라고 주장되었다.[306] 이 사건에서의 장비와 물건들은 모두 다른 법적인 용법이 있었지만, 피고인의 도구로서 그러한 것들이 금지된 목적을 위하여 '특별히 고안되고' '주요하게 사용되었는지' 여부를 찾아내는 것은 배심원의 결정에 맡겨진 것이었다.

---

302 18 USC § 1028(d)(2).
303 208 F 3d 309 (1st Cir. 2000).
304 *Ibid*, at 310 (emphasis added).
305 *Ibid*, at 311.
306 *Ibid*, at 314.

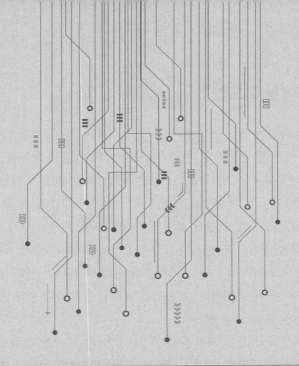

제8장

저작권 침해 범죄

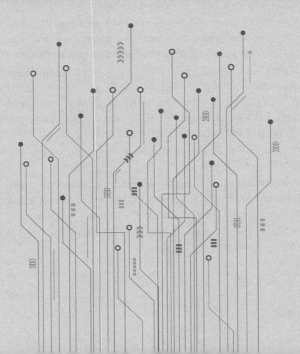

1. 저작권 침해는 절도인가

엄밀히 말해 사기는 아니지만, 저작권 침해 범죄는 타인의 재산권에 대한 인가되지 않은 방해를 하는 행위를 포함하기 때문에 사기와 관련된 범죄로 보일 수 있다. 저작권은 지적 재산권의 여러 예시 중 하나로, 다른 예로는 상표, 특허권, 디자인권이 있다. 저작권 산업이 우리로 하여금 신뢰하게 하는 것과는 별개로, 저작권 범죄는 '절도'가 아니다.[1] 저작권은 진정한 창작 작업의 과정에 대해 주어지는 제한된 독점권이다. 이는 특정한 배타적 권리를 특정 기간 동안 창작자에게 부여함으로써 아이디어의 표현을 보호한다.[2] 저작권자에게 속하는 배타적인 권리 중 하나를 권한 없이 다른 사람이 행사하는 경우 저작권은 침해된다. 형사적인 저작권 침해의 문제에 있어, 가장 중요한 권리는 재생산과 배포의 권리이다.[3]

디지털 형태로 되어 있는 저작권이 인정되는 내용이 점점 많아짐에 따라 문제가 발생한다. 반면, 이는 저작권이 있는 상품의 배포와 판매가 가능한 전 세계적인 시장을 제공하기도 한다. 미국과 같이 저작권을 수출하는 자에게 있어 이는 경제의 중요한 요소라고 할 수 있다. 2012년, 주요 저작권 산업[4]에 의하여 발생한 미국 GDP에 대한 '부가 가치'는 미화 1조 달러를 초과하며, 이는 미국 GDP의 약 6.5%[5]에 달하는 것이었다. 영국 정부에 따르면, '창조 산업(creative industries)'은 영국 총부가가치의 5.6%를

---

1   Although the penalty provisions for criminal copyright infringement in the US are found in 18 USC Part I Chapter 113, 'Stolen Property' (§ 2319). Nor, in a strict sense, is it 'piracy,' although the term 'pirated' is now well-established in this context; G. Urbas, 'Copyright, crime and computers: New legislative frameworks for intellectual property rights enforcement' (2012) 7(1) Journal of International Commercial Law and Technology 11, 12.

2   Australian Institute of Criminology, Intellectual property crime and enforcement in Australia, Research and Public Policy Series No. 94 (2008), pp. 42-4. This period varies between jurisdictions but is typically the life of the author plus either fifty or seventy years: Copyright Act 1968 (Cth), s. 33(2); Copyright Act, RSC, 1985 c C-42 ('Copyright Act 1985 (Can)'), s. 6; Copyright, Designs and Patents Act 1988 (UK), s. 12(2); and 17 USC § 302(a).

3   US Department of Justice, Prosecuting intellectual property crimes, 4th edn. (Office of Legal Education, 2013), p. 6.

4   'Core' copyright industries are 'those whose primary purpose is to create, produce, distribute or exhibit copyright materials'; S. E. Siwek, Copyright industires in the U.S. Economy: The 2013 report (International Intellectual Property Alliance, 2013), p. 5.

5   S. E. Siwek, Copyright industires in the U.S. Economy: The 2013 report (International Intellectual Property Alliance, 2013), p. 6.

차지하는 것으로 알려졌다.[6]

반면, 배포와 시장 접근의 용이함은 저작권 침해의 용이함이기도 하다. 한 산업 조사에 따르면, 약 28%의 전 세계 인터넷 사용자들이 매달 단위로 인가되지 않은 서비스에 접근하는 것으로 조사되었다.[7] 특히 영국의 경우, 그 수치는 매달 침해 콘텐츠를 제공하는 사이트에 접근하는 자의 수가 700만 명으로 집계되었다.[8] 합법적인 다운로드가 많이 늘어났음에도 불구하고, 불법 다운로드의 비중은 여전히 높다. 2012년 상반기, 2억 3,900만 건의 다운로드가 합법 다운로드로 밝혀진 반면, 3억 4,500만 건의 다운로드는 BitTorrent를 통한 불법 다운로드로 확인되었다.[9] 더욱이 사용자들 다수가 그들의 행위가 합법적이라고 믿거나, 적어도 그렇게 믿는다고 주장한다. 예를 들어 2010년 영국 조사에 따르면, 인가되지 않은 서비스 사용자들 중 44%가 그들의 행위가 합법적이라고 주장했다.[10]

저작권 침해의 범위와 영향을 확인하는 것은 신뢰있는 데이터의 부족으로 어려워진다.[11] 특히 경제에 미치는 영향을 예측하는 것은 매우 조심스럽게 접근되어야 하는데, 이를 바탕으로한 추측은 '그러한 측량이 가능하다는 전제 하에서, 경제 전체에 대하여 위조 그리고 저작권 침해가 미치는 전체적인 효과를 수치화하는 것을 어렵게 만든다.'[12] 영국 정부에 의해 이루어진 독립적인 검토는 저작권 침해에 대한 업계의 분석을 기반으로 할 때, 저작권 침해는 '경제 활동의 0.1% 미만을 차지할 뿐이지만 영국, 유럽 연합 또는 전 세계에 영향을 미칠 수 있다.'[13] 따라서 경제적인 면에서의 지적재산권 침해의 효과는 '무시할 수도 없으며 그렇다고 그렇게 과도한 것도 아니다.'[14] 해당 검토는 또한 영국에서의 저작권 침해에 대한 수치가 크게 엇갈리는 것을 확인했

---

6   I. Hargreaves, Digital opportunity. A review of intellectual property and growth (2011), p. 27.

7   IFPI, Digital music report 2012 (2012), p. 16.

8   British Phonographic Industry (BPI), Digital Music Nation 2013 (2013), p. 25.

9   *Ibid*, p. 26.

10 BPI, Digital Music Nation 2010 (2010), p. 35.

11 Hargreaves, Digital opportunity, p. 69.

12 US Government Accountability Office, Intellectual property: Obseravations on efforts to quantify the conomics effects of counterfeit and pirated goods, Report to Congressinoal Committees, GA-10-423 (2010), pp. 15-16.

13 Hargreaves, Digital opportunity, p. 73.

14 *Ibid.*

는데, 13 - 65%의 음악 다운로드가 불법적인 것이라고 했다.[15] 해당 보고서에서는 '우리가 자신있게 말할 수 있는, 영국 또는 전 세계에 대한 저작권 침해의 만연성과 영향에 대한 수치를 찾을 수 없었다'라고 결론짓고 있다.[16]

정밀하게 수치화하는 것은 어렵지만, 온라인 저작권 침해 범죄는 저작권 관련 법의 집행에 있어 의심의 여지 없이 중대한 문제를 가져온다. 특히 P2P 네트워크의 맥락에 있어서 이는 중요하다. 전통적인 호스트 모델에 있어서, 내용물을 다운로드하려는 자들은 중앙 웹사이트에 접속해서 내용물을 요청해야 한다. 반면 P2P 소프트웨어는 개인 컴퓨터 사용자들이 서로 직접적으로 통신할 수 있도록 해준다. 소프트웨어를 다운로드 하고 나면, 파일을 공유하고자 하는 사용자들은 간단히 '나의 공유 폴더(My Shared Folder)' 또는 이와 같은 곳에 파일을 위치해두기만 하면 된다.[17] 그 다음, 사용자들은 복사하고자 하는 파일의 위치를 찾기 위해 다른 사용자들의 폴더를 검색할 수 있다. 이러한 방식으로 각 사용자들은 내용물의 잠재적인 요청자이자 제공자가 되는 것이다.

데이터 전송이 호스트에게 집중되는 것이 아니라, 사용자 간에 확산됨에 따라 각각의 개인들은 '상용화된' 대량의 저작권 침해 복사본들을 손쉽게 전송할 수 있다. 수백만 개의 P2P 소프트웨어의 복사본들이 다운로드됨에 따라, 수십억 개의 파일들이 공유되고, '저작권 침해의 잠재적인 범위는 실로 충격적이다.'[18] 2011년 한 보고서에 따르면, P2P 트래픽은 전 세계 모든 인터넷 트래픽의 25%를 차지하며,[19] 이 중 60%의 트래픽이 음란물이 아닌 저작물이다.[20]

P2P 네트워크의 분산성은 사법 기관에도 문제가 된다. Napster 같은 초기의 버전은 여전히 중앙화된 채로 남아있어 인덱스 기능을 제공한다. 파일의 전송은 두 사용자들 간에 이루어지지만, 요청자들은 호스트에게로 가서 사용자들의 파일을 검색해야 한다.[21] Grokster, Morphenus, Gnutella, Kazaa와 같은 그 이후의 버전은 진정한 P2P로, 중앙화된 호스트를 전혀 필요로 하지 않았다. 일부는 '슈퍼 노드'로 지정된 피어 또는

---

15 Hargreaves, Digital opportunity, p. 69. 70-2 페이지에는 다양한 연구들을 요약하고 있는 유용한 표가 있다.

16 Hargreaves, Digital opportunity, p. 73.

17 소프트웨어에 대한 보다 상세한 설명은 Universal Music Australia Pty Ltd v. Sharman License Holdings Ltd (2005) 220 ALR 1 at 3-6를 참고할 것.

18 Metro-Goldwyn-Mayer Studios Inc. v. Grokster Ltd, 545 US 913 at 923 (2005).

19 Envisional, An estimate of infringing use of the internet, Technical Report (2011), p. 47.

20 Ibid, p. 2.

21 In re Napster, Inc., 377 F Supp 2d 796 (ND Cal. 2005).

'노드'에서 인덱싱 기능을 수행하는 '하이브리드' 형태의 네트워크인 반면,[22] 다른 것들은 이러한 요구사항을 완전히 분배하여 네트워크 상의 컴퓨터들이 서로 직접 통신하게 하였다.[23]

가장 최근의 파일 공유는 보통 'BitTorrent 프로토콜'을 사용한다.[24] 이 프로토콜은 'uTorrent' 또는 'LimeWire'과 같이, 'BitTorrent client'라고 알려진 소프트웨어를 사용하는데, 이는 '토렌트' 파일을 공유하는 다른 컴퓨터에 접근할 수 있도록 해준다.[25] 이러한 컴퓨터들은 '스웜(swarm)'이라고 불리며, '스웜'에 있는 각각의 컴퓨터들은 '피어(peer)'라고 불린다.[26] 토렌트 파일을 사용함으로써 사용자는 스웜에 참가하여 공유할 파일을 찾을 수 있게 된다. 토렌트 파일은 보통 The Pirate Bay와 같은 사이트로부터 다운로드 할 수 있는데, 이러한 사이트는 사용자들이 다운로드 하고 싶어하는 파일을 찾을 수 있도록 도와준다.[27] 그러한 사이트들은 '구글(Google)'과 같은 외부 검색 엔진을 사용하여 검색될 수 있는데,[28] 예를 들어 음악 파일과 같이, 공유되는 파일에 대한 데이터를 포함하는 것은 아니다. 대신 토렌트 파일은 피어들 간에 파일이 공유되기 위해 필요한 정보를 제공해주는 역할을 한다.[29] 토렌트 파일은 또한 '트래커(tracker)'에 접근하도록 하는 URL을 포함하는데, 트래커는 스웜에 있는 컴퓨터들의 IP 주소를 확인하고 데이터 공유를 조정함으로써 BitTorrent의 사용자들이 서로 다른 컴퓨터에 직접 통신할 수 있게 해준다.[30] 각각의 사용자들이 파일의 부분을 수신함으로써 각 부분은 다른 사용자에게 제공된다.[31] 이러한 방식에 의해서, BitTorrent는 데이터를 찾고자 하는 컴퓨터가 데이터의 배포에도 참여하는, 분산화된 방식의 공유를 제공한다.[32] 토렌트

---

22 Columbia Pictures Industries, Inc. v. Fung, 710 F 3d 1020 at 1026 (9th Cir. 2013).

23 Metro-Goldwyn-Mayer Studios Inc. v. Grokster Ltd, 545 US 913 at 923-30 (2005).

24 BitTorrent 프로토콜에 대한 간단한 설명은 Roadshow Films Pty Ltd v. iiNet Limited (No. 3) (2010) 263 ALR 215 at [56]-[78]을 참고할 것. Copyright and piracy in the 21st century' (2013) 93 Intellectual Property Forum 9, 12: 이미 2001년에는 명백하게 존재했지만, BitTorrent 는 2000년대 중반부터 폭넓게 사용되기 시작했다.

25 Roadshow Films Pty Ltd v. iiNet Limited (No. 3) (2010) 263 ALR 215 at [58].

26 *Ibid* at [58].

27 *Ibid* at [68].

28 Huthwaite, 'Copyright and piracy,' p. 12.

29 Roadshow Films Pty Ltd v. iiNet Limited (No. 3) (2010) 263 ALR 215 at [61].

30 *Ibid* at [69].

31 Huthwaite, 'Copyright and piracy,' p. 12.

32 Roadshow Films Pty Ltd v. iiNet Limited (No. 3) (2010) 263 ALR 215 at [56].

파일에 대한 링크를 제공하는 것, 즉 실제로는 링크에 대한 또 다른 링크를 제공하는 것은 저작물인 파일을 호스팅하는 것과 구별된다.[33]

BitTorrent는 매우 성공적인 파일 공유 프로토콜로, 800만 명의 동시 사용자와 1억 명이 넘는 전 세계 사용자들이 있다.[34] 인터넷 트래픽의 25%가 P2P에 의한 것이며, 17.9%는 BitTorrent에 의한 것으로 알려졌다.[35] Gnutella, eDonkey 또는 이와 유사한 다른 형태의 P2P 또한 인터넷 트래픽의 5.8%를 차지하며, 85%의 침해된 저작물이 이를 통해 공유된다.[36] 다른 파일 공유 형태도 침해된 저작물의 배포에 사용될 수 있다. 예를 들어, 클라우드 컴퓨팅 서비스는 다른 사람들에게 저장소에 접근할 수 있는 링크를 제공함으로써 침해된 저작물의 업로드와 공유를 가능하게 한다.[37] 스트리밍 기술 또한 제3의 사이트로, 종종 사법권의 영역을 벗어나는 곳의 링크를 제공함으로써, 사용자들로 하여금 저작물에 접근할 수 있게 해준다. 예를 들어 'Surf the Channel'이라는 웹사이트는 그러한 링크를 200만 개 이상 제공했다.[38]

저작권 침해라는 형사적 문제가 종종 인지되기도 하지만,[39] 저작권법의 집행은 전통적으로 민법의 문제로 여겨져 왔으며, 오늘날도 그러하다. 저작권 침해 범죄는 보통 '침해자가 침해 행위가 잘못된 것을 인지했고, 그러한 침해가 특히 중대하며, 사건의 유형에 의하여 개인 저작권자들에 의한 민사적 소송이 특히 어려운 경우'에 한정된다.[40] 예를 들어 오디오 카세트, 그 후 비디오 카세트, 그리고 지금에는 파일 공유와 같은 기술의 변화로 인해 저작권이 위협받고 이에 대한 사법 행위가 더욱 어려워지자, 형사법적 대응에 대한 필요성이 부각되었다. 수십 년에 거쳐, 녹음 산업, 영화 산업, 소프트웨어 산업이 발전함에 따라, 범의에 대한 요구사항을 약화시키고, '상업적 이득'의 개념을 확장시키고, 형량을 증가시키는 방법을 통해 저작권에 대한 형사적 보호를 강

---

33 Huthwaite, 'Copyright and piracy,' p. 12.

34 Envisional, Infringing use of the internet, p. 7.

35 *Ibid*, p. 47.

36 *Ibid*, p. 3.

37 US Department of Justice, Prosecuting intellectual property crimes, p. 78.

38 R v. Vickerman (Unreported, Newcastle-upon-Tyne Crown Court, Judge Evans, 14 August 2012).

39 US v. LaMacchia, 871 F Supp 535 at 539 (D Mass. 1994): 1897년 미국에서 처음으로 형사처벌 대상이 되었다.

40 US Department of Justice, Prosecuting intellectual property crimes, p. 15.

화시키기 위한 수정 작업들이 반복돼 왔다.[41]

온라인에서 일어나는 침해의 잠재적인 규모를 고려할 때, 저작권 침해에 대한 형사적 기소의 수치는 그다지 많지 않아 보인다. 2012년 회계 연도에, 미국 법무부에서는 152건의 지적재산권 범죄에 대해 기소했는데,[42] 그 중 40건이 고의적인 저작권 침해에 대한 것이었다.[43] 최근 호주에서는, 연방 검찰청(Commonwealth Director of Public Prosecution)의 저작권 범죄 기소 건수가 감소했는데, 2009-10년 기소 82건, 약식 기소 377건에서, 2012-13년 기소 0건, 약식 기소 43건으로 감소하였다.[44] 또한 형사적 기소는 대부분 침해된 저작물 복사본의 다운로드 관행이 성행하고 있음에도, 컴퓨터 또는 인터넷 사용을 포함하는 저작권 침해에 대하여는 관여하지 않는다.[45]

반면, 저작권 침해 범죄가 더욱 초국가적, 조직화됨에 따라, 국제적 사법 활동의 타겟이 되고 있다.[46] 앞서 있었던 잘 알려진 사건의 예로, 'Buccaneer' 작전을 들 수 있는데, 이는 미국 사법 당국이 호주, 영국, 핀란드, 스웨덴, 노르웨이의 사법 기관의 공조로 행한 위장수사였다.[47] 당시 수사 대상은 'warez' 그룹이라는 조직[48]과 저작물의 불법 배포에 관여된 다른 조직들이었다. 각 나라에서 70개가 넘는 영장의 동시 집행이 이루어졌고, 미국에서 30건의 중범죄에 대한 유죄 판결이 선고됐으며, 다른 나라에서 적어도 10건의 유죄 판결의 결과를 낳았다.[49] 피고인 중 28세의 John Sankus Jr는 연방 교도소에서

---

41   US v. LaMacchia, 871 F Supp 535 at 539 (D Mass 1994).

42   18 USC §§ 2318, 2319, 2319A, 2320 or 17 USC § 506.

43   US Department of Justice, FY 2012 Performance and accountability report (2012), Appendix D-6. Appendix D-6와 관련하여, 이 숫자는 최근 상대적으로 일정하게 유지되어 왔다.

44   Commonwealth Director of Public Prosecutions, Annual Report 2009/10, p. 93; Commonwealth Director of Public Prosecutions, Annual Report 2011/12, p. 115; Commonwealth Director of Public Prosecutions, Annual Report 2012/13, p. 34.

45   G. Urbas and K. R. Choo, Resource materials on technology-enabled crime, Technical and Background Paper No. 28 (AIC, 2008), p. 28.

46   Australian Institute of Criminology, Intellectual property crime, pp. 4-5.

47   US Department of Justice, 'Leader of internet software piracy organization pleads guilty to conspiracy,' Press Release (27 February 2002).

48   E. Goldman, 'A road to no warez: The No Electronic Theft Act and criminal copyright infringement' (2003) Oregon Law Review 369: 'Warez'는 복사 방지 조치가 제외된, 침해 저작물의 복사본을 일컫는다.

49   US Department of Justice, 'Justice Department announces eight charged in internet piracy crackdown', Press Release (28 July 2005).

46주의 징역형을 받았는데,[50] 영국 국적인으로 호주에 살고 있어 미국의 영외에 속했지만[51] 궁극적으로 유죄 판결을 받았다.[52]

더 최근에는 Kim Dotcom을 뉴질랜드로부터 인도받아 미국에서 저작권 침해에 대한 형사처벌을 하려 했지만, 현재 이는 중단된 상태에 있다. Kim Dotcom은 미국의 요청으로 뉴질랜드에서 체포되었는데, 'Megaupload'라는 웹사이트 운영에 관여한 자로 이를 통해 '온라인 데이터 저장소를 제공하고, 이 저장소는 의도된 대로, 제3자가 저작물인 영화, 음악, 그리고 다른 전자적 형태의 미디어를 불법적으로 공유하는 데 사용하였다.'[53] 회사는 홍콩에 위치했으며, 서버들은 미국과 다른 나라들에 있었고, 유럽과 뉴질랜드 두 곳에서 검거가 이루어졌다.[54] 범죄인 인도 절차는 여전히 진행 중이며, 이와 관련된 법적 난관이 산재해있다.[55]

2. 법률 규정

사이버범죄협약 Art.10에 의해서 저작권과 이와 관련된 권리들이 보호된다. 여기에서는 각 당사국이 '자국법 하에서 아래 행위들에 대한 형사적인 처벌이 이루어질 수 있도록 하기 위해 필요한 법적 조치 및 기타 조치를 취해야 한다.'

> ① 문화·예술적 저작물의 보호를 위한 베른협약(Bern Convention for the Protection of Literary and Artistic Works), 무역관련 지적재산권에 관한 협정 (Agreement on Trade-Related Aspects of Intellectual Property Rights), WIPS 저작

---

50 US Department of Justice, 'Warez leader sentenced to 46 months,' Press Release (2002).

51 Griffiths v. United States of America (2005) 143 FCR 182; special leave to the High Court refused: Griffiths v. United States of America and anor [2005] HCA Trans 666.

52 US Department of Justice, 'Extradited software piracy ringleader pleads guilty,' Press Release (20 April 2007).

53 United States of America v. Dotcom [2012] NZHC 1353 at [1]. 파일 공유 서비스와 관련된 기소에 대한 보다 상세한 논의는 B. C. Martin and J. R. Newhall, 'Criminal copyright enforcement against filesharing services' (2013) 15 North Carolina Journal of Law and Technology 101을 참고할 것.

54 Martin and Newhall, 'Criminal copyright enforcement,' 135.

55 예를 들어 United States of America v. Dotcom [2013] NZCA 38; Dotcom v. United States of America [2014] NZSC 24.

권 조약(WIPS Copyright Treaty)'을 개정함으로써, 1971년 7월 24일 Paris Act에 의하여 갖게 된 책임에 따라 각 당사국의 법으로서 정의되는 저작권에 대한 침해

② 상업적인 규모 내에서, 컴퓨터 시스템을 이용하여 그러한 행위들을 고의로 하는 경우에, 실연가, 음반제작자 및 방송사업자의 보호에 관한 국제조약(International Convention for the Protection of Performers, Producers of Phonograms and Broadcasting Organisations, Rome Convention), 무역관련 지적 재산권에 관한 협정(Agreement on Trade-Related Aspects of Intellectual Property Rights), WIPS 실연 음반 조약(WIPS Performances and Phonograms Treaty)에 의하여 갖게 된 책임에 따라, 각 당사국의 법으로서 정의되는 저작권과 관련된 권리

권리라는 것은 형사적인 책임을 부여하기 위해 사용되는 것이 아니다. 다른 효과적인 구제책이 있고 당사자가 국제적인 책임에 따르는 경우의 '제한적인 상황'에 의하여 생겨난 것이다. 이는 병행 수입과 임대 권리와 같은 것에 적용되기 위한 것으로, TRIPS 조약 제61조에서 말하는 '현존하는 형사처벌 조항의 최소 요구사항'이라는 핵심 요구사항에 적용되기 위한 것이 아니다.[56] 일부 관할권에서는 특허, 상표와 같은 다른 종류의 지적 재산권을 형사처벌 조항으로 보호하고 있지만, 사이버범죄협약에서의 책임은 이러한 것에까지 미치지는 않는다.[57]

이와 관련된 보호장치로는 디지털 저작권 관리(DRM, digital rights management)가 있는데, 이 책의 범위를 넘어서는 것이다.[58] '디지털 저작권 관리'는 '디지털 형태의 지적 재산권을 식별하고 보호하기 위한 기술의 집합을 이르는 일반적인 용어'이다.[59] 이

---

56 Cybercrime Convention, Explanatory Report, [116]. 'TRIPS' is the World Trade Organizations's 'Agreement on Trade-Related Aspects of Intellectual Property Rights'; Marrakesh Agreement Establishing the World Trade Organization, opened for signature 15 April 1994, 1867 UNTS 3 (entered into force 1 January 1995) annex 1C.

57 Cybercrime Convention, Explanatory Report, [109].

58 일반적으로 I. Brown, 'The evolution of anti-circumvention law' (2006) 20 International Review of Law, Computers and Technology 271을 참고할 것.

59 All Party Parliamentary Internet Group, "Digital rights management": Report of an inquiry by the All Party Internet Group (2006), p. 5.

는 복사와 같은 특정 행위를 방지하기 위해 사용되는 기술적 조치를 말하는 '기술적 보호 조치(TPMs, technological protection measures)'와, 디지털 작업을 식별하고 그러한 작업이 소비자들에게 어떻게 제공되는지를 관리하는 데 사용되는 '권한 관리 정보(RMI, rights management information)'로 세분화될 수 있다.[60] 예를 들어 DRM은 하나의 디지털 작품에 대하여 특정 장비를 통해서만 실행될 수 있든지, 혹은 전혀 복사될 수 없든지, 만들어질 수 있는 복사본의 개수를 제한하는 데 사용될 수 있다. 일부 국가에서는 그러한 보호조치를 우회하는 것과 관련한 형사처벌 조항을 가지고 있다. 예를 들어 미국의 디지털 밀레니엄 저작권법(Digital Millennium Copyright Act)[61]에서는 저작권 보호 매커니즘을 회피하는 행위, 회피 기술을 거래하는 행위, 그리고 저작권 관리 정보의 무결성을 손상시키는 행위를 형사적으로 처벌하고 있다.[62] 영국에서 그러한 보호조치는 민사적으로 취급한다.[63]

각 국가마다 저작권 침해와 관련한 형사적 책임을 묻기 위한 조항이 있지만[64], 이책에서는 주요한 저작권 범죄에 대한 간단한 개요만 제공하고자 한다. 어떠한 특징이 저작권 침해의 문제를 민사와 형사의 문제로서 구별하게 하는 것인지, 그리고 디지털의 맥락에서 어떠한 특징이 중요한 것인지에 중점을 두려 한다. 이는 아래 내용을 포함한다.

---

① 본질적으로 침해가 '상업적인 것'이어야 한다는 요구 사항
② '배포'의 의미
③ 범의에 대한 요구 사항
④ 중한 형사 처벌의 부과

---

60 *Ibid.*
61 Pub. L No. 105-304, 112 Stat. 2860 (codified at 17 USC § 512).
62 17 USC §§ 1201 및 1202. 이 범죄에 대한 벌칙 규정은 17 USC § 1204에 규정되어 있음. 또한 다음을 참고할 것, US Department of Justice, prosecuting intellectual property crimes, Part VIII; Copyright Act 1968 (Cth), Part V, Division 5, Subdivisions E and F.
63 Copyright, Designs and Patents Act 1988 (UK), ss. 296-296ZG. 또한 일반적으로 All Party Parliamentary Internet Group, "Digital rights management"를 참고할 것.
64 특히 다음을 참고할 것, Copyright Act 1968 (Cth), Part V, Division 5; Copyright Act 1985 (Can), ss. 42 and 43, part IV; Copyright, Patents and Designs Act 1988 (UK), ss. 107-10; 그리고 17 USC § 506.

(1) 상업적인 침해

TRIPS 협정 제61조에서는 '상업적 범주'에서의 저작권 침해를 형사적 책임의 요소로 제시하며,[65] 이러한 요구사항은 각 관할권에서 반영하고 있다. 전형적으로, 이는 상업적인 목적을 위한 침해된 저작물의 복사본을 판매하거나 대여하는 행위, 전시하거나, 수입하거나 소지하는 행위를 포함한다.[66] 미국의 법 조항은 '상업적인 이점 또는 개인적인 재정적 이익'을 위하여 고의로 저작권을 침해하는 것을 처벌한다고 간단하게 명시하고 있다.[67]

디지털 저작권 침해, 특히 P2P 전송에 있어서의 문제점 중 하나는, 사람들이 상업적인 동기를 위해 행동할 필요가 없다는 것이다. 재생산과 배포가 용이해지고 저렴해짐에 따라 많은 사람들이 반대 급부를 위해서, 혹은 단순히 그렇게 할 수 있기 때문에 다른 저작물에 접근하고 배포한다.[68] 따라서 일부 국가에서는 '상업적(commercial)'이라는 정의 내에 침해 저작물의 거래를 포함시키고 있다. 미국의 경우, 17 USC § 101에서 '재정적 이득(financial gain)'을 '다른 저작물의 수령을 포함하여, 가치가 있는 모든 것을 수령하거나 수령할 것으로 기대하는 것'을 포함하고 있다. 이는, 예를 들어 어떤 침해 저작물이 다른 침해 저작물과 거래되고 있는 폐쇄된 형태의 저작권 침해 네트워크에도 적용될 수 있을 것이다.[69] 보다 넓게, 각 관할권은 저작권자에게 '해로운 영향을 미치거나' 또는 '물질적인 손해를 끼치는' 범위에까지 배포의 형사적 처벌 범위를 인정하고 있다.[70]

미국에서는 전자적 배포와 관련한 두 가지의 법조항이 있다. 첫 번째 조항에 의하면, '미화 총 1,000 달러 이상의 소매가치를 가지는 한 개 이상의 저작물의 한 개 이상의 복사본 또는 음반을 180일의 기간 내에 전자적 수단을 포함하여 재생산하거나 배

---

65 Although parties may wish to set a lower threshold: Cybercrime Convention, Explanatory Report, [114].

66 Copyright Act 1968 (Cth), Part V, Division 5, Subdivision C; Copyright Act 1985 (Can), s. 42(1); and Copyright, Patents and Designs Act 1988 (UK), s. 107.

67 17 USC § 506(a)(1)(A).

68 US v. LaMacchia, 871 F Supp 535 at 539–40 (D Mass. 1994) where the defendant could not be charged with criminal copyright infringement at that time because he had placed pirated works on his website without a profit motive.

69 US Department of Justice, Prosecuting intellectual property crimes, p. 57.

70 See, e.g., Copyright Act 1968 (Cth), S. 132AC(1); Copyrigth Act 1985 (Can), s. 42(1)(c); and Copyright, Designs and Patents Act 1988 (UK), s. 107(1)(e).

포하는 행위'를 함으로써 고의적으로 저작권을 침해하는 경우에는 형사처벌의 대상이 된다.[71] 또한 '해당 저작물이 상업적인 배포를 위한 것임을 알았거나 알 수 있었던 경우에, 저작물을 컴퓨터 네트워크를 통해 공공의 이용자들이 사용할 수 있게 함으로써' 상업적 배포를 앞둔 저작물을 배포하는 행위로써 고의적으로 저작권을 침해하는 경우도 형사처벌의 대상이 된다.[72]

'공공이 접근 가능한 컴퓨터 네트워크'는 명확하게 인터넷, 특히 P2P 네트워크에 적용될 수 있다.[73] 예를 들어, 대학, 회원제로 운영되는 네트워크, 또는 패스워드로 보호된 사이트와 같이 모든 이용자들이 사용할 수 있는 것은 아니더라도, 상당히 많은 사람이 이용 가능한 큰 규모의 네트워크에까지도 적용될 수 있을 것이다.[74] 이것은 이 법의 '공개적으로' 라는 용어의 정의에도 부합하는데, 이는 '일반적인 가족 관계 외의 많은 수의 사람들과 그들의 사회적 지인들이 모이는 장소'를 의미한다.[75]

(2) 배포

파일을 업로드하고 다운로드하는 행위는 분명히 저작권자의 재생산 및 배포에 관한 배타적 권리를 침해하는 것으로 볼 수 있다.[76] 더 복잡한 문제는, 저작물을 온라인에서 이용가능하게 하는 행위만으로 '배포'가 성립되는지 여부이다. 예를 들어, 피고

---

71 17 USC § 506(a)(1)(B). 17 USC § 101: '음반'은 '영화 또는 다른 시청각적인 작품을 수반하는 것이 아닌, 음성이 현재 알려져 있거나 이후에 개발될 어떠한 방법에 의해서 고정된 물질적인 매체로, 이로부터 직접적으로 또는 다른 기계 또는 장치의 도움을 받아 음성을 감지, 재생산 또는 다른 방법으로 통신할 수 있는 것'으로 정의된다. US Department of Justice, Prosecuting intellecutal property crimes, p. 36: CD 또는 오디오 테이프와 함께, 이는 MP3 또는 다른 컴퓨터 오디오 파일을 포함할 수 있다.

72 17 USC § 506(a)(1)(C). '상업적 배포를 준비하고 있는 저작물'에 대한 정의는 17 USC § 506(a)(3)에서 다음을 포함하는 것으로 정의된다.: (A) 컴퓨터 프로그램, 음악 작품, 영화 또는 다른 시청각물, 또는 녹음된 음성으로, 허가되지 않은 배포가 있는 경우에 -(i) 저작권자가 상업적 배포에 대한 정당한 기대가 있는 경우; 그리고 (ii) 저작물의 복사본 또는 음반이 아직 상업적으로 배포되지 않은 경우.

73 US Department of Justice, Prosecuting intellectual property crimes, pp. 52-3.

74 *Ibid*, pp. 53.

75 17 USC § 101. See, e.g., Playboy Enterprises, Inc. v. Frena, 839 F Supp 1552 at 1557 (MD Fla. 1993) holding that display of infringing photographs on a website which was restricted to subscribers was still a 'public display.'

76 A&M Records v. Napster, 239 F 3d 1004 at 1014; 1027 (9th Cir. 2001); In re Napster, Inc., 377 F Supp 2d 796 at 806 (ND Cal. 2005); London-Sire Records, Inc. v. Doe 1, 542 F Supp 2d 153 at 172 (D Mass. 2008); Capitol Records, Inc. v. Thomas 579 F Supp 2d 1210, 1225 (D Minn. 2008).

인이 P2P 네트워크 상에서 컴퓨터의 공유 폴더에 파일을 이용 가능하게 올려두었지만, 다른 컴퓨터에 실제로 전송이 되었다는 증거가 없는 경우가 있다.[77] 이 사람은 파일을 '배포'한 것인가?

미국 법제하에서는 배포(distribution)가 출판(publication)과 '실질적으로 같은 목적으로' 이루어져야 한다고 규정하고 있지만,[78] 이는 '최초 출판(first publication)'과 관련한 구체적인 맥락에서의 경우를 말하는 것이다.[79] 사법 기관의 다수 견해는 '배포'란 저작물에 대한 실제적인 배포에 대한 증명을 요구하기 때문에, '출판' 또는 '이용 가능하게 하는' 것과 동일하지 않다는 견해를 취한다.[80] 예를 들어 민사 사건인 In re Napster, Inc. 사건[81]에서, 원고는 피고인이 'Napster 네트워크 상에서 MP3 파일 형식의 음악 파일들에 대한 파일명을 목록화 해주는 중앙화된 인덱싱 시스템을 관리함으로써' 원고의 저작물 배포권을 직접적으로 침해했다고 주장했다.[82] 문제가 되었던 것은 이러한 목적을 위한 '배포'가 저작물에 대한 실제적인 유포 행위를 요구하는 것인지, 아니면 그러한 저작물이 공중이 '이용 가능하게 되었다'는 것으로 충분한 것인지였다. 법원은 이전 판례와 입법 연혁, 조문의 맥락을 볼 때, 배포는 저작물에 대한 실제 유포 행위를 요구한다고 주장했다.[83] 이러한 견해는 미국 법무부에 의해 채택되기도 했다.[84]

이 문제는 17 USC § 506(a)(1)(C)로 배포죄를 다뤘기 때문에 쟁점을 해결하지 않았다. 침해죄란 이용 가능하게 함으로써 배포하는 것을 말하지만, 이것이 배포의 한 유형으로서 이용 가능하게 하는 것을 정의하고 있지는 않다.[85] 따라서 배포가 저작물에

---

77 Atlantic Recording Corp. v. Howell, 554 F Supp 2d 976 (D Ariz. 2008); Capitol Records, Inc. v. Thomas 579 F Supp 2d 1210 (D Minn. 2008); London-Sire Records, Inc. v. Doe 1542 F Supp 2d 153 (D Mass. 2008).

78 US Department of Justice, Prosecuting intellectual property crimes, p. 40, citing Ford Motor Co v. Summit Motor Products, Inc., 930 F 2d 277 at 299-300 (3rd Cir. 1991).

79 US Department of Justice, Prosecuting intellectual property crimes, p. 40.

80 London-Sire Records, Inc. v. Doe 1 542 F Supp 2d 153 (D Mass. 2008); Capitol Records, Inc. v. Thomas 579 F Supp 2d 1210 (D Minn. 2008); Atlantic Recording Corp. v. Howell, 554 F Supp 2d 976 (D Ariz. 2008). 966-7.

81 377 F Supp 2d 796 (ND Cal 2005).

82 *Ibid*, at 802.

83 *Ibid*, at 803-5.

84 US Department of Justice, Prosecuting intellectual property crimes, pp. 41-6.

85 In re Napster, Inc., 377 F Supp 2d 796 at 805 (ND Cal. 2005).

대한 실질적인 유포를 요구하는지 여부는 해결되지 않은 문제로 남아 있다.[86]

반면 호주에서 '배포(distributing)'는 저작권법(Copyright Act 1968 (Cth))의 s. 132AI에서 형사처벌의 규정을 두고 있는데, 이는 '통신을 통해서'라는 내용을 포함하는 것으로 정의되어 있다.[87] 그리고 '통신(communicate)'은 '온라인 상에서 이용가능하게 하는 것 또는 전자적으로 전송하는 것'을 의미하는 것으로 정의되어 있다.[88] BitTorrent 프로토콜을 사용함으로써 저작물을 다른 피어들에게 이용가능하게 하는 것이 온라인 상에서 이용가능하게 하는 것으로서 성립한다는 주장이 있어왔지만,[89] P2P 파일 공유의 구성 요소가 곧바로 저작권법의 처벌조항의 범위에 속하게 되는 것은 아니라는 주장이 있기도 했다.[90]

한편 링크를 수집하고 분류해주는 '링킹 사이트(linking sites)'가 점점 많아지고 있는데, 이로써 사이트 이용자들은 특정 파일을 검색할 수 있게 된다.[91] 예를 들어 2012년 영국 국적의 Richard O'Dwyer은 웹사이트 'TVShack'와 관련하여 미국에 인도되었다.[92] 이 웹사이트는 저작물을 호스팅하지 않았지만, 대신 비디오 스트리밍 기능을 제공하는 다른 웹사이트에 대한 링크를 제공했다.[93] 유포 행위가 없었기 때문에 저작권에 대한 직접 침해가 없다는 주장이 제기되었다.[94] 이용자들이 관심 있어 하는 비디오에 대해 '북마크' 기능을 제공하며, 관련된 비디오에 대한 썸네일 링크를 생성해주는 '북마킹(bookmarking)' 사이트와 관련해서도 이와 비슷한 주장이 제기될 수 있다.[95]

저작물에 대한 하이퍼링크를 만드는 행위가 '이용가능하게 하는'의 정의에 속하는지 여부에 대하여 Universal City Studios v. Reimerdes 사건[96]에서 논의된 바 있다. 피고인은 DVD에 대한 암호화를 우회하여 그 내용물이 복사될 수 있도록 하는 컴퓨터 프

86　US Department of Justice, Prosecuting intellectual property crimes, p. 52.

87　s. 132AA.

88　s. 10(1).

89　Roadshow Films Pty Ltd v. iiNet Limited (2011) 275 ALR 1 at [154], [329], [664].

90　*Ibid* at [447].

91　US Department of Justice, Prosecuting intellectual property crimes, p. 79.

92　Huthwaite, 'Copyright and piracy,' p. 21.

93　Huthwaite, 'Copyright and piracy,' p. 21. O'Dwyer avoided extradition by entering into a 'deferred prosecution' agreement with the US authorities: Huthwaite, 'Copyright and piracy,' p. 22.

94　Perfect 10, Inc. v. Amazon.com, Inc., 508 F 3d 1146 (9th Cir. 2007).

95　Flava Works, Inc. v. Gunter 689 F 3d 754 (7th Cir. 2012).

96　111 F Supp 2d 294, 325 (SDNY. 2000).

로그램을 만들었다. 이 행위가 디지털 밀레니엄 저작권법을 위반하는 것이라고 주장되었는데, 특히 17 USC § 1201(a)(2)는 기술적 회피를 통해 공중에 제안하거나, 제공하거나 또는 기타의 방법으로 거래하는 것을 금지하고 있다. 피고인의 웹사이트가 기술을 제공했다는 것에 대하여는 의심의 여지가 없다. 하지만 명령을 받고 저작물을 삭제했을 때, 그들은 효과적인 교정이 불가능하지는 않더라도, 이를 어렵게 하기 위한 목적으로, 가능한 많은 미러 사이트의 링크를 제공했다. 이 행위는 기술적 회피를 통해 '공중에 제안하거나' 또는 '제공하거나 또는 기타의 방법으로 거래하는 것'이라는 주장이 제기되었다.

무언가를 '거래(traffic)'하는 것은 이를 주고받는 것을 말한다. '제공하는 것(to provide)'은 이용가능하게 하거나 공급하는 것을 말하고, '제안하는 것(to offer)'은 고려할 수 있도록 제시하거나 보여주는 것을 의미한다.[97] 법원은 하이퍼링크가 이 정의에 부합한다고 주장했다.[98] 링크가 자동적인 다운로드를 생성한다면, 이들은 저작물 자체의 전송과 동일한 기능을 수행하는 것이라고 주장되었다. 코드만 있는 사이트 링크의 경우라 하더라도 같지만, 요청자는 다운로드를 시작할지를 선택할 수 있다. "단 한 가지 차이점은 프로그램을 다운로드 할 수 있는 선택권을 사용자에게 주는 주체는 피고인의 사이트가 아닌 양수인의 사이트로, 이 구별은 차이점이 없다."[99]

보다 어려운 상황은 불법적인 소프트웨어를 포함한 다른 저작물이 사이트에 있을 때이다. 다른 사이트에 대한 링크를 제공하는 사람은 그 사이트에 있는 모든 것을 제의하거나, 거래하거나 또는 제공할 필요는 없다. 예를 들어 Log Angeles Times의 웹사이트에 불법적인 소프트웨어가 있다고 할 때, 그 사이트에 링크된 사람들 전부가 그 소프트웨어에 대한 제의 또는 거래에 대해 유죄가 되는 것이 아니다. 여기에서의 차이점은, 피고인들이 불법 저작물을 다운로드 하기 위하여 다른 이들로 하여금 이 사이트에 대한 링크를 만들도록 했다는 것이다.[100]

이 결정에서 '이용 가능하게 하는'의 의미는 저작물을 '공중에 제안하거나' 또는 '제공 또는 기타의 방법으로 거래하는'과 같은 훨씬 광의의 용어 내에서 고려되었다

---

97   *Ibid*, at 325, citing the Compact Edition of the Oxford English Dictionary (1971).

98   *Ibid*.

99   *Ibid*.

100   111 F Supp 2d 294, 325 (SDNY. 2000), at 325, citing the Compact Edition of the Oxford English Dictionary (1971).

는 점에서 이 결정은 한계가 있다고 할 수 있다. 하지만 이 용어는, Universal Music Australia Pty Ltd v. Cooper 사건[101]에 대한 호주 연방 법원의 결정에서 더 구체적으로 검토되었다.

이 사건은 저작권 침해 행위에 대한 것으로, 이번에는 사용자들로 하여금 MP3 파일 형식으로 되어있는 저작물 파일을 다운로드할 수 있게 한 웹사이트에 대한 것이었다. 이 사이트는 다운로드할 수 있는 저작물을 직접 호스팅했다는 점에서, 분명히 저작권을 침해하였다. 하지만 이 사이트는 저작물을 다운로드할 수 있는 다른 웹사이트의 하이퍼링크 또한 제공했다. 법원에서 고려한 문제는 이것이 '온라인에서 이용 가능하게 하는 것 또는 전자적으로 전송하는 것'을 포함하는 '통신'에 속하는 것인지 여부였다.[102]

'온라인에서 이용가능하게 하는 것'에 대한 정의가 부재하기 때문에 통상적인 의미를 고려해야한다는 주장이 제기되었다. Tamberlin 법관은 Universal City Studios v. Reimerdes 사건을 특별한 이의 없이 인용한다 하더라도, 침해된 저작물을 호스팅하는 다른 사이트에 대한 하이퍼링크를 제공하는 것이므로 피고인은 그 내용을 '이용 가능하게 한' 것이 아니라고 주장했다. 피고인은 그러한 저작물들이 이용 가능한 다른 웹사이트에 대한 접근을 용이하게 했을 뿐이다. 파일은 그 사이트를 경유하지 않았고, 요청자와 원격 웹사이트 사이에서 직접 다운로드되었다.[103] "다운로드를 시작하게 한 요청이 피고인의 웹사이트로부터 만들어지기는 했지만, 음악 파일을 이용가능하게 한 것은 원격의 웹사이트이다."[104]

'스트리밍' 서비스의 맥락에서도 이와 비슷한 문제점이 또한 발생할 수 있다. '스트리밍(streaming)'이란 '디지털 미디어 콘텐츠를 실시간으로 전송함으로써 미디어가 수신자의 기기에 전송됨과 동시에 이를 시청, 청취 또는 재생할 수 있도록 하는 것'을 의미한다.[105] 수신자는 보통 '미디어 파일에 대한 완전하거나 영구적인 복사본'을 보유하지 않으므로, '스트리밍'이 '재생산' 또는 '배포'의 권리를 침해하는 것이 아니라는 주장이 제기될 수 있다.[106] 하지만 이러한 상황들은 '공연권' 또는 '공중 전시권'과 같은

---

101   (2005) 150 FCR 1.

102   Copyright Act 1968 (Cth), s. 10(1).

103   Universal Music Australia Pty Ltd v. Cooper (2005) 150 FCR 1 at [16].

104   *Ibid* at [17].

105   US Department of Justice, Prosecuting intellectual property crimes, p. 76.

106   *Ibid*, p. 76-7.

다른 권리에 대한 침해를 포함할 수 있다.[107] 또한 이는 미국의 민사 법원에서 판시한 바와 같이 '저작권 침해 방조', 즉 실제의 침해에 대하여 책임이 있는 것은 아니지만, 고의적으로 다른 사람에 의한 침해를 용이하게 하거나 유발하게 하는 것이라고 할 수 있다.[108] 어느 정도까지를 웹사이트가 다른 이들의 침해를 용이하게 한다고 볼 것인지가 중요한데,[109] 이러한 원칙들은 최근 파일 공유 프로그램 'LimeWire'의 배포자들에게 적용된 바 있다.[110]

책임론에 있어서는 차이점이 있지만, 저작권 침해의 '권한을 부여한다'는 면에 있어서는 다른 국가에서도 유사한 문제가 일어날 수 있다.[111] 예를 들어 Universal Music Australia Pty Ltd v. Cooper 사건[112]에서, 법원이 Cooper가 다른 사이트에 대한 하이퍼 링크 기능을 제공함으로써 법률에서 말하는 온라인상에서 저작물을 이용가능하게 한 것은 아니라고 했지만,[113] 웹사이트가 구성된 방식으로 인해 그가 그 링크를 사용하여 침해된 저작물을 다운로드한 사람들의 침해 행위와 링크되어 있던 원격 웹사이트 운영자들의 침해 행위에 권한을 부여했다고 결론지었다.[114]

형법에서 해당 원리는 부가적인 책임에 관한 것인데,[115] 이는 통상적으로 더 높은 수준의 범의를 요구한다.[116] 즉 그러한 경우는 저작권 침해 범죄에 대한 방조 또는 교사로 기소될 수 있다.[117] 다른 방법으로는 저작권법 위반의 공범으로 기소하는 것이

---

107 *Ibid*, p. 77-8.

108 In re Napster, Inc., 377 F Supp 2d 796 (ND Cal 2005); and Metro-Coldwyn-Mayer Studios Inc. v. Grokster Ltd, 545 US 913 (2005).

109 Flava Works, Inc. v. Gunter, 689 F 3d 754 at 758 (7th Cir. 2012).

110 Arista Records LLC v. Lime Group LLC, 784 F Supp 2d 398 (SDNY. 2011).

111 예를 들어, Copyright Act 1988 (Cth), ss. 36(1)(1A). 또한 CBS Songs Ltd v. Amstrad Consumer Electronics plc [1988[AC 1013을 참고할 것.

112 (2005) 150 FCR 1.

113 268쪽 참고.

114 (2005) 150 FCR 1 at [88]. 또한 Universal Music Australia Pty Ltd v. Sharman License Holdings Ltd (2005) 220 ALR 1 및 Roadshow Films Pty Ltd v. iiNet Ltd (2012) 248 CLR 42 at [100]-[130]을 참고할 것.

115 In re Aimster, 334 F 3d 643 at 651 (7th Cir. 2003).

116 일반적으로 M. Bartholomew, Cops, robbers, and search engines: The role of criminal law in contributory infringement doctrine, Buffalo Legal Studies Research Paper Series, Paper No. 2008-19 (2008)를 참고할 것.

117 US Department of Justice, Prosecuting intellectual property crimes, pp. 79, 81. Australian Institute of Criminology, Intellectual property crime, p. 73.

다. 공모는 예비죄로서 실제 배포에 대한 증명을 필요로 하는 것이 아니다.[118] 예를 들어 'NinjaVideo.net'이라는 업로드 웹사이트는 다른 사이트에 대한 링크와 함께 업로드된 내용물을 포함했다.[119] 관리자 중 한 명이 저작권 침해 및 공모 혐의로 유죄 판결을 받았고, 22개월의 징역형을 선고받았다.[120] 사기 공모와 같은 전통적인 형법의 죄로서 기소할 수도 있었을 것이다.[121]

(3) 범의

범의의 증명은 형사적인 제재를 정당화할 수 있는 수준의 책임을 반영하기 때문에 범의의 입증이 중요하다. 사이버범죄협약에서는 다른 조항들과 다르게 '의도적으로(intentionally)'라는 용어 대신에 저작권 침해를 형사처벌할 수 있도록 의무를 부과하는 TRIPS 협정 제61조에서와 같이 '고의적으로(wilfully)'라는 단어가 사용되었다.[122] '권한 없이(without right)'라는 용어는 포함되지 않았는데, 침해라는 것이 '권한 없이' 이루어졌음을 내포하기 때문이다. 물론 당사국들은 조각사유와 정당화 사유를 제공할 수도 있다.[123]

하지만, 오직 미국에서만 저작권 침해 범죄의 범의를 묘사하기 위해서 '고의적으로(wilfully)'라는 용어가 사용되고 있다.[124] 캐나다에서 위법 요소는 '알면서(knowingly)'이고,[125] 영국에서는 피고인이 복사본이 침해 저작물이라는 것을 '알았거나 알 수 있었을' 것을 요구한다.[126] 호주 법조항의 많은 부분들은 위법 요소를 포함하고 있지 않지만, 형법(Criminal Code (Cth))에서는 위법 요소가 구체적으로 명시되어 있지 않은 연방

---

118   US Department of Justice, Prosecuting intellectual property crimes, p. 45.

119   Martin and Newhall, 'Criminal copyright enforcement,' 114.

120   US Department of Justice, 'Leader of NinjaVideo.net website sentenced to 22 months in prison for criminal copyright conspiracy', Press Release (6 January 2012).

121   R v. Vickerman (Unreported, Newcastle-upon-Tyne Crown Court, Judge Evans, 14 August 2012).

122   Cybercrime Convention, Explanatory Report, [113].

123   Ibid, [115].

124   17 USC § 506.

125   Copyright Act 1985 (Can), s. 42(1).

126   Copyright, Designs and Patents Act 1988 (UK), s. 107(1)(2A).

법의 범죄를 위해 기본적인 위법 요소를 제시한다.[127]

미국의 경우, 저작물에 대한 재생산 또는 배포에 관한 증거가 없으면, 그 자체로서는 고의적인 침해를 성립시키기에 충분하지 않다.[128] '고의적으로(wilful)'이라는 용어는 법에서 정의되어 있지 않지만, 일반적으로 피고인이 저작권 침해를 의도했다는 것을 증명하기 위해 요구된다.[129] 예를 들어 US v. Draper 사건에서 법원은 피고인이 물건들이 저작물이라는 것을 알았음에도 불구하고 재생산물을 제의하거나 판매하기로 선택했으므로 고의성이 성립한다고 했다.[130]

인터넷 서비스 제공자 등 자신도 모르는 사이에 저작권 침해 범죄에 관여하게 된 제3자의 책임을 제한하기 위해서도 범의에 대한 요구는 중요하다고 할 수 있다.[131] 또한 각 관할권에서는 '피난소(safe harbour)' 조항이라고 불리는 것을 가지고 있는데, 이는 전송이나 행위에 대하여 관리 권한을 행사하지 않은 서비스 제공자들에 일정 수준의 보호를 제공해준다. 예를 들어 서비스 제공자가 내용물의 전송을 위한 도선 역할만 한 경우, 또는 내용물의 저장소를 제공해주는 역할만 한 경우가 있다.[132]

(4) 벌칙 조항

TRIPS 협정 제61조에 따르면, 회원국들은 적어도 고의적인 위반의 경우에 대해 적용될 수 있는 형사적 절차 및 처벌 조항을 마련해야 하며, '같은 수준의 범죄에 적용되는 처벌조항과 일관된' 징역 또는 금전적 벌금을 포함해야 한다. 이에 따라 각 국가에서는 저작권 침해의 형사 사건에 대하여 상당한 처벌 조항을 두고 있다. 각 국가는 중

---

127 Criminal Code (Cth), s. 5.6. The application of Chapter 2 of the Criminal Code (general principles of criminal reponsibility) is provided for in Copyright Act 1968 (Cth), s. 9A.

128 17 USC § 506(a)(2).

129 US Department of Justice, Prosecuting intellectual property crimes, pp. 28-30.

130 US v. Draper, 2005 US Dist LEXIS 24717 (WD Va. 2005).

131 B. Shiffman, D. Goldman and L. Pomeroy, 'Intellectual property crimes' (2012) 49(2) American Criminal law Review 929, 971.

132 17 USC § 512: see Viacom International, Inc. v. YouTube, Inc., 676 F 3d (2nd Cir. 2012); UMG Recordings, Inc. v. Shelter Capital Partners, 718 F 3d 1006 (9th Cir. 2013). Also see Copyright Act 1968 (Cth) ss. 36(1A), 101(1A) and 112D: Copyright Act 1985 (Can), s. 41.27. Electronic Commerce (EC Directive) Regulations 2002 (UK) regs. 17-19.

대한 위반의 경우 최대의 처벌로서 무거운 징역형을 두고 있다.[133] 호주에서는, 침해 저작물이 '작업물 또는 다른 내용물을 하드카피 또는 아날로그 형태에서 디지털 또는 다른 전자적인 기계가 읽을 수 있는 형태로 전환함으로써' 저작권을 침해하는 경우에 대해 가중처벌 사유를 두고 있다.[134]

---

133   Copyright Act 1968 (Cth), Part V, Division 5, Subdivision C; Copyright Act 1965 (Can), s. 42(3.1); Copyright, Designs and Patents Act 1988 (UK), s. 107(4)(5); 18 USC § 2319.
134   Copyright Act 1968 (Cth), s. 132AK.

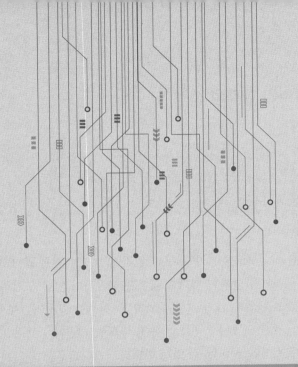

제9장

'스팸(Spam)'

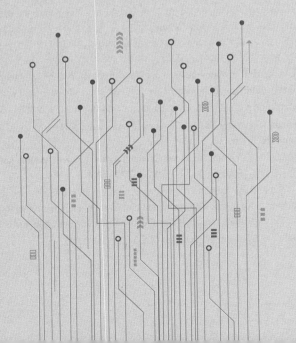

1. 스팸(전자적인 형태의 쓰레기) 메일

> 국회에서 이해한 바로는 ... 스팸은 성착취물을 유포하거나, 사기를 저지르거나, 개인 및 사업의 컴퓨터 시스템에 바이러스, 웜, 트로이 바이러스를 퍼뜨리는 수단으로 사용될 수 있다.[1]

이메일 계정을 가진 사람이라면 누구나 원치 않는 이메일을 받아보았을 것이다. 이는 보통 '스팸(spam)'이라 알려져 있다.[2] 대부분 사람들이 이를 무시하고, 일부는 욕하는 데 그치지만,'[3] 스팸의 양과 정교함을 보자면 '사소한 골칫거리에서 이제는 중대한 사회적, 경제적 문제가 되었다.[4] 현대의 통신 네트워크는 아주 적은 비용으로 전 세계의 수백만 명에게 스팸을 발송할 수 있게 하였다.

먼저, 스팸은 이메일을 합법적으로 사용하는 이용자들의 편의성과 효율성을 저하시킨다. 필터링 소프트웨어는 불완전해서, 긍정 오류를 가져올 수 있다. 원하던 이메일들이 차단되거나, 또는 대량의 스팸 속에서 '분실, 간과, 폐기'될 수 있다.[5] 넘쳐나는 인터넷 광고와 인터넷 스팸에 대한 불안은 전자 상거래에 대한 일반적인 불신을 조장할 수 있다.[6] 위조된 이메일 주소를 사용한 결과 합법적인 서버 운영자가 반-스팸 서비스에서 블랙리스트에 오를 수 있으며,[7] 자신도 모르는 사이에 사칭당한 이메일 주소

---

1   15 USC § 7703(c)(1).

2   '스팸(spam)'이라는 용어가 요청되지 않은 이메일과 관련되어 왔는지에 대한 여러 가지 버전의 설명이 있는데, 대부분은 한 식당의 Monty Python 스케치 세트를 언급하는데, 메뉴의 모든 항목들은 통조림으로 된 육가공품인 '스팸(Spam)'을 포함하고 있어 그 단어가 계속 반복되어 사용됨으로써 짜증스러울정도로 많이 사용된다. 이에 대한 보다 상세한 논의는 J. Magee, 'The law regulating unsolicited commercial e-mail: An international perspective' (2003) 19 Santa Clara Computer and High Technology Law Journal 333, 336-8을 참고할 것.

3   Gordon v. Virtumondo Inc., 575 F 3d 1040 at 1044-5 (9th Cir. 2008).

4   Industry Canada, Stopping Spam: Creating a stronger, safer internet, Report of the Task Force on Spam (2005), p. 7.

5   Congressional findings in relatino to the Controlling the Assault of Non-solicited Pornography and Marketing ('CAN-SPAM') Act: 15 USC § 7701(a)(4).

6   D. S. Wall, 'Surveillant internet technologies and the growth in information capitalism: Spams and public trust in the information society,' in K. Haggerty and R. Ericson (eds.), The new politics of surveillance and visibility (Toronto: University of Toronto Press, 2005).

7   US v. Twombly, 475 F Supp 2d 1019 at 1020 (SD Cal. 2007).

의 소유자들은 수천개의 답장 메시지를 받을 수도 있다.[8] 처음에는 이메일과 관련되어 있었지만, SMS/MMS 그리고 소셜 네트워킹 사이트를 통해서 전송되는 등, 다른 네트워크에서도 스팸은 급격하게 증가하고 있다. 2013년에 이미지 공유 사이트 'Pinterest'의 사용자 계정은 이와 연결된 페이스북과 트위터 계정들에 '재택 근무' 스팸을 보내는 데 사용되었다.[9] 2013년 3월에는 호주의 규제기관에 신고된 스팸 사건의 4% 이상이 SMS와 관련된 것이었다.[10]

두 번째, 필터링 소프트웨어가 메일 수신함으로 들어가는 스팸의 수를 감소시키는 것으로 확인되었지만, 스팸을 조절하는 것은 인터넷 서비스 제공자와 네트워크 관리자들에게 있어 엄청난 부담이며, 그 비용은 궁극적으로 소비자들에게 전가될 수 있다.[11] 효과적인 필터링 소프트웨어가 있다고 하더라도, 일부 스팸은 이를 통과해서 사용자들이 확인하고 폐기하는 데 시간을 소비하게 만든다. 시간의 소비와 상업적인 맥락에서의 생산성 감소를 차치하더라도, 인터넷 접근 비용이 시간에 기반하거나 다운로드 되는 데이터의 양에 기반한 경우에 직접적인 재정적 손실이 있을 수 있다. 이는 특히 개발도상국에서 문제가 되는데, 개발도상국은 종종 비싼 인공위성에의 연결[12] 또는 제한된 대역폭[13]에 의존하기 때문이다.

개인에게 이메일을 전송하는 데 드는 비용은 1센트도 안 들지만, 스팸의 양은 수신자, 인터넷 서비스 제공자, 그리고 고용인들에게 중대한 재정적 부담을 준다. 분명 변동 폭이 있지만, 전체 이메일 트래픽에 대한 퍼센트로 환산한 스팸의 양은 꾸준히 증가하고 있는데, 2000년에 약 10%였던 것이 2004년 말에는 80%를 넘었다.[14] 가장 높았

---

8 Magee, 'Unsolicited commercial e-mail,' 341.

9 Sophos, Security threat report 2013 (2013), p. 3.

10 Australian Communications and Media Authority, Spam statistics: March 2013 (21 November 2013).

11 European Network and Information Security Agency, What are the measures used by European providers to reduce the amount of spam received by their customers: Third ENISA anti-spam measures survey (16 December 2009).

12 M. Potashman, 'International spam regulation & enforcement: Recommendations following the world summit on the information society' (2006) 29 Boston College International & Comparative Law Review 323, 326.

13 ICB3PAC, Electronic crimes: Knowledged-based repor (Assessment) (2013), p. 6.

14 Industry Canada, Stopping spam, p. 1.

을 때에 그 수치는 보통 약 80-90%의 이메일이 스팸임을 나타냈다.[15]

보다 최근의 보고서에 따르면, 스팸의 양은 줄어들고 있다. 예를 들어 시만텍(Symantec)의 보고에 따르면 2010년 89%에서 2013년 63%로 감소되었다.[16] 이 감소에는 여러 가지 요인들이 작용할 수 있는데, 특히 2011년과 2012년에는 메세징 봇넷들에 대한 대대적인 단속이 있었다.[17] 이후 이러한 수치는 계속 변동되어, 2013년 1분기에는 급격한 증가가 있었다.[18] 이러한 수치는 나라별로도 다르다. 일본, 네덜란드, 캐나다의 특정 국가의 봇넷 발송자들은 급격하게 증가한 반면, 브라질과 페루에서는 감소했다.[19] 낮은 수치에도 불구하고 스팸은 중요한 문제이며, 2013년 매일 약 290건의 스팸 이메일이 있었다.[20]

세 번째, 본질적인 문제이긴 하지만, 스팸은 궁극적으로 공격적이거나, 기만적이거나, 해로울 수 있는 콘텐츠를 수송하는 수단이다. 전형적인 스팸 메일을 간단하게 읽어보면, 성기능의 개선, 상금, 일자리, 탈모 치료, 처방약 등을 약속한다. 가장 흔한 스팸의 주제는 의약품, 다이어트 제품, 일자리, 카지노, 데이트이다.[21] 일부 스팸에서는 실제 제품에 대한 진정한 광고를 하는 경우가 있지만, 그 비율은 상대적으로 적다.[22] 사이버범죄의 관점에서 특히 문제되는 것은, 스팸은 피싱과 악성프로그램 유포와 흔히 관련된다는 것이다.[23]

이와 관련하여 가장 중요한 트렌드는 바로 스팸을 유포하기 위한 주요 수단으로서 봇넷을 사용하는 것이다.[24] 한 기관에 따르면, 2012년 약 76%의 스팸이 봇넷으로부터

---

15 Department of Communications, Information Technology and the Arts, Report on the Spam Act 2003 review (Australian Government, 2006), p. 15.

16 Symantec, Internet security threat report 2014 (2014), p. 81.

17 McAfee, McAfee threats report: first quarter 2013 (2013), p. 23.

18 *Ibid*, p. 20.

19 *Ibid*, p. 24.

20 Symantec, Internet security threat report 2014, p. 81.

21 Eleven, Internet threats trend report Q2 2013 (2013).

22 D. S. Wall, 'Digital realism and the governance of spam as cybercrime' (2005) 10 European Journal of Criminal Policy and Research 309, 312.

23 Federal Trade Commission, Spam summit: The next generation of threats and solutions (2007), pp. 2-3. For a description of evolving trends in spam see, S. Hedley, 'A brief history of spam' (2006) 15 Information and Communications Technology Law 223.

24 Federal Trade Commission, Spam summit, pp. 2-3.

발송되었다.[25] 많은 사람들이 이제 광대역으로 연결되어 있기 때문에, 공격당한 기계로부터 대량의 이메일이 발송될 수 있다는 사실은 중요하다.[26] 안티 악성프로그램 보호 조치가 되어있지 않은 개인 컴퓨터들이 보통 공격 대상이 되지만, 정부 및 법인의 컴퓨터들도 공격당해서 스팸을 발송하는 데 사용될 수 있다는 점에서는 같은 수준으로 취약하다.[27]

스팸 메일의 배포는 또한 그 자체로도 법적 규제 대상이 될 수 있는 관련 행위를 포함한다. 예를 들어, 스팸 발송자들은 합법적인 도메인 네임을 '스푸핑(spoofing)' 함으로써 필터링 소프트웨어를 회피하려 하거나, 합법적인 서버를 장악해서 메시지의 실제 발송지를 감추려 할 수 있다. 예컨대 '중간자 공격(man-in-the-middle)'은 두 당사자 간의 전기적 통신을 탈취하여 그들이 알지 못하는 사이에 다른 곳으로 전송할 수 있다.[28] 스팸 범죄에 필요한 대량의 유효한 이메일 주소들은 기관의 데이터셋에 대한 인가되지 않은 접근으로 획득되거나,[29] 수천 개의 가능한 이름 조합을 사용하여 유효한 법인의 도메인을 상대로 이메일이 전송되는 '디렉토리 정보 수집 공격(directory harvest attacks)'에 의해 획득될 수도 있다.[30] 이메일 정보를 수집하는 소프트웨어 또한 사용될 수 있는데, 이를 통해서 공공 도메인에서 사용 가능한 이메일 주소들의 목록을 수집한다. 전형적으로는 블로그, 채팅방, 소셜 네트워킹 사이트, 영상 공유 사이트 등에서 이러한 정보들을 수집한다.[31]

---

25   Symantec, Internet security threat report 2014, p. 14.

26   All Party Parliamentary Internet Group, "Spam": Report of an inquiry by the All Party Internet Group (20030, p. 14. See the 'Bredolab' botnet at p. 6.

27   Federal Trade Commission, Spam summit, p. 15.

28   T. J. Thomas and V. Erin, 'Bill C-28: An Act to promote the efficiency and adaptability of the Canadian economy by regulating certain activities that discourage reliance on electronic means of carrying out commercial activities', Legislative Summary of Bill C-28 (Library of Parliament, 15, November 2012) p. 6.

29   Jaynes v. Commonwealth of Virginia, 276 Va 443 (Va. 2008).

30   R. McCusker, Spam: nuisance or menace, prevention or cure? Trends and Issues in Criminal Justice No. 294 (AIC, 2005), 2.

31   Federal Trade Commission, Spam summit, p. A-2.

2. 스팸에 대한 규제

이러한 정교함과 규모를 고려할 때, 스팸에 대한 대응은 다방면이어야 한다는 것이 널리 인식되어 왔다. 현재까지 기술적 해결책들은 스팸에 대해 가장 많은 보호 조치를 제공해왔다.[32] 공공이 인식하는 스팸에 대한 노출은 감소하고 있으며,[33] 이는 효율적인 필터링 기술의 효과라고 주장되었다.

이메일 사용자들에 대한 교육도 중요한데, 최근 영국의 한 조사에 따르면 응답자의 절반 이상(55%)이 스팸에 대해 걱정하고 있는 반면, 오직 36%만이 이러한 걱정을 해결하기 위한 어떤 조치를 취한 것으로 밝혀졌다.[34] 교육 내용은 스팸의 본질적인 특징과 요청하지 않은 이메일을 열어보는 데 주의를 기울여야 한다는 점, 또는 필터를 사용하고 가장 최신의 악성프로그램 보호 장치를 사용해야 한다는 것일 수도 있다. 또한 공공 도메인에 이메일 주소를 올릴 때 주의를 기울여야 한다는 것과 실제로는 이메일 주소의 유효성을 확인하는 데 사용되는 가짜 '구독 취소' 옵션을 사용할 때에 조심해야 한다는 것을 교육할 필요가 있다.

산업의 자가 규제의 역할도 있는데, 직접적인 마케팅 산업에 대한 행동 강령, 그리고 인터넷 서비스 제공자에 의해 만들어진 정책에 대한 적절한 사용을 예로 들 수 있다.[35] 하지만 여기서는 전자의 법적 규제에 초점을 맞추려 하는데, 이는 상대적으로 최근에 나타난 것이다. 구체적인 반 스팸 법률의 입법 전에, 다양한 법적 조치들이 채택되었고, 그 중 일부는 더 구체적인 조치들과 함께 계속해서 사용되고 있다. 예를 들어 프라이버시법과 공정거래법은 스팸 발송자들에 대하여 사용되어 왔는데, 그 효과는 제한적이었다.[36] 특히 미국에서는, 스팸 발송자들에 대한 다양한 민사적 조치가 있었는데, 전형적으로 이는 동산에 대한 침해 또는 계약의 위반을 주장한다.[37]

---

32 스팸을 차단하는 기술적인 매커니즘에 대한 설명은 Potashman, 'International spam regulation,' 328-31을 참고할 것.

33 W. H. Dutton and G. Blank,. Cultures of the internet: The internet in Britain - Oxford internet survey 2013 report (Oxford Internet Institute, 2013), p. 49.

34 *Ibid*, p. 51.

35 D. Sorkin, 'Technical and legal approaches to unsolicited electronic mail' (2001) 35 University of San Francisco Law Review 325, 341-4.

36 All Party Internet Group, "Spam," p. 9.

37 Sorkin, 'Technical and legal approacehs,' 357-67; Magee, 'Unsolicited commercial e-mail', 345-56.

하지만 현존하는 법들이 스팸을 해결하기 위해서 충분하지 않다는 것은 일반적으로 인정된 사실이다. 첫 번째, 법 적용이 너무 협의적이기 때문에 스팸 발송에 사용되는 다양한 기술들에 대응할 수 없다. 두 번째, 개인정보법과 공정거래법의 시행 권한이 있는 기관들은 범위와 목적에 있어서 모두 제한적인 권한을 가지고 있다. 세 번째, 개인들이 그 피해를 입증하기 어렵고, 입증이 가능하다 하더라도 스팸의 글로벌한 특징으로 인해 민사 법원의 법 집행이 불가능하거나, 매우 어렵다.

따라서 반 스팸 법률의 입법이 필요하다. 물론 그러한 법률이 만병통치약이라고는 할 수 없다. 스팸의 수치가 감소하고 있기는 하지만, 이는 스팸 봇넷에 대한 대대적인 단속, 스팸에 대한 기술적 대응의 발전을 포함한 광범위한 요인들에 의한 것이다.[38] 또한 스팸은 '작은 영향력으로 대량의 피해자를 만들어 내는 것'이므로,[39] 이는 중대한 입법적 문제점을 선사한다. 개인적인 피해는 너무나도 작지만, 집단적인 영향은 성공적으로 기소하기에 너무나도 복잡하다. 또한 반 스팸 조치들은 합법적인 상업 마케팅을 목표로 하는 자들부터 법에 대해 전혀 개의치 않고 스팸 메시지를 발송하는 자들까지, 요청되지 않은 이메일의 스펙트럼을 조정하기 위한 것이라는 점을 알 필요가 있다.[40] 후자는 스팸을 규제하기 위한 법적 조치에 민감하지 않지만, 이것이 합법적인 이메일 마케팅의 양과 질의 개선이 없다는 것을 의미하는 것은 아니다.

입법에 있어서 가장 큰 문제점은 아마도 스팸의 글로벌한 특징일 것이다. 'Spamhaus Project'에서는 네트워크에서 스팸이 가장 많이 발송되는 '상위 5개'의 나라들을 나열했는데, 이는 미국, 중국, 러시아, 영국, 우크라이나이다.[41] 스팸에서 가장 많이 사용되는 언어는 영어로, 스팸 이메일의 82.56%가 영어로 되어있는 것으로 집계되었다.[42] 하지만 점점 다양한 언어가 사용되고 있는 추세인데, 중국어, 러시아어, 일본어가 모두 증가하고 있으며,[43] 현재 신고되는 스팸의 약 50%가 아시아에서 발송되고 있다.[44]

---

38 Wall, 'Digital realism,' 316, 319-20.

39 *Ibid*, 309-10.

40 D. Lorentz, 'The effectiveness of litigation under the CAN-SPAM Act' (2011) 30 The Review of Litigation 559, 564-7.

41 Spamhause, The world's worst spam producing countries (23 July 2014), www.spamhaus.org/statistis/countries/.

42 Trend Micro, Mobile threats go full throttle: Device flaws lead to risky trail, TrendLabs 2Q 2013 Security Roundup (2013), p. 12.

43 *Ibid*.

44 Sophos, Security threat report 2013, p. 27.

반면 스팸은 조직화된 사업으로 변모하고 있으며, 상대적으로 적은 수의 스팸 발송 자들에 집중화되고 있다. 북아메리카와 유럽을 대상으로 한 약 80%의 스팸은 전문적인 스팸 범죄조직으로 알려진 100개의 집단으로부터 생성된 것이라고 추정된다.[45] 전체적으로 스팸 발송이 많은 상위 10개의 나라들이 전체 스팸의 반이 넘는 양에 대한 책임이 있는 것으로 추정된다.[46]

다른 영역의 사이버범죄처럼, 법의 조화 그리고 사법 기관 간 국제공조는 매우 중요하다.[47] 이러한 점에서 몇 가지 발전된 사항이 있었지만,[48] 전기 통신과 관련하여 국제적인 협의를 이끌어내는 것은 매우 어려운 것이다. 예를 들어, 국제전기통신규칙 (International Telecommunications Regulations)의 제5B조에서는 회원국들이 '요청하지 않은 대량의 전자적 통신의 전파를 방지하고 국제적인 전기 통신 서비스에 미치는 영향을 최소화하기 위해 필요한 조치를 강구해야 한다'라고 요구하고 있다.[49] 89개의 회원국으로부터의 서명을 받았음에도 불구하고, 호주, 캐나다, 영국, 미국을 포함한 수많은 국가들이 이에 사인하기를 거부했다.[50] 이 국가들 사이에서도 반 스팸 법률 간에 차이가 많이 난다는 것을 알 수 있다.[51]

사이버범죄에 있어서 반 스팸 법률은 무언가 혼합된 상태의 것을 채택한다. 사이버범죄의 많은 특징들을 공유한다는 점에 대해서는 이견이 없겠지만, 각 관할권은 주로 민사적 입법 모델을 채택하고 있다. 더 흔한 규제적 방안으로는 행정적 처벌이 있

---

45   Spamhause, The world's worst spammers (24 July 2014), www. spamhause.org/statistics/ spammers/.

46   Eleven, Internet threats trend report Q2 2013.

47   OECD, OECD recommendation on cross-border co-operation in the enforcement of laws against spam (13 April 2006); OECD, Review of the 2006 OECD recommendation on cross-border co-operation in the enforcement of laws against spam (2012).

48   예를 들어, 2006년의 Undertaking Spam, Spyware and Fraud Enforcement With Enforces Beyond Borders Act (US SAFE WEB Act)는 스팸, 스파이웨어, 인터넷 사기 등에 관련한 보다 많은 국제적인 공조에 대비하고 있다. 일반적으로 Task Force on Spam, Report of the OECD task force on spam: anti-spam toolkit of recommended policies and measure (OECD, 2006)을 참고할 것.

49   International Telecommunications Union, Final Acts of the world conference on international telecommunications (Dubai, 3-14 December 2012).

50   Interneational Telecommunications Union, World conference on international telecommunicatinos (Dubai, 3-14 December 2012) - Signatories of the Final Acts: 89, www. itu.int/osg/wcit-12/highlights/signatories.html.

51   보다 광의적으로는, G. Schryen, 'Anti-spam legislation: An analysis of laws and their effectiveness' (2007) 16 Information and Communications Technology Law 17을 참고할 것.

으며, 불법적인 내용물이 있거나 행정적 조치를 따르지 않는 경우에 대하여는 형사적 제재가 있다.[52] 이러한 것들은 중대한 처벌로 이어질 수 있지만,[53] 이는 엄격히 말하면 사이버범죄의 범주에 속하지 않는다. 그런데도 반 스팸 법률에 대한 논의는 다양한 이유로 인해 중요성을 갖는다.

첫 번째, 스팸은 다른 유형의 사이버범죄를 위한 수단이 된다. 두 번째, 모든 관할권에서 배타적인 민사적 입법 조치를 취하는 것이 아니다. 특히 미국에서는, 특정 스팸 관련 행위에 대하여 형사적 제재를 가하는 조항이 있다. 세 번째, 구체적인 법 조항의 대상이 되지는 않더라도, 스팸과 관련된 대부분의 행위는 현존하는 사이버 법에 의해서 기소될 수 있다. 예를 들어 제3자의 서버를 이용하는 것, 이메일 정보 수집을 하는 것, 봇넷을 사용하는 것, 악성프로그램을 유포하는 것은 현존하는 사이버범죄 조항으로도 기소될 수 있다. 불법적인 내용물도 현존하는 불법의 통신 또는 불쾌한 통신을 다루는 현존하는 조항으로 기소될 수 있으며, 거짓의 통신은 일반적인 형법으로 대응할 수 있을 것이다.[54]

3. 스팸을 방지하기 위한 법률

각 국가마다 구체적으로 스팸의 문제를 해결하기 위한 법률이 있다. 호주에서 스팸방지법(Spam Act 2003 (Cth))의 s. 16은 호주에 대한 링크를 가지고 있는 상업적인 전자적 메시지를 발송하는 것[55], 그리고 '지정된 상업적 메시지'가 아닌 것을 발송하는 것[56]을 금지하고 있다. 캐나다는 2010년, 반 스팸 법률을 입법한 마지막 G8 국가가 되었다.[57] 흔하지 않은 이름의 2010년 'Act to Promote the Efficiency and Adaptability of the

---

52 Task Force on Spam, Anti-spam law enforcement (OECD, 2005), p. 18.
53 Australian Communications and Media Authority v. Clarity1 Pty Ltd [2006] FCA 1399: 호주 법에 의한 첫 번째 사법 조치에 의하면 피고 회사는 호주 달러 450만 달러를 지불할 것이 요구되었다.
54 범해을 일으키거나 이를 돕는 행위로서 스팸을 기소하려고 했던 성공적이지 못한 시도에 대하여는 R v. Hamilton [2005] 2 SCR 432를 참고할 것.
55 s. 7: 발신자 또는 의도된 수신자가 호주 내에 있거나, 또는 그 메시지에 접근하기 위해 사용되는 컴퓨터, 서비스 또는 기계가 호주 내에 위치해 있는 경우를 포함하는 것으로 정의된다.
56 '지정된 상업 메시지'의 특성에 대하여는 법 Schedule 1에 정리되어 있다.
57 Legislative Summary of Bill C-28 (Can), p. 2.

Canadian Economy by Regulating Certain Activities that Discourage Reliance on Electronic Means of Carrying out Commercial Activities, and to Amend the Canadian Radio-television and Telecommunications Commission Act, the Competition Act, the Personal Information Protection and Electronic Documents Act and the Telecommunications Act' [58]는 동의 없이 상업적인 전자적 메시지를 발송하는 것을 금지한다. [59]

영국에서는, 2003년 프라이버시 및 전기통신에 대한 규칙(The Privacy and Electronic Communications Regulations)[60]를 통해서 프라이버시 및 전기통신에 대한 유럽집행위원회 지침(EC Directive on Privacy and Electronic Communications)[61]이 발동되었다. 규칙 22는 '전자적 메일의 수신자가 발신자에 의해 또는 발신자의 사주로 그러한 통신이 전송되는 것에 동의한 경우를 제외하고, 전자적 메일을 통해서 직접적 마케팅을 하기 위한 목적으로 요청되지 않은 통신을 전송하거나, 전송을 하게 해서는 안된다'라고 규정하고 있다. 미국에서는, 스팸규제법(Controlling the Assault of Non-solicited Pornography and Marketing Act)의 § 7704(a)(4)[62]는 발신자가 수신자로부터 그러한 메시지를 받지 않겠다는 유효한 요청을 받았을 때 상업적인 전자적 메일 메시지를 전송하는 것을 금지하고 있다.

이러한 법들의 주요한 특징에 대해 논의할 사항은 다음과 같다.

① 민사적 또는 형사적 법 집행
② 전자적 메일(eletronic mail)
③ 상업적 또는 대량의 이메일
④ 동의

---

58 편의상 이 법을 'Spam Act 2010 (Can)'이라 칭할 것이다. Legislative Summary of Bill C-28, p. 1: House of Commons는 제안된 소제목인 'Fighting Internet and Wireless Spam Act'를 삭제했다.

59 Spam Act 2010 (Can), s. 6.

60 Directive 2002/58/EC of the European Parliament and of the Council, 12 July 2002 [2002] OJ L 201/37 concerning the processing of personal data and the protection of privacy in the electronic communications sector (directive on privacy and electronic communications), as amended by Direcrtive 2009/136/EC of the European Parliament and of the Council of 25 November 2009 (2009) OJ L 337/11.

61 As amended by The Privacy and Electronic Communications (EC Directive) (Amendment) Regulatinos 2011 (UK).

62 15 USC § 7701 이하에서 성문화되었다. 반스팸 관련 주 법에 대한 내용은 Magee, 'Unsolicited commercial e-mail', 356-7을 참고할 것.

⑤ 스팸과 관련된 행위

⑥ 형사처벌 조항

(1) 민사적 또는 형사적 법 집행

각 관할권에서는 스팸의 규제에 있어 주로 민사적 법 집행을 채택한다. 호주의 경우 호주 통신미디어청(Australian Communications and Media Authority)에 의해 관리되는데, 이는 민사적 처벌, 명령, 강제 집행 등을 통해 집행된다.[63] 캐나다 법에서는 주요하게 캐나다의 라디오-텔레비전 및 전기통신 위원회(Radio-television and Telecommunications Commission)에 의하여, 행정적 금전벌의 부과, 집행, 위반에 대한 경고를 통해 집행된다.[64] 영국에서는 1998년 데이터 보호법(Data Protection Act 1998 (UK))의 법 집행 규정에 대한 수정에 의해 정보위원회(Information Commissioner's Office)에 의해 집행된다.[65] 이 시스템 하에 규제자는 법 집행 또는 경고를 행할 수 있으며, 이에 대한 불응은 형사적 처벌로 이어질 수 있다.[66]

미국에서는 그러한 행위가 불공정하거나, 기만적인 행위이거나, 연방거래위원회법(Federal Trade Commission Act)에 의한 것일 경우 주로 연방거래위원회(Federal Trade Commission)에 의해 집행된다.[67] 민사적 법 집행 또한 주법무부장관[68] 및 인터넷 접근 제공자들[69]에 의해 행사될 수 있다. 다른 관할권과는 반대로, 이러한 민사적 조항들은 아래에서 설명되는 다양한 형사적 처벌 조항으로 보충될 수 있다.

---

63 Spam Act 2003 (Cth), Parts 4-6. 민사 벌칙 조항 위반은 그 자체로 이 법의 s. 27에 명시되어 있는 형사적인 위법이라고 할 수는 없다. 민사 벌칙 조항을 위반한 침해를 고지하는 시스템은 Schedule 3에 있다.

64 Spam Act 2010 (Can), ss. 20-2. The Commissioner of Competition and Privacy Commissioner also have enforcement roles within their mandates: Legislative Summary of Bill C-28 (Can), p. 1.

65 Privacy Regulations, reg. 31, sch. 1.

66 Data Protection Act 1998 (UK), ss. 47, 60.

67 15 USC § 7706(a).

68 15 USC § 7706(f).

69 15 USC § 7706(g).

(2) 전자 메일

위에서 간략하게 살펴본 바와 같이, SMS, IM, 그리고 다른 형태의 전자적 통신을 통해서 전송되는 스팸이 증가하고 있다. 따라서 관련 조항들이 전통적인 이메일의 범위 너머까지 확장될 수 있는지 여부가 문제된다. 호주 법조항은 명확하게 인터넷 또는 기타 나열된 운송 서비스를 통해 전송되는 메시지, 이메일 계정, IM, 전화, 또는 비슷한 계정과 관련하여 전자적인 주소로 발송되는 메시지로 정의하고 있다.[70] 이 법에 따르면, 전자적 주소가 존재하는지 여부 또는 메시지가 의도된 목적지까지 도달하는지 여부는 중요하지 않다.[71]

이와 유사하게 캐나나 법에서는 '전자적 메시지(electronic message)'를 '텍스트, 사운드, 음성 또는 이미지 메시지를 포함한 전기통신의 수단을 통해서 발송된 메시지'로 정의하고 있다.[72] 또한 '전자적 주소(electronic address)'는 메일 주소, IM, 전화 또는 유사한 계정으로 '전송되는 전자적 메시지와 관련하여 사용되는 주소'라고 정의된다.[73]

영국의 프라이버시 규칙(Privacy Regulations)에서는 '전자적 메일(electronic mail)'이라는 용어를 사용하지만, 이 또한 '공중의 전자적 통신 네트워크를 통해 전송되는 모든 텍스트, 음성, 사운드 또는 이미지 메시지'로 넓게 정의된다.[74] 하지만 그 메시지는 '네트워크 상에서 저장될 수 있거나 수신자로부터 수집되기 전까지 수신자의 터미널 장비에서 저장될 수 있어야 하며, 단문 메시지 서비스를 사용하여 전송된 메시지를 포함해야 한다.'[75]

미국 법 조항은 가장 기술적이자 구체적이므로 가장 제한적이다. '전자적 메일 메시지(electronic mail message)'는 '특정 전자적 메일 주소로 전송된 메시지'로 정의된다.[76] '전자적 메일 주소'는 '보통은 일련의 문자열로 표현되고, (흔히 '로컬 부분'이라고 불리는) 고유의 사용자명 또는 메일함, 그리고 (흔히 '도메인 부분'이라고 불리는) 인터넷 도메인에 대한 언급으로 구성되는 것으로, 표현되는지 여부를 불문하고, 전자적 메일 메시

---

70 Spam Act 2003 (Cth), s. 5(1).

71 Spam Act 2003 (Cth), s. 5(2)-(3). 기존 전화를 통한 음성 통화는 s. 5(5)에서 제외됨.

72 Spam Acrt 2010 (Can), s. 1.

73 *Ibid.*

74 Privacy Regulations, reg. 2. '전자적 통신 네트워크'는 Communications Act 2003 (UK), s. 32에서 정의되어 있다.

75 Privacy Regulations, reg. 2.

76 15 USC § 7702(6).

지가 발송되거나 수신될 수 있는 목적지'를 의미하는 것으로 정의된다.[77]

하지만, 이러한 정의는 넓게 해석되어 왔고, '사용자명', '메일함', 그리고 '인터넷 도메인'에 대한 언급은 전자적 메시지가 '전자적 메일 메시지가 발송되거나 수신될 수 있는' 목적지에 전송될 수 있는 여러 가지 방법 중 몇 가지 예시일 뿐이다.[78] 이 내용을 근거로, MySpace 멤버 계정[79]과 페이스북 광고[80]로 전송된 메시지는 '전자적 메일 메시지'를 구성한다고 주장된 바 있다.

(3) 상업적 및 대량의 이메일

스팸이 본질적으로 상업적이어야 하는지 여부와 내용보다는 메일의 대량성을 중요하게 고려해야 하는지에 대해서 여러 가지 견해가 있다. 때때로 요청되지 않은 상업적 이메일(UCE, unsolicited commercial email)과 요청되지 않은 대량의 이메일(UBE, unsolicited bulk email) 을 구별하기도 하는데, 스팸의 문제점들이 UBE에 동일하게 적용될 수 있다고 주장되어 왔다.[81] 스팸에 대한 통계를 보면 스팸을 보통 UBE로 정의하는 반면,[82] 이러한 내용은 입법 과정에 반영되지 않았고, 각 관할권에서는 UCE에 초점을 두고 있다. 예를 들어 미국 법에서는 '상업적인 전자적 메일 메시지(commercial electronic mail message)'를 '상업적 광고 또는 (상업적 목적을 위해 운영되는 인터넷 웹사이트의 내용을 포함하는) 상업용 제품 또는 서비스에 대한 홍보를 주목적으로 하는 전자적 메일 메시지'라고 정의하고 있다.[83] 여기에서는 특정 용량의 이메일이 발송될 것을 요구하지 않기 때문에 이론적으로는 단 하나의 이메일도 스팸이 될 수 있다.[84] 따라서 상업적 목적은 없지만 악성프로그램, 사기 행각, 또는 이와 같은 것들을 유포하기 위한 목적으로 사용되는 스팸 이메일들은 다른 법으로 다뤄야 한다.

---

77 15 USC § 7702(5).

78 MySpace v. Wallace, 498 F Supp 2d 1293 at 1300-1 (CD Cal. 2007); Facebook, Inc. v. MaxBounty Inc., 274 FRD 279 at 282-4 (ND Cal. 2011).

79 MySpace v. Wallace, 498 F Supp 2d 1293 at 1300-1 (Cd Cal. 2007).

80 Facebook, Inc. v. MaxBounty, Inc., 274 FRD 279, 283-4 (ND Cal. 2011).

81 Sorkin, 'Technical and legal approaches,' 333-6.

82 Spamhaus, The definition of spam, www.spamhause.org/consumer/definition/ 참고.

83 15 USC § 7702(2)(A). 또한 Spam Act 2003 (Cth), s. 6; Spam Act 2010 (Can), s. 1(2)-(4)를 참고할 것. Privacy Regulations, reg. 22: 영국의 법은 '직접적인 마케팅'에 적용된다.

84 반대로 미국의 연방법 형사 조항은 '다수의' 메시지에 적용된다. 이에 대한 논의는 아래 pp.284-5 를 참고할 것.

(4) 동의

모든 스팸의 주요 특징은 요청되지 않았다는 것으로, 수신자에 의한 동의가 사전에 있었고, 그러한 동의가 계속해서 존재하는 이메일 마케팅을 위한 합법적인 영역이 있다고 받아들여져 왔다.[85] 따라서 각 관할권에서는 동의가 있는 경우 그러한 이메일을 발송하는 것을 허용하고 있다. 호주, 캐나다, 영국에서는, '사전 동의(opt-in)' 접근법을 채택한다. 즉 이메일을 발송하는 자는 수신자의 동의를 득해야 하며, 현존하는 사업적 관계와 같이 제한적인 상황에서도 이것이 적용된다.[86]

반면, 미국은 '기피(opt-out)' 접근법을 채택했는데, UCE를 발송하는 것은 그 대상자가 그것들을 수신하지 않기로 선택하지 않는 한 합법적이라는 것이다.[87] 가장 주요한 이유는, 합법적이고 오해의 소지가 없는 상업적 표현은 수정헌법 제1조에 의하여 보호되는 표현이기 때문이다. 따라서 모든 제한 조치는 상당한 정부의 이익을 위한 것이어야 하고, 그러한 목적을 달성하는 데 필요한 것 이상으로 광범위해져서는 안 된다.[88] 정부가 이메일을 통신의 실행 가능한 수단이 될 수 있게 보장하는 데에 정부의 상당한 이익이 있다고 보는 견해가 있기는 하지만, 기피 접근법은 보호되는 표현을 상당히 막을 수 있기 때문에 이는 필요 이상으로 광범위한 것으로 볼 수 있다.[89] 또한 과도한 광범성의 원칙(Over-breadth Doctrine)은 스팸규제법(CAN-SPAM Act)에 적용되지 않는데, 이 조항들은 상업적 표현에 한정되기 때문이다.[90]

사전 동의 접근법 또는 기피 접근법이 채택되는지 여부와 관계없이, 수신자가 더 이상의 통신을 받지 않도록 요청할 수 있는 효과적인 매커니즘을 만드는 게 필요하다. 따라서 각 관할권에서는 상업적 이메일을 구독 취소할 수 있는 기능적 조치를 포함하

---

85 All Party Internet Group, "Spam," p. 5.

86 Spam Act 2003 (Cth), s. 16(2), sch. 2, cl. 2(b); Spam Act 2010 (Can), ss. 6(1)(a), 10; Privacy Regulations, reg. 22(3), sch. 2.

87 15 USC § 7704(a)(4).

88 Central Hudson Gas & Electric Corp. v. Public Service Commission of New York, 447 US 557 at 566 (1980). 또한 스팸의 맥락에서, White Buffalo Ventures LLC v. University of Texas at Austin, 420 F 3d 366 at 374 (5th Cir. 2005); Jaynes v. Commonwealth of Virginia, 276 Va 443 at 448 (Va. 2008)을 참고할 것.

89 Potashman, 'International spam regulation,' 339-40.

90 US v. Twonbly, 475 F Supp 2d 1019 at 1024 (SD Cal. 2007), citing Board of Trustee of State University of New York v. Fox, 4492 US 369 at 381 (1989).

도록 입법하고 있다.[91]

(5) 스팸과 관련된 행위

UCE를 발송하는 것에 더해서 규제의 대상이 될 수 있는 관련 행위들이 있다. 이에 대한 예시로는 오해의 소지가 있거나, 위조되었거나, 불완전한 주소 정보 또는 제목 정보를 사용하는 것,[92] 주소 정보에 대한 정보 수집,[93] 대량의 이메일 계정을 자동적으로 생산하는 것,[94] 인가되지 않은 메시지의 중계 또는 재전송,[95] 스파이웨어 및 악성프로그램의 설치,[96] 실존하지 않는 주소에 대하여 상업적 이메일을 발송하는 것[97] 등이 있다. 미국에서는 기업이 고의로 스팸을 이용해 그들 기업 자체, 또는 상품, 서비스 등을 홍보하는 것은 불법이 아닌 반면,[98] 영국에서는 구독자가 본인의 '회선'을 스팸의 발송에 사용하도록 허락하는 행위는 불법이다.[99]

(6) 형사처벌 조항

각 관할권에서 스팸을 규제하기 위하여 민사적 법 집행 매커니즘을 주요하게 채택했음을 살펴본 바 있다. 이 상황이 모두 같은 것은 아닌데, 미국 연방법은 스팸과 관련된 보다 구체적인 형사처벌 조항을 제공하고 있다. 예를 들어 성적 내용물을 포함한 메시지를 적절하게 표시하지 않은 경우 형사처벌의 대상이 된다.[100] 가장 중요한 것은

---

91   Spam Act (Cth), s. 18(1); Spam Act 2010 (Can), ss. 6(2)(c); Privacy Regulations, regs. 22(3), 23(b); 15 USC § 7704(a)(3)(5).

92   Spam Act 2003 (Cth), s. 17(1); Spam Act 2010 (Can), s. 6(2)(a)-(c); Privacy Regulations, regs. 23(a); 15 USC § 7704(a)(1)(2).

93   Spam Act (Cth), Part 3; Spam Act 2010 (Can), s. 82, inserting s. 7.1 Personal Information Protection and Electronic Documents Act 2000 (Can); 15 USC § 7704(b)(1).

94   15 USC § 7704(b)(2).

95   15 USC § 7704(b)(3); Spam Act 2010 (Can), s. 7.

96   Spam Act 2010 (Can), s. 8.

97   Spam Act 2003 (Cth), s. 16(6).

98   15 USC § 7705.

99   Privacy Regulations, reg. 22(4).

100   15 USC § 7704(d).

18 USC § 1037로, 이는 '전자적 메일과 관련된 사기 및 관련 행위'에 대한 것이다.[101] 이 조항은 민사법과 다르게, '다수의 상업적인 전자 메일 메시지'에 적용될 수 있는 다양한 형사처벌 조항을 포함하고 있다. 이 법에 따르면, '다수(multiple)'는 24시간 동안 100개 이상의 메시지, 30일 동안 1,000개 이상의 메시지, 또는 1년 동안 10,000개 이상의 메시지를 의미하는 것으로 정의된다.[102]이 범죄는 두 부분으로 나누어 고려해 볼 수 있다. 첫 번째는 스팸을 위한 목적으로 보호된 컴퓨터에 대해 권한 없이 접근하거나 이를 이용하는 것이며,[103] 두 번째는 주소 정보 또는 다른 식별 정보를 위조하는 것과 관련되어 있다.[104]

§ 1037에 의한 기소의 예로는 US v. Twombly 사건[105]을 들 수 있다. 피고인은 § 1037(a)(3) 및 (4)에 의하여 기소되었는데, 수백만 건의 스팸 이메일을 발송하는 데 사용되었던 20개의 서버를 가명을 사용하여 임대한 혐의를 받았다. 이들은 웹사이트를 통해 캐나다에 주소를 둔 소프트웨어 회사의 컴퓨터 소프트웨어를 광고했다. 이후 그 웹사이트가 존재하지 않는 회사의 이름을 사용하여 허위로 등록되었으며, 메시지의 라우팅 정보와 '발신' 부분이 위조되었다고 주장되었다. 모호함과 광범위함에 대한 문제점은 해결되었으나,[106] 법원은 범의와 관련하여 검토했는데, subs. (3)는 일반적인 범죄적 의도보다 높은 수준의 범의를 요구하기 때문에 피고인은 '알면서' 헤더 정보를 위조하고 이를 '의도적으로' 전송해야 한다고 주장되었다.[107]

다른 사건으로는 America Online의 서버가 위치한 Virginia 주에서 이루어진 첫 번째 반 스팸 중범죄 유죄 판결 사건이 있다. Virginia 주법[108]에 의하면, 전자적 메일 서비스 제공자 또는 사용자의 컴퓨터 네트워크를 통해서 또는 그 네트워크로 스팸을 전송하는 것과 관련된 어떠한 방법을 통해서, 전자적 이메일 전송 정보 또는 다른 라우팅 정보를 위조하기 위한 목적으로 컴퓨터 또는 컴퓨터 네트워크를 사용하는 것은 형사처벌의

---

101 이 범죄에 대한 벌칙 조항은 18 USC § 1037(b)에 정리되어 있고, 몰수는 18 USC § 1037(c)에 정리되어 있다.

102 18 USC § 1037(d)(3).

103 18 USC § 1037(a)(1)(2). 이 개념에 대한 논의는 Chapter 3을 참고할 것.

104 18 USC § 1037(a)(3)–(5).

105 475 F Supp 2d 1019 (SD Cal. 2007).

106 *Ibid*, at 1023-4.

107 *Ibid*, at 1025.

108 § 18.2-152.3:1.

대상이 된다.[109] Jeremy Jaynes는 다수의 컴퓨터, 라우터, 그리고 서버를 사용하여, 그의 집이 있는 North Carolina 주에서 24시간 내에 10,000건이 넘는 이메일을 각각 다른 시간에 AOL 구독자들에게 발송하였다.[110] 그는 또한 헤더 정보와 발신자 도메인 이름을 위조함으로써 그의 신분에 대한 허위의 정보를 전달했다. 이런 이메일들은 Jaynes가 운영하는 다양한 회사에 의해 관리되고 있던 다양한 상품의 판매에 대한 광고 정보를 포함하고 있었다.[111] 그의 주거지에 대한 수색 결과 1억 7,600개가 넘는 이메일 주소들과 13억 개의 이메일 사용자이름이 저장되어 있는 CD와 AOL 이메일 주소 정보와 수백만 명의 AOL 구독자들에 대한 다른 개인 및 사적 계정 정보가 저장되어 있는 저장용 디스크가 발견되었다. 이 물건들은 AOL의 전직 직원이 탈취한 것이었다.[112] Jaynes는 유죄선고를 받고 총 9년의 징역형을 선고받았다.[113] 그러나 법 조항이 수정헌법 제1조에 위배되어 너무 광범위한 것이라는 점을 근거로 그의 유죄 판결은 파기되었다.[114]

---

109 스팸은 원래 '요청되지 않은 대량의 이메일'로 정의되었으나, § 8.2-152.2의 정의는 2010에 '요청되지 않은 상업적인 전자 메일'로 개정되었는데, 이는 아마도 법 조항과 관련된 위헌 논란을 해결하기 위한 것으로 보인다.

110 Jaynes v. Commonwealth, 276 Va 443 at 448 (Va. 2008).

111 *Ibid*, at 449-50.

112 *Ibid*, at 449.

113 *Ibid*, at 450.

114 *Ibid*, at 464 cert. denied, 556 US 115 (2009).

제4부

내용 관련 범죄

제10장   아동 음란물

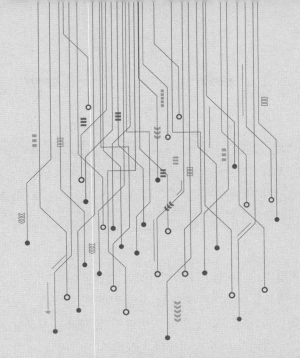

제10장

아동 음란물

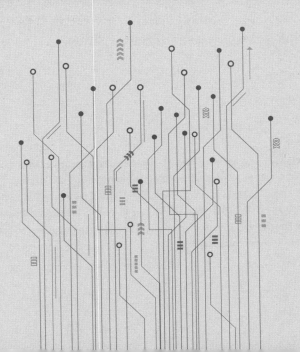

1. 온라인 아동 학대

> 인터넷 이전 시대에는 아동 음란물을 보고 싶은 사람들은 직접 찾아서 집에 가져 오거나 잡지, 비디오, 사진 등의 물리적 형태로 배송받아야 했고, 그 과정에서 발각될 위험을 감내해야 했다. 이제 그들은 자기 집 또는 근무지 컴퓨터로 상대적으로 쉽게 자료에 접근할 수 있게 되었다.[1]

인터넷과 디지털 기술 확산의 가장 비극적인 측면은 아마 아동 음란물이나 아동 성 학대물의 생산과 배포를 용이하게 한다는 점일 것이다. 이러한 기술이 발명되기 이전 에는 들키지 않고 그러한 자료를 운반하기 어려웠고, 제작은 필름을 가공해야 하는 번 거로움이 있었으며, 장비가 비싸고 비교적 사용하기 어려웠다. 디지털 기술이 널리 이 용 가능해지고 인터넷이 확산됨에 따라 아동 음란물 기소 건수가 증가하였다. 이는 부 분적으로는 법집행기관의 우선순위가 변화했기 때문이지만, 그 자체가 명백히 인터넷 상 아동 음란물의 증가와 접근, 생산, 배포 기술에 대한 접근성 증가에 대한 대응에 해 당하는 것이다.

소아 성애자들[2]은 오래전부터 아동 음란물의 생산과 배포에 이용할 수 있는 신기 술의 잠재력을 인식했다. 1986년에 이미 미국 법무부 장관 산하의 '음란물 위원회 (Commission on Pornography)'는 컴퓨터 네트워크가 소아 성애자의 연락 및 정보 교류 수 단으로 사용되고 있다는 점에 주목하고, 그러한 행위를 금지하는 법률을 제정할 것을 권고하였다.[3] 1995년에 호주의 의회 위원회는 아동 음란물 배포의 주요 수단인 우편 서비스와 대인 접촉을 대체할 컴퓨터의 잠재력에 주목하였으나, '아직까지는 컴퓨터가

---

1 National Offender Management Service and Scottish Executive (UK), Consultation: On the possession of extreme pornographic material (Home Office, 2005), p. 6.

2 편의상 '소아 성애자'라는 용어는 미성년자에 대한 성범죄에 연루된 자들을 일컫는 데 사용하기로 한 다. '미성년자'에 대한 광범위한 정의로 인해 이 용어 사용이 기술적으로 정확하지는 않을 수 있다.

3 4 US Department of Justice, Attorney General's commission on pornography, Final report(1986), Recommendation 39.

그렇게 사용되고 있다는 확실한 증거는 없는 것으로 보인다'고 밝혔다.[4]

1990년대 현대적인 인터넷의 도래 이후 상황은 급격히 변화하였다. 1996년부터 2005년 사이에 미국 FBI가 '아동 이미지 국가적 이니셔티브(Innocent Images National Initiative)'의 일환으로서 개시한 사건 수는 2,026% 증가하였다.[5] 영국에서도 아동에 대한 외설 사진 관련 기소 건수가 1994년 93건에서 2003년 1,890건으로 증가하는 등 유사한 모습을 보였다.[6]

근래에는 아동 음란물의 양과 기소 건수가 지속적으로 증가하였다. 미국 국가실종착취아동센터(National Center for Missing and Exploited Children, NCMEC)는 2005년부터 2009년 사이에 센터의 아동 피해자 식별 프로그램에 접수된 아동 음란물이 432% 증가하였다고 보고하였다.[7] 2013년 영국의 인터넷감시재단(Internet Watch Foundation, IWF)은 아동에 대한 성적 학대 이미지를 포함한 웹페이지를 13,182개 발견하였다.[8] 피해자의 81%는 10세 미만이었으며, 이미지의 51%는 강간이나 성적 학대에 관한 것이었다.[9]

미국에서는 2006년과 2009년 사이에 아동 음란물 소지 혐의로 체포한 건수가 33% 증가하였으며,[10] 아동 음란물 제작 관련 검거 건수는 2000-2001년부터 2006년 사이에 2배가 되었다.[11] 2012년 영국에서는 900명 이상이 아동 음란물 범죄로 형

---

4 Parliamentary Joint Committee on the National Crime Authority (Australia), Organised criminal paedophile activity (Commonwealth of Australia, 1995), [3.69]. See also Justice J. R. T. Wood, Royal Commission into the New South Wales Police Service: Final report, Vol. V: The paedophile inquiry (New South Wales Government, 1997), [16.11].

5 Federal Bureau of Investigation, Innocent images national initiative, US Department of Justice (2006), www.fbi.gov/news/stories/2006/february/innocent-images-statistics-1.

6 National Offender Management Service, Extreme pornographic material, p. 6.

7 US Department of Justice, The national strategy for child exploitation prevention and interdiction (Report to Congress, 2010), p. 11.

8 Internet Watch Foundation, Internet Watch Foundation annual & charity report 2013 (2013), p. 6.

9 Ibid.

10 J. Wolak, D. Finkelhor and K. J. Mitchell, Trends in arrests for child pornography possession: The third National Juvenile Online Victimization Study (NJOV-3) (Crimes against Children Research Center, 2012), p. 1.

11 J. Wolak, D. Finkelhor, K. J. Mitchell and L. M. Jones, 'Arrests for child pornography production: Data at two time points from a national sample of U.S. law enforcement agencies' (2011) Child Maltreatment 1.

을 선고 받았고,[12] 2013년 캐나다에서는 경찰이 보고한 아동 음란물 범죄가 21% 증가하였다.[13]

디지털 기술과 이러한 유형의 범죄 간 연관성은 쉽게 이해된다. 디지털 기술은 비교적 저렴하고, 접근성 및 휴대성이 높다. 인쇄물로 보관하거나 운반한다면 눈에 잘 띌 대량의 자료를 쉽게 저장하고 배포할 수 있게 해준다. 기소된 범죄자 중에는 수천 개의 파일을 가지고 있는 경우도 흔하다. Hitchen v.R[14] 사건에서 피고인은 729,000개의 아동 음란물 이미지와 2,700개의 비디오 파일을 소지하고 있던 것으로 드러났다. 소아성애자 43명으로 이뤄진 한 온라인 집단은 2006년 8월 31일부터 2008년 2월 29일까지 뉴스그룹에서 440,000개의 이미지와 1,100개의 비디오 파일을 공유하였다.[15]

p2p 네트워크 사용과 함께 브로드밴드의 가용성 증가는 데이터 집약적인 비디오 파일을 포함하여 대량의 자료를 다운로드하고 배포할 수 있도록 해주었다. 2009년 미국에서 검거된 아동 음란물 범죄의 61%는 p2p 기술이 사용되었는데, 이는 2006년 28%에서 증가한 수치이다.[16] IP 주소 특정과 p2p 네트워크상 이미지 분류를 처리하는 미국의 법집행기관 프로그램 2개는 2006년 이래 아동 음란물을 제공하는 IP 주소를 2천만 개 이상 특정하였다.[17]

디지털 이미지는 외부적 가공 절차가 필요치 않아 저비용에 질 저하 없이 재생산할 수 있다는 점 때문에 아동 음란물의 생산성을 크게 향상시켰다. 어디에나 있는 휴대폰의 카메라는 범죄자들이 아동의 성적 이미지를 생산할 수 있는 기회를 크게 증가시켰다.[18] 아동 학대 이미지는 실시간으로 웹캠이나 인스턴트 메시지(IM)를 사용하여 전송될 수 있는데, 이미지를 구매하려는 자들의 요청이나 지시에 의하기도 한다. 예를 들어, Rivo v. R[19] 사건에서 피고인은 6세에서 16세 사이의 아동이 등장하는 필리핀의 온라인 섹스 쇼를 구입하기 위해 '야후' 채팅을 사용하였는데, 35 호주 달러에서 105

---

12   M. McGuire and S. Dowling, Cyber crime: A review of the evidence, Research Report 75 (Home Office, October 2013), ch. 3, p. 16.

13   J. Boyce, A. Cotter and S. Perreault, Police-reported crime statistics in Canada, 2013(Canadian Centre for Justice Statistics, 23 July 2014), p. 17.

14   [2010] NSWCCA 77.

15   R v. Mara (2009) 196 A Crim R 506 at 509.

16   Wolak, Finkelhor and Mitchell, Trends in arrests for child pornography possession, p. 2.

17   US Department of Justice, The national strategy for child exploitation prevention, p. 11.

18   DAR v. Western Australia (2010) 199 A Crim R 279.

19   [2012] VSCA 117.

호주 달러를 지불하였다.[20] 한편 '가상의' 아동 음란물을 제작할 수도 있게 되었다. 즉, 이미징 소프트웨어를 사용하여 실제 아동이 연루된 것은 아니지만 아동 음란물처럼 보이는 이미지를 생산하는 것이다.

기술이 진화함에 따라 배포 수단도 뉴스그룹 및 게시판[21]에서 휴대폰, 웹사이트, 소셜 네트워크 사이트,[22] 스카이프,[23] 인터넷 TV,[24] p2p 네트워크[25]로 진화해왔다. IWF에 의하면, 2013년에는 아동 음란물 호스트 목적의 파일 호스팅 사이트나 '사이버 락커(cyberlockers),' 소셜 네트워킹 사이트의 사용이 증가하였다.[26] 통신 기술 또한 아동 음란물 접근 방법, 검거를 피하는 방법, 아동을 성행위에 꾀어 들이는 방법 등에 관한 정보 교환을 용이하게 하였다.[27]

프록시 서버, 패스워드, 암호화 등의 사용으로 인해 검거가 더 어려워졌다. 프록시 소프트웨어를 사용하여 익명으로 웹사이트를 호스트하고 불법 콘텐츠가 담긴 서버의 실제 위치를 숨길 수 있다.[28] 또한 범죄자들은 '게이트웨이' 기술을 사용하기도 한다. 이 기술은 본래 쇼핑 사이트에 재방문한 이용자에게 특정한 콘텐츠를 보여주는 등 합법적으로 사용되나, 소아 성애자들은 이 기술을 남용하여 미리 정해진 경로를 따르지 않는 웹사이트 방문자에게는 불법 콘텐츠가 노출되지 않도록 하고 있다.[29] 합법적인 웹사이트 또한 해킹당하면 '고아 폴더(orphan folders)'에 아동 음란물이 저장될 수 있으며, 다른 웹사이트에서 링크를 통해 여기에 접속할 수 있다.[30]

일부 소아 성애자 그룹은 해당 그룹에 대한 접근 권한을 주는 조건으로 패스워드뿐만 아니라 아동 음란물을 요구하기도 한다. 예를 들어 '북미 남성-소녀 연애 협회 (North American Man-Girl Love Association, NAMGLA)'의 웹사이트는 이용자가 아동 음란

20　Ibid., at [7]-[13]. See also US v. Webb, 785 F Supp 2d 790 (DND. 2011).

21　Computer Bulletin Board Systems Task Force, Regulation of computer bulletin board systems (Canberra: AGPS, 1995), pp. 13-14.

22　R v. Helliwell [2011] EWCA Crim 1008 (image sharing software 'Google Hello').

23　R v. Merritt [2014] EWCA Crim 2384 at [10].

24　US v. Havlik, 710 F 3d 818 (8th Cir. 2013).

25　R v. PW [2012] EWCA Crim 1653 at [16]; US v. Williams 659 F 3d 1223 (9th Cir. 2011).

26　Internet Watch Foundation, Annual & charity report 2013, p. 12.

27　M. Taylor and E. Quayle, Child pornography: An internet crime (East Sussex: BrunnerRoutledge, (2003), p. 14. See also R v. Larocque, 2004 ABPC 114; R v. Epton [2012]EWCA 1403.

28　Internet Watch Foundation, Annual & charity report 2013, p. 17.

29　Ibid., p. 18.

30　Ibid., p. 19.

물을 게재하거나 코멘트할 수 있는 패스워드가 걸린 포럼을 가지고 있었다.[31] 사이트 접속은 무료였지만, ID와 패스워드를 얻기 위해서는 아동 음란물 링크를 제출하여야 했다.[32] US v. Wayerski[33] 사건에서 대략 45명의 범죄자들은 요리나 음악처럼 범죄성이 없는 뉴스그룹 웹사이트를 이용하여 소통하는 치밀함을 보여주었는데, 다른 사람들에게 아동 음란물을 보유한 사이트들의 주소와 그 복호화 방법을 알려주는 비밀 메시지를 게재하곤 하였다.[34]

소아 성애자 다수가 아동 음란물을 무료로 다운로드 또는 거래하지만, 아동 음란물을 전세계적으로 거래하면 높은 수익을 기대할 수 있기 때문에 범죄 조직이 그 생산과 배포에 관여하는 결과를 초래할 수 있다. 2013년 IWF는 아동 음란 이미지의 24%가 상업적으로 판매되고 있다고 발표하였다.[35] 범죄 조직들은 아동 음란물 거래를 '다른 범죄보다 안전하고, 비용이 덜 들고, 수익적인' 것으로 여기는 듯하다.[36]

아동 음란물과 아동 성착취 관련 범죄들은 국제적인 우려를 받고 있다. IWF에 의하면, 불법 콘텐츠의 1% 미만이 영국에, 54%는 북미에, 43%는 유럽(러시아 포함)에 호스트 되어있다.[37] 아동 음란물을 호스팅하는 한 웹사이트의 조회 수가 76시간 동안 170국에서 1,200만 회였다는 사례에서 이 범죄의 복수 관할적 성격이 잘 드러난다.[38] 이는 법집행기관이 상당한 도전과제에 직면했음을 나타내며 국제협력의 중요성을 부각시킨다. 대부분의 국가에서 아동 음란물 관련 행위를 범죄화하고 있지만, 사이버범죄 협약은 이러한 범행에 컴퓨터 시스템을 이용하는 것을 다룰 수 있도록 법령을 현대화시켜야 할 필요가 있음을 확인하였다.[39]

---

31 US v. Christie, 624 F 3d 558 at 562 (3rd Cir. 2010).
32 *Ibid.*, at 563.
33 624 F 3d 1342 (11th Cir. 2011).
34 *Ibid.*, at 1348.
35 Internet Watch Foundation, Annual & charity report 2013, p. 6.
36 US Department of Justice, The national strategy for child exploitation prevention, p. 25.
37 Internet Watch Foundation, Annual & charity report 2013, p. 7.
38 G. Griffith and K. Simon, Child pornography law, Briefing Paper No. 9/08 (NSW Parliamentary Library Research Service, 2008), p. 7.
39 Cybercrime Convention, Explanatory Report, [91].

2. 아동 음란물의 범죄화

전통적으로 음란물의 제작과 배포는 범죄여도 소지는 범죄가 아니었다.[40] 이는 많은 국가에서 관련법상 아동 음란물 소지에까지 반영되었다. 예를 들어, 영국에서 1988년 형사사법법(Criminal Justice Act 1988) s. 160 이 제정되기 전까지 아동 음란물의 단순 소지는 범죄가 아니었다. 앞서 살펴보았듯이 디지털 기술의 발전은 아동 음란물이 제작되고 배포되는 방법을 바꾸어 놓았으며, 대부분의 국가에서는 아동 음란물과 관련된 모든 것에 대하여 다양한 금지규정으로 대응해왔다. 국내 범죄에 관련한 것이긴 하지만, 그러한 광범위한 금지규정들은 아동 음란물의 국제적인 거래를 막으려고 시도하기도 한다.

아동 음란물의 제작은 그 거래 시장에 의해 촉진되며, 그 시장은 아동 음란물을 소지하고자 하는 자들에 의해 촉진된다. 소지의 범죄화를 통해 아동 음란물 시장과 아동 학대를 줄일 수 있을지도 모른다.[41]

아동 음란물을 광범위하게 범죄화하는 근거는 캐나다 대법원의 R v. Sharpe 판결[42]에서 잘 요약되었다. 피고인은 생각, 믿음, 의견, 표현의 근본적인 자유를 침해하였다는 이유로 s. 163.1(4) 형사법의 합헌성에 도전하였다.[43] 법원은 두 가지 예외를 상정하고 표현의 자유와 아동에 대한 위해 방지 사이의 합헌적인 균형을 이루는 것으로 보아 금지규정을 옹호하였다. 법원은 아동 음란물 소지를 금지하는 것이 아동 성학대 감소와 5가지 측면에서 연계된다는 검찰의 주장을 받아들였다.[44]

① 아동 음란물은 소지자에게 아동과의 성행위를 정상화할 수 있는 인지적 왜곡을 일으키며, 억제력을 약화하여 잠재적으로 실제 학대행위로 이끌 수 있다. 법원은 소아 성애자의 억제력을 감소시키는 아동 음란물과 아동 성학대 억지 사이의 연관성을 지지하는 증거가 명백하지는 않지만 유효하다고 판시하였다.

② 아동 음란물은 범죄자들의 판타지를 부추긴다. 법원은 아동 음란물과 관련한 모든 범죄자가 아동에 대한 직접적인 성폭력을 저지르는 것은 아니지만, 아동 음란물이

---

40 Australian Law Reform Commission, Film and literature censorship procedure, Report No. 55 (1991), [5.16].

41 R v. Sharpe [2001] 1 SCR 45 at [99].

42 Ibid.

43 Canadian Charter of Rights and Freedoms, Part 1 Constitution Act 1982, s. 2(b).

44 R v. Sharpe [2001] 1 SCR 45 at [96]-[99]. See also Taylor and Quayle, Child pornography, pp. 24-6.

특정 사람들로 하여금 범죄를 저지르도록 선동하는 판타지를 부추길 수 있음을 제시하는 몇몇 연구들이 있으며, 과학적 견해가 언제나 만장일치될 필요는 없으므로 이는 범죄화를 정당화하기에 충분할 정도의 합리적인 연관성이라고 인정하였다.

③ 아동 음란물의 소지 금지는 아동에게 직접적인 피해를 끼치는 아동 음란물의 제작, 배포, 이용을 감소시키려는 법집행 노력을 지지한다. 법원은 이러한 이유가 헌법상 권리를 제한하는 유일한 정당화 요소가 될 수는 없지만, 그럼에도 불구하고 법의 긍정적인 부수적 작용에 해당한다고 판시하였다.

④ 법원은 아동 음란물이 피해자를 유혹하고 그루밍하는 데 사용된다는 증거가 '명백하고 모순이 없다'고 간주하였다(아동 음란물이 그루밍의 일부로 사용된 사례가 분명 있지만, 이러한 주장이 어느 정도까지 연구로 뒷받침되는지에 대해서는 의문이 제기되어 왔다.[45] 기껏해야 최근 연구들은 '아동 성착취 이미지가 그루밍 과정에서, 그 일부로서 사용되었다는 몇몇 증거'가 있음을 제시하는 정도였다.[46]).

⑤ 아동 음란물이 실제 아동을 이용하여 제작된 경우 시청자는 아동 학대 행위 이후에 그에 대한 시장을 제공하였다는 점에서 방조범에 해당한다고도 할 수 있다.

그 정도는 다르지만, 이러한 정당화는 다른 국가에서도 받아들여졌다.[47] 특히 아동 음란물 '시장'을 저지할 필요성은 아동 음란물 소지를 처벌하는 주된 원인으로서 흔히 일반적 억지를 위해 정당한 것으로 거론되고 있다.[48]

> 아동 음란물 시장이 축소된다면, 학대받는 아동의 수도 줄어들 것이라는 데 의심의 여지가 거의 없다 ... (어쩌면 소용이 없을지라도) 향후 일부 아동들이 어딘가에서 이러한 착취를 당하지 않을 것이라는 희망을 토대로, 아동 음란물 이용자들은 들통났을 때 상당한 기간의 징역형을 받을 것이라는 점을 알아야 한다.[49]

---

45 G. Griffith and L. Roth, Protecting children from online sexual predators, Briefing Paper No. 10/107 (NSW Parliamentary Library Research Service, 2007), pp. 13-14.

46 E. Quayle, S. Allegro, L. Hutton, M. Sheath and L. Lööf, Online behaviour related to child sexual abuse – Creating a private space in which to offend: Interviews with online child sex offenders, Robert Project (Council of the Baltic Sea States, 2012), p. 9.

47 R v. Land [1999] QB 65 at 69-70; R v. Jones (1999) 108 A Crim R 50 at 52; R v. Curtain[2001] VSCA 156 at [25]; Badcock v. White [2004] TASSC 59 at [18]. As to the US Supreme Court's consideration of this issue see pp. 317-18.

48 A. A. Gillespie, Child pornography: Law and policy (Abingdon: Routledge, 2011), p. 37.

49 R v. Gent (2005) 162 A Crim R 29 at 36 quoting the sentencing judge.

이러한 근거들과 그 기저에 있는 가정들은 복잡하고 진화하는 도전과제를 제시한다.[50] 이러한 우려를 다루기 위한 노력의 일환으로 각 국가는 아동 음란물과 관련하여 다양한 범죄를 제정하였다.

호주에서는 형법(Criminal Code (Cth)) ss. 474.19와 474.20에 연방 범죄로 규정되어 있다. 2010년에는 s. 474.24A에 3번 이상 2명 이상의 사람을 포함하는 범행에 대하여 가중 범죄를 도입하였다.[51] 캐나다에서 관련조항은 형법(Criminal Code) s. 163.1이며, 영국에서는 1978년 아동보호법(Protection of Children Act) s. 1과 1988년 형사사법법(Criminal Justice Act) s. 160에서 찾을 수 있다. 전자는 공급과 관련된 범죄이지만, 후자는 단순 소지를 범죄로 규정하였다.

미국 연방법의 경우 처음으로 아동 음란물을 범죄화한 1977년 아동성착취보호법(Protection of Children against Sexual Exploitation Act)을 시작으로, 수정헌법 제1조의 법체계 발전으로 인해 많은 개정을 거쳤다.[52] 연방법에 관련 조항이 많지만, 주요 조항은 18 USC §§2252와 2252A에서 찾을 수 있다.

이 장은 아동 음란물 관련 범죄들에 중점을 두고 있지만, 관련 이슈들은 금지된 디지털 콘텐츠를 다루는 범죄들에 일반적으로 적용되는 것이다. 예를 들어, 대다수 국가에 혐오스럽거나 외설적인(obscene) 자료와 관련한 범죄가 있으며, 덜 흔하지만 수간,[53] 기분증(嗜糞症),[54] 성폭력물[55] 등 혐오 이미지와 관련하여 기소가 이뤄지고 있다. '극단적인 음란물',[56] 혐오 발언,[57] 자살 관련,[58] 테러 관련물[59]과 같은 다른 형태의 규제물에도 유사한 논리가 적용될 수 있다.

---

50 M. C. Seto, Internet sex offenders (Washington, DC: American Psychological Association, 2013); S. Ost, Child pornography and sexual grooming: Legal and societal responses (New York: Cambridge University Press, 2009); P. Jenkins, Beyond tolerance: Child pornography on the internet (New York: New York University Press, 2001).

51 최대 25년형.

52 US v. Polizzi, 549 F Supp 2d 308 (EDNY. 2008).

53 Bounds v. R [2005] WASCA 1; Littlejohn v. Hamilton (2010) 199 A Crim R 63.

54 R v. Perrin [2002] EWCA Crim 747.

55 Haynes v. Hughes [2001] WASCA 397.

56 Criminal Justice and Immigration Act 2008 (UK), s. 63.

57 Public Order Act 1986 (UK), pt. 3; Racial and Religious Tolerance Act 2001 (Vic), ss. 24, 25.

58 Criminal Code Act 1995 (Cth) ss. 474.29A, 474.29B; Coroners and Justice Act 2009 (UK), s. 61, sch. 12.

59 Terrorism Act 2006 (UK), s. 2; Criminal Code Act 1995 (Cth), s. 101.4.

3. 아동 음란물의 정의

'아동 음란물(Child Pornography)'이라는 용어가 잘 알려져 있고 많은 관할권 내에서 사용되고 있긴 하나, 성인 음란물과 같은 견지에서 사용되거나, 아동 학대의 기록 이외의 어떤 의미를 내포할 수 있다는 우려가 있다.[60] 일부 국가에서는 '아동 착취물(Child Exploitation Material)'[61]이나 '아동 학대물(Child Abuse Material)'[62] 등 보다 정확한 용어를 채택하고 있다. 반면에는 '불건전한 아동 사진(indecent photograph of a child)'과 같은 완곡한 표현도 있다.[63] '아동 음란물'은 아동 성학대 이미지를 묘사하는 데 부적절하지만, 여전히 가장 흔히 사용되는 용어이기 때문에 이 장에서는 편의상 그렇게 지칭하고자 한다.

정확히 어떤 요소가 아동 음란물을 구성하는지는 국가마다 상당한 차이가 있지만, 아동 음란물의 본질은 특정 연령 이하의 아동에 대한 성적인 묘사라고 할 수 있다. 아동 음란물 거래의 국제적 성질을 고려하면, 어떤 국가에서는 불법인 내용이 다른 국가에서는 합법일 수 있기 때문에 법을 집행하는 데 상당한 어려움이 있다. 어떤 국가가 그 영토관할 내에서 무엇을 소지해도 되는지 정하는 것은 명백히 정당하지만, 인터넷의 범지구적 성격으로 인해 적어도 아동 음란물의 배포와 관련한 범죄에 있어서는 더 높은 수준의 국제적 일관성이 필요하다는 주장이 나타났다.

사이버범죄협약은 시각적으로 다음을 묘사하는 음란물을 '아동 음란물'로 정의한다.

> (a) 성적으로 노골적인 행위에 참여하는 미성년자
> (b) 성적으로 노골적인 행위에 참여하는 미성년자로 보이는 자
> (c) 성적으로 노골적인 행위에 참여하는 미성년자를 표현하는 실제 같은 이미지[64]

---

60 Taylor and Quayle, Child pornography, p. 7; Gillespie, Child pornography, pp. 1-4.
61 Criminal Code 1899 (Qld), s. 207A; Classification (Publications, Films and Computer Games) Enforcement Act 1995 (Tas), Part 8.
62 Criminal Code (Cth), ss. 474.22 and 474.23; Criminal Code (NT), s. 125A(1).
63 Protection of Children Act 1978 (UK), s. 1.
64 Cybercrime Convention, Art. 9(2).

정확한 용어에는 차이가 있지만, 각 국가 내 아동 음란물의 정의는 이 조항과 높은 일치성을 보인다.[65] 여기서는 4가지 특정 이슈에 초점을 맞출 것이다.

---

① '미성년자'의 정의
② '성적으로 노골적인 행위'의 구성요소
③ 데이터에의 적용
④ '가상의' 아동 음란물

---

(1) '미성년자'의 정의

사이버범죄협약에서 '미성년자'란 18세 미만의 자로 정의된다.[66] 그러나, 일부 국가에서 성관계에 동의할 수 있는 연령은 18세보다 낮으며, 그러한 국가들은 아동 음란물 정의 시 16세보다 낮지 않은 범위에서 18세보다 낮은 연령 제한을 둘 수 있다.[67] 각 국에서 동의 연령은 일반적으로 최소 16세이지만, 아동 음란물 관련으로는 모두 18세 미만의 자를 미성년자로 정의하고 있다.[68] 이로 인해 어린 사람들이 합법적으로 동의에 의한 성행위를 할 수는 있어도 이를 녹화하는 것은 불법이 되는 변칙이 생길 수 있다. 예를 들어 State v. Senters 사건[69]에서 28살의 교사가 17살의 학생과 동의에 의한 성관계를 가지고 그 장면을 비디오 촬영하는 데 서로 동의하였으나, 그 촬영물이 경찰에 신고되었다. Nebraska 주에서 성관계 동의 연령은 16세이지만, 피고인은 아동 음란물 제작 혐의를 받았고 유죄를 선고받았다.

이러한 동의 연령과의 불일치는 의도치 않은 것은 아닌데, 젊은이들이 합의된 성관계를 할 수 있는 나이와 그들이 성적 대상으로 간주될 수 있는 나이를 구분하려는 것이다.[70] 어떤 사회가 특정 연령이 된 젊은 사람들이 동의에 의한 성행위를 할 수 있다는

---

65 Criminal Code (Cth), s. 473.1; Criminal Code (Can), s. 163.1; Protection of Children Act 1978 (UK), ss. 1, 7(3); 18 USC § 2256(8).

66 Cybercrime Convention, Art. 9(3).

67 Cybercrime Convention, Explanatory Report, [104].

68 Criminal Code (Cth), s. 473.1; Criminal Code (Can), s. 163.1; Protection of Children Act 1978 (UK), s. 7(6); 18 USC § 2256(1).

69 699 NW 2d 810 (SC Neb. 2005).

70 Cybercrime Convention, Explanatory Report, [104].

것을 수용한다는 사실이 반드시 그러한 행위를 담은 영상물이 널리 배포되는 게 적절하다는 것을 의미하지는 않는다. 그러한 영상물은 원천이 합법적이더라도 전세계적인 아동 음란물 시장에 일조할 수 있다.

이 불일치는 아동 음란물 관련 기소를 용이하게 한다는 점에서 정당하다고 볼 수 있다. 미성년자의 정의를 18세로 확장함으로써 이전에는 경계선에 있던 영상물을 수사할 수 있게 되었다. 경계에 있는 영상물에 제한된 경찰 인력을 할당해야 하는지 의문이 제기될 수 있기는 하지만 말이다.[71] 미국의 한 연구는 검거된 사건 중 많은 양의 아동 음란물이 아주 어린 아동들과 관련 있었으며, 피의자의 87%가 6세에서 12세 사이의 아동을 묘사하는 이미지를 일부는 소지하고 있었음을 제시한다.[72]

영상물에 묘사된 자가 대상 연령 미만이거나 그렇게 '보이는지' 판단하는 것은 어려울 수 있다. 영국에서 당사자가 대상 연령 미만인지 여부는 정식 증거가 필요 없는 추론에 근거한 사실의 문제이며, 당사자의 연령을 밝히기 위해 양측이 제출한 전문가 증거는 받아들일 수 없다고 여겨져 왔다. R. v. Land[73] 사건에서 항소 법원은 전문가 증거의 목적은 판사나 배심원이 일반적인 경험 및 지식에서 벗어났다는 점을 법원에 알려주기 위한 것이라고 주장하였다. 이 경우 배심원은 16세 미만 여부를 판단함에 있어 전문가와 같은 위치에 있는 것이다.

이 판결은 영국에서 대상 연령이 16세 미만인 시절에 나온 것이다.[74] 그렇다고 하더라도 그 함의는 논쟁의 여지가 있어 보인다. 대상 연령이 18세인 곳에서는 경계상에 있는 사건들의 경우 사실 심리관이 전문가 도움 없이 대상자가 18세 미만으로 보이는지를 판단하도록 하는 것은 사실 심리관의 판단에 지나치게 의존하는 것처럼 보일 수 있다. 시각적 이미지를 보고 대상자의 나이를 규명한다는 것은 신뢰성이 너무 떨어진다. 한 연구에서는 이탈리아와 독일의 실험 대상자들에게 11개의 음란물에서 여자의 나이를 추측하도록 하였다. 음란물들은 성인 사이트에서 가져온 것이고 등장한 여성은 18세 이상이었다. 대상자들 중 겨우 50%의 이탈리아인과 23%의 독일인만이 여성

---

71 A. A. Gillespie, 'The Sexual Offences Act 2003: (3) tinkering with "child pornography"' (2004) Criminal Law Review 361, 363.

72 Wolak, Finkelhor and Mitchell, Trends in arrests for child pornography possession, p. 2.

73 [1999] QB 65.

74 2003년 성범죄법(Sexual Offences Act 2003), s. 45(2)에서 대상 연령을 18세로 높였다.

의 나이를 옳게 추측하였다.[75] 다른 법원들은 결정적인 쟁점에 관한 전문가 증거를 받아들일 수 없을 때에도, 특정한 신체 특징들이 대상자가 해당 연령 미만이라는 판단에 부합하는지 아닌지 등에 대한 배심원 판단을 도울 수는 있다는 입장이다.[76]

그러나 이 질문에 제대로 답하기 위해서는 입증되어야 하는 쟁점이 무엇인지가 명확해야 한다. 등장인물이 18세 미만이라고 주장되고 있고, 이것이 입증되어야 하는 쟁점이라면 전문가 증거는 적절하게 인정될 것으로 보인다. 반면에, 등장인물이 18세 미만으로 '보인다'거나 '묘사된다'고 주장하는 것이라면, 배심원이 전문가 증거 없이 판단할 자격이 충분히 있는 쟁점일 것이다. 그러한 경우 법이 금지하고자 하는 행위는 미성년자를 포함하는 것처럼 보이는 영상물의 제작이다. 배심원이나 판사에게 대상자가 해당 연령 미만으로 보인다면, 대상자의 실제 연령과 관계없이 범죄는 성립한다.

한 가지 관련 쟁점은 '섹스팅(Sexting)'이다. 섹스팅은 '사람들(특히 어린 사람들)이 인터넷, 휴대폰, 또는 다른 전자기기를 통해 성적으로 노골적인 메시지나 이미지를 제작, 공유, 전송, 게재하는 것'이다.[77] 섹스팅은 개인적 이용을 위해 촬영하거나 보유한 이미지 또는 합의에 의해 공유한 이미지부터 동의에 의해 촬영했지만 동의 없이 유포된 이미지 등 넓은 범위의 행위를 포괄하는 변화하는 개념이다.

언론 보도는 젊은 사람들 사이에 섹스팅이 유행하고 있다고 하며,[78] '4%에서 40%' 까지 만연해 있다고 추정한다.[79] 그러나, 연구 방법과 용어가 다르기 때문에 현재로서는 실제 만연성을 추정할 수 있는 일관성 있고 신뢰할만한 연구 결과가 없다.[80] 그럼에도 불구하고, 이미지가 18세 미만을 묘사한다면 등장인물을 포함하여 그 참여자들은 잠재적으로 아동 음란물 소지, 제작, 배포의 혐의가 있다.[81] 이에 대한 기소는 흔치 않은 것 같지만,[82] 그럼에도 이는 다면적인 대응이 필요한, 복잡한 과제를 제기하

---

75 C. Cattaneo, S. Ritz-Timme, P. Gabriel, D. Gibelli, E. Giudici, P. Poppa, D. Nohrden, S. Assmann, R. Schmitt and M. Grandi, 'The difficult issue of age assessment on pedopornographic material' (2009) 183 Forensic Science International e21-e24.

76 Arnott v. McFadyen (2002) SCCR 96; US v. Hamilton, 413 F 3d 1138 (10th Cir. 2005).

77 Law Reform Committee, Parliament of Victoria, Inquiry into sexting, Report (May 2013), p. 19.

78 K. Lounsbury, K. J. Mitchell and D. Finkelhor, The true prevalence of 'sexting', Factsheet(Crimes Against Children Research Center, 2011), p. 4.

79 Law Reform Committee, Inquiry into sexting, p. 30.

80 Lounsbury, Mitchell and Finkelhor, The true prevalence of 'sexting,' p. 4.

81 Law Reform Committee, Inquiry into sexting, ch. 4.

82 Ibid., pp. 35-7.

는 문제이다.[83]

법적 대응 측면에서 많은 국가들이 특정 '섹스팅' 범죄를 규율하고 있다. 예를 들어, 호주의 Victoria 주에서 1966년 약식범죄법(Summary Offences Act 1966)의 s. 41DA는 A가 의도적으로 B의 사적 이미지를 배포하는 경우 이미지 배포가 사회 통념상 받아들여질 수 있는 행위에 반한다면 이를 범죄로 규정한다. B가 미성년자라면, 그 배포에 B가 동의했는지 여부는 범죄 성립에 영향을 주지 않는다. B가 미성년자가 아닐 경우 B가 명시적으로 또는 암묵적으로 동의했다면 (또는 이미지 배포와 그 배포 방법 모두에 동의한 것으로 합리적으로 간주할 수 있다면) 정당방위가 될 수 있다. 반면에 일부 국가들은 그러한 행위가 동의에 의한 것이고 오직 당사자 간 사적인 용도일 때에만 정당방위 사유로 인정한다.

(2) 성적으로 노골적인 행위의 의미

사이버범죄협약에 의하면, 무엇이 '음란물'을 구성하는지는 국내 기준에 따라 결정된다. 그러나 '성적으로 노골적인 행위'는 실제이든 가상이든, 최소한 다음 요소를 포함하도록 하고 있다.

(a) 동성이나 이성의 미성년자 사이 또는 성인과 미성년자 사이의 성기 간, 구강과 성기 간, 항문과 성기 간 또는 구강과 항문 간 성행위

(b) 수간

(c) 자위행위

(d) 성적 맥락에서 가학적이거나 피학적인 학대행위

(e) 미성년자의 성기 또는 음부에 대한 선정적인 전시[84]

이러한 정의는 미국 연방법 18 USC §2256(2)에서 발견되며, 다른 국가들에서도 널

---

83 C. Arcabascio, 'Sexting and teenagers: OMG R U Going 2 Jail???' (2010) 16 Richmond Journal of Law & Technology 1; D. Jerker and B. Svantesson, '"Sexting" and the law – How Australia regulates electronic communication of non-professional sexual content'(2010) 22 Bond Law Review 41.

84 Cybercrime Convention, Explanatory Report, [100].

리 반영되고 있다. 일부 국가들은 이미지의 심각성을 판단할 목적으로 분류 가이드라인을 채택하였다. 영국에서는 처음에 코크 대학(University of Cork)의 'COPINE(Combating Paedophile Information Networks in Europe) 프로젝트'가 정립한 COPINE 분류에 근거하여 가이드라인을 채택했다.[85] 이후 R v. Oliver 사건의 항소 법원이 COPINE 분류의 수정안을 정립하였는데, 다음과 같이 심각성 순으로 5가지로 분류한다.[86]

① 성행위 없이 성적인 자세를 취하는 것을 묘사하는 이미지
② 아동 간 성행위 또는 아동 혼자 하는 자위행위
③ 성인과 아동 간 비삽입 성행위
④ 성인과 아동 간 삽입 성행위
⑤ 가학적 성행위 또는 수간[87]

이처럼 약간 수정된 '올리버 분류(Oliver Scale)'는 5가지 단계의 분류 체계로서 양형 위원회에 의해 공식적으로 이행되었다.[88] 그러나 최근 가이드라인은 3개 유형으로 더 간소화되었다.

① A유형: 삽입 성행위를 포함하는 이미지, 동물과의 성행위 또는 가학적 성행위
② B유형: 비삽입 성행위
③ A유형과 B유형에 속하지 않는 불건전한 이미지[89].

올리버 분류는 호주에서도 수많은 주 법원에서 적용되거나 고려되는 등 영향을 미쳤다.[90] 더 최근에는 호주에서 '아동 착취 추적 시스템(Child Exploitation Tracking System,

---

85 Sentencing Council (UK), Sexual offences guideline consultation, Consultation Paper(2012), p. 79.
86 [2002] All ER (D) 320.
87 *Ibid.*, at [10].
88 Sentencing Council (UK), Sexual offences guideline consultation, p. 79.
89 Sentencing Council (UK), Sexual offences definitive guideline (2013), p. 76.
90 Salman v. DPP (Cth) [2011] NSWCCA 192 at [50]; R v. MBM (2011) 210 A Crim R 317 at 319-20; DPP (Cth) v. Latham (2009) 19 Tas R 281 at 291-2; R v. Riddle (2012) 113 SASR 314 at 316; Godfrey v. R [2013] WASCA 247 at [13].

CETS)' 분류[91]와 '호주 피해자 이미지 라이브러리(Australian National Victim Image Library, ANVIL)'에 기반한 국가적 가이드라인을 정립해 나가고 있다.[92]

사이버범죄협약상 정의의 (a)부터 (d) 문단에서 묘사된 행위는 가장 심각한 축에 속하며, 각 국가의 '아동 음란물' 정의에 포섭된다.[93] 캐나다에서 형법(Criminal Code) s.163.1.의 '노골적 성행위'라는 용어는 객관적으로 성행위 스펙트럼의 가장 극단적 축에 해당하는 행위들, 즉 '생생하고 분명하게 18세 미만 또는 18세 미만으로 묘사된 자들의 나체나 성행위를 포함하는 행위'를 의미한다.[94]

각각의 정의는 성행위에 더하여, 아동의 성기, 항문 또는 가슴을 강조하는 이미지 등 성적 맥락에서 자세를 취하고 있는 이미지도 포괄한다. 일반적으로, 이러한 이미지들은 올리버 분류의 1단계에 속하며, '불건전'하거나, '선정적'이거나, 묘사의 '지배적 특징'이 '성적 목적'을 위한 것일 것 등의 요건 충족 시 아동 음란물을 구성할 수 있다.

R v. J.E.I.[95] 사건에서 피고인은 본인 집 화장실에 카메라를 숨겨두었다. 성인 여성이 광범위하게 촬영됐을 뿐 아니라, 18세 미만의 소녀 4명이 가슴, 성기, 엉덩이를 노출한 모습이 여러 번 짧게 촬영되었다. 촬영물의 지배적인 특징이 성적 목적을 위한 것인지 판단함에 있어 법원은 R v. Sharpe 판결에서 제시된 객관적 접근법을 적용하였다.

문제는 합리적 시청자가 촬영물을 객관적이고 맥락적으로 보았을 때 그것의 '지배적 특징'이 아동의 생식기나 항문 부위를 묘사한 것으로 보겠느냐는 것이다. '성적 목적'이라는 어구에 대해서도 동일하게, 합리적으로 볼 때 일부 시청자에게 성적 흥분을 일으킬 의도이냐로 해석한다.[96]

이 기준은 가족이 찍은 사진처럼 무고한 사진들과 성적 의도로 찍은 사진을 구별할 수 있도록 해준다. 벌거벗은 아동을 찍은 가족사진은 객관적으로 보았을 때 일반적으로 "지배적 특징"으로서 생식기 또는 항문 부위를 "성적 목적"을 가지고 묘사했다고 볼 수 없다.[97] 이 사건에서 판사는 영상물의 은밀한 성질, 어린 소녀들이 옷을 입으면 녹

---

91   DPP (Cth) v. Zarb [2014] VSCA 347 at [7].

92   R v. Martin [2014] NSWCCA 283 at [10].

93   Criminal Code (Cth), s. 473.1; Protection of Children Act 1978 (UK), s. 1; Criminal Justice Act 1988 (UK), s. 160; 18 USC § 2256(8).

94   R v. Sharpe [2001] 1 SCR 45 at [81].

95   (2005) 204 CCC (3d) 137.

96   R v. Sharpe [2001] 1 SCR 45 at [82].

97   9 *Ibid*. Cf. US v. Schuster, 706 F 3d 800 at 807-8 (7th Cir. 2013).

화가 끝났다는 점, 비디오 클립이 더 노골적인 성인 여성의 이미지와 같은 비디오에 속해있다는 점 등을 고려하였다.[98] 해당 영상물이 명백하게 예술적, 교육적, 과학적, 또는 치료적 목적이 없었다는 점과 함께, '영상물들은 성적 목적을 위한 것이었다는 추론이 설득력 있다'고 하였다.[99]

이러한 유형의 묘사는 미국에서 보호되는 표현과 보호되지 않는 표현의 경계에 놓여있기 때문에 큰 어려움이 있다. 어떠한 이미지가 '선정적인(lascivious)' 전시를 구성하는지 여부를 판단함에 있어 법원은 ① 시각적 묘사의 핵심적 부분이 아동의 성기나 음부인지, ② 시각적 묘사의 배경이 성적 암시를 주는 것인지, ③ 아동이 부자연스러운 자세나 부적절한 의상으로 묘사되었는지, ④ 아동이 옷을 완전히 갖춰 입었는지 아니면 일부만 입었거나 벌거벗었는지, ⑤ 시각적 묘사가 성적 수줍음 또는 성행위를 하고자 하는 의사를 암시하는지, ⑥ 시각적 묘사가 시청자의 성적 반응을 끌어내도록 계획 또는 의도한 것인지 등의 요소들을 고려하였다.[100] US v. Knox 사건[101]에서 성기나 음부의 선정적인 전시는 그러한 신체 부위가 속옷이나 수영복 같은 옷으로 덮여 있었다고 하더라도 아동 음란물을 구성할 수 있다고 판시하였다.

일부 연구는 아동 음란물 소지 범죄자의 상당수가 문제 삼을 수는 없지만 맥락이 의심스러운 '무고한' 이미지도 함께 소지하고 있었다고 밝혔다.[102] 새로운 현상은 아니지만, 디지털 기술은 역량과 규모 측면에서 우리가 가진 기존의 관념들에 도전하고 있다. 호주의 한 사건에서는 피고인이 소지하고 있던 수천 개의 아동 음란물 이미지와 함께 성적이지 않은 어린 아동 이미지도 500,000개 발견되었다.[103]

아동 음란물 소지, 제작, 배포를 용이하게 하는 모든 요소들은 이러한 부수적 이미지에도 동일하게 적용된다. 특히, 아동의 '무고한' 이미지를 촬영하여 성적 웹사이트에 게재하는 행위는 당연히 상당한 사회적 우려를 일으킨다. 예를 들어 호주에서 한 웹

---

98   R v. J.E.I. (2005) 204 CCC (3d) 137 at [18].

99   *Ibid.*

100   US v. Dost, 636 F Supp 828 at 832 (SD Cal. 1986).

101   32 F 3d 733 (3rd Cir. 1994), cert. denied 513 US 1109 (1995).

102   J. Wolak, D. Finkelhor and K. J. Mitchell, 'The varieties of child pornography production', in E. Quayle and M. Taylor (eds.), Viewing child pornography on the internet: Understanding the offence, managing the offender, helping the victims (Dorset, UK: Russell House, 2005), p. 39.

103   R v. Hill (2011) 110 SASR 588 at 590.

사이트에는 퀸즈랜드 공원에서 찍힌 아동 이미지가 수천 개 발견 되었다.[104] 아동과 그 보호자들이 인지하지 못했을 수 있고, 그런 면에서 아동이 해를 입은 것은 아니지만, 이처럼 이미지를 사용하는 것은 '아동들이 안전하게 놀 수 있어야 하는 상황을 성적으로 만든다'는 점에서 유해하고 모욕적인 것일 수 있다.[105]

일반적으로 이러한 이미지는 현존하는 법률로 처벌할 수 없을 것이며, 일부 웹사이트는 의도적으로 아동 음란물의 정의를 벗어나도록 설계되었다.[106] 예를 들어 '아동 모델 사이트'라고 불리는 사이트들은 어린 소녀들이 아동 음란물에는 해당하지 않지만 자극적일 수 있는 의상이나 자세를 취하는 이미지를 게재한다.[107]

경우에 따라서는 그러한 이미지가 전시된 맥락 때문에 아동 음란물을 구성한다고 주장할 수도 있을 것이다. R v. Sharpe 사건에서는 판사의 부수 의견으로서 성적인 앨범에 사진을 놓고 성적인 설명을 달아놓는 것은 합리적 관찰자의 시각으로 볼 때 그 지배적 목적이나 특징이 명백히 성적인 것으로 의미를 바꿀 수 있다고 제시되었다.[108] R v. Carr 사건[109]에서 피고인은 런던 배경의 여성과 아동의 은밀한 사진들을 12,000여 개 가지고 있었다. 그 중 유포된 한 사진은 3살에서 4살 가량의 소녀의 속옷을 몰래 촬영한 사진이었다. 해당 이미지가 첨부된 이메일은 명백하게 그 아동에 대한 성적 흥미를 표현하는 구절들을 포함하고 있었다.[110]

성적 목적의 웹사이트에 놓인 이미지와 관련하여 같은 주장이 제기될 수 있다. 예를 들어, 호주에서는 청소년 남자아이들이 다양한 스포츠 활동을 하고 있는 사진들이 웹사이트에 동의 없이 게재되었다. 그 사진들이 게재된 맥락은 시청자의 성적 만족을 위한 것임을 시사하였고, 사이트 자체도 포르노 사이트 링크들을 포함하고 있었다.[111]

반면에 Ashcroft 판결에 이어 미국 판례는 이미지가 제시된 맥락은 아동 음란물 여

---

104   6 Standing Committee of Attorneys General (Australia), Unauthorised photography on the internet and ancillary privacy issues, Discussion Paper (2005), p. 5.
105   Taylor and Quayle, Child pornography, p. 35.
106   Ibid., pp. 6-7.
107   C. Calvert, 'Opening up an academic privilege and shutting down child modeling sites: Revising child pornography laws in the United States' (2002) 107 Dickinson Law Review 253, 272-4.
108   R v. Sharpe [2001] 1 SCR 45 at [82].
109   [2003] EWCA Crim 2416.
110   Ibid., at [6].
111   Standing Committee of Attorneys General, Unauthorised photographs, p. 5.

부를 판단하는 데 관련될지 몰라도, 주요한 고려사항은 아닐 수 있다고 하였다.[112] 예를 들어, 이미지가 음란물 사이트에 있는 경우 그러한 이미지가 아동 음란물인지 여부는 음란한 맥락에서 게재되었다는 사실에 의해 좌우되는 것은 아니다.[113] 악의 없는 이미지가 성적 사이트에 있다고 해서 불법적인 것으로 간주되는 것은 아니다.[114]

　어떤 이미지가 원래 불건전한 것은 아니지만 강조의 변화를 통해 외설적인 것으로 바뀌는 것도 가능하다. 예를 들어, R v. Murray 판결[115]에서 피고인은 불건전한 아동 영상물을 소지한 혐의로 유죄 선고를 받았다. 이 영상물은 두 부분으로 촬영되었다. 첫 부분은 한 의사가 벌거벗은 소년의 성기를 진단하는 텔레비전 프로그램이었는데 의사가 무엇을 하고 있는 건지 설명이 달렸다. 이 부분은 불건전하다고 주장되지 않았다. 두 번째 부분은 첫 번째의 수정본이었는데 보충설명이 없었으며, 슬로우 모션을 하는 등 성기를 자극하는 장면에 초점이 맞추어졌다. 배심원들은 이 이미지의 불건전성을 평가했고, 법원은 이 이미지가 원래 프로그램과 구별된다는 이유로 유죄 선고를 내렸다.[116]

　이는 궁극적으로 사실의 문제이다. R v. O'Carroll[117]판결에서 소아 성애 활동가로 공언한 피고인은 '해변에서 노는 것처럼 일상적인 바깥 활동을 하는 나체의 어린 아동'을 담은 이미지 컬렉션을 영국에 들여왔다.[118] 이러한 이미지들이 불건전한지에 대해 피고인은 R v. Oliver 판결에서 Rose LJ가 제시한 '합법적 배경에서의 벌거벗음이나 은밀한 사진 조달 모두 그 자체로 음란물을 형성하는 것은 아니다'는 의견을 인용하였다.[119] 이 사건에서 법원은 이 쟁점은 결국 배심원들이 답해야 하는 것이며, '이 법원의 한 사건에서 한 판사가 무엇이 "음란물"을 구성하는지에 대해 내린 의견이 다른 사건에서 무엇이 외설물인지에 대한 배심원의 판단을 구속할 수 없으며, 이는 그 판사가 아무리 저명하다고 해도 그러하다'고 하였다.[120] 이 사건에서 배심원단은 외설성에 관한

112　Shoemaker v. Taylor, 730 F 3d 778 at 788 (9th Cir. 2013).

113　*Ibid.*, at 790.

114　*Ibid.*

115　7 [2004] EWCA Crim 2211.

116　*Ibid.*, at [6].

117　[2003] EWCA Crim 2338.

118　*Ibid.*, at [2].

119　R v. Oliver [2002] All ER (D) 320 at [10].

120　R v. O'Carroll [2003] EWCA Crim 2338 at [17].

쟁점에 대하여 적절하게 지침을 받아 잘 분간하였다. 법원이 성기의 노출 범위는 배심원단이 고려할 수 있는 요소라는 재판관의 의견이 완전히 적절하다고 판단했다는 사실로부터 적어도 일부 이미지의 성격이 추론될 수 있다.[121]

(3) 묘사 매개체

디지털 기술은 어떤 것이 오로지 데이터로만 존재할 수 있다는 문제를 가져왔다. 따라서 아동 음란물의 정의는 최대한 기술적 중립성을 보장하는 게 중요하다. 예를 들어, 호주의 연방법은 단순히 '자료(material)'라고 지칭하여, '통신을 구성할 수 있는 모든 형태 또는 형태의 조합인 자료'를 포괄하도록 정의하고 있다.[122] '통신' 역시 (사람 간이든, 사물 간이든, 사람과 사물 간이든) 글자, 발언, 소리, (정지돼 있거나 움직이는) 시각적 이미지, 신호, 데이터, 기타 형태 또는 형태들의 조합인 모든 통신을 포함하도록 정의하고 있다.[123]

반면에 다른 국가들은 '사진,[124]' '시각적 표현,[125]' '시각적 묘사'[126] 등 기존의 용어들을 사용하여 아동 음란물을 정의하고 있다. 이러한 용어는 눈에 보이는 이미지와 그것을 구성하는 데이터를 구별해야 하는 디지털 맥락에서 언제나 적절한 것은 아니다.

'전자적 수단으로 만들어졌는지, 기계적 수단으로 만들어졌는지와 관계없이 사진, 필름, 비디오, 기타 시각적 표현'이라고 정의하고 있는 캐나다 법률도 문제 될 소지가 있다.[127] R v. Weir 판결[128]에서 피고인은 인터넷 서비스 제공자에 의해 아동 음란물을 포함한 이미지들이 발견되어 소지죄 선고를 받았다. 사실심 재판관은 캐나다 법률의 목적상 컴퓨터 안에 있는 데이터 소지로는 충분치 않고, 시각적 표현물 그 자체를 소지하였다는 증거가 있어야 한다고 판시하였다. 그러나 판사는 피고인이 컴퓨터로 이미지를 보았다는 충분한 증거가 있고, 이는 유죄 선고를 내리기에 충분하다고 결론지었

---

121 *Ibid.*, at [12].
122 Criminal Code (Cth), s. 473.1.
123 *Ibid.*, Dictionary
124 Protection of Children Act 1978 (UK), s. 1.
125 Criminal Code (Can), s. 163.1(1).
126 18 USC § 2256(8).
127 Criminal Code (Can), s. 163.1(1)
128 (2001) 156 CCC (3d) 188.

다.[129] Alberta 항소 법원은 소지에 대한 사실심 재판관의 좁은 해석을 수용하지 않고, 증거가 충분하다고 본 판사의 의견에 동의하였다.[130]

판결문을 처음 읽으면, 이러한 사건에서 피고인이 소지해야 하는 것은 '시각적 표현물'이라고 결론 내린 부분에 있어 사실심 재판관이 옳다고 한 것처럼 보일 것이다. 정의에 열거된 3가지 예시(사진, 필름, 비디오)에 디지털 이미지는 분명 해당하지 않으므로, 해당 조항에 포섭되기 위해서는 다른 형태의 '시각적 표현물'이어야 한다. '시각적'이라는 용어는 볼 수 있는 것, 즉 '인지되고 보일 수 있는 시각상 객체'라는 의미를 내포한다.[131] 이러한 해석을 적용할 때, 판사가 이미지를 생성하는 컴퓨터 파일은 시각적 표현물이 아니라고 한 점은 옳으며, 미국 지방법원도 'GIF, JPG, ZIP 파일 그 자체로는 시각적 묘사물이 아니며, 이것들은 디스켓이나 다른 매체에 저장된 컴퓨터 데이터로서 그 안에 있는 이미지를 보기 위해서는 소프트웨어와 컴퓨터를 필요로 한다'고 하여 같은 입장을 취하였다.[132] 이러한 해석 하에 '시각적 표현물'은 컴퓨터 스크린의 이미지여야 한다.

그렇다면 피고인이 그러한 이미지를 어떻게 소지하고 있는지 의문이 제기될 수 있다. 소지는 관리 또는 통제를 요한다. 이미지 자체를 소지하려면, 피고인이 그 이미지를 통제할 수 있다는 점에 근거하여야 한다. Weir 법원에서 피고인이 이미지를 시청함으로써 소지하였다고 판결한 것은 이러한 사실에 근거하였을 것이다. 그러나 무언가를 본다는 것이 관리나 통제를 하는 것은 아니므로, 시청 행위는 소지의 근거가 될 수 없다. 만약 될 수 있다면, 아동 음란물을 띄어놓고 있는 컴퓨터 스크린을 의도적으로 본 자는 누구든 그 이미지를 소지한 게 될 것이다. 따라서 더 정확하게는, 소지행위를 구성하는 것은 이미지를 생산하기 위해 데이터를 통제하는 행위여야 한다.

이 해석은 포렌식에 상당한 어려움을 준다. 소지하는 것이 시각적 표현물이어야만 한다면, 기소하기 위해서는 그 파일이 실제로 전시됐음을 증명하여야 한다. 이미지가 전시되지 않았다면 시각적 표현물이 있을 수 없다. 예컨대 디스플레이 기능이 탑재되지 않은 플래시 드라이브나 기타 저장장치에서 파일들을 발견하는 경우 등 많은 경우에 소지죄 조항을 집행할 수 없게 할 것이다.

---

129   *Ibid.*, at [5].
130   *Ibid.*, at [24].
131   Oxford English Dictionary Online, Oxford University Press, December 2014.
132   US v. Lamb, 945 F Supp 441 at 451 (ND NY. 1996).

한편, '시각적 표현물'이라는 용어가 전시 여부와 관련 없이 데이터 파일을 포함한 다는 대안적 관점이 있으며, 이는 제9연방항소법원의 US v. Hockings 판결에서 채택되었다.[133] 피고인은 그의 컴퓨터에서 GIF 파일 형태의 이미지들이 발견되어 아동 음란물 소지를 포함한 여러 범죄로 유죄 선고를 받았다.[134] 범행 당시에 '시각적 묘사'는 '미현상 필름이나 비디오테이프'도 포함하도록 정의되어 있었지만, 여기에 데이터는 포함되지 않았다. 법원은 GIF 파일은 법령의 해석상 '시각적 묘사'에 해당하지 않는다는 피고인의 주장을 받아들이지 않았다.

그러한 파일들이 법령 해석상 '시각적 묘사'에 해당되도록 입법자에 의해 의도됐다는 점은 분명하다. 첫째로, 해당 조항들은 컴퓨터를 포함하여 어떤 수단으로든지 그러한 자료를 이송하는 것을 다루고자 하였으며, 의회가 컴퓨터에 의한 아동 음란물의 이송을 금지하고자 했음에도 GIF 파일이 시각적 묘사의 정의에 포함하지 않는다고 보는 것은 부당할 것이다.[135] 둘째로, '시각적 묘사'의 정의는 포괄적이며, '시각적 묘사'에 해당하는 것들을 완전히 열거하지는 않는다. 이미지를 보려면 소프트웨어가 필요하지만, '2진수 형태로 전송된 시각적 이미지는 음란물로 시작하여 음란물로 끝나며, 이는 의회가 금지하고자 한 것이다'.[136] 따라서, 파일들은 해당 조항의 의미상 '시각적 묘사'에 해당한다고 받아들여졌다.

이러한 해석과 일관되게, 파일이 시각적 형태로 변환될 수 있어야만 한다는 의견이 지지되었다. 어떠한 절차 없이 즉시 볼 수 있어야 할 필요는 없다. 예를 들어 캐시 파일은 시스템 명령이 실행되어 일반 파일로 변환될 때까지 볼 수 없지만, 변환이 가능하므로 시각적 묘사에 해당한다.[137]

캐나다의 법률과 관련하여 비슷한 주장이 제기될 수 있다. 법률상 정의는 명백하게 '전자적 수단'으로 생성된 이미지에 적용하고자 하는 것이었으나, 데이터 파일을 해당 조항의 범위에서 배제하는 것은 법률 적용을 지나치게 제한하는 것이 된다. 또한, '비디오'를 정의에 포함시킨 것은 의회가 시각화를 위해 부가적인 처리를 요하는 이미지들에도 '시각적 표현물'이라는 용어가 적용되도록 의도한 것임을 분명히 나타내는 지표이다.

---

133 129 F 3d 1069 (9th Cir. 1997).
134 18 USC § 2252(a)(1), (4)(B).
135 US v. Hockings, 129 F 3d 1069 at 1071 (9th Cir. 1997).
136 Ibid., at 1072.
137 US v. Romm, 455 F 3d 990 at 998-9 (9th Cir. 2006).

이러한 측면에서 컴퓨터로 읽을 수 있는 데이터로 저장된 이미지는 비디오테이프의 이미지와 유사하다. 양자는 모두 시청을 위해 기계를 사용하여 처리해야 하며 자성을 띤 신호로 저장된 이미지이다. 적절한 장비로 처리되기 전까지 시청될 수 없다고 해서 법 조항의 목적상 '시각적 묘사'의 정의 밖에 있다고는 볼 수 없다.[138]

이러한 의미론적 논쟁은 단순히 기존의 용어들을 가져오는 것보다 디지털 환경을 반영하는 정의를 세우는 것이 중요함을 시사한다. 예를 들어, 미국에서 '아동 음란물'은 '전자적, 기계적, 기타 어떤 수단으로 만들어졌든지 간에 그림, 필름, 비디오, 사진, 컴퓨터 또는 컴퓨터로 생성된 이미지나 그림을 포함한 시각적 묘사'라고 하여 캐나다의 법 조항과 유사한 용어들로 정의하고 있다.[139] 그러나 '시각적 묘사'는 더 나아가 '미현상 필름과 비디오테이프, 시각적 이미지로 변환할 수 있는 컴퓨터 디스크 또는 기타 전자적 수단으로 저장된 데이터'를 포함하도록 정의되어 있다.[140] 이 정의는 이메일 첨부와 같은 파일 전송에는 명백히 적용되지만, 시각적 이미지로 변환할 수 있는 데이터 외에 파일로의 경로를 제공하는 하이퍼링크의 전송에는 적용될 수 없다고 해석되어 왔다.[141]

아동의 '불건전한 사진이나 가상의 사진'이라는 용어를 쓰고 있는 영국에서도 유사한 쟁점이 일어났다.[142] '불건전한 사진'은 '불건전한 필름, 불건전한 사진이나 필름의 복사본, 필름에 표현된 불건전한 사진을 포함한다'고 정의되어 있다.[143] '가상의 사진'은 '컴퓨터 그래픽이나 기타 어떤 방법으로 만들어졌던 간에 사진처럼 보이는 이미지'를 의미한다고 정의되어 있다.[144]

이 조항이 개정되기 이전에, 사진은 '필름 또는 유리와 같은 감광물질에 대한 빛이나 다른 복사의 화학적 반응으로 획득되는 사진 또는 기타 이미지'였기 때문에 컴퓨터 디스크에 있는 이미지는 사진에 해당하지 않는다고 여겨졌다.[145] 전통적인 사진을 스

---

138   US v. Whiting, 165 F 3d 631 at 633-4 (8th Cir. 1999).
139   18 USC § 2256(8).
140   18 USC § 2256(5).
141   US v. Navrestad, 66 MJ 262 at 265-6 (CAAF. 2008).
142   Criminal Justice Act 1988 (UK), s. 160(1).
143   Protection of Children Act 1978 (UK), s. 7(2).
144   *Ibid.*, s. 7(7).
145   R v. Fellows and Arnold [1997] 2 All ER 548 at 556.

캔하여 디스크에 저장한 이미지는 불건전한 사진의 복사본에 해당하였지만,[146] 디지털 형식으로만 생성된 이미지의 경우에는 그렇지 않았다.

이 쟁점은 이제 '사진'에 '시각적 이미지로 변환할 수 있는 컴퓨터 디스크나 다른 전자적 수단으로 저장된 데이터'가 포함되도록 정의하면서 해결되었다.[147] 이 용어는 아래 요소를 포함하도록 정의되어 있다.

> (a) 전자적으로 또는 다른 수단으로 만들어진 흔적이나 이미지
> (i) 그 자체로는 사진이나 가상 사진이 아니지만
> (ii) 사진이나 가상 사진의 전체 또는 부분(또는 양자의 결합)으로부터 파생된 ;
> (b) (a)의 이미지로 변환할 수 있는 컴퓨터 디스크나 다른 전자적 수단으로 저장된 데이터[148]

이 개정은 전통적인 방법에 의해서든 컴퓨터 스캔에 의해서든 사진의 윤곽을 투사하는 것이 '사진'이나 '가상 사진'의 기존 정의에 포함되지 않는다는 우려를 해결하기 위한 것이었다.[149]

영국과 미국의 법 조항 모두 '컴퓨터 디스크에 저장된 데이터'라고 지칭하고 있지만, 이는 그 데이터가 향후 사용과 검색을 위해 보존되어야 한다는 요건을 내포하는 것은 아니다. 양자는 모두 포괄적인 정의이며, 데이터가 반드시 의도적으로 저장되어야만 이 조항에 해당되는 것은 아니라고 여겨졌다.[150] 다운로드 된 데이터 또는 스트리밍된 것이라도, 처리 목적으로 컴퓨터에 '저장된' 것이며, 그 저장이 일시적인 경우에도 그러하다. 예컨대 인터넷 브라우저의 캐시 폴더처럼, 어떠한 경우에도 시청된 이미지는 동시에 컴퓨터 하드 드라이브에 저장될 것이다.

여러 미국 법 조항에서 관련되는 문제는 '어떠한 시각적 묘사를 포함하는 물질'이

---

146 *Ibid.*
147 Protection of Children Act 1978 (UK), s. 7(4).
148 *Ibid.*, s. 7(4A).
149 Gillespie, Child pornography, p. 51.
150 R v. Smith; R v. Jayson [2002] EWCA Crim 683. See also Atkins v. DPP; Goodland v. DPP [2000] 2 All ER 425 at 436; US v. Tucker, 305 F 3d 1193 at 1204 (10th Cir. 2002)

라는 용어이다.[151] 그 '물체(matter)'이나 '자료(material)'가 시각적 묘사를 포함하는 파일인지 아니면 그 파일을 보유한 저장매체인지가 문제된다. 특히 이 구별은 피고인이 본인이 무엇을 소지하고 있는지를 인지하고 있었는지와 관련될 수 있다. 예를 들어 US v. Lacy 판결[152]에서 피고인은 다운로드한 파일을 열고 그것들이 아동 음란물 이미지인 것을 보았을 때 이를 삭제하였다고 주장하였는데, 법원은 "그의 주장이 사실이라면 그는 본인이 디스크와 드라이브에 다운로드한 묘사물이 미성년자가 성적 행위를 하는 내용임을 알았지만, 그 묘사물이 여전히 그의 디스크나 드라이브에 있다는 걸 몰랐다"고 판시하였다.[153]

시각적 묘사를 담고 있는 '물체(matter),' 즉, 묘사물을 담고 있는 물리적 매체는 컴퓨터 하드 드라이브나 디스크라고 여겨왔다. 이 구절에는 '책, 잡지, 정기간행물, 필름, 비디오 테이프'라는 단어들이 뒤따르며, 동종의 원칙(ejusdem generis)상 이러한 용어들과 일관되게 해석되어야 한다.[154] 법원은 하드 드라이브를 그림을 담은 책이나 잡지와 유사한 것으로 보았다. 따라서, 피고인이 이미지의 성질을 알았다는 것으로는 불충분하고, 그러한 이미지들이 그의 하드 드라이브에 있다는 사실 또한 알아야 한다는 점을 배심원단에게 주지시켜야 했다.

우리는 디지털 이미지 형태의 아동 음란물에 초점을 맞추고 있지만, 일부 국가에서 아동 음란물의 정의는 채팅 메시지,[155] SMS[156] 등 글로 써진 묘사물[157]도 포함한다. 여기에는 판타지 소설과 기타 아동 음란물에 대한 글뿐만 아니라 아동의 성행위를 묘사하는 온라인 대화[158] 및 인터넷상 아동 음란물 위치에 관한 정보를 제공하는 인터넷 게시판도 포함될 수 있다.[159] 아동 음란물의 또 다른 형태로서 거의 논의되고 있지 않으며, 일반적으로 관련 법 조항이 적용되지 않는 것은 아동의 성적 음성녹음이다.[160]

---

151   18 USC § 2252(a)(4).
152   119 F 3d 742 (1997) cert. denied 523 US 1101 (1998).
153   *Ibid.*, at 748.
154   *Ibid.*
155   Criminal Code (Cth), s. 473.1; Criminal Code (Can), s. 163.1(1).
156   R v. Lanham [2014] ACTSC 128; Gagné v. R, 2011 QCCA 2157.
157   Keith v. R [2014] NSWCCA 124.
158   Bayliss v. R [2013] VSCA 70 at [5]-[6].
159   Jenkins, Beyond tolerance, pp. 65-6.
160   Gillespie, Child pornography, pp. 21-2.

(4) '가상의' 아동 음란물

디지털 기술은 소위 '가상의' 아동 음란물, 즉 실제 성학대를 포함하지 않는 아동 음란 이미지를 만들 수 있는 첨단 수법을 제공한다. Gillespie는 '가상의 아동 음란물' 이라는 용어가 정말 '가상의' 것들 모두가 아니라 사실상 일련의 이미지들을 지칭하는 데 사용된다는 점을 지적하였다.[161] 그는 이러한 맥락에서 논의될 수 있는 이미지를 2개로 분류하였다. 첫째는 실제 사진을 기초로 컴퓨터로 조작한 이미지이다. 예컨대, 성인의 이미지를 아동처럼 보이게끔 조작하는 것(morphing), 한 이미지의 일부를 다른 이미지로 바꾼 합성 이미지 등이 있다.[162] 이 범주에는 실제 이미지가 그림처럼 보이도록 조작되거나 3차원의 컴퓨터 생성 이미지인 렌더링 이미지도 속할 수 있다.[163]

두 번째 범주는 컴퓨터 생성 이미지이다. 즉, 전부 컴퓨터 소프트웨어로 생성된 것으로서 실제 사진 이미지를 포함하지 않는 이미지이다. 이는 실제 아동의 이미지를 포함하지 않는다는 점에서 정말 '가상의' 이미지이다.[164] 이 범주에는 아동의 성행위를 묘사하는 그림과 만화 등이 있다.

실제 아동 없이도 실제 아동 음란물처럼 보이는 것을 만들어 낼 잠재성은 있지만, 상당한 수준으로 발생하고 있다는 증거는 적은 것으로 보인다. 기술적 진보에도 불구하고 실제 아동 이미지와 구별할 수 없을 정도의 또는 거의 비슷한 수준까지라도 컴퓨터 생성 이미지를 만들어내는 것이 아직은 어렵기 때문일 것이다. 특히, 움직이는 이미지는 제작하는 데 비용이 매우 많이 들기 때문에 더욱 그러하다.[165]

디지털 이미징 기술의 진보로 인해 디지털 시뮬레이션을 만듦으로써 가짜 인간 이미지를 만드는 것을 가능해졌다고 하더라도, 할리우드의 가장 비싼 디지털 특수효과도 실존 배우와 혼동될 수 있을 정도의 이미지를 생성하는 데 그칠 뿐이라는 사실을 상식과 경험으로 알 수 있을 것이다.[166]

슬프게도, 가상의 아동 음란물 제작의 어려움은 실제 아동 학대 이미지 이용의 용

---

161   *Ibid.*, p. 98.
162   5 *Ibid.*, p. 99.
163   Gillespie, Child pornography, p. 100.
164   *Ibid.*, pp. 99-100.
165   S. S. Kreston, 'Defeating the virtual defense in child pornography prosecutions' (2004) Journal of High Technology Law 49, 53.
166   US v. Pabon-Cruz, 255 F Supp 2d 200 at 207 (SDNY. 2003). See also US v. March, 308 F Supp 2d 498 at 509 (D NJ. 2004).

이성과 극명히 대조된다. "가상 이미지 제작을 시도하는 데 필요한 시간, 전문지식, 자원은 압도적인데 비해 실제 이미지를 훨씬 저렴하게 또는 무료로 쉽게 이용 가능하므로 불필요해진다."[167]

아동 음란물 중 가상 음란물이 차지하는 비율은 상대적으로 적어도 실제 아동 음란물과 같은 유형의 위해를 야기한다는 주장이 있다.[168]

아동 음란물의 위해는 직접적, 물리적 착취 그 이상이다. 제작 시 실제 아동을 대상으로 하든 가상의 제작물이든 유해하다. 두 경우 모두 아동 음란물은 같은 위해와 인격 훼손의 메시지를 전달한다.[169]

사이버범죄협약상 '아동 음란물'은 '성적으로 노골적인 행위에 참여하는 미성년자로 보이는 자'와 '성적으로 노골적인 행위에 참여하는 미성년자를 나타내는 현실적 이미지' 모두를 포함하도록 정의되어 있다.[170] 각국에서 '아동 음란물'의 정의는 정도의 차이는 있지만 여러 형태의 '가상' 아동 음란물을 포괄할 수 있을 만큼 충분히 넓다.

예를 들어, 호주 연방법상 '아동 음란물'의 정의는 '사람 또는 사람의 표현물을 묘사'하는 자료에 적용된다.[171] 판례는 '사람의 표현물을 ... 묘사한다'는 구절의 일반적 의미는 아동 음란물 만화에 적용될 수 있다고 보고 있다(문제된 사건에서는 심슨 가족 캐릭터가 쟁점이었음).[172] 캐나다에서는 '아동 음란물'의 정의 중 '사람'에는 실제 사람뿐 아니라 가상의 시각적 작업물도 포함된다고 여겨져 왔다.[173]

영국에서 그러한 이미지는 주로 '가상 사진'의 정의, 즉, '컴퓨터 그래픽 또는 기타 어떤 방법에 의해 만들어졌든지 사진처럼 보이는 이미지'에 속할 것이다.[174] 이는 컴퓨터로 생성한 이미지에도 적용될 수 있으나, 실제 같아서 '사진처럼 보이는' 것에만 적

---

167 Kreston, 'Defeating the virtual defense', 54. See also US v. Rearden, 349 F 3d 608 at 613 (9th Cir. 2003).

168 Gillespie, Child pornography, pp. 107-16.

169 R v. Sharpe [2001] 1 SCR 45 at [136]. See also UK Sentencing Advisory Panel, The panel's advice to the Court of Appeal on offences involving child pornography (2002), p. 9; Cybercrime Convention, Explanatory Report, [102].

170 Cybercrime Convention, Art. 2(b)(c).

171 Criminal Code (Cth), s. 473.1.

172 McEwen v. Simmons (2008) 73 NSWLR 10.

173 R v. Sharpe [2001] 1 SCR 45 at [53], cited with approval in Holland v. R (2005) 30 WAR 231 at 267 [201].

174 Protection of Children Act 1978 (UK), s. 7(7).

용될 수 있다.[175] 나아가, 1978년 아동보호법(Protection of Children Act 1978) s. 7(8) 하에서는 가상 사진의 등장인물이 아동이라는 인상을 준다면, 그 사진이 어떤 목적이든 아동을 묘사하는 것으로 간주된다. 이는 일부 신체적 특징이 성인의 것이더라도, 전달된 '지배적인 인상'이 아동이라면 마찬가지로 적용된다. 이는 특히 성행위를 하는 성인들의 이미지에 아동 이미지를 중첩한 합성 이미지와 관련된다.

만화처럼 이미지가 사진처럼 보이지 않는다면 해당 조항에 해당하지 않을 것이다. 그러한 이미지의 경우에는 이제 아동에 대한 금지된 이미지를 소지하는 것을 범죄로 규정하는 2009년 검시관과 사법에 관한 법(Coroners and Justice Act 2009) s. 62 에 의해 기소할 수 있다. 예컨대 R v. Milsom 판결[176]에서 피고인은 5,000개 이상의 아동에 대한 불건전한 그림을 소지한 혐의로 유죄 선고를 받았는데, 그림 중 대다수는 가학적인 성 학대를 받는 어린 소녀들을 묘사한 것이었다.

가상의 아동 음란물이 미국 법 조항에 들어가 있긴 하지만, Ashcroft v. The Free Speech Coalition 판결[177]에서 대법원은 18 USC § 2256(8)의 '아동 음란물'의 정의에 관한 일부 조항은 수정헌법 제1조를 위반하여 위헌이라고 판시하였다. 여기서 디지털 측면에서 특히 중요한 것은, 법원이 '아동 음란물'의 정의를 '성적으로 노골적인 행위에 참여하는 미성년자, 또는 미성년자처럼 보이는' 자료를 포함하도록 한 18 USC § 2256(8)(B)을 폐기했다는 것이다. 해당 정의는 '앳된 어른 음란물(아동처럼 보이는 성인의 음란 이미지)'과 '가상의 아동 음란물(실제 아동을 이용하지 않고 컴퓨터로 생성한 아동의 음란 이미지)'을 포괄하게 된다.

물론 수정헌법 제1조의 보호를 받지 않는 표현 범주도 있다. '외설적(obscene)' 자료가 그러한데, '전체적으로 보았을 때 성행위를 명백하게 공격적인 방법으로 표현하여 성에 대한 호색적인 관심을 이끌어내는 것으로서 전체적으로 보았을 때 진지한 문학적, 미술적, 정치적, 과학적 가치가 없는 것'을 말한다.[178] 이와 유사하게, 실제 아동을 이용한 아동 음란물은 헌법으로 보호받는 표현의 자유가 아닌데, 이는 국가가 그러한 자료를 제작하기 위해 착취되는 아동들을 보호하고자 하기 때문이다.[179] 18 USC

---

175 Gillespie, Child pornography, p. 102.
176 [2011] EWCA Crim 2325 at [6].
177 535 US 234 (2002).
178 Miller v. California, 413 US 15 at 24 (1973).
179 New York v. Ferber, 458 US 747 (1982).

§ 2256(8)(B)에 대해 제기된 문제는 외설적이지도 않고 실제 아동을 이용하지도 않는 자료를 포괄하였다는 것이다. 즉, 이 조항은 외설성 기준에 해당하지 않았고, 미술적, 과학적 또는 다른 작품성이 있으면 허용된다는 정당화 사유도 포함하지 않았기 때문에, 의학적 문헌에 들어간 이미지나 로미오와 줄리엣, 아메리칸 뷰티 등을 포함하여 미성년자 간 또는 미성년자와의 성행위를 묘사하는 문학작품 또는 미술작품에도 얼마든지 적용될 수 있었다.[180]

그러한 자료가 아동에 대한 실제 학대를 포함하지는 않지만, 의회는 그것을 금지하는 수많은 정당화 사유를 제시하였다.[181] 캐나다의 대법원은 아동을 제작에 이용하지 않는 아동 음란물도 똑같이 범죄화하는 것을 정당화하는 근거들을 수용하였다. 반면에 미국 대법원은 '인과관계가 우연하고 직접적이지 않다. 위해는 그러한 표현에 의해 반드시 발생하는 게 아니라, 그에 따른 범죄행위 발생에 대한 계량되지 않은 잠재성에 의거하는 것이다.'라고 하여 이를 거부하였다.[182]

예를 들어, 소아 성애자들이 아동들을 성행위에 참여하도록 하기 위해 그러한 자료를 사용할지도 모른다는 점[183]은 그 자체로는 무고하여 금지될 것이라고 예상치 못할 사안에도 다수 들어맞는다.[184] 정부가 아동에게 부적절한 자료를 제공하는 사람을 처벌할 수 있을지는 모르지만,[185] 아동의 손에 들어갈지도 모른다는 이유만으로 성인들을 대상으로 한 표현을 금지할 수는 없다.[186] 유사하게, 그러한 자료가 소아 성애자의 흥미를 돋우고, 범죄행위 실행을 촉진할지도 모른다는 점[187]만으로는 충분하지 않다. 정부는 '즉각적인 불법행위를 선동하거나 양산하려는 의도로서 그러한 행위를 선동하거나 양산할 가능성이 있는' 표현만 제한할 수 있을 것이다.[188] 정부는 생각이나 충동을 조장할 수 있는 표현과 아동 학대라는 결과 사이에 관련성을 충분히 입증하지 못하였다.[189]

---

180 Ashcroft v. The Free Speech Coalition, 535 US 234 at 247-8 (2002).
181 Congressional Findings, Pub. L 108-21, Title V, § 501, April 30, 2003, 117 Stat. 676.
182 Ashcroft v. The Free Speech Coalition, 535 US 234 at 250 (2002).
183 Congressional Findings, Section 101 (a) [Title I, § 121 [1]] of Pub. L. 104-208, (3).
184 Ashcroft v. The Free Speech Coalition, 535 US 234 at 251 (2002).
185 Ginsberg v. New York, 390 US 629 (1968).
186 Ashcroft v. The Free Speech Coalition, 535 US 234 at 252 (2002).
187 Congressional Findings, Section 101 (a) [Title I, § 121[1]] of Pub. L. 104-208, (4).
188 Brandenburg v. Ohio, 395 US 444 at 447 (1969).
189 Ashcroft v. The Free Speech Coalition, 535 US 234 at 253 (2002).

법원 또한 그러한 금지가 실제 아동 음란물 시장을 없애는 데 필수적이라는 주장을 받아들이지 않았다. 근거자료에 대한 언급 없이 법원은 '가상 이미지가 불법 아동 음란물과 동일하다면, 불법 음란물은 그 구별할 수 없는 대체품에 의해 시장에서 축출되었어야 한다'라고 의견을 밝혔다.[190] 나아가 가상의 아동 음란물로 인해 실제 아동이 연루됐다는 걸 증명해야 하기 때문에 실제로 미성년자를 이용하는 음란물 제작자들을 기소하기가 더 어려워진다는 주장도 제기되었다. 그러나 그러한 주장은 보호받지 못하는 표현을 금지하기 위해 보호받는 표현의 자유도 금지할 수 있다고 주장하는 것으로서 수정헌법 제1조를 역설적으로 뒤집는 것이다.[191]

법원은 적극적 항변으로 수정헌법 제1조의 문제에서 벗어날 수 있는 가능성을 열어 두었지만, 현존하는 적극적 항변은 불완전하면서도 불충분하다는 부수적 의견을 덧붙였다. 적극적 항변은 배포 혐의에는 적용되지 않고 소지 혐의에만 적용되기 때문에 불완전하며, 성인 배우만 참여했다는 것을 피고인이 증명할 수 있을 때만 적용되기 때문에 불충분하다는 것이다. 즉 실제 사람이 전혀 참여치 않은 진정한 가상 음란물까지는 확장되지 않는다.[192] 따라서 법원은 해당 조항은 아동에게 위해를 입히지 않고서 음란물을 제작한 상황에도 적용되므로 지나치게 광범위하고 위헌적이라고 보았다. 실제 아동 음란물의 경우에는 상황이 다소 다르다. 그러한 경우 학대로부터 아동 보호가 우선적으로 중요하며, 그러한 음란물 제작은 아동 성학대와 본질적으로 관련된다.[193] 아동 음란물 피해자를 보호하고자 하는 국가적 관심의 중요성을 고려할 때 유포 사슬의 모든 단계에서 이 범죄를 근절하고자 하는 국가의 시도는 정당화된다.[194]

의회는 2003년 아동 착취 근절을 위한 소추 및 기타 방책에 관한 법률(Prosecutorial Remedies and Other Tools to end the Exploitation of Children Today, PROTECT)을 제정하여 빠르게 대응했는데, 그 중 하나는 '성적으로 노골적인 행위를 하는 미성년자 또는 그와 구별할 수 없는 디지털 이미지, 컴퓨터 이미지, 또는 컴퓨터로 생성한 이미지'인 시각적 묘사물에 18 USC § 2256(8)(B)를 적용할 수 있도록 개정한 것이다. 구별할 수 없다는 것은 '묘사물을 보는 일반적인 사람이라면 그 묘사물이 실제 미성년자가 성적으

---

190   2 *Ibid.*, at 254.

191   *Ibid.*

192   *Ibid.*, at 256.

193   Ashcroft v. The Free Speech Coalition, 535 US 234 at 249 (2002).

194   Osborne v. Ohio, 495 US 103 at 111 (1990).

로 노골적인 행위를 하는 것으로 볼만큼 사실상 구별할 수 없는 것'으로 정의된다.[195] 또한, 개정법은 피고인으로 하여금 '아동 음란물이라고 주장되는 것이 성적으로 노골적인 행위를 하는 실제 사람을 이용하였지만 제작 당시 그 사람들 모두가 성인이었다는 것' 또는 '아동 음란물이라고 주장되는 것이 실제 미성년자를 이용하여 제작되지 않았다는 것'을 증명하게끔 하는 수정된 적극적 항변을 도입하였다.[196]

그러나 크게 2가지 이유로 이러한 개정법이 수정헌법 제1조의 문제를 극복할 수 없다고 주장되었다. 첫째, '사실상 구별할 수 없는'이라는 용어의 사용은 O'Connor 판사의 판결[197]에서 유래된 것이지만, 원래 조항과 같은 결함을 가지고 있다. 즉, 개정법은 여전히 아동에게 실제로 해를 가하지 않은 자료에도 적용된다. 또한 '일반적인 사람'이라는 용어에서 '일반적인' 사람이 누구인지에 대한 명확한 설명이 없이 정의됨으로써 헌법상 명확성 원칙에 위배될 소지가 있다.[198] 둘째, 적극적 항변은 피고인에게 지나친 부담을 부과하는 것일 수 있다. 대법원도 Ashcroft 사건에서, '정부에게 증거 관련 쟁점이 어려운 문제라면… 무고한 소지자에게도 그만큼 어려울 것이다.'[199] 라고 하였다.[200]

따라서, 실제 아동을 포함하지 않는 실제 같은 이미지인 가상의 아동 음란물이 미국의 아동 음란물 정의에서 벗어나는 경우가 발생한다. 그럼에도 불구하고 이 판결이 미친 영향은 균형 잡힌 시각으로 보아야 한다.

첫째로, Ashcroft 판결은 가상의 아동 음란물 관련 조항만 무효화 하였다. 실제 아동 음란물에 대한 금지는 온전히 남아있다.[201] 나아가 Ashcroft 판결은 무고한 아동 사진을 성행위를 하는 것처럼 보이게 바꾸는 '모핑 이미지'에는 적용되지 않는다는 주장이 있다. 18 USC § 2256(8)(C)에서 '아동 음란물'의 정의는 '특정 가능한 미성년자가 성적으로 노골적인 행위에 참여하는 것처럼 보이도록 제작하거나, 각색하거나, 수정

---

195 18 USC § 2256(11). 이 정의는 미성년자나 성인을 묘사하는 그림, 만화, 조각 등을 배제시킨다.

195 18 USC § 2256(11). 이 정의는 미성년자나 성인을 묘사하는 그림, 만화, 조각 등을 배제시킨다.

196 18 USC § 2252A(c)(2).

197 Ashcroft v. The Free Speech Coalition, 535 US 234 at 265 (2002).

198 J. J. Farhangian, 'A problem of "virtual" proportions: The difficulties inherent in tailoring virtual child pornography laws to meet constitutional standards' (2003) 12 Journal of Law and Policy 241, 273.

199 A. Rogers, 'Playing hide and seek: How to protect virtual pornographers and actual children on the Internet' (2005) Villanova Law Review 87, 101.

200 Ashcroft v. The Free Speech Coalition, 535 US 234 at 255 (2002).

201 US v. Payne, 519 F Supp 2d 466 (D NJ. 2007); US v. Rodriguez-Pacheco, 475 F 3d 434 at 440 (1st Cir. 2007); US v. Wyatt, 64 Fed Appx 350 at 351 (4th Cir. 2003); US v. Kelly, 312 F 3d 328 (7th Cir. 2002); US v. Hersh, 297 F 3d 1233 at 1254 (11th Cir. 2002).

한' 모든 시각적 묘사를 포괄한다. 해당 조항의 이러한 측면은 Ashcroft 판결에서는 문제되지 않았고, Kennedy 판사는 그러한 이미지가 비록 가상의 아동 음란물 정의에 해당한다고 하더라도 '실제 아동에 대한 관심을 암시하므로 Ferber 판결에서의 이미지에 가깝다'라고 부수적 의견을 밝혔다.[202]

이 쟁점은 US v. Bach 판결에서 다루어졌다.[203] 피고인은 아동 음란물과 관련한 여러 범죄로 유죄 선고를 받았다. 그가 소지한 이미지 중 하나는 나체의 발기된 어린 소년이었다. 유명한 아동 모델의 얼굴 이미지가 원래 사진에 정교하게 삽입되어 해당 아동 모델의 나체 사진처럼 보였다. 항소심에서 18 USC § 2256(8)(C)의 아동 음란물의 정의는 특정할 수 있는 미성년자를 묘사하는 것처럼 보이기만 하는 이미지도 포함하며, 이와 유사한 것이 Ashcroft 판결에서는 위헌으로 결정되었다는 점에서 본 사건에서도 수정헌법 제1조를 위반했다고 주장되었다. 이 주장은 받아들여지지 않았다.

18 USC § 2256(8)(C)의 정의는 '음란물에서 특정 가능한 미성년자가 성적으로 노골적인 행위에 직접 참여한 것이 아닌 경우라고 하더라도... 특정 가능한 이미지'를 사용하는 것으로부터 발생하는 미성년자에 대한 위해를 방지하고자 한 것이다.[204] Ashcroft 판결에서 고려된 부분과 다르게, 이 조항은 2가지 측면에서 특정된 미성년자에게 해를 끼칠 수 있다. 첫째는 사진에서 나체로 묘사된 소년이다. 둘째는 그 이미지에 얼굴이 사용된 아동 모델이다.

나체의 소년이 정말로 그 아동 모델이라든가 그가 이미지 제작에 이용되었다는 논쟁은 없지만, 특정 가능한 미성년 아동이 성적으로 노골적인 행위에 참여하는 것처럼 보이는 지속적 기록이 만들어졌다. 따라서 이 아동은 그 이미지가 시청될 때마다 피해를 입는 것이다.[205]

법원이 § 2256(8)(C)의 적용이 수정헌법 제1조를 위반하는 경우가 있을 수 있음을 인정하였지만, 이 사건은 그러한 경우가 아니었다. 이 사건의 이미지는 특정 가능한 아동 성 착취 피해자였으며, Ashcroft 판결과 Ferber 판결에서도 합헌적으로 기소될 수 있는 것이었다.

더 최근에 법원은 US v. Anderson 판결에서 수정헌법 제1조의 보호와 모핑 이미지

---

202   Ashcroft v. The Free Speech Coalition, 535 US 234 at 242 (2002).
203   400 F 3d 622 (8th Cir. 2005).
204   *Ibid.*, at 631.
205   *Ibid.*

의 한계를 다시 고려하였다.[206] 피고인은 11살 소녀와 페이스북을 통해 성적 대화를 나누던 도중 성관계를 하고 있는 두 성인의 이미지에서 여자 쪽 얼굴에 그 소녀의 얼굴을 합성한 이미지를 보냈다. '이게 우리가 같이 할 행위야'라는 메시지와 함께였다.[207] 그 이미지에 대하여 검찰은 Bach 판결에서 다뤄진 것과 다를 바 없으므로 아동 음란물이라고 주장하였다. 그러나 법원은 US v. Stevens 판결[208]에서 대법원이 내린 최근 결정을 인용하며 이 주장을 받아들이지 않았는데, Ferber에서의 판결은 '충돌하는 이익 간 균형'에 근거한 것이 아니라, '범죄행위에 필수적인 표현, 즉 아동 음란물 제작에 내재된 미성년자에 대한 성 학대'인 보호받지 못하는 표현에 근거한 것이라고 하였다.[209]

이 사건에서는 소녀의 얼굴이 두 성인의 이미지에 합성되었기 때문에 Bach 판결과는 구별됐다. 해당 이미지를 만들 때 어떤 아동도 성적 학대를 받지 않았으므로, 법원은 그 이미지가 보호받지 못하는 표현이라고 한 지방법원의 판결을 부정하였다.[210] 그러나, 법원은 검찰의 '해당 법률을 적용하는 것은 위헌(as applied)'이라는 주장을 받아들였다. 즉 헌법으로 보호되는 표현의 자유를 그 내용을 근거로 금지하는 법이 있더라도, '설득력 있는 이익에 의해 정당화되고, 그 이익을 위해 제한적으로 도출하였음'이 증명된다면 옹호할 수 있다는 것이다.[211]

여기에 내포된 정부의 의도는 미성년자를 보호하는 것이다. Bach 판결에서 판시되었듯이 아동을 직접 학대한 것은 아니더라도, 특정 가능한 아동이 외관상 성행위에 참여하는 것으로 보이는 이미지 자체가 그 아동에게 지속적인 해를 끼친다.[212]

모핑 이미지는 유해한 아동 성 착취의 기록이라는 점에서 전통적인 아동 음란물과 비슷하다. 이미지에서 식별 가능한 아동들은 성행위를 하는 것처럼 가짜로 묘사되어 피해를 입는다. 전통적인 아동 음란물처럼 아동들은 성적으로 착취당하고, 그 이미지의 존재로 인하여 심리적 피해를 받으며, 이미지가 유통되면서 추가적인 명예 훼손을 당한다.[213]

---

206   759 F 3d 891 (8th Cir. 2014).

207   *Ibid.*, at 894.

208   559 US 460 (2010).

209   3 US v. Anderson, 759 F 3d 891 at 894 (8th Cir. 2014), citing US v. Stevens, 559 US 460 at 471 (2010).

210   US v. Anderson, 759 F 3d 891 at 895 (8th Cir. 2014).

211   *Ibid.*, citing Brown v. Entertainment Merchants Association, 131 S Ct 2729 at 2738 (2011).

212   US v. Anderson, 759 F 3d 891 at 895-6 (8th Cir. 2014).

213   *Ibid.*, at 896, quoting Shoemaker v. Taylor, 730 F 3d 778 at 786 (9th Cir, 2013).

Ashcroft 판결에서 가상의 아동 음란물 관련 피해가 불충분하다고 결정된 것과는 대조적으로, 모핑 이미지의 경우 그 피해는 직접 느껴지며, 표현 그 자체로부터 피해가 발생한다.[214] 또한 법원은 '정부가 착취와 모핑 이미지의 배포로 야기되는 심적 피해로부터 이 아동을 보호하기 위해 피고인 Anderson이 그것을 배포하는 걸 금지하는 것보다 덜 제한적인 수단은 없다'라고 하였다.[215]

둘째로, Ashcroft 판결이 아동 음란물 재판에 미친 영향은 처음 예상한 것만큼 크지 않을 수 있다. 판결의 주요 영향은 가상의 아동 음란물의 확산 때문이 아니었다. 그럼에도, 그러한 기술이 존재할 가능성은 입증 책임을 충족시키기에 충분할 수 있으므로, 그 이미지가 실제 아동의 것임을 증명할 책임을 검찰에게 지우게 된다. 게다가 기술은 실제 아동의 영상물에서 아동을 특정할 수 없게 하거나 컴퓨터로 생성한 것처럼 보이게 하는 등 눈속임함으로써 쉽게 기소를 방해할 수 있다.[216]

Ashcroft 판결 당시 정부는 피고인들이 그러한 내용의 항변을 했다고 주장했지만, 항변이 성공한 사건은 적시하지 못했다.[217] 판결 직후 몇 년간, '아동 음란물 사건에서 거의 공통적으로 피고인 측에서 문제의 이미지가 가상이라고 주장했으므로, 모든 아동 음란물 기소에서 아동이 실제라는 증거를 정부가 찾아야 하게 되었다는 주장이 있었다. 이러한 항변 중 일부는 성공적이었다.[218] 이는 사건의 유형과 기소 방법 모두에 영향을 주었다. 예를 들어, 검찰은 비록 예외적이기는 하지만 피해자를 식별 가능한 사건에 집중할 것이다.[219] 대신에 음란물이 가상이라는 주장을 반박하기 위해 전문가 증거가 필요할 수 있다. 이러한 상황이 기소에 어려움을 줄 것이라는 점은 의심의 여지가 없지만, 중요한 사항이 2가지 있다.

첫째, 이미 살펴본 바와 같이 Ashcroft 판결은 아동의 참여가 전혀 없이 이미지가 만들어졌다고 주장되는 상황으로 제한된다. 둘째, 대다수의 미국 법원은 피고인 측에서 이미지가 가상이라는 증거를 제시하든 아니든 간에 결국 배심원단이 판단해야 할 사실문제라는 입장을 취해왔다.

---

214 US v. Anderson, 759 F 3d 891 at 896 (8th Cir. 2014).
215 *Ibid.*
216 Congressional Findings, Pub. L. 108-21, Title V, § 501, April 30, 2003, 117 Stat. 676, (11).
217 Ashcroft v. The Free Speech Coalition, 535 US 234 at 259 (2002).
218 Congressional Findings, Pub. L. 108-21, Title V, § 501, April 30, 2003, 117 Stat. 676, (10).
219 UK Sentencing Advisory Panel, Offences involving child pornography, p. 4.

예를 들어, US v. Farrelly 판결[220]에서 피고인은 1건의 아동 음란물 수신 혐의로 유죄 선고를 받았다. Ashcroft 판결은 검찰에 특별한 입증책임을 부과하지 않았음이 인정되었으며, 어떤 재판에서도 등장 아동이 실제라는 것을 증명하기 위해 전문가 증거를 도입할 것을 요구하지 않았다. 배심원이 실제 아동을 이용한 음란물이라는 점을 결정하는 데 있어 이미지를 제시하는 것 이상은 요구되지 않았으며, 그 이미지가 가상인지 실제인지는 사실관계 중 하나일 뿐이다.[221]

물론, 일부 사건에서는 배심원의 판단을 돕기 위해 전문가 증거를 이용하기도 하였다. US v. Rearden 사건[222] 항소심에서 영화 산업에서의 경험을 바탕으로 시각적 효과 제작에 대한 전문지식을 가진 스튜디오 직원이 제출한 전문가 증거를 받아들였다.[223] 다른 형태의 전문지식으로는 적용 가능한 기술 발명 이전에 이미지가 제작되었다는 점을 증언해줄 수 있는 아동 음란물 역사가, 신체 모습을 근거로 추정 연령에 관하여 증언해줄 수 있는 소아과 의사, 기존에 알려진 성 학대 피해자의 신원에 관하여 증언해줄 수 있는 법집행기관 종사자 등이 있다.[224] 또한 이미지가 시청된 횟수와 방문한 웹사이트는 이미지가 가상인 걸로 믿었다는 피고인의 주장을 약화시킬 수 있다. "피고인은 서로 관련 없는 다수의 웹사이트에서 다운로드한 이미지 35개가 전부 놀랍도록 현실적인 이미지를 제작할 정도로 숙련된 자에 의해 디지털 제작되었다고 생각할 수 있었을까?"[225]

결과적으로, Ashcroft 판결은 아동 음란물 사건 기소에 영향을 미친 게 분명하지만, 처음에 생각했던 것처럼 크게 영향을 미친 것은 아닐지도 모른다. 2000년부터 2006년까지 아동 음란물 소지 혐의로 검거된 사건들을 검토한 한 연구는 Ashcroft 판결이 기소를 저해하였다는 표지를 찾지 못하였다.[226]

결국 그러한 이미지들은 음란성 조항을 적용하여 기소할 수 있는데, 특히 성적으로 노골적인 행위를 하는 미성년자에 대한 음란한 묘사물이나 문학적, 미술적, 정치적, 또

---

220   389 F 3d 649 (6th Cir. 2004).

221   *Ibid.*, at 652, 654-5, citing US v. Kimler, 335 F 3d 1132 at 1140-2 (10th Cir. 2003).

222   349 F 3d 608 (9th Cir. 2003).

223   *Ibid.*, at 613.

224   US v. Marchand, 308 F Supp 2d 498 at 504-5 (D NJ. 2004).

225   *Ibid.*, at 508.

226   J. Wolak, D. Finkelhor and K. Mitchell, 'Child pornography possessors: Trends inoffender and case characteristics' (2011) 23 Sexual Abuse 22, 39.

는 과학적 가치를 결여한 것으로서 명확히 성행위를 하는 미성년자를 묘사한 자료 등의 소지를 포함하여 일련의 행위를 금지하는 18 USC § 1466A를 적용할 수 있다.[227]

이 조항들은 스케치, 만화, 조각, 그림 등을 포함하여 '모든 종류의' 묘사물에 적용된다.[228] 성적으로 노골적인 행위를 하는 미성년자를 묘사한 일본의 애니 만화에 대해서도 성공적으로 기소되어 왔다.[229]

이제 아동 음란물과 관련한 특정 범죄들을 살펴보고자 한다. 이런 범죄들은 사이버범죄협약 Art. 9에서 다루고 있는데, 다음의 행위를 고의적으로 그리고 정당한 권리 없이 저지르는 경우 범죄화해야 한다고 규정하고 있다.

---

① 컴퓨터 시스템을 통해 배포할 목적으로 아동 음란물을 생산하는 행위
② 컴퓨터 시스템을 통해 아동 음란물을 제공하거나 이용 가능하게 하는 행위
③ 컴퓨터 시스템을 통해 아동 음란물을 배포 또는 전송하는 행위
④ 본인이나 제3자를 위해 컴퓨터 시스템을 통해 아동 음란물을 조달하는 행위
⑤ 컴퓨터 시스템 또는 컴퓨터 데이터 저장매체에 아동 음란물을 소지하는 행위

사이버범죄협약은 당사국이 이 중 ④번과 ⑤번을 적용하지 않을 권리를 유보할 수 있도록 하고 있다.[230]

4. 아동 음란물 제작

호주, 캐나다, 영국에서 아동 음란물을 '생산(produce)[231]'하거나 '제작(make)[232]'하는

---

227   18 USC § 1466A(a)(b).
228   *Ibid.*
229   US v. Koegel, 777 F Supp 2d 1014 (ED Va. 2011).
230   Cybercrime Convention, Art. 9(4).
231   Criminal Code (Cth), ss. 474.20, 474.23.
232   Criminal Code (Can), s. 163.1(2); Protection of Children Act 1978 (UK), s. 1(1)(a).

것은 범죄이다. 미국 연방법상 '생산'을 특정한 범죄는 없지만, 생산의 의미는 다른 범죄들의 해석과 관련된다. 특히, 아동 음란물은 '컴퓨터를 포함하여 국가 간 또는 외국 무역의 모든 설비나 수단을 통해 메일이나 배송이나 운송된 자료를 이용하여 생산된' 경우가 많으므로 이러한 범죄들에 대해 관할권이 중첩될 수 있다.[233] 이러한 목적의 '생산'은 '생산, 감독, 제조, 발행, 출판, 광고' 등을 의미한다.[234]

'생산'과 '제작'의 일반적인 개념은 사진이나 비디오 촬영을 포함한다. 디지털 스캔을 하거나, 이미징 소프트웨어를 사용하여 '가상의' 아동 음란물을 만들거나, 한 저장매체에서 다른 매체로 데이터를 복제하는 것 등 기존의 이미지를 재생산하는 것도 포함될 수 있다.[235]

이러한 조항들을 데이터 다운로드나 복사에 적용하면 잠재적 범위가 상당히 늘어난다. R v. Bowden 판결[236]에서 항소법원은 컴퓨터 데이터를 다운로드나 출력하는 것이 1978년 영국 아동보호법(Protection of Children Act 1978)의 s. 1(1)(a)에 반하여 아동에 대한 외설적 사진을 만드는 범죄에 해당할 수 있는지 판단하였다. 법원은 2가지 상황을 판단하였다.

① 피고인이 인터넷을 통해 이미지를 스크린으로 보고나서 그것을 출력한 경우
② 피고인이 사진이나 가상 사진을 다운로드하고, 이를 디스크에 컴퓨터 파일로 저장하는 경우

항고인 측은 이미지를 소지하긴 했지만, 이미지를 제작한 죄가 있는 것은 아니라고 주장하였다. '제작' 범죄는 오로지 가상 사진에만 적용되는 것이고, '제작한다'는 용어는 언제나 창조해낸다는 의미이므로 단순히 컴퓨터 데이터를 다운로드나 출력하는 경우에는 적용되지 않는다는 주장이었다.

법원은 이 주장을 받아들이지 않았으며, 해당 조항의 용어들은 모호하지 않고 명

---

233 18 USC § 2252(a)(3)(B).
234 18 USC § 2256(3).
235 R v. Horvat [2006] OJ No 1673 at [14]. See also People v. Hill, 715 NW 2d 301 (Mich Ct App. 2006); State v. Windsor, 227 P 3d 864 (Ariz Ct App. 2010); R v. L (R), 2009 QCCA 536.
236 [2001] QB 88.

확하다고 하였다. 해당 조항은 사진 또는 가상 사진을 제작하는 것을 불법으로 규정하고, '제작'에 대한 정의 조항이 없으므로 '존재하도록 야기하다; 행위를 통해 생산하다; 초래하다'라는 일반적인 의미로 사용되어야 한다는 것이다.[237] 결론적으로, 이미지를 다운로드나 출력한 자는 이미지를 '제작'한 것이므로 해당 조항의 범죄를 저지른 것이 된다.

Harrison v. R. 판결[238]에서는 자동으로 뜨는 팝업창과 관련하여 Bowden 판결을 고려하였다. 피고인은 성인 음란물 사이트의 정기적 이용자였다. 그는 해당 사이트에서 가끔 팝업창이나 자동 접속을 통해 불법 자료가 뜬다는 점은 알고 있었지만, 그 이미지들이 하드 드라이브에 자동으로 저장된다는 사실은 몰랐다고 주장했다.[239] 법원은 이미지 '제작'에 대한 책임이 없으며 고의도 없었다는 피고인의 주장을 받아들이지 않았다.[240] 배심원단은 피고인의 주장과는 반대로, 피고인은 그가 접근하는 이미지가 하드 드라이브에 복사될 것이라는 사실을 알고 있었고, 그의 이전 행위에 근거하여 최소한 그러한 팝업들이 불법 자료를 포함하고 있을 것을 인지하였을 충분한 증거가 있다고 판단하였다.[241]

논란의 여지가 있긴 하나, '존재하는 상태로 이끌어내다'라는 뜻으로 정의되는 '생산(produce)'이라는 용어에도 같은 원리가 적용될 것이다.[242] US v. Lacy 판결[243]에서 법원은 이미지를 다운로드한 것이 시각적 묘사물을 '재생산'한 것이지, '생산'한 것이 아니라는 피고인의 주장을 받아들이지 않았다. '해당 조항은 시각적 묘사물이 생산될 것만을 요구하며, 그 묘사물이 … 원본이 아니라 복사본이라는 점은 문제되지 않는다.'[244] 따라서 피고인이 데이터를 그의 컴퓨터로 다운로드 했을 때 이미지가 생산된 것이다.

피고인이 이미지를 저장하지 않고 시청만 한 경우에는 캐시 폴더에 자동으로 저장된 이미지를 소지한 것이 될 수 있다. 그러나, 그러한 의도치 않은 복사는 '제작' 범죄

---

237 *Ibid.*, at 95, citing the Oxford English Dictionary.
238 [2007] EWCA 2976.
239 *Ibid.*, at [14].
240 *Ibid.*, at [14]-[16].
241 *Ibid.*, at [17], [20].
242 Oxford English Dictionary Online, Oxford University Press, December 2014.
243 119 F 3d 742 (9th Cir. 1997).
244 US v. Lacy, 119 F 3d 742 at 750 (9th Cir. 1997).

를 구성하지 않는다고 여겨왔다. R v. Smith 판결과 R v. Jayson 판결[245]에서 피고인들은 모두 영국 아동보호법의 s. 1(1)을 위반하여 아동에 대한 외설적 사진을 제작한 혐의로 유죄 선고를 받았다. Smith 사건에서 이미지들은 이메일 첨부로 전송되었다. 이메일 교신자는 피고인이 뉴스그룹에서 의도적으로 그러한 이미지들을 구했다고 하였다. 그는 하드 드라이브에 이미지를 저장하지 않았지만, 이메일 수신함에 남아있는 이메일들을 지우지도 않았다. 단순히 첨부물을 열어보기만 하는 것은 '제작' 범죄를 구성할 수 없다고 주장되었다.

어떤 사람이 이메일 첨부물을 열어보기 전에 거기에 외설적 이미지가 있다거나 있을 가능성이 높다는 점을 몰랐다면, 첨부물에 있는 이미지를 만든 것도, 소지한 것도 아니라고 여겨졌다.[246] 따라서 피고인이 첨부물에 음란물 또는 가상 음란물이 있다거나 있을 가능성이 높다는 점을 알았을 때만 제작죄가 인정될 것이다. 유사하게, 당사자가 캐시의 존재를 알지 못했다면, 음란 이미지가 캐시로 자동 저장되는 것도 제작 범죄를 구성하지는 않는다.[247]

따라서 기소된 자가 첨부물에 외설적 사진 또는 가상 사진이 있음을 알았거나 있을 가능성이 높음을 알았던 경우 의도적으로 제작 범죄를 저질렀다고 볼 수 있다. 이 범죄는 의도치 않거나 주의를 태만하여 저지를 수는 없지만, 이 사건의 경우에는 아동 음란물이 포함된 이메일 첨부물을 아무 의심 없이 열어본 무고한 경우가 아니었다. 이 사건에서 피고인은 이미지 내용을 알았거나 최소한 예상되는 내용을 알고 있는 상태에서 첨부물을 열었다는 증거가 있었다.

Jayson 판결에서 피고인은 인터넷에서 이미지를 시청했다. 그 이미지들은 의도적으로 하드 드라이브에 저장되지는 않았지만, 자동으로 일시적인 캐시가 저장된 것이 확인되었다. 피고인은 캐시가 어떤 식으로 작동하는지 알고 있음을 인정하였다. 법원은 (a) 컴퓨터 스크린에 이미지가 디스플레이 되었거나 (b) 이미지가 인터넷 임시 캐시파일로 자동 저장되었다면[248], 인터넷 브라우징으로도 불법 이미지 제작죄가 성립할 수 있다는 사실심 재판관의 판결을 지지하였다. 이미지를 시청할 때 컴퓨터 이용자는 이

---

245 [2002] EWCA Crim 683.
246 R v. Smith; R v. Jayson [2002] EWCA Crim 683 at [19].
247 *Ibid.*
248 *Ibid.*, at [23].

미지가 컴퓨터 스크린에 현출되도록 한다. 이는 '제작'의 원래 의미와 일치한다.[249] 이 때, 제작죄의 주관적 요건은 '제작된 이미지가 아동의 외설적 사진 또는 가상 사진이라거나, 그러할 것으로 예상된다는 점을 인지하고 고의의 의도적인 행위를 하는 것이어야 한다.'[250] 데이터가 시청되는 동안 컴퓨터 메모리에만 남는다고 해도, '그 창출이 제작 행위에 이르는지 여부는 이미지가 스크린에 남아있는 시간의 길이로 결정되지는 않는다'.[251] 이는 이미지가 자동으로 캐시에 저장된 경우에도 마찬가지로 적용된다. 피고인이 그 과정을 알았고, 이미지가 아동 음란물이거나 그럴 가능성이 높다는 것을 알면서 의도적으로 열어보았다면 이는 제작 행위를 구성할 수 있다.[252]

법원의 추론이 기술적 측면에서는 합당해 보여도, 입법 시 명확히 구별한 소지와 제작의 구별을 모호하게 만들 수 있다. 일반적으로 제작은 단순 소지보다 중대한 범죄로 여겨진다. 이는 2가지 방법으로 반영되어 있다. 첫째, 아동 음란물을 제작한 자는 소지한 자보다 중한 형에 처하는 경우가 많다. 둘째, 일반적으로 제작이 더 중대한 것으로 여겨지기 때문에, 소지 피의자에게 가능한 변호가 제작에는 불가할 수 있다. 따라서 검찰은 '소지' 혐의가 될 수 있는 사안에도, 법정 방위의 보호를 받을 수 없는 '제작' 혐의를 선택하여 기소하기도 한다. 이러한 상황은 입법자가 의도한 것이 아니라, 이미지 '제작'이 무엇인지에 관한 전통적인 개념에 도전하는 디지털 기술의 특수성으로부터 발생한 것이다.

이 쟁점은 이러한 범죄에 적용되는 주관적 요건에 차이를 둠으로써 어느 정도 해결된다. 법정 방위가 가능한 소지의 경우, 소지 혐의를 적용하기 위해서는 피고인이 아동의 이미지라는 점을 알고 있었다는 증거를 요하지 않는다. 그러나 가능한 법정 방위가 없는 '제작' 범죄는 피고인이 이미지가 아동 음란물임을 알았거나 예상했다는 증거를 요한다. (아주 역설적이게도) 검찰은 법정 방위가 부재함으로 인해 더 큰 부담을 떠안게 된다.[253]

영국 양형 자문 패널이 이 쟁점을 거론하였는데, 개인적 용도로 이미지를 다운로드한 제작 범죄의 경우 소지와 동등한 양형 목적으로 취급해야 한다고 권고하였다.[254]

---

249   *Ibid.*, at [33].
250   *Ibid.*, at [34].
251   *Ibid.*, at [33].
252   *Ibid.*, at [37].
253   R v. Collier [2004] All ER 82 at [30].
254   4 UK Sentencing Advisory Panel, Offences involving child pornography, p. 7.

5. 제안하거나 이용 가능하게 하는 것

사이버범죄협약의 Art. 9(1)(b)은 컴퓨터 시스템을 통해 아동 음란물을 '제안(offer) 하거나 이용 가능하게 하는 것'을 언급하고 있다. '제안'은 다른 사람이 아동 음란물을 얻도록 호객하는 행위를 다루고자 한 것이며, 자료를 제안하는 자는 실제로 그것을 제공할 수 있어야 한다는 점을 내포한다.[255] '이용 가능하게 하는 것'은 '다른 자들이 아동 음란물을 이용하도록 온라인에 두는 것을 다루도록 의도하였다'. 예컨대 아동 음란물 사이트로 접속하는 하이퍼링크를 만들거나 편집하는 것을 포함하여 웹사이트를 통해 이용 가능하게 할 수 있다.[256]

이러한 범죄는 반드시 적극적인 아동 음란물 배포를 의미하는 것은 아니다. 단순히 그러한 자료를 다른 사람에게 제안하는 것으로도 충분하다.

웹사이트는 이용자가 게재된 자료에 접근하기 위해 적극적인 단계를 밟아야 하는 어느 정도 수동적인 매체이지만, 피고인이 웹사이트에 업로드하면서 아동 음란물을 통신했다는 사실에 영향을 주지는 않는다.[257]

아래의 범죄들은 '제안하거나 이용 가능하게 하는 것'의 범주에 들어간다.

---

① 출판하는 것
② 이용 가능하게 하는 것
③ 보여주는 것
④ 광고하는 것

---

(1) 출판하는 것

호주와 캐나다에서 아동 음란물을 출판하는 것은 범죄이다.[258] '출판하다'의 일반적인 의미는 '사람들에게 공개하거나 알리는 것'[259]이며, 웹사이트, p2p 네트워크, 기타 대중적인 포럼에 게재된 자료에도 무리 없이 적용할 수 있을 것이다. R v. Fellows

---

255   Cybercrime Convention, Explanatory Report, [95].
256   *Ibid.*
257   Warman v. Kyburz, 2003 CHRT 18 at [9].
258   Criminal Code (Cth), ss. 474.19(1)(a)(iii), 474.22(1)(a)(iii); Criminal Code (Can), s. 163.1(2).
259   Oxford English Dictionary Online, Oxford University Press, December 2014.

and Arnold 판결[260]에서는 비밀번호를 걸어놓더라도, 다운로드할 수 있도록 인터넷에 자료를 두는 것은 1959년 영국 외설물 출판법(Obscene Publications Act 1959)상 '출판'에 해당한다고 판시됐다.

'출판하다'의 정의는 자료가 대중이나 일부 대중에게 이용 가능하도록 한다는 의미를 내포한다.[261] 따라서 둘 사이의 자료 전송이나 개인적 용도로만 자료를 생산하는 것을 묘사하는 데에는 적절하지 않다.[262] 그러한 행위는 배포나 소지로 기소되어야 할 것이다. 단, 이것은 일반 대중이나 일부 사람들이 이용 가능하다는 것을 말할 뿐, 반드시 한 사람 이상이 자료를 봐야 한다는 것은 아니다.[263]

(2) 이용 가능하게 하는 것

호주와 캐나다에서 아동 음란물을 '이용 가능하게 하는 것'은 범죄이다.[264] 위에서 언급한 것처럼 이 용어는 사이버범죄협약에 들어가 있으며, 아동 음란물 접근을 용이하게 하기 위해 웹사이트에 음란물을 두는 행위와 하이퍼링크 사용을 다룰 수 있도록 의도되었다.[265]

이 범죄는 p2p 네트워크로 배포하기 위하여 공유 폴더에 아동 음란물을 둔 자에게도 적용할 수 있다. R v. Johannson 판결[266]에서 캐나다 형법(Criminal Code (Can)) s. 163.1(3)의 '이용 가능하게 하는' 범죄는 피고인이 아동 음란물을 다른 사람들로 하여금 이용 가능하도록 의도하였다는 증거를 요한다고 하였다.[267] 이 사건에서 법원은 'Lime-Wire' 프로그램이 어떻게 작동하는지 몰랐고, 공유 폴더에 이미지를 두는 것이 다른 사람들로 하여금 다운로드 가능하게 만든다는 사실을 알지 못했다는 피고인의 주장을 받아들이지 않았다.[268] 그러나 판사의 부수적 의견으로서 공유 폴더가 어떤 식으로 작동하는지 몰랐거나, 자료가 공유되지 않도록 설정을 바꾸어놓았다고 믿은 경우

---

260   [1997] 2 All ER 548 at 558-9.
261   R v. Sheppard and Whittle [2010] EWCA Crim 65 at [34].
262   R v. Quick (2004) 148 A Crim R 51 at [65]-[66]; R v. XB [2009] VSCA 51 at [22].
263   R v. Sheppard and Whittle [2010] EWCA Crim 65 at [34].
264   Criminal Code (Cth), ss. 474.19(1)(a)(iii), 474.22(1)(a)(iii); Criminal Code (Can), s. 163.1(3).
265   Cybercrime Convention, Explanatory Report, [95].
266   2008 SKQB 451.
267   2008 SKQB 451 at [34].
268   Ibid., at [42].

가 있을 수 있다는 점은 지적되었다.[269] 그러한 경우라는 합리적 의심이 있다면 소지와 같은 다른 범죄의 혐의는 남아있을지 몰라도 '이용 가능하게 하는 것'에 대한 죄는 없을 것이다. 유사하게 피고인이 공유 폴더에서 아동 음란물을 삭제했다면, 그 자료를 '이용 가능하게 하였다'는 것을 증명하는 게 불가할 수 있다.[270]

(3) 보여주는 것

1978년 영국 아동 보호법(Protection of Children Act 1978)의 s. 1(1)(b) 은 아동 음란물을 '보여주는 것'을 범죄로 규정한다. 행위 태양이 다른 사람에게 이미지를 보여주는 것인 만큼 간단하지만, 여기서 보여주기란 제3자에게 보여주는 것을 말한다. 소지하고 있는 사람에게 또는 소지하고 있는 사람에 의해 보여주는 것은 이를 충족하지 않는다.[271]

이 조항은 R v. Fellows and Arnold 사건의 항소법원에서 다루어졌다.[272] 피고인은 인터넷에서 비밀번호를 입력하는 이용자가 아동 음란물을 다운로드할 수 있도록 하였다. 법원은 '보여주는 것'이 수동적이기보다는 적극적이라는 소송의 취지는 받아들였지만, 피고인은 단지 다른 사람들이 그의 이미지 저장소에 접근하는 것을 허용하였을 뿐이므로 수동적이었다는 주장은 받아들이지 않았다. 수동적으로 이미지를 저장하는 것과는 거리가 멀게, "그는 단지 데이터를 컴퓨터에 저장하기 위해서만이 아니라, 인터넷을 통해 전세계의 다른 컴퓨터들이 이용할 수 있게 하기 위해 필요한 모든 행동을 취했다".[273]

다른 사람들에게 비밀번호를 주는 것은 사진이 전시된 도서관의 열쇠를 주는 것과 유사하며, 그 사람들에게 사진을 '보여주는 것'에 해당한다.[274] 동일하게, 외설물 출판법에서의 의미 내에서도 데이터에 접근한 자에게 데이터가 '보여지거나, 실행되거나, 투영된' 것이다. 이러한 특정 수단들이 1959년에는 가능하지 않았지만, 법문 용어의

---

269   *Ibid.*, at [48].
270   R v. Dittrich [2008] OJ No 1617.
271   R v. ET (1999) Criminal Law Review 749.
272   [1997] 2 All ER 548.
273   *Ibid.*, at 558.
274   *Ibid.*

일반적 의미 내에서 그렇게 간주할 수 있다.[275]

피고인이 외설 사진이나 가상 사진을 '배포하거나 본인 또는 타인이 볼 생각으로' 소지한 경우도 s. 1(1)(c)의 죄에 해당한다. 이 범죄는 예를 들어 다른 사람들이 접근할 수 있는 공유 폴더에 이미지를 보관한 경우 실제로 이미지에 접근했는지 여부와 관계 없이 적용된다.[276] '~할 생각으로'라는 말은 '~할 의도로'라는 말과 구별되며, 피고인 이 이미지를 소지한 이유 중 하나가 다른 사람들이 이에 접근할 수 있도록 하는 것인 경우로 해석된다.[277]

(4) 광고하는 것

아동 음란물을 광고하는 것은 여러 국가에서 범죄이다. 예를 들어, 영국 아동 보호 법 s. 1(1)(d)는 '아동의 외설 사진이나 가상 사진을 … 배포하거나 보여준다는 의미로 이해되기 쉬운 광고를 게재하거나 게재를 초래하는 것, 또는 그렇게 하고자 의도하는 것'을 범죄로 규정한다. 사이버범죄협약과 일관되게, 이러한 조항들은 타인에게 아동 음란물을 제공하는 광고에만 적용된다. 반면에 18 USC § 2251(d)는 성적으로 노골적 인 행위에 참여하는 미성년자에 대한 시각적 묘사물 또는 그러한 묘사물을 생산하려는 목적으로 그러한 행위에 참여할 것을 '구하거나 제공하는 모든 공지 또는 광고'를 고 의로 제작, 출력, 출판하거나 제작, 출력, 출판을 초래하는 것을 범죄로 규정한다. 아동 음란물 관련 다른 조항들과는 다르게 이 범죄는 피고인이 광고된 시각적 묘사물이 실 제 아동의 것임을 알았을 것을 요하지 않는다.[278] 피고인이 아동 음란물 생산에 연루되 어 있어야 한다는 요건도 없다.[279]

US v. Rowe 판결[280]에서 피고인은 'preteen00'이라는 인터넷 채팅방에 올린 게재물 과 관련하여 당시 18 USC § 2251(c) (현 조항은 § 2251(d)) 위반으로 유죄 선고를 받아 항소하였다. '[v2.3b] Fserve Trigger:! tun Ratio 1:1 Offering: Pre boys/girl pics. Read the rules. [1 of 2 slots in use]'라는 게재물이었다. 검찰은 이 게재물이 피고인이 사용한 소

---

275 8 *Ibid.*, at 559.
276 R v. Drake [2012] EWCA Crim 1281.
277 R v. Dooley [2006] 1 WLR 775 at [17].
278 US v. Pabon-Cruz, 255 F Supp 2d 200 at 209-11 (SDNY. 2003).
279 US v. Williams, 659 F 3d 1223 (9th Cir. 2011).
280 414 F 3d 271 (2nd Cir. 2005).

프트웨어 프로그램과 그 파일 서버에 접속하기 위한 비밀번호를 나타내는 것이고, 사진들은 사춘기 이전의 소년 소녀들이었으며, 이에 접근하고자 하는 사람은 사용 규칙을 읽고 동일한 양의 이미지를 피고인 컴퓨터에 업로드하여야 했음을 설명하는 증거를 제시하였다.[281] 수색 영장을 집행한 결과 12,000개의 아동 음란 이미지 및 비디오가 피고인의 컴퓨터에서 발견되었다.

법원은 그 게재물이 구체적으로 음란물을 언급한 것이 아니라 사춘기 이전의 소년 소녀들의 사진만 언급하였으므로 광고에 해당하지 않는다는 피고인의 주장을 받아들이지 않았다. '광고가 반드시 구체적으로 18 USC § 2251(c)을 위반하는 시각적 묘사물을 제공하거나 구한다는 것을 명시하여야 한다는 요건은 없다… "어떠한 특정한 낱말이나 구절이 포함될 필요가 없다."'[282] '유아 성행위 사진 판매할 사람 있나요?'와 같은 대화가 있는 채팅룸의 맥락으로 보건대, 피고인의 게재물은 성적으로 노골적인 행위를 하는 미성년자 이미지를 제공하거나 구하려는 것이었다는 데 의심의 여지가 없었다.[283] 이 조항은 아동 음란물 사이트의 아동 음란물에 연결된 비묘사적 링크에도 적용될 수 있다.[284]

US v. Sewell 판결에서 파일 공유 프로그램에 사용된 묘사적 필드에도 비슷한 논리가 적용되었다.[285] 피고인은 'Kazza'라는 p2p 파일 공유 프로그램을 이용하여 아동 음란물을 얻거나 배포하였다. Kazza 이용자는 어떤 파일을 다른 사람들과 공유할지 지정할 수 있다. 관련된 파일들을 찾는 과정을 쉽게 하기 위해 각각의 공유 파일에는 몇몇 묘사적 필드가 있었으며, 이는 다른 이용자들이 키워드 검색을 통해 파일 다운로드 여부를 결정할 수 있도록 하였다.[286] 피고인의 § 2251(d)(1)(A) 위반에 대한 유죄 선고와 관련하여, 공유 폴더에 묘사적 문구와 함께 파일을 둠으로써 명백하게 아동 음란물 배포를 제안한 것이라고 판시되었다.[287] 그러한 묘사적 문구는 마치 "차량 주유를 위해 주인이 있을 필요가 없는 셀프 주유소의 표지판 같은 것이다."[288]

---

281   *Ibid.*, at 273.

282   *Ibid.*, at 277, citing US v. Pabon-Cruz, 255 F Supp 2d 200 at 218 (SDNY. 2003).

283   US v. Rowe, 414 F 3d 271 at 276 (2nd Cir. 2005).

284   US v. Christie, 570 F Supp 2d 657 at 666 (D NJ. 2008).

285   513 F 3d 820 (8th Cir. 2007).

286   *Ibid.*, at 821.

287   *Ibid.*, at 822.

288   *Ibid.*, citing US v. Shaffer, 472 F 3d 1219 at 1223-4 (10th Cir. 2007).

6. 배포 또는 전송

디지털 기술은 아동 음란물의 전세계적 유통에 일조하였으며, 이 불법 거래에 대응하는 것은 법집행기관의 중점사항이 되어왔다. 이에 따라 사이버범죄협약은 당사국이 컴퓨터 시스템을 통한 아동 음란물 배포 또는 전송을 범죄화하도록 요구하고 있다.[289]

대부분의 국가가 이미 아동 음란물의 물리적 배포는 범죄화하고 있지만, 아동 음란물 거래의 주요 수단으로서 인터넷 사용이 증가하고 있어 사이버범죄협약에 이에 대한 구체적 조항을 포함할 필요가 있었다.[290] 대부분의 국가에서는 이를 온라인 환경에도 적용 가능한 아동 음란물 배포 및 전송죄로 다룬다. 더 어려운 것은 재화의 물리적 이동이라는 의미를 더 강하게 내포하는 '운송' 또는 '수입'과 같은 범죄이다. 이를 디지털 맥락에 적용하려면 데이터 전송을 한 곳에서 다른 곳으로의 이미지 이동과 동일한 것으로 보는 시각이 필요하다. 이미지의 물리적 이동이 없으므로 범죄가 아니라고 볼 수도 있지만, 관행적으로 법원은 이러한 용어의 일반적인 의미를 디지털 이미지 전송에도 어려움 없이 적용해왔다.

넓게 볼 때 배포 또는 전송의 개념에 들어가는 4가지 범주의 범죄가 있다.

---

① 배포
② 전송
③ 이송
④ 수입/수출

---

(1) 배포

여러 국가가 아동 음란물의 배포를 금지하고 있는데,[291] 영국을 제외한 국가들은 그 용어를 정의 내리고 있지 않다. 영국에서는 외설적 사진 또는 가상 사진을 다른 사람에게 넘겨주거나 다른 사람의 획득을 위해 노출시키거나 제안하면 '배포'하는 것으

---

289 Cybercrime Convention, Art. 9(1)(c).
290 Cybercrime Convention, Explanatory Report, [93].
291 Criminal Code (Cth), ss. 474.19(1)(a)(iii), 474.22(1)(a)(iii); Criminal Code (Can), s. 163.1(3);
    Protection of Children Act 1978 (UK), s. 1(1)(b); 18 USC § 2252A(a)(2).

로 간주된다.[292] 다른 국가들에서 배포는 '분배하다, 각자에게 몫을 나눠주다' 퍼뜨리다, 흩트리다, 여러 지점에 두다, 부분들로 나누다, 배치하다, 분류하다'라는 일반적인 의미로 쓰고 있다.[293]

'배포'는 아동 음란물의 적극적 전파를 포함하며,[294] 최종 사용자로서 이미지를 다운로드하는 것에는 적용할 수 없다고 주장되고 있다. 그러나 컴퓨터 또는 이메일을 통해 네트워크[295]나 채팅방[296]에서 이미지를 보내는 과정에는 명백히 적용할 수 있으며, 비밀번호를 걸어둔 것을 포함하여 인터넷 게시판에 파일을 업로드하는 것에도 적용할 수 있다고 받아들여지고 있다.[297]

아동 음란물 배포 건수는 p2p 기술의 확산과 함께 증가하고 있으며, 많은 p2p 이용자들이 다른 사람들이 파일을 다운로드할 수 있게 하고 있다.[298] US v. Shaffer 판결[299]에서 피고인은 의식적으로 Kazza 파일 공유 소프트웨어와 연동된 공유 폴더에 아동 음란물을 두었다. 그는 이렇게 하면 다른 사람들이 그 음란물을 다운로드할 수 있다는 걸 알았으며, 다른 사람들이 그의 공유 폴더에서 음란물을 다운로드해갔다는 것도 알고 있었다. 그럼에도 그는 '배포'는 적극적인 과정이며, 소극적으로 공유 폴더에 타인이 다운로드할 수 있게끔 자료를 두는 것은 이를 충족하지 않는다고 주장하였다.[300]

피고인의 행위는 명백하게 '배포'의 일반적인 의미인 '다른 사람들에게 "배송하는", "이전하는," "분산시키는," "나누어주는"'에 해당된다고 판시되었다.[301] 그가 적극적으로 다른 사람들에게 자료를 '밀어준 것'은 아니지만, 그의 공유 폴더에 있는 자료에 접근하는 것을 허용하였다. 법원은 이를 운전자가 차를 세우고 주유할 수 있도록 안내하는 표지가 있는 셀프 주유소에 비유하였다. 운전자가 스스로 서비스해야 한다고 해서 주유소 주인이 기름을 '배포'하는 게 아닌 것은 아니다. 마찬가지로 파일 공유의 경우, 피고인은 다른 사람들이 음란물을 가져갈 수 있도록 하였으므로 아동 음란물 배포

---

292 Protection of Children Act 1978 (UK), s. 1(2).
293 R v. Hurtubise, 1997 CanLII 1838 at [11] (BC SC), citing the Concise Oxford Dictionary(1982).
294 Cybercrime Convention, Explanatory Report, [96].
295 R v. Elder, 2002 MBCA 133.
296 3 R v. Dunphy, 2003 NBQB 277; R v. Larocque, 2004 ABPC 114.
297 R v. Pecciarich (1995) 22 OR (3d) 748 at 765.
298 Wolak, Finkelhor and Mitchell, Trends in arrests for child pornography possession, p. 3.
299 472 F 3d 1219 (10th Cir. 2007).
300 *Ibid*., at 1223.
301 *Ibid*.

죄를 범한 것이다.[302]

(2) 전송

호주에서 아동 음란물을 '전송'하는 것은 범죄이다.[303] 이 용어가 정의되어 있지는 않지만, 그 일반적인 의미는 '(어떤 것을) 다른 사람, 장소, 또는 사물에 넘기거나 가거나 운반되도록 하는 것; 사이에 있는 공간을 건너서 보내는 것; 운반하는 것, 이전하는 것'이다.[304] 따라서 업로드, 이메일, p2p 등[305] 전자통신의 어떤 형태이든지 컴퓨터 시스템을 통해 아동 음란물을 보내는 행위에 잘 들어맞는다. 그러나, 저작권 위반의 경우 하이퍼링크 사용은 파일들이 웹사이트를 통해서 가는 것이 아니라 원격에 있는 웹사이트와 요청자의 사이에서 직접 다운로드 되는 것이기 때문에, 전자적으로 전송하는 것에 해당하지 않는다고 받아들여지고 있다.[306]

(3) 이송

미국에서는 컴퓨터 시스템을 수단으로 하는 것을 포함하여, 아동 음란물을 이송하거나 운송하는 것은 범죄이다.[307] 자료를 다운로드 하는 사람이 이를 차지하였다고 보거나, 시각적 이미지의 배송을 받아들이는 사람이 그 이미지를 '받았다'고 본다. 마찬가지로 그러한 행위는 '나르다, 운반하다, 한 장소 또는 사람에서 다른 곳으로 옮기다; 건너서 운반하다'라는 '이송' 및 이송의 한 형태인 '운송'의 사전적 정의에 포함될 수 있다.[308] 따라서, 다운로드가 수신에 해당하는 데 의심의 여지가 없지만, 피고인이 그 이미지를 한 곳에서 다른 곳으로 옮긴 것이므로 이송한 것이라는 주장도 있을 수 있다.[309]

302　*Ibid.*, 1223-4.
303　Criminal Code (Cth), ss. 474.19(1)(a)(iii), 474.22(1)(a)(iii).
304　Oxford English Dictionary Online, Oxford University Press, December 2014.
305　Cybercrime Convention, Explanatory Report, [96].
306　Universal Music Australia Pty Ltd v. Cooper (2005) 150 FCR 1 at 17.
307　18 USC § 2252A(a)(1).
308　US v. Mohrbacher, 182 F 3d 1041 at 1048-9 (9th Cir. 1999), citing the Oxford English Dictionary and Webster's Third New International Dictionary (1986).
309　US v. Mohrbacher, 182 F 3d 1041 at 1049 (9th Cir. 1999).

(4) 수입 및 수출

원래 아동 음란물 수출은 세관법이 적용될 것이다. 그러나 캐나다[310]와 미국[311] 모두 아동 음란물 수입 및 수출을 다루는 특별 조항이 있다. 아동 음란물은 흔히 다른 국가에서 다운로드 되기 때문에 소지의 증거는 수입의 증거가 될 수도 있다. 예를 들어 피고인이 캐나다 밖에서 음란물을 다운로드 한 R v. Daniels 판결[312]에서 피고인이 음란물을 소지한 것으로 밝혀졌다면 그가 그것을 수입한 것이 틀림없다는 점에 피고인 측 변호인도 인정하였다.

7. 아동 음란물 조달

소지의 전통적 개념이 디지털 환경에서는 한계가 많다는 점이 드러나고 있으며, 이는 주로 유형물의 맥락에서 발전한 물리적 관리와 통제 개념 때문일 것이다. 많은 경우에 소지를 증명하기는 어려운 반면, 아동 음란물을 시청하였다는 점은 대부분 피고인이 스스로 시인하여 명확히 규명된다. 게다가 피고인의 컴퓨터와 인터넷 서비스 제공자의 기록 모두에 남은 인터넷 기록은 피고인이 아동 음란물을 시청했는지, 디스크나 다른 곳에 저장했는지 여부와 관계없이 아동 음란물을 다운로드 했다는 증거가 될 수 있다. 이에 따라 아동 음란물 소지죄 보다는 '접근한' 죄로 기소해야 한다는 주장이 있을 수 있다.[313]

사이버범죄협약의 체제 내에서 그러한 행위는 본인이나 다른 사람을 위해 다운로드하는 등 아동 음란물을 적극적으로 얻는 사람을 포괄하는 '조달(procuring)'에 해당한다.[314] 다른 범죄들처럼, 조달 행위를 처벌하는 근거는 아동 음란물 시장의 수요를 증

---

310 Criminal Code (Can), s. 163.1(3).
311 18 USC § 2260(b).
312 R v. Daniels, 2004 NLSCTD 27 at [22].
313 State v. Jensen, 173 P 3d 1046 at 1051-2 (Ariz Ct App. 2008).
314 Cybercrime Convention, Art. 9(1)(d); Cybercrime Convention, Explanatory Report, [97].

가시킨다는 것이다.[315] 호주,[316] 캐나다,[317] 미국[318]에도 유사한 범죄가 있으며, 이와 관련 있는 행위는 4개의 범주에 들어간다.

① 접근하는 것
② 전송을 일으키는 것
③ 수신하는 것
④ 요구하는 것

각 국가는 이러한 행위와 관련하여 높은 책임성을 요구하는데, 의도나 인식에 대한 입증을 요하거나 최소한 부주의를 요한다.[319] 이는 고의성이 없는 접근을 이 범죄와 구별하는 중요한 제한 요건이다. 스팸 메일, 팝업창, 이름을 잘못 붙인 파일 또는 하이퍼링크 등 의도치 않게 아동 음란물에 접근하게 된 경우가 있을 수 있다.

(1) 접근하는 것

호주에서는 어떤 자료가 아동 음란물 또는 아동 학대물인지에 대해 부주의한 상태에서 의도적으로 자료에 접근하기 위해 통신망 서비스(carriage service)를 이용하는 것은 범죄이다.[320] '접근'은 다음을 포함하도록 정의되어 있다.

(a) 컴퓨터로 자료를 디스플레이하는 것 또는 컴퓨터로부터의 자료 출력
(b) 컴퓨터나 다른 데이터 저장장치에 자료를 복사 또는 이동하는 것
(c) 자료가 프로그램인 경우에는 프로그램의 실행[321]

---

315 US v. Barevich, 445 F 3d 956 at 959 (7th Cir. 2006).
316 Criminal Code (Cth), ss. 474.19(1)(a)(i)(ii), 474.22(1)(a)(i)(ii).
317 Criminal Code (Can), s. 163.1(4.1).
318 18 USC §§ 2252(a)(2), 2252A(a)(2).
319 Criminal Code (Cth), ss. 474.19(2), 474.19(2A), 474.22(2), 474.22(2A); Criminal Code(Can), s. 163.1(4.1)-(4.2); 18 USC §§ 2252(a)(2), 2252A(a)(2).
320 Criminal Code (Cth), ss. 474.19(1)(a)(i)-(ii), 474.19(2)(b), 474.19(2A), 474.22(1)(a)(i)-(ii), 474.22(2A), 474.22(2)(b).
321 *Ibid.*, s. 473.1.

유사하게, 캐나다 형법 (Criminal Code (Can)) s. 163.1(4.1)은 아동 음란물 접근죄를 규정하며, '접근'은 '고의로 아동 음란물이 본인에게 ... 시청될 수 있도록 야기하는 것'을 의미한다. 아동 음란물 '전시' 또는 '시청'은 피고인이 고의로 그러한 이미지를 관리 또는 통제하였다는 점을 증명하기 어렵지만, 피고인이 실제로 자료를 보거나 전시하였다는 증거가 있는 경우에 적용할 수 있다.

이러한 조항들은 피고인이 접근을 야기했을 것을 요함으로써 광범위성을 피하고 있다. 즉, 본인 소유가 아니라 다른 자에 의해 조달된 아동 음란물을 단순히 시청한 자에게는 적용되지 않는다. 호주의 법과는 다르게, 캐나다에서 이 범죄는 컴퓨터를 통해 접근하는 것에 국한되지 않는다.

미국에서 이와 동일선상에 있는 범죄는 '시청할 의도로 고의로 접근하는 것'이다.[322] '접근'의 의미는 정의되어 있지 않지만, '(데이터 또는 파일을) 얻거나 검색하는 것, (시스템이나 네트워크에) 접근권한을 얻는 것'이라는 일반적 의미로 해석될 것이다.[323]

(2) 전송을 일으키는 것

호주에서 아동 음란물을 본인에게 전송시키는 것은 범죄이다.[324] 캐나다에서 아동 음란물 '접근' 죄는 아동 음란물을 고의로 본인에게 전송시키는 것을 포함한다.[325] 그러한 범죄는 명백히 음란물이 외부 소스로부터 검색되었다는 증거가 있는 경우에만 적용된다. 그러나 피고인이 음란물을 전송시키는 것을 넘어 상호작용했을 것을 증명할 필요가 없다는 점에서 소지죄나 시청죄에 비하여 유리하다.

R v. Daniels 사건과 같이 피고인이 아동 음란물에 접근하려 했지만 다운로드가 부분적으로만 이뤄진 경우에도 이 조항이 적용되는지 명확하지 않다. 데이터를 요청하는 사람이 의도한 목적지에 도착하였는지와 상관없이 전송을 일으킨 것에 해당하는지는 논쟁의 여지가 있지만, 조항의 일반적 의미는 데이터가 피고인에게 실제로 전송되어야 함을 시사한다.

---

322   18 USC §§ 2252(a)(4)(A)(B), 2252A(a)(5)(A)(B).
323   Oxford English Dictionary Online, Oxford University Press, December 2014.
324   Criminal Code (Cth), ss. 474.19(1)(a)(i)-(ii), 474.22(1)(a)(i)-(ii);
325   Criminal Code (Can), s. 163.1(4.1)-(4.2).

(3) 수신하는 것

미국에서 성적으로 노골적인 행위에 참여하는 미성년자에 대한 시각적 묘사물이나 아동 음란물을 고의로 수신하는 것은 각각 범죄에 해당한다.[326] '수신'의 의미는 US v. Mohrbacher 사건 항소심[327]에서 고려되었다. 이 사건에서 피고인은 덴마크에 기반한 전자 게시판에서 다운로드한 아동 음란물을 이송, 수신, 소지한 혐의로 유죄 선고를 받았다.[328] 법원은 '(다른 사람에 의해 제공되거나 주어진 것을) 손에 넣거나 차지하는 것, 본인 또는 제3자를 위해 타인으로부터 (어떤 것을) 전달받는 것'이라는 '수신'의 일반적인 의미에 주목하였다.[329] 자료를 다운로드한 자는 그 시각적 이미지의 전달을 받아들이거나 이미지를 차지한 것이므로 분명히 그것을 수신한 것이라고 판시되었다.

피고인이 실제로 그 자료를 수신했는지 증명할 것을 요한다는 점은 명확하다. 피고인이 전송을 일으켰지만 피고인의 행위나 다른 요인들로 인해 목적지에 도착하지 않았을 때에는 충분하지 않다. 이러한 이유로, 아동 음란물 다운로드 행위는 소지죄와 수신죄 모두에 해당할 수 있다고 판시되었다.[330] 그러나 피고인이 아동 음란물을 외부 소스로부터 '의도적으로 시청하거나, 획득하거나, 받았다'는 점이 증명되는 한, 이를 시청하였다는 점을 반드시 증명할 필요는 없다.[331]

이미지를 수신하지 않고 소지하는 것도 가능하다. 예를 들어, 성인 음란물을 요청했는데 아동 음란물을 모르고 수신한 경우 수신죄에 해당하지 않을 것이다. 그러나 이것을 가지고 있기로 결정했다면 소지죄에 해당될 수 있다.[332] 타인의 컴퓨터에서 아동 음란물을 발견한 자 또는 아동 음란물 이미지를 만든 자는 그 이미지를 수신한 적이 없

---

326   18 USC §§ 2252(a)(2), 2252A(a)(2).

327   182 F 3d 1041 (9th Cir. 1999).

328   18 USC § 2252(a)(1).

329   US v. Mohrbacher, 182 F 3d 1041 at 1048 (9th Cir. 1999) citing Oxford English Dictionary (1989).

330   US v. Romm, 455 F 3d 990 at 1002 (9th Cir. 2006); US v. Kamen, 491 F Supp 2d 142 at 150 (D Mass. 2007); US v. Watzman, 486 F 3d 1004 (7th Cir. 2007). Cf. US v. Gourde, 440 F 3d 1065 at 1081-2 (9th Cir. 2005).

331   US v. Ford, 568 Fed Appx 477 at 481 (7th Cir. 2014), citing US v. Pruitt, 638 F 3d 763 at 766 (11th Cir. 2011) ·

332   US v. Myers, 355 F 3d 1040 at 1042 (7th Cir. 2004); US v. Watzman, 486 F 3d 1004 at 1009 (7th Cir. 2007).

더라도 소지한 것에 해당할 수 있다.[333]

피고인은 아동 음란물 이미지를 저장하려고 했든지 아니면 다른 방법으로 통제를 행사하려고 했든지 간에 '알면서 수신한' 것으로 유죄를 받을 수 있다.[334] 따라서 이를 사건에 적용했을 때 '소지'의 관점에서 문제가 있을 수 있다. 이를테면, 피고인이 아동 음란물을 시청한 것으로 밝혀졌지만, 이를 저장장치에 저장하려고 적극적인 조치를 하지 않은 경우가 있다. '피의자가 인터넷에서 아동 음란물을 구하려 했고, 하드 드라이브든 캐시파일이든 비할당 공간이든 컴퓨터에 아동 음란물이 있다는 증거는 아동 음란물임을 "알면서 수신했다"는 정황 증거가 될 수 있다.[335]

미국의 법조항은 소지가 아닌 수신 관련이지만, 그래도 알면서 받았다는 점을 증명할 필요가 있다고 받아들여지고 있다. 이는 피고인이 그 자료의 음란성을 알았을 뿐만 아니라 등장인물의 연령대도 알았다는 증거를 요한다.[336] 이는 수신 시에 인지하여야 한다. 피고인이 우연히 또는 실수로 자료를 수신한 경우와 같이 자료의 내용을 인지하지 못한 채 수신한 것을 증명하는 정도로는 불충분하다.[337] 또한, 피고인이 음란물을 수신하고 있다는 사실을 인식하여야 한다. 즉, 일시적일지라도 이미지가 저장될 것이라든가 소지하게 될 것임을 알았어야 한다.[338]

이러한 수신의 고의성 요건은 스팸, 바이러스, 해킹 등으로 인한 의도치 않은 수령을 주장하는 자를 위한 중요한 보호조치가 된다.[339] 예를 들어, US v. Dobbs 판결[340]에서 쟁점이 된 파일 2개는 피고인 컴퓨터의 캐시 폴더에서 발견되었다. 그러나, 그가 자동 캐시 기능을 알았다는 증거가 없었으며, 그가 이를 시청 또는 접근했거나 통제를 행사했다는 증거도 없었다. 캐시 이미지들은 피고인이 이미지를 '수신'했다는 증거가 되긴 했지만, 그가 '고의로' 수신했다고 결정할 증거는 충분치 않았다.[341]

---

333 US v. Malik, 385 F 3d 758 at 759 (7th Cir. 2004).

334 US v. Pruitt, 638 F 3d 763 at 766 (11th Cir. 2011).

335 Ibid.

336 US v. X-Citement Video Inc., 513 US 64 (1994); US v. Irving, 452 F 3d 110 at 122 (2nd Cir. 2006); US v. Szymanski, 631 F 3d 794 at 799 (6th Cir. 2011).

337 US v. Fabiano, 169 F 3d 1299 at 1304 (10th Cir. 1999).

338 US v. Johnson, 523 Fed Appx 219 at 222 (4th Cir. 2013).

339 US v. Pruitt, 638 F 3d 763 at 766-7 (11th Cir. 2011).

340 629 F 3d 1199 (10th Cir. 2011).

341 Ibid., at 1204.

반면에 US v. Winkler 판결[342]에서 법원은 피고인이 아동 음란물을 고의로 수신했다는 증거가 설득력 있다고 판단하였다.[343] 특히 파일이 캐시로 복사될 수 있는 유일한 방법은 그가 이미지를 클릭하여 시청하는 것이라는 증거가 있었다. 이는 Dobbs 사건에서 피고인이 실제 아동 음란물에 접근하려는 의도 없이 아동 음란물이 있는 사이트에 접속할 때 캐시가 복사된 정지 사진의 경우와 대조된다.[344]

(4) 요청하는 것

대다수의 경우 전시, 시청, 전송, 수신 행위가 결합되어 있을 가능성이 높지만, 이 조항들은 피고인이 데이터를 요청하였지만 제공되지 않은 경우에는 적용할 수 없을 것이다. 예컨대 깨진 하이퍼링크나 일명 '허니 팟' 사이트(법집행기관이 아동 음란물을 가짜로 광고하여 이를 요청하는 자들의 IP 주소를 획득하려는 목적으로 만든 웹사이트)가 있다.[345]

피고인이 아동 음란물을 포함한 게 명백한 링크를 클릭하는 경우 그러한 행위는 음란물이 다운로드 되지 않았더라도 충분히 범죄를 완성하는 데 인접한 행위일 가능성이 크다는 점에서 각 국가에서 이러한 행위에 대해 미수 혐의를 적용하기도 한다. 호주에서 아동 음란물을 '간구하는(solicit)' 것은 범죄이다.[346] '간구한다'는 용어는 정의되어 있지 않으며, '구하려고 하다, 찾거나 얻거나 획득하려고 노력하다'를 포함하는 일반적인 의미로 사용될 것이다.[347] 아동 음란물을 제공하는 웹사이트에 돈을 낸 사건 등에는 아동 음란물 배포를 조장한 혐의를 적용하는 것도 가능할 수 있다.[348]

8. 아동 음란물 소지

아동 음란물 소지는 여러 국가에서 범죄에 해당하며, 본질적으로 2가지 형태를 띤다.

---

342 639 F 3d 692 (5th Cir. 2011).

343 *Ibid.*, at 699.

344 *Ibid.*

345 7 T. Krone, International police operations against online child pornography, Trends and Issues in Crime and Criminal Justice (AIC, 2005), pp. 4-5.

346 Criminal Code (Cth), ss. 474.19(1)(a)(iv), 474.22(1)(a)(iv).

347 Oxford English Dictionary Online, Oxford University Press, December 2014.

348 Gillespie, Child pornography, pp. 133-7.

첫째는 소지 자체가 범죄를 구성하기에 충분한 단순 소지죄이다. 캐나다,[349] 영국,[350] 미국[351]에서 이러한 범죄를 규정하고 있다. 호주에서는 단순 소지를 처벌하는 연방법은 없지만, 모든 주에서 범죄에 해당한다.[352]

두 번째는 판매나 공급 의도와 같이 추가적인 의도가 있는 소지죄이다. 이러한 유형의 범죄는 호주,[353] 캐나다,[354] 영국,[355] 미국[356]에서 찾을 수 있다.

물론 조금씩 차이가 있지만, 각국의 소지 개념은 유사하며, 4개의 구성요소로 쪼갤 수 있다.[357]

피고인이

① 물리적으로 소지한 경우

② 물리적으로 소지했다는 것을 아는 경우

③ 물리적으로 소지하려고 의도하는 경우

④ 소지한 것의 성질을 아는 경우

---

(1) 물리적 소지

피고인은 두 가지 방법으로 물건을 소지할 수 있다. 하나는 물건을 피고인의 물리적 관리나 통제 하에 두는 방법이다. 다른 하나는 물건이 '피고인이 손으로 소지하기 위해

---

349   Criminal Code (Can), s. 163.1(4).

350   Criminal Justice Act 1988 (UK), ss. 160, 161.

351   18 USC §§ 2252(a)(4), 2252A(a)(5).

352   Crimes Act 1900 (ACT), s. 65; Crimes Act 1900 (NSW), s. 91H(3); Criminal Code Act(NT), s. 125B(1); Criminal Law Consolidation Act 1935 (SA), s. 63A(1); Criminal Code Act 1899 (Qld), s. 228D; Classification (Publications, Films and Computer Games) Enforcement Act 1995 (Tas), s. 74A; Crimes Act 1958 (Vic), s. 70(1); Criminal Code Compilation Act 1913 (WA), s. 220.

353   Criminal Code (Cth), ss. 474.20, 474.23.

354   Criminal Code (Can), s. 163.1(2)(3).

355   Protection of Children Act 1978 (UK), s. 1(1)(c).

356   18 USC §§ 2252(a)(3), 2252A(a)(4).

357   Moors v. Burke (1919) 26 CLR 265; Criminal Code (Can), s. 4(1); R v. Morelli [2010] 1 SCR 253 at [15]-[17]; DPP v. Brooks [1974] AC 862 at 866; R v. Boyesen [1982] AC 768 at 773-4; US v. Tucker, 305 F 3d 1193 at 1204 (10th Cir. 2002); US v. Romm, 455 F 3d 990 at 998 (9th Cir. 2006).

물리적 경계를 넘지 않아도 되는 장소'에 있는 경우이다.[358] 이러한 소지의 2가지 형태는 각각 실제의 관리와 사실상 관리로 지칭된다.[359] 이와 관련하여 Moors v. Burke 판결[360]에서 호주의 대법원은 피의자의 소지를 증명하기 위해서는 다음에 해당함을 밝혀야 한다고 판시하였다.

> 피의자가 당시에 실제로, 그리고 그 이상의 단계를 밟을 필요 없이, 물건에 대하여 공범 이외의 자들을 배제하는 완전한 현재의 개인적, 물리적 통제권을 가지고 있었음을 밝혀야 하는데, 여기서 통제권은 물건을 현재 그의 수중에 두었든지 아니면 언제든지 원할 때 수중에 둘 수 있는 배타적 권리 또는 힘을 가졌든지 상관없다.[361]

실제적 관리

소지의 가장 명백한 형태는 피의자가 말 그대로 물건을 그의 '현재 수중의 관리'에 두는 것이다. 예를 들어, 피의자가 관련 이미지를 보유한 노트북 컴퓨터, 플래시 드라이브, 카메라 등을 가지고 있는 것으로 드러났다면, 고의성 요건 충족 여부에 따라 그러한 이미지를 소지한 것이 될 것이다. 그러나, 소지를 증명하기 위해 물건이 말 그대로 피의자의 수중에 있어야 할 필요는 없다. 그의 물리적 통제하에 있으면 족하다.[362] 예를 들어 어떤 사람이 집에 있는 동안 그의 집에 있는 컴퓨터나 그가 운전하고 있는 차는 그 사람의 물리적 관리 및 통제 하에 있는 것으로 여길 수 있으며, 배심원단의 사실 판단 문제가 될 것이다.

이러한 관점에서 디지털 이미지의 소지는 유형물을 소지하는 것과 다를 바 없다. 피고인은 유형의 물건이 무형의 이미지를 포함하고 있는 걸 아는 채로 그 물건을 소지하고 있는 것이다. 그러나, 데이터의 관점에서 관리나 통제는 피고인에게 데이터를 어떤 방법으로 통제할 수 있는 능력이 있는지에 따라 증명할 수 있을 것이다. 그것이 이미지를 디스플레이하는 것이든, 파일을 복사하는 것이든, 출력하는 것이든, 이메일을

---

358   Dib v. R (1991) 52 A Crim R 64 at 66.
359   Williams v. Douglas (1949) 78 CLR 521 at 527.
360   (1919) 26 CLR 265.
361   *Ibid.*, at 274.
362   R v. Maio [1989] VR 281 at 287-8, citing DPP v. Brooks [1974] AC 862 at 866.

보내는 것이든 말이다.

예를 들어 US v. Tucker 판결[363]에서 소아 성애자임을 인정한 피고인은 그의 컴퓨터로 웹사이트와 뉴스그룹을 방문하여 아동 음란물 이미지에 접근하였는데, 이 중 일부는 회원비를 내고 비밀번호를 설정해야 했다. 포렌식 분석 결과 이미지 27,000개를 복구하였으며, 이 중 90-95%는 아동 음란물로 추정되었다. 주로 '인터넷 익스플로러'의 캐시파일과 컴퓨터의 '휴지통'에 있던 임시 인터넷 파일(TIF)에서 복구된 것이었다. 피고인은 일상적으로 아동 음란물을 봤지만, 보통 이를 디스크에 저장하지 않았다. 또한, 이미지를 보고나면 캐시파일을 지우는 습관이 있었다. 이에 피고인은 이미지를 '다운로드, 복사, 또는 의도적으로 저장'하지 않았기 때문에 소지한 게 아니라는 근거로 소지죄를 부인하였다.[364]

그의 주장은 받아들여지지 않았다. 피고인은 분명 여러 가지 방법으로 이미지에 대한 지배력을 행사하였다. 이미지를 확대하거나 조작할 수 있었고, 출력하거나 복사할 수 있었다. 특히, 그는 자동으로 캐시 저장된 이미지를 삭제함으로써 이미지에 대한 지배력을 분명히 보여주었다. 이러한 판단은 항소심에서 인정되었다. 피고인이 캐시파일 이미지에 접근하고, 이메일에 첨부하고, 이름을 바꾸고, 출력할 수 있었다는 전문가 증거가 제시되었다. '그가 다른 파일로 할 수 있는 모든 것들을 이 파일들에도 할 수 있었다'는 것이다.[365]

금지된 이미지를 담고 있는 저장장치가 가족, 직장동료 등 여러 사람에게 공유되는 경우가 있을 것이다. 그러한 경우 피고인은 이미지를 소지하지 않았다고 주장할 수 있다. 사실은 다른 사람 소유였다고 하면서 말이다. 검찰이 피의자의 부인에 맞닥뜨려 다른 사람이 이미지를 소지하였다는 합리적 가능성을 배제할 수 없는 경우에는 피의자가 소지하였다는 점을 증명할 수 없게 된다.[366] 따라서 다른 사람이 소지하였을 가능성을 배제시키거나 다른 사람이 공동으로 소지하였다는 점을 증명하는 게 반드시 필요하다.

이러한 맥락에서 이미지를 담고 있는 저장장치의 관리 또는 지배와 이미지 그 자체에 대한 관리 또는 지배를 구별하는 것이 특히 중요하다. 저장장치를 많은 사람이 소지하여도, 피고인만이 관련 파일을 소지할 수도 있다. 피고인이 이미지를 담고 있는 저장

---

363 150 F Supp 2d 1263 (D Utah. 2001).
364 *Ibid.*, at 1268.
365 US v. Tucker, 305 F 3d 1193 at 1204-5 (10th Cir. 2002), cert. denied 537 US 1223 (2003).
366 US v. Irving, 452 F 3d 110 at 122 (2nd Cir. 2006).

장치를 관리 또는 지배하였다는 걸 증명하는 것만으로는 부족하고, 그가 장치 내에 있는 파일들을 관리 또는 지배했음을 증명해야 한다.[367] 자료가 숨겨진 폴더 등에 숨겨져 있었는지도 관련 요인이 될 것이다. 컴퓨터에 접근한 다른 사람이 또 있었는가? 다른 사람이 그 자료를 알고 있었을 가능성을 배제할 수 있는가? 이미지에 비밀번호가 걸려 있었는가? 그랬다면, 누가 비밀번호를 알고 있었는가?[368]

예를 들어, R v. Missions 판결[369]에서 피의자에게는 아동 음란물 소지 혐의가 있었다. 이미지 하나는 5명의 다른 가족들이 쓰는 컴퓨터에서 발견되었는데, 다른 이미지 63개는 3개의 압축 디스크에서 발견되었다. 캐나다 Nova Scotia 항소법원은 피의자만이 독자적으로 그 이미지들을 소지하였다는 점이 합리적 의심을 넘어 증명되었다는 사실심 재판관의 판단을 지지하였다. 이와 관련하여 다른 거주자들은 소지를 부인하였다는 점, 피의자는 성인 음란물을 자주 다운로드 했다는 점, 피의자가 압축 디스크를 사용했다는 점, 파일을 정리하려는 시도가 있었고 거의 모든 파일 이름이 아동 음란물 내용임을 나타냈다는 점에 대한 증거가 있었다.[370]

반면에, US v. Moreland 판결[371]에서는 피의자, 그의 아내와 투병 중인 아버지가 함께 사용하는 집 컴퓨터 2개에서 아동 음란물이 발견되었다. 이미지가 발견되기 몇 달 전에, 그의 아버지가 함께 지내고 있었으며 그들이 일하러 간 낮시간과 밤늦게 아버지가 컴퓨터를 사용했다는 증거가 있었다. 아내와 아버지 모두 피고인의 아이디와 비밀번호를 알고 있었다. 피고인의 아버지는 조사받지 않은 채 재판 전에 세상을 떠났다.[372] 또한 파일들은 잘 보이는 곳에 있었던 게 아니라 비힐당 공간에서 발견되었다.[373] 다른 사람이 그 음란물에 접근했을 가능성이 크다는 점을 고려하여, 법원은 피고인이 고의로 그리고 적극적으로 이미지를 소지하였다는 것을 증명하는 증거가 불충분하다고 결론내렸다.[374]

아동 음란물 소지 사건의 다수가 보통 컴퓨터 캐시 폴더에 있는 TIF에서 복구한

367　R v. Porter [2007] 2 All ER 625 at [16].
368　US v. Kimler, 335 F 3d 1132 at 1140 (10th Cir. 2003).
369　(2005) 196 CCC (3d) 253.
370　*Ibid.*, at [266-7].
371　665 F 3d 137 (5th Cir. 2011).
372　*Ibid.*, at 140.
373　*Ibid.*, at 152.
374　7 *Ibid.*, at 150.

이미지에 기반한다. 이러한 파일들은 사용자가 웹페이지를 볼 때 자동으로 생성되며, 컴퓨터가 인터넷에서 파일을 불러올 필요 없이 로컬에서 파일을 가져올 수 있도록 한다.[375] 또 흔한 경우는 삭제된 파일이 '비할당 공간'이나 '원본에서 분리된 파일'에서 복구된 경우이다. 파일이 삭제되면 저장공간에는 남지만, 덮어쓰기가 가능하다. 따라서 삭제된 이미지는 덮어쓰기 '이전에만 비할당 공간에서 복구될 수 있다.[376]

피고인이 그러한 파일들을 관리 또는 지배하는 경우 인식 여부에 따라 소지한 것일 수도 있다.[377] 그러나 이미지가 삭제되고 피고인이 불러올 수 없는 경우 더이상 그 이미지를 소지하고 있지 않다고 봐야 한다. R v. Porter 판결[378]에서 피고인은 15건의 아동 음란물 사진을 제작한 혐의와 2건의 아동 음란물 사진 소지 혐의로 유죄를 받았다.[379] 그의 컴퓨터를 수색하자 아동 음란물 사진 3,575개와 비디오 파일 40개가 발견됐다. 컴퓨터의 휴지통을 비우는 등 방법으로 상당수의 사진과 모든 비디오 파일이 삭제되어 있었다. 이미지들은 'ACDSee'라는 프로그램의 데이터베이스에서 발견된 썸네일 형식으로 복구되었다. 썸네일과 연결된 더 큰 파일들은 삭제되어 있었기 때문에 더이상 볼 수 없었다. 그러나, 전문 기술을 이용하여 각각의 썸네일 흔적을 복구할 수 있었다. 다른 파일들도 캐시 폴더에서 복구되었다.

피고인이 삭제된 사진이나 비디오 파일을 불러오거나 시청할 수 있는 소프트웨어를 가지고 있지 않았다는 점이 인정되었다. 썸네일 이미지를 불러오려면 미국 정부만 사용을 허가할 수 있는 전문적 포렌식 기술과 장비가 필요하였다. 하지만 증거가 없긴 해도, 휴지통에서 비운 파일들을 복구할 수 있는 소프트웨어를 항고인이 획득했을 수도 있다. 캐시파일 33개가 불러올 수 있는 상태에 있었고, 따라서 그의 소지 하에 있을 수도 있었다는 점이 인정되었다. 문제는 피고인이 최소한 스스로는 불러올 수 없는 이미지들을 과연 소지했다고 할 수 있는지였다. 법원은 불법 약물 소지와 디지털 이미지 소지는 당연히 차이가 있다는 것을 인정하면서도, 관리 또는 지배라는 개념을 빌려오

375　T. E. Howard, 'Don't cache out your case: Prosecuting child pornography possession laws based on images located in temporary internet files' (2004) 19 Berkeley Technology Law Journal 1227, 1229-30.

376　Howard, 'Don't cache out your case,' fn 22.

377　US v. Hill, 750 F 3d 982 at 988 (8th Cir. 2014).

378　[2007] 2 All ER 625.

379　Protection of Children Act 1978 (UK), s. 1(1)(a)-(c); Criminal Justice Act 1988 (UK), s. 160(1).

지 않을 이유가 없었다.[380]

컴퓨터 이미지가 삭제된 특수한 경우, 이미지를 불러오거나 접근할 수 없는 사람은 더이상 그 이미지에 대한 관리 또는 지배를 하지 못하는 것으로 판단된다. 하드카피 사진을 훼손하거나 다른 방법으로 없앤 것처럼 그 사람의 접근범위 밖에 놓인 것이다. 이러한 이유로 하드 디스크 드라이브에서 이미지를 불러올 수 없는 사람이 하드 디스크 드라이브나 컴퓨터를 소지하고 있으므로 그 이미지를 소지했다고 하는 것은 부적절하다.[381]

이 요건은 컴퓨터 드라이브에 이미지가 있다는 점을 알았는지 여부와 독립적인 것처럼 보인다. 특히 법원은 피고인이 알면서 이미지를 포함한 컴퓨터나 다른 장치를 소지하였다면, 그 이미지를 사실상 불러올 수 없었다 하더라도 소지를 증명하기에 충분하다는 주장을 부인하였다.[382] 이러한 해석은 '너무나 불합리하기 때문에 법조항에 명문으로 또는 필수적인 의미 내포로 인하여 그렇게 할 수밖에 없는 게 아니면 받아들이지 않을 것이다'라는 것이다.[383] 예를 들어 이 사건에서 피고인은 미국 정부의 허가로 공급되는 전문 기술과 장비를 사용하여 삭제된 이미지를 불러올 수 있었던 경우에만 그 이미지를 여전히 소지한 것이다.

또한, 법원은 이메일로 본인이 구하지 않은 아동 음란물 이미지를 받아서 즉시 삭제하는 경우도 고려하였다. 이미지가 하드 드라이브에 남아있긴 하지만, 수신인이 보유하지 않은 전문 기술을 사용해야만 이를 복구할 수 있다는 사실을 알았다고 가정해 보자. 법원의 견해에 의하면 이 수신인은 알고는 있었지만, 이미지를 복구할 수 없도록 합리적으로 필요한 것을 모두 했으므로 소지죄에 해당하지 않는다.[384] 그러나 이 증거는 사전 소지를 증명할 수 있을지도 모른다.

배심원의 쟁점사항은 문제되는 시점에 피고인이 그 이미지를 관리 또는 지배하였는지 여부이다. 이는 부분적으로 피고인의 기술적 숙련도에 의존할 것이며, 일반적인 사용자가 시간이 지남에 따라 점점 더 숙련되면서 변화할 것이다. 예를 들어 처음에는 캐시 이미지를 복구하는 것이 이미지가 '시스템상 보호되기' 때문에 (즉, 사용자가 '시스

---

380   R v. Porter [2007] 2 All ER 625 at [20]-[21], citing DPP v. Brooks [1974] AC 862; R v. Boyesen [1982] AC 768.
381   Ibid., at [21].
382   Ibid., at [16].
383   Ibid., at [17].
384   Ibid., at [18].

템 명령'을 실행하지 않는 이상 접근이 막혀 있어서) 어려웠을 수 있다. 그러나 이제는 마우스를 우클릭하여 적절한 명령어를 선택하는 방법으로 간단하게 그러한 명령을 수행할 수 있다. 그러고나면 그 이미지들은 다른 파일과 마찬가지로 취급될 수 있다.[385] 유사하게, 피고인이 나중에 전문 소프트웨어로 복구하려는 의도로 이미지를 삭제하였더라도 그 이미지 소지가 유지되었다고 할 수 있다.[386]

피고인이 알고는 있었지만 관리 또는 지배를 행사할 수 없었던 경우에도 유사한 원칙들이 적용된다. 예를 들어 어떤 사람이 컴퓨터에 아동 음란물이 있지만 본인은 비밀번호를 가지고 있지 않아서 접근할 수 없음을 알았던 경우이다. 그러한 경우, 관리 또는 지배를 하지 않았기 때문에 소지하지 않았다고 주장할 수 있다.

피고인이 아동 음란물을 다운로드 하기 시작했지만 어떤 이유로 다운로드를 종료한 경우에는 어떨까? 이 문제는 캐나다 Newfoundland and Labrador 대법원의 R v. Daniels 판결[387]에서 다루어졌다. 피고인이 멕시코에 있는 서버로부터 아동 음란물을 다운로드 했다는 증거 외에도 다운로드를 요청했지만 완료되기 전에 종료했다는 증거가 있었다. 피고인이 다운로드를 진행하기 전에 그래픽 묘사를 보아야 했기 때문에 아동 음란물을 주문한다는 사실을 알고 있었던 게 분명하였다. 그러나 피고인의 스크린에 이미지가 얼마만큼 나타났는지 확정할 수 없었고, 피의자의 컴퓨터에서 요청한 이미지를 전혀 찾을 수 없었다. 따라서 그는 부분적으로 다운로드 된 이미지를 소지한 게 아니라고 주장하였다.

이 주장은 사실심 재판에서 부정되었다. 이미지가 스크린에 전시되었는지와 관계 없이 그가 이미지를 요청한 이상 그는 전체 이미지 또는 그에게 전송된 이미지에 대한 지배가 완성된 것이다.

> 이미지가 스크린에 나타나기 시작한 후에 그가 전송을 '건너뛰기'나 '중단시키기'를 선택했다는 사실은 그가 전송된 이미지에 대한 완전한 통제력을 가졌다는 점을 보여준다. 일부 이미지나 사실상 임의의 이미지만이 수신되었다는 것은 관련이 없다. 픽셀이 한 개이든 백만 개이든 이미지의 구성요소이며, 개별적으로나 집합적

---

385 US v. Romm, 455 F 3d 990 at 995-6, 998 (9th Cir. 2006); Sabourne v. Western Australia[2010] WASCA 242 at [9].

386 Y. Akdeniz, 'Possession and dispossession: A critical assessment of defences in cases of possession of indecent photographs of children' (2007) Criminal Law Review 274, 284.

387 2004 NLSCTD 27.

> 으로 전체 이미지의 일부분이다... 그것은 이미지를 얼마만큼 수신하고 싶은지에 대한 개인적인 선택이었을 뿐이다. 그가 분명히 요청한 전체 이미지의 일부분을 수신하였고 수신할 패키지의 양을 통제한 이상 아동 음란물을 수신하지 않았다고 할 수 없는 것이다.[388]

이 결정은 항소심에서도 인용되었다.

> 컴퓨터 오작동 없이 다운로드가 시작된 때, Daniels는 이미지를 얼마만큼 컴퓨터 스크린에 전시할지 결정할 수 있는 온전한 통제력이 있었다. 아동 음란물 소지 혐의가 인정되기 위해 반드시 그 자료를 시청했을 필요는 없다. 예를 들어, 어떤 사람이 동봉된 음란물을 획득하여 내용물을 보지 않고 서랍에 넣었을 수도 있고 쓰레기통에 버렸을 수도 있다. 소지에 있어 본질적인 것은 그 자료를 가지고 무엇을 할지를 결정하는 등 통제의 요소이다.[389]

법원의 판단이 다운로드된 데이터에 대한 지배 또는 통제에 근거하였다는 점은 명백하며, 이 분석은 다운로드가 수신인에 의해서든지 다른 이유에 의해서든지 종료된 경우에도 동일하게 적용될 수 있다. 그러나 이는 이 판결에서 해결하지 않은 많은 쟁점을 불러일으켰다.

첫째로, 앞서 언급했듯이 캐나다에서 아동 음란물 범죄는 '시각적 표현물'과 관련된다. 데이터 파일이 시각적 표현물을 구성한다고 인정된다고 하더라도 그 파일의 일부에도 적용될 수 있는지는 불분명하다. 이는 부분적인 파일이 아동 음란물을 묘사하는 이미지로 변환될 수 있는지에 따라 달라질 것으로 보인다. 변환될 수 없다면, 이러한 사실로 확정할 수 있는 것은 궁극적으로는 아동 음란물 이미지가 될 이미지의 일부가 다운로드되었다는 것일 뿐이다. 그 데이터가 실제로 '시각적 표현물'이었다고는 확정할 수 없다.

둘째로, 법원은 피고인의 지배나 통제하에 있는 데이터의 위치를 정확하게 명시하지 않았다. 가능한 선택지는 많다. 피고인이 멕시코에 있는 데이터에 다운로드 요청을

---

388   *Ibid.*, at [34].
389   *Ibid.*, at [12].

보냄으로써 통제력을 행사하는 상황을 생각해 볼 수 있다. 판결이 맞다면, 소지죄의 실행이 영토를 초월할 수 있다는 의미가 내포되어 있다. 그게 맞을 수도 있지만, 이 쟁점이 직접 거론되지 않았다는 점이 아쉽다. 피고인이 전송 중인 데이터에 대해 통제력을 가지고 있었다고 하기는 더 어려운데, 그 시점에는 피고인이 필수적인 통제력을 가지고 있지 않았기 때문이다.: '수동 처리 요소가 있다고 하기 위해서는... 실제 소지를 구성하려면 전송 중인 이미지 이상의 것이 필요할 것으로 보인다...'[390] 아마 가장 실용적인 해석은 데이터가 실제로 수신된 때에만 통제가 있다거나, 최소한 통제할 수 있는 힘이 있다고 보는 것이다. 이는 피고인이 이미지를 출력하거나 저장했다면 가장 명확하게 충족될 것이며, 이 경우 피고인은 '그의 개인적인 투입과 지시로 컴퓨터를 작동했으므로 아동 음란물을 수동 처리한 것이다.'[391]

앞서 피고인이 이미지를 시청함에 따라 캐시폴더에 형성된 이미지에 대한 지배력을 근거로 소지죄에 해당할 수 있다는 것을 살펴보았다. 시청과 동시에 발생하는 지배력에도 같은 논리가 적용될 수 있을 것이다. US v. Romm 판결[392]에서 피고인은 인터넷에서 아동 음란물 이미지를 시청하였음을 인정하였다. 그는 이를 디스크에 저장하였으며, 5분여간 시청한 후 삭제하였다. 법원은 어떤 자가 '아동 음란물을 구하여 관리 또는 지배를 행사한다면, 다운로드하지 않고도 수신 및 소지할 수 있다'고 밝혔다.[393] 이미지를 스크린에서 볼 때 피고인은 이를 프린트하거나 저장하거나 포워딩하거나 삭제할 수 있었다는 사실이 관리와 지배를 뒷받침해준다. 따라서 피고인은 고의로 그러한 이미지에 관리 또는 지배를 행사하였으며 그 결과 이를 소지한 것이다.[394]

이는 아동 음란물을 단순히 시청하는 것과 소지하는 것 간에 중요한 차이점을 제시한다. 관리 또는 지배에 대한 증거 없이 단순히 아동 음란물을 시청하는 것은 소지를 구성하지 않는다. 따라서 때때로 피고인들은 아동 음란물을 시청한 사실은 인정하지만, 적극적으로 이미지를 저장하지 않았고 컴퓨터에 자동으로 저장된다는 사실도 몰랐다고 주장할 것이다. 이는 거리를 걷다가 불법적인 내용을 보여주는 잡지를 본 사람에 비유되곤 한다. 그 사람이 이를 보기만 했다면 소지한 게 아니다. 하지만 손을 뻗어

---

390 6 R v. Daniels, 2004 NLSCTD 27 at [33].
391 *Ibid.*
392 455 F 3d 990 (9th Cir. 2006).
393 *Ibid.*, at 998.
394 *Ibid.*, at 1000.

잡지를 들었다면 소지한 게 될 것이다.

이 문제는 캐나다에서 대법원이 내린 R v. Morelli 판결395)이 해결하였다. 이 사건은 수색 영장의 유효성에 대한 도전과 관련된다. 캐나다 왕립 기마경찰(Royal Canadian Mounted Police)은 영장에 따라 항소인의 집을 수색하였으며, 아동 음란물 이미지를 발견하였다. 영장은 항소인의 집을 방문하여 의문점들을 발견한 컴퓨터 기술자가 제공한 정보에 근거하여 발부되었다. 영장은 아동 음란물 사이트로 연계되는 것처럼 보이는 피고인의 컴퓨터상 링크를 포함했다. 중요한 점은 아동 음란물 접근이 아니라 소지 혐의로 영장이 발부되었다는 것이다.

피고인은 '불합리한 수색 또는 압수로부터 안전할 권리'를 제공하는 캐나다 권리와 자유 장전(Canadian Charter of Rights and Freedoms)의 s. 8에 근거하여 영장에 도전하였다. 아동 음란물 사이트 링크가 있을 수 있다는 정보는 그가 아동 음란물을 소지했다는 것을 '믿을 만한 합리적 이유'를 제공하지 못한다고 주장하였다. 4 : 3의 비율로 다수는 그 증거를 배제해야 한다는 점에 동의하였다. 해당 증거 없이는 유죄를 선고할 수 없어 유죄 선고는 파기되었다.

결정의 중점사항은 피고인이 아동 음란물을 시청했다는 걸 시사하는 정보가 소지죄 수사로 영장을 발부 받기에 충분한지 여부였다. 다수는 스크린상 시각적 표현물을 소지하기 위해서는 그 기저의 데이터 파일을 소지해야 한다고 결론내렸다. 즉 디지털 이미지를 소지하기 위해서는 '기저의 데이터 파일을 고의로 획득하고 이를 그가 지배하는 곳에 저장해야 한다.'396) 온라인에서 이미지를 보는 것은 텔레비전 스크린의 이미지를 보는 것에 비유할 수 있다. 이때 시청자는 기저의 데이터 파일을 소지하지 않는다.397) 이 행동이 아동 음란물에 '접근하는' 죄를 구성할지는 모르지만, 소지를 구성하지는 않는다.

소수의 반대 의견은 파일을 다운로드하는 것은 통제의 한 형태일 뿐이라는 것이다. 이미지를 전시, 출력, 복사, 삭제, 또는 저장함으로써 파일에 대한 통제력을 증명할 수 있다.398) 따라서 이미지를 시청하는 행위는 소지를 구성하는 통제력에 대해 충분한 증거를 제공할 수 있다.

---

395 [2010] 1 SCR 253. This summary is based on the majority judgment at [116]–[125].
396 *Ibid.*, at [66].
397 *Ibid.*, at [30].
398 *Ibid.*, at [141].

이 쟁점은 캐나다에서 해결됐지만 미국에서는 연방정부와 주 간의 논쟁으로 이어졌다. 논란의 여지가 있지만 연방에서 아동 음란물을 '시청하려는 의도로 고의로 접근하는' 범죄를 제정하여 이 문제를 해결하였으며, 일반적으로 온라인 이미지를 고의로 시청하는 행위는 명백히 아동 음란물에 '접근하는' 범죄를 구성한다고 인정된다.[399]

사실상의 관리

소지의 개념은 피고인이 물건에 대한 물리적 관리 또는 지배를 하고 있지 않지만, '단독으로 물건에 손댈 수 있는 배타적인 권리 또는 힘을 가지고 있어 원할 때 수중에 둘 수 있는' 경우까지도 확장된다.[400] 그러한 상황은 '사실상 지배'로 칭할 수 있는데, 피고인이 '물건을 효과적으로 숨겨서 그가 원할 때 물리적 지배를 할 수 있으며, 다른 이들은 우연에 의하지 않고는 그것을 발견하기 어려운 경우'를 포함한다.[401] 이는 마약 범죄와 관련해서는 전형적으로, 금고 등 피고인이 접근할 수 있는 다른 곳에 마약을 숨긴 경우에 적용된다. 디지털 환경에서는 피고인이 접근할 수 있지만 실제로 지배하고 있지는 않은 저장장치가 발견되는 경우에 비유할 수 있다.

그러나, 더 넓게 적용한다면 디지털 이미지의 경우 소지의 개념이 크게 확장될 가능성이 있다. 피고인이 서버에 자료를 업로드하는 경우와 같이 디지털 파일을 원거리에 저장하는 경우에도 분명 적용될 수 있을 것으로 보인다. 피고인이 관리하는 웹사이트에서 이미지가 발견되는 경우처럼, 피고인이 원격으로 그러한 파일을 복사, 삭제, 또는 다른 방법으로 조작할 수 있으면 그 파일을 소지하고 있다고 할 수 있다.[402] 나아가, 논란의 여지는 있지만 이 개념은 웹사이트에 있는 자료에 접근하거나 접근하려고 시도하는 것에도 확장될 수 있다. 피고인이 그러한 이미지를 삭제할 능력이 없다고 하더라도, 파일을 복사하거나 시청함으로써 통제력을 행사할 수 있다고 주장될 수 있다. 앞서 Daniels 사례에서 언급한 것처럼 이는 소지죄의 범위에 대해 상당한 문제를 제기하며, 특히 그 국가의 사법관할권 밖에서도 유효한지 문제된다.

---

399 R v. Morelli [2010] 1 SCR 253 at [31].
400 Moors v. Burke (1919) 26 CLR 265 at 274; US v. Haymond, 672 F 3d 948 at 955 (10th Cir. 2012); US v. Moreland, 665 F 3d 137 at 149-50 (5th Cir. 2011).
401 Williams v. Douglas (1949) 78 CLR 521 at 527.
402 R v. W (A Child) (2000) 27 SR (WA) 148.

(2) 인지

소지의 책임요건을 고려할 때 인지의 2가지 유형을 구별하는 것이 필수적이다. 하나는 피고인이 그의 관리 또는 지배 하에 물건을 두고 있다는 사실을 알고 있는 것이다. 몇몇 국가에서는 피고인이 소지하고 있는 자료의 성질을 알았다는 점을 증명하는 것도 필수적이다.

소지의 인지

소지의 외적 요건에 책임 요건이 포함된다는 점은 잘 확립되어 있다. 즉, 최소한 피고인이 특정 물건을 관리 또는 지배한다는 걸 알고 있었다는 사실을 증명하여야 한다. "어떤 것의 성질을 알거나 이해하지 못하고 소지할 수는 있다. 그렇지만 그것을 갖고 있다는 걸 알지 못한다면 소지한 것이 아니다."[403] 따라서 피고인은 아동 음란물이 그의 관리 또는 지배하에 발견되었더라도 본인은 그 존재를 몰랐다고 주장할 수도 있다. 가장 흔하게는 부주의, 무지, 망각, 삭제 등 4가지 상황이 있다.

① 부주의

몇몇 경우에 피고인은 그의 관리 또는 지배하에 발견된 자료가 그가 알지 못하는 사이에 놓인 것이라고 주장할 수도 있다. 예를 들어 다른 사람이나 악성코드, 팝업 등 자동 작업에 의해서 말이다. 그러면 검찰은 피고인이 실제로는 그 자료의 존재를 알고 있었다는 점을 합리적 의심을 넘어 증명하여야 하는 사실의 문제가 된다. 이에 실패하면 무죄 선고로 끝날 것이다.

사건 대다수가 아동 음란물 이미지를 한두 개보다 훨씬 더 많은 양을 포함하므로, 이 문제가 큰 장애물이 되는 경우는 드물다. 관련 있는 요소에는 다운로드의 증거, 존재하는 이미지의 개수, 파일 이름의 성질, 이미지를 의도적으로 정리한 증거 등이 있다.

예를 들어 R v. Liddington 판결[404]에서 '우연한' 시청은 피고인이 자료의 성질을 알고 나서도 의도적으로 다운로드와 복사했다는 증거와 명백히 모순된다고 판단하였다. 유사하게, R v. W (A Child) 판결[405]에서 피고인은 그가 운영한 음란 사이트에서 발견된 아동 음란물 소지로 유죄 선고를 받았다. 그는 해당 사이트에 아동 음란물이 있는 것

---

403 R v. Boyesen [1982] AC 768 at 774.
404 (1997) 18 WAR 394 at 402-3.
405 (2000) 27 SR (WA) 148.

을 인정하였으나, 누군가가 사이트를 해킹하여 그가 모르는 사이에 불법자료를 두었다고 주장하였다. 전문가 증거는 그러한 시나리오가 이론상 가능하다고 제시하였지만, 법원은 상황으로 보아 '거리가 멀고 상상 속에나 있을 법하다'며 이를 일축하였다.[406)]

다른 경우에는 피고인이 실제로 이미지를 소지한다는 사실을 인지했는지 여부에 관하여 합리적인 의심이 있을 수 있다. Isherwood v. Tasmania 판결[407)]에서 피고인은 하드 드라이브를 중고로 구매했는데 비디오 파일 12개가 있었고, 본인은 거기에 그 파일들을 두지 않았으며 그 존재를 알지 못했다고 주장하였다. 법원은 피고인이 파일의 존재를 알고 있었다는 것을 합리적 의심을 넘어 증명하기에는 증거가 불충분하다고 판시하였으며, 따라서 무죄가 선고되었다.[408)]

피고인의 무지 주장은 맥락에 비춰 고려해야 한다. 예를 들어 R v. Hayward 판결[409)]에서 피고인은 아동 음란 이미지 5,000개와 영상 38개를 컴퓨터에 소지하고 있던 것으로 밝혀졌다.[410)] 그는 성인 음란물을 다운로드 하려고 시도했는데 문제된 이미지들이 다운로드되었다고 주장했지만, 그가 '아주 많은 양의 청소년 이미지를 다운로드 했다는 사실을 알았고... 이를 발견하고도 다운로드를 멈추지 않았으며, 그의 컴퓨터에 이미지를 보유했다'는 점은 명백하였다.[411)]

② 무지

더 문제되는 상황은 피고인이 아동 음란물을 시청한 것으로 보이지만, 다운로드나 다른 방법으로 데이터를 저장장치에 저장하지 않은 경우이다. 파일이 물리적으로 피고인의 관리나 지배하에 있을 수는 있지만, 피고인은 그 사실을 몰랐다고 주장할 수 있다. 그러한 경우 피고인이 소지를 했는지 여부는 그가 컴퓨터의 작동 원리를 얼마만큼 아는지에 달려있다.

Atkins v. DPP 판결, Goodland v. DPP 판결[412)]에서는 피고인 컴퓨터에서 많은 아동 음란물이 발견되었다. 일부는 의도적으로 하드 드라이브에 저장된 것이었지만, 나머

---

406   *Ibid.*, at 157.
407   (2010) 20 Tas R 375.
408   *Ibid.*, at 389.
409   [2012] EWCA Crim 3141.
410   *Ibid.*, at [8].
411   *Ibid.*
412   [2000] 2 All ER 425; R v. C [2004] All ER 82 at [20]; R v. Porter [2007] 2 All ER 625 at [14]; Clark v. R (2008) 185 A Crim R 1 at 53-4.

지는 캐시폴더에서 복구한 것이었다. 법원은 1988년 영국 형사사법법(Criminal Justice Act 1988) s. 160에 의해 인지는 소지의 본질적 요소이므로 피고인이 컴퓨터에 이미지가 저장되었다는 사실을 몰랐다면 그 이미지를 소지하였다고 할 수 없다고 판시하였다. 예컨대 피고인이 시청했지만 일부러 저장하지는 않은 캐시에서 복구된 이미지가 있다.[413]

US v. Bass 판결[414]에서도 유사한 접근법이 채택되었는데, 피고인은 아동 음란 이미지 2,000개 이상을 고의로 소지한 혐의로 유죄를 받았다. 피고인은 인터넷에서 아동 음란물을 본 사실은 인정하였지만, 그 이미지 중 어떤 것도 일부러 저장하거나 다운로드하지 않았다고 하였다. 이미지를 어떻게 다운로드 하는지 몰랐고, 컴퓨터에 자동으로 시청 이미지가 저장된다는 점도 몰랐다는 것이다. 그러나 어머니가 그 이미지들을 보지 못하도록 파일 삭제 소프트웨어를 사용한 점은 인정하였다.

이 사건에서 피고인은 아동 음란물을 시청했지만 컴퓨터에 자동으로 저장된다는 사실은 몰랐던 경우 고의로 소지한 죄가 있는지 쟁점을 제기하였다.[415] 법원은 이 쟁점이 이러한 사실관계를 토대로 제기된 게 아니라고 판단하여 쟁점을 해결하지 않았다. 피고인이 반대의 진술을 했음에도, 이미지가 자동으로 저장된다는 걸 알았는지 판단하는 것은 배심원단의 몫이었다. 특히, 파일 삭제 소프트웨어를 사용했다는 점은 이미지를 '시청'하기만 해도 저장된다는 사실을 잘 알고 있었다는 증거였다.[416]

쟁점이 해결되진 않았지만, 원칙상 이미지의 존재를 알지 못했거나 관리 또는 지배력이 있다는 걸 몰랐다면 이미지를 소지한 것일 수 없다는 주장이 제기된다. 이는 US v. Kuchinski 판결[417]에서 항소법원이 채택한 견해이다. 피고인의 아동 음란물 관련 혐의에 대한 형을 검토하면서 캐시에 저장된 이미지(13,904개에서 17,984개 사이)가 고려사항에 들어간 게 부적절하다고 인정되어 형을 무효로 하고 파기환송하였다. 법원은 이미지가 캐시에 자동으로 저장되고, 숙련된 사용자는 그 과정을 알고 접근할지도 모르지만, '아주 숙련된 사용자들조차도 컴퓨터에 그게 있는지 모른다'는 증거를 참조하였다.[418] 법원은 이어서 아래와 같이 판시하였다.

---

413   Atkins v. DPP, Goodland v. DPP [2000] 2 All ER 425 at 436-7.
414   411 F 3d 1198 (10th Cir. 2005).
415   Ibid., at 1201-2.
416   Ibid.
417   469 F 3d 853 (9th Cir. 2006).
418   Ibid., at 862.

피고인이 캐시 파일에 대한 지식이 부족하여 접근하고 통제하지 못하는 경우 다른 지배나 통제의 지표 없이는 그러한 파일에 있는 아동 음란 이미지에 대하여 소지 및 통제 혐의를 적용하는 것은 적절하지 않다. 그렇게 한다는 것은 무지를 인지로 바꾸는 것이자, 미약한 통제만도 못한 것을 지배와 통제로 바꾸는 것이다.[419]

이는 피고인이 반드시 기소를 면하게 된다는 걸 의미하지는 않는다. 캐시에 있는 이미지들은 피고인이 이전에 그러한 이미지를 보았다는 증거이다. 우리는 앞서 피고인이 고의로 파일을 저장하지 않았더라도 이미지를 보면서 소지했다고 할 수 있다는 점을 살펴보았다. 또한 아동 음란물 접근 및 시청 행위는 소지 목적 '통제'의 증거로 충분하다는 판례들도 살펴보았다.[420] 그렇지 않은 경우 피고인은 아동 음란물 '소지'보다 '접근'으로 기소될 수 있을 것이다.

③ 망각

피고인이 이미지가 자신의 관리 또는 지배에 있다는 사실을 잊어버렸기 때문에 더 이상 소지하고 있지 않다고 주장하면 어떨까? 영국 정부는 마약 범죄와 관련하여 어떤 사람이 어떤 물건이 그의 관리나 지배하에 있다는 것을 더이상 기억하지 못한다고 하더라도 여전히 소지하고 있는 것이라고 하였다.

소지는 소지자의 기억력에 달려 있지 않다. 기억이 되살아나거나 기억하지 못함에 따라 소지하다가 하지 않게 되는 것도 아니다. 만약 그렇다고 한다면, 기억력이 나쁜 자는 무죄 판결을 받을 것이며, 기억력이 좋은 자는 유죄 판결을 받을 것이다.[421]

영국 법원은 세 가지 시나리오를 구별하는 것으로 보인다. 첫째는 피고인이 인지하지 못한 채 물건을 스스로에게 두는 경우다. 두 번째는 물건의 통제를 포기하였지만 그가 모르는 사이에 되돌아온 경우이다. 두 시나리오 모두 소지를 한 것이 아니다.[422] 법원이 선을 긋는 것은, 피고인이 일단 고의로 물건을 그의 관리 또는 지배하에 두었으며

---

419   US v. Kuchinski, 469 F 3d 853 at 863 (9th Cir. 2006).
420   US v. Romm, 455 F 3d 990 at 998 (9th Cir. 2006).
421   R v. Martindale [1986] 3 All ER 25 at 26.
422   R v. Buswell [1972] 1 All ER 75 at 78.

피고인의 물리적 관리하에 남아 있지만 피고인이 그 사실을 모르는 경우이다.

> 소지하고 있는 상태에서 벗어나기 위해 무언가를 하기 전까지는 소지를 지속하는 것이다. 단지 그것을 소지하고 있다는 걸 잊어버린 것은 소지의 지속을 배제하기에 충분치 않다... 기억이 희미해지는 불확실한 상태에 적용할 수 있는 법조항은 없다.[423]

호주 남부 대법원은 Police v. Kennedy 판결[424]에서 위 판례를 적용하였다. 음란물 잡지에 대한 것이지만, 디지털의 맥락에서도 동일하게 적용된다. 피고인은 아동 음란물 소지로 유죄 선고를 받았으며 그 물건은 피고인이 1970년대에 구매한 잡지였다. 피고인에 의하면, 1970년대 중반에 그 잡지를 봤던 걸 기억할 수 있으나, 그걸 본 것을 '오랜 시간 동안' 기억할 수 없었다.[425] 이를 복잡하게 만드는 부분은, 피고인이 시인한 바와 같이 그 잡지를 고의로 소지한 당시에 아동 음란물의 단순 소지는 범죄가 아니었다는 점이다. 아동 음란물 소지가 범죄화된 1992년 무렵에 피고인은 그 잡지를 소지하고 있다는 사실을 잊고 있었다고 주장하였다.

앞서 언급한 영국 판례에 이어, 호주 법원은 다음과 같이 판시하였다.

> 피고인이 잡지를 소지하고 있다는 사실을 잊어버렸을지는 모르지만, 요구되는 인지 상태를 가지고 있었다고 보인다... 그 귀속된 인지 상태는 1992년 시행된 법 개정과 함께 지속되며, 그 자료가 아동 음란물임을 가정할 때 이때가 그 소지행위가 범죄가 된 때이다.[426]

이러한 접근법에서는 피고인이 어떤 시점에 그 자료를 고의로 소지한 이상 그 존재를 잊어버렸다고 하더라도 처분하기 전까지는 소지를 지속하고 있는 것이다.

이러한 접근법이 잘못됐다는 주장도 있다. 소지를 구성하는 것은 고의의 관리 또는 지배의 결합이라는 점은 잘 확립되어 있다. 사람은 모르는 것을 소지할 수 없다. 이는

---

423   McCalla v. R (1988) 87 Cr App R 372 at 379.
424   Police v. Kennedy (1998) 71 SASR 175.
425   Ibid., at 180.
426   Ibid., at 181.

피고인이 모르는 사이에 피고인 개인에게 물건이 놓이거나 되돌아온 경우 명백히 인정된다. 두 경우 모두 피고인이 그 존재를 알게 되기 전까지는 소지할 수 없다.

망각의 경우 이 구별이 우려되는 부분은 물건이 피고인의 관리 또는 지배를 벗어난 적이 전혀 없다는 것이다. 이러한 맥락에서 판사는 해당 물건이 일종의 불확실한 상태로 들어가는 건지 수사적으로 묻는 것이다. 어떤 면에서는 그 물건이 물리적으로 여전히 거기 있다고 하더라도 피고인이 그 존재를 모르면 관리 또는 지배를 행사하는 것이 불가하므로 법적으로 불확실한 상태에 들어가는 것이다. 만약에 판사가 피고인이 더이상 음란물이 그의 관리 또는 지배에 있다는 것을 알지 못했다고 인정한다면, 소지하고 있지 않은 것이다. 반대 증거에도 불구하고 피고인의 과거 인지 상태가 어떻게든 지속되었다고 보는 것은, 범죄의 외적 요소와 책임 요소가 동시에 존재해야 한다는 근본 원칙에 위배되는 것이다.[427] 또한 이는 피고인의 주관적인 실제 정신상태와 관계없이, 물건을 처분할 때까지 이전 마음 상태가 지속되었다고 간주하면서 객관적 책임 요소를 부과하는 것이다.

대다수의 사건에서 이러한 원칙 위반은 불필요하기 때문에 더욱 부적절하다. 몰랐던 것을 잊을 수는 없기 때문에 물건을 '잊어버렸다'는 피고인의 주장은 이전의 인지를 인정한다는 의미를 내포한다. 이는 피고인이 물건을 모르고 과거에도 몰랐다는 의미의 '저는 그걸 본 적이 없습니다'나 '저는 그게 왜 거기 있는지 모르겠습니다'와 같은 진술과는 상반된다. 따라서 잊어버렸다는 피고인의 주장은 과거에 피고인이 고의로 소지하였다는 증거이다. 또한, 디지털 맥락에서는 언제 파일이 저장되고 열렸는지 등을 정확히 보여주는 증거가 있을 수 있다. 법이 바뀌거나 제한 기간이 적용되는 등 예외적인 상황에서만 과거의 소지에 대해 기소를 할 수 없을 것이다.

④ 삭제

소지죄 기소는 포렌식 분석으로 복구한 삭제된 이미지를 근거로 행해지는 경우가 많다. 마약 범죄의 경우 물건이 피고인의 관리 또는 지배하에 남아있는 한, 물건이 더이상 존재하지 않는다고 믿었더라도 여전히 소지하고 있는 것이라는 판례들이 있다.[428] 피고인이 이미지를 삭제하려 했지만 실패한 경우에도 같은 논리가 적용될 수 있

---

427 Fagan v. Metropolitan Police Commissioner [1968] 3 All ER 422.
428 R v. Buswell [1972] 1 All ER 75 at 78.

다는 주장이 있다.[429]

피고인이 이미지를 삭제하고 컴퓨터에서 없어졌다고 믿은 경우, 단지 이미지가 거기 있다는 걸 잊어버린 게 아니라 더이상 거기에 있지 않다고 적극적으로 믿은 것이며, 따라서 범죄의 본질적 요소를 무효화 한다는 주장이 있다. 피고인이 착각하였다거나 다른 사람들은 그러한 이미지를 복구할 수 있다는 걸 알 수도 있다는 사실은 피고인의 주관적 인지와 무관하다.

그러나, 복구된 이미지는 과거에 피고인이 이미지를 소지하였다는 증거이다. 이는 파일이 언제 생성되고 시청됐는지 등을 나타내는 포렌식 증거로 뒷받침할 수 있다. 게다가, 데이터를 삭제했다는 것 자체가 이전에 소지 사실을 알았다는 증거이며, 죄의식은 말할 것도 없다. 예를 들어 US v. Tucker 판결[430]에서 법원은 캐시에 있는 이미지를 삭제하는 피고인의 버릇은 의도의 결여를 증명하는 게 아니라, 오히려 그 반대를 증명한다고 판시하였다.

> 불법 마약을 소지한 자가 창문에 마약을 던져버린다고 해서 소지에 대한 형사책임을 피할 수 없는 것처럼, 아동 음란물 같은 금제품을 소지한 자는 그것을 파기한다고 해서 형사책임을 피할 수 없다. 금제품의 파기는 논리적으로 그것을 소지한 적 없다는 결론에 이를 수 없다. 사실 정확히 그 반대이다.[431]

이러한 경우 피고인이 파기했다고 믿는 자료를 어쩌다 계속 소지한다고 보는 것은 올바른 해석이 아니라는 주장이 있다. 그보다는 복구된 자료는 피고인의 자료 삭제 행위와 함께 피고인이 유죄 판결을 받을 수 있는 과거의 고의적 소지에 대한 증거이다. 이 쟁점은 R v. Leonard 판결[432]에서 부수적 의견으로 거론되었는데, Porter 판결 이후 삭제된 이미지와 관련하여 기소할 때 어려움은 삭제 일자를 포괄하거나 '피고인이 컴퓨터에 대한 통제력을 가진 일자와 이미지가 발견된 일자' 사이를 아우르도록 기소장의 틀을 잡음으로써 일부 해결할 수 있다고 하였다.[433]

---

429   Atkins v. DPP, Goodland v. DPP [2000] 2 All ER 425 at 437.
430   150 F Supp 2d 1263 (D Utah. 2001).
431   *Ibid.*, at 1268.
432   [2012] 2 Cr App R 12.
433   *Ibid.*, at [25].

소지한 것의 성질에 대한 인지

앞서 소지죄는 최소한 소지품이 피고인의 관리 또는 지배하에 있다는 사실을 인지할 것을 요한다는 점을 살펴보았다. 그렇다면 더 높은 인지 수준이 증명되어야 하는 것인지 의문이 생긴다. 특히 기소를 하기 위해서는 피고인이 그 자료가 아동 음란물이라는 걸 알았음을 증명하는 게 반드시 필요할까? 이에 대한 대답은 국가마다 다르다.

가장 제한된 주관적 요건은 영국에서 나타나는데, R v. Land 항소심 판결[434]에서 아동보호법 s. 1(1)(c)의 책임 요소를 검토하였다. 법에 명시되어 있진 않지만 정부에게는 피고인이 음란물이 아동의 사진임을 알았다는 인지 사실을 증명할 의무가 있다고 주장되었다.

법원은 이 주장을 부인하였으며, 해당 법 조항은 모호하지 않다고 판시하였다. 이 법의 목적은 그러한 자료의 거래나 소지를 가능한 한 막는 것이다. "동시에 법정 방위는 그러한 자료를 성적 목적으로 소지한 게 아닌 자가 유죄를 받는 것을 방지하는 틀을 제공한다." 이러한 방위는 제한된 상황에 적용되며, 의회가 그러한 방위를 포함하기를 원했다면 쉽게 그렇게 할 수 있었을 것이다. 이는 피고인이 음란 이미지가 아동에 대한 것이거나 그럴 가능성이 크다는 것을 알아야하는 '제작' 범죄와 대조된다.

캐나다 형법 s. 163.1(5)에 의하면, 아동 음란물 제작, 출력, 출간, 소지 등의 혐의를 적용함에 있어 피의자가 등장인물의 나이를 확인하기 위해, 그리고 등장인물이 18세 이상인 경우에는 18세 미만으로 묘사하지 않은 묘사물임을 확인하기 위해 모든 합리적 수단을 취한 경우가 아니라면, 묘사물의 등장인물이 18세 이상이거나 그렇게 묘사되었다고 믿었다고 해서 정당방위로 인정되지 않는다. 피고인의 정신 상태와 관련된 요소에는 다운로드 횟수와 기간, 파일의 실제 내용과 제목 등이 있다.[435]

다음 단계에는 호주 연방법이 있다. 호주 형법은 책임 요소를 구체화하고 있진 않지만 기본적 책임 요소를 규정하고 있다. '어떤 것을 소지한다는 것은 작위나 부작위로 쉽게 확인되는 게 아니며 상황으로 더 쉽게 확인할 수 있다...하지만 이는 소지한 자가 그 소지한 것과 관련하여 하는 행동으로 인해 존재하는 상황이다.'[436] '상황'이나

---

434 [1999] QB 65, applied in Police v. Kennedy (1998) 71 SASR 175 at 186-8.

435 R v. Dixon [2005] 64 WCB (2d) 50 at [8].

436 He Kaw Teh v. R (1985) 157 CLR 523 at 564.

'정황'이 확인된다면,[437] 관련된 책임 요소는 과실이다.[438] 즉 피고인이 최소한 정황이 존재했거나 존재할 것이라는 상당한 위험을 알고 있었고, 그가 아는 정황상 위험을 무릅쓰는 것이 정당화될 수 없었다는 점이 증명되어야 한다.[439] 소지가 행위로 확인된다면, 관련된 책임 요소는 고의이다.[440] 두 경우 모두 이미지가 아동을 묘사한다는 사실은 '정황'으로 나타날 것이며, 그와 관련한 기본적 책임 요소는 과실이다.

미국에서 소지죄의 책임 요소는 피의자가 자료의 음란성과 미성년자의 이미지임을 모두 알 것을 요한다.[441] 피고인의 정신 상태를 판단하는 관련 요인에는 이미지의 외관, 이미지의 수, 피고인이 접속한 웹사이트의 수와 특성, 웹사이트에 사용된 문구, 피고인이 이미지를 시청하고 저장한 방법 등이 있다.[442]

관련 문서를 소지한다는 것은 그 내용에 대한 인지를 추론할 수 있는 증거가 되거나 피의자와 그 문서의 연관성을 증명할지도 모르지만,[443] 다운로드했다는 사실 자체는 인지의 증거가 아니다. 이는 인지를 추론할 수 있는 증거가 될 뿐이며, 이미지의 내용을 모르고 다운로드하는 경우도 있을 수 있다.[444] 예를 들어 단순히 파일을 우클릭하여 저장하는 것은 파일명에 관한 정보만 줄 뿐이다. 관련 설명이 없거나 설명이 잘못됐다면, 그 사람은 다운로드 파일의 내용을 알지 못할 것이다. 다운로드는 실제 인지의 행위가 아닌, 믿음의 행위인 것이다. 그러나 관련 정황을 통해 피고인이 다운로드한 자료의 성질을 알았는지를 명확히 추론할 수 있는 경우가 많다.

이와 유사하게, 피의자가 자료를 소지한 것으로 밝혀진 경우 자료를 다운로드 했거나 컴퓨터에 두었다는 점을 증명할 필요는 없다. 다른 사람이 그랬을 수도 있지만, 피의자가 그의 소유인 컴퓨터에 자료가 있다는 사실을 알았다면 범죄는 성립한 것이다. 다운로드했다는 증거는 단지 소지를 추론할 수 있는 증거일 뿐이다.[445]

---

437   Criminal Code (Cth), s. 4.1(1)(c).
438   *Ibid.*, s. 5.6(2).
439   *Ibid.*, s. 5.4(1).
440   *Ibid.*, s. 5.6(1).
441   US v. Tucker, 150 F Supp 2d 1263 (D Utah. 2001), applying US v. X-Citement Video, Inc., 513 US 64 (1994).
442   US v. Marchand, 308 F Supp 2d 498 at 505-6 (D NJ. 2004).
443   R v. Pecciarich (1995) 22 OR (3d) 748 at 757.
444   Bounds v. R [2005] WASCA 1 at [22].
445   R v. B (DEW) 2003 WCBJ LEXIS 2477 at [25].

예를 들어 Littlejohn v. Hamilton 판결[446]에서 피고인은 아동 성학대 및 수간 자료를 소지한 혐의로 기소되었다.[447] 그는 하드 드라이브에 이미지가 있었던 이유는 자신이 열렬한 게이머이고, 게임 참가자의 컴퓨터가 서로 연결된 LAN을 통해 게임을 했기 때문이라고 설명했다. 그는 그가 모르는 사이에 다른 사람들이 그의 컴퓨터에 있는 파일에 접근하고 파일을 전송시킬 수 있도록 하는 읽기/쓰기 접근을 허가하도록 컴퓨터가 세팅되어있다는 증거를 제시하였다.[448] 그 자료가 어떻게 피고인의 컴퓨터에 오게 되었는지에 관한 증거는 많이 있었다. 그러나, 항소법원이 판시한 바와 같이 쟁점은 자료가 어떻게 거기에 오게 됐는지가 아니라, 피고인이 그의 컴퓨터에 있는 아동 음란물의 존재를 알았냐였다.[449] 판사는 '대체로 설득력이 없다'면서 피고인의 증거를 기각하였으며,[450] 그의 컴퓨터에서 발견된 자료의 위치와 구조와 함께 피고인의 인터넷 히스토리, 즐겨찾기 폴더, 수천개의 이미지 전부가 같은 날 수정되었다는 사실 등이 모두 피고인이 이미지를 고의로 소지하였다는 결론을 뒷받침하였다.[451]

(3) 소지의 의도

디지털 환경에서는 어떤 사람이 아동 음란물을 자신도 모르게 소지하게 되는 가능한 경우가 많다. 예를 들어, 아동 음란물이라는 걸 나타내는 표기가 전혀 없는 이메일을 받아 첨부물을 열어본 경우, p2p 네트워크에서 아동 음란물을 포함한다는 표기가 없는 성인 음란물 모음집을 다운로드한 경우, 온라인에서 성인 음란물을 시청하다가 관련 이미지가 아동 음란물이라는 걸 표시하지 않은 하이퍼링크를 클릭하는 경우 등이 있다. 각각의 경우에 수신자가 즉시 이메일, 파일을 삭제하거나 웹페이지를 나간다고 해보자. 나아가 '휴지통'에서 이미지를 지우거나 임시 파일을 지우는 등 추가적인 조치를 취할 수도 있다. 또는 이미지가 보존되어 경찰이 알아챘다고 믿을 수도 있다. 인지한 시점과 삭제하거나 경찰에게 걸린 시점 사이에 수신자는 이미지를 소지한 것인가?

엄격한 해석을 하자면 수신자가 아동 음란물이라고 알려진 이미지의 관리 또는 지

---

446   (2010) 199 A Crim R 63.

447   Classification (Publications, Films and Computer Games) Enforcement Act 1995 (Tas), s. 74(a)-(b).

448   Littlejohn v. Hamilton (2010) 199 A Crim R 63 at 68-9.

449   *Ibid.*, at 81.

450   *Ibid.*

451   *Ibid.*, at 81-2.

배를 했으므로 '그렇다'가 되어야 할 것이다. 이미지를 삭제하거나 웹페이지를 나가는 능력 자체가 관리 또는 지배의 증거이다. 소지의 근간을 이루는 것은 지배의 문제이지 지배 시간의 문제가 아니기 때문에 수신자가 아주 짧은 시간 동안만 소지했다는 사실은 관련이 없다.[452] 그래도 이런 상황에서 자신도 모르게 연루된 이 수신자가 처벌 대상이 아니라는 점은 명확해 보인다. 일부 국가에서는 이러한 상황을 특정하여 정당방위를 규정하고 있지만, 이는 개연성 형량의 원칙을 따르긴 해도 피고인에게 소지의 '무고함'을 증명할 책임을 지우는 것이다. 그러한 정당방위가 없는 경우 피고인은 검찰의 재량에 맡겨야 한다.

대안적 접근으로는 그러한 경우 피고인은 이미지에 대한 관리 및 지배를 행사할 의도가 없으므로 소지가 아니라고 판단하는 것이다. 마약 사건에 비유하자면, 소지의 개념은 소지하는 물건에 대한 인지뿐만 아니라 그 물건에 대한 관리 또는 지배를 행사할 의도를 내포한다는 판례가 있다.[453] 이를 디지털 맥락에 적용하면, 이미지를 삭제하기 위해 즉각적인 조치를 취하거나 경찰에 즉시 알렸다고 가정한다면, 이러한 경우 소지의 의도가 없다고 주장할 수 있다.

그 물건에 대한 지배를 포기하기 위해 즉각적인 조치를 하는 사람과 경찰에 알리기 위해 가지고 있는 사람을 구별해야 한다는 주장이 있을 수 있다. 논란의 여지가 있지만 전자만이 소지의 의도가 없다. 후자의 경우 숭고한 목적이지만, 고의로 소지하였고 관리 또는 지배를 행사하려고 의도하였다. 동기는 잠재적으로 형 또는 기소 결정에 관련되지만, '좋은 동기로 행했거나 나쁜 동기 없이 객관적 요건을 행했다고 해서 주관적 요건이 배제되지는 않는다.'[454] 그럼에도 불구하고 피고인이 오로지 법집행기관에 알릴 목적으로 자료를 소지한 경우는 소지의 의도 개념에 통합시키는 것이 바람직해 보인다. 그러한 경우 피고인은 의도치 않게 소지한 것이며 필수적인 소지 의도를 결여하였다고 할 수 있다. 이러한 관점은 분명 아동 음란물의 신고를 장려한다는 중요한 공공의 목적을 촉진하며, 이 관점을 받아들일 수 없다면 특정한 또는 일반적인 방위요소를 적절히 포함하는 게 중요하다.

---

452   R v. Boyce (1976) 15 SASR 40 at 44; R v. P (D), 2014 SKQB 72 at [22], citing R v. Benson, 2012 SKCA 4 at [16].

453   R v. Boyce (1976) 15 SASR 40 at 46; R v. Christie (1978) 21 NBR (2d) 261.

454   He Kaw Teh v. R (1985) 157 CLR 523 at 588.

이 쟁점은 Ontario 항소법원의 R v. Chalk 판결[455])에서 고려되었다. 피고인은 아동 음란물 영상을 몇 개 소지한 혐의로 유죄를 받았다. 영상은 그가 여자친구 및 그녀의 두 아이와 공유하는 집 컴퓨터에서 발견되었다. 이 비디오는 피고인이 여자친구의 딸과 관련하여 다른 무관한 혐의로 체포되었을 때 발견되었다. 피고인은 구금되어 있는 동안 여자친구에게 그의 파일들을 지우라고 하였다. 그녀는 파일을 보다가 아동 음란물이 포함되어 있음을 알게 되었고 경찰에 신고하였다. 피고인은 그 자료가 아동 음란물이라는 사실을 (제목으로 보아) 알았고, 몇 달간 그 존재를 알고 있었다는 점을 인정하였다. 그러나 그는 자료를 다운로드하지 않았으며 어떻게 컴퓨터에 들어오게 되었는지 전혀 알지 못했다고 하였다. 그러나 소지에 대한 유죄 선고는 그의 다운로드 사실이나 파일 접근 사실에 근거한 것이 아니었다. 그보다는, 그의 여자친구에게 파일을 지우라고 한 지시에 근거한 것이었다.

항소심에서도 이 판결을 지지하였다. 법원은 형사책임의 대상이 되어서는 안 되는 '무고한 소지'의 경우가 있음을 제시하는 판례를 검토하고 이에 동의하였다.

> 어떤 자가 필수요소인 지배와 인지를 하고 있어도, 형사책임을 부과하는 의도로 소지했다고 할 수 없는 경우가 있다. 여기에는 금제품을 즉시 폐기할 목적으로 배타적으로 지배하거나 그밖의 금제품을 통제력 너머에 영구적으로 두는 경우가 포함될 것이다. 그러한 경우의 의도는 오로지 통제를 떨쳐내려는 것이지 소지하려는 게 아니다. 위에서 논의가 언급된 다른 항소법원처럼, 나는 '무고한' 소지에 형사책임을 부과해서는 안 된다고 생각한다...[456])

그러나 이 사건에서 피고인의 행위는 '무고한 소지'에 해당하지 않았다. 그는 오로지 폐기할 목적으로 아동 음란물을 소지하지 않았다. 그는 몇 달간 그 존재를 알고 있었으며 그동안 언제든지 삭제할 수 있었다는 점에서 통제력을 가지고 있었다. 그는 궁극적으로 그게 발견될까봐 삭제하려 한 것이다. 이러한 정황상 그의 아동 음란물 삭제 지시는 '음란물에 대한 오랜 권한의 표명'이었다.[457])

---

455 [2007] OJ No 4627, cited with approval in R v. Cochrane, 2014 ABQB 18 at [141]-[142].

456 R v. Chalk [2007] OJ No 4627 at [25].

457 R v. Chalk [2007] OJ No 4627 at [26].

9. 정당방위

아동 음란물 범죄의 광범위성은 분명 합법적 표현을 의도치 않게 포착할 가능성이 있다. 게다가, 형사사법 시스템 관련 종사자처럼 업무 과정에서 그러한 자료를 다룰 합법적인 이유가 있는 사람도 있다.[458] 이러한 상황을 다루기 위해 각 국가는 정도의 차이는 있지만 정당방위를 제공하고 있다. 이는 개략적으로 다음과 같이 분류할 수 있다.

> ① 합법적 목적
> ② 의도치 않은 소지
> ③ 스스로 제작한 아동 음란물

(1) 합법적 목적

호주에서는 '공공의 이익'을 위한 행위이고 공공의 이익 너머로 확장되지 않는다면 ss. 454.19와 464.20에 의한 정당방위가 된다.[459] 그 행위가 공공의 이익에 관한 것인지 여부는 사실관계의 문제이고, 그 사람의 동기와는 무관하다.[460] '공공의 이익'은 아래 사항을 위해 필수적이거나 도움이 되는 행위로 엄격하게 정의된다.

> (a) 연방법, 주법, 또는 자치법을 집행하는 것
> (b) 연방법, 주법, 또는 자치법 준수를 감독하거나 법 위반을 수사하는 것
> (c) 사법 행정
> (d) 장관의 승인을 받아 이 법의 목적을 위해 과학적, 의학적, 교육적 연구를 수행하는 것[461]

'진정한 과학적 연구'의 의미는 R v. Sabel 판결[462]에서 검토되었다. 피고인은 연방

---

458 Crown Prosecution Service v. LR [2011] 1 WLR 359.
459 Criminal Code Act (Cth), s. 474.21(1).
460 *Ibid.*
461 *Ibid.*, s. 474.21(2).
462 [2014] NSWCCA 101.

법상 아동 음란물 접근 혐의는 인정했지만, '진정한 과학적 목적'이라는 정당방위를 규정한 당시 주법에 의거하여 소지 혐의를 부인하였다.[463] 소프트웨어 개발자인 피고인은 p2p 네트워크에서 아동 음란물 전송을 식별하는 수단을 개발하려는 연구의 일부로서 음란물에 접근하였다고 주장하였다.[464] '진정한 과학적 목적' 정당방위에 해당하기 위해서는 그 행위가 적절한 과학적 수단을 포함해야 한다고 판시된 바 있다.[465] 이와 관련하여 피고인은 특별한 수단을 취하지 않았으며 메모나 기록을 남기지 않았다.[466] 게다가, 진정한 과학적 목적이 있었더라도 그 소지는 합리적이어야 하는데, 피고인의 지속적인 음란물 소지가 그 목적에 비추어 '합리적'이라는 증거가 없었다.[467]

캐나다에서는 s. 163.1에 의해 피고인이 '사법 행정 또는 과학, 의학, 교육, 예술과 관련하여 합법적인 목적이 있고 … 18세 미만의 자에게 해를 끼칠 부당한 위험을 야기하지 않는' 경우 정당방위가 된다.[468] 캐나다 대법원은 이 정당방위의 양 구절은 독립적인 요건이라고 판시하였다.[469] 앞절은 열거된 범주 중 하나와 관련하여 '합법적인 목적'이 있는지 여부이다. 피고인은 주관적으로 '열거된 이유 중 하나로 아동 음란물을 소지할 진정한, 선의의 이유'가 있었어야 하지만, 그 목적 또한 '합법적'이어야 한다.[470] 이는 '문제된 행위와 피의자가 주장하는 목적 사이에 객관적으로 입증할 수 있는 연관성'이 있을 것을 요한다.[471] 따라서 첫 번째 쟁점은 합리적 인간이라면 피의자가 주장하는 목적과 그의 행위 사이에 객관적 연관성이 있다고 판단할 것인가이다. 만약 그렇다면, 두 번째 쟁점은 그 목적과 열거된 '보호받는 행위' 중 하나 사이에 객관적 관계가 있냐는 것이다.[472]

이러한 평가가 법원으로 하여금 관련 행위의 이점을 평가하도록 하고 있진 않지만,[473] 18세 미만자에게 해를 끼칠 부당한 위험이 있는지를 규정한 두 번째 구절과 균형

463　Crimes Act 1900 (NSW), s. 91H(4)(c).

464　R v. Sabel [2014] NSWCCA 101 at [21].

465　*Ibid.*, at [103].

466　*Ibid.*, at [62].

467　*Ibid.*, at [105].

468　Criminal Code (Can), s. 163.1(6).

469　R v. Katigbak (2011) 3 SCR 326 at [56].

470　*Ibid.*, at [58].

471　*Ibid.*, at [60].

472　*Ibid.*

473　*Ibid.*, at [61].

이 맞아야 한다. '해를 끼칠 부당한 위험'이란 '객관적으로 확인할 수 있는 해를 끼칠 상당한 위험'으로 해석된다.[474] 지역사회의 도덕적 관점은 이 문제와 관련이 없다.[475] 피고인의 행위로 발생한 위험은 전문가 증거가 관련될 수 있는 사실의 문제인 반면, 그 위험이 '부당한지' 여부는 법적 문제이다.[476]

이 사건에서 피고인은 예술가로, '아동의 시각에서 아동 착취 문제를 제기하고자 하는' 전시회를 개최하려는 목적으로 아동 음란물을 소지하였다고 주장했는데, 그 중 일부는 7년간이나 소지하였다.[477] 전시회 자체는 아동 음란물을 포함하지 않았고, '관중에게 그가 이미지로부터 받은 감정적인 분노를 일으키려고' 의도된 것이었다.[478] 당연히 이는 재판에서 논쟁을 초래하였고, 법원은 잘못된 법적 틀을 적용했기 때문에 새로운 재판을 열어야 한다고 판단하였다.[479]

영국에서는 소지죄, 배포죄, 배포하거나 보여주고자 전시 또는 소지하는 범죄에 대하여 '합법적 근거'에 의한 정당방위를 적용할 수 있다.[480] 무엇이 '합법적 이유'에 해당하는지는 배심원단의 사실판단 문제이다.[481] 제기된 각 근거는 그 자체의 사실에 따라 판단해야 하지만, 법원은 '일반적으로 이에 대해 회의론을 제기할 자격이 있다. 즉, 너무 쉽게 정당방위가 성립한다고 결론 지어서는 안 된다.'[482] 예를 들어 진정한 학술적 연구라는 '합법적 이유'를 주장하는 경우 "핵심 쟁점은 … 피고인이 본질적으로 연구 수행을 빙자하여 음란 사진 소지에 대한 건전치 않은 관심을 가진 사람인지, 아니면 이러한 종류의 불쾌한 자료를 소지할 수밖에 없는 진정한 연구자인지가 될 것이다."[483] US v. Matthews 판결[484]에서는 수상 경력이 있는 기자가 아동 음란물 전송 및 수신으로 기소되었다. 피고인은 오로지 인터넷상 아동 음란물 문제를 조사하려는 목적으로 그런 것이라고 주장하였다.

---

474   *Ibid.*, at [67].
475   *Ibid.*
476   *Ibid.*, at [68].
477   *Ibid.*, at [2].
478   *Ibid.*
479   *Ibid.*, at [77].
480   Protection of Children Act (UK), s. 1(4)(a); Criminal Justice Act (UK), s. 2(a).
481   Atkins v. DPP, Goodland v. DPP [2000] 2 All ER 425 at 432.
482   *Ibid.*, at 433.
483   *Ibid.*, at 432-3.
484   209 F 3d 338 (4th Cir. 2000), cert. denied 531 US 910 (2000).

아동 음란물이 '학술적, 교육적, 또는 정치적 중요성이 있는 작품' 또는 '교육적, 문학적, 정치적 가치가 있는 작품'을 만들기 위해, 또는 '언론 보도용'을 포함하여 '합법적 이용'을 위해 '교육적, 의학적, 또는 예술적 가치가 있는 작업'의 일부로서 활용될 때에는 수정헌법 제1조의 정당방위를 인정해야 한다고 주장 되었다.[485]

이 주장은 항소심에서 기각되었다. 성인 음란물과 아동 음란물의 근본적인 차이는, 전자는 외설적(obscene)일 때 규제될 수도 있지만, 후자는 외설적일 필요가 없다는 것이다. 음란성 기준은 '진지한 문학적, 예술적, 정치적 또는 과학적 가치'를 허용하지만, 이 정당방위는 Ferber 판결에서 기각되었는데, 그러한 가치가 있다고 해서 아동에게 위해를 덜 끼치는 게 아니기 때문이다.[486] 법원은 아동 음란물을 배포한 자에게 적용할 수 있는 수정헌법 제1조상 정당방위의 한계를 정하지는 않았지만, 그러한 정당방위는 대상 자료가 아동에게 Ferber 사건에서처럼 막대한 위해를 가하지 않았을 때에만 적용할 수 있다고 하였다. 이 판결에서 언급된 바와 같이, '아동의 성행위에 대한 시각적 묘사물이 … 문학적 작품성이나 과학적, 교육적 작품의 중요하고 필수적인 부분에 해당할 가능성은 낮다.'[487]

또한, 여러 국가에서 형사사법 행정에 관계된 자를 위한 조항을 두고 있다.[488] 이와 관련하여 Dean Boland 사건에서 참신한 주장이 있었다. 전문가 증인 Boland는 전문가 증언을 위해 아동 음란물의 모핑 이미지를 만들었다. 그는 그러한 음란물의 직업적 사용과 관련하여 검찰총장이 피고인 측 변호인과 전문가 증인을 기소하는 것을 방지하는 가처분과 확인 판결을 구했다.[489]

'진실된 의학적, 과학적, 교육적, 종교적, 행정적, 사법적, 기타 다른 적절한 목적을 위해 … 그 자료 및 성과에 정당한 관심이 있는 사람에 의해' 이뤄진 행위는 아동 음란물 기소에 대한 정당방위를 구성한다는 Ohio 주법보다 연방법이 우선 적용되지는 않는다고 주장 되었다.[490] 연방법에는 그러한 면제 규정이 없으며, 두 법은 상충하지 않는다고 판시되었다. Ohio 법이 해당 조항의 범위 내에서 피고측 변호인과 전문가 증인이 아동 음란물을 만들고 소지하는 것을 허용하지만, '그렇게 하도록 요구하지는 않는

---

485 US v. Matthews, 209 F 3d 338 at 344 (4th Cir. 2000).

486 Ibid., at 345.

487 New York v. Ferber, 458 US 747 at 762-3 (1982).

488 Criminal Code Act (Cth), s. 474.21(2); Criminal Code (Can), s. 163.1(6)(a); Protection of Children Act 1978 (UK), s. 1B.

489 Boland v. Holder, 682 F 3d 531 at 532 (6th Cir. 2012).

490 Ibid., at 533, quoting Ohio Rev Code Ann § 2907.321(B)(1).

다.'[491] 연방법은 그러한 면제 규정을 두고 있지 않으며, 법원은 '문제된 연방법상 아동 음란물 법규는 악의적인 소아 성애자와 피고측 변호인에게 동등하게 적용된다'고 해석하기를 거부하였다.[492]

(2) 의도치 않은 소지

우리는 인터넷의 특성상 아동 음란물을 부지불식간에 수신 및 소지할 수 있고, 일부 국가는 그러한 경우를 다루는 정당방위를 규정하고 있음을 살펴보았다. 예를 들어 영국에서는 피고인이 사진이나 가상사진을 보지 않았고 음란물임을 알지 못했을뿐더러 의심할 여지도 없었다는 점을 증명한다면 배포, 전시, 소지 혐의에 대한 정당방위가 성립한다.[493]

또한 1988년 영국 형사사법법 (Criminal Justice Act 1988) s. 160(2)에 의해 피고인이 요청하지 않은 사진이 수신되었고 합리적이지 않은 기간 동안 가지고 있었던 게 아니라는 점이 증명되면 소지죄에 대한 정당방위가 성립한다. 유사하게, 미국에서는 피의자가 아동 음란물을 3개 미만으로 소지하였고 '즉시 선의로' 그 이미지를 폐기하기 위해 합리적 조치를 취했거나 법집행기관에 신고했다면 소지죄에 대한 정당방위가 성립한다.[494]

(3) 스스로 제작한 아동 음란물

앞서 자신과 파트너와의 합의에 의한 성적 이미지를 촬영하는 어린 사람들이 심각한 아동 음란물 범죄로 유죄를 받을 가능성이 있다는 점을 살펴보았다. Sharpe 사건에서 캐나다 대법원의 다수 의견은 이러한 경우를 다루기 위해 2가지 예외를 만들었다. 첫째는 '스스로 만든 표현물'인데, 18세 미만의 자가 제작하여 오로지 개인적 용도를 위해 사적으로 가지고 있는 것을 말한다.[495] 둘째는 '합법적 성행위의 사적 기록'이다. 이는 다른 사람과의 성행위의 기록도 포함하나, '피의자가 만들었거나 피의자를 묘사하며, 불법적 성행위를 묘사하지 않고 피의자만이 개인적 용도로 가지고 있는 것'인 경

---

491   Boland v. Holder, 682 F 3d 531 at 535 (6th Cir. 2012).
492   *Ibid.*, at 536.
493   9 Protection of Children Act 1978 (UK), s. 1(4)(b); Criminal Justice Act 1988 (UK), s. 160 (2) (b). The legal burden for these defences is on the defendant: R v. C [2004] All ER 82 at [40].
494   18 USC § 2252A(d).
495   R v. Sharpe [2001] 1 SCR 45 at [115].

우에만 적용된다.[496]

법원은 그러한 음란물은 제작 과정에서 아동이 착취되거나 학대되지 않았으므로 아동에게 위해를 끼칠 가능성이 낮다고 판단하였다. 소지자의 태도에 영향을 가져오기보다는, '청소년기의 자존감, 자아실현, 성적 탐구와 정체성에 중요할 수도 있다'고 판시하였다.[497] 자료가 사적으로 보유되기 때문에 다른 자들이 유해하게 사용할 가능성은 낮다.[498]

Alberta 항소법원은 최근에 R v. Cockell 판결[499]에서 정당방위의 범위를 고려하였다. '개인적 용도 정당방위'의 전제요건은 참여자들이 그들의 사적 용도로, 소위 '호혜성'을 위해 만들었어야 한다는 것이다.[500] 따라서 촬영한 사람뿐 아니라 촬영된 사람이 이용하기 위해 이미지를 만든 것이라는 증거가 확립되지 않으면 정당방위가 성립하지 않는다.[501] 예를 들어 항소인이 출타했을 때 상대방의 이미지를 촬영한 경우 상대방이 그 자료에 접근권한이 없거나 제한되어있고, 자료가 항소인이 관리하는 장치에 저장되어 있었다면 정당방위는 성립하지 않는다.[502]

다른 전제요건은 착취나 학대가 배제된 상황에서 촬영한 이미지여야 한다는 것이다.[503] Sharpe 판결 중 '불법적 행위가 아니어야 하므로, 모든 참여자의 동의가 확인되며 아동 착취나 학대 가능성이 배제된 것이어야 한다'는 분리하여 읽어야 한다고 받아들여지고 있다.[504] 즉 이미지가 합법적이려면, 묘사된 자가 성관계 승낙 연령을 넘었고 실제로 동의하였으며, 또한 착취와 학대가 배제된 상황이었어야 한다.[505] 대상자가 동의했다는 사실은 착취 여부에 대한 완전한 대답은 아니다. 대상자가 이미지 촬영에 동의했을지 몰라도 관계의 성질이 착취 상황에서 촬영되었을 수 있으며, 이 경우 정당방위는 성립되지 않는다.[506]

---

496   Ibid.
497   Ibid., at [109].
498   Ibid., at [105].
499   2013 ABCA 112.
500   R v. Cockell, 2013 ABCA 112 at [36].
501   Ibid., at [41].
502   Ibid., at [42].
503   Ibid., at [36].
504   Ibid., at [37]-[38], citing R v. Sharpe [2001] 1 SCR 45 at [116].
505   R v. Cockell, 2013 ABCA 112 at [38].
506   Ibid., at [44]-[45].

PRINCIPLES OF CYBERCRIME

제5부
사람에 대한 범죄

제11장   그루밍

제12장   괴롭힘(Harassment)

제13장   관음행위(Voyeurism)

제11장

그루밍

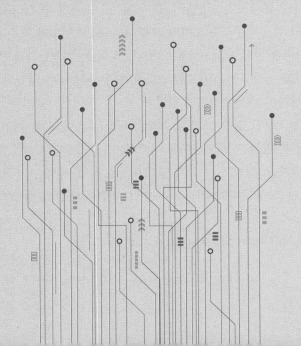

1. 온라인 성범죄자

CASPERCOCK (1:26:46 PM) : 안녕, 즐거운 시간 보내고 있어?

ANGELGIRL12YO (1:26:53 PM) : 응

ANGELGIRL12YO (1:26:57 PM) : 그냥 별일 없어

CASPERCOCK (1:27:15 PM) : 뭐해?

ANGELGIRL12YO (1:27:26 PM) : 채팅하고 있어

CASPERCOCK (1:27:49 PM) : 그래

CASPERCOCK (1:28:05 PM) : 너 이름이 마음에 드는데, 사진 있어?

ANGELGIRL12YO (1:28:13 PM) : 아니, 미안

CASPERCOCK (1:28:23 PM) : 괜찮아

CASPERCOCK (1:28:28 PM) : 너 정말 12살이야?

ANGELGIRL12YO (1:28:35 PM) : 응

CASPERCOCK (1:28:50 PM) : 멋지다

CASPERCOCK (1:29:08 PM) : 여기서 12살이랑 얘기해본 적 없었는데

ANGELGIRL12YO (1:29:16 PM) : 그래, 만나서 반가워

CASPERCOCK (1:29:24 PM) : 나도 반가워

CASPERCOCK (1:29:30 PM) : 난 21살이야[1]

이 대화 기록은 실제 온라인 대화인데, 이 시점 이후로 'caspercock'는 'angelgirl12yo' 가 자위하는 사진을 보내도록 꾀면서 급격히 성적으로 변하였다. 'Angelgirl12yo'는 사실 미국 Wyoming 주 범죄수사과 소속의 남성 특수요원이었으며, 'caspercock'는 일찍이 성범죄로 집행유예를 받은 Timothy Wales였다. Wales는 미성년자를 불법적 성행위(18 USC § 2422(b))에 끌어들이려고 시도한 건과 아동 성착취 미수(18 USC § 2251(a), (d)) 건으로 유죄가 인정되어 15년 6월형을 받았다.

인터넷은 상대적으로 짧은 기간에 수많은 새로운 용어와 현상을 가져왔다. 그 중 상당한 관심을 받은 현상은 온라인 아동 성매수 또는 '그루밍'이다. '그루밍'이라는 용어는 널리 사용되지만, 정의도 잘 되지 않고 이해도 잘 되지 않는 복잡한 현상이다. 그 단계는 '① 다양한 조종 및 지배 기술의 사용 ② 취약한 대상 ③ 다양한 대인관계의 사

---

1   US v. Wales, 127 Fed Appx 424 at 425-7 (10th Cir. 2005).

회적 배경 ④ 신뢰를 쌓거나 성적으로 유해한 행동을 정상화 ⑤ 착취를 용이하게 하거나 폭로를 금지하려는 전반적인 목표'로 정의되고 있다.[2] 이는 '아동이 학대행위를 묵인하게끔 학대를 하려는 자가 아동의 신뢰를 얻기 위해 친해지려고 하는 과정'으로 요약될 수 있다.[3]

그루밍 자체는 새로운 게 아니지만, 인터넷과 다른 형태의 전자적 소통은 범죄자가 아동들과 접촉할 수 있는 기회를 크게 증가시켰다. 과거에는 일반적으로 가족이나 친한 친구들 혹은 성직자나 선생님들만이 아동에게 사적으로 접근할 수 있었다. 이제는 완전히 낯선 사람들도 아동과 사적으로 대화할 수 있게 되었다. 역설적이지만 오프라인 세계에서 자녀가 누구랑 접촉하는지 늘 경계하는 부모들도 자녀의 온라인 생활에 대해서는 관여치 않거나 통제하지 않을 수 있다.[4] 최근 호주의 한 연구는 8세에서 11세의 95%와 16세에서 17세의 100%가 이전달에 인터넷에 접속하였다고 밝혔다.[5] 어린 연령층의 휴대폰 사용은 연령에 따라 증가하는데, 8세에서 9세의 경우 11%에서 16세에서 17세의 경우 94%로 증가한다.[6]

전자적 소통은 어린 연령층에 대한 접근성뿐만 아니라 상대적 익명성도 제공하는데, 이는 범죄자와 피해자 모두를 '담대하게 만드는' 효과를 가져올 수 있다.[7] 인터넷은 독특한 장소이다. 익명성 속에 숨고, 기만적 행동을 할 수 있도록 한다. 이러한 행동의 일부는 완전히 무고하고 환상에 이끌린 것일지 모르지만, 다른 기만적 행동은 본질적으로 약탈적인 것일 수 있다.[8] 그루밍을 용이하게 하는 온라인 소통의 특징은 아주 빠르게 친밀해질 수 있다는 것이다.[9] 온라인에서 그루밍하는 자들은 빠르게 청소년의 신뢰를 얻고 성적인 주제로 대화를 이끌 수 있게끔 청소년과 소통하는 데 능숙해질

---

2   A. McAlinden, 'Grooming' and the sexual abuse of children: Institutional, internet and familial dimensions (Oxford: Oxford University Press, 2012), p. 11.

3   A. A. Gillespie, 'Child protection on the internet – challenges for criminal law' (2002) 14 Child and Family Law Quarterly 411, 412.

4   H. Whittle, C. Hamilton-Giachritsis, A. Beech and Guy Collings, 'A review of online grooming: Characteristics and concerns' (2013) 18 Aggression and Violent Behavior 62, 65.

5   Australian Communications and Media Authority, Like, post, share: Young Australians' experience of social media, Quantitative Research Report (2013), p. 6.

6   Australian Communications and Media Authority, Like, post, share, p. 7.

7   Whittle et al., 'A review of online grooming,' 63.

8   R v. McCall, 2011 BCPC 7 at [84].

9   D. Muir, Violence against children in cyberspace: A contribution to the United Nations study on violence against children (Bangkok: ECPAT International, 2005), p. 48.

수 있다.[10] 또한 인터넷은 범죄자에게 그들의 행동을 합리화시키는 데 일조하는 '동료 집단의 지지'를 제공할 수 있다.[11]

실제 접촉의 부재는 피해자와 범죄자 모두에게 상상의 투영을 촉진할 수 있다. Schaper v. Western Australia 판결[12]에서 피고인은 13세 아동인 척하는 잠입 경찰을 그루밍하고자 4개의 페르소나를 썼다. 36세 여성인 Amanda, 14세 여성인 Jess, 33세 남성인 Mike, 40대 남성 Geoff였다.[13] Schaper는 '그 가짜 "아동"의 역치를 시험하고 다양한 형태의 성적 취향을 소개하기 위해 Amanda의 프로필을 사용했고,' 그 이후에 두 성인 남성과의 성행위를 정상화하는 데 Jess의 프로필을 사용했다.[14]

제10장 아동 음란물 편에서 논의했듯이, 디지털 기술은 범죄자나 피해자의 성적 이미지의 제작을 용이하게 하였다. 예를 들어 R v. Snook 판결[15]에서 식별된 피해자 17명 중 대다수는 피고인이 관여하는 청년 단체와 관련 있었다.[16] 피고인은 성행위에 참여하는 아동을 묘사하는 471개의 고유한 이미지와 15개의 비디오를 제작한 것으로 드러났다.[17]

디지털 기술은 범죄자와 피해자 사이의 소통에 대한 명백한 증거를 제공해줌으로써 기소에도 유리할 수 있다. 과거에는 그런 소통이 사적으로 이뤄졌기 때문에 범죄자가 부인하기 쉬웠을 것이다. 반면에, 전자적 소통은 피해자가 저장하거나 피해자 또는 범죄자의 컴퓨터나 인터넷 서비스 제공자로부터 불러올 수 있다. 또한 온라인 소통의 익명성은 법집행기관이 함정수사를 수행하여 강력한 범죄 증거를 획득하는 것을 가능하게 한다.

정확한 순서에는 차이가 있겠지만, 그루밍은 사실 다양한 행동을 가리키며,

---

10 S. Ost, Child pornography and sexual grooming: Legal and societal responses (New York: Cambridge University Press, 2009), p. 51.

11 M. McGrath and E. Casey, 'Forensic psychiatry and the internet: Practical perspectives on sexual predators and obsessional harassers in cyberspace' (2002) 30 Journal of the American Academy of Psychiatry and the Law 81, 88.

12 (2010) 203 A Crim R 270.

13 *Ibid.*, at 273.

14 *Ibid.*

15 2013 NBPC 17.

16 *Ibid.*, at [16].

17 *Ibid.*, at [14].

O'Connell 교수는 아래 유형들을 제시하였다.[18]

① 우정을 쌓는 단계

② 관계를 쌓는 단계

③ 위험도 평가 단계

④ 배타성 단계

⑤ 성적 단계

⑥ 결과

여기서는 각 단계를 세부적으로 살펴볼 것이다.

우정을 쌓는 단계

이 단계에서 범죄자는 처음으로 접촉을 시도하면서 친밀한 관계를 쌓으며, 소통을 계속해 나가고 싶은지 결정한다. 인터넷 사용의 변화 패턴을 보면, 2000년대 초반에는 첫 만남의 80%가 온라인 채팅방에서 이뤄졌다. 2006년까지 이 수치는 40%로 상당히 떨어졌는데, 첫 만남의 33%가 소셜 네트워크 사이트에서 이뤄졌다.[19] 초기의 예를 들면 US v. Dhingra 판결[20]에서 40세의 피고인은 당시 14세였던 피해자가 그녀의 나이와 고등학교 1학년 생활 중에 한 성 경험에 대해 쓴 개인 홈페이지를 보고 그녀에게 접촉하였다. 한편 2007년에는 유죄 선고를 받은 성범죄자 29,000명의 프로필을 당시 인기 있던 소셜 네트워크 사이트 Myspace에서 삭제하였다.[21]

젊은 층의 소셜 네트워크 사이트 사용 증가를 볼 때 이 트렌드는 지속될 것으로 보인다.[22] 2010년 영국에서의 설문조사 결과 아동의 67%가 소셜 네트워크 사이트에 최

---

18 R. O'Connell, A typology of cybersexploitation and on-line grooming practices (Cyberspace Research Unit, University of Central Lancashire, 2003), pp. 6-10.

19 J. Wolak, D. Finkelhor and K. Mitchell, Trends in arrests of "online predators" (Crimes Against Children Research Center, 2009), p. 4.

20 371 F 3d 557 (9th Cir. 2004).

21 G. Griffith and L. Roth, Protecting children from online sexual predators, Briefing Paper No. 10/107 (NSW Parliamentary Library Research Service, 2007), p. 2.

22 K. J. Mitchell, D. Finkelhor, L. M. Jones and J. Wolak, 'Use of social networking sites in online sex crimes against minors: An examination of national incidence and means of utilization' (2010) Journal of Adolescent Health 1.

소한 하나의 프로필을 가지고 있었으며, 15세에서 16세로 넘어가면 92%로 증가한다.[23] 소셜 네트워크 사이트 다수가 13세 이상만 이용할 수 있도록 하지만 이는 강제하기 어려우며, 영국에서는 11세에서 12세의 대략 절반 정도가 하나 이상 소셜 네트워크 사이트에 프로필을 가지고 있는 것으로 추정된다.[24] 다른 접촉 수단에는 온라인 교류형 게임,[25] 휴대폰,[26] 데이트 사이트 등이 있다.[27]

온라인 성범죄자 상당수가 소셜 네트워크 사이트를 이용하지만, 매체 자체에 초점을 맞추기보다는, 취약성을 증가시킬 수 있는 특정 행동에 집중하는 것이 중요하다.[28] 예를 들어 낯선 사람에게 개인정보를 보내는 것, 온라인에서 낯선 사람에게 성에 대해 이야기하는 것, 채팅방에 들어가는 것 모두 잠재적 위험 요소에 해당한다.[29]

관계 형성 단계

이후 가해자는 신뢰를 쌓으려 노력하는 한편 다음 단계에 관련된 정보를 수집한다. 그루밍은 보통 성범죄자가 피해자의 감정(예를 들어 외로움, 낮은 자존감, 성적 호기심과 무경험)이나 필요(예를 들어 돈)를 착취하고 이러한 약점을 유대감을 쌓는 데 이용하는 식으로 이루어진다. 일단 유대감이 형성되고 나면, 가해자는 피해자가 이 관계를 비밀로 하라는 가해자의 지시를 따르도록 설득한다. 미묘한 심리적 강요가 성범죄자의 강력한 무기이다.[30]

어린 사람이 온라인 학대에 취약하도록 만드는 단일한 위험 요인은 없다. 연구결과는, 그보다 오프라인 학대와 같이 '수 개의 위험 요인의 복합적인 상호작용과 보호 요인의 부재가 어린 층의 회복력을 감소시켜 학대에 취약하도록 한다'고 시사한다.[31] 어떤 범죄자들은 매력도와 이용 가능성을 중시하지만, 일부 범죄자에게는 취약성이 중

---

23 Livingstone, Haddon, Görzig and Ólafsson, Risks and safety for children, p. 8.
24 C. Lilley, R. Ball and H. Vernon, The experiences of 11-16 year olds on social networking sites (NSPCC, 2014), p. 7.
25 Muir, Violence against children in cyberspace, pp. 49-50.
26 R v. Shepheard (2008) 189 A Crim R 165.
27 R v. Cooke, 2012 NSSC 69.
28 Mitchell et al., 'Use of social networking sites,' 4.
29 Ibid., 19.
30 McGrath and Casey, 'Forensic psychiatry and the Internet,' 87.
31 H. Whittle, C. Hamilton-Giachritsis, A. Beech and G. Collings, 'A review of young people's vulnerabilities to online grooming' (2013) 18 Aggression and Violent Behavior 135, 136.

요한 요인이 될 수 있다.[32]

한 연구는 상당수의 피해자가 남아이지만, 여아들이 남아들보다 피해를 당할 가능성이 높다고 제시한다.[33] 청소년은 온라인에서 유혹될 위험이 가장 크고, '낮은 자존감, 감정적 장애나 심리적 장애'가 있는 자들은 더 위험한 것으로 보인다.[34] 가족과의 고립이나 갈등, 친구나 다른 의지할만한 사람의 부재 또한 위험 요인들이 될 수 있으며[35], 오프라인에서 성적 또는 물리적 학대를 받은 경험이 있는 자들도 위험성이 더 높은 것으로 보인다.[36]

일부 가해자는 피해자의 또래친구인 척 하지만, 대다수의 사건에서 피해자들은 성인과 온라인 대화를 하고 있다는 점을 알고 있다.[37] 한 설문은 청소년 피해자들을 만나는 수단으로 인터넷을 이용했던 가해자들의 단 15%만이 18세 미만인 것처럼 피해자를 속였다고 밝혔다.[38] 다른 연구들은 대부분의 경우 다른 어린 층이나 25세 미만의 젊은 성인으로부터 원치 않은 성적 권유가 있었다고 제시한다.[39] 외모나 가족, 직업 등 다른 형태의 기만은 더 흔한 것으로 보이며, 가해자의 52%가 만나는 동안 어떤 형태의 기만행위를 하였다는 초기 연구 결과도 있다.[40] 기만행위는 종종 아주 치밀해서, 38세의 남성이 암 투병을 하고 있는 19세의 소녀라고 자신을 소개한 경우도 있다.[41]

온라인 가해자에 관하여 한가지 확실한 점은 집단적 동질성을 보이지 않는다는 것이다.[42] 출고된 연구 증거가 제한적이긴 하지만, 어린 층에게 온라인 성착취를 가한 자

---

32 *Ibid.*

33 *Ibid.*, at 136-7

34 *Ibid.*, 137-8

35 *Ibid.*, 139-40.

36 Wolak et al., 'Online "predators",' 19.

37 Ospina, Harstall and Dennett, Sexual exploitation of children, p. 7.

38 1 J. Wolak and D. Finkelhor, 'Are crimes by online predators different from crimes by sex offenders who know youth in-person?' (2013) 53 Journal of Adolescent Health 736, 739.

39 Mitchell et al., Trends in unwanted online experiences, p. 4.

40 J. Wolak, K. Mitchell and D. Finkelhor, 'Internet-initiated sex crimes against minors: Implications for prevention based on findings from a national study' (2004) 35 Journal of Adolescent Health 424e11, 424e16-424e17.

41 Wolak and Finkelhor, 'Are crimes by online predators different?,' 4.

42 E. Martellozzo, 'Understanding the perpetrators' online behaviour,' in J. Davidson and P. Gottschalk (eds.), Internet child abuse: Current research and policy (Abingdon: Routledge, 2011); Ost, Child pornography and sexual grooming, p. 38.

에 대한 명확한 통계적 특징은 남성이 많다는 것 외에는 없어 보인다.[43] 또한 이들은 온라인 성범죄자에 대한 고정관념과도 거의 일치하지 않는다. 인터넷상 성추행범은 물리적 폭력 전과가 있는 경우가 거의 없으며, 보통 사춘기 이전의 피해자를 타겟으로 하지 않으며, 보통 소아 성애자가 아니고, 국지적으로 행동하며, 유괴를 하는 경우는 거의 없고, 어린 사람들의 정상적인 성적 호기심을 이용하여 성인과의 성적 접촉으로 꾀어내며, 유혹과 학대라는 전형적인 패턴을 보인다.[44] 상당수의 가족 및 지인 역시 미성년자에 대한 범죄를 용이하게 하기 위해 IT기술을 이용한다.[45]

위험도 평가 단계

이 단계에서 가해자는 검거될 위험을 평가하기 위해 컴퓨터의 위치, 다른 누가 접속을 하는지, 성인이나 형제자매의 유무 등과 같은 정보를 구한다.

배타성 단계

가해자는 다음 단계에서 이용하기 위한 상호 신뢰를 형성하고자 노력한다. 이는 이메일, 개인 채팅 메시지나 전화처럼 다른 더욱 사적인 형태의 소통 방법으로 이동하는 것을 포함할 수 있다. 일부 가해자들은 어린 사람들과 대화를 짧게 하고 거의 바로 성적 주제로 대화를 옮긴다.[46] 반면에 그루밍 과정에 며칠, 몇 주, 몇 달이 걸리기도 한다.[47] 미국에서의 연구는 온라인에서 피해자를 만난 피고인의 69%가 1달 이상 피해자와 소통하였으며, 대부분 여러 형태의 접촉으로 발전하였는데 피고인의 76%는 인터넷과 휴대폰 모두 소통 수단으로 사용하였다.[48] 이 배타성과 관계성은 일부 사건에서 미성년자가 스스로를 피해자로 여기지 않고 사법당국에 협조하는 것을 거부하는

43　J. Bryce, 'Online sexual exploitation of children and young people,' in Y. Jewkes and M.Yar (eds.), Handbook of internet crime (Cullompton: Willan, 2010), pp. 322-3.

44　Ospina, Harstall and Dennett, Sexual exploitation of children, p. 9.

45　J. Wolak, D. Finkelhor and K. J. Mitchell, Trends in law enforcement responses to technology-facilitated child sexual exploitation crimes: The third national juvenile online victimization study (NJOV-3) (Crimes Against Children Research Center, 2012), p. 2.

46　P. Gottschalk, 'Stage model for online grooming offenders,' in J. Davidson and P. Gottschalk (eds.), Internet child abuse: Current research and policy (Abingdon: Routledge, 2011), p. 89.

47　Whittle et al., 'A review of online grooming,' 63.

48　Wolak and Finkelhor, 'Are crimes by online predators different?,' 4.

이유일 수 있다.[49]

성적 단계

이 단계에서 가해자는 보통 더 친밀한 주제들을 시도할 것이다. 이는 상대적으로 무해할 수 있는데, 예를 들어 키스나 성에 눈을 뜨는 것 같은 것들이다. 예상과는 다르게, 한 미국의 설문 결과 피해자를 온라인에서 만난 피고인의 큰 비중이 성관계를 원한다는 걸 피해자에게 숨기지 않았으며, 39%는 피해자에게 성행위를 요구하였고 47%는 피해자에게 성적 사진을 보냈으며 47%는 피해자에게 성적 이미지를 달라고 하였다고 드러났다.[50] 이제 온라인에서 이미지를 공유하기 쉽다는 점은 의심의 여지 없이 이러한 형태의 학대를 용이하게 하며, 다른 설문은 미성년자에 대한 성적 요구의 45%는 성적 사진 요청과 관련된다고 한다.[51]

피해자가 내키지 않아 하는 경우 '선물, 돈, 칭찬, 성적 게임, 강요, 위협' 등 여러 형태로 조종이 나타나곤 한다.[52] R v. Mackie 판결[53]에서는 성적 사진 요청이 거절되자 피고인은 사전에 얻은 정보를 이용하여 원고의 페이스북 프로필에 접근하여 이미지를 주도록 위협하거나 갈취하였다.[54] 사전에 제공된 이미지 또한 그 이미지가 유포되는 것을 피하기 위해 더한 성적 행위를 하도록 갈취하는 데 사용될 수 있다.[55] 돈[56]이나 거짓 일자리 제안[57] 등 유인책도 사용될 수 있다.

결과

가해자가 만남을 끝맺는 방법에는 여러 가지가 있을 수 있다. 관계를 지속하려고 시도할 수도 있고, 아동이 다른 사람에게 얘기할 위험을 줄이기 위해 '피해를 최소화'하거나 갑자기 접촉을 멈출 수도 있다.[58] 가해자가 미성년자를 만나려고 시도하는 경

---

49 Wolak, Mitchell and Finkelhor, 'Internet-initiated sex crimes against minors,' 424e15; Ost, Child pornography and sexual grooming, p. 77.

50 Wolak and Finkelhor, 'Are crimes by online predators different?,' 4.

51 Mitchell et al, Trends in unwanted online experiences, p. 7.

52 Whittle et al., 'A review of online grooming,' 64.

53 2013 ABPC 116.

54 Ibid., at [2]-[4].

55 Hine v. Western Australia [2010] WASCA 216.

56 R v. Stapley, 2014 ONCJ 184; R v. Asplund (2010) 216 A Crim R 48.

57 Hine v. Western Australia [2010] WASCA 216.

58 O'Connell, A typology of cyberexploitation, pp. 9-10.

우도 있다. 미국 연구에 따르면, 가해자가 피해자를 온라인에서 처음 만난 경우 대면이든 비대면이든 발생한 범죄의 80%는 강요에 의한 것이 아니었으며, 45%의 사건에서 성관계가 있었다.

2. 법적 대응

성적 목적으로 취약한 아동 및 청소년을 찾아 인터넷을 배회하는 성인들을 막고자 의회가 채택한 법률과 함께 우리는 이 항소심을 우려하고 있다. 그들은 온라인상 이름과 프로필이라는 익명성 뒤에 숨어 컴퓨터 채팅을 통해 대상 피해자의 신뢰를 얻고자 노력하며, 그다음에는 인터넷상 성적 행위, 더 심한 경우에는 직접 만나 성적 행위를 하도록 부추긴다.[59]

성범죄는 일반적으로 신고가 덜 되는 경향이 있으므로 온라인 그루밍의 실제 만연성은 명시하기 어렵다. 피해자가 느끼는 수치심과 범죄자의 고의적 은폐 시도로 인해 많은 경우 신고가 지연되고 있다.[60] 설문 결과는 설문 수단의 변수 때문에 주의 깊게 다뤄야 한다.[61] 그루밍에 대한 명확한 정의가 없다는 점과 데이터 수집을 더 복잡하게 하는 법적 체계의 변동 때문에 '아동 성학대의 실제 현황이나 그 과정에서 그루밍의 실제 역할이 상대적으로 잘 알려져 있지 않다.'[62] 우리는 온라인 그루밍에 초점을 맞추고 있지만, 아동에 대한 성학대의 대다수는 지인에 의하여 지속되며 온라인에서 그루밍하지 않는다는 점도 기억해야 한다.[63]

그런데도 연구들은 온라인 그루밍이 심각한 문제라는 것을 시사한다. 예를 들어 10세에서 17세 사이의 어린 인터넷 사용자들에 대한 2010년 설문은 9%가 그 전년도에 원치 않는 성적 권유나 접근을 받았으며, 권유의 45%는 아는 사람이나 성인이라고 생

---

59   R v. Legare [2009] 3 SCR 551 at [2].

60   *Ibid.*, p. 33.

61   Ospina, Harstall and Dennett, Sexual exploitation of children, p. iii.

62   McAlinden, Grooming, p. 34.

63   McAlinden, Grooming, p. 25.

각한 사람이 한 것이라고 밝혔다.[64] 23%는 그 전년도에 성적 자료에 원치 않게 노출된 경험이 있었다.[65] 아동과 젊은 사람들의 자진신고에 기초한 연구 4건은 13%에서 19%가 그 전년도에 온라인에서 성적 권유를 겪었으나, 전부 성인에 의한 것은 아니었다고 했다.[66] 2012년에 11세에서 16세에 대한 영국의 연구는 12%가 원치 않는 성적 메시지를 받았으며, 8%는 성적 메시지를 전송하도록 요구 받았다고 밝혔다.[67]

온라인 그루밍의 위험성과 입법적 조치의 필요성은 한동안 부각되어 왔다.[68] 입법부는 이 법적 격차를 해결하기 위해 다양한 범죄들을 규정할 필요성을 받아들여 '그루밍' 범죄들을 제정하였다. 정확한 범위에는 차이가 있지만, 공통적인 목적은 '아동을 부적절한 성행위로 유도하는 관행에 대한 사회의 혐오를 이행하기 위함'이다.[69]

그루밍 행위는 일반적으로 성범죄를 저지르기 이전에 일어나므로 예비죄의 영역에 속하게 된다. 그러나 전통적인 예비죄인 선동, 음모, 미수는 일반적으로 이 맥락에 적절하지 않다.[70] 일부 국가에서는 음모의 유일한 참여자가 범죄 대상인 피해자인 경우에는 음모죄가 성립할 수 없다.[71] 범죄자는 피해자로 하여금 성행위를 하도록 교사하곤 하지만, 선동죄는 다른 사람이 범죄를 저지르도록 선동할 것을 요한다. 선동된 자가 피해자인 경우에는 일반적으로 해당되지 않을 것이다. 미수는 행위가 완성된 범죄에 충분히 '근접'하지 않기 때문에 성립될 가능성이 낮다.

예비죄가 일반적으로 그렇듯이, 결과론자나 응보주의자적 관점에서는 정당화될 수 있다.[72] 결과론자는 예비죄는 초기 단계에서 경찰이 개입할 수 있도록 함으로써 피해를 예방하는 데 필수적이라고 주장한다. 범죄를 특정하게 규정하면 아동에 대한 실제 접촉 전 '온라인 그루밍'이 '(형사 범죄는 아닌) 단순한 준비'인지 아니면 아동 성학

---

64 Mitchell et al., Trends in unwanted online experiences, pp. 4-6.

65 *Ibid.*, p. 12.

66 Ospina, Harstall and Dennett, Sexual exploitation of children, p. iii.

67 Lilley, Ball and Vernon, The experiences of 11-16 year olds on social networking sites, p. 13.

68 Justice J. R. T. Wood, Royal Commission into the New South Wales Police Service: Final report, Vol. V: The paedophile inquiry (New South Wales Government, 1997), [16.27].

69 R v. Poynder (2007) 171 A Crim R 544 at 558; R v. Legare [2009] 3 SCR 551 at [2]. The UK offences implemented the recommendations of the Task Force on Child Protection on the Internet (UK), Protecting the public, Cm. 5668 (Home Office, 2002), p. 25.

70 A. A. Gillespie, 'Children, chatrooms and the law' (2001) Criminal Law Review 435, 436-40.

71 Criminal Law Act 1977 (UK), s. 2(2)(c). Cf. Criminal Code (Cth), s. 11.5(3)(c)(ii).

72 A. Ashworth, Principles of criminal law, 6th edn. (New York: Oxford University Press, 2006), pp. 438-9.

대를 저지르려는 불법적 시도인지에 대한 의심을 없애줄 것이다.'[73] 온라인에서 아동을 간구한 자가 아동에 대한 범죄를 저지르는 데까지 나아갈 것인지에 대한 위험도를 정확히 측정하기는 불가하지만, 미국의 한 연구는 온라인에서 피해자를 만난 가해자들의 6%가 이전에 아동에 대한 성범죄로 검거된 적이 있고, 4%가 당시 성범죄자로 등록된 상태였으며, 14%가 인터넷에서 다운로드한 아동 음란물을 소지하고 있었다고 밝혔다.[74]

이러한 관점에서 결과론자의 주장이 옳다고 가정해도, 아래에서 논할 범죄들은 예비죄의 일반적인 영역을 벗어나며, 예컨대 선동에 대한 방조 등 준비 행위를 처벌한다. 준비 범죄가 형사법에서 새로운 건 아니지만 피하고자 하는 위해가 명확히 정의되어야 한다는 점과 위해를 가하려는 가해자의 의도가 명백해야 한다는 점이 중요하다.[75]

응보주의자나 '죄값을 받는 것이라는' 경우에도 같은 입장이다. 이러한 견해는 피해가 없더라도 외적 행위에 의해 입증된 피고인의 범죄 고의는 죄가 있는 것이고 그 자체로 처벌받아야 마땅하다고 주장한다. 이는 계획한 범죄를 저지르는 것이 불가한 경우에도 적용될 수 있다. 예를 들어, 성학대가 없더라도 가해자의 목적을 위해 아동의 신뢰를 착취한 것 또는 착취를 시도한 것에 피고인의 책임이 있는 것이라고 주장될 수 있다.[76] 결과론자의 주장처럼, 이 근거의 유효성은 피고인의 책임성이 범죄 요소에 명확히 반영되어 있는가에 달려있다.

책임을 반영하기 위해서는 이 맥락에서 자주 발생하는 2가지 문제를 살펴보겠다. 첫째는 위장수사의 사용이다. 범행에 대한 증거를 획득하기 위해 수사관이 인터넷에서 아동인 척하는 것은 법집행기관의 흔한 수법이다. 온라인 환경의 익명성은 '범죄자의 은신처'가 되지만 동시에 '경찰의 검'이 되며,[77] 피의자와의 대화를 기록하고 증거로 사용할 수 있다는 장점이 있다.[78] 위장수사와 관련한 법적 문제는 상대방인 '미성년자'가 사실은 성인이더라도 범죄가 성립할 수 있도록 법조항을 고안해야 한다는 것이

---

73 Commonwealth of Australia, Explanatory Memorandum, Crimes Legislation Amendment (Telecommunications Offences and Other Measures) Bill (No. 2) 2004 (Cth), p. 44.

74 Wolak and Finkelhor, 'Are crimes by online predators different?,' p. 3.

75 Ost, Child pornography and sexual grooming, p. 136.

76 Ibid., p. 141.

77 R v. Levigne [2010] 2 SCR 3 at [25].

78 E. Martellozzo, Online child sexual abuse: Grooming, policing and child protection in a multi-media world (New York: Routledge, 2013), ch. 6.

다. 피고인이 상대방이 미성년자임을 알 수는 없었지만 그렇다고 믿었을 경우에도 책임 요소가 있어야 한다.

둘째, 일부 사건에서 피고인은 대화 상대방이 미성년자라고 믿지 않았고, 역할놀이를 하는 성인이라고 믿었다고 주장한다. 일명 '상상 정당방위(fantasy defence)'라고 하는 이 주장은 대부분 실제 정당방위는 아니지만 왜 피고인이 믿지 않았는지에 대한 개연성 있는 이유를 제공하려 시도한다. 물론 이러한 주장을 받아들일지는 사실판단의 문제이며, 일부 국가에서는 피고인의 믿음에 대한 외견상 증거를 요구하는 증거조항을 근거로 기소하거나 역으로 피고인에게 입증책임을 지우기도 한다.

지금까지 그루밍은 전형적으로 행위의 연속성을 반영하며 각 국가는 그 연속체 가운데 다양한 지점에 적용될 수 있는 여러 범죄를 규정하고 있다는 점을 살펴보았다. 이를 다음과 같이 명명하여 각각 검토하고자 한다.

> ① 미성년자에게 외설적이거나 음란한 자료를 전송하는 것
> ② 그루밍
> ③ 유도 또는 조달
> ④ 의도를 가지고 여행하는 것

3. 미성년자에게 외설적이거나 음란한 자료를 전송하는 것

> 왜 스크린에 타이핑한다고 해서 당신이 보거나 들을 수 없는 누군가를 상대로 당신이 원하는 어떤 것도 말하거나 할 수 있다고 생각하는가?[79]

현실적으로 위 분류에서 형사책임이 처음 발생하는 단계는 '성적 단계'로, 이때 대화의 성적 성격이 공공연해진다. 그러한 대화는 더한 범죄로 나아가기 위한 사전 단계일 수도 있고, 그 자체로 성적 만족을 위한 것일 수도 있다. 대화는 보통 수위 높은 성

---

79   DPP (Cth) v. F M (2013) 233 A Crim R 83 at 87.

적 용어를 사용하는 글일 수도 있고,[80] 음란물이나 피고인의 노출 이미지 같은 외설적 이미지일 수도 있다.[81]

두 경우 모두 대화 내용에 따라 외설적 또는 음란한 대화 또는 성희롱[82]을 금지하는 일반 법률로 기소될 수 있다. 나아가 일부 국가에는 미성년자와의 외설적 대화에 특정하여 적용되는 범죄가 제정되어 있다. 그래서 미성년자에게 외설적 또는 음란한 자료를 보내는 행위 그 자체가 동기와 상관없이 범죄가 된다. 성행위로 나아가기 위해 미성년자를 그루밍하려는 의도가 있는 범죄는 아주 초기 단계에서 개입이 가능하다.

(1) 호주

호주에서는 2010년 아동에 대한 성범죄 법률 개정법 (Crimes Legislation Amendment (Sexual Offences Against Children) Act 2010 (Cth))에 의해 형법 (Criminal Code (Cth))에 s. 474.27A를 신설하였다. 이 조항은 전송인이 18세를 넘고 수신인이 16세 미만이거나 전송인이 16세 미만이라고 믿은 경우 전송인이 수신인에게 외설적 자료가 포함된 대화를 전송하기 위해 통신망 서비스(carriage service)를 이용하는 것을 범죄로 규정한다.[83] 자료가 '외설적'인지 는 '품위 있는 일반인의 기준에 따라' 결정되는 사실 판단의 문제이다.[84] 이것과 관련법이 통신망 서비스 사용에만 국한된다는 사실은 연방 권한을 행사하는 데 있어서의 헌법적 제한의 결과물이며 동등한 주 범죄들에는 적용되지 않는다.

범죄를 구성하기 위해 대화 하나로도 족하고 이 조항과 관련해 특정한 의도가 있을 것을 요하지 않는다. 피고인이 '객관적으로 보았을 때 외설물을 포함한 대화를 미성년자에게 의도적으로 전송'하였으면 족하다.[85] 수신인의 나이는 절대적 책임의 문제이다.[86] 즉, 검찰은 피고인이 수신인이 그 나이 미만이라고 믿었다는 점을 입증할 필요가 없다. 위장수사가 용이하도록 수신인이 실제처럼 표현된 허구의 인물인 경우에

80　R v. Campbell [2004] QCA 342.

81　R v. Burdon, ex parte Attorney General (Qld) (2005) 153 A Crim R 104.

82　Minehan v. R (2010) 201 A Crim R 243; Rodriguez v. R [2013] VSCA 216; R v. Moss (2013) 17 DCLR (NSW) 197.

83　최대 7년형.

84　Criminal Code (Cth), s. 474.27A(2)-(3).

85　DPP (Cth) v. F M (2013) 233 A Crim R 83 at 84.

86　Criminal Code (Cth), s. 474.28(1).

도 범죄는 성립할 수 있다.[87]

그러나, 피고인이 수신인이 16세 이상이라고 믿었다는 점을 증명하면 정당방위가 된다.[88] 가능성을 형량하지만, 피고인은 이에 대해 입증책임을 진다.[89] 그러나 피고인이 그러한 믿음을 가졌는지 여부를 판단함에 있어 사실심리관은 그 믿음이 상황에 비추어 합리적이었는지를 고려할 수 있다.[90] 또한 수신인이 전송인에게 16세 미만이라고 표현했다는 증거는 반증이 없다면 전송인이 수신인을 그 나이 미만이라고 믿었다는 증거이다.[91]

(2) 영국

영국은 2003년 성범죄법(Sexual Offences Act)의 s. 12(1)에 의해 18세 이상의 사람(A)이 성적 만족을 얻으려는 목적으로 의도적으로 다른 사람(B)에게 제3자가 성행위를 하는 모습을 보게 하거나 성행위를 하는 누군가의 이미지를 보도록 했을 때, B가 16세 미만이고 A가 B를 16세 이상이라고 합리적으로 믿은 게 아니라면, 또는 B가 13세 미만이라면 범죄가 성립한다.[92]

이 조항은 기술적으로 중립적이며 따라서 B가 통신 장비를 통해 이미지나 행위를 본 경우에도 동일하게 적용된다. 이 법은 구체적으로 성행위 이미지를 포함하므로, A가 B에게 음란물을 보낸 경우에 적용될 것이다. 이 법은 A가 B로 하여금 '제3자'의 성행위를 보게 하는 경우에만 적용되므로, A가 온라인에서 B에게 본인의 자위하는 모습을 보여준 경우에는 이 법이 적용되지 않는다고 생각해 볼 수 있다. 오프라인 환경에서는 그럴 수도 있지만, 온라인 환경에서는 B가 언제나 통신 장비를 통해 성행위 이미지를 보게 되므로 그 이미지는 '누구나'의 것이라고 주장할 수 있다. '이미지'는 '어떤 수단으로 생산하든 상관없이 움직이거나 정지된 이미지'를 의미하도록 정의되어 있다.[93] 어떤 사람의 이미지에는 상상의 인물의 이미지도 포함된다.[94]

---

87 *Ibid.*, s. 474.28(9).
88 *Ibid.*, s. 474.29(5).
89 *Ibid.*, ss. 13.4, 13.5.
90 *Ibid.*, s. 474.29(6).
91 *Ibid.*, s. 474.28(3).
92 최대 10년형.
93 Sexual Offences Act 2003 (UK), s. 79(4).
94 *Ibid.*, s. 79(5).

이 범죄의 책임 요소는 A가 반드시 의도적으로 B로 하여금 성행위 이미지를 보도록 해야 한다는 것이다. B가 16세 미만인 경우 A가 B를 16세 이상이라고 합리적으로 믿었다는 정당방위를 주장할 수도 있다. 이 가능성을 합리적 의심 너머로 반증하는 것은 검찰의 몫이다. B가 13세 미만인 경우 나이에 대한 A의 믿음은 무관하다.

이 범죄의 가장 중요한 제한은 A가 '성적 만족을 얻으려는 목적으로' 행위를 했어야 한다는 것이다. 이는 따로 정의되어 있지 않으며, 성적 성질의 즐거움이나 만족을 얻는다는 일반적 의미로 해석된다.[95] 이 제한은 A의 행위의 책임성을 반영할 뿐만 아니라 합법적 행위를 허용한다는 점에서 중요하다. 예를 들어 부모가 자녀에게 성교육의 목적으로 성행위 이미지를 보여줄 수도 있으나, 성적 만족을 얻으려는 목적이 아니기 때문에 이 조항에는 해당되지 않을 것이다.

피고인의 목적이 미래의 성행위를 위해 아동을 그루밍하려는 것이지만 성행위나 이미지를 보도록 함으로써 즉각적인 성적 만족을 얻지는 않은 경우 이 요건이 문제를 야기한다는 주장이 있다.[96] 즉 법원이 이 조항을 해석할 때 행위와 만족의 획득 사이에 인과관계뿐 아니라 즉각성의 정도도 고려할 것을 요한다는 것이다.[97]

그러나 이 법은 피고인이 그 행위로부터 성적 만족을 얻었을 것을 요하지 않는다. 그보다는 성적 만족의 목적으로 행위를 했어야 한다. 이 구별은 중요하다. 이는 피고인이 그 행위 자체로부터는 성적 만족을 얻지 않을 수도 있지만 미래에 성적 만족을 얻으려는 목적으로 행위를 하는 경우를 포함한다. 이 조항의 자연스러운 해석상 '획득'의 의미에 시간적 제한을 내포하고 있다고 볼 수는 없다. 성적 만족의 획득이 즉각적이거나 임박해야 한다고 볼 근거가 없다. '그 목적에는 즉각적 또는 유예된 만족이거나, 즉각적이면서 유예된 만족 등 단기와 장기의 성적 만족이 모두 포함될 수 있다.'[98] s. 14와 중복될 수도 있지만, s. 12의 중점은 원고가 성행위를 보는 것에 대한 피고인의 성적 만족이지, 반응이 아니다.[99]

현실적 관점에서 이 문제는 발생하기 쉽지 않다. 성교육과 같은 상황이 아니라면, 피고인이 관련 행위를 했다는 사실은 성적 만족의 목적으로 그랬을 것이라는 추론을

---

95 이 용어는 관음행위와 관련해서도 사용되고 있다.

96 S. Ost, 'Getting to grips with sexual grooming? The new offence under the Sexual Offences Act 2003' (2004) 26 Journal of Social Welfare and Family Law 147, 154.

97 A. A. Gillespie, 'Indecent images, grooming and the law' (2006) Criminal Law Review 412, 414.

98 R v. Abdullahi [2006] EWCA Crim 260 at [17].

99 Ibid., at [18].

강화하기 쉽다. 괴롭힘이나 농담으로 했다는 등 대안적 설명의 가능성은 사실심에서 적절히 판단될 것이다.

(3) 미국

미국에서 관련법 조항들은 수정헌법 제1조의 제약을 피하기 위해 본질적으로 Miller 기준에 따라 음란한 자료에 국한된다. 이 제약의 잠재적 영향은 미성년자가 인터넷에서 성적으로 노골적인 자료에 접근하는 것을 방지하는 것을 목적으로 하는 온라인 아동보호법(Child Online Protection Act)[100]으로 명확히 설명된다. 이 법은 '상업적 목적'과 'World Wide Web[101]을 수단으로' 미성년자가 이용 가능하고 '미성년자에게 해로운 자료'를 포함한 통신에 형사처벌을 부과하고자 한다.[102] 그러나, 이 법이 수정헌법 제1조와 제5조 모두를 위반하였다는 근거로 많은 법원 명령이 주어졌다.[103]

온라인 아동보호법이 부재하는 상황에서 관련된 미국의 주요 법조항은 1996년 통신품위법(Communications Decency Act)에 있다. 47 USC § 223(d)(1)에 의해 '서비스 이용자가 전화를 걸었는지 또는 통신을 시작했는지와 관계없이, 음란물 또는 아동 음란물을 언급, 요청, 암시, 제안하는 이미지, 기타 소통'을 특정인이나 18세 미만의 자에게 보내기 위해 상호작용적인 컴퓨터 서비스[104]를 고의로 이용하는 것은 범죄이다.[105] 자신의 통제 하에 있는 통신 설비가 그러한 행위에 이용되는 것을 알면서 허락하는 것 또한 범죄이다.[106] 자신의 통제하에 있지 않은 설비, 시스템, 네트워크로부터 또는 그로의 접근이나 연결을 제공하는 것일 뿐일 때에는 책임을 배제한다.[107] 미성년자의 접근을 제한하거나 예방하기 위해 나이 인증 장치처럼 선의로 합리적, 효과적이고 적합한 조치를 취한 경우에도 정당방위가 된다.[108]

---

100   47 USC § 231.

101   § 231(e)(3)에서 정의됨.

102   미성년자란 17세 미만의 자를 말한다 (§ 231(e)(7)).

103   Ashcroft v. American Civil Liberties Union, 542 US 656 at 659-61 (2004); American Civil Liberties Union v. Gonzales, 478 F Supp 2d 775 at 821 (ED Pa. 2007), affirmed by American Civil Liberties Union v. Mukasey, 534 F 3d 181 (3rd Cir. 2008), cert. denied 129 S. Ct. 1032 (2009).

104   컴퓨터 서비스에 대해서는 47 USC § 230(f)(2)에 정의되어 있다.

105   최대 2년형.

106   § 223(d)(2).

107   § 223(e)(1).

108   § 223(e)(5).

18 USC § 1470도 관련 있는데, 상대방이 16세 미만이라는 것을 알면서 16세 미만의 자에게 메일이나 다른 설비 또는 주(州) 간 또는 외국과의 거래 수단을 이용하여 음란물을 고의로 전송하는 것을 범죄로 규정하고 있다.[109] 이 범죄는 이메일로 음란 사진[110]이나 본인의 자위 이미지를 보내는 자들을 기소할 때 적용된다.[111] 자료가 전송된 자가 사실은 경찰인 경우처럼 성인일 때에도 피고인이 상대방을 16세 미만이라고 믿었더라면 미수죄가 성립할 수 있다.[112]

4. 그루밍

인터넷은 지식, 엔터테인먼트, 소통, 착취로의 열린 문이다.[113] 다음 범죄 범주는 미성년자에 대한 성범죄를 용이하게 하기 위한 행위로서 구체적으로 성적 그루밍을 대상으로 한다. 이는 '피해 발생의 잠재성이 현실이 될 수 있을 때 아동을 대상으로 인터넷을 이용하는 자들로부터 아동을 보호하는 것'을 목표로 하는 예비 범죄이다.[114] 성매수죄와 중복될 수 있지만, 성매수죄는 아동의 신뢰가 확보되고 나서 피고인이 그 아동과 성행위를 목적으로 만남을 잡으려고 할 때 적용되는 반면, 넓은 의미에서 '그루밍' 범죄는 미래의 아동 성학대로 향하는 첫걸음으로서 아동의 신뢰를 얻고자 하는 가해자들을 겨냥한다.[115] 그루밍 범죄는 미국 및 여러 국가에서 찾아볼 수 있으며, 그 넓은 범위로 인해 '모호하고 지나치게 광범위하여 위헌'이라는 이의에 맞닥뜨릴 수 있다.

---

109   최대 10년형.

110   US v. Schnepper, 161 Fed Appx 678 (9th Cir. 2006).

111   US v. Jenkins, 2007 US Dist LEXIS 25420 (ND Ga. 2007); US v. Rogers, 474 Fed Appx 463 (7th Cir. 2012).

112   US v. Spurlock, 495 F 3d 1011 at 1013 (8th Cir. 2007); US v. Rudzavice, 548 F Supp 2d 332 (ND Tex. 2008); US v. Leightey, 432 Fed Appx 836 (11th Cir. 2011).

113   R v. Legare [2009] 3 SCR 551 at [1].

114   R v. Randall [2006] NSJ no 180 at [18].

115   Commonwealth of Australia, Parliamentary Debates, Senate, 30 August 2004, 26620(Christopher Ellison, Minister for Justice and Customs).

(1) 호주

형법 (Criminal Code (Cth)) s. 474.27(1)에 의해 18세가 넘는 전송인이 16세 미만이거나 16세 미만이라고 믿은 수신인에게 전송인과의 성행위에 참여시키는 것을 '더 쉽게 만드려는' 의도로 통신을 전송하기 위해 통신망 서비스(carriage service)를 이용하는 것은 범죄이다.[116] s. 474.27(2), (3)은 전송인이 수신인으로 하여금 18세가 넘거나 넘는다고 믿은 다른 자와의 성행위에 참여하도록 그루밍하는 경우나 그러한 다른 자와의 성행위를 전송인 또는 18세가 넘거나 넘는다고 믿은 또 다른 자가 있는 데서 하도록 의도하는 경우에 적용되는 대향범 규정(mirror provisions)을 포함한다.

통신은 1건으로도 충분하며, 2010년에 이뤄진 개정으로 인해 대화에 외설 자료를 포함할 것을 요하지 않게 되었다.[117] 따라서 객관적으로 외설적이지 않은 통신에도 적용됨으로써 범죄가 상당히 확장되었다. 이 조항은 기껏해야 예비 행위 관련이므로 해당 범죄의 미수는 있을 수 없다.[118] 위장수사를 용이하게 하기 위해, 실제로는 성행위가 있을 수 없거나 수신인이 실제 사람처럼 표현된 허구의 인물인 경우에도 이 죄가 성립할 수 있다.[119]

수신인의 나이와 일부 사건에서 제3자의 나이는 절대적 책임의 문제이다.[120] 즉 검찰은 피고인이 대상자의 나이를 각각 그 나이 위거나 밑이라고 믿었다는 점을 증명할 필요가 없다. 그러나 피고인이 수신인은 16세 이상이고 참여자는 18세 이상이라고 믿었음을 증명하면 정당방위가 성립한다.[121] 정당방위를 주장하는 경우 피의자는 이 문제에 대한 법적 책임을 부담한다.[122] 그러나 피의자가 그러한 믿음을 가지고 있었는지를 판단함에 있어 사실 심리관은 주장되는 믿음이 상황에 비추어 합리적이었는지를 판단할 자격이 있다.[123] 나아가 수신인 또는 '다른 자'가 전송인에게 특정 나이 이하라고 소개했다는 증거는 반증이 없다면, 전송인이 수신인에 대하여 그 나이 이하라고 믿었

---

116 최대 12년형.
117 Crimes Legislation Amendment (Sexual Offences Against Children) Act 2010 (Cth).
118 Criminal Code (Cth), s. 474.28(10).
119 *Ibid.*, s. 474.28(8)–(9).
120 *Ibid.*, s. 474.28(1)–(2).
121 *Ibid.*, s. 474.29(4)–(5).
122 *Ibid.*, ss. 13.4, 13.5.
123 *Ibid.*, s. 474.29(6).

다는 것을 증명한다.[124]

　이 규정의 주요한 측면은 수신인의 성행위 참여를 '더 쉽게 만드려는 의도로' 통신을 전송했어야 한다는 점이다. '더 쉽게 만드는 것'이 정의되어 있지는 않지만, 그 일반적인 의미는 캐나다와 영국 규정에서 이용되는 용어 '용이하게 하다'와 유사하다. 중요한 것은, 피고인이 용이하게 하고자 하는 것이 성행위 그 자체가 아니라 성행위를 매수하는 것이어야 한다는 점이다. 이 범죄를 예비죄로 만드는 것은 이러한 측면이며, 경찰이 초기에 개입하는 것을 가능하도록 한다. 예를 들어 피고인은 그가 미성년자라고 믿는 자와 성적으로 노골적인 통신을 할지도 모른다. 이때 피고인은 그 미성년자로 하여금 성행위에 참여하도록 유도하거나 매수한 것이 아니다. 그러나 나중에 이 미성년자를 매수하는 것을 더 쉽게 하기 위해 이러한 통신을 했다는 점이 증명될 수 있으므로 초기 단계에서 검거가 가능해진다.

　이 범죄의 광의성은 부주의가 아닌 고의를 입증 요건으로 하여 어느 정도 상쇄된다. 피고인이 이를 통해 성행위 매수를 더 쉽게 만들 수 있을지 모른다고 생각한 정도로는 불충분하며, 그렇게 할 것을 의도했어야 한다. 따라서 검찰은 성행위를 할 의도 없이 오로지 (피고인 또는 미성년자의) 성적 목적을 위해 전송된 경우,[125] 미성년자를 괴롭히려고 했거나 농담으로 전송한 경우 등과 같은 대안적 설명을 배제해야 한다. 물론 그 내용에 따라 미성년자나 미성년자라고 믿은 자에게 통신을 전송한 것 자체가 범죄가 될 수도 있다.

(2) 캐나다

　캐나다의 경우 형법 (Criminal Code (Can)) s.172.1에 '유인(luring)'과 동일한 범죄가 있다. 이 법은 누구든지 특정 범죄를 저지르는 것을 용이하게 하려는 목적으로 전기통신을 수단으로 미성년자이거나 피의자가 미성년자라고 믿은 자와 통신하는 것을 범죄로 규정한다.[126] '통신하는'이라는 용어는 정의되어 있지 않으며, 정보를 전하거나 전송한다는 일반적 의미를 담은 것으로 추정된다.[127] 통신 1건으로도 범죄가 성립할 수 있다.

124　*Ibid.*, s. 474.28(3)-(4).
125　DPP (Cth) v. F M (2013) 233 A Crim R 83 at 94-5 [58].
126　최대 10년형.
127　Oxford English Dictionary Online, Oxford University Press, December 2014.

'용이하게 하다'의 형법상 일반적 의미는 범죄를 저지르는 것을 쉽게 만들거나[128] 가능하게 하는 것[129]이다. 이는 '금지된 행위를 저지르거나 참여하게 하기 위해 어린 사람을 "유인"하거나 "그루밍"하는 것처럼 그들의 거리낌을 줄이거나 어린 사람의 호기심, 미숙함, 조숙한 섹슈얼리티 등을 이용하여 호색적인 대화를 하는 방법으로, 실현을 돕고 더 쉽게 또는 더 개연성 있게 만드는 것'을 말한다.[130]

캐나다 대법원은 R v. Legare 판결에서 이 범죄의 요건들을 검토하였다.[131] 32세의 피고인은 12세의 원고를 만나기 위해 인터넷 채팅방에서 17세의 소년인 것처럼 행세하였다. 그들은 성적으로 노골적인 대화를 하였고 전화 통화를 2번 하였는데, 그 중 하나는 성적인 것이었다. '합의된 사실의 진술'에 의하면, 피고인은 통신의 성적 성격을 인정하였지만, 원고에 대해 성범죄를 저지르거나 용이하게 하려고 의도하지는 않았다고 했다.[132] 캐나다 대법원은 피고인의 의도는 주관적으로 판단되어야 하며, 특정 범죄들 중 하나를 저지르려는 특정한 의도가 있었다는 증거를 요한다고 판시하였다.[133] "피고인이 법조항에 성문으로 규정된 특정한 의도를 가지고 통신하였다는 점을 법관이 증명할 것을 요함으로써 무고한 통신이 의도치 않게 법을 위반하지 않도록 보장한다."[134] 사실심 재판관이 이 조항을 지나치게 제한적으로 해석하였기 때문에, 항소심은 기각되었으며 새로운 재판이 주문되었다.[135]

피고인의 목적을 판단하는 데 성적으로 노골적인 말이 관련 있을지는 몰라도, 범죄의 요건은 아니다. 위에서 살펴본 것처럼 그루밍하는 사람들은 주로 개인적 관심사 같은 평범한 것들에 대해 대화하면서 어린 사람들의 신뢰를 얻는다.[136] 피고인의 행위가 '객관적으로 특정한 2차 범죄를 저지르는 것을 용이하게 할 수 있는' 것일 필요도 없으며, '전체적인 증거를 보았을 때 피고인이 미성년자에 대한 2차 범죄를 저지르는 것을 용이하게 할 목적으로 대화했다는 점이 합리적 의심을 넘어 규명되는지가 중

---

128 R v. Randall [2006] NSJ no 180 at 11, citing Black's Law Dictionary, 7th edn. (St. Paul, MN: West Group, 1999) and R v. Legare, 2008 ABCA 138 at [58].
129 R v. Smith, 2007 BCSC 1955 at [17].
130 R v. Legare [2009] 3 SCR 551 at [28].
131 Ibid.
132 Ibid., at [8]-[14].
133 Ibid. at [32].
134 Ibid., at [35].
135 Ibid., at [45].
136 Ibid., at [29].

요하다.'[137]

예를 들어 R v. Randall 판결[138]에서 31세의 피고인은 인터넷 채팅방에서 대상자와 성행위를 하기 위해 만나자고 했을 때 13세의 소녀와 대화하고 있다고 믿었다. 그가 대화하던 자는 사실 위장수사 중인 경찰관이었으며, 그는 약속한 곳에 도착하자마자 체포되었다. 피고인은 2차 범죄를 실행할 의도가 없었으며 그의 의도는 줄곧 인터넷에서 성적으로 대화하는 것의 위험성을 경고하고 겁을 주기 위해서였다고 주장하였다. 2차 범죄 실행이 증명될 필요는 없지만, 피고인이 범죄를 저지르려는 의도로 행동했음을 '합리적, 객관적으로 증명하는' 증거가 그 범죄의 실행을 용이하게 하려는 목적으로 대화를 하였다는 주장에 힘을 실어주었다.[139] 예를 들면 피고인은 여자친구와 콘돔을 거의 사용하지 않음에도 약속 장소에 콘돔을 가지고 갔다는 점은 대화의 목적이 그가 주장한 것처럼 이타적 동기가 아니라, 예정된 범죄를 실행하는 것을 쉽게 만드려는 것임을 시사하였다. 법원은 그의 해명에 대해 '현실성이 없고... 아동에 대하여 노출된 그의 해로운 의도에 대한 구변 좋은 합리화였다'라고 판단하였다.[140] 유사하게, 역할놀이 판타지[141]를 했을 뿐이라든가 '농담일 뿐'[142]이라는 피고인의 주장은 모든 증거에 비추어 평가되어야 한다.

s. 172. 1(4)에 의해, 피고인이 대화한 상대방이 기준 연령을 넘었다고 믿었다는 것은 피고인이 그 사람의 나이를 확인하기 위해 합리적 조치를 취하지 않았다면 정당방위가 되지 않는다. 이 조항의 목적은 '객관적인 증거 없이 성공적으로 착각임을 주장할 가능성을 배제하기 위한' 것이다.[143] 그러한 믿음을 증명하면 정당방위가 되지만, 피고인이 합리적 조치를 취했을 경우에만 해당된다. 사심실 재판관이 대상자를 기준 연령 이상으로 믿었다는 피고인의 주장을 받아들이거나 최소한 합리적 의심을 가지고 있다면, 피고인이 대상자의 연령을 확인하기 위해 합리적 조치를 하지 않았다는 점을 합리적 의심을 넘어 증명하는 것은 검찰의 몫이다.[144] 경찰의 위장수사처럼 대화 상대

---

137 *Ibid.*, at [42].
138 [2006] NSJ no 180.
139 *Ibid.*, at 16-17.
140 *Ibid.*, at 24.
141 R v. R.J.S., 2010 NSSC 253 at [58].
142 R v. Himes, 2014 ONCJ 31 at [80]; Cf. R v. Danylak, 2012 ABCA 179.
143 R v. Levigne [2010] 2 SCR 3 at [35].
144 R v. Quinones, 2012 BCCA 94 at [22].

방이 사실은 미성년자가 아니었던 경우 반증이 없다면, 대화 상대방이 피고인에게 기준 연령 미만으로 표현되었다는 증거는 피고인이 대상자를 그 연령 미만이라고 믿었다는 점을 증명한다.[145]

이 조항들의 결합 효과는 캐나다 대법원의 R v. Levigne 판결[146]에서 검토되었다. 첫째, 피고인에 대해 그러한 결합 효과가 주장된다면, 일단 피고인은 대상자가 기준 연령 미달이라고 믿었다고 추정된다. 둘째, 피고인이 대상자의 실제 나이를 확인하기 위해 합리적 조치를 취했다는 입증을 통해 이 추정을 반박할 수 있다. 이러한 입증은 s. 172.1(3)의 "반증"을 구성하는 동시에 s. 172. 1(4)의 "합리적 조치" 요건을 충족한다.[147] 셋째, 입증 부담은 피고인에게 있지만, 법적 부담은 검찰에게 있다. 피의자가 합리적인 조치를 취했고 대상자가 연령 미달이 아니라고 믿었거나, 사실 심리관이 피의자가 대상자를 연령 미달이라고 생각했는지에 관해 합리적 의심이 남아있다면 기소는 실패할 것이다.[148]

s. 172.1의 주목할만한 특징 하나는 전기통신에만 적용되도록 기술적으로 특정되어 있다는 점이다. 휴대폰이 '컴퓨터 시스템'에 해당하는지와 같은 문제를 피하기 위해 '컴퓨터 시스템을 통하여'라는 이전 문구를 현 용어로 대체하였다.[149] 이 부분은 긍정적이지만, 그루밍은 디지털 현상에 국한되지 않으며 많은 경우에 온라인과 오프라인 소통이 혼재되어 있다. 호주의 상응하는 규정과는 대조적으로, 이는 연방 권한의 행사에 대한 제한으로 설명할 수 없다.

(3) 영국

영국의 관련 범죄는 아동 성범죄의 실행을 주선하거나 용이하게 하는 것이다. 2003년 성범죄법 (Sexual Offences Act 2003 (UK)) s. 14(1)에 의하여 '본인이 하고자 하는 것, 또는 다른 사람으로 하여금 하도록 하는 것, 또는 다른 사람이 할 것이라고 믿는 것'으로서 특정한 아동 성범죄의 실행을 고의로 주선하거나 용이하게 하는 행위는

---

145 Criminal Code (Can), s. 172.1(3).
146 [2010] 2 SCR 3.
147 *Ibid.*, at [32].
148 *Ibid.*
149 5 R v. Cockell, 2013 ABCA 112 at [67]; R v. Woodward (2011) 107 OR (3d) 81.

범죄이다.[150]

행위 태양은 특정 범죄를 '주선하거나 용이하게 하는' 것이며, 그 용어의 일반적인 의미상 광범위한 행위를 포괄할 수 있다. 호주나 캐나다 규정과는 다르게, '전기통신을 수단으로' 또는 통신망 서비스(carriage service)를 통해 행할 필요가 없다. 따라서 온라인을 비롯해 온라인이 아닌 다양한 행위에도 적용될 수 있다. 예를 들어 음란한 대화, 여행 티켓 구입, 선물이나 돈 전송 등은 모두 필수적 고의를 가지고 했다면 범죄 실행을 용이하게 하는 것이라고 할 수 있다.

여기서의 고의는 금지된 행위를 주선하거나 용이하게 하려는 의도를 말한다. 피고인이 미래에 행할 행위 또는 다른 사람이 미래에 행할 것이라고 믿는 행위와 관련되므로, 금지된 행위가 발생하도록 피고인이 주선하거나 용이하게 하였다는 점만 증명되면 실제로 그 행위가 발생하였는지를 증명할 필요는 없다. 예를 들어 '고객들'이 미성년 소녀들에게 라이브 성행위를 지시하는 웹사이트에 돈을 지불하는 것은 피고인이 실제로 성행위를 지시하지 않았더라도 범죄를 구성할 수 있다. 이는 위장수사 및 법집행기관의 초기 개입을 허용할 필요와 상통한다. 관련 행위가 본질적으로 예비적임에도 불구하고, 적절할 경우 s. 14 범죄에 대한 미수 혐의를 적용할 수 있다고 받아들여져 왔다.[151]

대상 범죄들은 동법 ss. 9 내지 13에 있으며 다양한 범죄들을 다루고 있다. 중요한 것은 아동으로 하여금 성행위에 참여하게 하거나 성행위를 보도록 하는 것, 아동이 있는 데에서 성행위를 하는 것을 포함한다는 것이다. 따라서 이 규정들은 미성년자로 하여금 성행위를 하거나 피고인의 성행위를 보도록 주선하거나 용이하게 하는 경우에 적용될 수 있다.

s. 14에는 대상자를 16세가 넘는 것으로 믿은 경우 등에 대한 정당방위 규정이 없다. s. 14의 책임성은 다른 조항들 중 하나에 해당하는 범죄를 구성하는 행위에 입각하기 때문에 정당방위는 그 근거 조항에 있다. 예를 들어 아동을 성행위에 참여하도록 하거나 선동하는 s. 10의 범죄를 용이하게 한 s. 14의 혐의가 있다고 해보자. 피고인에게 s. 14에 의한 책임이 있으려면 그 행위가 s. 10에서 범죄로 규정하는 행위여야 한다. 그런데 해당 조항에서는 피고인이 대상자가 16세가 넘는다고 합리적으로 믿었다면 정당방위가 성립한다. 피고인이 그 문제에 대하여 합리적 의심을 제기할 수 있다면, s. 10

---

150   최대 14년형.
151   R v. Robson [2008] 2 Cr App R 558.

에 입각한 죄가 인정되지 않을 것이며, 따라서 s. 14의 책임도 없다.

이 조항과 관련하여 한가지 잠재적으로 문제되는 측면은 주선하거나 용이하게 한 행위가 '세계 어느 곳에서나' 발생할 수 있다는 것이다. 현대 통신의 국제적 특성을 고려할 때, 이는 세계 어느 곳이든 미성년자에 대한 성착취를 범죄의 범위에 들여오면서 역외적용의 바람직한 확장으로 보인다. 그러나 그러한 행위는 관할 밖에서 발생했더라도 대상 규정들 중 하나에 의해 범죄를 구성하여야 한다. s. 72에서 s. 14의 각 대상 범죄들이 그 집행에 있어 역외 적용된다고 하여 이 문제를 해결하고 있다.[152]

해당 조항이 포괄적인 용어로 규정되었고 외설적 통신으로 국한되지 않기 때문에 미성년자와의 합법적 성적 대화까지 제한할 위험이 있다. s. 14(2)에서는 '다른 사람이 할 거라고 믿는 아동에 대한 범죄행위를 주선하거나 용이하게 하였지만, 본인이 그 행위를 하거나 다른 사람이 하는 것을 의도한 게 아니라 아동을 보호하려고 한 경우'에는 범죄가 아니라고 규정하여 이를 해결하고 있다. 아동의 보호를 위한 행위에는 '아동을 성적 전염병으로부터 보호하거나, 아동의 신체적 안전을 보호하거나, 아동의 임신을 예방하거나, 조언을 통해 아동의 감정적 건강을 증진'하려는 목적으로 행위하는 경우가 있다.[153] 추가적으로, 주선하거나 용이하게 하는 것은 성적 만족을 얻거나 아동이 특정 범죄에 해당하는 행위에 참여하도록 하려는 목적이 아니어야 한다.[154]

예를 들어 어떤 부모가 자신의 딸이 나이가 더 많은 남자친구와 합법적 연령 미달인 성관계를 갖고 있다고 생각하여 피임을 알려주는 경우가 있을 수 있다. 이 부모는 임신과 성적 전염병으로부터 딸을 보호하려는 목적으로 그렇게 한 것이다. 이것이 딸에 대한 범죄의 실행을 용이하게 한 것이라고 할 수 있고, 이 부모가 성관계가 있을 것이라고 믿었더라도, 이들이 성관계가 있기를 의도한 것이 아니고 성적 만족이나 성행위를 장려할 목적으로 행동한 것도 아니다.

5. 유도 또는 조달

그루밍 범죄의 다음 범주는 피고인이 미성년자에게 성행위를 장려 또는 유도할 때

---

152 Sexual Offences Act 2003 (UK), s. 72, sch. 2.
153 Sexual Offences Act 2003 (UK), s. 14(3).
154 *Ibid.*

적용된다. 전형적으로 피고인 또는 제3자와의 성행위를 의도하나, 미성년자가 자위를 하도록 설득하거나 피고인의 자위 모습을 지켜보게 하도록 설득하는 것도 흔하다.

그러한 행위를 용이하게 하는 것을 넘어 적극적으로 장려하는 데까지 나아갔지만, 앞서 살펴본 것처럼 전통적인 예비 범죄는 이 맥락에서 크게 도움이 되지 않는다. 따라서 많은 국가에서 아동을 외설적 행위에 참여하도록 선동하거나 아동 음란물에 참여하도록 선동하는 등 선동 규정들을 적용시키고 있다. 이러한 성격의 범죄는 대부분 기술적으로 중립적이고 디지털 맥락에도 동일하게 적용될 수 있지만, 미성년자가 '있는 곳에서' 행위를 할 것을 요하는 범죄의 경우 문제가 있을 수 있다. 예를 들어 미성년자가 웹캠으로 행위를 본 경우 미성년자가 '있는 곳에서' 행위를 한 것이라고 할 수 있는가?

'있는 곳에서'란 물리적 존재를 요한다는 미국의 판례가 있다. US v. Taylor 판례[155]에서 피고인은 누구나 형사책임을 질 수 있는 성행위에 미성년자가 참여하도록 고의로 설득, 유도, 유혹, 또는 강요를 시도하여 18 USC § 2422(b)에 의해 유죄 선고를 받았다. 피고인은 13세 소녀인 줄 알았던 위장수사 경찰관에게 웹캠을 통해 자위하는 모습을 보여주다가 검거되었다. 이 사건에 적용된 죄 중에는 미성년자가 있는 곳에서의 애무가 있었는데, 이는 Indiana 주법에 따른 범죄였다.[156] 법원은 미성년자가 있는 게 범죄의 요건인 경우 미성년자의 물리적 존재가 요구되며, 웹캠이나 전화를 통한 '해석에 의한' 존재는 이 요건을 충족하지 않는다고 판시하였다.[157] 유사하게 호주의 Victoria 주에서도 16세 미만 아동과 함께 또는 아동이 있는 곳에서 외설적 행위를 하는 범죄[158]는 '전화, 컴퓨터, 기타 그러한 소통 장비를 수단으로 하는 외설적 행위'로 확장되지 않는다.

이 문제는 형법 (Criminal Code (Cth)) s. 474.25A(1)에서 구체적으로 다루고 있는데, 18세를 넘은 자가 16세 미만 아동과 성행위에 참여하기 위해 통신망 서비스 (carriage service)를 사용하는 것을 범죄로 규정한다. 피의자가 아동과 관련하여 한 행동이 아동으로 하여금 18세가 넘은 다른 사람과 성행위에 참여하도록 야기하였고, 피의자가 그 결과를 의도하였다면 이 또한 범죄이다.[159] '성행위에 참여'한다는 것은 '대상자가 다

---

155 US v. Taylor, 640 F 3d 255 (7th Cir. 2011).
156 Indiana Code § 35-42-4-5(c)(3).
157 US v. Taylor, 640 F 3d 255 at 262 (7th Cir. 2011).
158 Crimes Act 1958 (Vic), s. 47.
159 최대 15년형.

른 사람이 성행위를 하는 동안 그곳에 있는 것(대상자가 다른 사람을 보거나 들을 수 있는 통신 수단을 포함함)'을 포함하도록 정의되어 있다.

또한, 호주, 영국, 미국은 모두 미성년자에게 성행위에 참여하도록 유도 또는 매수하는 것을 처벌하는 규정을 두고 있다.

(1) 호주

호주 연방법의 경우 형법 (Criminal Code (Cth)) s. 474.26에 있다.[160] 이 규정상 18세 이상의 자(전송인)가 16세 미만이거나 16세 미만이라고 믿은 자(수신인)로 하여금 전송인이나 다른 사람과 성행위에 참여하도록 매수할 의도로 통신망 서비스(carriage service)를 사용하여 대화를 전송하는 것은 범죄이다.

이 조항은 앞서 논의한 그루밍 조항과 유사하므로 그 논의를 참조하여야 한다. 이 조항은 '매수'하는 시점에 적용된다는 게 핵심적인 차이점인데, '매수'는 다음과 같이 정의된다.

> (a) 대상자로 하여금 해당 행위에 참여하도록 장려, 유혹, 또는 모집하거나
>
> (b) (위협에 의해서든 약속이나 다른 방법에 의해서든) 대상자가 그 행위에 참여하도록 유도하는 것[161]

'장려,' '유혹,' '모집,' '유도'의 의미는 정의되어 있지 않으며 일반적 의미로 해석된다고 추정된다. 피고인이 성행위 매수를 의도했으면 족하고, 미성년자가 실제로 관련 행위에 참여해야 한다는 요건은 없다. 이는 위장수사를 용이하게 하며, 성행위가 발생하기 전에 개입할 수 있도록 한다.

연방 범죄상 수신인이 '전송인과 성행위에 참여하도록' 매수해야 하므로, 전송인이 수신인으로 하여금 자위를 하도록 매수하는 경우에는 문제가 될 수 있다. '성행위'의 정의는 충분히 넓어 그러한 행위를 포괄할 수 있지만, 전송인과 함께 그 행위에 '참여'한 것은 아니라는 주장이 있을 수 있다. 이는 Queensland의 상응하는 법조항과 대

---

160 최대 15년형.
161 Criminal Code (Cth), Dictionary.

조되는데, 여기서는 피고인을 포함할 필요가 없는 '성적 행동'으로 규정하고 있다.[162]

(2) 영국

영국에서는 2003년 성범죄법 (Sexual Offences Act 2003(UK))의 ss.8과 10에 아동이 성행위에 참여하도록 의도적으로 야기하거나 선동하는 범죄가 있다. 이 죄는 피해자가 13세 미만이고 피고인은 어떤 나이든지 적용되는 s. 8과 유사한 용어를 쓰고 있다. s. 10은 피고인이 18세가 넘고, 피해자는 16세 미만인 동시에 피고인이 합리적으로 피해자를 16세 이상으로 믿은 경우가 아닐 때 또는 피해자가 13세 미만일 때 적용된다.[163] '선동'이라는 용어를 사용함으로써 이 조항은 사실상 미성년자가 성행위에 연루되지 않은 경우를 포함하여 성행위에 참여하지 않았어도 적용될 수 있다. 합리적 인간이 (a) 상황이나 관련 목적이 어떻든 그 성질상 성적이거나 (b) 그 성질상 성적일 수 있으며 상황이나 관련 목적 때문에 성적이라고 여길 것이라면 대상 행위가 '성적인 것'이다. 따라서 이 조항은 피고인이 아동으로 하여금 피고인이나 다른 사람과 성관계를 갖도록 또는 자위를 하도록 야기 또는 선동하는 경우 당연히 적용된다. 그러나 피고인이 아동으로 하여금 피고인의 자위행위를 보도록 야기 또는 선동한 경우 미성년자가 그 행위에 '참여'하지 않았다고 주장될 수 있으므로 문제된다. s. 8의 문맥상 성적이어야 하는 것은 아동의 행위이지, 피고인의 행위가 아니라고 받아들여지고 있다.[164] 아동으로 하여금 음란물을 보도록 야기 또는 선동하는 경우도 이 조항에 포괄할 수 있다는 주장도 있다.[165] 그러한 경우 범죄에 해당하려면 행위나 이미지를 시청하는 행위 자체가 '성적인 행위'로 해석되어야 할 것이다. 미성년자의 성행위를 주선하거나 용이하게 하는 범죄와는 다르게, 이 범죄는 그 행위가 '세계 어디에서 발생하든' 적용되는 것은 아니다.

(3) 미국

미국의 관련 연방범죄는 18 USC § 2422(b)인데, 메일이나 설비나 주 간 또는 외국과의 거래를 수단으로 18세 미만의 자로 하여금 성매매나 누구든 형사 범죄 혐의를 받

---

162 R v. Campbell [2004] QCA 342.

163 최대 14년형 (예외적으로 s. 8의 삽입을 포함한 행위인 경우 최대 종신형에 처함).

164 R v. Grout [2011] 1 Cr App R 38 at [42].

165 Gillespie, 'Indecent images', 415-16.

을 수 있는 성행위에 참여하도록 고의로 설득, 유도, 유혹, 강요하는 것을 범죄로 규정하고 있다.[166] 그러한 행위에 참여하려고 시도하는 것도 범죄이다.[167]

이 법은 수많은 위헌 제기에도 살아남았다. 예를 들어 US v. Dhingra 판결[168]에서 범행 당시 40세였던 항소인은 14세인 피해자의 개인 홈페이지를 보고 연락하였다. 피고인은 본인을 27세라고 소개하였다. 둘은 '아메리카 온라인'이라는 인스턴트 메시지(IM) 서비스와 이메일로 소통하였다. 대화는 점점 성적으로 흘러갔으며, 피고인은 피해자에게 반복적으로 만나자고 재촉하였다. 마침내 서로 만났을 때 피고인은 피해자의 옷 아래로 몸을 만졌으며 피해자의 손을 본인의 성기에 올려놓았다. 추가적인 성행위가 피고인의 차 안에서 행해졌다.

법원은 이전의 US v. Meek 판결[169]에서 이 조항은 표현이 아니라 행위를 규제하는 것이라고 판시한 부분을 인용하면서 피고인의 다양한 위헌 제기를 기각하였다. '간단히 말해서, 미성년자로 하여금 불법적 성행위에 참여하도록 유도하는 것은 수정헌법 제1조의 보호를 받지 못한다.'[170] 법원은 이 조항이 부모가 청소년 자녀와 성 건강 문제를 상의하는 것이나 피임 및 안전한 성관계에 대해 일반적인 정보를 주는 웹사이트처럼 합법적 표현을 제한할 수 있다는 주장도 받아들이지 않았다. '이 법령의 취지 조항은 '행위의 목적이 범죄적 성행위여야 한다는 요건으로 합법적 표현과 행위를 충분히 배제한다.'[171]

일부 법원은 '설득,' '유도,' '유혹,' '강요' 등의 일반적 의미에 대한 가이드라인을 제시했지만, 대부분의 법원은 이 용어들이 더 이상의 기술적 설명이 필요하지 않은 일반적인 용어라는 견해를 취해왔다.[172] 예를 들어 '설득하다(persuade)'는 '납득시키다(convince)'와 동일한 의미로,[173] 그 사전적 의미는 '주장, 간청, 타이름 등으로 어떤 믿

---

166 최대 30년형 (18 USC § 2422(b)).
167 18 USC § 2422(b).
168 371 F 3d 557 (9th Cir. 2004), amended by US v. Dhingra, 2004 US App LEXIS 15288 (9th Cir. 2004), rehearing denied by, corrected by, US v. Dhingra, 2004 US App LEXIS 15302 (9th Cir. 2004).
169 366 F 3d 705 at 720-2 (9th Cir. 2004).
170 US v. Dhingra, 371 F 3d 557 at 563 (9th Cir. 2004).
171 US v. Dhingra, 371 F 3d 557 at 562 (9th Cir. 2004).
172 Ibid.; US v. Panfil, 338 F 3d 1299 at 1300-1 (11th Cir. 2003).
173 US v. Thomas, 410 F 3d 1235 at 1245 (10th Cir. 2005).

음, 상태, 또는 일련의 행위로 이끌다'이다.[174] '유혹하다(entice)'는 '희망이나 욕망을 불러일으킴으로써 교묘하게 또는 기민하게 끌어들이다,'[175]이며, '꾀다(lure)'와 동의어이다.[176] 마지막으로, '유도하다(induce)'는 '영향이나 설득으로 이끌다, 지배하다' 또는 '어떤 것의 발생을 촉진하다, 초래하다'라는 뜻으로 쓰이고 있다.[177] 일각에서는 이 용어들은 '어떤 사람이 어떤 행위나 마음상태에 관하여 설득이나 영향력을 통해 다른 사람을 이끌다'라는 개념을 담고 있어 '본질적으로 동의어'라고 여긴다.[178]

책임 요건인 '고의로'는 동사(설득하다, 유도하다, 유혹하다, 강요하다)를 수식하는 한편 대상자가 18세 이하라는 점도 수식한다.[179] 범죄가 완성되기 위해서는 성적 행동을 실행하려는 의도가 아니라, 설득하거나 설득하려 시도할 의도가 있었다는 사실만 증명하면 된다.[180] 피고인이 기저에 있는 성적 행동에 참여하고자 했다는 점을 증명할 필요는 없지만, 피고인에게 그러한 의도가 있었다는 증거는 그래도 필수적인 설득의 의도 유무를 판사가 판단하는 데 있어 관련 증거가 된다.[181] 피해자의 성행위 참여 의사는 무관한 것이지만,[182] 범죄가 미수가 아닌 기수가 되려면 적극적인 동의는 아니더라도 원고 측의 동의가 있었어야 한다.[183]

피고인이 앞서 살펴본 '판타지 정당방위'를 제기할 가능성이 있으므로 검찰에게는 인지를 증명할 책임이 남아있다. 예를 들어 피고인이 대상자가 미성년자인 척하는 성인이라고 믿을 만한 합리적 가능성이 있었다면 § 2422(b) 위반이 아닐 것이다.[184] 기소가 성공하려면 피고인의 주관적 믿음은 증거를 고려하여 추론으로써 판단해야 한다. 예를 들어 US v. Kaye 판결[185]에서 피고인은 18 USC §§ 2422(b)와 2433(b)에 의하여

---

174 US v. Rashkovski, 301 F 3d 1133 at 1136-7 (9th Cir. 2002), citing Merriam-Webster's Collegiate Dictionary (2002).

175 *Ibid.*

176 US v. Thomas, 410 F 3d 1235 at 1245 (10th Cir. 2005).

177 US v. Murrell, 368 F 3d 1283 at 1286-7 (11th Cir. 2004).

178 US v. Engle, 676 F 3d 405 at 412 (4th Cir. 2012), quoting US v. Broxmeyer, 616 F 3d 120 at 125 (2nd Cir. 2010).

179 US v. Meek, 366 F 3d 705 at 718 (9th Cir. 2004); US v. Cote, 504 F 3d 682 at 686 (7th Cir. 2007).

180 US v. Bailey, 228 F 3d 637 at 639 (6th Cir. 2000).

181 US v. Thomas, 410 F 3d 1235 at 1245 (10th Cir. 2005).

182 US v. Dhingra, 371 F 3d 557 at 567-8 (9th Cir. 2004).

183 US v. Kemache-Webster, 497 Fed Appx 339 at 343 (4th Cir. 2012).

184 US v. Ciesiolka, 614 F 3d 347 at 356 (7th Cir. 2010).

185 451 F Supp 2d 775 (ED Va. 2006).

유죄 선고를 받았다. 피고인은 Conrad라는 소년과 IM 대화를 시작했는데 이 소년이 13세인 줄 알았다. 이 '소년'은 사실 26세로, 아동과 성행위를 하려고 인터넷을 이용하는 성인들을 폭로하는 단체인 'Perverted Justice'의 회원이었다. 이후 성적으로 노골적인 대화를 하던 중 피고인은 Conrad와 성행위를 하고 싶다는 욕망을 표현하였다. 이어 사진들을 교환하였는데, 어린 소년인 Conrad의 사진은 입양 사이트에서 가져왔으며, 피고인은 다른 남자와 성적 행동을 하는 본인의 사진을 보냈다. 피고인은 Conrad라고 믿었지만 사실 Perverted Justice의 회원이었던 여성과 전화 통화도 하였다. 이어서 피고인은 그 '소년'과 성적 만남을 갖기 위해 Maryland 주에서 Virginia 주로 갔다. 그는 Conrad가 알려준 주소에 도착하여 차고를 통해 집으로 들어갔고 NBC 기자와 만나게 되었다. NBC와 Perverted Justice의 함정수사였던 것이다.

법원은 '동성애 만남을 위해 (기준 연령 이상의) 젊은 성인을 만나는 줄 알았고, Conrad로 행세한 사람의 사진과 목소리는 18세 남성의 것으로 생각했다'는 피고인의 주장을 받아들이지 않았다.[186] 첫째, 첫 연락 중 Conrad가 나이에 대한 언급이 없자 피고인은 '그래, 너 겨우 13살이라고?'라고 물어보았다. 둘째, 대화를 이어가는 내내 피고인은 반복적으로 그리고 명확하게 Conrad의 나이가 13세인지 확인하였고 '너무 어리다'고 하였다. 셋째, NBC 기자를 만난 그는 '큰일 났네'라고 하는 등 죄를 지은 듯한 발언을 하였다. 넷째, 피고인은 믿을만한 증인이 아니었다. 마지막으로, 사진 속 어린 소년의 외관상 나이 및 통화 당시 여성의 목소리를 18세 남성으로 착각할 만한지에 관한 전문가 증거가 제시되었다. 결론적으로 법원은 피고인이 13세에게 '유혹, 설득, 유도'하는 것을 알고 있었다고 합리적 의심을 넘어 결정하였다.

'성행위'라는 용어는 정의되어 있지 않으며, 누가 하든 어떤 성행위이든 적용된다.[187] 유일한 요건은 '누구든 형사범죄의 혐의를 받을 수 있는' 행위여야 한다는 것이다.[188] 성행위가 형사범죄를 구성하는지에 관한 문제는 피고인이 기소된 곳의 관할법에 따라 결정된다고 받아들여져 왔다.[189] 일부 사건에서 이는 피고인이 거주하는 곳과 다른 관할권일 수도 있다.[190]

---

186 *Ibid.*, at 784-6.
187 US v. Cochran, 510 F Supp 2d 470 at 478 (ND Ind. 2007).
188 *Ibid.*
189 US v. Dhingra, 371 F 3d 557 at 565 (9th Cir. 2004).
190 US v. Byrne, 171 F 3d 1231 at 1235 (10th Cir. 1999); US v. Tello, 600 F 3d 1161 (9th Cir. 2010).

미성년자가 스스로 성행위를 하도록 장려된 경우가 문제 되는데, 스스로 성행위를 하는 것은 범죄 혐의를 받을 수 있는 성행위가 아닐 수도 있기 때문이다. 이러한 경우 미성년자로 하여금 외설적 행위에 참여하도록 선동하는 것을 처벌하는 구체적 범죄에 기대야 한다. 해당 법령이 미성년자로 하여금 성행위에 '참여'할 것을 요하기 때문에 피고인이 미성년자로 하여금 피고인의 자위 행위를 보도록 하는 경우도 문제될 수 있다. 예를 들어 US v. Cochran 판결[191]에서 Indiana 주법상 미성년자가 있는 데서 애무하는 범죄는 피고인이 웹캠을 통해 미성년자가 있는 데서 자위한 경우에도 적용될 수 있다고 판시되었다. 법원은 이 범죄를 피고인이 미성년자가 있는 데서 애무한 성행위에 미성년자가 참여하도록 유도 또는 설득하였다고 해석하기에는 '조금 어색하다'고 인정하였지만, 배심원단은 그렇게 생각하였고 법원은 그 판결을 유지하였다.[192]

18 USC § 2422(b)의 범죄는 실제 미성년자의 참여를 요하지 않는다고 인정되고 있으며,[193] 이는 위장수사를 가능케 하는 데 필수적인 해석이다. 예를 들어 US v. Murrell 판결[194]에서 피고인은 아버지 행세를 했지만 사실은 위장수사 요원이었던 남자와 인터넷으로 연락하였으며, 그 남자의 딸과 성관계를 갖기로 약속하였다. 피고인은 본 사건처럼 미성년자와 대화하지 않고 성인인 중개인을 통해서만 대화한 경우에는 범죄가 실행될 수 없다고 주장하였으나, 법원은 받아들이지 않았다. 이 조항을 일반적으로 해석할 때 미성년자나 미성년자로 가정한 자와 직접 대화하는 것은 필수적이지 않다.[195]

피고인이 사실은 위장수사 경찰관과 대화한 경우 미수 혐의를 적용해야 한다. 그러한 경우 피고인이 미성년자로 하여금 불법적 성행위에 참여하도록 유도할 의도로 행동했는지를 보여야 할 뿐만 아니라, 그 목표를 향해 상당한 조치를 했다는 것도 보여야

---

191   510 F Supp 2d 470 at 477 (ND Ind. 2007).

192   *Ibid.*, at 478.

193   6 US v. Olvera, 687 F 3d 645 at 648 (5th Cir. 2012); US v. Lee, 603 F 3d 904 at 912-13 (11th Cir. 2010); US v. Meek, 366 F 3d 705 at 717-20 (9th Cir. 2004); US v. Sims, 428 F 3d 945 at 960 (10th Cir. 2005); US v. Helder, 452 F 3d 751 at 756 (8th Cir. 2006); US v. Tykarsky, 446 F 3d 458 at 466 (3rd Cir. 2006); US v. Gagliardi, 506 F 3d 140 at 145 (2nd Cir. 2007); US v. McMillan, 744 F 3d 1033 (7th Cir. 2014).

194   368 F 3d 1283 (11th Cir. 2004).

195   *Ibid.*, at 1287.

한다.[196] 18 USC § 2422(b)의 미수죄는 물리적 성행위보다는 '승낙이라는 정신 상태를 성취하려는 시도'라는 점은 아무리 강조해도 지나치지 않다.[197] 따라서 '상당한 조치'란 설득, 유혹 등과 관련하여 증명해야 할 것이지 기저에 있는 성행위의 실행을 향한 상당한 조치를 가리키는 게 아니다.

법원이 이 문제를 판단하는 데 고려한 관련 요소에는 피고인과 '미성년자' 사이의 성적 대화, '미성년자'를 만났을 때 무슨 행동을 할 것인지에 대한 반복적 언급, 성적으로 암시적인 이미지 전송 등이 있다.[198] "여기서 기저에 있는 범죄의 성질은 범죄 실행의 유일한 수단이 아니라면 최소한 주요한 수단으로서 구두의 또는 서면의 대화를 필수적으로 고려해야 할 것이며, 궁극적으로 § 2422(b)로 기소하려면 피고인의 말이나 표현으로 드러난 의도라는 사실관계 규명요소로 개별적 평가를 하는 게 늘 필수적일 것이다."[199]

§ 2422(b)의 범죄는 피고인이 원고를 만나러 가지 않아도 실행될 수 있다는 점은 명확하지만,[200] 기수가 되려면 피고인이 '미성년자'를 만나러 가는 게 상당한 조치를 구성할 수 있다고 여러 사건에서 제시되었다.[201] US v. Murell 판결[202]에서 피고인은 위장수사 요원에게 분명히 유죄의 발언을 수차례 하였으며, 다른 카운티로 2시간을 이동하였고, 약속 장소에 도착했을 때 곰돌이 인형, 300달러, 콘돔을 가지고 있었다. "전체적으로 볼 때 그의 행동은 어린 소녀를 불법적 성행위에 참여시키려고 의도하였다

196　US v. Fuller, 77 Fed Appx 371 at 378 (6th Cir. 2003); US v. Farner, 251 F 3d 510 at 512 (5th Cir. 2001); US v. Root, 296 F 3d 1222 at 1227 (11th Cir. 2002); US v. Meek, 366 F 3d 705 at 717-18 (9th Cir. 2004); US v. Sims, 428 F 3d 945 at 959 (10th Cir. 2005); US v. Brand, 467 F 3d 179 at 202 (2nd Cir. 2006); US v. Helder, 452 F 3d 751 at 756 (8th Cir. 2006); US v. Tykarsky, 446 F 3d 458 at 465-9 (3rd Cir. 2006); US v. Cote, 504 F 3d 682 at 687 (7th Cir. 2007).

197　US v. Goetzke, 494 F 3d 1231 at 1236 (9th Cir. 2007).

198　US v. Kaye, 451 F Supp 2d 787 (ED Va. 2006); US v. Goetzke, 494 F 3d 1231 (9th Cir. 2007).

199　US v. Rothenberg, 610 F 3d 621 at 627 (11th Cir. 2010).

200　US v. Nitschke, 843 F Supp 2d 4 at 15 (DDC. 2011); US v. Goetzke, 494 F 3d 1231 at 1236 (9th Cir. 2007); US v. Murrell 368 F 3d 1283 at 1286 (11th Cir. 2004); US v. Bailey, 228 F 3d 637 (6th Cir. 2000).

201　US v. Goetzke, 494 F 3d 1231 at 1236 (9th Cir. 2007); US v. Brand, 467 F 3d 179 at 202-4 (2nd Cir. 2006); US v. Murrell, 368 F 3d 1283 at 1287-9 (11th Cir. 2004); US v. Lundy, 676 F 3d 444 at 449 (5th Cir. 2012); US v. Herbst, 666 F 3d 504 at 511 (8th Cir. 2012).

202　368 F 3d 1283 (11th Cir. 2004).

는 점을 명백히 증명한다."[203]

그러나, US v. Nitschke 판결[204]에서는 약속장소로 이동하는 게 §2422(b)를 위반하려는 목적을 위한 '상당한 조치'가 될 수 없다고 판시되었다. "이 범죄는 설득이나 설득 시도로 완성되며, 이는 모두 피고인과 미성년자 또는 성인인 중개인 사이의 원거리인 주(州) 간 통신으로 국한된다. 즉 대면 설득은 범죄로 규정되어 있지 않기 때문에 대면 만남을 위해 이동하는 것은 상당한 조치가 될 수 없다."[205]

또한 법원은 이러한 경우에 법적 불능이라는 정당방위가 적용될 수 있다는 주장도 받아들이지 않았다. US v. Farner 판결[206]에서 피고인은 아메리카 온라인의 IM 서비스를 통해 'Cindy'와 소통하였는데, Cindy를 14세라고 믿었고, 3개월간 IM, 이메일, 전화를 통해 소통하였다. 이 기간 동안 그는 성인 음란물을 보냈고 성관계를 갖자고 Cindy를 설득하려 노력했다. 피고인과 Cindy는 성관계를 하기 위해 만남을 약속하였다. 사실 'Cindy'는 FBI 요원이었고, 피고인은 도착과 동시에 체포되었다.

피고인은 피해자가 사실 성인이었기 때문에 이 범죄를 저지르는 게 법적으로 불가능하므로 무죄를 선고받아야 한다고 주장하였다. 법원은 사실적 불능과 법적 불능을 구별하기가 어렵다는 점을 확인하였는데, 양자의 구별은 대부분 연방 법원에서 부인되거나 최소한 문제가 제기되어 왔다.[207] 어떤 경우든지 간에, 피고인은 법으로 금지된 행위를 하려고 의도하였으나 단지 그가 알지 못한 상황 때문에 실패한 것이기 때문에 이는 사실적으로 불가능한 경우에 해당한다.[208] 이 사건은 '피고인이 실행하거나 착수한 행위가 그가 바라는대로 완전히 실행되었어도 범죄를 구성하지 않았을' 경우에 해당하지 않았다.[209]

연방법상 일단 시도의 요건이 이뤄졌다면 피고인은 시도를 취소할 수 없다고 받아들여지고 있다. 즉 피고인이 범죄 요건상 의도를 가지고 기수를 향해 상당한 조치를 했

---

203   *Ibid.*, at 1288.
204   843 F Supp 2d 4 (DDC. 2011).
205   *Ibid.*, at 34.
206   251 F 3d 510 (5th Cir. 2001).
207   *Ibid.*, at 512.
208   *Ibid.*, at 512-13.
209   *Ibid.*, at 513, citing US v. Oviedo, 525 F 2d 881 at 883 (5th Cir. 1976) (emphasis added by the court).

다면 말이다.[210] 예를 들어 US v. Wales 판결[211]에서 피고인은 12세 소녀인 척하는 수사관과 온라인 대화를 나눴고, 그 '소녀'에게 자위하는 사진을 보내도록 설득하려 했다. 소녀를 설득하기 위해 그는 음란 이미지를 보냈고 웹캠을 통해 그가 자위하는 모습을 보여줬다. 그는 심지어 'sassyangelgoddes'라는 닉네임을 붙인 14세 소녀를 교대로 연기하면서 피해자와 동시 채팅을 통해 사진을 찍도록 설득했다. 온라인 대화는 수사관이 찍은 사진을 그에게 줄 수 있도록 만남을 제안하면서 끝이 났다. 피고인은 일 때문에 만날 수 없다고 했고, 그 이후로는 더이상 대화를 하지 않았다.

법원은 범죄 의사를 버리거나 단념했다는 피고인의 주장을 받아들이지 않았다.[212] 연방 법원은 이제껏 그러한 정당방위를 받아들이지 않았으며, 그게 가능하다고 하더라도 이 사건에서는 적용되지 않는다. 온라인 대화는 종료되었지만, 피고인의 마지막 대화는 소녀와 소녀가 찍었다고 믿은 사진에 대한 지속적인 관심을 보였다. 그의 행동은 완전하고 자발적인 포기를 증명하지 못하며, 범죄 의사를 포기할 정도로 검거를 두려워 했을 뿐이었다.[213]

6. 의도를 가지고 이동하는 것

그루밍 행위의 연속체에서 마지막 단계는 피고인이 성적 목적으로 미성년자를 만나러 가는 것이다. 원래 이러한 행위는 완전한 범죄 실행에 충분히 근접하지 않기 때문에 미수에 미치지 못할 것이다. 그러나 이는 사실상 피고인이 미성년자를 만나기 전이나 실제 미성년자가 없는 경우 위장수사가 드러나기 이전에 범죄자를 막을 마지막 기회를 제공한다. 영국과 미국 모두 관련된 범죄가 있다.

(1) 영국

영국에서 성적 그루밍에 이어 아동을 만나는 범죄는 2003년 성범죄법 (Sexual Offences Act 2003 (UK)) s. 15에 규정되어 있다. 이 조항에 의해 18세 이상의 자(A)가

---

210   US v. Young, 613 F 3d 735 at 746 (8th Cir. 2010).
211   127 Fed Appx 424 (2005).
212   *Ibid.*, at 432.
213   *Ibid.*

16세 미만인 다른 자(B)와 최소한 2번 만나거나 통신하였고, A가 B를 16세 이상이라고 합리적으로 믿은 게 아니었다면 범죄에 해당한다. 이 범죄는 A가 의도적으로 B를 만나거나, 'B를 만날 의도로 세계 어디로든 이동하거나 세계 어디에서든 B를 만나기로 약속하는 경우,' 또는 B가 A를 만날 의도로 세계 어디로든 이동하는 경우에 성립한다. 책임 요건은 'A가 만남 중이나 만남 이후에 세계 어디에서든 B와 관련하여 또는 B에게 완성될 시 관련 범죄의 실행에 해당하는 행위를 저지르려고 의도할 때'이다.[214]

이 범죄의 물리적 요건은 첫째로, 혐의를 받는 범죄에 앞서 A와 B 사이에 최소한 2번의 만남이나 통신이 있었어야 한다. 이 범죄는 성적 목적으로 미성년자를 만나려고 약속하는 것보다는 그루밍 행위를 겨냥한 것이므로, 통신이나 만남의 성질이 성적이어야 한다는 요건은 없다.[215] 이 법이 오프라인 환경에서도 동일하게 적용된다는 점을 고려할 때 이런 식으로 제한하지 않으면 너무 광범위하게 적용될 것이다. 예를 들어 제한이 없었다면 피고인이 기준 나이 미만의 성매매남에게 말을 걸어 성관계를 하기 위해 약속을 잡은 경우에도 이 법이 적용될 것이다. 이 시나리오에서 어떤 범죄가 성립할 수는 있겠지만, 이 법이 처벌하고자 하는 그루밍 행동의 예시는 아니다.

이 범죄는 피고인이 미성년자와 만났거나, 미성년자를 만나려고 이동 중이었거나 약속을 잡은 경우, 또는 미성년자가 피고인을 만나려고 이동 중이었을 것을 요한다. 미성년자와 만나는 범죄는 분명히 B가 실제로 미성년자일 때에만 발생한다. 초기 개입을 용이하게 하기 위해서 이 범죄는 피고인이 관련 의도를 가지고 이동 중이었거나 B와 만남을 약속한 것으로 밝혀진 경우에도 동일하게 적용된다. 또한 B가 사실은 위장수사 중인 경찰관이어서 '미성년자'를 만나는 것이 불가능한 경우에도 적용된다.

미수죄의 일반 원칙과 중복될 가능성이 있긴 하지만, s. 15는 미수죄 성립에 필수적인 근접 정도를 증명할 필요가 없이 초기 단계에서도 적용된다. 검찰은 피고인이 만남 중 또는 만남 이후 특정 범죄와 관련된 행위에 참여하고자 했다는 점만 증명하면 된다.

이 범죄의 책임 요건은 두 부분으로 나뉜다. 첫째는 범죄자가 관련 범죄를 구성하는 행위에 참여하고자 했다는 점이다. 반드시 실제 의도가 증명돼야 하는데, 이는 기소에 상당한 장애가 될 수 있다고 주장되어 왔다.[216] 그러나 신고가 접수된 사건들을 보면 초기 대화 내용과 드러난 행위로 인해 범죄자의 의도가 분명히 나타나는 경우가 많다.

---

214   Sexual Offences Act 2003 (UK), s. 15(1)(b).
215   R v. G [2010] EWCA Crim 1693.
216   Ost, 'Getting to grips with sexual grooming?,' 152-3.

두 번째는 'B가 16세를 넘는다고 합리적으로 믿지 않은 점'이다. 이는 부정문으로 표현되어 있고 객관적 요건을 포함한다는 점에서 예외적이다. 이는 정당방위가 아니므로, 피고인이 그러한 믿음이 없었다는 것에 대한 증명 책임은 법관에게 있다. 결과적으로, 피고인이 그러한 믿음을 가졌다는 합리적 의심이 든다면 무죄 선고를 내려야 한다. '판타지 정당방위'의 경우에 상당한 어려움을 제기하는 것처럼 보이긴 해도, 이 책임 요건은 객관적 요소를 포함하고 있다. 따라서 법관은 피고인이 주관적 믿음을 가졌을 가능성을 배제해야 할 필요 없이, 그가 합리적 믿음을 가지지 않았다는 점을 확인하면 되는 것이다.

이 법의 관할 범위는 확장되어 있다. '세계 어디에서든' 의도한 만남이 있을 수 있긴 해도, 일반적 해석으로는 영국의 영토 관할 내에서 만남이나 이동 행위가 발생해야 한다.[217] 그러나 이전 만남이나 대화가 세계 어디에서든 또는 세계 어디로든, 세계 어디에서부터든 발생했을 수 있다.[218] 예를 들어 A가 외국에서 B를 만나 연락처를 교환했을 수 있다. 그리고 돌아와서 B와 휴대폰이나 SMS, 이메일 등 전자적 수단으로 연락했을 수 있다. 이는 이 규정상 만남이나 대화를 구성하기에 충분하다.

아니면 A가 B와 인터넷을 통해 대화했는데 B가 다른 국가 관할에 있을 수도 있다. A가 B를 만나거나 관련된 의도를 가지고 B를 만나러 갔다면 범죄는 성립된 것이다. 여기서 '관련 범죄'의 정의가 특히 중요하다. 관련 범죄는 이 법의 Part 1과 Sch.3에 있는 여러 성범죄 중 하나를 말한다. 또한 이는 관할 밖에서 발생한 행위까지 확장되어, 그 나라에서는 범죄가 아니더라도 England나 Wales에서 행했을 때 범죄라면 적용된다.[219]

(2) 미국

미국의 상응하는 범죄이자 빈번하게 적용되는 것은 불법적 성행위에 참여할 의도로 이동하는 것이다.[220] 이 조항에 의하면 다른 사람과 불법적 성행위에 참여할 목적으로 주(州) 간 또는 미국으로 이동하거나, 미국 시민이나 영구적 거주자의 경우 외국으로 이동하는 것은 범죄이다. '불법적 성행위'란 § 2423(f)에 정의되어 있는데, 미국의 특별 해양구역 및 영토 관할 내에서 행하는 경우 18 USC Chapter 109A 위반이 되는

---

217 Sexual Offences Act 2003 (UK), s. 15(1)(b).
218 *Ibid.*, s. 15(2)(a).
219 *Ibid.*, s. 15(2)(b).
220 18 USC § 2423(b). 최대 30년형.

18세 미만자와의 성적 행위, 또는 모든 상업적 성행위를 말한다. 18세 미만자와 상업적 성행위를 하는 범죄가 정당방위가 되는 유일한 경우는 피고인이 상대방을 18세 이상이라고 합리적으로 믿었다는 것을 증명할 때뿐이다.[221]

18 USC § 2422처럼, 실제 미성년자가 연루되었다는 것을 증명할 필요가 없다.[222] 이 범죄는 관련된 목적을 가지고 이동하는 것과 관련되므로, 위장수사 요원이 낀 경우에도 피고인은 미수가 아닌 실체적 범죄 혐의를 받을 수 있다.[223] 같은 이유로, 범죄 자체가 특정한 목적을 가지고 이동하는 것이므로 불능범 문제는 제기되지 않는다.[224]

---

221 18 USC § 2423(g).
222 US v. Root, 296 F 3d 1222 at 1231-2 (11th Cir. 2002); US v. Vail, 101 Fed Appx 190 at 192 (9th Cir. 2004); US v. Sims, 428 F 3d 945 at 959 (10th Cir. 2005); US v. Hicks, 457 F 3d 838 at 841 (8th Cir. 2006); US v. Tykarsky, 446 F 3d 458 at 469 (3rd Cir. 2006).
223 US v. Root, 296 F 3d 1222 at 1231-2 (11th Cir. 2002).
224 US v. Sims, 428 F 3d 945 at 959 (10th Cir. 2005).

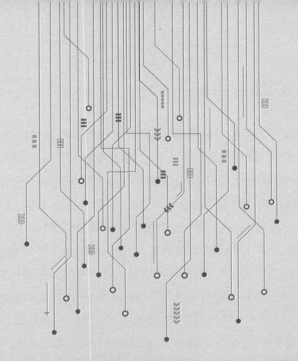

제12장
괴롭힘(Harassment)

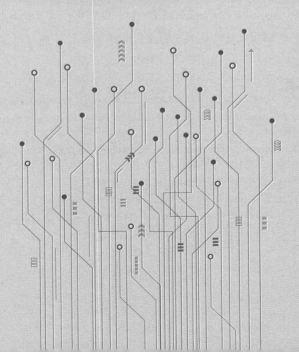

1. 사이버 공간에서의 괴롭힘

온라인 환경의 가장 두드러진 특징 중 하나는 연결성이 높다는 것이다. 소셜 네트워킹 사이트인 '페이스북' 하나만 해도 매달 활성화된 이용자가 13억 5천만 명에 달하며,[1] 세계 인구의 약 96% 정도가 모바일 통신에 접근 가능하다.[2] 우리는 밤낮을 가리지 않고 언제든지 다양한 플랫폼을 통해 메시지를 주고 받을 수 있다. 우리의 일상 중 쉬는 시간은 소셜 네트워킹 사이트를 확인하는 것으로 채워지곤 한다. 특히 일명 '디지털 현지인'인 젊은 사람들에게 온라인 연결은 사회적 교류에 필수적인 것이다.

이 높아진 연결성은 의심의 여지 없이 긍정적이지만, 넓게 '괴롭힘'이라고 부르는 행위 또한 용이하게 한다. 괴롭힘이란 '한 개인이 다른 개인을 위협하고 괴롭히기 위해서 하는 행동 양상이나 일련의 행위'를 말한다.[3] 전화를 이용해 괴롭히는 게 흔한 행태인 것처럼, 괴롭힘에 기술을 이용하는 게 새로운 건 아니지만, 디지털 기술은 괴롭힘의 새로운 방법들을 제공해줄 뿐 아니라 전통적인 물리적, 심리적 장애물을 극복할 수 있게 해준다.

현대의 소통 방식은 즉각적이면서 원격에서 가능하며, 이는 모욕과 괴롭힘을 쉽게 해주는 결합이다. "소통이 더 느긋하고 신중하게 이루어졌으며, 편지를 부치기 전에 다시 한번 생각하고 상식이 회복되면 찢어버릴 시간이 늘 있었던 과거와 달리, 서둘러 적고 나중에 후회하는 것은 현대 기술의 부산물 같다."[4] 또한 현대기술은 오프라인 환경에서는 어려운 피해자와의 직접적인 소통을 가능하게 한다.[5] 특히 소셜 네트워킹 사이트는 피해자 뿐만 아니라 피해자의 친구, 가족, 직장동료에게도 쉽게 접근할 수 있게 해준다. 예를 들어 Agostino v. Cleaves 판결[6]에서 피해자는 피고인의 전 여자친구와의 관계를 시작한 직후 페이스북에서 피고인으로부터 위협적인 메시지를 받았다. 피해자

---

1   Facebook, 'Facebook Reports Third Quarter 2014 Results' Press Release (28 October 2014).
2   International Telecommunication Union, Statistics (2014), www.itu.int/en/ITU-D/Statistics/Pages/stat/default.aspx.
3   Australian Law Reform Commission, Serious invasions of privacy in the digital era, Discussion Paper 80 (2014), p. 211.
4   R v. Hooper; ex parte Cth DPP [2008] QCA 308 at [4].
5   M. McGrath and E. Casey, 'Forensic psychiatry and the internet: Practical perspectives on sexual predators and obsessional harassers in cyberspace' (2002) 30 Journal of the American Academy of Psychiatry and the Law 81, 85.
6   [2010] ACTSC 19.

형의 여자친구 페이지에도 메시지가 게재되었으며, 피고인은 개인 페이지에 권총을 들고 있는 본인의 이미지를 게재하기도 했다.

인터넷의 상대적인 익명성은 사회적 억제나 제약을 약하게 함으로써 범죄자들의 행동을 대담하게 만든다. 피해자를 직접 만날 생각이 없는 사람도 이메일, SMS, 인스턴트 메시지(IM) 등을 통해 협박 메시지를 보내는 건 망설이지 않을 수 있다. 이 억제의 결여는 일명 '가명 사용'을 조장할 수 있는데, 가명 사용이란 피해자의 페르소나나 다른 페르소나를 사용하는 것을 말한다.[7] 개인적 접촉의 결여는 판타지의 투영 또한 조장할 수 있어, '피해자는 쉽게 스토커의 투영이나 자기애적 판타지의 대상이 되며, 이는 실제 현실에서 거절, 모욕, 분노로 이어질 수 있다.'[8]

인터넷에서 개인정보를 얻기 쉽다는 점도 괴롭힘을 용이하게 한다. 가해자는 인터넷에서 피해자에 대한 정보를 찾거나 피해자나 동료들이 자주 찾는 소셜 네트워킹 사이트 또는 다른 온라인 포럼을 염탐할 수 있다. 주소록, 일정, 통화내역, SMS/MMS, 사진 등 풍부한 개인정보가 들어 있는 컴퓨터, 스마트폰, 태블릿 PC 등에 접근할 수도 있다. 예컨대 휴대폰의 통화내역을 보는 것만으로도 피해자가 언제 누구와 얘기를 했는지 알 수 있다. 이제는 대단한 기술적 지식이 없이도, 피해자의 개인정보를 탈취하는 트로이 바이러스나 키로거(키보드의 입력 내용을 저장하여 비밀 정보를 탈취하는 해킹 프로그램) 같은 악성코드를 설치할 수 있다. 소셜 네트워크 또한 느슨한 성질과 사생활 보호 정도의 차이로 인해 개인정보의 보물창고가 되었다.

오프라인 세계에서처럼, 온라인 괴롭힘은 단순히 귀찮게 하는 것부터 공포에 질리게 하는 것까지 행위 스펙트럼이 넓다. 논쟁의 여지는 있지만 온라인 괴롭힘의 가장 심각한 형태는 '사이버 스토킹'이다. 사이버 스토킹은 '다른 사람을 스토킹하기 위해 인터넷, 이메일, 기타 전자적 통신 장치를 사용하는 것'을 말한다.[9] '괴롭힘'의 맥락에서 '스토킹'이라는 용어를 사용하기 시작한 것은 비교적 최근이다. 일반적으로 '스토킹'은 '한 개인이 피해자가 신변의 위협을 느낄 정도로 원치 않는 침해와 대화를 반복적으

---

7   L. Ellison, 'Cyberstalking: Tackling harassment on the internet', in D. S. Wall (ed.), Crime and the internet (London: Routledge, 2001), p. 143.

8   McGrath and Casey, 'Forensic psychiatry and the internet,' 86.

9   US Attorney General, Report to Congress on stalking and domestic violence (US Department of Justice, Office of Justice Programs, 2001), p. 1.

로 가하는 일련의 행위'라고 할 수 있다.[10] 스토킹은 질투, 분노, 집착, 또는 통제력을 행사하고 싶은 욕망 등 다양한 동기가 뒤섞인 복합적인 현상이다.[11] 스토커는 피해자가 아는 사람이거나 전 연인, 친척, 지인일 수도 있고 완전히 모르는 사람일 수도 있다.

괴롭힘은 피해자를 뒤쫓거나 감시하고, 반복적으로 괴롭히는 연락을 하고, 피해자에 대한 정보를 공표하는 등 다양한 형태를 띨 수 있다. 구성요건에만 초점을 맞추면 전체적 행위를 잘못 해석하고 경시하게 되는 경우가 많다. "고통을 유발하는 것은 행위가 아니라 행위의 지속과 이것이 피해자에게 불러일으키는 불확실성과 근심이다."[12] 괴롭힘은 흔히 수개월부터 때로는 몇 년까지 상당한 기간 동안 지속될 수 있다. 미국의 설문조사에 따르면, 피해자의 11%가 5년 이상 스토킹이나 괴롭힘을 당했다고 답하였다.[13]

괴롭힘은 물리적 폭력이 없어도 근심, 수면 장애, 자살 시도, 외상후 스트레스 장애 등 피해자에게 상당한 심리적 영향을 줄 수 있다.[14] 경우에 따라서는 피해자나 피해자의 지인에 대한 실제 폭력의 전조가 되기도 한다.

특히 어린 사람들의 경우 기술이 일상을 차지하므로, 소위 '사이버 폭력(cyber bullying)'이라고 하는 온라인 괴롭힘의 영향이 더욱 우려되고 있다.[15] '사이버 폭력'에 대한 합의된 정의는 없지만,[16] 흔히 '괴롭힘의 일종 또는 기술을 이용한 은밀한 괴롭힘으로, 관계에서의 영향력을 남용하는 것을 포함하여 이유 없이 공격적, 의도적 행위를 하는 것'을 가리킨다.[17] 사이버 폭력은 피해자를 괴롭히기 위해 온라인 소통, 소셜 네트워킹 사이트, 이미지 배포, 기타 유사한 것들을 이용한다는 점에서 온라인 괴롭힘의 다

---

10 R. Purcell, M. Pathé and P. E. Mullen, 'Stalking: Defining and prosecuting a new category of offending' (2004) 27 International Journal of Law and Psychiatry 157, 157.

11 E. Ogilvie, Stalking: Legislative, policing and prosecution patterns in Australia, AIC Research and Public Policy Series No. 34 (AIC, 2000), pp. 19-20.

12 Finch, The criminalisation of stalking, p. 171.

13 S. Catalano, Stalking victims in the United States – Revised (US Department of Justice, Bureau of Justice Statistics, September 2012), p. 3.

14 Ogilvie, Stalking, pp. 21-2.

15 A. A. Gillespie, 'Cyber-bullying and harassment of teenagers: The legal response' (2006) 28 Journal of Social Welfare & Family Law 123.

16 C. Langos, 'Cyberbullying: The challenge to define' (2012) 15 Cyberpsychology, Behavior, and Social Networking 285.

17 Commonwealth Parliament, High-wire act. Cyber-safety and the young, Joint Select Committee on Cyber Safety, Interim Report (June 2011), p. 59.

른 종류들과 같다. 사이버 폭력은 일반적으로 취학 아동들 사이에서 발생하지만,[18] 직장에서도 발생할 수 있다.

사이버 폭력의 영향은 폭넓고 심각할 수 있는데, 사이버 폭력의 은밀성이 공공연한 폭력보다 심각한 영향을 줄 수 있다는 몇 가지 징표들이 있다.[19] 온라인 환경에서는 피해자가 학교나 직장에 있지 않을 때에도 가해자들을 피할 수 없다. 또한 사이버 폭력은 아주 빠르게 가속화되거나 다른 사람들을 연루시킬 수 있다. 다른 형태의 괴롭힘처럼, 사이버 폭력은 심각한 스트레스와 근심과 연관되며, 심지어 장기적인 심리적 피해[20] 및 자살[21]과 연관되기도 한다.

2. 규모

괴롭힘의 정확한 특징을 잡는 것은 어려우며, 온라인 괴롭힘은 특히 어렵다. 첫째로, 같은 행위가 여러 범죄에 해당할 수 있다. 둘째, 용어 혼용으로 인해 다양한 범주에 속할 수 있다. 예를 들어 스토킹은 보통 범죄 통계에 독립적인 범주로 기록되지 않으며, 정확히 무엇이 스토킹을 구성하는지에 대한 상당한 변수가 있다. 그럼에도 구할 수 있는 통계를 보면 괴롭힘은 상당한 우려를 일으키는 문제라는 걸 알 수 있다.

2010년 미국의 한 연구는 미국에서 대략 여성 6명 중 1명꼴로 살면서 스토킹을 당한 적이 있고, 520만 명(4.2%)의 여성이 설문조사 전 12개월 동안 스토킹을 당하였다고 밝혔다.[22] 남성 피해자의 경우 상응하는 수치는 각각 5.2%와 1.2%였다. 영국에서는 2009-2010년 데이트 폭력에 관한 설문조사 결과 4%의 여성과 3%의 남성이 스토

---

18 R. Gamble, A. Srivastava and J. Boey, 'Cyberbullying in Australia: Clarifying the problem, considering the solutions' (2013) 21 The International Journal of Children's Rights 25.

19 Commonwealth Parliament, Cyber-safety and the young, p. 97.

20 C. Langos, 'Regulating cyberbullying: A South Australian perspective' (2014) Flinders Law Journal 74, 75.

21 A. McHenry, 'Combating cyberbullying within the metes and bounds of existing Supreme Court precedent' (2011) 62 Case Western Reserve Law Review 231, 232-3.

22 M. C. Black, K. C. Basile, M. J. Breiding, S. G. Smith, M. L. Walters, M. T. Merrick, J. Chen and M. R. Stevens, The national intimate partner and sexual violence survey (NISVS): 2010, Summary Report (National Center for Injury Prevention and Control, 2011), p. 29.

킹을 경험했다고 답했다.[23] 2010년에는 괴롭힘 방지법 (Protection from Harassment Act) 으로 10,000여 건의 기소가 이뤄졌으며, 거의 8,500명이 유죄 선고를 받았다.[24] 더 최근에는, 2012년에서 2013년에 288,506건의 범죄가 부상이 없는 폭력을 포함했으며, 54,527건(19%)은 괴롭힘을 포함하였다.[25]

스토킹 유형의 행위는 흔히 데이트 폭력과 관련하여 발생한다.[26] 미국의 설문조사에 따르면, 여성의 66.2%가 현재 또는 과거의 친밀한 파트너에 의한 스토킹을 보고하였으며, 남성의 경우에는 41.4%였다.[27] 데이트 폭력에 관한 영국의 설문조사는 스토킹 사건에서 가장 흔한 가해자는 연인 또는 과거의 연인이었다고 밝혔다(39%).[28] 여성이 스토킹의 피해자가 되기 더 쉬운 반면에, 가해자는 대부분 남성이다.[29] 미국에서는 여성 피해자의 82.5%가 남성으로부터만 스토킹을 당한 반면에 남성 피해자의 경우 44.3%가 남성으로부터만 스토킹을 당했고 46.7%가 여성으로부터만 당하여 남녀 비율이 더 비슷하게 나타났다.[30] 또한, 괴롭힘은 인종이나 문화적 동기로 발생할 수도 있는데, 2012년에서 2013년 영국에서는 1,499건의 괴롭힘 사건이 인종 또는 종교적 이유로 심화되었다.[31]

온라인 괴롭힘의 경우 그 윤곽이 덜 명확하지만, 디지털 기술의 확산과 함께 증가하고 있다고 볼 수 있다. 앞서 인용된 미국의 연구에서 여성 피해자의 78.8%와 남성 피해자의 75.9%가 원치 않은 전화와 문자 메시지를 받았다고 응답하였으며,[32] 여성의 38.6%와 남성의 31%가 '도청장치 등으로 감시를 당하거나 미행을 당했다'고 응답하

---

23 K. Smith, K. Coleman, S. Eder and P. Hall (eds.), Homicides, firearm offences and intimate violence 2009/10 (Home Office Statistical Bulletin, 2011), p. 72.

24 Home Office (UK), Consultation on stalking (November 2011), p. 5.

25 K. Smith, P. Taylor and M. Elkin (eds.), Crimes detected in England and Wales 2012/2013, 2nd edn. (Home Office Statistical Bulletin, 2013), p. 20.

26 A. Shimizu, 'Domestic violence in the digital age: Towards the creation of a comprehensive cyberstalking statute' (2013) 28 Berkeley Journal of Gender, Law & Justice 116.

27 Black et al., NISVS, p. 32.

28 Smith et al., Homicides, firearm offences and intimate violence, p. 68.

29 I. Grant, N. Bone and K. Grant, 'Canada's criminal harassment provisions: A review of the first ten years' (2003) 29 Queen's Law Journal 175, 185-8.

30 Black et al., NISVS, p. 33.

31 Smith et al., Homicides, firearm offences and intimate violence, p. 20.

32 Black et al., NISVS, pp. 31-2.

였다.[33] 영국의 2009년에서 2010년 데이트 폭력에 관한 설문조사는 음란하거나 위협적인 편지, 이메일, 문자 등이 가장 흔한 스토킹 행태(50%)이며, 그 다음은 음란하거나 위협적인 전화(35%)라고 밝혔다.[34] 영국 왕립검찰청(crown prosecution service)의 2010년 수치를 보면, 스토킹 사건의 33%가 이메일과 연관되었고, 32%가 문자 메시지, 8.4%가 소셜 네트워킹 사이트와 연관되었다.[35]

사이버 폭력에 대한 통계는 일관적이지 않은데, 연구마다 정의 및 방법론이 다르기 때문이다. 그렇지만 여러 나라에서 이뤄진 다양한 연구들이 어린 사람들 간 사이버 폭력이 심각하다는 것을 보이고 있다.[36] 2009년 호주의 연구에 의하면, 4학년에서 9학년 학생들의 6.6%가 학기 동안 사이버 폭력을 경험했다고 응답하였으며,[37] 2012년 영국의 보고서는 설문한 4,600명의 중학생들 중 28%가 어떤 형태로든 사이버 폭력을 경험했다고 밝혔다.[38] 사이버 폭력의 가장 흔한 형태는 문자 메시지(13%)이며, 그 다음은 소셜 네트워킹 사이트(10%)와 휴대폰 전화(7%)이다.[39] 소셜 네트워킹 사이트 중에는 절반 이상(52%)가 페이스북이었고, 그 다음은 MSN 메신저(24%)였다.[40] 미국의 한 연구에 의하면, 2010년에 괴롭힘을 당한 청소년의 91%는 소셜 네트워킹 사이트를 자주 방문했다.[41]

사이버 폭력이 연령에 따라 증가한다는 점은 놀라울 것 없으며, 이는 어린 층이 나이를 먹음에 따라 기술에 대한 접근성이 높아지기 때문이다.[42] 다른 호주 연구는 사이버 폭력을 당했다고 신고한 학생의 비율은 8세부터 9세의 경우 4%, 14세에서 15세는

---

33 Ibid., p. 32.

34 Smith et al., Homicides, firearm offences and intimate violence, p. 80.

35 C. Maple, E. Short and A. Brown, Cyberstalking in the United Kingdom (National Centre for Cyberstalking Research, 2011), p. 3.

36 D. Cross, T. Shaw, L. Hearn, M. Epstein, H. Monks, L. Lester and L. Thomas, Australian covert bullying prevalence study (Child Health Promotion Research Centre, 2009), p. 41.

37 Ibid., p. 187.

38 E. Cross, R. Piggin, T. Douglas and J. Vonkaenel-Flatt, Virtual violence II: Progress and challenges in the fight against cyberbullying (Beatbullying, 2012), p. 21.

39 Ibid.

40 Ibid., p. 23.

41 L. M. Jones, K. J. Mitchell and D. Finkelhor, 'Online harassment in context: Trends from three youth internet safety surveys (2000, 2005, 2010)' (2013) 3(1) Psychology of Violence 53, 61.

42 Cross et al., Australian Covert Bullying Prevalence Study, p. 188.

21%, 16세에서 17세는 16%였다고 밝혔다.[43] 2000년, 2005년, 2010년의 연구들을 검토한 미국의 한 연구는 어린 층의 온라인 괴롭힘은 6%에서 11%로 증가한 반면, 가장 크게 증가한 것은 '간접적 괴롭힘'이라고 밝혔다. 간접적 괴롭힘은 '온라인에서 피해자에 대한 게시물을 올리거나 메시지를 보냄'에 따른 괴롭힘을 말한다.[44]

3. 법적 대응

괴롭히는 행위가 새로운 것은 아니지만, 구체적 범죄가 없으면 기소하기가 어렵다. 예를 들어 어떤 스토커가 피해자가 자신의 안전에 대해 합리적 두려움을 갖게 만드는 행위를 하여도, 실제 위협이 없다면 기소하기가 불가하거나 어렵다. 치안방해죄,[45] 형사적 명예훼손,[46] 재산 범죄, 사람에 대한 범죄,[47] 모욕적 또는 괴롭힘 연락 등 가능한 범죄들을 모아서 기소하는 방법밖에 없을지도 모른다.[48] 이러한 행위는 그루밍,[49] 관음 행위[50]와 같은 다른 형태의 범죄와도 중첩될 수도 있다.

몇몇 국가에서는 이 법적 공백을 메우기 위해 '스토킹'이라는 범죄를 특정하고 있다. 이 범죄는 기술이 얼마나 빨리 범죄에 사용될 수 있는지를 완벽히 시사하며, 상대적으로 신설된 법도 머지않아 기술 발전에 추월당하게 된다. 스토킹 방지법이 처음 도입된 것은 1990년 California이며, 곧 다른 국가에서도 뒤따랐는데, 그 사이에 발전한 기술은 스토킹 유형의 행위를 촉진하였을 뿐만 아니라 스토킹 방지법 및 관련 조항들의 효과성에 대한 상당한 도전이 되었다.

---

43 Australian Communications and Media Authority, Like, post, share: Young Australians' experience of social media, Quantitative Research Report (2013), p. 10.

44 Jones, Mitchell and Finkelhor, 'Trends from three youth internet safety surveys', 60.

45 HM Advocate v. Harris [2010] HCJAC 102.

46 N. Selvadurai and M. R. Islam, 'The application of criminal defamation to inflammatory comments made on social networking sites: A new role for an old law?' (2012) 36 Criminal Law Journal 38, 43.

47 R v. Constanza [1997] Crim LR 576.

48 Finch, The criminalisation of stalking, pp. 119–72.

49 Rodriguez v. R [2013] VSCA 216.

50 R v. Keough, 2012 ABCA 14.

법적 관점에서 온라인 괴롭힘은 잠재적으로 넓은 범위의 온라인 불법행위를 아우르며, 다양한 법적 대응을 필요로 한다. 사이버 스토킹은 구별되는 범죄라고 주장하는 자들도 있으나,[51] 대부분의 국가들은 더 일반적인 '스토킹'이나 '괴롭힘' 범죄로 온라인 괴롭힘을 기소한다. 괴롭힘과 스토킹은 흔히 정도의 차이로 구별한다. 전형적인 스토킹은 피해자가 위해를 두려워하도록 하는 일련의 행위이지만, 괴롭힘은 단일한 사건이 될 수 있으며, 위협하거나 괴롭힐 때 위해에 대한 두려움을 야기할 필요는 없다.[52]

이 구별은 법적 대응 측면에서 중요하다. 캐나다 등 몇몇 국가에서는 가장 중대한 범행을 포함하여 넓은 범위의 행위에 같은 조항이 적용된다. 호주, 영국 같은 다른 국가들은 범죄를 두 개의 층으로 나누어 더 심각한 스토킹 범죄와 구별하여 일반적인 괴롭힘을 처벌하는 조항을 두고 있다. 일각에서는 이처럼 괴롭힘과 스토킹 유형의 행위의 차이를 반영하는 체계가 적절하다고 논평하였다.[53] 사이버범죄협약에는 인종차별이나 외국인 혐오 관련법에 관한 추가 의정서 외에 온라인 괴롭힘 범죄를 규정하는 조항은 없다.[54] 대부분의 국가들은 기존의 스토킹 또는 괴롭힘 조항을 온라인 환경에도 적용한다.

호주의 경우 모든 주에 구체적인 스토킹 방지법이 있지만, 연방법에는 스토킹 방지법이 없다.[55] 이 논의를 위해 1958년 범죄법 (Crimes Act 1958 (Vic))의 s. 21A[56]에 초점을 맞추고자 한다. 이 법은 다른 사람을 스토킹하는 것을 범죄로 규정하는데, 여기서 '스토킹'은 '자해 또는 본인이나 타인의 신변에 대한 걱정 또는 두려움을 불러일으키는 것을 포함하여 피해자에게 신체적 또는 정신적 위해를 야기할 의도로' 일련의 행위를 하는 것을 의미한다.

---

51 P. Bocij, Cyberstalking: Harassment in the internet age and how to protect your family(Westport: Praeger Publishers, 2004), pp. 19-31; M. R. Baer, 'Cyberstalking, and the internet landscape we have constructed' (2010) 15(2) Virginia Journal of Law and Technology 155.

52 Maple, Short and Brown, Cyberstalking in the United Kingdom, pp. 3-4; Hazelwood and Koon-Magnin, 'Cyber stalking and cyber harassment,' 157.

53 T. McEwan, P. Mullen and R. MacKenzie, 'Anti-stalking legislation in practice: Are we meeting community needs?' (2007) 14 Psychiatry, Psychology and Law 207, 215.

54 Additional Protocol to the Convention on Cybercrime, Concerning the Criminalisation of Acts of a Racist or Xenophobic Nature Committed Through Computer Systems, Budapest, 28 January 2003, in force 1 March 2006, CETS No. 189.

55 Queensland는 호주에서 처음으로 스토킹 방지법을 구체적으로 제정한 주이다.

56 최대 10년형.

또한 연방법에 스토킹 방지 조항은 없지만, 통신망 서비스(carriage service)를 이용하여 위협하거나, 괴롭히거나, 모욕을 주는 행위를 처벌하는 넓은 범위의 괴롭힘 범죄가 있다.[57] 이 규정에 의하면, '합리적 인간이 모든 정황을 고려할 때 (그 방법에 의해서든 통신의 내용에 의해서든 또는 두 가지 모두에 의해서든) 위협적이거나 괴롭히거나 모욕적이라고 여길만한 방법으로' 통신망 서비스를 이용하는 것은 범죄이다.[58] '위협적,' '괴롭힘,' '모욕적'이라는 용어들은 정의되어 있지 않으며, 일반적 의미로 해석된다.[59] 또한 이 용어들은 각각 검토하는 것이므로, 어떤 행위가 위협적이지는 않아도 괴롭히는 것은 될 수 있다.[60] 여기서 '모욕적'이란 단순한 반감이 아닌 심각한 마음의 상처를 주는 것을 의미한다.[61]

캐나다에서 형사적 괴롭힘 범죄는 형법 (Criminal code) s. 264(1)에 규정되어 있다. 이는 합법적 권한 없이 다른 사람에 대하여 '모든 정황을 고려할 때 합리적으로 본인이나 아는 사람의 신변을 걱정하게' 만드는 특정 행위를 그 사람이 괴로워하고 있다는 사실을 알면서 하거나 개의치 않고 하는 것을 범죄로 규정한다.[62]

영국의 1997년 괴롭힘 방지법(Protection from Harassment Act 1997 (UK))은 처음에 '스토킹'에 대한 언급을 넣지 않았지만, '스토킹'을 포함하여 다양한 형태의 괴롭힘을 포괄하도록 고안되었다.[63] 나아가 최근에는 s. 2A에 구체적인 '스토킹' 범죄를 도입하였다. 이 범죄는 s. 1에서 정립한 '괴롭힘' 개념을 바탕으로 하므로 2단계로 구성되어 있다. 첫 번째 단계는 다른 사람에 대한 괴롭힘에 이른다고 알고 있거나 알아야 하는 일련의 행위를 하지 않아야 한다는 것이다. s. 4에서는 일련의 행위가 다른 사람으로 하여금 폭력을 당할 것이라는 두려움을 2번 이상 일으키는 경우를 더 심각한 범죄로 규정하고 있다.[64]

두 번째 단계는 더 심각한 '스토킹' 범죄이다. s. 2A(1)에 의하면, s. 1(1)의 스토킹에 이르는 일련의 행위인 괴롭힘에 참여하는 것은 범죄이다. 일련의 행위가 괴롭힘에

---

57 Criminal Code (Cth), s. 474.17.
58 s. 474.17(1). 최대 3년형.
59 Hermes-Smith v. Winters [2009] QDC 10
60 *Ibid.*, at [16].
61 R v. PM [2009] ACTSC 171 at [8], citing Ball v. McIntyre (1966) 9 FLR 237.
62 최대 10년형 (s. 264(3)).
63 Home Office (UK), Consultation on stalking, p. 5.
64 최대 5년형.

해당하고, '스토킹과 관련하여' 작위나 부작위가 있고, '그 일련의 행위가 다른 사람에 대한 괴롭힘에 이른다는 것을 알고 있거나 알았어야' 했다면, 이는 스토킹에 해당한다.[65] 다음에는 이러한 목적의 스토킹과 관련한 작위나 부작위를 설명하는 내용이 이어진다.[66] 괴롭힘 범죄처럼, s. 4A(1)에서 일련의 행위가 피해자로 하여금 폭력을 당할 것이라는 두려움을 2번 이상 일으키는 경우, 또는 피해자의 '일상활동에' '상당한 악영향이 있는 심각한 불안과 고통'을 야기하는 경우 더 심각한 범죄로 규정하고 있다.[67]

미국 연방법의 경우 이 맥락에 여러 조항이 적용될 수 있지만, 가장 관련되는 것은 18 USC § 2261A의 스토킹 범죄이다.[68] 이 조항은 메일이나 상호적 컴퓨터 서비스, 전자 소통 서비스, 주(州) 간 거래의 전자 소통 시스템, '또는 그 외 모든 주간 또는 외국과의 거래 설비'를 이용하여 어떤 사람, 그의 직속 가족, 배우자, 또는 친밀한 파트너에게 상당한 정신적 고통을 '일으키거나, 일으키려고 시도하거나, 일으킬 것이 합리적으로 예상되는' 일련의 행위를 하는 것을 범죄로 규정한다.[69] 그 행위가 본인, 직속 가족, 배우자, 또는 친밀한 파트너의 죽음이나 신체의 중상을 합리적으로 두려워하는 상태에 놓이게 하는 경우에도 범죄가 된다.[70] 일련의 행위는 다른 사람을 '죽이거나, 상해를 입히거나, 괴롭히거나, 위협하거나, 감시하려는 의도'로 행해져야 한다.[71]

스토킹 범죄는 미국의 모든 주와 Columbia 특별구에서 발견되는데, 이중 다수는 미국 법무성 산하연구소(National Institute of Justice)에서 개발한 스토킹 방지 규약 모델의 영향을 받은 것이다.[72] 이 규약은 스토킹은 피해자가 어떤 상해나 죽음을 두려워하게 만들고, '합리적' 인간이라면 동일하거나 유사한 종류의 두려움을 갖게 하는 특정인에 대한 '일련의 행위'로 구성된다고 제시하고 있다.[73] 추가적으로, 피고인은 그의 행위가 피해자를 두려움에 처하게 할 것이라는 점을 알거나 알았어야 한다.[74]

---

65 s. 2A(2).
66 s. 2A(3).
67 최대 5년형 (s. 4A(5)).
68 이 조항의 처벌규정은 18 USC § 2261(b)에 있다.
69 18 USC § 2261A(2)(B).
70 18 USC § 2261A(2)(A).
71 18 USC § 2261A.
72 National Institute of Justice (US), Project to develop a model anti-stalking code for states (Department of Justice, 1993).
73 Ibid., p. 43.
74 Ibid.

온라인 괴롭힘의 하위 범주로서 사이버 폭력은 다면적이고 도전적인 문제이다. 사이버 폭력에 어린 사람들이 연루되면 형법의 역할은 그렇지 않은 경우보다 중요성이 떨어지기 쉽다. 대부분의 국가들은 사이버 폭력 범죄를 특정하여 제정하기보다는 기존의 다양한 범죄에 의존하는 듯하다.[75] 미국에서는, 수정헌법 제1조의 고려사항으로 인해 그 범위가 제한될 수 있긴 하지만,[76] 여러 주에서 사이버 폭력을 특정하여 법령을 제정하였다.[77] 2009년에 제안된 연방 사이버 폭력 법안은 제정되지 못했다.[78]

이렇게 몇몇 예시만 봐도 괴롭힘 관련 법률들은 국가별, 그리고 국가 내에서도 상당히 차이를 보인다는 것을 알 수 있다. 기술이 개입되지 않더라도 괴롭힘 범죄를 입안하는 것은 상당히 까다로우며, 합법적 행위를 처벌하지 않으면서 폭넓은 행위를 포괄할 필요를 반영하여야 한다. 일반적으로 입법부는 행위 요건을 포괄적 용어로 규정하는 대신에 책임 요건과 함께 행위가 피해자에게 영향을 주어야 한다는 요건을 규정하여 포괄성을 상쇄함으로써 그 균형을 맞추고자 노력하고 있다. 또한 일부 국가는 이 조항들이 기자의 합법적 행위 등을 제한하지 않도록 보장하기 위해 특정한 정당방위를 제시하기도 한다. 괴롭힘에 대한 기술의 영향을 고려하기 전에, 이러한 범죄의 3가지 핵심 요소인 행위 요건, 책임 요건, 피해자에 대한 영향 요건을 고려하는 것이 필요하다.

(1) 행위 요건

괴롭힘 행위에 대한 입법의 특징으로서 반복적 행위를 포함하는 경우가 많다는 것을 살펴보았다. 스토킹 행위의 누적 효과는 개별 부분의 합보다 클 것이다.[79] 행위 요건을 정의하는 데 있어 입법부는 일반적으로 2가지 접근법을 취해왔다. 첫째는 미국 연방법이 채택한 것인데, 넓게 '2개 이상의 행위로 구성된 행위 양상으로, 목적의 연속성이 확인되는 것'으로 정의되는 '일련의 행위' 또는 그에 상응하는 용어로 지칭하는

---

75 L. de Preez, 'Developing approaches to combat cyber bullying through a comparative study between the United Kingdom, Australia and South Africa', in N. Delener, L. Fuxman, F. V. Lu, S. Rodrigues and L. Rivera (eds.), Globalizing businesses for the next century: Visualizing and developing contemporary approaches to harness future opportunities (Global Business and Technology Association, 15th Annual International Conference, Helsinki, 2013), p. 245.

76 National Conference of State Legislatures, 'Cyberbullying' (2015), www.ncsl.org/research/education/cyberbullying.aspx.

77 McHenry, 'Combating cyberbullying.'

78 The Megan Meier Cyberbullying Prevention Act H.R. 1966, 111th Congress, 2009.

79 US v. Shrader, 675 F 3d 300 at 312 (4th Cir. 2012).

것이다.[80] 영국에서 '일련의 행위'는 '행위'에 발언이 포함되며, '일련의 행위'란 최소한 2번의 행위가 있어야 한다는 정도로만 정의되어 있다.[81]

이 접근법은 법원이 새로운 상황에 대응할 수 있게 하는 등 융통성이 있다는 장점은 있지만, 형법상 무슨 행위가 허용되지 않는지를 합리적 정확성으로 판단할 수 있어야 한다는 일반적 원칙에 반한다는 비판도 받는다. 이러한 관점에서 나머지 요건들은 범죄의 범위를 더 명확히 정의하는 게 특히 중요하다.

반대로 일부 국가들은 괴롭힘을 구성하는 행위들을 정의하여 열거하고 있다. 이 접근법은 확실성이라는 장점은 있지만, 그 불가변성으로 인해 스토킹의 새로운 형태에는 적용하기 어렵다. 예를 들어, 캐나다에서 형사적 괴롭힘을 구성할 수 있는 행위는 아래와 같이 엄격하게 정의되어 있다.

(a) 반복적으로 다른 사람이나 그의 지인을 이곳저곳 따라다니는 행위

(b) 직접적으로 또는 간접적으로 다른 사람이나 그의 지인과 반복적으로 통신하는 행위

(c) 다른 사람 또는 그의 지인이 사는 집 또는 거주하거나 일하거나 영업하거나 우연히 있는 장소를 포위하거나 지켜보는 행위

(d) 다른 사람이나 그의 가족을 향하여 위협적 행위를 하는 것[82]

다른 국가들과 대조적으로 캐나다의 괴롭힘 규정은 반드시 '일련의 행위'를 요하지 않는다. 예를 들어 위협적인 행위에 해당하는 경우 한 번만으로도 괴롭힘을 구성하는 데 족하다.[83] 그러나 통신의 경우에는 '반복적으로' 통신하는 것이라고 특정하여 지칭하고 있다. 이 경우 '통신의 내용보다는 원치 않은 통신을 반복하는 것'이 괴롭힘을 구성한다.[84] 통신 횟수는 '반복적으로 통신하는 행위'를 구성하는지를 판단하는 관

---

80 18 USC § 2266(2).

81 Protection from Harassment Act 1997 (UK), s. 7(3)-(4).

82 Criminal Code (Can), s. 264(2).

83 Department of Justice Canada, A handbook for police and crown prosecutors on criminal harassment (2004), p. 33.

84 R v. MacDuff, 2011 BCSC 534 at [50].

점에서 검토하여야 한다.[85] 예컨대 문자 메시지 한번으로는 충분하지 않을 것이다.[86]

'포위하거나 지켜보는 행위' 또는 '위협적 행위를 하는 것'과 같은 개념을 디지털 맥락에 적용할 때 어려움이 있을 것이라는 점은 바로 알 수 있다. 이와 유사하게 미국의 스토킹 방지 규약은 '일련의 행위'를 '반복적으로 어떤 사람과의 시각적 또는 물리적 근접성을 유지하거나 어떤 사람을 향해 반복적으로 구두의 또는 서면의 위협 또는 행위에 내포된 위협 또는 그 결합을 전달하는 것'이라고 정의하고 있다.[87] 아래 논의에서 우리는 특히 원격 감시가 그러한 괴롭힘의 기존 개념에 도전한다는 것을 살펴볼 것이다.

명확한 타협방안은 '일련의 행위'를 포괄적으로 정의 내림으로써 정확성과 융통성을 모두 확보하는 것이다. 1958년 호주 범죄법(Crimes Act 1958 (Vic))의 s. 21A(2)는 '(i) 피해자에게 자해를 포함한 신체적 또는 정신적 위해를 가하거나 (ii) 본인 또는 타인의 안전에 대한 걱정이나 두려움을 불러일으킬 것으로 합리적으로 예상되는 방식으로 행동하는 것'이라는 두루뭉술한 규정을 포함하여 광범위하지만 구체적이지 않은 행위 종류를 열거하고 있다.[88] 그리고 디지털 맥락과 분명히 관련되는 것들을 포함하여 구체적 예시들을 입법하였다. 이는 다음과 같다.

(b) 우편, 전화, 팩스, 문자 메시지, 이메일, 기타 전자적 통신이나 어떤 수단으로든 피해자 또는 다른 사람에게 연락하는 것

(ba) 다음의 진술 또는 자료를 인터넷에 게재하거나 이메일 또는 다른 전자적 통신으로 다른 사람에게 보내는 것

   (i) 피해자 또는 다른 사람과 관련되거나

   (ii) 피해자 또는 다른 사람과 관련된 척하거나 그로부터 온 것처럼 하는 것

(bb) 피해자나 다른 사람이 소유하거나 사용한 컴퓨터에 ... 권한 없이 컴퓨터 기능을 불러오는 것

(bc) 피해자나 다른 사람의 인터넷, 이메일, 기타 전자적 통신 사용 내역을 추적하는 것

(f) 피해자나 다른 사람을 감시하는 것

---

85   *Ibid.*
86   R v. Diasso, 2011 ONCJ 175 at [27].
87   National Institute of Justice (US), Model anti-stalking code, p. 43.
88   Crimes Act 1958 (Vic), s. 21A(2)(g).

(2) 책임 요건

괴롭힘 범죄의 책임 요건을 입안하는 데 고려해야 할 주요사항이 두 가지 있다. 첫째, 책임 요건은 잠재적으로 지나치게 광범위한 범죄에 대한 중요한 제한요소이다. 일반적으로, 이는 고의나 과실 같은 주관적 책임 요건을 부과함으로써 확보할 수 있다. 예를 들어 미국 연방법 규정은 고의에 대한 증명을 요하며,[89] 캐나다에서는 피고인이 피해자가 괴롭힘 당하고 있다는 걸 알면서 또는 부주의하게 행동했음을 증명해야 한다.[90]

두 번째 고려사항은 '스토커 다수가 해를 끼치거나 공포를 일으킬 의도가 있는 것이 아니고, 방법이 잘 못 되었지만 애정의 대상과 관계를 형성하고자 하는 의도를 가지고 있을 수 있다'는 것이다.[91] 따라서 피고인이 본인의 행위가 괴롭히는 것인지를 인지하지 못했다고 주장하여 주관적 책임 요건을 증명하는 게 어려울 수 있다.[92] 게다가 스토커의 상당수가 이상 성욕이나 망상 같은 정신이상을 겪고 있다.[93] 따라서 일부 국가에서는 주관적 책임 요건에 더하여 객관적 책임 요건을 부과하고 있어 피고인이 합리적으로 알았어야 할 것 때문에 유죄를 받을 수 있다. 다른 사람에 대한 일방적인 사랑을 하는 자가 의도의 무고함을 주장한다고 해서 스토킹을 처벌하지 않고 허용해주지는 않는다.[94]

예를 들어 영국의 규정은 피고인이 그의 행동이 괴롭힘에 이른다는 것을 '알아야 했을' 경우까지도 확장된다.[95] 이는 '같은 정보를 가진 합리적 인간이 그 일련의 행위가 다른 사람에 대한 괴롭힘에 이르거나 관련된다고 생각할 만한가'에 따라 평가한다.[96] 이는 순수하게 객관적 평가이며 피의자가 인식한 상황은 고려하지 않는다고 받아들여지고 있다.[97] 이와 유사하게 미국의 스토킹 방지 규약 모델에 의하면 피고인은 그의 행위가 피해자를 두려움에 처하게 할 것이라는 걸 알거나 알았어야 한다.[98] 영국 법은 고

---

89   18 USC § 2261A(2).

90   Criminal Code (Can), s. 264(1).

91   Purcell, Pathé and Mullen, 'Stalking,' 163.

92   Grant, Bone and Grant, 'Canada's criminal harassment provisions,' 216.

93   Purcell, Pathé and Mullen, 'Stalking,' 163

94   State v. Gandhi, 989 A 2d 256, 271 (NJ. 2010).

95   Protection from Harassment Act 1997 (UK), ss. 1(1)(b), 2A(2)(c).

96   Protection from Harassment Act 1997 (UK), s. 1(2).

97   R v. Colohan [2001] EWCA Crim 1251.

98   National Institute of Justice (US), Model anti-stalking code, p. 43.

의 입증을 요하지만, 피고인이 그러한 종류의 행위를 하는 게 위해를 끼치거나 걱정 또는 두려움을 불러일으킬 것이라는 걸 알았거나 모든 정황상 '이해했어야' 했다면, 요건상의 고의가 있었다고 간주한다.[99]

(3) 피해자에 대한 영향

괴롭힘 방지 규정에서 많이 보이는 또 다른 제한요소는 행위가 피해자에게 어떠한 영향이 있어야 한다는 것이다. 일반적으로 두려움을 느끼게 하는 행위이다. 이러한 규정은 행위 자체의 성질보다는 행위가 피해자에게 주는 영향이 처벌 대상인 위해에 해당한다고 본다. 몇몇 국가에서 이 요건은 주관적으로 판단된다. 예를 들어 명시되어 있진 않지만, 영국 규정의 문언은 피해자가 실제로 괴롭힘을 당해야 한다는 의미를 띠며, '괴롭힘'은 다른 사람에게 공포나 고통을 야기하는 것을 포함하게끔 정의되어 있다.[100] 앞서 살펴보았듯이, 폭행을 당할 것이라는 두려움을 야기하는 행위나 중대한 공포 또는 고통을 야기하는 행위는 더 심각한 범죄에 해당한다. 이와 유사하게 미국의 스토킹 방지 규약 모델은 피의자의 행위가 피해자에게 본인 또는 직속 가족의 신체적 상해나 죽음에 대한 두려움을 야기할 것을 요한다.[101]

그러나, 오로지 주관적으로만 평가하는 것은 범죄의 범위가 개별 피해자의 인내심에 따라 달라진다는 근거로 비판을 받을 수 있다. 그래서 몇몇 국가는 객관적 기준을 부과하기도 한다. 예컨대 캐나다에서는 원고가 괴롭힘을 당했다는 점 외에도, 피해자가 본인의 안전 또는 지인의 안전에 대하여 두려워했고 그 두려움은 정황상 합리적이라는 점을 증명해야 한다.[102]

미국의 연방 규정은 일련의 행위가 '관련인에게 상당한 정신적 고통을 일으키거나 일으키려고 시도하거나 일으킬 것이라고 합리적으로 예상되는 경우'이거나, 관련인이 '죽음 또는 신체의 중상에 대한 합리적 두려움에 처하게 하는 경우'에 해당할 것을 요하여 주관적, 객관적 요건을 모두 포함하고 있다.[103] Victoria 법 규정은 객관적 책임 요

---

99   Crimes Act 1958 (Vic), s. 21A(3).
100 Protection from Harassment Act 1997 (UK), s. 7(2); DPP v. Ramsdale [2001] EWHC 106 (Admin).
101 National Institute of Justice (US), Model anti-stalking code, p. 44.
102 Criminal Code (Can), s. 264(1). R v. MacDuff, 2011 BCSC 534 at [38].
103 18 USC § 2261A(2).

건에 의존하는 경우에만 위해, 걱정, 또는 두려움에 대한 증명을 요한다고 하여 절충하고 있다.[104]

4. 괴롭힘의 형태

지금까지 스토킹 방지 및 괴롭힘 규정에 대해 간단히 살펴보았으며, 이어서 기술이 괴롭힘의 개념과 현존하는 법률의 적용 가능성에 제기하는 어려움을 살펴보고자 한다. 온라인 괴롭힘은 괴롭힘 자체가 그런 것처럼 그 형태가 다양하고, 일반적으로 더 전통적인 형태를 투영한다. 범죄가 폭넓게 입안되어 괴롭힘의 새로운 형태에 적용 가능한 경우가 많다. 캐나다처럼 관련 행위가 열거적으로 정의된 경우나 기술 용어가 사용된 경우가 주로 문제된다.

일반적으로, 온라인 괴롭힘은 아래 범주에 속하는데 서로 중복될 수 있으며 기존의 오프라인 행위와 결합되는 경우도 흔하다.

---

① 피해자와 통신하는 행위
② 피해자에 대한 정보를 게재하는 행위
③ 피해자의 컴퓨터를 표적으로 삼는 행위
④ 피해자를 감시하는 행위

---

(1) 피해자와 통신하는 행위

이메일, SMS/MMS,[105] 인스턴트 메시지(IM),[106] 채팅방,[107] 소셜 네트워킹 사이

---

104 Crimes Act 1958 (Vic), s. 21A(3)(b).
105 R v. Merrick [2007] EWCA Crim 1159; Kozomara v. Hollows [2013] WASC 68; Police v. Gabrielsen [2011] SASC 39.
106 US v. Kammersell, 196 F 3d 1137 (10th Cir. 1999).
107 US v. Morales, 272 F 3d 284 (5th Cir. 2001).

트,[108] 심지어 '유튜브' 비디오 게재[109] 등으로 위협적이거나 모욕적인 통신을 보내는 것처럼, 원치 않는 통신을 보내는 것은 온라인 괴롭힘의 주된 행위이다. 피고인이 시신이나 훼손된 여성 시신, 죽은 태아 등의 이미지와 함께 위협적인 메시지를 보냈던 US v. Grob 사건[110]처럼 공격적인 자료와 함께 이메일이나 문자를 보내는 경우도 있다. 메시지 차단 필터를 우회하는 경우도 있으며,[111] 익명의 이메일 주소나 이메일 전달 서비스를 통해 익명성을 획득하기도 한다. 예를 들어 '스푸프카드(Spoofcard)' 같은 기술은 이용자가 전화번호와 목소리를 숨길 수 있도록 해주며, 통화 내용에 대한 기록을 다운로드할 수 있게 해준다.[112] 통신의 용이성은 범죄자가 피해자에게 메시지 폭격을 쏟아부을 수 있다는 걸 의미하기도 한다.[113]

일반적으로 그러한 행위는 특정한 기술 용어를 피하여 넓은 용어들로 표현된 대부분의 괴롭힘 법규의 행위 요건에 해당할 것이다. 그러나 법원이 '일련의 행위'를 정의하는 데 있어 직면한 사실관계의 난제들은 온라인 환경에서 악화될 수 있다. 전자통신은 빠르게 연속적으로 보낼 수 있기 때문에 각 메시지를 분리하여 취급해야 하는지 아니면 하나의 괴롭힘 사건으로 취급해야 하는지 문제된다.[114] 한편 괴롭힘 방지 규정에 속하지 않는 전자통신은 괴롭히거나 모욕하기 위해 전기통신 서비스를 이용하는 것을 다루는 특정 법규를 적용할 수도 있다.

미국에서는 괴롭힘 방지 법규가 표현의 자유를 지나치게 제한하지 않도록 보장해야 하는 문제가 있다. 인터넷 콘텐츠에 대한 제한은 수정헌법 제1조와 관련된 주시 대상이다.[115] 그러나 '진짜 위협(true threat)'처럼 어떤 형태의 표현들은 수정헌법 제1조의 보호를 받지 않는다.[116] 진짜 위협이란 '합리적 인간이 실제라고 인식할 만할 위협'을 말한다.[117] 온라인 괴롭힘의 경우 피고인이 피해자로부터 떨어져 있기 때문에 '진짜 위

---

108 R v. Cholin, 2010 BCPC 417; Niehus v. Police [2012] SASC 56; US v. Cassidy, 814 F Supp 2d 574 (D Md. 2011).

109 US v. Jeffries, 692 F 3d 473 (6th Cir. 2012).

110 625 F 3d 1209 (9th Cir. 2010).

111 Sakkers v. Thornton [2009] WASC 175.

112 US v. Cioni, 649 F 3d 276 at 280 (4th Cir. 2011)

113 R v. Ogawa [2009] QCA 307.

114 Gillespie, 'Cyber-bullying,' 129.

115 Reno v. American Civil Liberties Union, 521 US 844 at 870 (1997).

116 Watts v. US, 394 US 705, 708 (1969).

117 US v. Jeffries, 692 F 3d 473, 477 (6th Cir. 2012).

'협'의 요건이 특히 문제되는데, 그 위협이 실제로 믿을만한 지와 피고인이 피해자에게 근접해 있는지에 대한 쟁점을 제기한다.[118] 캐나다의 규정과 관련해서도 유사한 쟁점이 있을 수 있는데, 이 규정은 '위협적인 행위에 참여하는 것'이라고 지칭하고 있다.[119]

'진짜 위협'에 대한 분석을 하기 전에 먼저 '위협'이 있어야 하는데, 검찰은 때때로 수정헌법 제1조를 검토하기도 전에 이 요건의 문턱을 못 넘기도 한다. 예를 들어 US v. Alkhabaz 사건[120]의 항소심 판결에서는 주(州) 간 또는 외국과 '누군가를 납치하겠다는 위협 또는 다른 사람을 상해하겠다는 위협을 포함한 통신'을 전송하는 것을 범죄로 규정하는 18 USC § 875(c)을 검토하였다. 'Jake Baker'라고도 알려진 피고인은 여성과 어린 소녀들에 대한 납치, 강간, 고문, 신체 절단, 살인을 묘사하는 수많은 소설을 전자 게시판에 게재하였다. 한 게시물은 Baker가 다닌 Michigan 대학의 친구와 같은 이름을 써서 고문, 강간, 살인을 묘사하기도 하였다. 그의 컴퓨터 파일과 이메일 주소를 수색한 결과 그 친구의 주소까지 포함한 두 번째 이야기를 발견하였다. 피고인과 다른 남자가 이메일을 주고받은 내역도 발견되었는데 이들은 실제로 여성을 납치, 강간, 살해하여 판타지를 실현하는 얘기를 나누었다. 지방법원은 그 이메일 메시지가 '실제 위협'을 구성하지 않으므로 수정헌법 제1조상 표현의 자유에 해당한다는 근거로 Baker에 대한 기소를 기각하였다.[121]

항소심은 지방법원의 판결을 지지했지만, 해당 통신이 § 875(c)가 요구하는 '위협을 포함하는 통신'에 해당하지 않는다는 근거로 동의한 것이었다.[122] 따라서 법원은 당사자가 제기한 수정헌법 쟁점에 대해서는 판단하지 않았다.[123] 법원은 '위협'이 없었다고 결론지으면서, 위협은 위협을 받는 자 또는 위협을 받는 자와 '어떤 연관성'이 있는 제3자에게 수신돼야 한다고 판시한 US v. Bellrichard 판결[124]을 인용하였다.[125] 법원은 여기서 더 나아가, '우리의 법 감정에 어긋날 수는 있어도, 신체에 위해를 가할

A. C. Radosevich, 'Thwarting the stalker: Are anti-stalking measures keeping pace with today's stalker?' (2000) University of Illinois Law Review 1371, 1384.

119   Criminal Code (Can), s. 264(2).

120   104 F 3d 1492 (6th Cir. 1997); rehearing en banc denied, US v. Alkhabaz, 1997 US App LEXIS 9060.

121   US v. Baker, 890 F Supp 1375, 1381 (ED Mich 1995).

122   US v. Alkhabaz, 104 F 3d 1492, 1496 (6th Cir. 1997).

123   *Ibid.*, at 1493.

124   779 F Supp 454 (D Minn. 1991).

125   *Ibid.*, at 459, affirmed US v. Bellrichard, 994 F 2d 1318 (8th Cir. 1993).

의도를 객관적으로 진지하게 표현하는 통신은 위협을 사용함으로써 어떤 목표에 나아가고자 하는 목적으로 전달되지 않았다면 위협을 구성할 수 없다.'고 하였다.[126] 결과적으로 이 사건의 사실관계상 '합리적 인간이라면 그러한 통신이 위협을 통해 어떤 변화를 주거나 어떤 목표를 달성하고자 전달된 것으로 보지 않았을 것'이므로, 위협이 존재하지 않는다.[127] 사실 법원은 이 사건의 이메일 교류를 성적 판타지를 공유함으로써 우정을 쌓으려는 시도로 보았다.[128]

위협의 요건이 '위협을 사용해서 어떤 목표를 향해 나아갈 목적으로 전달된' 통신이어야 한다는 것은 항소심에서 부인되었으며, 다른 법원들에서도 채택되지 않았다.[129] 하지만 Alkhabaz 사건에서의 판결은 '진짜 위협'이 존재하는지 검토하는 2단계 접근법을 제시하였다. 첫째, 그 통신이 실제로 '위협'인가? 그렇지 않다면 이 법은 적용되지 않는다. 통신이 위협에 해당한다면, '진짜 위협'인가? '진짜 위협'인지 여부는 합리적 인간의 시각에서 객관적으로 평가한다.[130] 따라서 §875(c)의 목적에 대한 쟁점은 피고인이 '합리적 인간이라면 신체적 위해를 끼치거나 살해할 의도를 진지하게 표현한 것으로 인식할' 주 간 또는 외국 간 통신을 고의로 전송했는지 여부이다.[131]

예를 들어 US v. Stock 판결[132]에서 피고인은 'Craigslist'라는 웹사이트에 이름을 아는 경찰관을 찾기 위해 기울인 노력, 그를 죽이는 데 쓰고 싶은 방법, 그를 찾을 수 없었다는 사실과 그래서 그가 죽기를 바랄 수밖에 없다는 개요를 담은 글을 게재하였다.[133] 법원은 '진짜 위협'이란 '위협'의 특정한 부분집합이라고 명시하였다.[134] 따라서 §875(c)의 '위협'의 의미는 '진짜 위협'의 헌법상 의미와 구별된다.[135]

법원은 피고인의 기각 신청을 거부한 지방법원의 결정을 지지하였다. 법원은 §875(c)의 목적상 '위협'은 '현재 또는 미래에 상해를 가하려는 의도를 표현하는' 통

126   US v. Alkhabaz, 104 F 3d 1492, 1495 (6th Cir. 1997).
127   Ibid., at 1496.
128   Ibid.
129   US v. Jongewaard, 567 F 3d 336, 336 (8th Cir. 2009).
130   US v. Martinez, 736 F 3d 981 at 988 (11th Cir. 2013).
131   Ibid.
132   728 F 3d 287, 290 (3rd Cir. 2013).
133   Ibid., at 290.
134   Ibid., at 294.
135   Ibid.

신이라는 피고인의 주장을 받아들였다.[136] 이것이 피고인의 신청을 지지하는 것처럼 보일지 몰라도, 사건에서의 통신 대부분이 그가 할 것이 아닌, 하기를 원하는 것을 언급했다는 점을 고려할 때 법원은 합리적 배심원이라면 피고인의 진술이 '현재 또는 미래에 상해를 가하려는 의도를 표현하였다'는 것을 알 수 있었을 것이라는 지방법원의 결정을 지지하였다.[137]

특이한 사건으로는 통신이 뮤직 비디오 형식으로 이루어진 US v. Jeffries 판결[138]이 있다. 피고인은 전 아내와의 오랫동안 계속된 양육권 분쟁 이후 '딸의 사랑'이라는 제목의 노래를 썼는데, '아빠와 딸의 관계에 대한 다정한 구절'에 더하여, 진부한 구절(전 아내에 대한 불만)부터 고함소리(변호사와 사법 시스템에 대해 불평) 및 위협(판사를 죽이겠다는 위협)까지 다양한 가사를 포함하였다.[139] 피고인은 이 노래를 부르는 자신의 모습을 비디오로 만들어 유튜브에 올렸다. 그는 이를 친구들, 가족들과 공유했을 뿐만 아니라, 주 대표, 지역 방송사, 이혼한 아빠들의 모임을 포함하여 수많은 페이스북 이용자에게 링크를 제공하였다.[140] 이례적지만, 법원은 § 875(c)의 '위협'은 뮤직 비디오를 포함하여 여러 형태의 위협을 포괄할 수 있다고 판시하였다.[141]

특히 문제가 되는 온라인 괴롭힘의 형태는 일명 '트롤(trolling)'로, 이해하기도 어렵고 대응하기도 어렵다. 온라인의 맥락에서 '트롤'이란 '적대적이거나 교정적인 반응을 이끌어낼 의도로 뉴스그룹이나 비슷한 포럼에 고의적으로 잘못되거나 적대적인 메시지를 게재하는 것'을 의미한다.[142] '인터넷의 사회적 환경에서 분명한 목적 없이 기만적이거나, 파괴적이거나, 분열을 일으키는 방법으로 행동하는 행태'를 의미하기도 한다.[143]

트롤은 대부분 단순히 짜증나는 정도에 그치지만, 때로는 아주 모욕적이고 고통을 주어 형사적 제재가 가능해질 수도 있다. 예를 들어 R v. Hampson 판결[144]에서 피고

---

136 *Ibid.*, at 293.

137 *Ibid.*, at 301.

138 US v. Jeffries, 692 F 3d 473 (6th Cir. 2012).

139 *Ibid.*, at 475.

140 *Ibid.*, at 477.

141 *Ibid.*, at 482.

142 Oxford English Dictionary Online, Oxford University Press, December 2014.

143 E. E. Buckels, P. D. Trapnell and D. L. Paulhus, 'Trolls just want to have fun' (2014) 67 Personality and Individual Differences 97, 97.

144 [2011] QCA 132.

인은 Elliott Fletcher와 Trinity Bates의 죽음을 추모하는 페이스북 페이지 2개에 메시지를 게재하였다. Elliott Fletcher는 12세 때 학교에서 칼에 찔려 사망하였다. Trinity Bates는 8세 때 집에서 유괴되어 근처의 배수구에서 죽은 채로 발견되었다. 이 추모 페이지는 사람들이 연민의 메시지를 게재할 수 있는 포럼을 제공하였다. 피고인은 가명을 사용하여 두 어린이의 죽음을 조롱하는 극도로 모욕적인 댓글을 달았다. 여기에는 Elliott Fletcher의 머리가 톱밥 제조기에 있는 모핑 이미지를 비롯하여 Trinity Bates의 얼굴을 음란물 이미지에 합성시킨 것도 있었다. 피고인은 아동 음란물 범죄와 함께 형법 (Criminal Code (Cth))의 s. 474.17(1)를 위반하여 모욕적 방법으로 통신망 서비스를 사용한 것에 대해 유죄 선고를 받았다.

온라인 괴롭힘의 다른 유형처럼, '트롤'은 현상으로 잘못 정의되어, 넓은 범위의 행위와 대응을 포괄하게 되었다.[145] 온라인 포럼이 트롤 공격의 발사대 역할을 함에 따라 트롤은 단체적 현상이 될 수도 있다.[146] 이러한 공격들은 단순히 '재미(lulz)'만을 위해 행해지는 경우가 많다.[147] 재미(lulz)란 다른 사람을 깎아내려 웃음이나 즐거움을 얻는 것을 묘사하는 온라인 용어이다.[148] 이 용어가 재밌게 들릴진 몰라도 피해자들은 결코 재밌지 않다. 트롤은 다른 사람의 고통으로부터 즐거움을 얻는 사디즘을 포함하여 여러 유해한 인성과 연관될 수 있다.[149]

트롤의 다른 문제는 보통 특정 피해자를 대상으로 하나, 항상 그런 것은 아니라는 점이다. 트롤은 대상자가 (최소한 처음에는) 모르는 사이에 대상자에 대한 모욕적 이미지를 유통시키기도 한다. 즉 '거의 모든 트롤 공격이 피해자가 있지만, 전부 다 타겟이 있는 것은 아니다.'[150] 몇몇 사건에서 다른 온라인 괴롭힘과 구별되는 트롤의 특징은 '타겟이 없다'는 것이다.[151]

---

145   A. Gaus, 'Trolling attacks and the need for new approaches to privacy torts' (2012) 47 University of San Francisco Law Review 353.
146   *Ibid.*, 358.
147   *Ibid.*
148   Oxford Dictionaries, www.oxforddictionaries.com/definition/english/lulz.
149   Buckels, Trapnell and Paulhus, 'Trolls just want to have fun', 100-1.
150   Gaus, 'Trolling attacks,' 363 (original emphasis).
151   Buckels, Trapnell and Paulhus, 'Trolls just want to have fun,' 97

(2) 피해자에 대한 정보를 배포하는 것

누구나 쉽게 인터넷에 정보를 게재할 수 있다는 점은 피해자에게 수치심을 주려고 하는 스토커들에게 좋은 기회를 제공해준다. 예를 들어 전 연인으로부터 성병이 옮았다고 생각한 영국 여성이 성병 감염자 사이트에 피해자를 등록하였다. 또한 이 여성은 인터넷에 원고가 동성 간 성행위를 했다고 주장하는 가짜 정보를 게재하였는데, 그 결과 피해자는 엄청난 양의 동성애 음란물을 받았다.[152]

이와 유사하게 Wilson v. R 판결[153]에서 피고인은 스토킹 혐의로 유죄를 받았는데, 두 어린 여성의 소셜 네트워킹 사이트에 접근하여 사진을 가져갔다. 그리고나서 이 사진들을 음란물 사이트에 올렸는데, 피해자들을 닮은 여성의 음란물 이미지 옆에 사진을 게재하였다. 그 다음 피고인은 피해자들의 이름을 밝힌 댓글을 게재하여 피해자들을 그 사이트에 링크 걸었다. 그 결과 피해자의 이름을 검색하면 그 음란물 사이트로 접속되었고, 피해자들이 음란물 관련 활동을 했다는 인상을 주었다.

이러한 행위는 괴롭힘 범죄의 행위 요건을 충족시킬 수 있으며, 정보를 배포하는 것이 더 넓은 일련의 행위 중 일부를 구성함에 따라 괴롭힘 범죄의 행위 요건을 충족시키는 경우가 특히 그러하다. 예를 들어 Victoria 주에서는 28세 남성이 12세 소년과 그의 가족을 스토킹한 혐의로 유죄를 받았다. 피고인은 그 소년에게 접근하여 같은 장소에 있었던 적이 많았을 뿐 아니라, 그 소년의 사진이 있는 웹사이트를 관리했는데, 사진 중 일부는 피고인이 몰래 찍은 것이었다. 이러한 이미지에는 그 소년에 대한 피고인의 성적 관심과 소아성애에 대해 적은 글이 수반되었다.[154]

Dayton v. Davis 판결[155]에서 피고인은 스토킹 협박 1건과 Ohio 주 개정법상 가중처벌되는 협박 1건으로 유죄 선고를 받았다. 피고인은 기혼의 Dayton 대학 법학과 학생으로, Johanna Barba라는 법학과 1학년 학생을 만나기 시작했다. 그들의 관계는 Barba가 관계를 끝낼 때까지 12개월간 지속되었다. 자살 시도에 실패한 후 피고인은 Barba에게 그녀의 집을 찾고 있으며 그녀의 아파트 근처에 있는 공원에서 주기적으로 시간을 보낸다는 이메일을 수없이 보냈다. 또한 메일에는 그녀의 텔레비전 시청과 사회적 활동 등 세부적인 내용을 포함했는데, 이는 그녀를 감시하고 있다는 것을 명백히 보여

---

152   R v. Debnath [2005] EWCA Crim 3472.
153   [2012] VSCA 40.
154   R v. Vose (1999) 109 A Crim R 489.
155   136 Ohio App 3d 26 (2d Dist Montgomery County, 1999).

주었다. 이메일에 Barba에게 위해를 가하겠다는 명시적 위협은 없었지만, 피고인의 어조는 이별에 대한 절망, 분노, 자살하겠다는 협박, Barba를 보고 싶은 갈망, 그의 인생을 망쳤다는 원망 사이에서 요동쳤다.[156] 피고인은 그가 만든 웹사이트의 링크도 보냈는데, 이 사이트에는 Barba의 머리가 불꽃 속 해골로 변하고, 피를 흘리고, 망토를 입은 해골이 말을 타고 돌진하는 이미지 등이 있었다.[157]

관련 스토킹 범죄 규정은 '누구도 어떤 행태를 함으로써 고의로 다른 사람으로 하여금 가해자가 신체적 위해를 가하거나 정신적 고통을 줄 것이라고 믿게 해서는 안 된다'고 명시하고 있다.[158] '행태'는 시간적으로 밀접한 2개 이상의 행위나 사건으로 정의된다.[159] 법원은 웹사이트 게재는 행위 하나이므로 행태를 구성하기에 불충분하다는 피고인의 주장을 받아들이지 않았다. 게재는 맥락 속에서 이해해야 한다. 그는 피해자에게 연락하고 아파트를 방문하고 감시하기도 하였다. 이러한 배경으로 인해 '행태'를 했다는 증거가 충분하였다.

어떤 사람에게 정보를 배포하는 게 아니라 어떤 사람에 대한 정보를 배포한다는 것은 미국 수정헌법 제1조와 관련하여 상당한 우려를 낳는다. 미국의 스토킹 법규에 관한 이 문제는 US v. Petrovic 판결[160]에서 검토되었다. 이 사건에서 피해자는 피고인의 전 아내인 'MB'였다. MB는 때때로 피고인이 그녀의 성행위하는 모습 등 은밀한 사진을 찍는 것을 허락했다. 또한 피고인에게 어렸을 때 성학대를 당한 사실, 자살 시도, 가족의 개인정보 등 아주 사적인 정보를 알려주기도 하였다. MB는 피고인이 바람을 피우고 있다고 생각하여 자살을 시도했고 피고인은 그의 집 바닥에 생긴 피 웅덩이 사진을 찍었다. 그녀가 모르는 사이에 숨긴 카메라로 그녀와 성관계를 갖는 모습을 촬영하기도 했다.[161]

MB가 헤어지자고 했을 때 피고인은 관계를 지속하지 않으면 인터넷에 개인정보를 올리겠다고 협박하였다. 그녀가 이에 따르지 않자, 피고인은 모욕적인 글과 함께 MB의 은밀한 사진이 담겨있는 웹사이트로 안내하는 엽서를 만들어 MB의 지인들에게 보냈다. 그녀의 자녀, 다른 가족들, 직장 동료 등이 보았으며, MB가 아는 사람 대부분이

---

156   *Ibid.*, at 29.
157   *Ibid.*
158   Ohio Revised Code § 2903.211(A)(1).
159   Ohio Revised Code § 2903.211(D)(1).
160   701 F 3d 849 (8th Cir. 2012).
161   *Ibid.*, at 852-3.

이 사이트의 존재를 알게 되었다.[162] 이 페이지는 누구에게나 공개되어 있었고 피고인에 따르면 30,000건 정도의 자료가 있었다.[163] 여기에는 은밀한 사진 및 비디오뿐만 아니라, MB의 자녀 사진, 가족의 개인정보, 자살 시도에 따른 피 웅덩이 사진 등을 보여주는 링크도 있었다. 이 웹사이트는 즉시 폐쇄되었지만 피고인이 체포되기 전까지 다시 오픈되었다. 피고인은 스토킹 4건과 주(州) 간 부당한 위협[164] 2건으로 유죄를 받았고 징역 8년형에 처해졌다.[165]

법원은 피고인의 법령에 대한 위헌 제기(facial challenges)와 법 적용에 대한 위헌 제기(as applied challenges) 모두를 기각하였다. 법령에 대한 위헌 제기와 관련해서는, § 2261A(2)(A)는 표현보다는 '일련의 행위'에 대한 것이고 반드시 표현을 포함할 필요는 없다고 판시하였다.[166] 게다가 이 조항은 '피고인의 악의적 의도와 피해자에 대한 상당한 위해'를 모두 요구하므로, '어떤 헌법의 보호를 받는 표현이 이 법령상 금지에 해당하는지 상상하기 어렵다.'[167]

법 적용에 대한 위헌 제기와 관련해서는, 대법원은 '오로지 사적 중요성만 문제되는 경우, 수정헌법 제1조의 보호는 덜 엄격히 적용되는 경우가 많다'고 판시하였다.[168] 법원은 Coplin v. Fairfield Public Access Television Committee 판결[169]에서의 평가 기준을 적용하여, 그 통신이 한번도 공개된 적 없는 극도로 사적인 정보를 공개했고, 대중은 MB의 성적, 사적 생활에 관심을 가질 합법적 권리가 없으며, 그 정보가 굉장히 모욕적이기 때문에 이러한 사실관계에 대한 해당 법령의 적용은 수정헌법 제1조에 위배되지 않는다고 결론지었다.[170] 이는 동물학대에 대한 대중의 관심[171]이나 종교적 수장에 대한 비판[172] 따위의 문제와는 대조된다.

온라인에 정보를 게재하는 것에 다른 행위가 수반되지 않았다면, 웹사이트 게재는

---

162   *Ibid.*, at 853.
163   *Ibid.*
164   18 USC § 875(d).
165   US v. Petrovic, 701 F 3d 849 at 852 (8th Cir. 2012).
166   *Ibid.*, at 856.
167   *Ibid.*, quoting US v. Bowker, 372 F 3d 365 at 379 (6th Cir. 2004).
168   Snyder v. Phelps, 131 S Ct. 1207 at 1215 (2011).
169   111 F 3d 1395, 1405 (8th Cir. 1997).
170   US v. Petrovic, 701 F 3d 849 at 856 (8th Cir. 2012).
171   US v. Fullmer, 584 F 3d 132, 154 (3rd Cir. 2009).
172   US v. Sayer, 748 F 3d 425 (1st Cir. 2014). Cf. US v. Cassidy, 814 F Supp 2d 574 (D Md. 2011).

행위 하나이기 때문에 이러한 목적상 '일련의 행위'라고 확정하기 어려울 수 있다. 이러한 경우를 다루기 위해 Victoria 주 규정은 '일련의 행위'에는 구체적으로 '인터넷에 게재하거나 다른 사람에게 이메일 기타 전자 통신을 통해 - (i) 피해자 또는 다른 사람과 관련되거나 (ii) 피해자 또는 다른 사람으로부터 유래됐다거나 관련있다고 주장하는 - 어떤 진술이나 자료들을 배포하는 것'을 포함시키고 있다.[173] 또한 분리하여 각각 두 번 이상 참여한 행위뿐만 아니라 지속된 행위도 '일련의 행위'가 될 수 있다고 받아들여지고 있다.[174] 어쨌든 게재행위는 다른 행위가 수반되는 경우가 많다. 온라인 게재물은 그대로 남아있을 가능성이 낮으며, 논란이 있긴 하지만 게재물을 변경하는 것은 일련의 행위를 구성할 수 있다. 그리고나서 그 행위가 피해자에게 요건상의 영향을 주었는지와 필수적 책임 요건이 수반되는지 판단해야 할 것이다.

피해자가 게재 사실을 몰랐을 때는 괴롭힘의 필수 요건을 규명하기 어려울 수 있다.[175] 물론, 피해자가 게재 사실을 향후에 알게 되는 경우가 많을 것이며, 이때는 그 인식과 정확한 범죄 구문의 측면에서 범죄 요건을 검토해야 할 것이다. 한편 미국에서는 '진짜 위협'에 대한 증명을 요하므로 온라인에 정보를 배포하는 것과 관련해 특별히 어려움이 있다. 관련 규정이 '다른 사람이나 그 가족에 대하여 위협적인 행위를 하는 것'이라고 되어 있는 캐나다의 경우에도 비슷한 문제가 있을 수 있다.[176]

US v. Carmichael 판결[177]에서 피고인은 마약 및 자금 세탁 음모 혐의를 받았다. 그는 혐의를 받자마자 웹사이트를 만들었는데, 여기에 '이러한 요원들과 정보원에 대한 정보 구함'이라는 글을 반복적으로 게시하였다. 그리고 이 사이트는 사건에 연루된 증인과 요원들의 이름과 어떤 경우에는 사진까지 나열하였다. 피고인은 '이는 절대 정보원이나 요원을 위협하거나 괴롭히고자 하는 게 아니고, 단순히 정보를 구하고자 하는 것이다'라는 부인하는 글을 넣기 위해 사이트를 변경하였다.[178] 또한 이 사이트는 지역 신문의 광고에 실리기도 했다. 정부는 증인을 위협한다는 근거로 그 자료의 배포를 금지하는 행정 명령을 구하였다. 그러나 지방법원은 이 사이트는 '진짜 위협'이 아니므로 수정헌법 제1조에 의해 보호된다는 근거로 명령 발부를 거부하였다.

---

173   Crimes Act 1958 (Vic), s. 21A(2)(ba).

174   Gunes v. Pearson; Tunc v. Pearson (1996) 89 A Crim R 297.

175   R v. McDonald and Deblaquiere [2013]ACTSC 122 at [110].

176   Criminal Code (Can), s. 264(2)(d).

177   326 F Supp 2d 1267 (MD Ala. 2004).

178   *Ibid.*, at 1272.

앞서 살펴보았듯이 '진짜 위협'은 특정인 또는 특정 단체에 대하여 불법적 폭력 행위를 저지르려는 의도를 진지하게 표현하는 것으로, 실제로는 그 위협을 실행할 의도가 없었던 경우도 포괄한다.[179] 위협은 '진짜 위협'의 형태일 수 있고, 그러한 표현을 금지하는 것은 폭력에 대한 두려움으로부터 사람들을 보호할 뿐만 아니라 위협한 폭력이 실제로 일어날 가능성도 방지한다.[180] 어떤 표현이 '진짜 위협'에 해당하는지에 대한 평가는 법원으로 하여금 '합리적 인간이라면 그 정황상 신체적 위해를 가할 의도의 진지한 표현이라고 생각할만한 진술을 피고인이 의도적으로 하였다'는 점을 합리적 의심을 넘어 증명할 충분한 증거가 있는지 판단하도록 하므로 객관적이다.[181] 그 진술 자체와 맥락, 수신인의 증언 등이 이 판단과 관련된다.[182]

법원은 사실관계에 기반하여 이 사이트가 '진짜 위협'을 구성하지 않는다고 판시하였다. 이 사이트는 명시적인 위협이 없었고 위협 의사를 부인하는 글이 있었다. 사이트의 형식도 충분히 위협적이지 않았으며, 진짜 위협으로 판시된 이미지들이 그랬던 것처럼 살인이나 흉한 이미지, 위협적 욕설 등이 없었다. 맥락과 관련해서 법원은 일반적으로 마약 사건에서 살해당한 정보원들의 이력을 고려할 때 이 사이트는 위협처럼 보일 수 있다고 인정하였다. 그럼에도 법원은 이 사이트가 진짜 위협이라고 하기에는 배경 사실들이 '너무 일반적'이라고 판단하였다.[183]

정보가 인터넷에서 발견됐다는 사실은 정보가 열람된 맥락을 형성했지만, 진짜 위협으로 바뀌기에는 충분하지 않았다.[184] '인터넷에서의 표현이 더 전통적인 매체에서의 표현보다 헌법적 보호를 더 받거나 덜 받지 않기 때문에' 정보가 인터넷에 게재되었다고 해서 수정헌법 제1조에 대한 분석이 바뀌지는 않는다.[185]

이러한 경우에는 진짜 위협에 대한 증명을 요하는 규정이 문제될 뿐 아니라, 더 일반적인 괴롭힘 방지 규정도 벗어날 수 있다. 통신 전송이나 웹페이지 게재가 '일련의 행위'를 구성하더라도, 피해자가 몰랐던 경우 및 피고인이 피해자가 알지 못하도록 의

---

179   Virginia v. Black, 538 US 343 at 359-60 (2003).

180   *Ibid.*, at 360.

181   9 US v. Carmichael, 326 F Supp 2d 1267 at 1280 (MD Ala. 2004), citing US v. Alaboud, 347 F 3d 1293 at 1296-7 (11th Cir. 2003).

182   *Ibid.*, at 1281.

183   *Ibid.*, at 1285.

184   *Ibid.*, at 1288.

185   *Ibid.*, at 1288-9, citing Reno v. American Civil Liberties Union, 521 US 844 at 851 (1997).

도한 경우에는 범죄의 남은 요건들이 성립하지 않을 수 있다. 예를 들어 캐나다에서는 이 웹사이트가 '직접적 또는 간접적으로 다른 사람이나 그 사람의 지인과 반복적으로 통신함'에 이른다는 것을 증명하기 어려울 수 있다.[186) 그렇다면 기껏해야 선동, 음모,[187) 악의적 또는 모욕적 통신 관련 범죄로 기소해야 할 뿐이다.

정보를 배포하는 능력은 피해자를 괴롭히거나 협박하는 데 제3자를 끌어들이는 수단을 제공하기도 한다. '매장되는 것'과는 거리가 멀게, 인터넷은 불분명한 위협을 잠재적으로 수백만명이 접근 가능한 배포로 바꿀 수 있다.[188) US v. Sayer 판결[189)에서 피해자는 피고인의 전 연인이었는데, 피고인은 수년간 그녀를 스토킹했다. 그는 'Craigslist'에 피해자의 은밀한 사진, 집으로 가는 길, 피해자가 하고 싶어 할 성행위 등을 게재하였다. 그 결과 피해자는 다른 주로 이사갈 때까지 8개월간 원치 않는 남자들의 방문을 받아야 했다. 피고인은 피해자의 은밀한 사진들이 있는 그녀 이름의 가짜 페이스북 계정의 링크와 함께 성인 음란물 사이트에 그녀의 성행위 비디오를 게재하는 등 괴롭힘을 이어갔다. 2010년 어느 달에는 그녀 이름으로 배포된 거짓 광고를 본 남자들이 하룻밤에 6명이나 그녀의 집을 방문하기도 했다. 다른 사건에서는, 피고인이 피해자의 자녀 사진을 실명, 주소, 휴대폰 번호와 함께 웹사이트에 게재하면서 이 자녀들을 강간하라고 부추겼다. 피해자의 가족은 이 게재물을 본 전국, 나아가 전 세계의 남성들로부터 수많은 전화를 받아야 했다.[190)

또 이와 관련되는 현대사회의 현상이 두 가지 있다. 첫째는 '행복한 폭행(happy slapping)'[191)이라는 비뚤어진 용어로 부르는 '단순한 협박, 강도, 폭행부터 강간과 살인까지 이르는' 범죄행위를 녹화한 것이다.[192) 1차적 범죄로 야기된 피해에 더하여 녹화 및 배포로 피해가 증대되고 그 자체로 괴롭힘의 한 유형이 된다.[193) 유튜브 같은 사이트는 그러한 이미지를 녹화하고 업로드하는 과정을 굉장히 간단하게 만들고, 그 이미지의 존재

---

186   Criminal Code (Can), s. 264(2)(b).

187   US v. Alkhabaz, 104 F 3d 1492 at 1507 (6th Cir. 1997).

188   People v. Neuman, 2002 Cal App Unpub LEXIS 734 (Cal Ct App. 2002) at 12.

189   748 F 3d 425 (1st Cir. 2014).

190   US v. Rose, 315 F 3d 956 (8th Cir. 2003).

191   M. Ball, 'Documenting acts of cruelty: The practice of violent criminals making visual records of their crimes' (2012) 25 Visual Anthropology 421.

192   Ibid., p. 428.

193   N. P. Grant, 'Mean girls and boys', The intersection of cyberbullying and privacy law and its social-political implications' (2012) 56 Howard Law Journal 169, 182.

를 다른 사람들에게 빠르게 알리는 데 소셜 네트워킹 사이트가 사용될 수 있다. 그러한 행위는 악의적 또는 모욕적 통신과 관련한 일반적 규정으로 기소될 수도 있다. 그렇지 않으면, 최근에 망신을 주거나 명예를 훼손하는 영상 제작에 대하여 범죄를 제정한 호주의 South Australia 주처럼 구체적인 범죄를 제정할 수도 있다.[194]

둘째는 비동의 음란물 또는 일명 '리벤지 포르노'라고 부르는 현상이다. 즉 동의를 받고 촬영한 성적 이미지를 이후 인터넷에 업로드하거나 다른 방법으로 배포하는 것으로, 소셜 네트워킹 사이트나 웹사이트가 주로 이용된다. 이러한 행위는 흔히 데이트 폭력과 연관되며,[195] 심각한 정신적 고통과 근심 등 피해의 많은 부분이 다른 형태의 괴롭힘으로 인한 피해와 동일하다.[196] 인터넷에 자료가 지속적으로 남는다는 점을 고려할 때 특히 고용 문제 등 피해자의 삶의 다른 측면에도 영향을 줄 수 있다.[197] 더 넓게 보면, 최소한 사생활 침해가 범죄화된 다른 상황들에 상응하는 정도의 피해가 발생하는 경우 한 사람의 사생활을 침해하는 것으로 볼 수 있다.[198]

이 현상을 구체적으로 다루는 법은 비교적 적으며, 민사적 구제는 일반적으로 불충분하다.[199] 괴롭힘 범죄가 적용될지도 모르지만, '일련의 행위'가 있어야 되는 요건 때문에 제한될 수 있다. 최초 유포자가 한 번만 자료를 게재한 경우처럼 말이다.[200] 그러나 다른 다양한 범죄가 적용될 수 있다. 예를 들어 '리벤지 포르노' 사이트 'isanyoneup.com'을 운영했다고 알려진 Hunter Moore는 해킹죄와 신원도용죄로 기소되었다.[201] 일부 웹사이트 운영자는 이미지를 내리려면 돈을 내라고 요구하는데, 2013년 '리벤지 포르노' 사이트 'UGotPosted.com'의 운영자 'Kevin Bollaert'는 공갈과 신원도용죄로 기소되었다.[202] 호주 New South Wales 주에서는 'Ravhan Usmanov'가 여자친구와 이

---

194   Summary Offences Act 1953 (SA), s. 26B.

195   D. Citron and M. Franks, 'Criminalizing revenge porn' (2014) 49 Wake Forest Law Review 345, 352.

196   Ibid., 351.

197   Ibid., 352.

198   New Zealand Law Commission, Harmful digital communications: The adequacy of the current sanctions and remedies (Ministerial Briefing Paper, 2012), p. 88.

199   Citron and Franks, 'Criminalizing revenge porn,' 357-62.

200   Ibid., 366.

201   N. Karlinsky and L. Effron, 'Revenge porn mogul indicted on federal conspiracy charges', ABC News (23 January 2014).

202   Citron and Franks, 'Criminalizing revenge porn,' 369.

별 후 본인의 페이스북 페이지의 그녀의 외설적 사진을 게재하여 1900년 New South Wales 주 범죄법 (Crimes Act 1900 (NSW)) s. 578C 의 '외설적 글을 게재하는 행위'로 유죄를 받았다.[203]

몇몇 사건에서는 이러한 행위가 관음 규정 위반이 될 수 있으나, 최초에 이미지를 녹화한 것이 동의에 의한 경우가 많다. 물론 그러한 이미지를 촬영하는 데 대한 동의는 구체적 맥락이 중요한데,[204] 최초의 이미지 촬영에 대한 동의가 아니라 이미지 게재에 대한 동의에 초점을 맞추어야 한다는 주장이 있다.[205] 결과적으로 최소한 미국의 6개 주에 타인의 사적인 성적 이미지에 대한 비동의 유포를 범죄화하는 법이 제정되었으며, 다른 여러 주에서도 이러한 입법이 제안되고 있다.[206] 캐나다와 호주의 South Australia 주 및 Victoria 주도 '침해적인' 또는 '사적인' 이미지를 동의 없이 유포하는 행위를 범죄화하는 법을 제정하였다.[207]

(3) 피해자의 컴퓨터를 표적으로 삼는 행위

괴롭힘 가해자가 협박의 한 형태로든 감시 목적으로든 피해자의 컴퓨터를 조작하는 경우도 있을 수 있다. 기술적 역량이 충분한 가해자는 정보를 얻거나, 데이터를 삭제 또는 조작하거나, 컴퓨터를 통제하기 위해 피해자의 컴퓨터에 원격 접속을 할 수 있다. 제2장에서 살펴본 것처럼, '스파이웨어(Spyware)'가 점점 더 접근성이 높아지고 정교해지고 있어 원격에서 웹캠에 접속하는 등 피해자의 컴퓨터에 접근할 수 있게 해준다. 앞서 예로 든 사례에서 한 여성이 '너 두고 봐'라는 메시지를 받았다. 그리고나서 스토커는 그녀의 컴퓨터에 통제력을 가지고 있다는 것을 보여주기 위해 원격에서 그녀의 CD 롬 드라이브를 열었다.[208] 더 흔한 경우는 가해자가 피해자의 이메일 계정을 변경하여 본인의 계정으로 메시지가 전달되도록 하는 것이다.[209]

이러한 행위는 넓은 의미에서의 '일련의 행위'에 포함될 수 있는데, '위협적 행위'

---

203   Usmanov v. R [2012] NSWDC 290.
204   Citron and Franks, 'Criminalizing revenge porn', 355.
205   *Ibid.*
206   *Ibid.*, 371.
207   Criminal Code (Can), s. 162.1; Summary Offences Act 1953 (SA), s. 26C; Summary Offences Act 1966 (Vic), ss. 41DA, 41DB.
208   E. Ogilvie, Cyberstalking, Trends and Issues in Crime and Criminal Justice No. 166 (AIC, 2000), 4.
209   R v. Debnath [2005] EWCA Crim 3472.

를 구성해야 하는 캐나다의 경우는 예외이다. Victoria 주의 규정은 구체적으로 '피해자나 다른 사람이 소유하거나 사용하는 컴퓨터에 권한 없이 기능을 작동시키는 것'이라고 규정하고 있다.[210] 영국에서는 스토킹 관련 행위의 맥락에서 그러한 행위는 '어떤 사람의 소유물을 조작하는 것' 또는 전자적 통신의 모니터링에 해당될 수 있다.[211]

또한, 이러한 행위는 구체적으로 컴퓨터 접근 또는 조작 범죄가 적용될 수도 있다. 예를 들어 성적 이미지를 주거나 성적 행위를 하라는 등의 요구에 응하지 않으면 피해자의 사적인 이미지를 유포하겠다고 위협하는 소위 '섹스토션(sextortion)'의 경우에 적용될 수 있다.[212] Karen Kazaryan은 피해자의 이메일, 페이스북, 스카이프 계정을 탈취하여 무권한 접속 및 신원도용죄로 징역 5년형을 받았다. 그는 피해자의 나체 사진을 찾아내고 사진과 비디오를 더 제공하라고 강요했다.[213]

(4) 감시

스토커가 가진 힘의 핵심은 피해자에 대한 정보이다. 가해자가 피해자를 놀라게 하거나 통제할 수 있는 힘은 그가 모을 수 있는 정보의 양에 따라 증가한다.[214]

피해자를 감시하에 두는 것은 괴롭힘의 흔한 특징이며, 디지털 기술로 인해 훨씬 쉽게 할 수 있다. 여기서 감시는 일반적으로 두 가지 형태 중 하나이다. 첫째는 피해자나 피해자와 연결된 사람들에 대한 정보를 얻는 것으로, 이 정보는 향후 괴롭힘 행위를 위해 사용된다. 예를 들어 가해자는 피해자의 행방이나 누구를 만나는지 알고 있음을 나타내는 메시지를 보내기도 한다. 또한, 가해자는 정보를 수집함으로써 피해자가 어디에 있을지 알 수 있게 되어 더 직접적인 감시를 하는 데 이용할 수 있다, 이는 사생활 침해와 함께, 피해자가 어디에 있는지 가해자가 항상 알고 있다는 느낌, 안전한 곳은 없다는 느낌을 주기 때문에 강력한 협박 형태이다.

인터넷은 들킬 가능성이 거의 없이 사적인 정보에 쉽게 접근할 수 있도록 해준다. 사람들은 방대한 양의 정보를 온라인, 특히 소셜 네트워킹 사이트에 자발적으로 올린

---

210   Crimes Act (Vic), s. 21A(2)(bb).

211   Protection from Harassment Act 1997, ss. 2A(3)(d)(f).

212   US Department of Justice, 'Glendale man who admitted hacking into hundreds of computers in "sextortion" case sentenced to five years in federal prison,' Press release (9 December 2013).

213   Ibid.

214   McGrath and Casey, 'Forensic psychiatry and the internet,' 89.

다. 검색 엔진의 성능이 점점 좋아지고 있으며, 어떤 온라인 서비스는 요금을 받고 개인정보를 제공하기도 한다. 예를 들어 'yourhackerz.com' 같은 서비스는 요금을 받고 제3자의 이메일 비밀번호를 몰래 얻어 준다.[215]

20세의 Amy Boyer가 생전에 알지도 못한 전 반 친구에게 살해당하는 악명 높은 사건이 있었다. 가해자는 2년간 그녀의 움직임을 보여주는 웹사이트를 관리하며, 여기에 그의 살인 의사를 개략적으로 서술하기도 하였다. 그는 인터넷에서 Amy의 직장 주소를 알아낸 다음 그녀의 회사로 가서 그녀를 총으로 쏜 후 자기 자신도 쐈다.[216]

감시의 두 번째 형태는 더 전통적인 것으로, 피의자의 행동을 관찰하거나 모니터링하는 것이다. 디지털 기술은 여러 가지 방법으로 이러한 행위를 용이하게 할 수 있다. 소형화 기술로 인해 감시가 쉬워졌으며, 비교적 싸고 발견하기 어려워졌다. 정지 이미지든 영상이든 고화질로 녹화하고 저장하는 기술이 크게 발전하였다. 이제는 가정집과 사적 장소 또는 위험하지 않은 물건에 감시 장비를 숨기기가 훨씬 쉬워졌고 발견될 가능성도 낮다. 나아가 무선 기술은 원격에서 감시할 수 있게 해줌으로써 다른 차원으로 들어서게 하였으며, GPS 기술로 인해 피해자에게 추적 장치를 부착하는 것도 가능해졌다.[217] 쉽게 이용할 수 있는 소프트웨어를 통해 우리가 모르는 사이에 우리의 휴대폰이 사용될 수도 있다.[218]

Colorado v. Sullivan 판결[219]에서 피고인은 스토킹에 의한 괴롭힘 혐의 등으로 유죄를 받았다. 피고인은 아내가 제기한 이혼 소송 이후 아내를 추적하기 위해 차량에 GPS 장치를 부착하였다. 피고인은 장치 속 정보를 불러와 컴퓨터에 업로드하였다. 관련 법령에 의하면, 스토킹에는 '반복적으로 어떤 사람을 감시하에 두는 것'이 포함될 수 있다. 법원은 GPS 장치에서 데이터를 불러오기 전까지는 그녀의 행방을 알 수 없었으므로 그의 아내를 감시하에 두지 않았다는 피고인의 주장을 받아들이지 않았다. 몇몇 주에서의 '감시'의 정의와 대조적으로 Colorado 주의 법령은 물리적 존재 요건이 포함되어 있지 않다. '감시'의 일반적 의미는 '누군가 또는 무언가를 계속해서 지켜보는 것'

---

215   US v. Cioni, 649 F 3d 276 at 280 (4th Cir. 2011).

216   Remsburg v. Docusearch, 149 NH 148 (NH. 2003).

217   Musgrove v. Millard [2012] WASC 60; HM Advocate v. Harris [2010] HCJAC 102.

218   R v. Gittany (No 5) [2014] NSWSC 49 at [7]; Pilgrim v. R [2014] VSCA 191.

219   53 P 3d 1181 (Col Ct App. 2001).

또는 '정보를 수집하기 위해 어떤 사람이나 장소를 면밀히 관찰하는 것'이다.[220] 법원은 물리적으로 직접 감시를 하는 것과 같은 결과를 달성하게끔 고안된 GPS 같은 장치를 사용하는 것 사이의 큰 차이점을 발견하지 못했다. 결과적으로, 법원은 전자적 감시는 어떤 사람이 한 장소에서 다른 장소로 이동할 때 스토커가 동시에 또는 직후에 그 정보에 접근할 수 있게 하므로, '감시하에'라는 문구에는 사람의 행방을 기록하는 전자적 감시도 포함된다고 판시하였다.[221]

또한, 법원은 한 번만 그 장치를 설치하고 제거했기 때문에 '반복적으로' 피해자를 감시하에 두지 않았다는 피고인의 주장도 받아들이지 않았다. '반복적으로'의 일반적 의미는 '한 번보다 많이'이며, 피고인은 한 번만 설치하고 제거했어도, 최소한 두 번은 그 장치에서 정보를 다운로드했다고 인정하였다.[222] 어찌됐든 그 장치는 '반복적으로' 피해자의 이동 정보를 저장하였고 이는 해당 범죄의 요건을 충족하기에 충분하였다.[223]

감시가 미국법상 명확히 '일련의 행위'에 해당할 수 있고 영국과 호주 Victoria 주[224]에서도 구체적으로 언급되어 있지만, 관련 행위가 '거주지 또는 그 사람이나 그의 지인이 거주하거나 근무하거나 영업하거나 있게 된 장소를 따라다니거나 지켜보는 것'인 캐나다의 경우에는 문제가 발생할 수 있다.[225] 이와 유사하게 미국의 스토킹 방지 규약 모델에도 '일련의 행위'는 '반복적으로 시각적 또는 물리적 근접성을 유지하는 것'을 포함시키고 있다. 피고인이 원격에서 피해자의 움직임을 모니터링하는 경우가 있을 수 있음에도, 이 두 규정은 모두 피해자를 물리적 감시하에 두어야 함을 시사한다. 게다가 이러한 문언은 이메일이나 다른 통신을 모니터링하는 것과 같은 다른 형태의 감시에는 쉽게 적용할 수 없다.

어떤 사법 관할권이든지 피해자에게 알려지지 않은 감시는 피해자에 대한 영향 측면과 책임 요건을 충족하기 어렵다는 주장이 있을 수 있다. 피해자가 알지 못했다면 피해자에게 영향이 없었을 수 있고, 같은 상황에 처한 합리적 인간이라면 마찬가지일 것

---

220 Colorado v. Sullivan, 53 P 3d 1181, 1184 (Col Ct App. 2001), citing *Webster's Third New International Dictionary* (1968), p. 2302 and *Black's Law Dictionary*, 7th edn. (1999), p. 1459, respectively.

221 *Ibid.*

222 *Ibid.*

223 *Ibid.*, at 1185.

224 Crimes Act 1958 (Vic), s. 21A(2)(f).

225 Criminal Code (Can), s. 264(2)(c).

이다. 피해자가 그 사실을 알게 되더라도, 범죄 성립 여부는 책임 요건이 충족되는지에 따를 것이다. 그러나, 그러한 행위는 감시장치 관련법 위반이 될 수 있다.

게다가 일반적인 경우 감시는 단독으로 일어나지 않는다. 예컨대, H.E.S. v. J.C.S. 민사판결[226]에서 원고와 피고는 18년간 결혼생활을 했다. 이혼 신청을 했음에도 이들은 같은 집에서 살았는데, 침실은 각자 썼다. 아내는 자신의 침실에 있는 사진에 숨겨진 소형 카메라를 발견했는데, 카메라 선이 피고 침실의 VCR에 연결되어 있었다. 상소부는 피고가 괴롭힘을 실행하지는 않았다고 판시하였다. 그는 아내가 카메라를 발견하기를 의도하지 않았으므로, 아내를 불쾌하게 하거나 놀라게 할 의도는 없었다.[227] 피고는 나아가 그 감시행위가 관련 법령에서 요구하는 것처럼 정황상 합리적 인간에게 신체적 상해에 대한 두려움을 일으키는 것이 아니므로 스토킹에 해당하지 않는다고 주장했다.

New Jersey 주 대법원은 이 주장을 기각하였다. 그 감시행위는 단독행위로 볼 게 아니라, 피고인의 혐의에 비추어 검토되어야 했다. 침실이라는 사적 영역에서 아내를 관찰하고 도청하는 행위에 그친 게 아니라, 아내가 일하는 동안 뒤쫓고, 감시 장치가 없었더라면 그녀가 거기 있는지 몰랐을 장소에 나타나고, 침실에서 물건을 훔치고, 이혼소송을 취소하지 않으면 죽이겠다고 협박하는 행위가 포함되었다. 이러한 배경사실을 검토할 때, 그리고 당사자의 내력을 볼 때, 괴롭힘과 스토킹 모두에 이를 수 있는 행위라는 증거가 충분하였다.[228]

특히 어려운 상황은 성행위를 몰래 녹화하여 송출하는 것이다. 이러한 행위는 뉴욕의 워싱턴 대교에서 뛰어내린 18세의 Rutgers 대학교 신입생 Tyler Clementi 사건처럼 비극적인 결과를 초래할 수 있다. 그의 자살은 그가 다른 남자와 키스하는 것을 몰래 촬영하여 인터넷에 송출한 룸메이트로 인해 촉발된 것이었다.[229] 앞서 간략히 살펴본 것처럼, 이러한 형태의 감시는 감시행위가 단 한 번만 있었다면 '일련의 행위'가 아니기 때문에 전통적인 괴롭힘 법령에 해당하지 않을 수 있다. 이에 더하여, 원고가 그 행위의 발생에 대해 모르고 있었기 때문에 피해자에게 영향을 줄 것을 요구하는 요건과 범죄의 책임 요건을 충족하지 못할 것이다. 감시장치 관련법은 촬영자가 촬영의 당사

---

226 175 NJ 309 (NJ. 2003).
227 *Ibid.*, at 415.
228 *Ibid.*, at 417.
229 Grant, 'Mean girls and boys,' 187.

자인 경우에는 적용할 수 없다. 뒤이은 자료 유포로 원고가 영향을 받았을 수 있지만, 관련 혐의는 이전의 감시행위보다는 그 유포 행위에 중점을 두어야 할 것이다.

그러한 행위에는 괴롭히거나 모욕적인 통신을 위해 전기통신 서비스를 이용하는 행위를 다루는 특정 규정이 적용될 것이다. 예를 들어, R v. McDonald and DeBlaquiere 사건[230]에서 두 피고인과 원고는 호주 국방 참모 대학교의 사관학생이었다.[231] McDonald와 원고는 '잠자리를 같이 하는 친구'라고 일컫는 사이로, 합의에 의한 성관계를 가지고 있었다. 원고는 둘 사이의 비밀로 한다는 전제하에 이 관계에 합의한 것이었다. McDonald는 DeBlaquiere에게 그날 저녁에 여생도와 성관계를 할 것이라고 얘기했고 DeBlaquiere는 McDonald에게 성행위를 촬영하라고 제안하였다. 그날 저녁 그의 방에서 원고를 만나기 직전에 McDonald는 그의 컴퓨터에 웹캠을 켰고 스카이프에 로그인하였다. 그리고나서 McDonald는 DeBlaquiere와 다섯 명의 다른 생도들이 다른 컴퓨터로 지켜보는 가운데 성행위 비디오를 송출하였다. 원고는 촬영되고 있다는 사실을 몰랐고 나중에 McDonald로부터 성관계가 송출되었다는 페이스북 메시지를 받고 나서야 그 사실을 알게 되었다.[232]

이 사건에서 피고인들은 형법 (Criminal Code (Cth)) s. 474.17(1)의 합리적 인간이라면 '모든 정황상' 모욕적이라고 여길만한 방법으로 통신망 서비스를 이용한 혐의로 유죄 선고를 받았다. '모욕적'이라는 용어는 이 법에 정의되어 있지 않으며, 대상과 맥락에 따라 해석되는 일반적 의미로 쓰일 것이다.[233] 특히 s. 473.4는 합리적 인간이 특정한 통신망 서비스 이용에 대하여 모든 정황상 모욕적이라고 여길 것인지 여부를 결정하는 데에는 아래 사항들이 고려돼야 한다고 규정하고 있다.

(a) 합리적 성인에 의해 일반적으로 수용되는 도덕성, 예절, 적절성

(b) 자료의 문학적, 예술적, 또는 교육적 가치

(c) 자료의 일반적 성격(의학적, 법적, 또는 과학적 성격인지 여부 등)

---

230 [2013] ACTSC 122.
231 *Ibid.*, at [31]-[39].
232 *Ibid.*, at [39].
233 *Ibid.*, at [26]-[28].

'모든 정황상'이라는 구절은 '그 통신망 서비스 이용이 모욕적이었는지에 대한 쟁점과 관련된 사건들을 포괄한다'.[234] s. 473.4에 구체적 사건들이 언급되어 있다고 해서 s. 474.17에 명시적으로 언급된 통신망 서비스를 이용한 정황들에 대한 언급이 배제되지는 않는다.[235] 모욕성 평가는 객관적이더라도, 참여자들의 주관적 느낌 또한 주변 정황의 일부를 형성하는 데 관련된다.[236] 그 이용이 모욕적이었는지에 대한 원고의 주관적 시각은 받아들여질 수 없더라도, 원고가 녹화되고 있다는 걸 몰랐다는 사실은 합리적 인간이라면 그 통신 서비스 이용이 모욕적이었는지 판단하는 데 고려할 관련 정황에 해당할 것이다.[237]

통신망 서비스를 수단으로 하는 것과 그 통신 내용을 구별하여야 일부 사건에서 실제 통신 내용은 그렇지 않더라도 반복된 통신 자체가 위협적이거나 괴롭히는 것일 수 있다는 사실을 받아들일 수 있다. 모욕적이거나 위협적인 내용 없이 그저 반복적으로 전화를 거는 것처럼 말이다.[238] 본 사건에서 판사는 원고 몰래 통신망 서비스를 은밀히 이용한 것은 통신망 서비스 이용의 일부로 볼 수 있다고 판시하였다.[239] 이는 통신망 서비스의 반복적 이용이 '통신망 서비스 이용을 수단으로 하는 것'에 해당한다는 것과 유사하다.[240] 은밀하거나 동의 없는 촬영이 모두 모욕적이라는 말은 아니다. 모욕적인지 여부는 그 특정한 사건에서의 정황에 달려있다.[241]

이 사건에서 통신 내용 또한 모욕적이라는 주장도 있었다. 다시 말해 그 여부는 통신 내용뿐 아니라 그 맥락에도 달려있다. 예를 들어 여성의 성기 이미지를 전송하는 것은 의과생들의 온라인 수업의 맥락에서는 모욕적이지 않을 수 있지만, 성적 만족을 위해 16세 아이들에게 전송하였다면 모욕적일 것이다.[242] 이와 유사하게 14세 소녀와 통신하고 있다는 피고인의 믿음은 통신망 서비스 이용을 '모욕적'으로 만드는 정황의 일부에 해당할 것이다.[243] 다른 관련 정황에는 이미지 속 사람들의 신원이 있을 수 있

---

234   *Ibid.*, at [85].
235   *Ibid.*, at [86].
236   *Ibid.*, at [92].
237   *Ibid.*, at [97].
238   *Ibid.*, at [106].
239   *Ibid.*, at [107].
240   *Ibid.*, at [109].
241   *Ibid.*, at [110].
242   *Ibid.*, at [85].
243   Rodriguez v. R [2013] VSCA 216 at [19].

다.[244] 예컨대, 성적 이미지 자체는 모욕적이지 않아도 이미지 속 사람의 어머니에게 전송한다면 모욕적일 수 있다.

이러한 사실들을 보건대 성인들 간의 합의에 의한 성관계에 대한 이미지가 본질적으로 모욕적인 것이 아니며, 그것을 본 남자들도 아마 모욕적이라고 생각하지 않았을 것이라는 주장이 있을 수 있다. 그러나 McDonald가 지켜보는 친구들을 향해 '트라이로 득점하는' 럭비게임의 제스쳐를 취했다는 것은 다른 이들이 지켜보고 있고 원고는 그 사실을 모른다는 걸 그가 인지하고 있었다는 걸 나타낸다는 점에 대해 배심원은 "나는 이것이 합리적 인간이라면 모든 정황상 모욕적이라고 여길만한 것이라고 생각한다."고 판단했다.[245]

---

244   Court v. Feng [2013] WASC 320 at [3].
245   R v. McDonald and DeBlaquiere [2013]ACTSC 122 at [113].

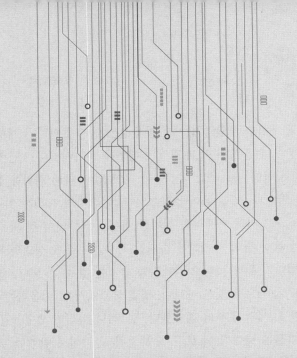

제13장

관음행위(Voyeurism)

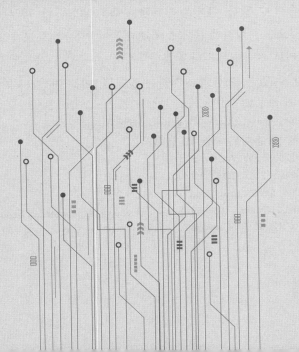

1. 디지털 관음

디지털 기술의 소형화와 촬영 장치의 가용성은 디지털 이미지 재생산 및 업로드의 용이함과 함께 넓게 '관음행위'라고 일컫는 행위를 증가시켰다.[1] 전형적으로, 관음행위는 일반적으로 사적인 장소라고 여길만한 곳에 있는 다른 사람을 몰래 관찰하거나 녹화하는 행위를 말한다. 예를 들어 스포츠 센터 관리자가 샤워하거나 선베드를 사용 중인 여성을 촬영하기 위해 카메라를 설치한 경우,[2] 집주인이 집 봐주는 사람을 촬영하기 위해 침실에 동작 감지 카메라를 숨겨둔 경우,[3] 계부가 성인인 의붓딸이 샤워하는 것을 몰래 녹화하기 위해 비디오 카메라를 숨겨둔 경우[4]가 있다.

물론 이런 행위가 새로운 것은 아니며, 몇몇 국가에서는 '관음하는 사람' 관련 특정한 법규가 최소한 19세기 초부터 존재했다.[5] 그러나 이러한 법규들은 예외적인 것으로, 대부분의 국가들은 방해죄, 스토킹, 모욕행위, 공공질서 방해나 무단침입 같은 범죄들로 의율하고 있다.[6] 그러나 최근 몇 년간 관음 관련 특정 법규들을 제정하면서 상황이 바뀌었다.

관음행위는 본질적으로 은밀하므로, 얼마나 만연한지 평가하기가 어렵다. 특정한 범죄로 규정되어 있지 않았다는 것 또한 기존에 공식적인 범죄 통계에 반영되지 않았다는 것을 의미한다. 입증되진 않았지만, 관음행위는 증가하는 것처럼 보이며, 디지털 기술이 이 현상을 만들어낸 건 아니어도 여러 방법으로 촉진했다는 점은 의심의 여지가 없다.

첫째, 이러한 기술은 은밀한 감시를 훨씬 쉽게 만든다. 소형 카메라를 일상생활 속 물건들에 쉽게 숨길 수 있다. 휴대폰 카메라는 특히 위험한데, 너무 보편적이라서 우리는 카메라가 있으면 수상하게 볼 장소에 휴대폰이 있는 것은 그냥 받아들인다. 예를 들어 소위 '업스커트(up-skirt)'와 '다운 블라우스(down-blouse)' 사진을 찍기 위해 디지털 카메라를 사용할 수 있다. 이름이 시사하는 것처럼, 이는 여성의 치마나 가슴골을 몰

---

1 옥스퍼드 영어 사전은 'voyeur'를 '다른 사람의 성적 신체부위나 성행위를 몰래 관찰함으로써 성적 욕구를 자극하거나 충족하는 사람으로 정의한다.
2 R v. Turner [2006] EWCA Crim 63.
3 People v. Brown, 2014 COA 130M (Col App. 2014).
4 R v. I.P. [2004] EWCA Crim 2646.
5 C. Calvert and J. Brown, 'Video voyeurism, privacy and the internet: Exposing Peeping Toms in cyberspace' (2000) 18 Cardozo Arts & Entertainment Law Journal 469, 516.
6 Ibid., 518-23.

래 촬영한 이미지를 말하고, 인터넷에서 쉽게 찾을 수 있다. 예전에는 계단 밑이나 잘 안보이는 곳에 숨어서 봤다면, 지금은 가방이나 다른 물건에 카메라를 쉽게 숨긴 다음에 여성의 발 쪽에 두기도 한다.

둘째는 아마 가장 큰 문제일 텐데, 정지 이미지나 영상 이미지는 인터넷을 통해 쉽게 재생산 및 유포될 수 있으며 효과적으로 회수할 수 없다는 것이다. 이는 관음을 즐기는 사람이 만들어낸 개인 웹사이트일 수도 있고, 이미지 공유 사이트나 그러한 자료를 제공하는 시장인 수많은 '관음' 성인 사이트 중 하나일 수도 있다. 예를 들어 Heathcote (가명) v. R 판결[7]에서 피고인은 같이 사는 친구의 11세 쌍둥이 딸들의 치마 속 이미지를 '이미지 소스'를 통해 공유했다. 휴대폰 카메라는 그 하나만으로도 손쉽게 촬영과 유포를 할 수 있게 해준다.

2. 관음행위의 범죄화

'관음행위'는 넓게 정의할 때 다른 사람을 몰래 지켜보는 것 이상이다. 사적이라고 할 만한 상황에서 성적 목적으로 다른 사람들을 은밀히 관찰하고 녹화하는 것이다. 몇몇 사건에서는 이 정의가 잘 들어맞아도,[8] 기존의 범죄들은 보통 여기에 잘 부합하지 않는다. 스토킹이나 무단침입 같은 범죄들은 범죄자가 피해자에게 물리적으로 근접할 것을 요한다. 피해자나 관련된 자가 피고인의 행위에 대해 모르고 있는 경우가 많기 때문에 외설행위나 공공방해죄로 기소하기도 어렵다. 또한 이러한 범죄들은 현대 기술의 난제 중 하나인 도촬 이미지 유포행위에도 적용할 수 없다.

예를 들어 불법 음란물이거나 아동 음란물이라면 기존 범죄에 명확히 포섭된다. 그러나 모든 도촬 이미지가 이러한 범주에 속하는 것은 아니며, 분류기준을 둘러싸고 지지부진한 논쟁을 초래할 수도 있다. 예컨대 미국에서 외설적이지만 음란하지는 않은 성적 자료는 반증이 없다면 보호받는 표현이다.[9]

시각적 감시 장비를 사용하는 것을 다루는 규정을 두고 있는 국가도 있다. 예를 들어 1999년 호주 Victoria 주의 감시기기법 (Surveillance Devices Act 1999 (Vic)) s. 7(1)에 의

---

7   [2014] VSCA 37 at [8].
8   Vigon v. DPP [1998] Criminal Law Review 289.
9   Sable Communications of California Inc. v. FCC, 492 US 115, 126 (1989).

하면, 합법적 이유 없이 '본인이 당사자가 아닌 사적 활동을 시각적으로 녹화하거나 관찰하기 위해 활동 당사자들의 명시적 또는 묵시적 동의 없이 광학 감시 기기를 고의로 설치, 사용, 또는 유지하는 것'은 범죄에 해당한다. 이러한 규정들이 관음행위 사건에 활용될 수는 있어도, '사적 활동'의 정의에 의해 그 범위가 제한되는 경우가 많다. 예를 들어 호주 Victoria 주의 규정은 '건물 밖에서 일어난 활동'은 배제하고 있다.[10]

따라서 현대적인 관음행위의 행태가 기존 법률에 도전하고 있다는 점은 분명하며, 때문에 구체적 범죄를 제정해야 할 필요성이 대두되고 있다. 특히 공공장소에서의 개인의 사생활권은 전통적으로 형사법 영역에서 관심을 거의 받지 못했다. 현존하는 그런 법들은 다른 맥락에서 사생활을 침해받는 사람들보다는 피고인의 권리 보호를 위해 법집행 기관에 의한 감시를 규제하는 것과 관련되는 경향이 있다.[11] 관음 범죄를 특정하는 법률을 찬성하는 주장은 두 가지로 개념을 정립해 볼 수 있다. 첫째는 사생활 범죄이다. 넓은 의미에서 관음 행위로 침해될 수 있는 사생활권은 두 가지 종류로 나눠 볼 수 있다. 첫째는 전통적인 '혼자 있을 권리'[12]인데, 개인이 누구에게 어느 정도까지 보여질 것인가를 결정할 권리를 말한다. 이 권리는 이미지가 포착되는 시점에 적용되며 녹화되는 시점과는 무관하다. 두 번째 사생활의 권리는 '자신에 대한 정보의 흐름을 통제하는 개인의 능력'이다.[13] 이는 이미지가 녹화되는 상황에만 국한되지는 않지만, 그러한 상황에서 특히 중요하다. 디지털 기술이 가장 큰 영향을 끼친 것도 이러한 맥락으로, 이미지를 빠르고 저렴하게 복제하고 수백만 명의 잠재적 시청자에게 유포할 수 있게 한 것이다.

은밀한 감시가 관찰 대상자에게 미치는 영향은 물론 관련자에 따라 상당히 다를 것이다. 다른 요인으로는 무엇이 관찰되었는지, 어디에서 관찰되었는지, 누구에게 관찰되었는지 및 더 광범위하게 유포되었는지 여부 등이 있다.[14] 어찌됐든 상당한 피해를 줄 수 있다는 데에는 의심의 여지가 없으며, 많은 피해자들이 고통, 혐오, 무력감, 굴욕

---

10   Surveillance Devices Act 1999 (Vic), s. 3.

11   L. E. Rothenberg, 'Re-thinking privacy: Peeping Toms, video voyeurs, and failure of the criminal law to recognize a reasonable expectation of privacy in the public space' (2000) 49 American University Law Review 1127, 1139.

12   S. D. Warren and L. D. Brandeis, 'The right to privacy' (1890) 4 Harvard Law Review 193, 193.

13   Calvert and Brown, 'Video voyeurism,' 488.

14   New Zealand Law Commission, Intimate covert filming, Study Paper No. 15 (2004), p. 8.

감, 침해받았다는 느낌 등을 호소하고 있다.[15]

그러나 은밀한 감시가 미치는 영향은 관찰된 개인의 사생활을 넘어선다. 자의적이거나 모욕적인 간섭으로부터 보호받아야 할 개인의 사생활의 권리는 국제법에서 인정하는 권리로서,[16] '개인의 존엄성, 자율성, 자유를 증진하고 보존하는 데 필수적인 요소'이다.[17] 사생활의 가장 중요한 사회적 이점 중 하나는 사람들이 갈 수 있는 피난처의 일종, 즉 그들이 그들을 관찰하도록 허락하는 사람들 외에는 관찰되지 않는 장소가 있다고 느낀다는 것이다. 이는 전통적으로 국가가 불합리하게 사적 영역에 개입하는 것을 막는 데 초점이 맞춰져 왔다. 이보다 더 나쁠 수는 있어도 덜하지 않은 것은 지역사회의 일반인들이 어떤 개인적인 목적으로 다른 사람의 사적인 순간에 침입하는 것이다. "한 사람의 사생활의 손실은 사회의 평화적 공존을 갈라놓는다는 점에서 모든 사람의 손실이다."[18]

그 중요성에도 불구하고 개인의 사생활의 권리는 대항하는 권리, 특히 표현의 자유와 균형을 이루어야 한다. 특히 관음행위 관련법이 너무 광범위하게 입안되면 합법적인 언론 활동이나 사진가가 예술적 표현으로서 공공장소에서 사진을 찍는 행위 등이 제한될 수 있다는 우려가 있다. 또한 이러한 법률은 법집행 기관의 감시 권한을 지나치게 제한해서는 안 되며, 합법적인 근무 감시처럼 개인이 합리적인 목적으로 감시 장치를 사용하는 것을 제한해서도 안 된다.

개인의 사생활권은 공동체 속에서 살아가는 사회적 현실과도 균형을 이루어야 한다. 한 사람의 사생활권이 그의 집이나 화장실처럼 명백히 사적인 장소에서 보호되어야 한다는 점은 분명하나, 어떤 이미지가 공공장소에서 촬영됐지만 성적 성격을 가진 경우에 문제가 발생한다. 쇼핑몰에서 찍힌 치마 속 사진을 한 예로 생각해 볼 수 있다. 아주 짧은 치마를 입은 여성이 속옷이 잘 보이는 자세로 앉아있는 것을 찍은 사진이라면 이 여성은 사생활권에 대한 합리적 기대가 없다고 볼 수 있을지 모른다. 반면에 어떤 가게에 서서 물건들을 보고 있거나, 직원을 기다리고 있는 여성이라면 치마 속을 보기 위해 감시 장치가 사용되고 있을 거라고는 생각지 못할 것이다. 공공장소에 있었지

---

15 *Ibid.*

16 International Covenant on Civil and Political Rights, New York, 16 December 1966, in force 23 March 1976, 999 UNTS 171, Art. 17.

17 New Zealand Law Commission, Intimate covert filming, p. 8.

18 Law Reform Commission Ireland, Report on privacy: surveillance and the interception of communications, No. 57 (1998), p. 3.

만 속옷을 가리고 있다는 점에서 그녀는 사생활권을 누려야 한다. 나아가 보는 것을 동의한 것과 촬영하는 것을 동의하는 것도 구별해야 한다. 짧은 치마를 입은 여성이 다른 사람들이 속옷을 볼 수 있다는 걸 수용하고 있을지 몰라도, 그 이미지가 촬영되고 낯선 사람들의 성적 만족을 위해 광범위하게 유포되는, 즉 '비동의 음란물'이 되는 데에는 동의하지 않을 수 있다.[19]

　　관음행위의 두 번째 개념 정의는 성범죄로서의 관음이다. 관음행위는 성적 동기가 있는 행위이며, 은밀한 상황에 있는 사람들을 촬영하고 배포하는 행위는 성적 동기를 가진 경우가 아주 많을 것이다.[20] 이러한 맥락의 관음행위를 금지하는 정책적 이유는 그 대상자가 알았든지 몰랐든지 간에 다른 사람에 의해 성적으로 이용되는 것을 방지하고자 하는 것이다.[21] 게다가 관음행위는 더 심각한 장애의 전조증상인 성적 장애의 증거일 수도 있다.[22] 더 넓게 보면, 관음행위는 합의에 의한 성관계 이미지를 무단으로 유포하는 행위, 성폭행 이미지를 녹화 및 유포하는 행위처럼 정보통신기술을 성폭력의 도구로 사용하는 광범위한 행동 범위의 일부로 볼 수도 있다.[23]

　　따라서 '사생활 침해가 시민의 성적 또는 육체적 존엄성도 침해하는 경우, 개별 시민의 사생활을 보호하려는 국가의 관심과 시민의 성적 착취를 방지하려는 국가의 관심이 합쳐진다'고 볼 수 있다.[24] 성적인 동기가 없는 경우에도, 관음증이 사생활에 미치는 영향 때문에 피해자와 사회 모두를 위해 범죄로 보아야 한다는 주장이 있을 수 있다.[25] 게다가 피해자 다수가 사생활이 침해되었다는 사실조차 깨닫지 못할 수 있기 때문에 공적인 법 집행이 적절한 영역이라는 주장이 있다.[26]

19　Rothenberg, 'Re-thinking privacy,' 1145.

20　New Zealand Law Commission, Intimate covert filming, p. 12.

21　Department of Justice Canada, Voyeurism as a criminal offence, Consultation Paper(2002), p. 8.

22　*Ibid.*, pp. 3-4. American Psychiatric Association, Diagnostic and statistical manual of mental disorders DSM-5 , 5th edn. (Arlington, VA: APA, 2013).

23　A. Powell, 'Configuring consent: Emerging technologies, unauthorized sexual images and sexual assault' (2010) 43(1) Australian & New Zealand Journal of Criminology 76, 80-1, 84.

24　Department of Justice Canada, Voyeurism, p. 8.

25　New Zealand Law Commission, Intimate covert filming, p. 25.

26　Rothenberg, 'Re-thinking privacy,' 1149.

3. 법적 대응

캐나다,[27] 영국,[28] 미국[29]에는 관음행위를 특정한 법규가 제정되어 있다. 호주에는 연방법에 관음죄가 없기 때문에, 이 문제를 다루는 최초이자 가장 포괄적인 주(州) 규정인 1899년 호주 Queensland 주 형법 (Criminal Code 1899 (Qld))의 ss. 227A 및 227B를 검토하고자 한다.[30]

사생활권과 분명 관련이 있지만, 이 조항들 중 어느 것도 사생활의 일반적 권리를 설정하고 있지 않다. 여기서 범죄들은 모두 관찰되는 것의 성적인 성격 또는 관음하는 자의 성적인 동기에 초점을 맞추고 있다. 각 규정을 하나하나 살펴보기보다는 아래 쟁점들을 위주로 살펴보고자 한다.

어떤 묘사물에 적용되는가?

어디에 적용되는가?

어떤 행위에 적용되는가?

책임요건은 무엇인가?

이미지 유포까지 확장되는가?

어떤 정당방위가 가능한가?

(1) 어떤 묘사물에 적용되는가?

각 규정은 은밀하거나 사적인 성격의 묘사물에 초점을 맞추고 있다. 등장인물이 식별 가능할 것을 요하는 규정은 없다. 나체 또는 반나체나 성행위를 묘사하는 이미지만 범죄인 나라들도 있다. 예를 들어 미국에서는 '나체 또는 속옷으로 가려진 성기, 치골 부위, 엉덩이, 여성의 가슴'으로 정의되는 '사적인 영역'의 이미지를 촬영했어야 한다.[31]

이와 유사하게 영국의 규정도 '사적인 행위'를 하는 것을 보거나 녹화할 것을 요한

---

27   Criminal Code (Can), s. 162(1).

28   Sexual Offences Act 2003 (UK), s. 67.

29   18 USC § 1801. 최대 1년형.

30   최대 2년형.

31   18 USC § 1801(b)(3).

다.[32] '사적인 행위'는 정황상 프라이버시를 제공해줄 것이라고 합리적으로 기대하는 장소이거나 '(a) 노출되거나 속옷으로만 가려진 사람의 성기, 엉덩이, 가슴, (b) 용변을 보는 사람, (c) 일반적으로 공공장소에서 하지 않을 성적 행위를 하는 사람'을 말한다.

이와 대조적으로, 캐나다나 호주의 Queensland 주 규정은 그러한 이미지를 동일하게 포섭하면서도, 단순히 사생활을 합리적으로 기대할만한 상황에서 촬영된 이미지에까지 확장되며, 나체나 성행위를 묘사하는 이미지여야 한다는 요건도 없다.[33] 예를 들어 탈의실에 있는 사람을 촬영했다면 그 사람이 옷을 입고 있었어도 이 법에 따라 범죄가 될 수 있다.

(2) 어디에 적용되는가?

> 우리 사회에서 사람은 사진 찍히지 않을 권리가 없다.[34]

각 국가는 범죄가 일어날 수 있는 장소들을 넓게 정의하기 위해 '사생활에 대한 합리적 기대'라는 개념을 사용한다. 그런 다음 특정 사례를 참고하여 이를 더욱 세분화한다. 캐나다와 Queensland 주 규정은 모두 금지된 행동의 범주를 명시하고 있는데, 사생활에 대한 합리적인 기대를 유발하는 상황에서 행위가 발생했다는 중요한 요건이 적용된다.[35] 캐나다 규정의 첫 구절은 어떤 사람이 '나체이거나, 성기 또는 항문 또는 (여자의) 가슴을 노출하고 있거나, 노골적인 성행위를 하고 있을 것으로 합리적으로 예상할 수 있는' 경우이다.[36] 이와 유사하게 Queensland 주에서 '사적 장소'는 어떤 사람이 '사적 행위'를 하고 있을 것으로 합리적으로 기대되는 경우를 말한다.[37] 이는 '(a) 샤워나 목욕, (b) 용변 보는 행위, (c) 옷을 입지 않은 채로 하는 행위, (d) 공공장소에서 하지 않을 법한 은밀한 성적 행위'로 정의된다.[38]

---

32 Sexual Offences Act 2003 (UK), s. 67(1)-(3).
33 Criminal Code (Can), s. 162(1), Criminal Code 1899 (Qld), s. 227A(1)(b)(i).
34 R v. Sotheren [2001] NSWSC 204 at [25].
35 Criminal Code (Can), s. 162(1), Criminal Code 1899 (Qld), s. 227A(1).
36 Criminal Code (Can), s. 162(1)(a).
37 Criminal Code 1899 (Qld), s. 207A.
38 *Ibid.*

이러한 정의에 따르면 화장실,[39] 침실,[40] 탈의실, 태닝실 및 그와 유사한 장소[41]가 여기에 명백히 해당된다. 이러한 장소에서는 그 사람이 실제로 나체였는지, 성행위를 하고 있었는지 등은 사실상 중요하지 않다. 그러한 장소에서 그러한 목적으로 관찰 또는 녹화를 하였다면 충분하다.[42] 그러나 폐쇄형 사무실 공간처럼 합리적으로 사생활을 기대할 수 있는 경우라도 거기 있는 사람이 나체일 것이라고 합리적으로 예상할 수 있다고 말하지는 못할 것이다. 예를 들어 R v. Hamilton 판결[43]에서는 상업용 주방의 종업원이 옷을 갈아입기 위해 사용하는 다목적 창고는 s. 162(1)(a)의 목적과 관련된 '장소'가 아니라고 판시하였다.[44]

이러한 상황은 아래의 경우 적용되는 본 조항의 두 번째 구절로 다룰 수 있을 것이다.

> 대상자가 나체이거나, 성기 또는 항문 또는 (여자의) 가슴을 노출하고 있거나, 노골적인 성행위를 하고 있으며, 관찰 및 녹화가 그런 상태에 있거나 그러한 행위를 하고 있는 사람을 관찰 및 녹화하려는 목적으로 관찰 및 녹화를 행한 경우[45]

따라서, 대상자는 그러한 행위를 하고 있을 것으로 합리적으로 예상되는 장소에 있을 필요가 없으며, 그러한 행위를 하고 있었고 그러한 목적으로 관찰 및 녹화되었으면 된다. 한 가지 중요한 제한사항은 그러한 상태에 있는 사람을 보거나 녹화할 목적으로 녹화나 관찰을 해야 한다는 것이다. 그러므로 예컨대 합법적으로 근무지를 감시했는데 우연히 사무실에서 옷을 갈아입는 사람이 찍힌 경우에는 적용되지 않을 것이다. 또한, 관찰 또는 녹화의 동기는 성적일 필요가 없다는 사실도 주목할만하다. 즉 괴롭힘이나 개인적인 즐거움일 동기일 수도 있다. 그 특정 행위를 녹화할 목적이었기만

---

39   R v. Laskaris, 2008 BCPC 130.

40   R v. Pan, 2012 ABPC 203.

41   R v. Hamilton, 2009 BCPC 381 at [30]-[31].

42   Department of Justice Canada, Voyeurism, p. 9.

43   2009 BCPC 381.

44   *Ibid.*, at [34].

45   Criminal Code (Can), s. 162(1)(b).

하면 범죄는 성립된다.[46]

예를 들어 누드 해변에 있는 어떤 사람을 고의로 관찰 또는 녹화한 경우에도 이러한 규정들이 적용될 수 있다. 하지만 이 행위가 사생활에 대해 합리적으로 기대할 수 있는 상황에서 발생한다는 요건을 충족해야 한다. 이는 관찰되는 데 대한 동의와 녹화되는 데 대한 동의 간 구별과 관련된다. 누드 해변에 있는 사람은 분명히 그러한 상태에서 관찰되는 데 동의한 것이다. 따라서 적어도 관찰되는 데 있어서는 합리적으로 사생활을 기대할 수 없다. 하지만 상황에 따라 동의 없이 그러한 상태로 고의적인 녹화의 대상이 되는 데 있어서는 사생활에 대한 합리적 기대가 있다고 볼 수 있다.

그러나 '사생활에 대한 기대는 관찰되는 장소나 공간의 특징과 일상적 행위 및 그 공간의 용도와 관련시켜야 한다. 사생활에 대한 기대는 그 장소나 공간이 관찰되는 방식이나 의도와 관련이 없다'고 받아들여져 왔다.[47] 따라서 그 해변에서 합리적 인간이 녹화될 수도 있다고 예상할 수 있었다면 사생활에 대한 합리적 기대가 없는 것이다. 녹화하는 사람이 성적 목적으로 행동했다는 사실이 그러한 기대를 발생시키는 것은 아니다.

이러한 규정들은 모두 피해자가 옷을 입고 공공장소에 있는 경우의 업스커트 문제를 거론하지 않고 있다. 캐나다에서 이러한 행위는 '성적 목적으로 행해진' 관찰 및 녹화에 적용되는 제3의 범주에 해당할 수 있다.[48] 이러한 행위는 어디서 발생하는지 또는 나체나 성행위가 촬영되었는지와 무관하게 금지되어 있다. 따라서 사생활에 대한 합리적 기대가 있는 상황에서 그러한 행위를 몰래 한다는 요건을 충족한다면 업스커트에 적용될 수 있다.[49] 예를 들어 R v. Rocha 판결[50]에서 원고와 그녀의 약혼남은 공항에서 짐을 기다리고 있었는데, 피고인이 원고 가까이에 몸을 수그리고 앉아있다가 휴대폰을 그의 신발 근처에 두어 치마 속 사진을 찍었다. 원고는 '일정한 수준의 사생활을 기대할 권리가 있었고 피고인이 했던 방식으로 신변의 안전을 침해당하지 않을 권리가 있었다.'[51]

특히 Queensland 주 규정이 이러한 상황을 다루고 있는데, 다른 사람의 성기나 항

---

46 Department of Justice Canada, Voyeurism, pp. 9-10.
47 R v. Keough, 2011 ABQB 48 at [158].
48 Criminal Code (Can), s. 162(1)(c).
49 R v. Pan, 2012 ABPC 203.
50 2012 ABPC 24.
51 Ibid., at [62].

문 부위를 동의 없이 보거나 시각적으로 녹화하되 합리적 성인이라면 그 부위와 관련하여 사생활을 영위하는 것으로 기대할 만한 상황일 때 그 관찰 및 녹화 행위를 범죄로 규정하고 있다.[52] 추가적으로 그 관찰이나 시각적 녹화는 그 다른 사람의 성기나 항문 부위를 보거나 시각적으로 녹화할 목적으로 행해졌어야 한다.[53]

이와 대조적으로 영국의 규정은 '정황상 합리적으로 사생활을 제공할 것으로 기대되는 장소'라고 되어 있다.[54] 이는 객관적으로 판단되며,[55] 상황에 따라 다를 것이다. 예를 들어, R v. Bassett 판결[56]에서 피고인은 가방 안에 작은 비디오 카메라를 숨긴 다음 공공 수영장의 남자 탈의실에 가지고 들어갔다. 그는 한 남성이 열린 샤워 칸막이 안에 서서 세 살짜리 딸의 머리를 감겨주고 있는 모습을 촬영하거나 촬영하려고 한 관음행위 혐의로 유죄를 받았다.[57]

그 남자가 열린 샤워 칸막이에 있긴 했어도, 사생활에 대한 합리적 기대가 있다고 판시되었다.[58] 그러한 기대의 유무는 관찰의 정황과 성격에 달려 있다. 그래서 예컨대 이 사건에서처럼 열린 탈의실에 있는 사람은 다른 탈의실 이용자들이 지나가면서 보는 것에는 사생활에 대한 합리적 기대를 할 수 없다.[59] 그러나 그런 목적으로 샤워실 벽에 구멍을 뚫어놓은 사람에 의해 관찰된 것이라면 사생활에 대한 합리적 기대가 있었다고 보아야 한다.[60]

미국의 State v. Dennison 판결[61]도 유사한 견해가 받아들여졌는데, 이는 탈의실에 있는 나체의 남성을 휴대폰으로 사진 촬영한 사건이었다.

헬스장이나 체육시설에서 동성의 회원들이 옷을 갈아입거나 샤워하기 위해 락커룸을 공유하는 게 실질적으로 불가피한 일이라고 해서 그러한 시설을 사용하는 데 있어 사생활에 대한 기대를 모두 없애는 것은 아니다. 그러한 락커룸을 사용하는 사람은 시

---

52 Criminal Code 1899 (Qld), s. 227A(2).
53 Criminal Code 1899 (Qld), s. 227A(2)(b).
54 Sexual Offences Act 2003 (UK), s. 68(1).
55 R v. B [2012] 3 All ER 1093 at 1109.
56 (2009) 1 WLR 1032.
57 *Ibid.*, at 1033.
58 *Ibid.*, at 1034.
59 *Ibid.*, at 1035.
60 *Ibid.*
61 2012 Ohio 1988 (Ohio Ct App. 2012).

설을 이용하는 동안 나체로 사진 찍히지 않을 것이라는 합리적 기대를 할 수 있다.[62]

사생활에 대한 합리적 기대가 관찰의 성격과 '밀접하게 관련되어' 있고, 그러한 면에서 관찰자의 목적과 간접적 관련성이 있을 수 있긴 해도, '사생활에 대한 기대와 관련있는 것은 관찰의 목적이 아닌 관찰의 성격이다.'[63] 그래서 탈의실 이용자가 나체인 다른 사람들을 관찰함으로써 성적 만족을 얻는다는 사실 하나만으로는 사생활에 대한 기대를 형성하지 않는다.[64]

미국의 유사한 법령은 피해자가 사생활을 기대하지 않았어도 적용될 수 있다고 받아들여지고 있다. State v. Davis 판결[65]에서 피고인은 12세의 손녀에게 샤워할 때 화장실 문을 열어두라고 요구하였고, 서서 손녀를 지켜보았다. 그럼에도 그 화장실은 사생활을 합리적으로 기대할 수 있는 장소라고 판시되었다. 합리적 기대를 결정한 것은 물리적 장소이지, 피해자의 주관적 기대가 아니었다.[66]

이러한 규정들은 탈의실이나 화장실 같은 명백한 장소에 더하여 폐쇄형 사무실, 거실, 태닝실 같은 곳도 다룰 수 있을 것으로 생각된다. 나아가 덤불 뒤에서 소변을 보는 것처럼 열린 공간에서 사적 행위를 하는 경우가 될 수도 있다.[67] 그러나 공공장소에서 치마 속 사진을 찍는 것은 그 '장소'가 사생활을 제공한다고 합리적으로 기대할 수 없기 때문에 정황상 사생활을 기대하는 것이 합리적이라고 하더라도 해당 규정이 적용되지 않을 수 있다.

이 문제는 비슷한 문언의 일부 미국 주법과 관련해서도 발생한다.[68] 예를 들어 Washington v. Glas 판결[69]에서 피고인은 쇼핑센터에서 작은 디지털 카메라를 이용하여 여성과 어린 소녀들의 치마 속을 동의 없이 사진과 영상으로 녹화하였다. 그는 Washington 주의 관련법[70]에 따라 관음행위로 유죄를 받았지만, '피해자가 사생활을 합리적으로 기대할 만한 장소에서' 범죄가 발생하지 않았다는 점을 주된 근거로 항소

---

62   *Ibid.*, at [22].
63   R v. Bassett (2009) 1 WLR 1032 at 1035-6.
64   *Ibid.*, at 1036.
65   2011 Wash App LEXIS 780 (Wash Ct App. 2011), considering RCW 9A.44.115(2)(a).
66   *Ibid.*, at [9].
67   R v. Sawyer [2007] EWCA Crim 204.
68   Calvert and Brown, 'Video voyeurism,' 528-9.
69   147 Wn 2d 410 (Wash. 2002).
70   RCW 9A.44.115.

하였다.[71]

Washington 주 대법원은 이 주장을 받아들였다. 그 법령은 어떤 사람이 사생활에 대한 합리적 기대를 할 만한 장소에 '일상적이거나 적대적인 침입 또는 감시로부터 안전할 것으로 합리적으로 기대할 수 있는 장소'가 포함되도록 정의하고 있다.[72] 따라서 이 법은 사람이 일반적으로 옷을 벗지 않지만, 벗었다면 사생활을 가질 것으로 예상되는 상황에 적용된다. 예를 들어, 누가 보는 것은 예상할 수 있지만 촬영될 것은 예상하지 못할 집안의 침실, 화장실, 탈의실 외의 방들이나 폐쇄형 사무실에서 어떤 사람이 수유하거나 옷을 갈아입는 경우 등이 있다. 그러나 공공장소에서 일상적 감시가 빈번히 일어나기 때문에 논리적으로 일상적이거나 적대적인 침해 또는 감시로부터 안전할 것이라고 합리적으로 기대할 수 있는 장소는 될 수 없다.[73]

대안적인 분석은 사생활은 어떤 사람이 공공장소로 가자마자 몰수당하는 '모 아니면 도'인 개념이 아니라는 것이다.[74] 공공장소에서 우리가 다른 사람들에 의해 관찰될 것이라는 점을 받아들인다 해도, 대부분 사람들은 여전히 다른 사람들이 보기를 원치 않는 신체의 은밀한 특정부위를 감추려고 조치를 취한다. 다른 공공장소에서까지도 이렇게 더 제한적인 사생활 영역을 존중하고 보호해야 한다는 주장이 있을 수 있다.

대다수 경우에 공공장소에서 옷을 입고 있는 여성은 잠깐 스쳐 지나가는 순간에 보일 수 있는 정도를 제외하고는 다른 사람들이 옷 속을 보리라고 예상하지 않는다는 것이 상식적이며, 끝없이 조작되고 강화될 수 있는 영구적인 이미지로 남으리라고는 분명 예상치 않을 것이다.[75]

이 견해는 쇼핑몰에서 몰래 촬영한 또 다른 사건인 Minnesota v. Morris 판결[76]에서 채택되었다. Minnesota 주의 관련법은 '합리적 인간이 사생활에 대한 기대하에 은밀한 신체부위를 드러내거나 드러낼 가능성이 높은 장소'에 적용된다.[77] 법원은 이 법령은 공공장소에 있는 여성의 치마 속을 촬영한 이미지에는 적용되지 않는다는 피고인의 주장을 받아들이지 않았다.

---

71   Washington v. Glas, 147 Wn 2d 410 at 414 (Wash. 2002).

72   *Ibid.*

73   *Ibid.*, at 415-16.

74   New Zealand Law Commission, Intimate covert filming, p. 6.

75   *Ibid.*, pp. 6-7.

76   644 N W 2d 114 (Minn Ct App. 2002).

77   Minn. Stat. § 609.746, subd. (1)(c)(1) (2000).

> 치마 속 영역(또는 스코틀랜드 사람의 킬트도 마찬가지이다)은 한 장소나 위치이
> 다. 이는 개념적인 것이 아니라 공간적인 것이다. 외피를 입는 행위로써 자신의 은밀
> 한 부위와 관련된 공간적 위치를 사생활의 영역으로 규정한 것이다.[78]

미국 연방법은 어떤 사람이 사생활에 대한 합리적 기대를 하는 정황을 아래와 같이 정하여 이 문제를 명시적으로 해결하고 있다.

> (A) 합리적 인간이 자신의 사적 영역이 촬영될 수 있다는 걱정 없이 프라이
> 버시 속에서 옷을 벗을 수 있다고 믿을 만한 정황[79], 또는
> (B) 합리적 인간이 공공장소에 있든 개인적 장소에 있든 자신의 사적 영역이
> 대중에게 보이지 않을 것이라고 믿을 만한 정황

이 정의의 첫 구절은 전통적인 사적 공간뿐만 아니라 사무실 또는 집 안의 화장실이나 침실 외의 방들도 명확히 포괄한다. 두 번째 구절은 특히 공공장소일지라도 신체의 사적 영역을 보는 행위를 다루고 있다.

(3) 어떤 행위에 적용되는가?

디지털 기술은 관찰과 녹화 능력 모두를 촉진시키며, 대부분 국가에서 이를 둘 다 처벌할 수 있다. 예를 들어 캐나다 규정에 의하면 관련된 상황에 있는 사람을 몰래 관찰하는 것과 시각적 녹화를 하는 것 둘 다 범죄이다.[80] 이와 대조적으로 미국 규정은 피고인이 이미지를 "포착"하는 경우에만 적용되는데, 이는 '어떤 수단으로든지 비디오 테이프에 녹화하거나, 사진 찍거나, 영상을 촬영하거나, 기록하거나, 송출하는 것'을 의미한다.[81] 관찰 자체에는 이 규정이 엄격히 적용되지 않지만, 원격의 전자적 감시가 이용된 많은 경우에 이 조항의 '송출'을 구성할 수 있었다.

각 국가는 새로운 기술을 포괄할 수 있도록 충분히 넓은 용어로 범죄를 규정하고 있

---

78 Minnesota v. Morris, 644 N W 2d 114, 117 (Minn Ct App. 2002).
79 18 USC § 1801(b)(5).
80 Criminal Code (Can), s. 162(1).
81 18 USC § 1801(b)(1).

다. 예를 들어, 캐나다 규정상 '관찰'은 '기계적 또는 전자적 수단에 의하는 것'을 포함하며,[82] '시각적 녹화'는 '어떤 수단으로 만들어졌든 사진, 영상, 비디오 녹화'를 포함하도록 정의되어 있다.[83] 영국의 규정은 '장비'를 이용하는 것을 포함하여 '관찰하다' 또는 '기록하다'로 단순하게 지칭하고 있다.[84]

다른 국가들과 다르게, 캐나다 규정은 관찰 또는 녹화가 '몰래' 일어나야 한다고 규정하고 있다. 관찰 또는 녹화는 관찰된 사람 중 최소한 1명이 관찰 또는 녹화되는지 몰랐던 한 몰래 이루어진 것일 수 있다. 예를 들어 합의에 의한 성관계가 녹화되었고, 한쪽 당사자는 녹화 사실을 알았지만 다른 상대방은 몰랐을 경우에도 범죄가 성립할 수 있다.[85] 관찰은 몰래 하지 않았어도 녹화는 몰래 한 경우에도 가능하다. 예를 들어 R v. S.M 판결[86]에서 한 여성은 성관계를 하는 동안 동의하에 눈을 가렸다. 이 여성은 당연히 상대방에 의해 관찰되고 있다는 사실을 알았지만, 비디오로 녹화되고 있다는 사실은 몰랐다.[87]

많은 경우에 피고인의 행위는 정말로 몰래 한 것이겠지만, 이는 불필요한 제한사항으로 보인다. 어떤 사람이 대놓고 탈의실에서 은밀한 사진을 찍거나 여성의 치마 속을 찍을 수 있지만 이는 결과적으로 이 규정을 벗어날 것이다. 이 요건은 행위가 몰래 행해지지 않았다면 피해자가 동의한 것으로 간주하게 할 수 있다. 물론 이러한 가정은 잘못 됐으며, 다른 국가의 법들처럼 피해자 측의 동의가 없는 것을 요구하는 것이 바람직한 접근법일 것이다.

(4) 책임 요건은 무엇인가?

이러한 범죄의 책임 요건은 그 범위에 있어 중요한 제한요소이다. 캐나다에서는 어떤 사람이 나체이거나 성행위를 할 것으로 합리적으로 예상할 수 있는 장소에 있거나 실제로 나체이거나 성행위를 하고 있는 경우에는 특정한 책임 요건이 없다. 그러한 경우에는 피고인이 그러한 상황에 있는 사람을 의도적으로 관찰하거나 녹화한 것으로 충

---

82 Criminal Code (Can), s. 162(1).
83 S. 162(2).
84 Sexual Offences Act 2003 (UK), s. 67.
85 R v. Keough, 2011 ABQB 48 at [149].
86 2010 ONCJ 347.
87 *Ibid.*, at [2].

분할 것이다.[88] 이러한 상황 중 어떤 것도 적용되지 않는 경우에도 관찰 또는 녹화가 '성적 목적'으로 행해졌다면 처벌할 수 있다.[89] 이는 아마 피고인뿐만 아니라 제3자의 성적 만족을 위한 경우도 포괄할 것이다. 아동 음란물과 관련하여 살펴본 것처럼, '성적 목적을 위해'라는 구절은 '일부 시청자들에게 성적 자극을 주기 위한 의도였다고 합리적으로 인식되는' 것을 의미하는 것으로 객관적으로 해석되고 있다.[90]

영국에서는 이 맥락에서의 '관찰하다'는 '사적 행위'를 하고 있는 누군가를 우연히 또는 부주의하거나 무분별하게 지각하는 것과는 달리, 쳐다보기로 고의로 결정하는 것을 의미한다.[91] 그리고 피고인은 상대방이 피고인이나 제3자의 성적 만족을 위해 관찰되거나 녹화되는 데 동의하지 않는다는 걸 알면서 성적 만족을 얻으려는 목적으로 그 행위를 했어야 한다.[92] s. 67(1)의 죄의 경우 다른 누군가가 아닌 피고인의 성적 만족이어야 한다는 점은 명확하다.[93] 그러나 s. 67(2)(3)의 죄는 제3자의 성적 만족도 포함시키고 있다. 이는 관찰자의 성적 만족을 위해서가 아니라 다른 사람의 성적 만족을 위해 넘겨주려는 목적으로 촬영될 수 있다는 점에서 중요하다.

그러나 성적 목적에 대한 증명은 기소에 상당한 장애물이 될 수 있다. 어떤 사건들은 성적 동기가 아니더라도 행위를 정당화하지 못할 수 있다. 예를 들어 악의적인 이유나 경제적 이유, 또는 단순히 즐거움을 위해 이미지를 촬영했을 수 있다. 그에 비해 미국의 규정은 단순히 피고인이 고의로 개인의 사적 부위의 이미지를 동의 없이 포착하려는 의도로 행위를 했을 것을 요하고 있다.[94]

(5) 이미지 유포에까지 확장되는가?

디지털 기술의 가장 큰 영향 중 하나는 이미지의 복제 및 유포가 쉬워졌다는 것이다. 이는 피해자의 수치심을 증대시키는 동시에 지속시킬 수 있으며, 특히 캐나다와 Queensland 주 규정에서 이를 다루고 있다. 캐나다 형법(Criminal Code (Can)) s. 162(4)

---

88 R v. Keough, 2011 ABQB 48 at [149].
89 R v. Keough, 2011 ABQB 48, [147].
90 R v. Sharpe [2001] SCR 45 at 50.
91 R v. B [2012] 3 All ER 1093 at 1109.
92 Sexual Offences Act 2003 (UK), s. 67(1)-(3).
93 R v. B [2012] 3 All ER 1093 at 1109.
94 18 USC § 1801(a).

에 의하면 이 법을 위반하여 획득한 것이라는 걸 알면서 녹화물을 출력, 복사, 출간, 유포, 배포, 판매, 광고하거나 이용 가능하게 만드는 것은 범죄이다. 이와 유사하게 Queensland 주 형법 (Criminal Code 1899(Qld)) s. 227B은 다른 사람에 대한 시각적 기록물이 금지된 것임을 알 수 있는 이유가 있으면서도 동의 없이 그 기록물을 배포하는 것을 범죄로 규정하고 있다.[95] 금지된 기록물을 단순히 소지하는 것은 어떤 관할구역에서도 범죄가 아니지만, 배포의 목적으로 소지하는 것은 캐나다에서 범죄에 해당한다.[96]

중요한 것은, 촬영자가 배포자가 아닐 수도 있으므로 그 기록물을 만든 자에게만 이러한 죄가 적용되는 것은 아니라는 것이다.[97] 관련해서 인지해야 하는 것은 이미지가 촬영된 정황(범죄에 해당하는 경우)과 그 촬영 행위가 위법이라는 것이며, 그렇지 않으면 법에 대한 무지가 정당방위를 구성할 것이다. 피고인이 그 이미지가 동의에 의해 촬영된 것인지에 관해 합리적 의심을 제기할 수 있는 상황은 가짜 관음이라고 믿었던 경우이다. 즉 동의에 의해 촬영한 것이지만 겉으로는 몰래 촬영한 것처럼 연출한 것 말이다.[98]

다른 국가들은 배포 규정이 있어도 간접적으로 다루고 있다. 미국 규정은 이미지 '송출'을 포함하는데, 이는 '사람(들)이 시청하게 할 의도로 시각적 이미지를 전자적으로 송출하는 것'을 말한다.[99] 영국 법에 따르면 배포는 형 가중 요소가 될 수 있지만, 배포를 특정한 범죄는 없다.[100] 그러나 다른 사람으로 하여금 제3자를 관찰할 수 있게 하는 죄,[101] 하위 조항 (1)의 죄를 저지를 수 있도록 장비를 설치하거나 구조물을 설치 또는 개조하는 죄[102]는 있다. 이는 예컨대 인터넷에서 사람들이 사적 행위를 하고 있는 다른 사람을 동의 없이 볼 수 있도록 웹캠을 설치한 사람에게 적용될 수 있을 것이다.[103] 이미지의 내용에 따라 이 배포는 외설적 또는 음란한 통신이나 괴롭힘을 금지하

---

95 '배포'는 s. 227B(2)에 정의되어 있다.
96 Criminal Code (Can), s. 162(4).
97 R v. Keough, 2011 ABQB 48 at [166].
98 Calvert and Brown, 'Video voyeurism,' 485-7.
99 18 USC § 1801(b)(2).
100 Sentencing Council (UK), Sexual offences definitive guidelines (2013), p. 135.
101 Sexual Offences Act 2003 (UK), s. 67(2).
102 s. 67(4); R v. I.P. [2004] EWCA Crim 2646; R v. Hodgson [2008] EWCA Crim 1180.
103 Explanatory Notes, Sexual Offences Act 2003 (UK), [127].

는 법으로도 처벌될 수 있다.

(6) 어떤 정당방위가 가능한가?

위에서 살펴본 것처럼 관찰 또는 녹화에 대한 제한은 법 집행과 관련해서나 표현의 자유 등 다른 합법적 권리와 충돌할 수 있다. 영국처럼 관찰이나 녹화가 성적 만족을 위한 것이었다는 점을 검찰이 증명해야 하는 경우에는 구체적인 정당방위를 제공해야 할 필요가 없거나 적을 것이다. 그러나, 관찰 또는 녹화를 성적 목적으로 한 게 아닌 경우 합법적 목적과 관련하여 예외규정을 두어야 할 것이다. 특히 영국 외의 국가들에서는 합법적인 법 집행과 관련된 활동에 대한 예외규정을 두고 있다.[104]

보다 넓게, 캐나다의 규정은 혐의를 받는 행위가 공공의 이익을 위한 것이고 공공의 이익을 위한 범위를 넘어서지 않는 경우 정당방위를 인정한다.[105] 따라서 이는 언론의 자유와 표현의 자유와 관련된 문제들을 해결하며, 예컨대 합법적인 언론 활동이나 예술적 표현을 포괄할 수 있다. 그 행위가 공공의 이익을 위한 것인지와 공공의 이익을 위한 범위를 넘어서지 않는다는 증거가 있는지는 법적 문제이다. 그러한 행위가 공공의 이익을 위한 범위를 넘어섰는지는 사실관계의 문제이며, 피고인의 동기는 이 문제와 무관하다.[106]

104　Criminal Code (Can), s. 162(3), Criminal Code 1899 (Qld), s. 227C, 18 USC § 1801(c).
105　Criminal Code (Can), s. 162(6).
106　Criminal Code (Can), s. 162(7).

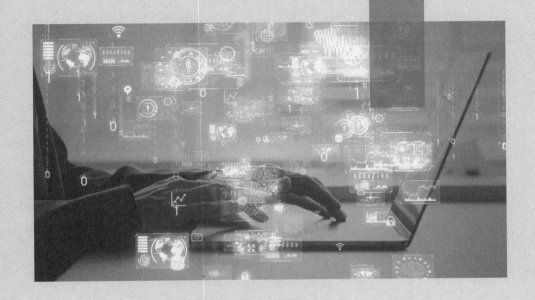

제6부

관할권

제14장 관할권

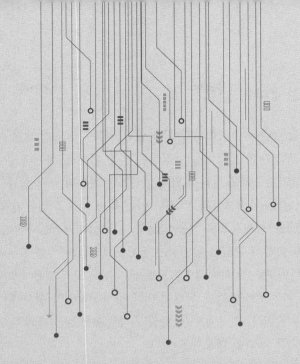

제14장

관할권

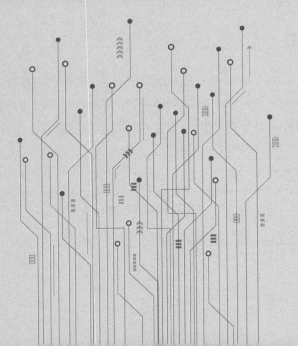

1. 사이버공간에서의 범죄

온라인 행위를 규율하기 위하여 범죄를 입법화하는 것과 전 세계 어느 곳에 존재할지 모르는 범죄자에 대한 관할권을 주장하는 것은 다른 문제이다. 우리는 제1장에서 초기 학자들이 사이버공간을 지리적 위치에 근거한 전통적 규정을 넘어서는 별개의 공간으로 상정하는 것을 살펴보았다. 그러나 이는 특정 사례로 입증된 바는 아직까지 없다. 대다수의 국가는 지속적으로 전통적인 영토 기반의 규정을 온라인 행위에 적용하고 있고 인터넷을 그들의 관할을 넘어서는 공간으로 취급하기를 거부하고 있다.[1] 이는 특히 형사법이 영토주의 관념에 필연적으로 근거하고 있기 때문에 그러하다.

본 장에서는 역외에서 발생한 행위에 대한 형사관할권의 행사에 적용되는 원칙들을 개관할 것이다. 이러한 맥락에서 '관할권'이라는 용어는 별개의 논의를 필요로 하는 세 가지의 서로 다른 개념을 내포하고 있다.

① 국가가 관련 행위를 규율하기 위한 입법권한을 가지는가 「입법관할권 (prescriptive jurisdiction)」?

② 법원이 특정 분쟁을 재판할 수 있는 권한을 가지는가 「재판관할권 (adjudicative jurisdiction)」?

③ 국가가 법을 집행할 수 있는 관할을 가지는가 「집행관할권(enforcement jurisdiction)」?[2]

2. 입법관할권

입법관할권(prescriptive 또는 legislative jurisdiction)은 사이버범죄협약 제22조에서 규정하고 있다. 이는 어느 당사자가 관할권을 주장할 수 있는 다수의 근거를 규정하고 있으나, 국내법 하에서 국가가 행사할 수 있는 다른 유형의 관할권을 배척하지는 않는다.[3]

---

1 U. Kohl, Jurisdiction and the internet: Regulatory competence over online activity (Cambridge: Cambridge University Press, 2007), pp. 11-12.

2 Ibid., p. 17.

3 Cybercrime Convention, Art. 22(4).

첫 번째는 영토 내에서 범죄가 발생한 장소, 즉 속지주의(territoriality) 원칙을 반영하는 것이다.[4] 일반적으로 형법은 해당 국가 내에서 적용된다고 추정되기 때문에[5] 속지주의는 형사관할권의 행사 근거로 가장 자주 원용된다.[6] 국가가 자국 영토 내에서 발생한 행위에 대한 관할권을 행사할 수 있다고 허용하고 있지만, 역외에서 발생한 행위를 규율하기 위하여 속지주의 원칙이 다른 방식으로 작동되기도 한다.[7]

우선 국가는 자국 국적 선박이나 국적기에서 발생한 행위에 대한 영토관할권을 주장할 수 있다. 이는 특히 협약에서 인정되고 있으며, 국가의 영토 관할권 밖에 선박이나 비행기가 있는 경우에까지 영토 관할권의 범위를 확장하는 것이다.[8] 그러한 영토관할권의 확장은 관할권이 적용되지 않을 수 있는 영역의 공백을 메워주는 역할을 한다. 예를 들어 만약 선박이나 비행기가 공해나 영공에 있을 경우, 해당 공간에서 발생한 행위에 대해서는 어느 국가도 관할권을 주장하지 못하는 경우가 발생할 수 있다.[9] 역으로 선박이나 비행기가 타국 영토 관할 내에 있는 경우라고 하더라도, 선박이나 비행기가 일시적으로 체류하는 경우에는 관할권 주장이 무의미해진다.[10]

둘째, '객관적 속지주의(objective territoriality)' 원칙은 관할권 밖에서 발생하였지만 그 행위의 실질적인 영향이 자국 내에서 발생한 행위에 대해 형사관할권을 주장할 수 있도록 한다.[11] 이는 특히 사이버범죄협약에서 규정하고 있으며, 피해자가 자국 관할 내에 있는 경우에 적용되는 규정이다.[12] 그러한 경우 협의의 원칙은 이른바 '보호주의(protective principle)'로, 범죄가 국가의 본질적 이익(fundamental interests)을 침해하기 위한

---

4   *Ibid.*, Art. 22(1)(a); Cybercrime Convention, Explanatory Report, [233].

5   Treacy v. DPP [1971] AC 537 at 561; Equal Employment Opportunity Commission v. Arabian American Oil Co., 499 US 244 (1991); R v. Finta [1994] 1 SCR 701 at 805-6.

6   Council of Europe: European Committee on Crime Problems, 'Extraterritorial criminal jurisdiction' (1992) 3 Criminal Law Forum 441, 446; Restatement (Third) of Foreign Relations Law of the United States § 402, comment c; D. Lanham, Cross-border criminal law (Sydney: FT Law & Tax, 1997), p. 30.

7   Council of Europe, 'Extraterritorial criminal jurisdiction,' 447, 462.

8   Cybercrime Convention, Art. 22(1)(b)-(c); Cybercrime Convention, Explanatory Report, [235].

9   Cybercrime Convention, Explanatory Report, [235].

10   *Ibid.*

11   E. S. Podgor, 'Extraterritorial criminal jurisdiction: Replacing "objective territoriality" with "defensive territoriality"' (2003) 28 Studies in Law, Politics, and Society 117, 123-5; US Restatement (Third) § 402, comment d.

12   Cybercrime Convention, Explanatory Report, [233].

의도로 행해진 경우에 적용된다.[13]

사이버범죄협약에서 규정하고 있는 입법관할권의 또 다른 근거는 '속인주의 (nationality principle)'이다. 범죄 발생 장소와 관계없이 자국민에 의해 범행이 이루어진 경우, 당사국은 관할권을 주장할 수 있다.[14] 이 원칙이 적용되기 위해서는, 행위가 발생한 국가의 국내법으로도 해당 행위가 처벌 가능한 것이어야 하고 또는 행위가 모든 국가의 영토 관할 밖에서 발생한 것이어야 한다.[15] 당사국은 속인주의나 기국주의를 근거로 관할권을 주장하는 것을 유보할 수 있으나, 속지주의는 반드시 적용하여야 한다.[16]

역외관할권의 주장은 일차적으로는 입법자의 의도와 관련된 문제이다. 입법기관이 역외 적용되는 입법을 할 권한이 있다고 가정할 때, 입법기관이 그러한 의도를 분명히 명시하였는지 문제된다. 호주에서 형법(Criminal Code)에 명시적인 규정을 두는 것과 같이, 입법기관이 그러한 의도를 명백히 표시하는 게 이상적이다. 해당 법률에서 관할권은 관할권 분류에 따라 결정된다. 이는 '확장된 지리적 관할권 분류 A-D'라고 규정되어 있다. 사이버범죄의 경우에는 형법 제10.7부에 규정되어 있으며, 확장된 지리적 관할권 분류 A에 해당된다.[17] 이는 s. 15.1에서 정의하고 있으며, 위에서 언급한 책임의 근거를 반영하고 있다.

우선, 이는 행위의 전체 또는 일부가 호주 또는 호주 국적의 선박 또는 비행기에서 발생한 경우 적용된다. 이는 확장된 형태의 속지주의 원칙을 분명히 나타내고 있다. 둘째, 관할권 확장에 의한 객관적 속지주의에 따라 행위 전체가 호주 밖에서 발생하였으나 행위의 결과는 전체 또는 일부가 호주 또는 호주 국적의 선박이나 비행기 내에서 발생한 경우 적용된다.[18] 셋째, 속인주의는 범죄 행위 전체가 호주 밖에서 발생하였고 행위자가 호주의 시민이나 법인일 경우에 적용된다.

호주의 조항은 현대 통신의 이동성을 고려하여 규정되었다. 따라서 개인이 전자통신을 호주 밖의 지점에서 호주의 어느 지점으로 또는 역으로 송수신하는 경우, 해당 행

13　Council of Europe, 'Extraterritorial criminal jurisdiction,' 451; US Restatement (Third) § 402, comment f; Lanham, Cross-border criminal law, pp. 35-7.

14　Cybercrime Convention, Art. 22(1)(d); Cybercrime Convention, Explanatory Report, [236]; Council of Europe, 'Extraterritorial criminal jurisdiction', 448.

15　Cybercrime Convention, Art. 22(1)(d).

16　Ibid., Art. 22(2).

17　Criminal Code (Cth), s. 476.3.

18　Ibid., s. 15.1(1)(d).

위는 그 일부가 호주에서 발생한 것으로 간주된다.[19] 이러한 목적으로 '지점'은 지상이건 지하이건 공기 중이건 바다 속이건 해상이건 상관없고, 이동하는 또는 잠재적으로 이동하는 지점을 포함한다.[20] 협약 상의 자국 명의로 등록된 인공위성에 대한 관할권 근거 규정을 국내적으로 이행하지 않겠다는 결정과도 일관된다. 통신은 어느 영토 관할 내에서 시작되고 종료되며, 특정 국가의 국민에 의해 전달되기 때문에, 제22조 제1항 (a)호 내지 (d)호에서 규정된 관할권의 근거만으로도 충분하다.[21]

영국에서는 컴퓨터 부정사용법(Computer Misuse Act) ss. 1 내지 ss. 3 하의 컴퓨터 데이터의 허가받지 않은 접근 또는 변경 범죄의 경우, 비록 해당 범죄의 어느 구성요건도 해당 국가 내에서 발생하지 않았거나 피고인이 해당 국가에 소재하지 않는다고 하더라도, 해당 국가와의 '상당한 관련성'이 있다는 점만 확인된다면,[22] 자국에서 기소할 수 있다.[23] 본질적으로, 상당한 관련성은 범행을 할 당시에 자국 내에 있었거나, 허가받지 않은 접근 또는 변경이 자국 내에서 발생한 경우에 인정된다.[24] 더 나아가, 최근 개정된 법률은 ss. 3A 및 ss. 3ZA에 대해서 역외 관할권이 적용된다.[25] 이들 조항은 모든 범죄에 대해서 '상당한 관련성'의 정의를 확장시키는데, 피고인이 영국 밖에 있었고 범행 당시에 자국민이었으며, 관련 행위가 발생한 국가의 국내법상으로도 범죄를 구성하는 경우를 포함한다.[26] 그 외에 다른 영국과의 관련성은 요구되지 않는다.

또 다른 명시적 역외관할권의 사례는 미국의 CFAA에서 찾아볼 수 있다. CFAA 다수의 조항은 '보호되는 컴퓨터'에 적용되며,[27] 보호되는 컴퓨터란, '주 간 또는 해외 통상이나 통신에 사용된 컴퓨터 또는 주 간 또는 해외 통상이나 통신에 영향을 미치는 컴퓨터(여기에는 미국 밖에 위치한 컴퓨터가 미국의 주 간 또는 해외 통상이나 통신에 영향을 미치는 방법으로 사용된 경우도 포함됨)'라고 정의된다.[28] 법원은 '해외(foreign)'라는 용어가 '주 간(interstate)'이 아닌 다른 것 즉, '국제적인(international)' 것을 의미하여야 한다

---

19 *Ibid.*, s. 16.2(2).
20 *Ibid.*, s. 16.2(3).
21 Cybercrime Convention, Explanatory Report, [234].
22 Computer Misuse Act, s. 4(1)-(2).
23 Computer Misuse Act, s. 4(6).
24 *Ibid.*, s. 5.
25 Serious Crime Act 2015 (UK), s. 43.
26 *Ibid.*, s. 44(4).
27 18 USC § 1030(a)(2)(C)(4), (5), (7).
28 18 USC § 1030(e)(2)(B).

고 판시한 바 있다.[29] 이는 잠재적으로 연방법을 역외로 확장시킬 가능성을 내포하고 있는데, 인터넷에 연결된 모든 컴퓨터는 주 간 또는 해외의 통신에 사용되었거나 영향을 미친다고 볼 수 있기 때문이다.[30] 더 나아가 컴퓨터는 인터넷에 연결되어 있기만 하면, 주 간 또는 해외의 통신 또는 미국의 통신에 영향을 미치는 방법으로 사용될 경우 미국 내에 위치할 필요가 없다. 본질적으로 통상 관련 법률의 규제를 받을 수 있는 전 세계 모든 컴퓨터는 미국 18 USC § 1030의 "보호되는 컴퓨터"에 해당하게 된다.[31]

이외에도 개별 사건에서 역외관할권이 쟁점이 되었는데, 예를 들어 DPP v. Sutcliffe 사건[32]에서 피고인은 호주의 Victoria 주에서 스토킹에 해당하는 일련의 행위를 하였다는 혐의를 받았다.[33] 피해자는 Sara Ballingall이라는 여성으로, TV 시리즈 'Degrassi Junior High'에 출연하였다. 이 사건의 주목할 만한 점은 피해자가 계속 캐나다에 상주해 있었고 피고인은 Victoria 주에 있었으며, 한 번도 피해자와 직접 접촉한 적이 없다는 것이다. 1993년부터 1999년까지 피고인은 피해자에게 편지와 선물과 이메일을 보냈고 여기에는 본인이 총기에 관심이 있다는 내용과 협박성 내용이 포함되어 있었다.

1심에서는 해당 범죄가 역외 적용되지 않는다고 보았고 이에 대한 항소심에서 Gillard 판사는 입법기관의 추정적 의도를 분석하였다. 범죄의 변화하는 특성으로 인해 법률을 입안하는 자에게는 해당 행위가 다른 관할에 영향을 줄 수 있다는 점이 명백하였다. 이는 특히 호주와 같은 연방국가에서 그러한데, 특정 주에 있는 사람이 다른 주에 있는 타인을 스토킹할 가능성이 있기 때문이다. 법원은 해당 법률이 Victoria 주 내에서 발생하고 영향을 미친 행위에만 적용된다고 해석하는 것은 명백히 스토킹인 특정 행위에 대해서 적용 가능한 법률을 무효화시키거나 작동하지 못하게 만드는 것이라고 판시하였다. 따라서 입법자는 해당 조문이 역외 적용될 것을 의도하였다고 추정할 수 있다.[34]

---

29 US v. Ivanov, 175 F Supp 2d 367, 374 (D Conn. 2001).

30 1 J. R. Herrera-Flanigan, 'Cybercrime and jurisdiction in the United States,' in B. J. Koops and S. W. Brenner (eds.), Cybercrime and jurisdiction: A global survey (The Hague: TMC Asser Press, 2006), p. 315.

31 O. S. Kerr, 'Vagueness challenges to the Computer Fraud and Abuse Act' (2009) 94 Minnesota Law Review 1561, 1570.

32 [2001] VSC 43.

33 Crimes Act 1958 (Vic), s. 21A.

34 5 DPP v. Sutcliffe [2001] VSC 43 at [36]-[47].

이와 유사하게, Minnesota v. Melchert-Dinkel 사건[35]에서 피고인은 Minnesota 주법을 위반하여 두 건의 자살교사 혐의로 유죄선고를 받았다.[36] 피고인은 여성 간호사로 가장하여 피해자들과 온라인 포럼에서 접촉하였고 해당 온라인 포럼에서는 참여자들이 우울증과 자살에 대한 정보를 공유하였다. 피고인은 피해자들이 자살을 하도록 교사하였다. 해당 법률이 명시적인 역외적용 규정을 두고 있지는 않지만, 피해자들이 캐나다와 영국에 있었음에도 별다른 이견 없이 해당 법률이 적용되었다.

호주나 미국과 같은 연방국가에서는 연방 관할권의 전제조건으로서 관할권적 관련성이 요구된다. 예를 들어, 다수의 미국 연방법 조항들은 관할권적 근거를 '주 간 통상' 권한에서 이끌어낸다.[37] 사이버범죄의 경우 인터넷 그 자체는 일반적으로 '주 간 통상의 수단'으로 간주된다.[38] 예를 들어 인터넷을 이용한 사진의 전송은 사진을 주의 경계를 넘어서 이동시키는 것이 되며, 주 간 통상에서의 운송(transportation)을 구성한다.[39] 인터넷의 특성으로 인해, 주 내부에서의 통신도 주 바깥에 있는 서버를 통해서 이루어지고 이러한 통신에 대해서는 연방의 관할권이 적용된다.[40] 그러나 블루투스나 단대단(point-to-point) 전송과 같은 완전히 주 내부에서만 통신이 이루어지는 경우에는 상황이 달라질 수 있다.

또한 사이버범죄에는 일반적으로 전기통신 네트워크가 활용되기 때문에 연방의 형사관할권이 상당히 확장될 가능성이 있다. 예를 들어 호주에서는 형사법이 일차적으로는 국가의 문제이지만, 영연방(Commonwealth)은 영연방의 문제와 관련된 형사법을 제정할 수 있다. 여기에는 영연방의 컴퓨터나 우편, 전신, 전화 및 기타 서비스의 이용과 관련된 경우가 포함된다.[41] 현대의 컴퓨터 네트워크가 전기통신 시스템에 의존하고 있기 때문에, 이 점은 영연방이 통신 분야에서 관할권을 확대할 수 있는 근거를 제공한다. 위에서 언급한 바와 같이, 호주가 사이버범죄협약에 비준하였고 일부 형법 제10.6

---

35 816 NW 2d 703 (Minn Ct App. 2012).

36 Minn Stat § 609.215 subdivision 1 (2004).

37 US Const. Art. I, § 8, cl. 3.

38 US v. Runyan, 290 F 3d 223 at 239 (5th Cir. 2002), cert. denied, Runyan v. US, 537 US 888 (2002); US v. Schaffner, 258 F 3d 675 at 679-83 (7th Cir. 2001); US v. Panfill, 338 F 3d 1299 at 1300 (11th Cir. 2003).

39 US v. Carroll, 105 F 3d 740 at 742 (1st Cir. 1997).

40 US v. Kimler, 335 F 3d 1132 at 1140 (10th Cir. 2003); US v. Dhingra, 371 F 3d 557 at 559 (9th Cir. 2004); US v. Giordano, 442 F 3d 30 at 37 (2nd Cir. 2006).

41 Australian Constitution, s. 51(v).

부 하의 전기통신 서비스와 관련된 영연방 범죄의 본질적인 구성요소는 남겨두었기 때문에 이러한 관할권적 관련성은 일부 경우에 크게 중요성을 가지지 못한다.

특히 '통신망 서비스(carriage service)'의 이용은 아동음란물 및 아동성착취물과 관련된 여러 범죄의 구성요건이다. 일각에서는 부정확한 용어의 위험성을 지적하면서 형법에 정의되어 있는 '통신망 서비스'가 인터넷과 구분된다고 주장한다.[42] 즉 통신망 서비스가 인터넷에 접속하기 위해서 이용될 수 있기는 하지만, 양자가 같은 것은 아니라는 의미이다. 따라서 통신망 서비스를 이용한 피고인이 아동음란물에 접근하기 위하여 인터넷을 이용하였다고 항변하는 것은 부정확하고 유효하지 않다.[43]

3. 재판관할권

입법관할권이 구성되면, 남은 문제는 특정 법원이 특정 사건에 대한 재판관할권 또는 사물(subject matter) 관할을 갖느냐에 관한 것이다. 최근 수십 년간 우리는 역외 사건에 대해서 판단하는 법원의 자유화를 목도해왔다. 이에 대해 캐나다의 대법원에서 아래와 같이 요약하고 있다.

> 범죄가 우리 법원의 관할 대상이 되기 위해서는 범죄를 구성하는 행위의 상당 부분이 캐나다에서 이루어질 것을 요한다. 현대의 학자들이 언급한 바와 같이, 국제공법 및 국제사법에서 잘 알려져 있는 심사기준인 범죄행위와 국가 간의 진정하고 실질적인 관련성이 있으면 충분하다.[44]

사이버범죄와 관련하여 이러한 원칙이 적용된 사례는 R v. Governor of Brixton Prison and anor, ex parte Levin 사건이다.[45] 이 사건에서 쟁점 중 하나는 시티은행 계좌 도용 사건이 컴퓨터 명령이 송신된 러시아 상트페테르부르크에서 발생하였는지, 아

---

42 Hale v. R [2011] NSWDC 97 at [27].
43 *Ibid.*, at [30].
44 Libman v. R [1985] 2 SCR 178 at 212-13. Also see R v. Smith (Wallace Duncan) (No. 4) [2004] QB 1418 at 1435: Lipohar v. R (1999) 200 CLR 485 at 534-5.
45 [1997] QB 65.

니면 뉴저지 'Parsipenny'에 있는 시티은행 컴퓨터에서 발생하였는지에 관한 것이었다. 전기적 신호는 순식간에 처리되기 때문에, 범죄가 어느 장소에서 이루어졌는지 평가하는 것은 인위적이다.[46] 그러나 법원은 범죄는 복수의 발생지를 갖지 못한다는 가정 하에 미국에서 범죄가 발생하였다고 판시하였다. 이 사건에서 도용 행위는 시티은행 컴퓨터에 접근하는 것이었으며, 컴퓨터 명령어가 디스크에 기록되고 손상이 발생한 장소인 뉴저지에서 발생하였다고 판단하였다. 해당 지점 이전에는 도용이 발생하지 않았다고 보았다.[47]

전기통신은 여기저기 모든 장소에서 이루어지며,[48] 수신은 전송에서 '연결 요소(connecting factor)'로서 중요성을 가진다.[49] 사이버공간 상에 공격적인 글이나 자료가 있을 수는 있지만, 컴퓨터가 없이는 누구도 사이버공간에 접근하지 못한다. 따라서 컴퓨터의 물리적 위치는 기소 목적의 관할권을 결정짓는 요소가 될 수 있다.[50] 비록 관련 요소들에 콘텐츠 제공자의 위치, 중개자 또는 단말기 이용자의 위치 등이 포함될 수는 있겠지만, 그 상황과 분쟁의 속성에 따라 특정 요소에 주어지는 가중치가 달라진다.[51]

관할권은 관련 법률의 용어에 따라서 결정되기도 한다. 예를 들어 eBay Canada Ltd v. MNR 사건[52]에서 법원은 캐나다 밖에 위치한 서버에 저장된 정보는 1985년 캐나다 소득세법 s. 231.6의 '해외 기반 정보(foreign-based information)'에 해당되지 않는다고 보았다.[53] 비록 정보가 물리적으로 캐나다 밖에 저장되어 있지만, 캐나다 사무실 내 캐비닛에서 문서를 찾는 것처럼 캐나다에서도 쉽게 접근이 가능하기 때문이다.[54] 따라서 법적으로 해당 정보는 캐나다에 위치해 있고 해당 조문의 '해외 기반 정보'에 해당되지 않는다.[55]

통신이 이루어진 곳이라도 관할권과의 관련성을 입증하기 어려운 경우도 있다. R

---

46   *Ibid.*, at 81.
47   *Ibid.*, at 81-2.
48   Libman v. The Queen [1985] 2 SCR 178 at 208.
49   Society of Composers Authors and Music Publishers of Canada v. Canadian Association of Internet Providers [2004] 2 SCR 427 at 455.
50   R. v. Bahr, 2006 ABPC 360 at [46].
51   *Ibid.*, at [61].
52   [2010] 1 FCR 145.
53   Income Tax Act 1985 (Can), s. 231.6(1).
54   eBay Canada Ltd v. M.N.R. [2010] 1 FCR 145 at [48].
55   *Ibid.*, at [52].

v. Frank 사건[56]에서 피고인은 형법 s. 246(2)(b)를 위반하여 이메일과 전화를 통해 원고를 반복적으로 괴롭혔다. 원고는 파리에 거주하고 있었고 피고인은 본인이 캐나다에 살고 있다고 주장하였으며, 통신은 그리스나 프랑스 등 유럽 국가에서 송신된 것으로 파악되었다. 피고인은 캐나다 Alberta에 거주하고 있었음에도 이메일이나 전화가 해당 지역에서 송신되었다는 증거가 없었다.[57] 피고인의 이름으로 된 지메일이나 핫메일 계정이 있었으나 전 세계 어느 위치에서나 해당 계정으로 메시지를 보낼 수 있었으므로, 이를 입증할 자료가 되지 않았다.[58] Alberta에서의 관할권 성립을 뒷받침할 진정하고 실질적인 관련성이 없어 공소제기가 각하되었다.[59]

역외 형사관할권의 주장 또는 속지주의 원칙의 광범위한 적용과 관련하여 관할권 주장의 경합이 문제되는 경우가 많다.[60] 특히 객관적 속지주의는 범죄의 구성요소가 자국 영토 내에서 발생한 경우에 해당 관할에 대한 영향이 미미한 경우에도 관할권을 주장할 수 있음을 의미한다.[61] 국내 법원은 이러한 관할권의 확장에 대해서 크게 제약하지 않고 허용 불가능한 역외적용이라고 판시한 사건은 많지 않다.[62]

예를 들어, 제3장에서 살펴본 Lori Drew 사건에서, 피고인의 행위와 피해자에 대한 영향이 Missouri 주에서 발생하였음에도 그 당시 Missouri 주에는 사이버 괴롭힘에 관한 입법이 마련되어 있지 않았다.[63] 따라서 소셜 네트워킹 사이트의 호스트 서버가 위치한 California 주에서 공소가 제기됐고, 그 근거는 사이트의 약관 위반 관련 혐의였다.[64]

형법과 관련된 서로 다른 기준으로 인해 역외관할권의 광범위한 행사가 타국의 주권에 대한 불합리한 간섭에 해당할 수 있다는 우려가 제기되고 있다.[65] 예를 들어 인터넷에서의 게재는 이미지가 업로드되는 장소와 다운로드되는 장소에서 모두 발생한

---

56   2013 ABPC 21.

57   *Ibid.*, at [39].

58   *Ibid.*, at [37].

59   *Ibid.*, at [40].

60   Council of Europe, 'Extraterritorial criminal jurisdiction,' 465.

61   Kohl, Jurisdiction and the internet, p. 96.

62   E. S. Podgor, 'Cybercrime: discretionary jurisdiction' (2008) 47 University of Louisville Law Review 727, 730.

63   Podgor, 'Cybercrime: discretionary jurisdiction,' 732.

64   *Ibid.*, 731.

65   E. S. Podgor, 'International computer fraud: A paradigm for limiting national jurisdiction' (2002) 35 University of California Davis Law Review 267.

다.[66] 웹사이트에 포스팅을 하는 사람은 인터넷이 접속 가능한 모든 관할 내에서 책임이 발생할 수 있다. 배포자에 대해 제기되는 이러한 문제는 미국 연방대법원의 판결에 요약되어 있다.

> 배포자가 특정 글이나 사진을 특정 지역사회에 보내기로 선택한 경우, 동 법원의 선례에 따르면 해당 배포자의 책임은 해당 지역사회의 기준에 따라 결정되어야 한다. 단순히 해당 게시물이 국가 내에 모든 지역사회에 배포되었다는 사실만으로는 배포자의 책임이 변경되지 않는다.[67]

물론 현대 통신의 글로벌한 속성은 문제를 더욱 확대시키며, '배출 이론(emission theory)' 또는 '수신 이론(reception theory)'에 근거한 전통적인 통신의 이분법적인 분류는 네트워크 통신의 맥락에서는 적절하지 않을 수 있다.[68] 웹사이트 데이터는 전 세계 모든 나라에서 접근이 가능하기 때문에, 해당 데이터를 이용 가능하게 하는 것은 데이터가 호스팅된 국가에서 뿐만 아니라 모든 국가에서 발생하는 것으로 간주될 수 있다.[69]

이 점은 Yahoo!, Inc. v. La Ligue Contre Le Racisme et L'Antisemitisme 사건[70]에서 잘 나타나고 있다. 이 사건에서 Yahoo!는 미국 법원에 프랑스 법원의 명령에 대한 선언적 판결을 구하였다. 프랑스 법원은 Yahoo!에게 프랑스에서는 불법인 나치와 관련된 물품을 프랑스 이용자들이 접근 불가능하게 하기 위해 필요한 모든 조치를 취할 것을 명령하였다. 비록 추후 항소심에서 파기되었지만, 미국 법원은 1심에서 수정헌법 제1조를 근거로 선언적 판결을 내렸다.[71]

이 사건은 글로벌한 통신 매체에 의한 긴장관계를 분명하게 보여준다. 한편으로는 이용자들이 해당 발신지 국가에서 합법적인 정보를 유포할 자유가 있고, 다른 한편으로는 그러한 행위가 송신지 국가에서는 불법일 경우 해당 행위가 합법인 국가에 거주

---

66 Godfrey v. Demon Internet Ltd [2001] QB 201; R v. Perrin [2002] EWCA Crim 747; Dow Jones & Co Inc. v. Gutnick (2002) 210 CLR 575.
67 Ashcroft v. American Civil Liberties Union, 535 US 564 at 583 (2002).
68 Football Dataco Ltd v. Sportradar GmbH [2012] EUECJ C-173/11 at [55].
69 3 Ibid., at [60]. Cf. Football Dataco Ltd v. Sportradar GmbH [2010] EWHC 2911 (Ch) at [74].
70 169 F Supp 2d 1181 (ND Cal. 2001).
71 Yahoo! Inc. v. La Ligue Contre Le Racisme, 433 F 3d 1199 (9th Cir. 2006); cert. denied, 547 US 1163 (2006).

하는 일부 자국민에게 영향을 미치므로 송신지 국가는 해당 활동을 관용하지 않을 권리가 있다.[72] 더 나아가 이미 유죄 또는 무죄가 선고된 자에 대하여 해당 행위로 기소되거나 처벌되어서는 안 된다는 일사부재리의 원칙은 보편적인 원칙이다.[73] 따라서 한 국가의 관할권 주장은 타국의 관할권을 부정할 수 있다.

사이버범죄협약 하에서 당사국은 필요한 경우, 가장 적절한 관할권을 결정하기 위하여 당사국간 협의를 하여야 한다.[74] 이는 국제예양의 필요성을 반영하는 것이다. 국제예양이란 '타국의 주권에 대한 상호 존중 및 타국의 국내문제에 대한 부당한 간섭을 자제'하는 것을 의미한다.[75] 또 다른 국제법의 일반적인 요건으로는 관할권의 행사가 '합리적(reasonable)'이어야 한다는 것이다.[76] 따라서 협의(consultation)와 관련된 요건은 절대적이지 않다. 예를 들어 타방 당사국이 조치를 취하지 않을 것이라는 것을 확인한 경우 또는 협의가 수사나 절차를 방해할 가능성이 있는 경우에 협의는 적절하지 않을 수 있다.[77]

협의 요건은 해당 분쟁이 어떻게 해결되어야 하는지에 대한 실질적인 가이드라인을 제공하지 않고 있다. 여러 요건들이 관련이 있을 수 있는데, 범죄 및 범죄자의 위치, 범죄자와 피해자의 국적, 피해의 정도, 증거의 위치, 처벌의 정도 등이 포함된다.[78] 이는 사이버범죄 사건에서 더욱 복잡해지는데 여러 요소간의 상관관계를 예측할 수 없기 때문이다. 예를 들어 오프라인 범죄는 일반적으로 한 장소에서 발생하지만, 사이버범죄는 여러 관할에서 발생할 수 있다.[79] 또한 오프라인 범죄에서 피해자와 가해자는 보통 같은 관할권 내에 있지만, 사이버범죄의 경우는 그러하지 않으며, 가해자의 위치와

---

72 US v. American Sports Ltd, 286 F 3d 641 at 660 (3rd Cir. 2002).

73 International Covenant on Civil and Political Rights, New York, 16 December 1966, in force 23 March 1976, 999 UNTS 171, Art. 14(7); Convention for the Protection of Human Rights and Fundamental Freedoms, Rome, 4 November 1950, in force 3 September 1953, 213 UNTS 221, Art. 4.

74 Cybercrime Convention, Art. 22(5).

75 Council of Europe, 'Extraterritorial criminal jurisdiction', 459.

76 US Restatement (Third) § 403.

77 H. W. K. Kaspersen, 'Cybercrime and internet jurisdiction,' Discussion Paper (draft) (Council of Europe, 5 March 2009), p. 17.

78 S. W. Brenner, 'The next step: Prioritizing jurisdiction,' in B. J. Koops and S. W. Brenner (eds.), Cybercrime and jurisdiction: A global survey (The Hague: TMC Asser Press, 2006), ch. 17.

79 Ibid., p. 32.

범죄 발생 위치가 거의 관련 없을 수도 있다.[80] 실무상 그러한 문제는 집행관할권 특히 범죄인인도법 등으로 대부분 해결된다.

4. 집행관할권

입법관할권 및 재판관할권이 인정되는 경우라고 하더라도 형사관할권에서는 집행 능력이 문제된다.[81] 일반적으로 한 국가는 해당 국가의 관할 내에 있는 자에 대해서만 집행관할권을 행사할 수 있다.[82] 최소한 커먼로(Common Law) 국가에서는 개인은 중범 죄에 대해서 궐석재판을 받지 않는다는 것이 일반 원칙이다.[83] 이는 피고인의 공정한 재판을 받을 권리에 근거하며, 관련 국제협정이 부재한 경우 외국은 타국의 공법적 판 결을 집행할 수 없다는 실질적인 이유에 근거하기도 한다.[84] 형사법원은 예외 없이 국 내법을 적용한다.[85] 이는 국가가 관할권을 주장할 수 있는 사건의 수를 제한하는 실질 적인 효과를 가진다.[86] 따라서 구금 중인 피고인에 대한 관할권이 있는 국가가 관할권 을 행사할 수 있는 실질적인 권한이 있다고 할 수 있다.

범죄인 인도는 한 국가가 범죄로 기소되거나 유죄선고가 된 자를 재판하거나 형 을 집행하기 위하여 그 자를 송환할 것을 요청하는 공식적인 절차이다.[87] 이는 국제법 상 의무라기보다는 국제예양에 해당된다. 또한 이러한 제도는 통상 양자조약 및 각국 의 국내법에 근거하게 된다.[88] 이러한 맥락에서 사이버범죄협약은 "기소 또는 인도(aut

---

80   *Ibid.*, p. 36.

81   J. Goldsmith, 'Unilateral regulation of the Internet: A modest defence' (2000) 11 European Journal of International Law 135, 139.

82   *Ibid.*, 139.

83   United Nations Office on Drugs and Crime, Manual on mutual legal assistance and extradition (September 2012), p. 13.

84   Kohl, Jurisdiction and the internet, p. 105.

85   *Ibid.*, p. 87.

86   *Ibid.*, p. 106.

87   United Nations Office on Drugs and Crime, Manual on mutual legal assistance and extradition, p. 107.

88   Extradition Act 1988 (Cth); Extradition Act 1999 (Can); Extradition Act 2003 (UK); 18 USC ch. 209.

dedere aut judicare)" 원칙, 즉 기소하거나 인도할 의무에 관한 원칙을 인정하고 있다.[89] 즉 한 국가는 자국민이 자국 내에서 범죄를 저질렀을 경우에 오로지 국적을 근거로 범죄인인도 요청을 거절하였다면 관할권을 행사하여야 한다.[90]

범죄인 인도와 제반사항에 대한 자세한 논의는 이 책의 범위를 벗어나는 것이다.[91] 그러나 범죄인 인도법의 한 측면은 강조될 필요가 있다. 범죄인 인도는 통상 '쌍방 가벌성(dual criminality)'이 있을 것을 요하는데, 이는 요청하는 국가와 범죄인이 위치한 국가 내에서 모두 해당 범죄가 입법되어 있어야 하며, 통상 최소 12개월 이하의 징역형이어야 한다.[92]

이 요건에 따른 문제점은 'Love Bug' 바이러스 사건에서 잘 나타나고 있다.[93] 2000년 홍콩에서 처음 발견된 바이러스는 전 세계로 유포되었는데,[94] 12개국 4,500만명 이상 이용자의 컴퓨터를 감염시켰다고 추산되고, 여기에는 NASA나 CIA와 같은 정부 기관도 포함된다.[95] 이 바이러스는 수십억 달러의 손해를 야기한 것으로 추정된다. 수사관들은 과거 컴퓨터 공학도였던 필리핀 사람을 용의자로 특정했지만, 필리핀에는 그러한 바이러스 유포행위를 처벌할 법률이 당시 존재하지 않았고, 쌍방 가벌성 요건이 충족되지 않아 미국으로 인도되지 못하였다.[96]

쌍방가벌성이 인정되는 경우에 한 국가는 자국에 피해를 준 범죄인을 인도할 것을 요청할 수 있다. 예를 들어 2005년 한 호주 국적자는 Virginia 주 대배심에서 저작권 침해범죄로 기소된 이후 미국으로 인도되었다.[97] 2013년 파키스탄 국적의 Usman Ahzaz

---

89   Cybercrime Convention, Explanatory Report, [237].

90   Cybercrime Convention, Art. 24.

91   A. Jones and A. Doobay, Jones and Doobay on extradition and mutual assistance, 4th edn. (London: Sweet and Maxwell, 2014); Joint Standing Committee on Treaties, Extradition: A review of Australia's law and policy, Report 40 (Parliament of Australia, 2001); M. J. Garcia and C. Doyle, Extradition to and from the United States: Overview of the law and recent treaties (CRS Report for Congress, 7-5700, 17 March 2010).

92   Cybercrime Convention, Art. 24.

93   M. D. Goodman and S. W. Brenner, 'The emerging consensus on criminal conduct in cyberspace' (2002) UCLA Journal of Law and Technology 3.

94   *Ibid.*, 139-40.

95   *Ibid.*, 140.

96   *Ibid.*, 140-1.

97   Griffiths v. United States of America (2005) 143 FCR 182. See also McKinnon v. Government of the United States of America [2008] 4 All ER 1012.

는 영국으로부터 미국으로의 범죄인인도 결정에 대한 항소심에서 패소하였다. Ahzaz 는 권한 없이 보호되는 컴퓨터 100,000대로 구성된 봇넷을 운영하였다는 혐의로 기소되었다.[98] 최근에는 Kim Dotcom이 저작권 침해로 기소된 것과 관련하여 뉴질랜드로부터 미국으로의 범죄인인도에 대해 소송이 진행 중이다.

범죄인인도조약에서 인도가능 범죄의 수가 상대적으로 적을 경우에 인도 가능 범죄를 열거하는 것이 일반적이다. 이러한 전통은 인도 가능 범죄의 수가 증가하였음에도 계속되어 왔다. 예컨대 1976년 호주와 미국 간의 조약에는 29가지의 유형의 인도 가능 범죄가 있다. 이러한 접근방식은 컴퓨터 관련 범죄에 적용하기 어려운 새로운 유형의 범죄가 발생하였을 때, 그리고 컴퓨터가 범죄의 대상이 된 경우 해당 행위를 포섭할 범죄가 없는 경우 문제가 될 수 있다.[99] 그러한 문제로 인해 범죄인인도조약은 열거적 접근방식에서 소거적 접근방식으로 변화하였다.[100] 이후 호주와 미국 간 범죄인인도 조약은 개정되어 인도 가능 범죄를 '당사국 모두의 법에 따라 1년 이상의 징역형으로 처벌 가능한' 범죄로 정의하고 있다.[101] 이렇게 규정하면 당사국이 해당 범죄를 같은 유형의 범죄로 규정하였는지 또는 같은 용어를 사용하여 범죄를 규정하는지에 상관없이 인도 가능 범죄를 규정할 수 있다.[102]

그러한 접근방식을 취하더라도 여전히 각각의 관할 내에서 동등한 입법이 있는지 여부를 고려하여야 한다.[103] 일례로 온라인 도박 및 혐오표현은 한 국가에서는 불법이지만 다른 국가에서는 그렇지 않다. 또한 기술적으로는 인도가 가능할지라도 인도절차의 비용과 복잡성으로 인해 대부분 중범죄인 경우에만 인도가 이루어진다.[104]

---

98 Ahzaz v. United States of America [2013] EWHC 216 (Admin).

99 Treaty on Extradition between Australia and the United States of America, Washington, 14 May 1974, in force 8 May 1976, [1976] ATS No 10, Art. II(1).

100 J. T. Soma, T. F. Muther Jr and H. M. L. Brissette, 'Transnational extradition for computer crimes: Are new treaties and laws needed?' (1997) 34 Harvard Journal on Legislation 317, 324-6.

101 Protocol Amending the Treaty on Extradition between Australia and the United States of America of 14 May 1974, Seoul, 4 September 1990, in force 21 December 2002, [1992] ATS No. 43, Art. 1(1).

102 *Ibid.*, Art. 1(3)(a).

103 See, e.g., R v. Bow Street Magistrates Court and Allison, ex parte Government of the United States of America [2000] 2 AC 216.

104 J. Paust, 'Panel: Cybercrimes and the domestication of international criminal law' (2007) 5 Santa Clara Journal of International Law 432, 442.

참고문헌

Akdeniz, Y., 'Possession and dispossession: A critical assessment of defences in cases of possession of indecent photographs of children' (2007) *Criminal Law Review* 274

Akdeniz, Y., N. Taylor and C. Walker, 'Regulation of Investigatory Powers Act 2000 (1): BigBrother.gov.uk: State surveillance in the age of information and rights' (2001) *Criminal Law Review* 73

All Party Parliamentary Internet Group, "Spam": Report of an inquiry by the All Party Internet Group (2003)

Revision of the Computer Misuse Act: Report of an inquiry by the All Party Internet Group (2004)

'Digital rights management': Report of an inquiry by the All Party Internet Group (2006)

American Psychiatric Association, *Diagnostic and statistical manual of mental disorders – DSM-5*, 5th edn. (Arlington VA: APA, 2013)

Anderson, R., C. Barton, R. Böhme, R. Clayton, M. J. G. van Eeten, M. Levi, T. Moore and S. Savage, 'Measuring the cost of cybercrime', in R. Böhme (ed.), *The economics of information security and privacy* (Berlin: Springer, 2013)

Anti-Phishing Working Group, *Phishing activity trends report*: 1st quarter 2014 (2014)

'Origins of the word "Phishing"', http://docs.apwg.org/word_phish.html

Apple, *Apple press info: Apple's app store downloads top 25 billion*, Press Release (5 March 2012), www.apple.com/pr/library/2012/03/05Apples-App-Store-Down loads-Top-25-Billion.html

Arbor Networks, *Worldwide infrastructure security report*, Vol. X (2015)

Arcabascio, C., 'Sexting and teenagers: OMG R U Going 2 Jail???' (2010) 16 *Richmond Journal of Law & Technology* 1

Ashworth, A., *Principles of criminal law*, 6th edn. (New York, Oxford University Press, 2006)

Attorney General's Department (Australia), *Review of Commonwealth criminal law: Interim Report, computer crime* (1988)

Equipping Australia against emerging and evolving threats, Discussion Paper (July 2012)

National plan to combat cybercrime (2013)

Telecommunications (Interception and Access Act) 1979 – Annual report 2012–13 (2013)

AusCERT, *Australian computer crime and security survey report* (2013)

Australasian Centre for Policing Research and the Australian Transaction Reports and Analysis Centre, *Standardisation of definitions of identity crime terms: A step towards consistency,*

Report Series No. 145.3 (Australasian Centre For Policing Research, 2006)

Australian Bureau of Statistics, *Personal fraud*, 2010–2011, Cat No. 4528.0 (Canberra: ABS, 2012)

Household use of information technology, Australia 2012–13, Cat. No. 8146.0 (ABS: 2014)

Australian Communications and Media Authority, *Communications report 2011–12 series, Report 3 – Smartphones and tablets take-up and use in Australia* (2013)

Like, post, share: Young Australians' experience of social media, Quantitative Research Report (2013)

Spam statistics: March 2013 (21 November 2013)

Australian High Tech Crime Centre, *Malware: Viruses, worms, Trojans horses*, High Tech Crime Brief No. 10 (AIC, 2006)

Money mules, High Tech Crime Brief No. 16 (AIC, 2007)

Australian Institute of Criminology, *Intellectual property crime and enforcement in Australia*, Research and Public Policy Series No. 94 (2008)

Australian Law Reform Commission, *Film and literature censorship procedure*, Report No. 55 (1991)

For your information: Australian privacy law and practice, Report 108, Vol 1. (2008)

Serious invasions of privacy in the digital era, Discussion Paper 80 (2014)

Australian Payments Clearing Association, 'Payment fraud in Australia' (Media Release Australian Payments Clearing Association, 17 December 2013)

Fraud statistics: 2013 financial year www.apca.com.au/payment-statistics/fraud statistics/2013-financial-year

Awan, I., 'Debating the term cyber-terrorism: Issues and problems' (2014) *Internet Journal of Criminology* 1

Ball, M., 'Documenting acts of cruelty: The practice of violent criminals making visual records of their crimes' (2012) 25 *Visual Anthropology* 421

Baer, M. R., 'Cyberstalking, and the internet landscape we have constructed' (2010) 15(2) *Virginia Journal of Law and Technology* 155

Bartholomew, M., *Cops, robbers, and search engines: The role of criminal law in contributory infringement doctrine*, Buffalo Legal Studies Research Paper Series Paper No. 2008–19 (2008)

BBC News Online, 'Woman in Jail Over Virtual Murder', BBC *News Online* (Asia Pacific), 24 October 2008

BC Freedom of Information and Privacy Association, PIPEDA *and identity theft: Solutions for protecting Canadians* (FIPA, 2006)

Bell, K., 'Facebook "colour change" malware resurfaces, infects 10,000 users', The Age, 8

August 2014

Bellia, P. L., 'Defending cyberproperty' (2004) 79 *New York University Law Review* 2164

Biller, J. T., 'Cyber-terrorism: Finding a common starting point' (2013) 4 *Journal of Law, Technology and the Internet* 275

Binational Working Group on Cross-Border Mass Marketing Fraud, Report on Binational Working Group on Cross-Border Mass Marketing Fraud, Report on Phishing: A report to the Minister of Public Safety and Emergency Preparedness Canada and the Attorney General of the United States (2006)

Bipartisan Policy Center, *Today's rising terrorist threat and the danger to the United States: Reflections on the tenth anniversary of the 9/11 Commission report* (July 2014)

Black, M. C., K. C. Basile, M . J. Breiding, S. G. Smith, M. L. Walters, M. T. Merrick, J. Chen and M. R. Stevens, *The national intimate partner and sexual violence survey (NISVS): 2010, Summary Report* (National Center for Injury Prevention and Control, 2011)

Bloom, D., 'Computer hacker stole virtual property from online fantasy gamers to pay off REAL gambling debts', *Daily Mail*, 7 December 2013

Blunn, A., *Report of the review of the regulation of access to communications* (Australian Government Attorney General's Department, 2005)

Bocij, P., *Cyberstalking: Harassment in the Internet age and how to protect your family* (Westport: Praeger Publishers, 2004)

Boyce, J., A. Cotter and S. Perreault, *Police-reported crime statistics in Canada*, 2013 (Canadian Centre for Justice Statistics, 23 July 2014)

Brenner, S. W., 'Is there such a thing as "virtual crime"?' (2001) 4 *California Criminal Law Review* 1
'Cybercrime metrics: Old wine, new bottles?' (2004) 9 *Virginia Journal of Law and Technology* 1
'The next step: Prioritizing jurisdiction', in B. J Koops and S. W. Brenner (eds.), *Cybercrime and jurisdiction: A global survey* (The Hague: TMC Asser Press, 2006)
'Fantasy crime: The role of criminal law in virtual worlds' (2008) 11 *Vanderbilt Journal of Entertainment and Technology Law* 1
'Nanocrime?' (2011) *University of Illinois Journal of Law, Technology and Policy* 39
'Bits, bytes, and bicycles: Theft and cyber theft' (2012) 47 *New England Law Review* 817

Brenner, S. W., B. Carrier and J. Henninger, 'The Trojan horse defense in cyber crime cases' (2004) 21 *Santa Clara Computer and High Technology Law Journal* 1

Brewer, N., *Telecommunications data retention – an overview*, Background Note (Parliament of Australia, 24 October 2012)

British Phonographic Industry (BPI), *Digital Music Nation* 2010 (2010)

BPI, *Digital Music Nation* 2013 (2013)

Bronitt, S., and M. Gani, 'Shifting boundaries of cybercrime: From computer hacking to cyberterrorism' (2003) 27 *Criminal Law Journal* 303

Brown, I., 'The evolution of anti-circumvention law' (2006) 20 *International Review of Law, Computers and Technology* 271

Bryce, J., 'Online sexual exploitation of children and young people', in Y. Jewkes and M. Yar (eds.), *Handbook of internet crime* (Cullompton: Willan, 2010)

Buckels, E. E., P. D. Trapnell and D. L. Paulhus, 'Trolls just want to have fun' (2014) 67 *Personality and Individual Differences* 97

Cabinet Office (UK), *The UK cyber security strategy: Protecting and promoting the UK in a digital world* (Cabinet Office, 2011)

Calvert, C., 'Opening up an academic privilege and shutting down child modeling sites: Revising child pornography laws in the United States' (2002) 107 *Dickinson Law Review* 253

Calvert, C., and J. Brown, 'Video voyeurism, privacy and the internet: Exposing Peeping Toms in cyberspace' (2000) 18 *Cardozo Arts & Entertainment Law Journal* 469

Canada Law Reform Commission, *Electronic surveillance*, Working Paper No. 47 (1986)

Canadian Anti-Fraud Centre, *Mass marketing fraud & ID theft activities*, Annual Statistical Report 2013 (2013)

Canadian Internet Policy and Public Interest Clinic, *Identity theft: Introduction and background*, CIPPIC Working Paper No. 1, ID Theft Series (2007)

   Techniques of identity theft, CIPPIC Working Paper No. 2, ID Theft Series (2007)

Carey, A., 'Passengers warned about credit-card skimming cabbies' The Age, 29 March 2014

Catalano, S., *Stalking victims in the United States – Revised* (US Department of Justice, Bureau of Justice Statistics, September 2012)

Cattaneo, C., S. Ritz-Timme, P. Gabriel, D. Gibelli, E. Giudici, P. Poppa, D. Nohrden, S. Assmann, R. Schmitt and M. Grandi, 'The difficult issue of age assessment on pedo-pornographic material' (2009) 183 *Forensic Science International* e21–e24.

CERT Australia, *Cyber crime & security survey report 2013* (Commonwealth of Australia, 2014)

CIFAS, *Fraudscape: Depicting the UK's fraud landscape* (March 2013)

Citron, D., and M. Franks, 'Criminalizing revenge porn' (2014) 49 *Wake Forest Law Review* 345

Clapper, J. C., *Worldwide threat assessment of the US intelligence community* (Senate Select Committee on Intelligence, 2013)

Clarke, R., 'Human identification in information systems: Management challenges and public policy issues' (1994) *Information Technology and People* 6

Clough, J., 'Now you see it, now you don't: Digital images and the meaning of "possession"' (2008) 19 *Criminal Law Forum* 209

   'Data theft? Cybercrime and the increasing criminalization of access to data' (2011) 22 *Criminal Law Forum* 145

'"Just looking": When does viewing online constitute possession?' (2012) 36 *Criminal Law Journal* 233

'Lawful acts, unlawful images: The problematic definition of "child" pornography' (2012) 38 *Monash University Law Review* 213

Cohen, L., and M. Felson, 'Social change and crime rate trends: A routine activity approach (1979) 44 *American Sociological Review* 588

Commonwealth of Australia, Explanatory Memorandum, Crimes Legislation Amendment (Telecommunications Offences and Other Measures) Bill (No. 2) 2004 (Cth)

Parliamentary Debates, Senate, 30 August 2004, 26620 (Christopher Ellison, Minister for Justice and Customs)

Explanatory Memorandum, Law and Justice Amendment (Identity Crimes and Other Measures) Bill 2008 (Cth)

Explanatory Memorandum, Cybercrime Legislation Amendment Bill 2011(Cth)

Commonwealth Director of Public Prosecutions, Annual Report 2009/10

Annual Report 2011/12

Annual Report 2012/13

Commonwealth Parliament, *High-wire act: Cyber-safety and the young*, Joint Select Committee on Cyber Safety, Interim Report (June 2011)

Review of the Cybercrime Legislation Amendment Bill 2011 (Joint Select Committee on Cyber-Safety, August 2011)

Computer Bulletin Board Systems Task Force, *Regulation of computer bulletin board systems* (Canberra: AGPS, 1995)

Computer Crime and Intellectual Property Section, *The National Information Infrastructure Protection Act of 1996*, Legislative Analysis (US Department of Justice, 1998)

Computer Crime and Intellectual Property Section Criminal Division, *Searching and seizing computers and obtaining electronic evidence in criminal investigations* (Office of Legal Education Executive Office for United States Attorneys, 2009)

Prosecuting computer crimes, Manual (US Department of Justice, 2010)

Convention Committee, 'T-CY Guidance Note #2 Provisions of the Budapest Convention Covering Botnets' (Guidance Note No. T-CY(2013) 6E Rev, Council of Europe, 5 June 2013)

Council of Europe, Convention on the counterfeiting of medical products and similar crimes involving threats to public health: Explanatory report (CETS No. 211)

'Project on Cybercrime: Final Report', Report No. ECD/567(2009)1 (Council of Europe, 15 June 2009)

Council of Europe: European Committee on Crime Problems, 'Extraterritorial criminal jurisdiction' (1992) 3 *Criminal Law Forum* 441

Cross, C., R. G. Smith and K. Richards, *Challenges of responding to online fraud victimisation in Australia*, Trends and Issues in Criminal Justice No. 474 (AIC, 2014)

Cross, D., T. Shaw, L. Hearn, M. Epstein, H. Monks, L. Lester and L. Thomas, *Australian covert bullying prevalence study* (Child Health Promotion Research Centre, 2009)

Cross, E., R. Piggin, T. Douglas and J. Vonkaenel-Flatt, *Virtual violence II: Progress and challenges in the fight against cyberbullying* (Beatbullying, 2012)

Crown Prosecution Service (UK), The Fraud Act 2006 www.cps.gov.uk/legal/d_to_g/fraud_act/#a13

Cuganesan, S., and D. Lacey, Identity fraud in Australia: *An evaluation of its nature, cost and extent* (New South Wales: SIRCA, 2003)

Denning, D. E., *Cyberterrorism: Testimony before the Special Oversight Panel on Terrorism Committee on Armed Services* (US House of Representatives, 23 May 2000)

de Preez, L., 'Developing approaches to combat cyber bullying through a comparative study between the United Kingdom, Australia and South Africa', in N.Delener, L. Fuxman, F. V. Lu, S. Rodrigues and L. Rivera (eds.), *Globalizing businesses for the next century: Visualizing and developing contemporary approaches to harness future opportunities* (Global Business and Technology Association, 15th Annual International Conference, Helsinki, 2013)

Department of Communications, Information Technology and the Arts (Australia), *Report on the Spam Act 2003 review* (Australian Government, 2006)

Department of Justice, Canada, *Lawful access – Consultation document* (Department of Justice, Industry Canada, and Solicitor General Canada, 2002)

Voyeurism as a criminal offence, Consultation Paper (2002)

A handbook for police and crown prosecutors on criminal harassment (2004)

Detica, *The cost of cyber crime*, Report (2011)

De Zwart, M., 'Contractual communities: Effective governance of virtual worlds' (2010) 33 *University of New South Wales Law Journal* 605

Dorman, C., 'Beware that hotel Wi-Fi connection', 28 July 2014, www.traveller.com.au/beware-that-hotel-wifi-connection-3coxp

Dutton, W. H., and G. Blank, *Cultures of the internet: The internet in Britain – Oxford internet survey 2013 report* (Oxford Internet Institute, 2013)

Economic and Domestic Secretariat (UK), *Identity fraud: A study* (Cabinet Office, 2002)

The Economist, 'Credit cards: Skimming off the top', 15 February 2014

Eleven, *Internet threats trend report Q2 2013* (2013)

Ellison, L., 'Cyberstalking: Tackling harassment on the internet', in D. S. Wall (ed.), *Crime and the internet* (London: Routledge, 2001)

Envisional, *An estimate of infringing use of the internet*, Technical Report (2011)

Eraker, E. C., 'Sexting: Sensible legal approaches to stemming teenagers' exchange of self-produced pornography' (2010) 25 Berkeley *Technology Law Journal* 555

European Commission, *Proposal for a directive of the European Parliament and of the Council on attacks against information systems and repealing Council Framework Decision 2005/222/JHA* (30 August 2010)

 Study for an impact assessment on a proposal for a new legal framework on identity theft, Final Report (11 December 2012)

European Network and Information Security Agency, *What are the measures used by European providers to reduce the amount of spam received by their customers: Third ENISA Anti-spam measures survey* (16 December 2009)

Facebook, 'Facebook Reports Third Quarter 2014 Results', Press Release (28 October 2014)

Fafinski, S., 'Computer misuse: The implications of the Police and Justice Act 2006' (2008) 72 *Journal of Criminal Law* 53

Farhangian, J. J., 'A problem of "virtual" proportions: The difficulties inherent in tailoring virtual child pornography laws to meet constitutional standards' (2003) 12 *Journal of Law and Policy* 241

Federal Bureau of Investigation, *Innocent Images National Initiative*, US Department of Justice (2006), www.fbi.gov/news/stories/2006/february/innocent-imagesstatistics-1

 'Malware targets bank accounts', Press Release (1 June 2012)

 'Manhattan U.S. Attorney and FBI Assistant Director in Charge announce 24 arrests in eight countries as part of international cyber crime takedown', Press Release (26 June 2012)

 'Nine individuals indicted in one of the largest international penny stock frauds and advance fee schemes in history', Press Release (13 August 2013)

 Internet social networking risks, www.fbi.gov/about-us/investigate/counterintelli gence/internet-social-networking-risks

Federal Trade Commission, Spam summit: *The next generation of threats and solutions* (2007)

 FTC consumer alert: 'Free security scan' could cost time and money (Federal Trade Commission, Bureau of Consumer Protection, 2008)

File, T., and C. Ryan, *Computer and internet use in the United States:* 2013 (US Census Bureau, November 2014)

Financial Fraud Action UK, *Annual Review* 2013 (2013)

 Annual Review 2014 (2014)

 Scams and computer attacks contribute to increase in fraud, as total card spending rises (News Release, March 2014)

Finch, E., *The criminalisation of stalking* (London: Routledge-Cavendish, 2001)

'The problem of stolen identity and the internet', in Y. Jewkes (ed.), Crime online (United Kingdom: Willan Publishing, 2007)

Finklea, K. M., *Identity theft: Trends and issues* (Congressional Research Service, Report for Congress, 15 February 2012)

Fortinet, *Anatomy of a botnet*, White Paper (2013)

Foss, M., and E. Johnson, *Symantec report on the underground economy July 07- June 08* (Symantec, 2008)

Fox, S., *51% of U.S. adults bank online: 32% of adults transact bank business on their mobile phones* (PewResearch Center, 7 August 2013)

Fraud Prevention Expert Group, *Report on identity theft/fraud* (European Commission, 2007)

Furnell, S., 'Hackers, viruses and malicious software', in Y. Jewkes and M. Yar (eds.), *Handbook of internet crime* (Cullompton: Wilan, 2010)

Gable, K. A., 'Cyber-apocalypse now: Securing the internet against cyberterrorism and using universal jurisdiction as a deterrent' (2010) 43 *Vanderbilt Journal of Transnational Law* 57

Gamble, R., A. Srivastava and J. Boey, 'Cyberbullying in Australia: Clarifying the problem, considering the solutions' (2013) 21 *The International Journal of Children's Rights* 25

Garcia, M. J., and C. Doyle, *Extradition to and from the United States: Overview of the law and recent treaties* (CRS Report for Congress, 7-5700, 17 March 2010)

Gaus, A., 'Trolling attacks and the need for new approaches to privacy torts' (2012) 47 *University of San Francisco Law Review* 353

Geltzer, J. N., 'The new Pirates of the Caribbean: How data havens can provide safe harbors on the internet beyond governmental reach' (2004) *Southwestern Journal of Law and Trade in the Americas* 433

Gercke, M., *Internet-related identity theft*, Discussion Paper (Council of Europe, 22 November 2007)

Gillespie, A. A., 'Children, chatrooms and the law' (2001) *Criminal Law Review* 435

'Child protection on the internet – Challenges for criminal law' (2002) 14 *Child and Family Law Quarterly* 411

'The Sexual Offences Act 2003: (3) Tinkering with "child pornography"' (2004) *Criminal Law Review* 361

'Cyber-bullying and harassment of teenagers: The legal response' (2006) 28 *Journal of Social Welfare & Family Law* 123

'Enticing children on the internet: The response of the criminal law' (2006) 3 *Juridical Review* 229

'Indecent images, grooming and the law' (2006) *Criminal Law Review* 412

'"Up-skirts" and "Down-blouses": Voyeurism and the law' (2008) *Criminal Law Review* 370

    Child pornography: Law and policy (Abingdon: Routledge, 2011)

    'Cyberstalking and the law: A response to Neil MacEwan' (2013) 1 *Criminal Law Review* 38

Goldman, E., 'A road to no warez: The No Electronic Theft Act and criminal copyright infringement' (2003) Oregon Law Review 369

Goldsmith, J., 'Against cyberanarchy' (1998) *University of Chicago Law Review* 1199

    'Unilateral regulation of the internet: A modest defence' (2000) 11 *European Journal of International Law* 135

Goodman, M. D., and S. W. Brenner, 'The emerging consensus on criminal conduct in cyberspace' (2002) UCLA *Journal of Law and Technology* 3

Gottschalk, P., 'Stage model for online grooming offenders', in J. Davidson and P. Gottschalk (eds.), *Internet child abuse: Current research and policy* (Abingdon: Routledge, 2011)

Grabosky, P., R. G. Smith and G. Dempsey, *Electronic theft: Unlawful acquisition in cyberspace* (Cambridge: Cambridge University Press, 2001)

Grant, I., N. Bone and K. Grant, 'Canada's criminal harassment provisions: A review of the first ten years' (2003) 29 *Queen's Law Journal* 175

Grant, N. P., 'Mean girls and boys: The intersection of cyberbullying and privacy law and its social-political implications' (2012) 56 *Howard Law Journal* 169

Griffith, G., and L. Roth, *Protecting children from online sexual predators*, Briefing Paper No. 10/107 (NSW Parliamentary Library Research Service, 2007)

Griffith, G., and K. Simon, *Child pornography law*, Briefing Paper No. 9/08 (NSW Parliamentary Library Research Service, 2008)

Hardy, K., 'Operation titstorm: Hacktivism or cyberterrorism' (2010) 33 *University of New South Wales Law Journal* 474

Hargreaves, I., *Digital opportunity. A review of intellectual property and growth* (2011)

Harrell, E., and L. Langton, *Victims of identity theft, 2012* (US Department of Justice, December 2013)

Hazelwood, S. D., and S. Koon-Magnin, 'Cyber stalking and cyber harassment legislation in the United States: A qualitative analysis' (2013) 7 *International Journal of Cyber Criminology* 155

Hébert, M., and H. Pilon, *Computer crime* (Department of Justice Canada, 1991)

Hedley, S., 'A brief history of spam' (2006) 15 *Information and Communications Technology Law* 223

Herrera-Flanigan, J. R., 'Cybercrime and jurisdiction in the United States', in B. J. Koops and S. W. Brenner, *Cybercrime and jurisdiction: A global survey* (The Hague: TMC Asser Press, 2006)

Holt, T. J., 'Examining the forces shaping cybercrime markets online' (2013) 31 *Social Science Computer Review* 165

Home Office (UK), *Cyber crime strategy*, Cm. 7842 (2010)

Consultation on stalking (November 2011)

House of Commons Standing Committee on Justice and Legal Affairs, *Computer crime*, Final Report (1983)

House of Commons Committee on Standards and Privileges, *Privilege: Hacking of Members' Mobile Phones* (Fourteenth Report of Session 2010–11, 31 March 2011)

House of Commons Home Affairs Committee, *Unauthorised tapping into or hacking of mobile communications*, Thirteenth Report of Session 2010–12

E Crime, Fifth Report of Session 2013–14 (2013)

House of Representatives Standing Committee on Communications, *Hackers, fraudsters and botnets: Tackling the problem of cyber crime*, The Report of the Inquiry into Cyber Crime (June 2011)

Howard, T. E., 'Don't cache out your case: Prosecuting child pornography possession laws based on images located in temporary internet files' (2004) 19 *Berkeley Technology Law Journal* 1227

Hubbard, R. W., P. M. Brauti and S. K. Fenton, *Wiretapping and other electronic surveillance: Law and procedure* (Ontario: Canada Law Book, 2000–)

Humphreys, S., and M. de Zwart, 'Griefing, massacres, discrimination, and art: The limits of overlapping rule sets in online games' (2012) 2 *UC Irvine Law Review* 507.

Hutchings, A., *Computer security threats faced by small businesses in Australia*, Trends and Issues in Criminal Justice No. 433 (AIC, February 2012)

Huthwaite, T., 'High stakes on the digital high seas: Copyright and piracy in the 21st century' (2013) 93 *Intellectual Property Forum* 9

ICB4PAC, Electronic crimes: *Knowledge-based report* (Assessment) (2013)

IFPI, *Digital Music Report* 2012 (2012)

Industry Canada, *Stopping spam: Creating a stronger, safer internet*, Report of the Task Force on Spam, Industry Canada (2005)

Information Commissioner's Office (UK), *Unscrubbed hard drives report* (2010) http://ico.org.uk/news/latest_news/2012/~/media/documents/library/Data_Protection/Research_and_reports/unscrubbed_hard_drives_report.ashx

Guidance on the rules on use of cookies and similar technologies (May 2012)

Interception Legislation Team, Home Office (UK), *Interception of communications in the United Kingdom*, Consultation Paper, Cm. 4368 (1999)

International Telecommunication Union, *ITU internet reports 2005: The internet of things*, Report (2005)

Final Acts of the world conference on international telecommunications (Dubai, 3–14 December 2012)

World conference on international telecommunications (Dubai, 3–14 December 2012)– *Signatories of the Final Acts: 89*, www.itu.int/osg/wcit-12/highlights/signatories.html

ICT facts and figures: The world in 2014 (2014)

Internet Crime Complaint Center, *Internet crime report 2011* (2011)

Internet crime report 2012 (2012)

Internet Watch Foundation, Internet *Watch Foundation annual & charity report 2013* (2013)

Jenkins, P., Beyond tolerance: *Child pornography on the internet* (New York: New York University Press, 2001)

Jerker, D., and B. Svantesson, '"Sexting" and the law – How Australia regulates electronic communication of non-professional sexual content' (2010) 22 *Bond Law Review* 41

Johnson, D. R., and D. Post, 'Law and borders – The rise of law in cyberspace' (1996) 48 *Stanford Law Review* 1367

Joint Standing Committee on Treaties, Extradition – *A review of Australia's law and policy*, Report 40 (Parliament of Australia, 2001)

Jones, A., and A. Doobay, *Jones and Doobay on extradition and mutual assistance*, 4th edn. (London: Sweet and Maxwell, 2014)

Jones, L. M., K. J. Mitchell and D. Finkelhor, 'Online harassment in context: Trends from three youth internet safety surveys (2000, 2005, 2010)' (2013) 3(1) *Psychology of Violence* 53

Jorna, P., and A. Hutchings, *Australasian consumer fraud taskforce: Results of the 2012 online consumer fraud survey*, Technical and Background Paper 56 (AIC, 2013)

Karlinsky, N., and L. Effron, 'Revenge porn mogul indicted on federal conspiracy charges', *ABC News* (23 January 2014)

Kaspersen, H. W. K., 'Cybercrime and internet jurisdiction', Discussion Paper (draft) (Council of Europe, 5 March 2009)

Kastens, A. H., 'State v Stevenson, The "Peeping Tom" case: Over breadth or Overblown?' (2001) *Wisconsin Law Review* 1371

Katyal, N. K., 'Criminal law in cyberspace' (2001) 149 *University of Pennsylvania Law Review* 1003

Kerr, O. S., 'Cybercrime's scope: Interpreting "access " and "authorization" in computer misuse statutes' (2003) 78 *New York University Law Review* 1596

'Internet surveillance law after the USA Patriot Act: The Big Brother that isn't' (2003) 97 *Northwestern University Law Review* 607

'Lifting the "fog" of internet surveillance: How a suppression remedy would change computer crime law' (2003) 54 *Hastings Law Journal* 805

'The problem of perspective in internet law' (2003) *Georgetown Law Journal* 357

'A user's guide to the Stored Communications Act – And a legislator's guide to amending it'

(2004) 72 George *Washington Law Review* 1208

'Virtual crime, virtual deterrence: A skeptical view of self-help, architecture and civil liability' (2005) 1 *Journal of Law, Economics and Policy* 197

'Criminal law in virtual worlds' (2008) *University of Chicago Legal Forum* 415

'Vagueness challenges to the Computer Fraud and Abuse Act' (2009) 94 *Minnesota Law Review* 1561

Computer Crime Law, 3rd edn. (St. Paul: Thomson West, 2013)

'The next generation Communications Privacy Act' (2013) 162 *University of Pennsylvania Law Review* 373

Kerr, J., E. Owen, C. McNaughton Nicholls and M. Button, *Research on sentencing online fraud offences* (Sentencing Council, 2013)

Klettke, B., D. J. Hallford and D. J. Mellor, 'Sexting prevalence and correlates: A systematic literature review' (2014) 34 *Clinical Psychology Review* 44

Knaus, C., and P. Riordan, '"Click fraudsters" set up fake Facebook pages in names of MH17 victims' (The Age, 21 July 2014)

Kohl, U., *Jurisdiction and the internet: Regulatory competence over online activity* (Cambridge: Cambridge University Press, 2007)

Koops, B. J., R. Leenes, M. Meints, N. van der Meulen and D. O. Jaquet-Chiffelle, 'A typology of identity-related crime' (2009) 12 Information, *Communication and Society* 1

Kowalski, M., *Cyber-crime: Issues, data sources, and feasibility of collecting police reported statistics*, Cat. No. 85–558 (Canadian Centre for Justice Statistics, 2002)

Kreston, S. S., 'Defeating the virtual defense in child pornography prosecutions' (2004) *Journal of High Technology Law* 49

Krone, T., *International police operations against online child pornography*, Trends and Issues in Crime and Criminal Justice (AIC, 2005)

Lamb, H., *Principal current data types*, Internet Crime Forum (2001), found at Home Office, *Retention of communications data under Part 11: Anti Terrorism, Crime and Security Act 2001*, Voluntary Code of Practice (2001)

Langos, C., 'Cyberbullying: The challenge to define' (2012) 15 *Cyberpsychology, Behavior, and Social Networking* 285

'Regulating cyberbullying: A South Australian perspective' (2014) *Flinders Law Journal* 74

Lanham, D., *Cross-border criminal law* (Sydney: FT Law & Tax, 1997)

Lastowka, F. G., and D. Hunter, 'Virtual Crimes' (2004–05) *New York Law School Law Review* 293

Law Commission (UK), *Computer misuse*, Working Paper No.110 (1988)

Computer misuse, Final Report No. 186 (1989)

Offences of dishonesty: Money transfers, Item 11 of the Sixth Programme of Law Reform:

Criminal Law (1996)

Fraud, Final Report, Law Com No. 276 (2002)

Law Reform Commission Ireland, *Report on privacy: Surveillance and the interception of communications*, No. 57 (1998)

Law Reform Committee, Parliament of Victoria, Inquiry into sexting, Report (May 2013)

Leader-Elliott, I., 'Framing preparatory inchoate offences in the Criminal Code: The identity crime debacle' (2011) 35 *Criminal Law Journal* 80

Lessig, L., *Code and other laws of cyberspace* (New York: Basic Books, 1999)

Lilley, C., R. Ball and H. Vernon, *The experiences of 11–16 year olds on social networking sites* (NSPCC, 2014)

Livingstone, S., L. Haddon, A. Görzig and K. Ólafsson, *Risks and safety for children on the internet: The UK report* (EU Kids Online, 2010)

Lorentz, D., 'The effectiveness of litigation under the CAN-SPAM Act' (2011) 30 *The Review of Litigation* 559

Lounsbury, K., K. J. Mitchell and D. Finkelhor, *The true prevalence of 'sexting'*, Factsheet (Crimes Against Children Research Center, 2011)

Lynch, J., 'Identity theft in cyberspace: Crime control methods and their effectiveness in combating phishing attacks' (2005) 20 *Berkeley Technology Law Journal* 259

MacEwan, N., 'The new stalking offences in English law: Will they provide effective protection from cyberstalking?' (2012) 10 *Criminal Law Review* 767

MacKay, A. W., *Respectful and responsible relationships: There's no App for that* (Report of the Nova Scotia Task Force On Bullying And Cyberbullying, 2012)

Madison, M. J., 'Rights of access and the shape of the internet' (2003) *Boston College Law Review* 433

Magee, J., 'The law regulating unsolicited commercial e-mail: An international perspective' (2003) 19 *Santa Clara Computer and High Technology Law Journal* 333

Maple, C., E. Short and A. Brown, *Cyberstalking in the United Kingdom* (National Centre for Cyberstalking Research, 2011)

Martellozzo, E., 'Understanding the perpetrators' online behaviour', in J. Davidson and P. Gottschalk (eds.), *Internet child abuse: Current research and policy* (Abingdon: Routledge, 2011)

Online child sexual abuse: Grooming, policing and child protection in a multimedia world (New York: Routledge, 2013)

Martin, B. C., and J. R. Newhall, 'Criminal copyright enforcement against filesharing services' (2013) 15 *North Carolina Journal of Law and Technology* 101

Maurushat, A., 'Australia's accession to the Cybercrime Convention: Is the Convention still relevant in combating cybercrime in the era of botnets and obfuscation crime tools?' (2010) 33 *University of New South Wales Law Journal* 431

Mazowita, B., and M. Vézina, *Juristat: Police reported cybercrime in Canada, 2012* (Statistics Canada, 2014)

McAfee, *McAfee Threats Report: First Quarter 2013* (2013)

McAlinden, A., *'Grooming' and the sexual abuse of children: Institutional, internet and familial dimensions* (Oxford: Oxford University Press, 2012)

McLeod, D., 'Regulating damage on the internet: A tortious approach?' (2001) 27 *Monash University Law Review* 344

McConvill, J., 'Contemporary comment: Computer trespass in Victoria' (2001) 25 *Criminal Law Journal* 220

McCusker, R., *Spam: Nuisance or menace, prevention or cure?* Trends and Issues in Criminal Justice, No. 294 (AIC, 2005)

McDonald, S., 'Wireless hotspots: The truth about their evil twins' (2006) 9 *Internet Law Bulletin* 13

McEwan, T., P. Mullen and R. MacKenzie, 'Anti-stalking legislation in practice: Are we meeting community needs?' (2007) 14 *Psychiatry, Psychology and Law* 207

McGrath, M., and E. Casey, 'Forensic psychiatry and the internet: Practical perspectives on sexual predators and obsessional harassers in cyberspace' (2002) 30 *Journal of the American Academy of Psychiatry and the Law* 81

McGuire, M., and S. Dowling, *Cyber crime: A review of the evidence*, Research Report 75 (Home Office, October 2013)

McHenry, A., 'Combating cyberbullying within the metes and bounds of existing Supreme Court precedent' (2011) 62 *Case Western Reserve Law Review* 231

McKnight, G., *Computer crime* (London: Joseph, 1973)

Mitchell, K. J., D. Finkelhor, L. M. Jones and J. Wolak, 'Use of social networking sites in online sex crimes against minors: An examination of national incidence and means of utilization' (2010) Journal of Adolescent Health 1

Mitchell, K. J., L. Jones, D. Finkelhor and J. Wolak, Trends in unwanted online experiences and sexting, Final Report (Crimes Against Children Research Center, 2014)

Mitchell, K. J., J. Wolak, D. Finkelhor and L. Jones, 'Investigators using the Internet to apprehend sex offenders: findings from the Second National Juvenile Online Victimization Study' (2011) *Police Practice and Research* 1

Mnookin, J. L., 'Virtual(ly) law: The emergence of law in LambdaMOO' (1996) 2 *Journal of Computer-Mediated Communication*

Model Criminal Code Officers Committee, *Chapter 4: Damage and computer offences,*

Discussion Paper (2000)

Chapter 4: Damage and computer offences, Final Report (2001)

Chapter 3: Credit card skimming offences, Final Report (2006)

Identity crime, Discussion Paper (2007)

Identity crime, Final Report (2008)

Morris, S., *The future of netcrime now: Part 1 – Threats and challenges*, Home Office Online Report 62/04 (Home Office, 2004)

'British hacker jailed over £7m virtual gaming chips scam', *The Guardian*, 19 March 2011

Muir, D., *Violence against children in cyberspace: A contribution to the United Nations study on violence against children* (Bangkok, ECPAT International, 2005)

Mullen, P. E., M. Pathé and R. Purcell, Stalkers and their victims, 2nd edn. (New York: Cambridge University Press, 2009)

Naraine, R., 'Computer virus 'hijacks' American Express web site', *Fox News*, 1 May 2006

Nash, V., and M. Peltu, *Rethinking safety and security in a networked world: Reducing harm by increasing cooperation*, Discussion Paper No. 6 (Oxford Internet Institute Forum, 2005)

National Conference of State Legislatures, 'Cyberbullying' (2015), www.ncsl.org/research/education/cyberbullying.aspx

'State cyberstalking and cyberharassment laws' (12 January 2015), www.ncsl.org/research/telecommunications-and-information-technology/cyberstalking-and-cyberharassment-laws.aspx

National Fraud Authority (UK), *Annual fraud indicator* (June 2013)

National Institute of Justice (US), *Project to develop a model anti-stalking code for states* (Department of Justice, 1993)

National Offender Management Service and Scottish Executive (UK), *Consultation: On the possession of extreme pornographic material* (Home Office, 2005)

New South Wales Law Reform Commission, *Surveillance: Final report*, Report 108 (2005)

New Zealand Law Commission, *Intimate covert filming*, Study Paper, No. 15 (2004)

Harmful digital communications: The adequacy of the current sanctions and remedies (Ministerial Briefing Paper, 2012)

O'Connell, R., *A typology of cybersexploitation and on-line grooming practices* (Cyberspace Research Unit, University of Central Lancashire, 2003)

OECD, *Recommendation on cross-border co-operation in the enforcement of laws against spam* (13 April 2006)

Scoping paper on online identity theft, Ministerial Background Report (2007)

Review of the 2006 OECD recommendation on cross-border co-operation in the enforcement of laws against spam (2012)

Office for National Statistics (UK), *Statistical bulletin: Internet access – households and individuals* (2013)

  Retail sales, December 2013 (17 January 2014)

  Discussion paper on the coverage of crime statistics, Discussion Paper (23 January 2014)

  Work to extend the crime survey for England and Wales to include fraud and cyber-crime, Methodological Note (16 October 2014)

Ogilvie, E., Cyberstalking, Trends and Issues in Crime and Criminal Justice No. 166 (AIC, 2000)

  Stalking: Legislative, policing and prosecution patterns in Australia, AIC Research and Public Policy Series No. 34 (AIC, 2000)

OPTA, *Decision to impose fine on dollar revenue*, Fact Sheet (December 2007)

Ospina, M., C. Harstall and L. Dennett, *Sexual exploitation of children and youth over the internet: A rapid review of the scientific literature*, Information Paper (Institute of Health Economics, 2010)

Ost, S., 'Getting to grips with sexual grooming? The new offence under the Sexual Offences Act 2003' (2004) 26 *Journal of Social Welfare and Family Law* 147

  Child pornography and sexual grooming: Legal and societal responses (New York: Cambridge University Press, 2009)

Oyama, K. A., 'E-mail privacy after United States v. Councilman: Legislative options for amending ECPA' (2006) 21 *Berkeley Technology Law Journal* 499

Packard, A., 'Does proposed federal cyberstalking legislation meet constitutional requirements?' (2000) 5 *Communication Law and Policy* 505

Paget, F., *Identity theft*, White Paper (McAfee, 2007)

Parker, D. B., *Crime by computer* (New York: Scribner, 1976)

  Fighting computer crime (New York: Scribner, 1983)

Parliament of Canada, *Private Member's Bill 40th Parliament*, 2nd Session (2009)

Parliamentary Joint Committee on Intelligence and Security (Australia), *Report of the inquiry into potential reforms of Australia's National Security Legislation* (May 2013)

Parliamentary Joint Committee on the National Crime Authority (Australia), *Organised criminal paedophile activity* (Commonwealth of Australia, 1995)

Paust, J., 'Panel: Cybercrimes and the domestication of international criminal law' (2007) 5 *Santa Clara Journal of International Law* 432

Peretti, K., 'Data breaches: What the underground world of "carding" reveals' (2008) 25 *Santa Clara Computer and High Technology Journal* 375

Podgor, E. S., 'International computer fraud: A paradigm for limiting national jurisdiction' (2002) 35 University of California Davis Law Review 267

  'Extraterritorial criminal jurisdiction: Replacing "objective territoriality" with "defensive territoriality"' (2003) 28 *Studies in Law, Politics, and Society* 117

'Cybercrime: Discretionary jurisdiction' (2008) 47 *University of Louisville Law Review* 727

Potashman, M., 'International spam regulation & enforcement: Recommendations following the world summit on the information society' (2006) 29 *Boston College International & Comparative Law Review* 323

Powell, A., 'Configuring consent: Emerging technologies, unauthorized sexual images and sexual assault' (2010) 43(1) *Australian & New Zealand Journal of Criminology* 76

Purcell, R., M. Pathé and P. E. Mullen, 'Stalking: Defining and prosecuting a new category of offending' (2004) 27 *International Journal of Law and Psychiatry* 157

Quayle, E., S. Allegro, L. Hutton, M. Sheath and L. Lööf, *Online behaviour related to child sexual abuse – Creating a private space in which to offend: Interviews with online child sex offenders*, Robert Project (Council of the Baltic Sea States, 2012)

Radosevich, A. C., 'Thwarting the stalker: Are anti-stalking measures keeping pace with today's stalker?' (2000) *University of Illinois Law Review* 1371

Ramasastry, A., J. K. Winn and P. Winn, 'Will wi-fi make your private network public? Wardriving, criminal and civil liability, and the security risks of wireless networks' (2005) 1 *Shidler Journal of Law, Commerce and Technology* 9

Reed, C., 'Why must you be mean to me? Crime and the online persona' (2010) 13 *New Criminal Law Review* 485

Restatement (Third) of Foreign Relations Law of the United States (Philadelphia: American Law Institute, 1987)

Reuters and CNBC, 'US Attorney General confirms probe of Target data breach', CNBC, 29 January 2014

Richardson, R., *CSI computer crime and security survey* (Computer Security Institute, 2011)

Roach, G., and W. J. Michiels, 'Damages is the gatekeeper issue for federal computer fraud' (2006) 8 *Tulane Journal of Technology and Intellectual Property* 61

Roddy, J., 'The Federal Computer Systems Protection Act' (1979) 7 Rutgers Journal of *Computer Technology and the Law* 343

Rogers, A., 'Playing hide and seek: How to protect virtual pornographers and actual children on the internet' (2005) *Villanova Law Review* 87

Ross, S., and R. G. Smith, *Risk factors for advance fee fraud victimisation*, Trends and Issues in Criminal Justice, No. 420 (AIC, 2011)

Rothenberg, L. E., 'Re-thinking privacy: Peeping Toms, video voyeurs, and failure of the criminal law to recognize a reasonable expectation of privacy in the public space' (2000) 49 *American University Law Review* 1127

Roundy, M. D., 'The Wiretap Act – reconcilable differences: A framework for determining the "interception" of electronic communications following United States v. Councilman's rejection of the storage/transit dichotomy' (2006) 28 *Western New England Law Review* 403

RSA, *The current state of cybercrime 2014: An inside look at the changing threat landscape*, White Paper (2014)

Ryan, P. S., 'War, peace, or stalemate: Wargames, wardialing, wardriving, and the emerging market for hacker ethics' (2004) 9 *Virginia Journal of Law and Technology* 7

Schjølberg, S., and A. M. Hubbard, *Harmonizing national legal approaches on cybercrime*, Background Paper, International Telecommunications Union (2005)

Schryen, G., 'Anti-spam legislation: An analysis of laws and their effectiveness' (2007) 16 *Information and Communications Technology Law* 17

Scott, A. H., 'Computer and intellectual property crime: Federal and state law' (Washington, DC, The Bureau of National Affairs, Inc., 2001)

Scottish Law Commission, *Report on Computer Crime*, Final Report, No.106 (1987)

Sedak, C. J., and P. Durojaiye, *US cybercrime: Rising risks, reduced readiness – Key findings from the 2014 US State of Cybercrime Survey* (PWC, 10 June 2014)

Seger, A., 'Identity theft and the convention on cybercrime', in D. Chryssikos, N. Passas and C. D. Ram (eds.), *The evolving challenge of identity-related crime: Addressing fraud and the criminal misuse and falsification of identity* (Courmayer: ISPAC, 2007)

Selvadurai, N., and R. Islam, 'The application of criminal defamation to inflammatory comments made on social networking sites: A new role for an old law?' (2012) 36 *Criminal Law Journal* 38

Selvadurai, N., N. Gillies and R. Islam, 'Maintaining an effective legislative framework for telecommunication interception in Australia' (2009) 33 *Criminal Law Journal* 34

Senate Legal and Constitutional Legislation Committee (Australia), *Provisions of the Telecommunications (Interception) Amendment Bill 2006* (Canberra: March 2006)

Sentencing Council (UK), *Sexual offences guideline consultation*, Consultation Paper (2012)
   Sexual offences definitive guideline (2013)

Seto, M. C., *Internet sex offenders* (Washington, DC: American Psychological Association, 2013)

Seybert, H., *Internet use in households and by individuals in 2012* (Eurostat, 2012)

Shiffman, B., D. Goldman and L. Pomeroy, 'Intellectual property crimes' (2012) 49 (2) *American Criminal Law Review* 929

Shimizu, A., 'Domestic violence in the digital age: Towards the creation of a comprehensive cyberstalking statute' (2013) 28 *Berkeley Journal of Gender, Law & Justice* 116

Sieber, U., *Legal aspects of computer-related crime in the information society*, COMCRIME Study, European Commission (1998)

Sinrod, E. J., and W. P. Reilly, 'Cyber-crimes: A practical approach to the application of federal computer crime laws' (2000) 16 *Santa Clara Computer and High Tech Law Journal* 177

Siwek, S. E., *Copyright industries in the U.S. Eronomy: The 2013 report* (International Intellectual Property Alliance, 2013)

Smith, K., K. Coleman, S. Eder and P. Hall (eds.), *Homicides, firearm offences and intimate violence 2009/10* (Home Office Statistical Bulletin, 2011)

Smith, K., P. Taylor and M. Elkin (eds.), *Crimes detected in England and Wales 2012/2013*, 2nd edn. (Home Office Statistical Bulletin, 2013)

Smith, R. G., 'The development of cybercrime', in R. Lincoln and S. Robinson (eds.), *Crime over time: Temporal perspectives on crime and punishment in Australia* (Newcastle-upon-Tyne: Cambridge Scholars Publishing, 2010)

    'Transnational cybercrime and fraud', in P. Reichel and J. Albanese (eds.), *Handbook of transnational crime and justice*, 2nd edn. (California: Sage Publishing, 2014)

Smith, R. G., P. Grabosky and G. Urbas, *Cyber criminals on trial* (Cambridge: Cambridge University Press, 2004)

Smith, R. G., M. N. Holmes and P. Kaufmann, *Nigerian advance fee fraud*, Trends and Issues in Criminal Justice No. 121 (AIC, 1996)

Smyth, S. M., *Child pornography and the law in Canada* (Boston: Pearson, 2010)

Solicitor General, Canada and US Department of Justice, *Public advisory: Special report for consumers on identity theft* (2003)

Soma, J. T., T. F. Muther, Jr and H. M. L. Brissette, 'Transnational extradition for computer crimes: Are new treaties and laws needed?' (1997) 34 *Harvard Journal on Legislation* 317

Sommer, P., 'Criminalising hacking tools' (2006) 3 *Digital Investigation* 68

Sophos, *Security threat report 2013* (2013)

    Security threat report 2014 (2014)

Sorkin, D., 'Technical and legal approaches to unsolicited electronic mail' (2001) 35 *University of San Francisco Law Review* 325

Standing Committee of Attorneys General (Australia), *Unauthorised photographs on the internet and ancillary privacy issues*, Discussion Paper (2005)

Standing Committee on Legal and Constitutional Affairs (Australia), *Telecommunications (Interception and Access) Amendment Bill 2007* (Canberra: Commonwealth of Australia, 2007)

Statista, *Number of World of Warcraft subscribers from 1st quarter 2005 to 3rd quarter 2014 (in millions)*, www.statista.com/statistics/276601/number-of world-of-warcraft-subscribers-by-quarter/

Statistics Canada, *Individual internet use and e-commerce*, 2012 (28 October 2013)

Steel, A., 'The true identity of Australian identity theft offences: A measured response or an unjustified status offence?' (2010) 33 *University of New South Wales Law Journal* 503

Steiner, P., 'On the internet, nobody knows you're a dog', *The New Yorker*, 5 July 1993

Symantec, *Internet security threat report* 2013 (2013)

   Internet security threat report 2014 (2014)

Task Force on Child Protection on the Internet (UK), P*rotecting the public*, Cm. 5668 (Home Office, 2002)

Task Force on Spam, *Anti-spam law enforcement* (OECD, 2005)

   Report of the OECD task force on spam: Anti-spam toolkit of recommended policies and measures (OECD, 2006)

Taylor, M., and E. Quayle, *Child pornography: An internet crime* (East Sussex: Brunner-Routledge, 2003)

Telecompaper, *OPTA fine for spyware whittled down by district court* (8 February 2010)

Thaw, D., 'Criminalizing hacking, not dating: Reconstructing the CFAA intent requirement' (2013) 103 *Journal of Criminal Law and Criminology* 907

The President's Identity Theft Task Force (US), *Combating identity theft: A strategic plan* (2007)

The White House, *The national strategy to secure cyberspace* (Washington, DC, February, 2003)

Theohary, C. A., and J. Rollins, *Terrorist use of the internet: Information operations in cyberspace* (Congressional Research Service, 2011)

Thomas, T. J., and V. Erin, 'Bill C-28: An Act to promote the efficiency and adaptability of the Canadian economy by regulating certain activities that discourage reliance on electronic means of carrying out commercial activities', Legislative Summary of Bill C-28 (Library of Parliament, 15 November 2012)

Tokson, M. J., 'The content/envelope distinction in internet law' (2008) 50 *William and Mary Law Review* 2105

Trend Micro, *Mobile threats go full throttle: Device flaws lead to risky trail*, TrendLabs 2Q 2013 Security Roundup (2013)

UK Cards Association, 'Scams and computer attacks contribute to increase in fraud, as total card spending rises' (2013), www.theukcardsassociation.org.uk/news/EOYFFfor2013.asp

UK Sentencing Advisory Panel, *The panel's advice to the Court of Appeal on offences involving child pornography* (2002)

United Nations, *Report of the Twelfth United Nations Congress on Crime Prevention and Criminal Justice*, UN Doc A/CONF.213/18 (18 May 2010)

Resolution adopted by the General Assembly on 21 December 2010, Twelfth United Nations Congress on Crime Prevention and Criminal Justice, A/RES/65/230, 1 April 2011

United Nations Office on Drugs and Crime, *Handbook on identity-related crime* (2011)

   Manual on mutual legal assistance and extradition (September 2012)

Comprehensive study on cybercrime, Report (2013)

Urbas, G., 'Copyright, crime and computers: New legislative frameworks for intellectual property rights enforcement' (2012) 7(1) *Journal of International Commercial Law and Technology* 11

Urbas, G., and K. R. Choo, Resource materials on technology-enabled crime, Technical and Background Paper No. 28 (AIC, 2008)

US Attorney General, Report to Congress on stalking and domestic violence (US Department of Justice, Office of Justice Programs, 2001)

US Census Bureau News, 'Quarterly retail e-commerce sales 3rd Quarter 2014' (US Department of Commerce, 2014)

US Department of Justice, *Attorney General's Commission on Pornography*, Final Report (1986)

'Leader of internet software piracy organization pleads guilty to conspiracy', Press Release (27 February 2002)

'Creator of Melissa computer virus sentenced to 20 months in federal prison', Press Release (1 May 2002)

'Warez Leader Sentenced to 46 Months', Press Release (2002)

'Justice Department announces eight charged in internet piracy crackdown', Press Release (28 July 2005)

'Dayton man pleads guilty to sexual exploitation crimes involving minors', Press Release (19 January 2006)

'"Botherder" dealt record prison sentence for selling and spreading malicious computer code', Press Release (8 May 2006)

'Extradited software piracy ringleader pleads guilty', Press Release (20 April 2007)

'Comcast hackers sentenced to prison', Press Release (24 September 2010)

'Extradited hacker sentenced to 10 years in federal prison for masterminding first-ever hack into internet phone networks', Press Release (24 September 2010)

'Fannie Mae computer intruder sentenced to over 3 years in prison for attempting to wipe out Fannie Mae financial data', Press Release (17 December 2010)

The national strategy for child exploitation prevention and interdiction (Report to Congress, 2010)

'Computer programmer sentenced to federal prison for unauthorized computer access', Press Release (19 May 2011)

'Leader of NinjaVideo.net website sentenced to 22 months in prison for criminal copyright conspiracy', Press Release (6 January 2012)

'Payment processor for scareware cybercrime ring sentenced to 48 months in prison', Press Release (14 December 2012)

'Florida man convicted in wiretapping scheme targeting celebrities sentenced to 10 years in federal prison for stealing personal data', Press Release (17 December 2012)

FY 2012 *Performance and accountability report* (2012)

'Former student pleads guilty to computer hacking at University of Central Missouri', Press Release (12 April 2013)

'Second member of hacking group sentenced to more than a year in prison for stealing customer information from Sony Pictures computers', Press Release (8 August 2013)

'Glendale man who admitted hacking into hundreds of computers in "sextortion" case sentenced to five years in federal prison', Press Release (9 December 2013)

Prosecuting Intellectual Property Crimes, 4th edn. (Office of Legal Education, 2013)

'Cyber criminal pleads guilty to developing and distributing notorious spyeye malware', Press Release (28 January 2014)

'US charges five Chinese military hackers for cyber espionage against US corporations and a labor organization for commercial advantage', Press Release (19 May 2014)

'International hacker sentenced', Press Release (24 October 2014)

'California resident pleaded guilty to wiretapping law enforcement communications and others', Press Release (10 November 2014)

US Government Accountability Office, *Intellectual property: Observations on efforts to quantify the economic effects of counterfeit and pirated goods*, Report to Congressional Committees, GA-10-423 (2010)

Information security: Agency responses to breaches of personally identifiable information need to be more consistent, Report to Congressional Requesters (December 2013)

Valiquet, D., *Telecommunications and Lawful Access: I The Legislative Situation in Canada* (Library of Parliament, 2006)

Verizon, 2013 *Data breach investigation report* (2013)

Victorian Law Reform Commission, *Surveillance in public places*, Final Report 18 (2010)

Volokh, E., 'One-to-one speech vs. one-to-many speech, criminal harassment laws, and cyberstalking' (2012) 107 *Northwestern University Law Review* 731

Walden, I., *Computer crimes and digital investigations* (New York: Oxford University Press, 2007)

Walker, C., 'Cyber-terrorism: Legal principle and law in the United Kingdom' (2006) *Pennsylvania State Law Review* 625

Wall, D. S., 'Digital realism and the governance of spam as cybercrime' (2005) 10 *European Journal of Criminal Policy and Research* 309

'Surveillant internet technologies and the growth in information capitalism: Spams and public trust in the information society', in K. Haggerty and R. Ericson (eds.), *The new politics of surveillance and visibility* (Toronto: University of Toronto Press, 2005)

Cybercrime: The transformation of crime in the information age (Cambridge: Polity, 2007)

'Micro-frauds: Virtual robberies, stings and scams in the information age', in T. Holt and B. Schell (eds.), *Corporate hacking and technology-driven crime: Social dynamics and implications* (Hershey: IGI Global, 2011)

Warren, I., and D. Palmer, *Crime risks of three-dimensional virtual environments*, Trends and Issues in Crime and Criminal Justice No. 388 (AIC, February 2010)

Warren, S. D., and L. D. Brandeis, 'The right to privacy' (1890) 4 *Harvard Law Review* 193

Wasik, M., *Crime and the computer* (Oxford: Clarendon Press, 1991)

Webster, S., J. Davidson, A. Bifulco, P. Gottschalk, V. Caretti, T. Pham, J. Grove Hills, C. Turley, C. Tompkins, S. Ciulla, V. Milazzo, A. Schimmenti and G. Craparo, *European survey, European online grooming project, Final Report* (European Commission Safer Internet Plus Programme, May 2010)

Weimann, G., 'Cyberterrorism: The sum of all fears?' (2005) *Studies in Conflict and Terrorism* 129

Whittle, H., C. Hamilton-Giachritsis, A. Beech and G. Collings, 'A review of online grooming: Characteristics and concerns' (2013) 18 *Aggression and Violent Behavior* 62

'A review of young people's vulnerabilities to online grooming' (2013) 18 *Aggression and Violent Behavior* 135

Wilson, C., *Computer attack and cyberterrorism: Vulnerabilities and policy issues for Congress*, Congressional Research Service Report for Congress (Congressional Research Service, 2005)

'Cyber threats to critical information infrastructure', in T. M. Chen, L. Jarvis and S. Macdonald (eds.), *Cyberterrorism: Understanding, assessment, and response* (New York: Springer, 2014)

Wolak, J., and D. Finkelhor, 'Are crimes by online predators different from crimes by sex offenders who know youth in-person?' (2013) 53 *Journal of Adolescent Health* 736

Wolak, J., D. Finkelhor and K. J. Mitchell, 'The varieties of child pornography production', in E. Quayle and M. Taylor (eds.), *Viewing child pornography on the internet: Understanding the offence, managing the offender, helping the victims* (Dorset, UK: Russell House, 2005)

Trends in arrests of 'online predators' (Crimes Against Children Research Center, 2009)

'Child pornography possessors: Trends in offender and case characteristics' (2011) 23 *Sexual Abuse* 22

Trends in arrests for child pornography possession: The Third National Juvenile Online Victimization Study (NJOV-3) (Crimes Against Children Research Center, 2012)

Trends in law enforcement responses to technology – facilitated child sexual exploitation crimes: The third national juvenile online victimization study (NJOV-3) (Crimes Against Children Research Center, 2012)

Wolak, J., K. Mitchell and D. Finkelhor, 'Escaping or connecting? Characteristics of youth who form close online relationships' (2003) 26 *Journal of Adolescence* 105

'Internet-initiated sex crimes against minors: Implications for prevention based on findings from a national study' (2004) 35 *Journal of Adolescent Health* 424e11

Wolak, J., D. Finkelhor, K. J. Mitchell and L. M. Jones, 'Arrests for child pornography production: Data at two time points from a national sample of U.S. law enforcement agencies' (2011) *Child Maltreatment* 1

Wolak, J., D. Finkelhor, K. J. Mitchell and M. L. Ybarra, 'Online "predators" and their victims: Myths, realities, and implications for prevention and treatment' (2010) 1 *Psychology of Violence* 13

Wood, J. R. T., *Royal Commission into the New South Wales Police Service: Final report* Vol. V: The Paedophile Inquiry (New South Wales Government, 1997)

Yannakogeorgos, P. A., 'Rethinking the threat of cyberterrorism', in T. M. Chen, L. Jarvis and S. Macdonald (eds.), *Cyberterrorism: Understanding, assessment, and response* (New York: Springer, 2014)

Yar, M., *Cybercrime and society* (London: Sage Publications, 2006)

저자 약력

Jonathan Clough 씨는 호주 모나시 대학의 법학교수이다. 그는 형사법과 증거 분야를 가르치며 특히 사이버범죄를 집중적으로 연구한다. 그는 모나시 대학의 법학과정에서 사이버범죄를 가르칠 뿐 아니라 해당 분야와 관련하여 수많은 글을 썼다. 또한 정부에 사이버범죄 관련 자문을 제공하고 있으며, 영연방 사이버범죄 전문가 워킹그룹에 속해있다.

역자 소개

1. 송영진

   현재 경찰대학 경찰학과 교수요원이자 국제사이버범죄연구센터 겸임연구위원으로, 사이버범죄수사 및 사이버법 등을 강의하고 있으며, 주로 사이버범죄, 사이버안보, 디지털포렌식, 개인정보보호 분야를 연구하고 있다.

2. 박다온

   경찰대학 국제사이버범죄연구센터 전임연구원으로 근무하면서 사이버범죄를 연구하고 있으며, 이전에는 경찰청에서 사이버범죄 관련 국제협력 업무를 담당하였다.

3. 정소연

   경찰대학 재학 당시부터 사이버범죄 연구 동아리(CRG)에서 활동하고, 차세대 보안리더 양성 프로그램(BOB)을 수료하는 등 IT 보안과 사이버범죄 대응에 관심을 쏟아왔다. 현재는 경찰청 사이버범죄수사과에서 사이버테러 사건 등을 수사하고 있다.

제2판
사이버범죄론

발행일	2021년 4월 26일
지은이	Jonathan Clough
옮긴이	송영진·박다온·정소연
펴낸이	안종만·안상준
편 집	최문용
기획/마케팅	오치웅
디자인	BEN STORY
제 작	고철민·조영환
펴낸곳	(주) **박영사**
	서울특별시 금천구 가산디지털2로 53 210호(가산동, 한라시그마밸리)
	등록 1959.3.11. 제300-1959-1호(倫)
전 화	02)733-6771
f a x	02)736-4818
e-mail	pys@pybook.co.kr
homepage	www.pybook.co.kr
ISBN	979-11-303-1199-9 93350

* 잘못된 책은 바꿔드립니다. 본서의 무단복제행위를 금합니다.
* 역자와 협의하여 인지첩부를 생략합니다.

정 가   34,000원